함께 풀어가는 사회문제
- 갈등과 협력 사례 -

도서출판 윤성사 047
함께 풀어가는 사회문제
- 갈등과 협력 사례 -

초판 1쇄 2019년 12월 10일

엮 은 이	이숙종, 박성민, 박형준, 조민효
펴 낸 이	정재훈
디 자 인	㈜디자인뜰
펴 낸 곳	도서출판 윤성사
주 소	서울특별시 서대문구 서소문로27, 충정리시온 409호
전 화	편집부_02)313-3814 / 영업부_02)313-3813 / 팩스_02)313-3812
전자우편	yspublish@daum.net
등 록	2017. 1. 23

ISBN 979-11-88836-37-6 (93350)
값 33,000원

ⓒ 이숙종, 박성민, 박형준, 조민효, 2019

저자와의 협의에 따라 인지를 생략합니다.

이 책의 전부 또는 일부 내용을 재사용하려면 반드시 사전에 저작권자와
도서출판 윤성사의 동의를 받아야 합니다.

잘못 만들어진 책은 구입하신 서점에서 교환 가능합니다.

갈등과 협력 사례

함께 풀어가는 사회문제

Deliberative Democracy, Collaborative Governance,
Conflict Management, Social Problems, Inclusive Policies
Case Studies

이숙종 박성민 박형준 조민효 엮음

강나율 김동현 김민길 김민정 김민정 김보미 김재형 김화연 민경률 박미경 박지민 신상준
유민이 유정호 이동규 이영라 이지형 이혜림 이효주 조민혁 주지예 최준규 한성민

머리말

　이 책은 한국연구재단의 지원으로 한국사회과학연구지업사업(SSK) 대형 과제를 수행해 온 동아시아공존협력센터의 프로젝트의 일부로 탄생했다. 동 센터는 성균관대학교 수선관 안에 둥지를 틀고 있다. 책의 목적은 한국의 공공영역에서 협력적 거버넌스의 사례들을 통해 행정학에서 논의되어 오던 협치의 현장을 살펴보는 데에 있다. 한마디로 한국판 협력적 거버넌스 책이다. 23개의 사례가 모였고, 이들을 정책편, 제도편, 협치편으로 나누어 소개하고 있다. 정책편과 협치편은 사실 분류가 모호한 것들도 있었지만 정책편이 구체적인 공공정책과 공공갈등에서 파생되는 갈등과 협력 사례들을 다루었다면, 협치편에는 새로운 협력 사례를 만드는 민관협력과 정부간 협력 사례들을 다루었다. 제도편에서는 갈등관리나 시민 참여를 도와주는 공적 제도들이 만들어진 과정이나 적용 사례들을 소개한다. 연구자들의 접근 방식에 따라 다소 이론적 모형을 취한 것부터 그야말로 현장 사례를 해석한 것에 이르기까지 추상적 논의 수준의 폭은 넓다. 이 책은 완성도 높은 학술지 논문 형태를 지양하고, '쓸모있는 책'을 만들자는 공감대에서 출발했다. 현장에서 비슷한 문제로 고민하는 정책 담당자나 일선 공무원, 거버넌스 연구자들에게 풍부한 사례를 제공함으로써 도움을 주자는 것이었다.

　책의 기획부터 출판까지의 기간은 다른 책 작업의 경우보다 짧았다. 사례집 발간의 스토리는 이렇다. '동아시아의 협력적 거버넌스'라는 주제로 아시아 국가들의 협력적 거버넌스 영문 책 작업을 하다가 막상 한국 사례들에서 발전된 협력적 거버넌스 책이 과연 몇 권이나 있나 하는 생각에 미쳤다. 어찌 보면 '협력적 거버넌스'라고 말하지 않아도 대다수의 거버넌스 연구가 협력적 거버넌스라고 말할 수도 있는 모호성 때문에 동일 단어를 사용한 책이 적었을지도 모르겠다. 그럼에도 불구하고 행정학에서 이른바 '협력적 거버넌스(collaborative governance)'라는 개념이자 연구모형은 인기를 끌어온 지 오래이다. '협력적 거버넌스'라고 칭할 때는 적대적이지 않은 협력(cooperation)을 통해 함께 행동한다는 것을 넘어서서 의도적으로 협력적인 관계(collaboration)를 구축해 안 풀리거나 아니면 쉽게 풀리지 않을 사회문제를 해결해 가는 적극적 과정을 의미한다. 의도적으로 설계되는 협력인 만큼 이러한 제도를 만드는 데 정부의 역할이 크다. 우리말로는 똑같은 협력이지만 이렇듯 두 가지 영어의 의미 차이는 상당하다.

협력적 거버넌스에서 협력의 주체들이 정부, 공공기관, 개인들, 기업들, 자선단체, 시민단체, 주민단체, 여타 비영리단체들로 다양하겠지만 행정학에서는 정부가 중심적 행위자인 만큼 공공문제 해결을 위한 정부와 민간 사이의 협력을 협력적 거버넌스의 핵심에 둔다. 영미권에서 발전한 협력적 거버넌스 연구들은 모두 민간영역의 전문성, 창의성, 생산성, 유연성, 역동성 등을 강조하고 있다. 앞서 1995년에 *Partners in Public Service: Government-Nonprofit Relations in the Modern Welfare State*를 쓴 샐러먼(Lester Salamon)은 미국 지방정부와 비영리단체(nonprofit organizations)들의 증대하는 협력을 논하면서 NPO의 공공 서비스 제공 확대를 '제3자 정부론(the third party government)'으로 논한 바 있다. 도나휴(John D. Donahue)와 젝하우저(Richard J. Zeckhauser)가 2011년에 쓴 *Collaborative Governance: Private Roles for Public Goals in Turbulent Times*도 공공 목적을 달성하기 위해 재량권을 공유하면서 공공과 민간의 능력을 결합시키는 숙고된 처리 방식에 정부 성과의 성패가 달려 있다고 주장한다. 두 책의 차이는 전자가 지방정부의 비영리단체에 대한 재정보조를 당연시한다면 후자는 민간행위자들의 돈과 자원을 공공영역으로 들어오게끔 동기화하고 이들이 역할을 잘할수록 역능화하는 데 더 초점을 둔다. 유사한 이야기들이 지방정부의 관리적 차원의 전략으로서 아그라노프(Robert Agranoff)와 맥과이어(Michael McGuire)가 *Collaborative Public Management*(2003)에서 주장했고, 골드스미스(Stephen Goldsmith)와 에거스(William D. Eggers)는 *Governing by Network: The New Shape of the Public Sector*(2004)에서 공공 서비스 제공과 교환을 위해 정부가 의도적으로 기업 및 비영리조직들과 정책협력 네트워크를 만들어 네트워크의 이점을 추구하는 추세를 논했다.

한편, 브라이슨(J.M. Bryson), 크로스비(B.C. Crosby), 스톤(M.M. Stone)은 *Public Administration Review*(2006) 학술지에 실린 논문에서 협력적 거버넌스를 정부, 기업, 비영리 또는 자선단체 공동체, 공중(public)이 자신 조직들이 속한 부문을 넘어 정보, 자원, 활동, 능력을 공유함으로써 단일 분야 조직들만으로는 성취할 수 없는 결과를 만들어내는 것으로 정의했다. 정부가 반드시 들어갈 필요가 없는 이러한 협력을 '부문간 협력(cross-sectoral collaboration)'

이라고 부르면서, 초기조건, 과정, 구조와 거버넌스, 비상사태 및 제약, 결과와 책무성으로 구성되는 분석틀과 22개의 명제를 제공했다. 이들의 분석틀은 관련 연구들의 기존 문헌 검토에서 논리적으로 발전된 것이어서 영향력은 별로 없었다. 단연 인기를 끈 모형은 성공 사례들에서 구축된 앤셀(Chris Ansell)과 개시(Alison Gash)의 협력모형인데 *Journal of Public Administration Research and Theory*란 학술지에 2008년 게재되었다. 이 사례집에도 이들 모형을 적용한 사례들이 더러 있다. 협력의 초기조건에서 결과로 나아가는 중간에 제도적 디자인, 협력 과정(collaborative process), 촉진적 리더십의 세 박스가 있는데 물론 핵심은 협력 과정이다. 면대면 대화가 신뢰를 구축하고, 신뢰가 구축되면 협력 과정에 헌신하고, 이렇게 협력 과정이 지속되면 이해를 공유하게 되면서 중간 결과가 나오는 선순환적 과정이다. 이후 주목할 만한 모형으로는 에머슨(Kirk Emerson), 나바치(Tina Nabatchi), 발로(Stephen Balogh)가 2011년 동일 학술지에 발표한 "An Integrative Framework for Collaborative Governance"가 있다. 이들 역시 협력적 거버넌스를 좀 더 광범위하게 정의해 공공기관, 다양한 층위의 정부, 민간과 시민영역 등을 아우르는 공공정책 결정 과정과 관리의 과정으로 보아 정부간 협력, 관민협력, 공동체협력, 비공식적 시민 참여까지 포함시킨다. 이들은 시스템적 맥락(system context), 협력적 거버넌스 레짐(collaborative governance regime: CGR), 협력 동학(collaboration dynamics)으로 이루어진 3층위의 협력적 거버넌스 통합 프레임을 제시했고, 사례들을 넣어 *Collaborative Governance Regime*이란 책을 2015년도에 낸 바 있다.

이러한 협력적 거버넌스의 모형들이 제시됨에 따라 한국에서 발견되는 협력 사례들에 적용되어 왔지만 과연 이들 모형의 설명력이 얼마나 있는지, 미국적 맥락에서 발전된 모형을 적용하면서 한국의 협력적 거버넌스에 꿰맞추는 것은 아닌지 연구자들에게는 늘 도전이 되어 왔다. 한국 사회에는 다양한 갈등이 존재하고, 사회문제를 접근하고 해결하려 할 때 민간보다는 특히 중앙정부의 역할이 여전히 매우 크며, 지방정부의 권한과 재원도 상대적으로 작다. 정부는 물론 대개의 공공조직은 여전히 위계적 통제 방식이 강해 유연성과 창의적 대응성이 떨어진다. 민간조직의 경우는 재원은 물론 사회문제 해결에 나서려는 관심과 헌신도 부족한 형편이다. 따라서 미국 학자들에 의해 발전된 협력적 거버넌스 모형의 설명력에 대해 한계를 느끼는 것은 당연한지도 모른다. 최근 우리나라의 연구자들도 한국 사례들에서 관찰되고 발견되는 갈등과 협력의 과정을 모니터하고 데이터화해 이를 바탕으로 모형을 만들고자 노력하고 있다. 우리 센터에 속한 연구자들도 이 작업을 하고 있지만 아직 그럴듯한 협력모형을 만들어내지는 못했다. 다양한 사례들은 제각기 특수한 맥락과 복합적인 협력과 갈등 요인들을 갖고 있어 이들을 해체해 일반화된 모형을 만들어내는 일은 쉽지 않다. 그럼에도 불구하고 한국형 모형을 만들어 보고, 동아시아 나라들에서는 어떤 모형이 발견되나 알아보며, 이들을 비교해 보는 일을 꾸준히 해오고 있다. 이를 위해 동아시아공존협력센터는 우리나라는 물론, 일본, 대만, 태국, 인도네시아에 동일한 설문지로 서베이를 했고, 아시아 학자들을 초청해 동아시아의 협력적 거버넌스를 연구하는 공동 프로젝트를 수행하고 있다.

SSK 초기 단계에서 선발된 연구팀이 중형 단계와 대형 단계를 거치면서 연구단이 되었고, 내년이면 연구재단으로부터 10년간 큰 지원을 받고 연구사업이 종결된다. 이 책의 출간으로 조금이라도 보답이 되었기를 바란다. 대형 단계에는 여러 대학의 교수님들이 참여하고 있지만 이 책의 작업에는 중형 단계부터 같이해 온 성균관대학교 행정학과의 우리 네 사람의 연구실만이 참여했다. 잡음 없이 대형 과제를 수행해 온 것은 교수님들 사이의 두터운 신뢰관계와 협력이 바탕이 되었기에, 나름 우리도 협력적 거버넌스를 작동시켜 왔다고 여겨진다. 센터에서 행정 일선을 담당하면서도 본인의 연구를 게을리 하지 않았던 김보미 박사와 이유현 박사에게 감사하다. 최근 센터에 합류해 출판과정을 잘 마무리해 준 이주영 박사에게도 고마운 마음을 전한다. 무엇보다도 이 책 작업에 참여해 준 제자 박사들, 현재 석박사 과정생들에게 감사하고 그들에게 사랑이 담긴 응원을 보낸다.

2019년 11월 집필자들을 대신하여

이숙종, 박성민, 박형준, 조민효

목차

Deliberative Democracy, Collaborative Governance, Conflict Management, Social Problems, Inclusive Policies Case Studies

1. 정책편 – 공공정책과 공공갈등 사례

1. 감염병 대응을 위한 협력체계: 2015년 메르스 사태 사례_ 13	이동규
2. 유치원의 공공성 확보를 위한 갈등 사례_ 36	박미경
3. 청소년 진로교육을 위한 지방자치단체와 민간위탁기관의 성공적인 협력: 연수구청소년진로지원센터 운영 및 건립 사례_ 61	김민정 · 박형준
4. 다문화가족 지원정책을 둘러싼 정부와 민간 비영리조직의 협력과 갈등_ 94	조민혁 · 박형준
5. 협력적 거버넌스에 관한 성공 요인 분석: 서울시 '찾아가는 동주민센터' 사례_ 115	이지형 · 박형준
6. 협력적 거버넌스와 리더십의 선순환 과정: 점박이물범 보호를 둘러싼 논의_ 149	박지민 · 박형준
7. 강원도 폐광지역 개발과 관련한 갈등_ 172	김동현
8. 대학 공공기숙사 건립사업의 님비 갈등 사례_ 196	유정호 · 조민효
9. 지방자치단체 갈등관리: 서울시의 금천소방서 건립 갈등 사례_ 222	이효주 · 박성민
10. 무등산국립공원 갈등 및 협력 사례_ 239	이혜림 · 박성민

2. 제도편 – 갈등관리 제도나 시민참여형 제도 자체에 대한 논의가 중심인 사례

| 1. 환경영향평가제도를 둘러싼 갈등_ 269 | 김보미 |
| 2. 사회문제 해결을 위한 국민과 정부 간 협력과 소통: '국민디자인단' 사례_ 290 | 강나율 · 박성민 |

3. 지방자치단체 갈등관리: 서울시의 프랜차이즈 가맹본부와 가맹점주 집단 분쟁 중재 사례_ 316 | 김재형·박성민 |

4. 원자력 정책갈등 해결을 위한 시민참여형 정책설계: 신고리 5, 6호기 공론조사 사례_ 338 | 주지예 |

5. 공공갈등 해결을 위한 도구로서 공론조사의 의의와 발전 방향: 2007년 부산 북항 재개발사업 및 2018 제주 녹지국제영리병원 인허가 사례_ 363 | 김화연·이숙종 |

6. 다양성 관리 측면에서 살펴본 조직 내 갈등 예방: 블라인드 채용제도와 우수 사례_ 384 | 민경률 |

3. 협치편 – 협력적 거버넌스와 정부간 협력 사례

1. 지방정부 차원의 공동체 및 사회적 경제 협력체계 구축: 민선 6기 경기도 따복공동체 지원체계 구축 사례_ 413 | 최준규 |

2. 서울시 청년 협치: 필요가 정책이 되다_ 437 | 한성민 |

3. 문화예술 창작 지원의 협력적 거버넌스: 한국문화예술위원회-하나투어-충남문화재단의 협력 사례_ 460 | 이영라·이숙종 |

4. 민관 협력을 통한 사회문제 대응: '한지붕 세대공감' 사업 사례_ 485 | 김민길·조민효 |

5. 협력적 거버넌스: 안양천 수질개선사업 사례_ 507 | 유민이 |

6. 문화재 행정체계에서 중앙과 지방의 관계_ 547 | 신상준 |

7. 지역행복생활권사업으로 본 지자체 간 협력 사례_ 572 | 김민정·박형준 |

Deliberative Democracy, Collaborative Governance, Conflict Management, Social Problems, Inclusive Policies Case Studies

함께 풀어가는 사회문제
- 갈등과 협력 사례 -

PART 01

정책편

공공정책과 공공갈등 사례

함께 풀어가는 사회문제
- 갈등과 협력 사례 -

01

감염병 대응을 위한 협력체계 : 2015년 메르스 사태 사례

이동규
동아대학교 교수

I. 들어가는 말

이 사례는 2015년 국내에서 메르스의 첫 확진 환자가 발생한 이후 메르스가 확산되어 이에 대응하기 위한 정부와 지방자치단체, 그리고 민간의 감염병 대응 협력체계의 작동에 관한 내용을 다룬다. 2015년 5월 20일 첫 확진 환자가 발생한 이후 감염병 위기 경보 수준이 격상되어 중앙방역대책본부(이후 중앙메르스관리대책본부로 확대·개편됨)가 구성되고, 법률과 매뉴얼에 따른 감염병 대응 협력체계가 구성되었다. 특히, 신종 감염병에 대한 전문성 보완을 위해서 민관합동대책반과 즉각대응팀이 조직되고, 지역 수준에서는 시·도 메르스관리대책본부가 구성되었다. 그러나 메르스 대응 과정에서 동일 사안에 대해 부처 간 서로 다른 의견을 표명하는 사례가 발생하고, 중앙정부와 지방자치단체 간 갈등 양상이 보이는 등 감염병 대응을 위한 협력체계 운영에 관해 여러 비판적인 견해가 제기되었다. 이러한 협력체계 운영을 저해하는 요인으로, 리더십과 컨트롤 타워의 부재, 의사소통 및 정보 공유의 문제, 업무 혼선 및 역할 분담의 문제, 중앙정부 중심의 대응에 관한 문제 제기가 있었다. 이 글을 통해 감염병 대응 거버넌스의 조직 및 운영 시에 고려해야 될 점과 여러 주체 간의 협력을 위해 필요한 요인들에 대해서 논의해 보고자 한다.

II. 사례 개요

공중보건 위기가 발생하게 되면 국민 전체에 피해가 확산될 우려가 있고, 단순한 보건문제를 넘어 사회경제 및 안보 이슈이므로 그 대응이 매우 중요하다. 특히, 감염병의 경우 급속하게 전파될 수 있기 때문에 조기에 차단하는 대응전략이 필요하다. 이러한 감염병의 발생 시 그 대응을 위해 정부와 민간의 협력, 그리고 정부 내에서도 부처 간 협력과 중앙정부와 지방정부 간의 협력은 필수적이다. 국내에서도 중증급성호흡기증후군(Sever Acute Respiratory Syndrom: SARS)과 조류독감 바이러스, 그리고 최근의 메르스 사태에 이르기까지 감염병의 발생이 이어져 왔다. 또한 기후변화, 국제 교류 증가, 환경 파괴 등으로 전 세계적으로 신종 감염병의 위기가 증가함에 따라 국내 감염병 발생 시 그 대응 및 관리를 위한 협력체계 구축이 절실하다. 따라서 최근의 감염병 사례인 2015년 메르스 사태 당시 협력체계의 행위자와, 행위자들 간의 협력적 대응 및 관리체계를 살펴보고 그에 따른 시사점과 한계를 분석해 향후 감염병 대응 및 관리를 위한 협력적 거버넌스의 구축에 의미 있는 논의를 도출하고자 한다.

메르스(Middle East Respiratory Syndrome, MERS: 중동호흡기증후군)는 코로나바이러스(coronavirus)에 의한 급성호흡기감염증으로, 2012년 사우디아라비아에서 메르스 환자가 처음 발생한 이후 2016년 3월까지 총 1,499명의 환자가 발생했다. 국내에는 2015년 5월 20일 중동지역을 방문했던 첫 환자가 발생했다. 이 환자는 중동지역 방문 이후 귀국 7일 후부터 몸살과 발열 증상이 나타나 담당 의사의 권유로 평택성모병원에 3일간 입원한 후 퇴원했고, 다시 증상이 나타나 다른 의원을 방문한 이후 5월 18일 삼성서울병원에 입원했다. 이때 담당 의사는 환자의 중동지역 여행 경력을 파악하고 5월 19일 질병관리본부에 메르스 검사를 의뢰했다. 검사 결과 메르스 코로나바이러스의 유전자가 검출되어 5월 20일 보고되었다. 이처럼 첫 환자의 증상 발현 후 약 10일 동안 여러 병원을 다녔고 가족뿐만 아니라 다른 환자들, 의료진과 접촉했으며, 다수의 2차 감염자가 발생했다(보건복지부, 2016: 5). 첫 확진 환자의 발생 이후 정부의 시기별 대응 상황은 〈표 1〉과 같다.

〈표 1〉 메르스 환자 발생 및 정부 대응 상황

구분	환자 발생 및 대응 상황
초기 유입 단계 (5. 20. ~ 5. 31)	• 1번 환자 최초 확진(5. 20) • 1번 환자가 방문한 평택성모병원 등 4개 의료기관을 대상, 역학조사 실시 및 밀접 접촉자 파악 및 격리 • 환자 발생 확대: 21명(평택성모병원 19명) • 보건복지부 대책본부 전환(5. 28), 접촉자 전면 재조사(5. 29~), 민관합동대책반 구성(5. 31)
확산 단계 (6. 1. ~ 6. 6)	• 평택성모병원 감염 환자 37명 증가, 과반수가 당초 파악한 밀접 접촉자 범위 밖에서 발생 • 3개 의료기관에서 병원 내 감염(3차 감염) 발생 • 중앙메르스관리대책본부를 보건복지부 장관 주도로 확대 편성(6. 2) - 진단검사기관 확대, 폐렴 환자 메르스 전수검사, 접촉자 1 : 1 모니터링 실시

적극적 대응 단계
(6. 7. ~ 7. 28)
	• 삼성서울병원 90명, 대청병원 14명, 건양대학교 병원 11명 등 병원 내 감염 확산
	• 대응전략을 전면 수정, 적극적 대응 개시(6. 7 ~)
	  - 접촉자 기준 확대, 병원명 공개(6. 7.), 즉각대응팀 구성(6. 8)
	  - 병원 코호트 격리, 국민안심병원 지정(6. 11)

출처: 감사원(2016: 10).

최초 확진 환자가 나타난 이후 감염병 위기경보 수준은 '주의' 단계로 격상되었으며, 중앙방역대책본부가 설치되고 질병관리본부장이 메르스 대응을 총괄했다. 그러나 첫 환자의 발생 후 일주일 만에 확진 환자와 격리 대상자가 급증하고, 방역 조치가 필요한 의료기관이 늘어나는 등 메르스 유행이 확산되면서 정부는 대응전략을 전면 수정했다(보건복지부, 2016: 54). 이후 정부는 2015년 5월 28일 중앙방역대책본부를 중앙메르스관리대책본부로 확대·개편했다. 그러나 신종 감염병에 대한 전문성이 부족함에 따라 2015년 5월 31일 메르스 민관합동대책반이 구성되었고, 여기에는 대한감염학회 등 7개 학회에 소속된 감염병 관련 전문가들이 참여하게 되었다(보건복지부, 2016: 56). 민관합동대책반은 의료기관용 감염관리와 진단, 치료 등에 대한 지침 개발을 담당했다(보건복지부, 2016: 56). 또한 2016년 6월 4일에는 민관종합대응 TF가 구성되어, 메르스 대응 전반에 대해서 민관 협력이 가능할 수 있는 구조를 만들었다. 이후 6월 8일에는 대통령의 지시로 즉각대응팀이 조직되었으며, 감염내과 의사와 감염관리 간호사 등으로 구성된 감염병 전문가들이 참여했다. 즉각대응팀은 특정 병원의 감염 확산을 막기 위해서 필요한 조치를 실시 또는 권고하는 역할을 수행하고, 역학조사 이후 집중관리병원에 필요한 조치를 함으로써 병원 현장의 방역 조치에 대한 임무를 수행했다(보건복지부, 2016: 56).

그리고 국내에서 메르스 확산이 우려됨에 따라 중앙메르스관리대책본부를 지원하기 위해 11개 부처와 지방자치단체로 구성된 범정부메르스대책지원본부가 만들어졌다. 범정부메르스대책지원본부장은 국민안전처 장관이 맡고, 국무조정실, 보건복지부, 교육부, 외교부, 국방부, 행정자치부, 문화체육관광부, 농림축산식품부, 해양수산부, 경찰청 등이 참여했다(보건복지부, 2016: 57).

또한 메르스의 급속한 확산을 막기 위해서는 접촉자의 조사와 격리 대상자의 관리가 필수적이었으므로 지방자치단체와 중앙정부와의 상호 긴밀한 연계가 필요했다. 그러나 서울시는 보건복지부가 서울시와 제대로 정보를 공유하지 않았다는 점을 지적하며 비판했다. 이에 보건복지부는 서울시가 일방적으로 입장을 발표해 유감스럽다며 서울시와 긴급회의를 하는 등 적극적 노력을 기울였다는 입장을 내놓았다. 그리고 서울시는 35번째 환자의 이동 동선(주택조합 총회 참석)을 브리핑을 통해 밝히고 35번째 환자가 참석한 총회 참석자의 자발적 가택 격리를 추진한다고 발표했다. 그러나 중앙메르스관리대책본부는 이 환자의 전파 위험성이 낮으므로 참석자들의 접촉 정도를 분류해 관리해야 된다는 견해를 표명했다. 이처럼 중앙정부와 지방자치단체 간의 갈등이 표출되는 상황에서 중앙메르스관리대책본부는 지방자치단체와 메르스 대응의 협조체계를 강화하고자 중앙-지방자치단체 간 실무협의체를 구성하고, 지방자치단체에서 협력관을 중앙메르스대책본부로 파견했다.

한편, 첫 확진 환자와 동일 병실에 있지 않았던 사람들이 확진 환자로 판정되면서, 인터넷과 소셜네트워크서비스(SNS)를 중심으로 국민의 불안과 우려가 확산되었다. 특히, 확진 환자의 발생이나 경유 병원명의 공개가 적시에 이루어지지 않음에 따라 국민의 정부에 대한 불신이 더욱 높아지고 정보 공개에 대한 요구가 커지기도 했다.

국내에서 메르스 환자가 처음 발생한 이후 2015년 12월 23일 자정 메르스 유행 종료가 선언되었다. 이 과정에서 환자의 발견과 역학조사, 그리고 위기 소통과 정보 공개 등에서 문제점이 지적되었다. 특히, 중앙정부와 지방자치단체 간 협조체계의 문제와 통제기관의 혼선 등의 대응조직과 협력체계의 문제점이 국회의 중동호흡기증후군 대책특별위원회와 감사원의 감사에서 지적되었다. 따라서 이 글에서는 2015년 메르스 사태를 중심으로 감염병의 대응 및 관리를 위한 협력체계 구축과 운영상 한계점을 살펴보고 함의점을 도출하고자 한다.

III. 감염병 대응 협력 체계의 내용과 그 구성

감염병이 발생하면 법률과 매뉴얼에 따라 대응을 위한 협력체계가 구성된다. 그러나 2015년 메르스 사태 대응을 위한 협력체계의 한계점이 드러났다. 따라서 향후 감염병의 대응을 위한 협력체계의 개선과 시사점 도출을 위해서는 2015년 메르스 사태에서의 협력체계의 구성과 내용을 확인할 필요가 있다. 다음의 내용에서는 감염병 대응을 위한 협력체계의 근거, 그리고 협력체계 구성 주체들, 그리고 협력체계의 실제 작동 양상에 대해 살펴본다.

1. 감염병 대응 협력 체계의 근거

감염병은 「재난 및 안전관리 기본법(이하 「재난안전법」이라 함)」 제3조 1호 나목의 '사회재난'에 해당하는 것으로서, 「감염병의 예방 및 관리에 관한 법률(이하 「감염병예방법」이라 함)」의 적용을 받는다. 그리고 감염병과 관련된 대응 거버넌스는 「재난안전법」과 「감염병예방법」뿐만 아니라, 「보건의료기본법」과 「의료법」, 「검역법」 등의 법률에 근거해 구성된다(질병관리본부, 2014). 그리고 재난안전법 제34조의5에 따라 '감염병 재난 위기관리 표준 매뉴얼'을 작성하고, 동법 제35조에 따라 매년 관계 기관들이 합동으로 재난 대비 훈련을 실시한다.

감염병과 같은 재난 발생 시, 대응을 위한 협력체계 구축의 근거와 내용은 다음과 같다.

첫째, 재난안전법 제14조에 따르면, 대규모 재난의 대응·복구 등에 관한 사항을 총괄·조정하고 필요한 조치를 하기 위해 행정안전부에 중앙재난안전대책본부를 두게 된다. 중앙재난안전대책본부장의 권한에는 재난의 효율적 수습을 위해 관계 재난관리책임기관의 장에게 행정 및 재정상의 조치, 소속 직원의 파견, 그 밖의 필요한 지원을 요청할 수 있으며, 요청받은 기관장은 특별 사유가 없는 한 요청을 따라야 한다. 중앙재난안전대책본부장은 수습에 필요한 범위에서 수습본부장과 지역대책본부장을 지휘할 수 있다(재난안전법 제15조 제3항).

둘째, 재난안전법에서는 재난관리주관기관의 장은 중앙사고수습본부를 설치·운영하고, 지방자치단체장은 지역재난안전대책본부를 설치·운영한다(재난안전법 제15조의2, 제16조). 감염병으로 인한 위기 시에는 질병관리본부가 주관기관으로서 역할을 수행한다.

셋째, 감염병의 발생 시 감염병예방법의 적용을 받는다. 감염병예방법은 "감염병의 발생과 유행을 방지하고, 그 예방 및 관리를 위하여 필요한 사항을 규정"하여 "국민 건강 증진과 유지에 이바지함을 목적"으로 하고 있다(감염병예방법 제1조). 이 법에는 정부와 지방자치단체, 그리고 민간의 관련 행위자의 의무 등을 규정하고 있는데, 이는 결국 감염병 예방 및 관리를 위한 세 주체의 공동책임을 의미하는 것이다. 이 법에는 감염병 환자를 진단하거나 감염병으로 인해 사망한 환자를 확인한 경우 의사 등의 소속 의료기관의 장 또는 관할 보건소장에 신고하도록 규정하고 있으며, 의료기관의 장은 정해진 기한 이내에 보건복지부 장관 또는 관할 보건소장에 신고할 것을 규정하고 있다(감염병예방법 제11조). 그리고 감염병을 예방하기 위한 교통 차단이나 집회 등의 제한 및 금지 등 보건복지부 장관, 시장·군수·구청장의 조치를 규정하고 있으며(감염병예방법 제49조), 공동주택 등 여러 사람이 거주하거나 이용하는 시설을 관리·운영 주체의 소독 의무(감염병예방법 제51조)와 지방자치단체장의 소독업자의 법 위반 시 위반행위에 대한 행정처분(감염병예방법 제58조, 제59조) 등이 규정되어 있다. 또한 감염병 예방이나 지방자치단체장이 지정한 감염병관리기관의 설치·운영에 필요한 경비 등에 대해 지방자치단체 및 국가의 부담 부분과 국가가 보조할 부분 등이 규정되어 있다(감염병예방법 제64조, 제65조, 제67조, 제68조). 그리고 감염병예방법 제34조에 따라 감염병의 확산 또는 해외 신종 감염병의 국내 유입에 따른 상황에 대처하기 위해 '감염병 위기관리대책'을 수립 및 시행한다. 한편, 지방자치단체의 사무 범위와 기본 사항을 정하고 있는 「지방자치법」에도 지방자치단체의 사무 범위에 "감염병과 그 밖의 질병의 예방과 방역"을 규정하고 있다(지방자치법 제9조 제2항 제2호 바목).

2. 감염병 발생 시 대응 메커니즘

감염병 발생 시 위기관리 표준 매뉴얼에서는, 재난안전법의 기본 체계인 예방-대비-대응-복구와는 달리, 위기경보 수준을 관심-주의-경계-심각으로 구별해 규정하고 있다. 위기경보는 징후를 감시해, 위기 발생이 예상되는 경우 보건복지부는 위험 수준을 평가하기 위한 자체위기평가회의를 거쳐 관심-주의-경계-심각의 단계별 위기경보를 발령한다. 평가 시에는 상황의 심각성과 시급성, 확대가능성, 전개 속도, 지속기간, 파급 효과, 국내 여론, 정부 대응 능력 등을 고려하게 된다.

관심(blue) 단계는 해외 신종 감염병이 발생하거나, 국내 원인 불명의 감염 환자가 발생하는 경우를 나타내며, 이 단계에서는 징후활동 감시와 대비계획 점검이 이루어진다. 주의(yellow) 단계는 해외 신종 감염병의 국내 유입, 국내 신종·재출현 감염병 발생의 경우를 나타내며, 이때는 협조체계가 가동되고, 질병관리본부 내 중앙방역대책본부가 설치 및 운영된다. 경계(orange) 단계는 해외 신종 감염병의 국내 유입 후 다른 지역으로의 전파가 있거나 국내 신종·재출현 감염병의 다른 지역으로의 전파가 있는 경우를 나타내며, 이때에는 대응체계가 가동된다. 특히, 질병관리본부 내 중앙방역대책본부의 운영이 강화되며, 국가 방역체계 활동이 강화된다. 심각(red) 단계는 해외 신종 감염병의 전국적 확산 징후가 있거나, 국내 신종·재출현 감염병의 전국적 확산 징후가 있는 경우를 나타내며, 이때에는 대응 역량이 총동원되는데, 특히 보건복지부 내 중앙사고수습본부의 설치 및 운영이 이루어진다(보건복지

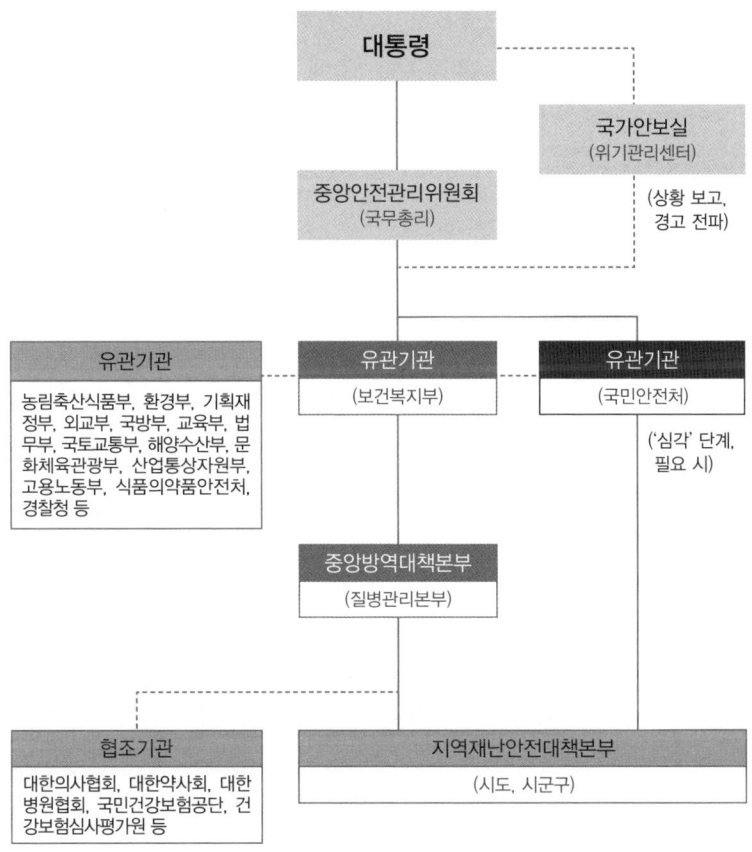

[그림 1] 감염병 위기관리 체계

부, 2014).

감염병 위기관리 표준 매뉴얼에 따르면, 감염병 발생 시 위기관리를 위한 기구와 체계는 [그림 1]과 같다. 감염병이 발생하게 되면 질병관리본부에 중앙방역대책본부가 설치되고, 여기에서는 대응지침 마련을 포함한 기본감염병관리대응대책을 수립하게 된다. 또한 유관기관에 협조 요청 및 상황 전파를 하게 되고, 대책회의와 자문회의를 운영하며, 각 지방자치단체에 조정 및 지시를 한다. 그리고 위기경보 수준이 심각 단계에 이르면, 보건복지부에 중앙사고수습본부가 설치되고, 여기에는 유관기관에 대한 협조 요청이 이루어지며, 자체 위기평가회의 및 대책회의가 개최되고, 신속 대응을 위한 제도 개선과 상황 수습을 위한 인프라 지원이 이루어진다. 동시에, 중앙재난안전대책본부가 설치되어, 예방-대비-대응-복구활동 사항을 총괄 조정한다. 그리고 대책회의 및 자문회의가 운영되고, 재는 현장 대응활동을 종합 및 조정하며, 중앙수습지원단을 구성하고 필요 시 현장에 파견한다.

한편, 지역 수준에서는 시·도와 시·군·구에 지역재난안전대책본부가 설치되는데, 여기에서는 지역별 사고 상황을 파악하고 대응하게 되며, 유관기관별 협조 체계를 구축한다. 이와 같은 기구들은 중앙안전관리위원회와 대통령에게까지 연결되는데, 중앙안전관리위원회는 특히 중앙행정기관 간 재난안전관리 업무의 협의 및 조정이 이루어지도록 한다.

3. 감염병 대응 거버넌스 주체

감염병 대응 거버넌스 주체는 크게 정부와 민간으로 구분할 수 있고, 정부는 다시 중앙정부와 지방자치단체로 구분된다. 그 가운데 메르스와 같은 해외 신종 감염병의 국내 유입 및 확산이 이루어지는 경우, 각 행위자별 역할은 〈표 2〉와 같다.

감염병 대응 거버넌스 행위자는 중앙정부, 지방자치단체, 그리고 의료기관을 포함한 민간 행위자로 구성된다. 중앙정부 수준에서는 질병관리본부와 보건복지부가 감염병 대응의 주된 부처로서의 기능을 수행한다. 그리고 그 밖의 여러 중앙부처들은 해당 기관의 관련 업무를 중심으로 감염병 대응을 위한 역할을 수행하게 된다. 한편, 지방자치단체에서는 지역 단위의 방역이나 격리 기능 등을 수행하며 대책을 수립한다. 그리고 민간 의료기관은 전담 의료기관과 민간 역학조사단 등으로 구분되는데, 특히 국립중앙의료원과 같은 전담 의료기관에서 확진 환자에 대한 진료와 가이드라인 개발 등의 업무가 수행된다.

<표 2> 감염병 대응 거버넌스 주요 행위자별 역할

행위자 구분			역할

정부	중앙 정부	질병관리본부	• 중앙방역대책본부 운영
			  - 대책본부 구성 운영 및 범정부적 협조체계 구축
			    (필요 시 관련 협조기관 업무 지원)
			• 위기 상황 평가 및 상황 모니터링
			• 국가 방역체계 활동 강화
			• 국가 방역·검역 인력 보강 검토
			• 치료제 등 비축물자의 수급체계 적극 가동
			• 실험실 진단체계 운영
			• 각종 언론매체를 통한 대국민 홍보 강화 및 언론 브리핑
			  - 국민과 언론 등 여론 파악
			  - 정확·신속한 정보 제공으로 불안감 해소

		보건복지부	• 위기 상황 평가 및 위기경보 발령 • 각 기관별 비상방역 가동 협조체계 준비 • 중앙사고수습본부 구성 및 운영
		국민안전처	• 위기 상황 모니터링 강화 • 주관기관 위기경보 발령에 따른 조치(협조) 사항을 유관부서 및 지자체에 통보 • 필요 시 중앙재난안전대책본부 구성 및 운영
		기획재정부	• 국가 감염병 대응 예산(예비비) 편성 및 지원
		외교부	• 해외 감염병 정보 신속 입수 및 전파 • 감염병 발생 국가의 재외국민에 대한 예방 교육
		국방부	• 군 인력 지원 및 군병원 활용 협조 • 군 인력 감염병 예방관리
		교육부	• 학교 및 학원 등 감염병 예방관리 • 학교 휴교 및 휴업 및 학원 휴원 검토
		법무부	• 내외국민 출입국 기록 제공 등 지원
		국토교통부	• 항공기 감편 내지 운항 조정 등 • 항공 종사자, 여행객에 대한 방역활동 • 철도, 대중교통, 화물 등 종사자, 승객에 대한 방역활동
		해양수산부	• 여객선 감편 또는 운항 조정 및 외국인 선원 출입국 제한 등 • 선박 종사자, 여행객에 대한 방역활동
		산업통상자원부	• 기업 업무 지속계획 가동 준비
		고용노동부	• 근로자에 대한 감염병 관리 및 홍보·교육

행위자 구분		역할
정부	중앙정부 — 식품의약품안전처	• 감염병 치료제 등 신속 허가 결정 • 감염병 유발 의심 (수입)식품 검사
	중앙정부 — 경찰청	• 국가필수시설 경비 지원 • 환자 격리 및 출입통제 등 지원으로 사회질서 유지 • 가용 범위 내 인력 지원 및 전·의경 감염병 예방관리 • 환자 등 추적 관리 대상자 거주 여부 확인 요청 시 협조
	중앙정부 — 국가안보실	• 위기정보·상황종합관리, 위기관리 활동 모니터링 • 경보 관련 사전 협의
	중앙정부 — 국무조정실	• 정부 대응 방향 제시 • 비상대책 시행 등 범정부 대응활동 조정
	지방자치단체 — 시도 및 시군구	• 시·도, 시·군·구 지역재난안전대책본부 구성 운영 • 방역인력 보강 • 실험실 진단체계 강화 • 격리시설 확보 및 활용 • 통합지휘소 설치 및 운영 검토
민간	전담 의료기관 (중앙거점 의료기관)	• 확진 환자에 대한 집중 진료 • 진료 가이드라인 개발 • 지역거점의료기관 지원 및 진료 상황에 대한 총괄관리 • 직원 및 환자에 대한 안전관리, 시설 및 보호장구 감시
	민간역학조사단	• 역학조사

출처: 보건복지부(2014: 37-38) 참고로 재구성.

그러나 메르스 대응 당시 감염병 관리의 핵심 주체라고 할 수 있는 중앙정부(보건복지부와 질병관리본부), 지방자치단체, 그리고 의료기관을 포함한 민간과의 역할과 권한이 불명확했고, 이로 인해 업무 혼선을 비롯해 다양한 문제가 발생했다. 감염병 대응 및 관리에서 주요 주체별 문제점을 살펴보면 [그림 2]와 같다.

첫째, 감염병 대응 및 관리의 주무부처인 보건복지부 및 질병관리본부는 감염병 대응 및 관리를 위한 정책 및 법률이 미흡했고, 또한 질병관리본부는 대규모 감염병의 유행 시 대응을 위한 인력과 자원이 부족했다. 또한 신종 감염병에 대한 전문성의 부족이 지적되었고, 방역조직체계와 상황실 운영에서의 한계점이 드러났다.

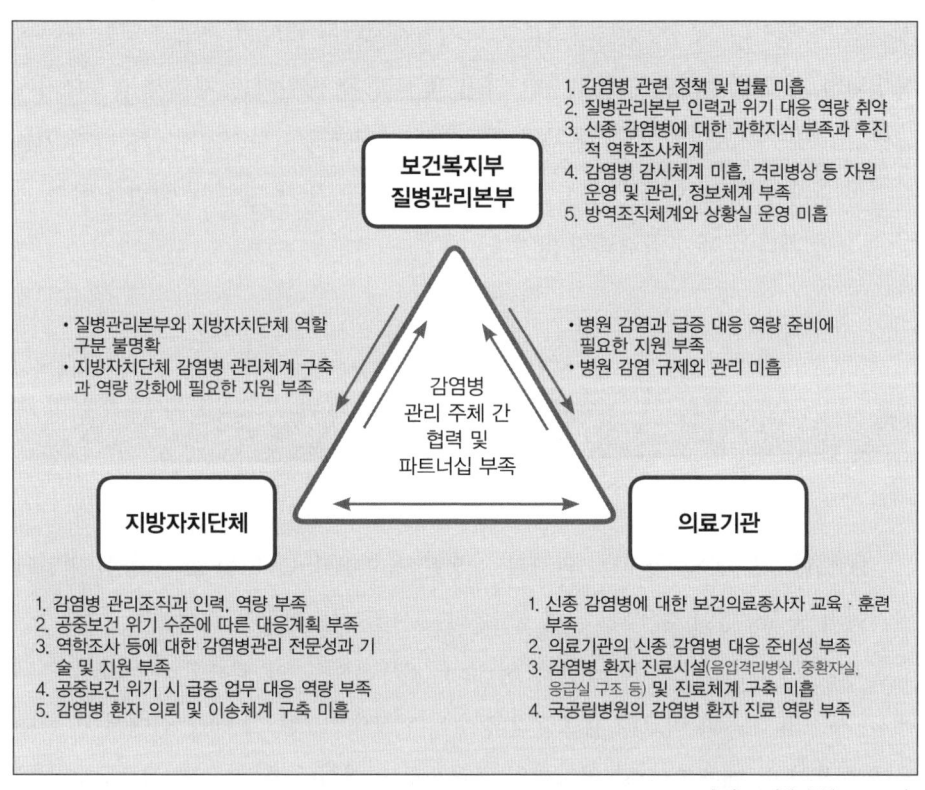

출처: 보건복지부(2016: 410).

[그림 2] 감염병 대응 및 관리체계의 주요 3대 주체의 문제점

둘째, 지방자치단체에서는 감염병에 대한 대응 및 관리를 위한 인력과 역량, 전문성이 부족했다. 그리고 감염병 환자가 발생했을 때 환자를 의뢰하고 이송하는 등의 체계가 갖추어져 있지 않았다.

셋째, 의료기관을 포함한 민간에서는 신종 감염병에 대한 보건의료 종사자 교육 및 훈련이 부족했고, 이에 따라 감염병 대응의 준비가 이루어지지 않았다. 또한 음압격리병실이나 중환자실도 대규모 감염병 환자 발생 시 부족한 수준이었다.

이러한 주요 행위자 자체의 문제뿐만 아니라, 각 행위자 사이의 관계에서도 문

제 제기가 있었다. 우선, 질병관리본부와 지방자치단체 간에는 서로의 역할 구분이 불명확하고, 지방자치단체의 부족한 자원 및 역량을 지원하는 체계가 갖추어지지 않았다. 마찬가지로, 질병관리본부와 의료기관 사이에도 갑작스럽게 급증하게 되는 감염병 환자 발생 시 이를 지원하는 체계가 미흡했다. 또한 병원 내 감염을 막기 위한 규제와 관리 방안이 마련되지 않았다.

IV. 협력의 장애 요인

2015년 5월 20일 국내 첫 환자가 발생한 이후 2015년 12월 23일 종식 선언이 있기까지 총 186명이 감염되고, 이 중 38명이 사망하는 결과가 발생했다. 중증급성호흡기증후군(Sever Acute Respiratory Syndrom: SARS. 이하 '사스'라고 함)과 비교한 연구에서, 사스의 대응과 비교해 메르스의 경우에는 상대적으로 그 대응 면에서 초동 대응이 미흡하고, 대책본부 및 위원회의 난립으로 리더십에 혼선이 생기는 등 거버넌스 작동에 한계가 있었다는 점이 지적된다(고대유·박대희, 2018). 또한 국회의 '중동호흡기증후군 대책특별위원회'에서는 감염병의 예방 및 관리, 국가 방역체계 역량 등 메르스 이후 전반적인 영역에 대한 논의를 하고, 국회법 제127조의2에 따라 감사원에 메르스 사태에 대한 감사 요구안을 제출했다. 중동호흡기증후군 대책특별위원회에서는 메르스 사태 전반에 관해 논의하고, 크게 '국가 방역체계의 역량', '감염 예방 관리 인프라', '의료 전달체계·의료 이용 문화'로 구분해 문제 사항을 지적했다. 한편, 감사원은 메르스 사태와 관련해 정부의 초동 대응 부실과 정보 비공개 결정 과정, 그리고 삼성서울병원의 메르스 환자 조치 등과 관련된 정부의 대응을 중심으로 감사를 했다. 감사 결과, 보건복지부와 질병관리본부 등 18개 기관을 대상으로 총 39건(징계 8건(16명), 주의 13건, 통보 18건)을 지적했다.

이처럼 메르스의 발생 이후 그 대응을 위한 협력체계의 문제점을 파악하는 것은 향후 감염병의 대응을 위한 협력체계의 제도적 설계와 운영 면에서 정책적 함의를 제공하고 문제 개선에 도움이 될 수 있다. 따라서 이하의 내용에서는 메르스 사태 이후 대응을 위한 협력체계의 문제점과 협력의 장애 요인을 상술하겠다.

1. 리더십과 컨트롤 타워의 부재

메르스 대응을 위한 협력체계 운영의 장애 요인 중 하나는, 리더십과 컨트롤 타워의 부재이다. 국회 중동호흡기증후군 대책특별위원회의 지적 사항 중, 컨트롤 타워 간 기능 중복과 운영 부실 등의 문제가 있었다. 메르스 대응에서의 리더십과 컨트롤 타워의 부재는 각종 대책위원회의 설립과 불명확한 업무 분장으로 인한 것이었다. 리더십은 협력체계 내 의사결정과 계획 수립 및 집행의 성공을 이끌어내는 데 필요한 중요한 역량이다. 특히 감염병은 확산이 순식간에 이루어지고 그 예측이 어려우므로 신속한 의사결정과 여러 기관 간 협력을 이끌어낼 수 있는 리더십이 요구된다.

메르스 사태의 발생 이후 중앙방역대책본부, 중앙메르스관리대책본부, 범정부 메르스대책지원본부, 메르스민관종합태스크포스(TF), 청와대의 메르스방지긴급대책반 등 각종 임시 기구가 설립되었다. 이러한 기구들 가운데 법적 근거를 가지고 있었던 기구는 중앙방역대책본부였으며, 이 또한 법적 위상이 구체적으로 정립되지 않았었다. 이것이 컨트롤 타워의 부재라는 비판을 불러일으키게 되었다.

또한, 메르스 발생 이후 재난 검역의 실무 책임기관인 질병관리본부는 대응 초기에 적극적인 리더십을 발휘하기보다는 소극적 태도를 보였다. 일례로, 질병관리본부는 의심 환자의 신고가 있었음에도 검사 요청을 받아들이지 않았다. 또한 첫 환자가 확인된 이후에도 보건당국은 "사람 간 감염이 어렵고 지역사회 전파가 거의 없는 것으로 보인다"는 세계보건기구(WHO)의 잠정적 가이드라인만 믿고 대응했다.[1] 그리고 병원 내 감염이 우려되는 상황에서도 정부는 "해당 의료기관을 방문해도 감염 가능성이 없"으며, 첫 환자와 같은 병실을 쓰지 않은 사람이 확진된 날에도 "2m 이내에서 1시간 이상 접촉한 사람만 감염된다"는 입장을 고수했다.

무엇보다도, 중앙정부 수준에서 통제기관으로서의 역할을 하던 기관이 6개가 존재했다. 구체적으로, 청와대의 메르스방지긴급대책반, 보건복지부의 중앙메르스관리대책본부, 보건복지부의 메르스민관종합대응 TF, 국민안전처의 범정부메르스대책지원본부, 질병관리본부의 중앙방역대책본부가 설치 및 운영되었다. 이처럼 각종 기관의 난립은 메르스를 대응하는 데 신속한 의사결정과 기관 간 조율과 협력을 어렵게 만들었다.

2. 의사소통 및 정보 공유의 문제

다음으로, 메르스 대응을 위한 협력에 걸림돌로 의사소통과 정보 공유의 부재 문제가 제기되었다. 감사원(2016)은 감사 결과 거버넌스 조직 간 의사소통의 문제점을 중앙정부 간, 중앙정부와 지방자치단체 간, 그리고 정부·지방자치단체·의료기관 간 협력체계로 구분해서 지적했다. 특히, 메르스 발생 초기의 비공개주의 원칙은 협력체계 내 여러 주체 간의 자발적인 참여와 대응을 지체시키게 되었다.

첫째, 중앙정부와 지방자치단체 간의 의사소통과 정보 공유의 문제가 있었다. 메르스 확산 상황에서 지방자치단체와 중앙정부 간의 갈등이 표면화된 이유 중 하나 역시 의사소통과 정보 공유 때문이었다. 메르스 대응 초기 단계에서 보건복지부

---

[1] '[메르스 사태] 첫 환자 '메르스 의심' 신고 묵살… 감염병(病) 매뉴얼 없어 '땜질 대처.'" 한국경제. 2015. 6. 15. 4면.

는 불안을 유발하고 사회 혼란을 초래할 수 있다는 이유로 메르스 관련 정보의 비공개 입장을 견지했다. 그리고 이러한 비공개 원칙은 지방자치단체들에 대해서도 마찬가지였다.

일례로, 박원순 서울시장은 2015년 6월 4일 브리핑을 통해 35번째 환자에 대한 정보 공유 문제와 접촉자 관리, 의료기관 정보 공개 등에 대해서 중앙정부를 비판했다. 또한 당시 안희정 충남지사는 정부의 위기 경보 수준과 관계없이 직접 지휘하겠다고 선언했으며, 이재명 성남시장은 관내 메르스 환자 숫자 등을 SNS로 정보 공개를 했고, 최문순 강원도지사와 이시종 충북지사, 유정복 인천시장은 메르스 환자의 관내 이송을 거부하는 등 지방자치단체의 독자적 대응이 나타났다.[2]

메르스 사태 당시(2015년 6월 기준) 지방자치단체와의 정보 공유를 위한 관련 규정이 없었다. 이후 2015년 7월 6일 개정을 통해 만들어진 감염병예방법 제4조 제3항 및 제4항을 통해, 중앙정부와 지방자치단체 간 정보 공유 및 협력 의무가 규정되었다. 이를 통해 감염병의 상황에 대한 정보 공유와 협력의 법적 근거가 만들어지게 되었다.

한편, 메르스의 확산 배경으로 정보 공개 지연의 문제도 지적되었다. 정부는 메르스 발생 초기에 환자의 이동 경로와 접촉자, 그리고 환자를 진료한 의료기관명을 공개하지 않는 방침을 고수했다. 그 결과 국민의 불안감이 더욱 증폭되고 오히려 부정확한 정보를 신뢰하게 됨으로써 혼란이 커지게 되었다. 당시에 3차 감염을 우려한 즉각대응팀의 민간 전문가집단에서는 메르스 발생 병원명의 신속한 공개를 요구

---

2) 이후 보건복지부 장관과 서울시장, 경기도지사, 대전시장, 충남도지사는 2015년 6월 7일 '중앙정부와 지자체 간 메르스 총력 대응을 위한 협력 합의 사항'을 통해, 메르스 확산 방지와 국민 불안 해소를 위해 협조하고, 모든 정보를 정부와 지방자치단체 간 공유하는 합의에 이르렀다. 주요 합의 사항으로는, 메르스 관련 정보 공유와 중앙과 지자체 간 '실무협의체' 즉각 구성, 협의체는 상호 역할 분담 및 메르스 관련 실무대책 협의, 지역·거점별로 활동하는 공공·민간의료기관 적극 지원, 메르스 확진 판정 권한을 각 지자체 보건환경연구원에 부여가 있다. '엇박자 내던 정부·지자체 '메르스 갈등' 일단 봉합.' 매일경제. 2015. 6. 7. 4면.

했지만, 보건복지부는 공개 불가 입장을 유지했다. 감사원은 이후 '메르스 예방 및 대응 실태' 감사 결과에서 메르스 확진 환자가 발생했거나 경유한 의료기관명을 신속히 공개하지 않은 것이 메르스 유행을 유발했다고 보았다.

둘째, 중앙부처 간에도 의사소통의 문제가 발생했다. 2015년 6월 3일 오전 9시경 메르스 확산에 대비해 황우여 사회부총리 겸 교육부 장관은 서울·경기·충남·충북 교육감과 대책회의를 열고 학교장이 예방 차원에서 적극적으로 휴업을 결정할 수 있도록 했다. 당시 황우여 부총리는 보건당국이 위기경보 수준을 '주의' 수준으로 보았지만, 학교는 학생들의 건강과 밀접한 관련이 있고 우선되어야 하므로 한 단계 높은 '경계'에 준하는 조치를 시행한다는 것이었다. 그러나 오전 11시 30분 보건복지부 브리핑에서 중앙메르스관리대책본부 기획총괄반장은 격리 학생이나 교사만 등교를 제한하고 휴교는 불필요하다는 의견을 내었다. 즉, 같은 날 불과 몇 시간의 시간 차를 두고 동일 사안에 다른 의견을 내보인 것이다. 이러한 통일되지 않은 의견 표명은 국민의 불안감을 더욱 부추기고 대응을 더욱 어렵게 만들었다. 이러한 상황이 나타나게 배경에는 각 위기경보 수준별 불명확한 매뉴얼에 따른 운영이 있다. 그 밖에도 격리된 교사와 학생의 숫자에서도 서로 다른 수치를 발표하는 등의 혼선도 있었다.

셋째, 정부와 민간 사이에도 정보 공유의 문제가 발생했다. 정부는 메르스 대응 초기에 메르스를 진료한 의료기관, 환자의 이동 동선, 그리고 접촉자 등을 공개하지 않는 원칙을 고수했는데, 국민들은 불안감이 높아지고 오히려 부정확한 정보에 의존하게 되었다. 특히, 메르스 환자 정보를 의료기관에도 공개하지 않아 의료기관에서도 환자가 메르스 접촉자임을 확인할 수 없어 감염 전파를 예방할 수 없게 만들었다. 구체적으로, 삼성서울병원은 병원 내 감염 예방을 위해 「의료법」 제47조, 동법 시행규칙 제43조 제2항에 근거해서 감염병 정보를 병원 내 공유해 감염 방지를 꾀했어야 했음에도, 1번 환자의 평택성모병원 경유 사실이 응급실 의료진에게 공유되지 않았다.

3. 업무 혼선 및 역할 분담의 문제

메르스 사태에서 중앙정부와 지방정부단체의 역할과 책임 범위와 관련된 문제점들이 지적되었다. 특히, 중앙정부와 지방자치단체 간 의사결정 권한, 지방자치단체의 독자적인 대응 활동의 범위와 관련해서 문제 제기가 있었다. 앞서 서술한 각 대응 주체 간 의사소통의 문제와 정보 공유의 문제 역시 결국 각 주체 간의 역할 분담이 불분명한 데에서 기인한다고 볼 수 있다.

메르스 사태에서 업무 혼선의 일례로, 민간 전문가가 포함된 각종 임시기구의 설치가 있다. 메르스가 급속도로 확산되자 청와대는 병원의 폐쇄명령권 등의 전권을 가진 '즉각대응팀'을 구성했다. 그러나 이 즉각대응팀은 기존의 '민관합동대응TF'와 상당 부분 기능이 중복되었다. 이러한 유사 기능의 기구의 중복 설치는 오히려 현장에서 혼선을 초래하고 신속한 의사결정 및 집행을 곤란하게 만들게 된다.

또 다른 예로는 법적 근거가 없는 기구의 설치가 있다. 메르스와 같은 감염병은 사회재난으로서, 재난안전법상 중앙재난안전대책본부와 중앙사고수습본부가 구성되어야 한다. 그러나 당시 보건복지부는 중앙사고수습본부가 아닌 중앙메르스관리대책본부를 구성했고, 국민안전처에서는 중앙재난안전대책본부가 아닌 범정부메르스대책지원본부를 구성 및 운영했다. 이는 비상적 임시기구로서, 법적 근거가 없는 조직에 해당한다. 이러한 법적 근거가 없는 기구의 구성과 운영이 있는 경우, 해당 기구의 활동이나 역할에 제약이 생기고 관련 부처들과의 업무 조정이 어렵게 된다. 그리고 문제 발생 시에도 법적 책임을 담보할 수 없게 된다.

4. 중앙정부 중심의 대응

감염병은 대응이 복잡하고 급속하게 확산되는 특성으로 인해, 감염병 대응을 위해서는 여러 주체 간의 협력과 신속한 의사결정을 위해 강력한 리더십이 필요하다. 따라서 감염병 대응은 중앙정부기관 중심으로 이루어지게 된다. 그러나 협력체계에 참여하는 주체들에 대한 정보 비공개주의와 일방향적인 의사소통은 결국 협력체계 내의 주체들의 자발성을 떨어뜨리고 대응을 지체시키게 된다. 메르스 대응 초기 정부는 앞서 서술한 바와 같이 국민의 혼란과 불안을 우려해서 정보 공유를 하지 않았다. 이것은 오히려 국민에게 확인되지 않은 정보에 더 의존하게 만들고, 지방자치단체들이 독자적인 대응을 하게 만드는 단초를 제공하게 되었다.

한편, 당시의 대응체계에서도 문제점이 지적된다. 당시 재난 대응체계는 재난안전법에 근거해서, 중앙재난안전대책본부 또는 중앙사고수습본부가 설치되어야 지방자치단체의 지역재난안전본부를 지휘할 수 있다. 따라서 지역재난안전본부에서 심각성을 인지해도, 중앙에서 인지와 지시가 없는 경우 지역 수준에서는 대응이 어렵게 된다. 또한 당시 보건복지부 매뉴얼에 따른 감염병 대응 및 관리체계에서도 한계점이 지적된다. 당시에는 위기 경보 수준이 '심각'에 해당하지 않으면 중앙재난안전대책본부 또는 중앙사고수습본부가 설치되지 않아, 감염병의 징후가 나타나더라도 지역재난안전대책본부를 지휘할 수 있는 중앙정부의 기관이 없었다.

이러한 상황에서 지역사회 수준에서 감염병 징후를 감지했음에도 중앙정부 수준의 지시나 정보 공유가 되지 않는 경우 지방자치단체들은 독자적 대응에 나설 수밖에 없게 되는 것이다. 이러한 문제점을 보완하기 위해 지방자치단체로의 역할 분담과 자치조직권을 강화하고, 동시에 중앙과 지방 간의 원활한 의사소통을 보장하는 제도적 설계가 요구된다.

V. 맺음말

이상의 논의를 통해 2015년 메르스 사태를 중심으로 국내 감염병 대응 협력체계의 작동과 그 한계점을 살펴보았다. 이러한 협력체계 구축의 장애 요인과 한계점의 파악을 통해 향후 감염병 대응 체계를 구축할 때 개선 방안을 제시할 수 있기 때문이다.

앞서 서술한 내용을 바탕으로 향후 감염병 대응을 위한 협력체계가 만들어지기 위해서는, 첫째, 감염병 대응 거버넌스의 각 주체들 간의 명확한 역할 분담과 그에 맞는 권한과 책임의 부여가 필요하다. 감염병 대응 거버넌스는 크게 중앙정부와 지방자치단체, 그리고 의료기관을 비롯한 민간의 주체로 구성되며, 이때 중앙정부 간, 중앙정부와 지방자치단체 간, 정부와 민간 간 협력이 요구된다. 중앙정부와 지방자치단체, 그리고 나아가 민간과의 협력을 위해서는 협업적 분업체계의 매뉴얼을 만들어야 한다. 또한 감염병 대응과 관련해서 지방자치단체와 민간의 역량 강화를 위한 적절한 교육 및 훈련, 재정적·기술적 지원, 네트워크 구축 등이 필요하다.

둘째, 컨트롤 타워의 구축 및 리더십의 발현이 요구된다. 감염병이 발생했을 때 중앙정부와 지방자치단체 간의 역할이 배분되고, 동시에 급박한 상황에서의 신속한 의사결정과 대응을 위해 중앙의 지휘통제권이 확립되어야 한다.

셋째, 감염병 대응 거버넌스 내의 행위자들의 자발적 참여와 협력을 유발하기 위해서는 무엇보다도 정보 공유와 의사소통 창구의 마련이 필요하다. 설사 국민의 불안감 증폭을 우려해서 비공개주의 원칙을 세웠다고 하더라도, 이는 결국 국민에게 더 큰 혼란을 불러일으키고 대응 거버넌스 내 행위자들 간의 갈등만 양산할 수 있다. 따라서 감염병 대응을 위한 협력체계 구축 시에 각 주체들 간의 신뢰를 바탕으로 의사소통의 활성화 및 자발적 참여가 가능할 수 있도록 하는 대안 마련이 요구된다.

|생각해 볼 문제들|

1. 2015년 메르스 사태 당시 감염병의 대응과 관리에 대한 국가와 지방자치단체의 책임이 법령에 명시되어 있고, 감염병 발생 시 그 대응을 위한 매뉴얼이 있었음에도 불구하고 중앙정부와 지방자치단체, 또는 정부와 민간, 정부부처 간 신속한 협력적 대응이 어려웠다. 이처럼 재난 대응 현장에서 다양한 행위자들 간의 협력체계를 구축하기 위해서, 행위자들의 협력을 위해서는 어떠한 리더십이 요구되는가?

2. 감염병의 유행 시 국민의 불안과 우려가 커지게 된다. 2015년 메르스 발생 초기에는 국민의 불안이 커질 수 있다는 이유로, 메르스 확진 환자가 거쳐 갔던 의료기관명을 공개하지 않는 등 비공개주의 원칙을 고수한 바 있다. 기관 간 상이한 내용의 발표(휴교의 필요성에 대한 교육부와 보건복지부 간의 통일되지 않은 의견 표명)가 있어 국민들은 더욱 혼란에 빠지게 되었다. 이처럼 재난 발생 시 국민과의 의사소통과 정보 공유 문제를 해결하기 위한 방안은 무엇인가?

3. 최근 감염병의 세계화 양상으로 감염병의 관리통제가 점차 어려워지면서 중앙정부의 역할과 더불어 지역적 차원에서 신속한 대응과 협력이 중요해지고 있다. 그러나 현실적으로 지방자치단체 수준에서 감염병 예방 및 대응을 위한 적극적 역할을 수행하기에 한계점이 있다. 따라서 이러한 상황을 극복하기 위해 고려해야 될 점과, 그에 대한 방안은 무엇인가?

4. 감염병 대응과 관련해 지방자치단체와 민간의 역량 강화를 위한 적절한 교육 및 훈련, 재정적·기술적 지원, 네트워크 구축 등이 필요하다. 지자체 수준에서 지속적인 민관협력 구조를 만들어가기 위한 민간의 역량 강화를 위해 필요한 구체적인 지원 방안은 무엇인가?

5. 대응 거버넌스 내 행위자들 간의 '감염병 대응을 위한 협력체계 구축' 시에 각 주체들 간의 신뢰를 바탕으로 의사소통의 활성화 및 자발적 참여가 가능할 수 있도록 하기 위한 구체적인 방안은 무엇인가?

6. 민간과의 협력을 위해서는 협업적 분업체계의 매뉴얼 작성이 중요하다. 감염병의 경우 협업적 분업체계에 대한 매뉴얼 작성을 위해 고려해야 할 원칙과 협업적 분업체계 매뉴얼에 반영해야 될 요소는 무엇인가?

< 참고 문헌 >

감사원(2016). 감사결과보고서: 메르스 예방 및 대응실태.

고대유·박대희(2018). 감염병 재난 거버넌스 비교연구: 사스와 메르스 사례를 중심으로. 「한국정책학회보」, 27(1): 243-279.

보건복지부(2014). 감염병 위기관리 표준매뉴얼.

_____(2016). 2015 메르스 백서: 메르스로부터 교훈을 얻다.

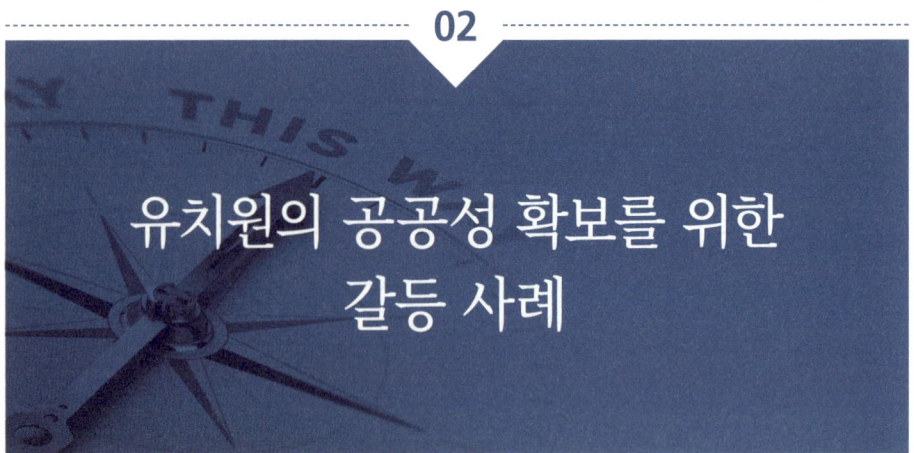

유치원의 공공성 확보를 위한 갈등 사례

박미경
성균관대학교

I. 들어가는 말

 일반적으로 교육 서비스는 공공재적 성격을 지닌다. 교육 서비스를 제공하는 주체는 국·공립 및 사립학교로 구분될 수 있다. 사립학교의 자주성과 교육의 공공성 간의 관계는 오래전부터 중요한 논제로 다루어져 왔다. 유아교육도 예외는 아니다. 최근 사립유치원의 회계문제가 심각한 사회문제로 대두되었다. 정부는 이를 해결하기 위한 방안으로 유치원 공공성 강화 방안을 제시했다. 정부의 유치원 공공성 강화 방안은 사립유치원의 자주성과 유아교육의 공공성 간의 갈등 측면에서 접근해 볼 수 있다. 이에 이 글에서는 사립유치원 회계문제를 해결하기 위한 정부의 대책인

유치원 공공성 강화 방안 추진 과정에서 나타난 갈등 쟁점을 분석한다. 유치원 공공성 강화 방안이 추진되는 과정을 갈등 생성기 및 잠복기, 갈등 표면화기, 갈등 확대기, 갈등 완화기, 갈등 소멸기 등 5단계로 구분해 살펴본다. 분석 결과 갈등 해결 및 정책 추진 과정에서 이해관계자들 간의 대화와 협력보다는 정부의 강력한 리더십 및 추진 의지가 중요하게 작용했음을 확인했다. 이상의 분석 결과를 토대로 갈등문제를 효과적으로 해결할 수 있는 방안을 논의고자 한다.

II. 사례 개요

유치원 공공성 강화 방안은 학교로서 사립유치원의 정체성을 확립하고, 관리·감독 및 제도 전반의 개선이라는 목표를 달성하기 위해 제시된 종합대책이다. 유치원 공공성 강화로 모든 유아에 대한 양질의 유아교육 제공이라는 목표에도 불구하고 유치원 공공성 강화 방안에 대해 정부와 이해관계자 간의 갈등이 첨예하게 대립했다. 유치원 공공성 강화 방안은 공익을 목적으로 정부가 제도를 추진하는 과정에서 발생한 대표적인 갈등 사례 중 하나이다. 따라서 유치원 공공성 강화 방안이라는 종합대책이 도출되는 과정을 살펴보고 시사점을 논의하고자 한다. 특히 여기에서는 유치원 공공성 강화 방안 중 사립유치원 에듀파인 도입 사례를 중점적으로 살펴보고자 한다. 사립유치원 에듀파인 도입과 관련해 개인의 이익과 공공가치 간의 갈등 전개 과정을 살펴봄으로써 어떤 맥락에서 갈등 강도가 강화되었는지, 갈등 상황에서 주요 행위자들의 전략은 무엇인지 등을 살펴보는 데 그 초점을 두고자 한다.

2018년 10월 시·도교육청 감사 결과가 언론에 공개된 이후 사립유치원 회계 비리가 심각한 사회문제로 대두되었다. 정부는 이를 해결하기 위해 당정협의를 개최하고 유치원 공공성 강화 방안을 확정·발표했다. 유치원 공공성 강화 방안은 즉각 추진과제와 제도 개선과제로 구분된다. 즉각 추진과제로 유아의 학습권 보장, 국·공립 유치원 확대, 유치원 관리·감독 강화 등이며, 제도 개선과제로 학부모 참여 강화, 투명한 회계 운영, 사립유치원 교육의 질 관리 등이 포함된다(교육부, 2018a).

투명한 회계 운영 과제 중 하나로 정부는 국가회계시스템(에듀파인)에 유치원 회계규칙 등을 반영해서 사립유치원에 에듀파인을 단계적으로 도입하는 방안을 제시했다. 에듀파인이란 국가 예산·회계제도를 통합한 정보 시스템으로 사업별 예산제도에 따라 거래 사실을 반영해 회계 처리가 가능한 시스템이다. 결국 사립유치원의 에듀파인 도입은 정부가 사립유치원의 회계를 관리·감독해 투명성을 확보하겠다는 것을 의미한다. 하지만 사립유치원의 경우 사유재산 인정 등 사립유치원 설립자의 경제적 문제를 지적하면서 사립유치원의 에듀파인 도입을 반대했다.

유치원 공공성 강화 방안 확정·발표 이후 정부와 사립유치원 간 갈등은 지속적으로 초래되었다. 일부 사립유치원이 교육청에 신청하지 않고 학부모들에게 폐원 안내문을 보내거나 예고 없이 원아 모집을 중단·보류하는 등 학부모를 위협하는 행동이 제기되었다. 이에 정부는 유치원 모집 보류, 일방적 폐원 통보 등 학습권 피해 우려 상황에 대해 집중 모니터링을 실시했다. 정부는 유치원 휴업·폐원 관련 절차 보완 지침을 개정해 휴업·폐원 시 학부모 동의 및 유치원 운영위원회를 통한 사전 협의를 의무화했으며, 일방적인 모집 중지는 형사 처벌 대상으로 엄정한 법 집행을 공고하는 등 강경하게 대응했다. 또한 2019년 2월 「사학기관 재무·회계규칙」을 개정해 모든 유치원의 에듀파인 시스템 사용을 의무화했다. 「사학기관 재무·회계규칙」 개정에 따르면, 사립유치원의 에듀파인 시스템 사용 의무화의 경우 2019년 3월 1일부터는 현원 200명 이상 사립유치원이 대상(1단계 의무 도입 대상)이며, 나머지 모든 사립유치원은 2020년 3월 1일부터 에듀파인 시스템 사용을 의무화했다. 1단계 의무 도입 대상인 현원 200명 이상 사립유치원의 경우 현재(2019.10) 100% 에듀파인 시스템 도입을 완료했다. 하지만 일부 대형 사립유치원은 정부의 에듀파인 사용 의무화와 관련해 행정소송을 제기하는 등 다시금 갈등이 야기될 수 있는 여지를 갖고 있다.

갈등이란 공공정책(법령의 제정·개정, 각종 사업계획의 수립·추진 등)을 수립하거나 추진하는 과정에서 발생하는 이해관계의 충돌을 의미한다(「공공기관의 갈등 예방과 해결에 관한 규정」 제2조). 이러한 맥락에서 유치원 공공성 강화 방안 추진 과정 역시 정부와 민간 간 갈등 사례 중 하나로 개인의 이익과 공공가치 간의 갈등 사례이다. 정부가 유치원 공공성 강화라는 측면에서 사립유치원을 규제함으로써 이해당사자들 간에 편익과 손실이 발생한 것으로 규제 갈등의 성격을 지니고 있다. 다양한 가치가 공존하는 사회에서 갈등은 어떻게 보면 필연적으로 발생할 수밖에 없다. 따라서 발생하는 갈등을 어떻게 하면 잘 해결할 수 있는지 등 갈등관리가 무엇보다 중요하다. 갈등관리가 체계적으로 이루어지지 않을 경우 사회적 비용 발생은 물론 사회통합 저해 및 국가경쟁력의 약화가 발생하기도 하기 때문이다(유항재, 2016: 1). 이 글에서는 유치원 공공성 강화 방안 추진 과정에서의 갈등 쟁점과 다양한 이해관계자들을 살펴보면서 효율적인 갈등관리 및 해소 노력에 기여할 수 있는 실무적 함의를 도출하고자 한다.

III. 유치원 공공성 강화 방안의 추진 배경

유치원 공공성 강화 방안의 갈등 쟁점 및 주요 이해관계자들의 전략을 분석하기에 앞서 유치원 현황 및 문제점, 유치원 공공성 강화 방안 추진 배경 등을 살펴볼 필요가 있다. 이는 정부가 왜 유치원 공공성 강화 방안을 종합대책으로 설정했는지, 유치원 공공성 강화 방안 추진 과정에서 이해관계자들 간의 갈등이 왜 발생했는지 등을 이해하는 데 중요한 시사점을 제공하기 때문이다.

1. 유치원 현황

유치원이란 유아의 교육을 위해 「유아교육법」에 따라 설립·운영되는 학교(「유아교육법」 제2조 제2호)를 의미한다. 이 중 사립유치원은 학교법인, 공공단체 외의 법인 또는 그 밖의 사인(私人)이 설치하는 유치원(「사립학교법」 제2조 제1호)이다.

만 3~5세 유아 136만 명 중 약 49.5%(67.6만 명)가 유치원을 이용하고 있다. 유치원을 이용하는 만 3~5세 유아 67.6만 명 중 국·공립유치원을 이용하는 아동은 25.4%(17.2만 명)에 불과하며, 74.6%(50.4만 명)가 사립유치원을 이용하고 있다.

〈표 1〉 유치원 및 어린이집 취원 현황(2018년 기준)

만 3~5세	유치원		어린이집	
	취원아	취원율	취원아	취원율
136만 명	67.6만 명	49.5%	59만 명	43.5%

출처: 교육부(2018a).

〈표 2〉 유치원 현황(2018년 기준)

구분	유치원 수	원아 수
국·공립유치원	4,801개	17.2만 명
사립유치원	4,220개	50.4만 명
합계	9,021개	67.6만 명

출처: 교육부(2018a).

한국교육개발원(2018)에 따르면, 2018년 사립유치원 수는 총 4,220개 원으로 전체 유치원의 46.8%에 달한다. 사립유치원 설립 형태를 살펴보면, 앞에서도 기술한 바와 같이 사립유치원은 「사립학교법」상 초·중·고등학교와 달리 사인 설립이 허용된다. 이에 전체 사립유치원 중 87.1%(3,675개 원)가 개인이 설립한 사립유치원이다.

사립유치원 운영재원은 정부의 누리과정 지원금과 학부모 부담금, 일부 교육청 보조금 등으로 구성된다. 사립유치원 운영은 유아교육의 양적 성장에 기여했다는 점에서는 의의가 있지만 유아교육의 낮은 공공성은 한계로 지적되기도 한다.

⟨표 3⟩ 사립유치원 설립 형태(2018년 기준)

구분	유치원 수	비율
개인	3,675개	87.1%
학교법인	130개	3.1%
재단법인	360개	8.5%
사단법인	44개	1.0%
합계	4,220개	100.0%

출처: 교육부(2018a).

2. 유치원 공공성 강화 방안의 추진 배경

유치원 공공성 강화 방안이 추진된 배경을 살펴보면 다음과 같다(교육부, 2018a).

첫째, 유치원의 비상식적 예산 사용에 따른 방지 대책에 대한 논의이다. 2013~2017년 시·도교육청 유치원 감사 결과에 따르면, 정기종합감사 및 특정감사를 받은 유치원 수는 총 2,576개 원(국·공립: 620개, 사립: 1,956개)이다. 이 중 변상·징계·시정·주의·경고·개선 등 처분을 받은 유치원 수는 총 2,108개 원(국·공립: 317개, 사립: 1,791개)으로 사립유치원의 경우 91.9%가 위반 사례로 적발된 것으로 나타났다. 회계 미숙 및 착오로 적발된 유치원도 존재하지만, 일부 사립유치원의 경우에는 유치원 회계에서 명품가방 구입, 노래방·미용실 이용, 원장 개인 소유의 차량 할부금 및 보험료 지출 등의 명목으로 사용한 것으로 나타났다. 유치원에서 유치원 회계의 개인적 사용에도 불구하고 정부는 유치원 회계로 반납명령 처분 외 법령 위반의 제재 규정이 미흡한 실정이다. 이에 예산 전용을 방지하고 사립유치원의 회계 투명성을 확보할 수 있는 제도 마련의 필요성이 제기되었다.

둘째, 교육기관으로서 책무성 요구이다. 과거 유아교육기관이 설립될 당시에는 설립자금의 상당 부분을 민간재원(사유재산)으로부터 출연해 기관 운영의 자율성이 보장되었다. 하지만 2012년 만 5세 누리과정이 시행됨에 따라 누리과정 지원금, 유치원 교사 기본급 보조, 학급운영비 등 매년 약 2조 원의 예산이 사립유치원에 지원되고 있다. 그러나 사립유치원이 예산을 적절하게 잘 사용하고 있는지에 대한 확인 시스템은 부재한 실정이다. 앞에서도 제시한 바와 같이 사립유치원은 유아교육을 담당하는 법적 사립학교임에도 불구하고 이에 대한 인식이 부족하다. 사립 초·중·고등학교와 달리 대부분 사인(私人)이 운영함으로써 유치원 회계와 설립자 개인 생활 간 구분이 미흡하다는 점에서 회계의 투명성 확보 및 교육기관으로서 책무성 강화가 요구된다.

셋째, 유치원 정책의 패러다임 전환이다. 사립유치원 확대 등 정부의 정책을 통해 유치원의 양적 성장은 이루어졌으나, 유치원 설립·운영의 투명성 및 품질관리 제도는 미흡한 실정이다. 이에 기존 유치원 정책 패러다임에서 유아교육의 국가 책임을 확대하고, 모든 유아가 양질의 유아교육을 받을 수 있는 제도 개선이 요구되었다. 이상의 환경 변화 및 국민의 요구가 유치원 공공성 강화 방안이 추진된 배경이다.

IV. 갈등 전개 과정 및 구조

갈등 전개 과정에 대한 분석은 갈등의 전체적인 틀과 원인이 무엇인지를 이해하고, 갈등을 둘러싼 사회적 환경과 분위기를 파악하기 위해 가장 중요한 단계이다(서용석·함종석, 2012). 여기서는 유치원 공공성 강화 방안 추진 과정에서 발생한 갈등의 전개 과정을 분석하고자 한다. 갈등의 각 단계별 특성 이해는 갈등관리 방안을 제시하는 데 중요한 시사점을 제공할 수 있다. 일반적으로 갈등분석에서 활용하는 갈등주기(conflict cycle) 모형은 갈등 생성 및 잠복기(conflict generation & latency), 갈등 표면화기(conflict surfacing), 갈등 확대기(conflict escalation), 갈등 완화기(conflict mitigation), 갈등 해결기(conflict resolution) 등 5단계로 구성된다(박홍엽·홍성만, 2012: 15). 여기에서는 갈등주기 모형을 기반으로 유치원 공공성 강화 방안 추진 과정을 살펴보고자 한다.

1. 갈등 생성 및 잠복기

갈등 생성 및 잠복기는 갈등이 표면화되기 이전 단계를 의미한다. 갈등을 초래할 수 있는 정책은 결정되었지만 외부로 공개되지 않아 이해관계자의 반대가 구체화되지 않은 시기이다. 이 글의 사례에서는 정부가 유치원 비리 근절을 위한 종합대책(유치원 공공성 강화 방안)을 마련한 시기가 해당된다.

2018년 10월 11일 시·도교육청 감사 결과가 언론에 공개되면서 유치원 회계 비리에 대한 국민의 관심이 집중되었다. 교육부는 국정감사에서 사립유치원 회계 비리 대책과 관련해 국회의 시정 및 처리를 요구받았다(<표 4> 참조). 이에 교육부는 사립유치원 설립 및 운영에 대한 투명성의 중요성을 인식하고 유치원 비리 근절을 위한 종합대책을 마련하겠다고 입장을 표명했다. 사립유치원 원장은 정부의 유치원 비리 근절을 위한 종합대책에 대한 구체적인 내용을 알지 못한 시기로 갈등이 구체화되지 않았다. 종합대책(유치원 공공성 강화 방안)의 구체적인 내용이 공개될 경우 사립유치원의 반대가 나타날 것이라는 점에서 갈등의 잠복기라고 할 수 있다.

〈표 4〉 사립유치원 회계 비리 대책 관련 시정 및 처리 요구 사항

국회 시정·처리 요구 사항	시정·처리 결과 및 추진계획
유치원 감사 시스템 개선	• 시·도교육청 유치원 상시 감사체계 구축 및 감사계획 수립 • 「유치원 감사처분 양정 기준안」 마련·배포
감사 인력 부족 개선 및 시민감사관제 도입	• 시·도교육청별 유치원 감사 한시 인력 • 시·도교육청 감사관회의 개최 • 시민감사관제도 운영
비리 유치원 명단 공개	• 시·도교육청별 유치원 감사 결과 공개
사립유치원 재무회계규칙 정비	• 「사학기관 재무·회계 규칙」 개정 공포 및 시행 • 사립유치원 에듀파인 시스템 의무화
사립유치원 설립자 자격 제한 강화	• 유치원 3법 개정 추진 중
유치원 알리미 공시정보 정확도 개선	• 정보공시 지침서에 시정명령을 받은 유치원이 시정명령을 모두 기재하도록 안내하고 유치원 알리미의 위반 내용 및 조사 결과를 별도 탭으로 분리 • 시·도교육청이 유치원 회계 분야를 중점 점검·검증할 수 있도록 「유치원 정보공시 중점 점검 가이드」를 제공하고 유치원 정보공시 입력 시스템의 검증 기능 개선
유치원 알리미 공시 대상 제외 규정 개선	• 2019 유치원 정보공시 입력 지침 개정
사립유치원 휴·폐원	• 「유아교육법」 시행령 개정 추진 학기 중 폐원 불가 및 폐원 시 유아 전원 조치 계획

출처: 국회입법조사처(2019).

교육부의 입장 표명 이후 10월 15일 전국사립유치원연합회는 정부의 사립유치원 공공성·투명성 강화정책에 적극 협조하겠다는 입장을 제시했다.

> … 교육부가 곧 사립유치원 비리 근절 대책을 발표하겠다고 밝힌 가운데, 한국유치원총연합회(한유총)에 이어 두 번째로 큰 규모의 사립유치원 연합단체인 전국사립유치원연합회(전사연)가 사립유치원 공공성·투명성 강화정책에 적극 협조하겠다는 입장을 내놓았다. 서울 강서구 보라유치원 원장인 위성순 전사연 회장은 "사립유치원 역시 교육기관으로서 투명한 운영을 해야 한다는 사회적 요구가 높아지는 만큼 이를 따르는 것이 당연하다"고 말했다. 외부감사나 공적 개입을 원치 않을 경우 학원 등으로 업종 전환을 해야 한다는 견해도 밝혔다. …
>
> (뉴시스, 2018.10.15)

한국유치원총연합회는 10월 17일 유치원 감사 결과를 공개한 언론사(MBC)를 상대로 명단 공개 금지 가처분 신청을 제기하는 등 유치원 회계 비리문제를 해결하기 위해 노력했다.

10월 20일 시민단체(정치하는 엄마들)는 비리 사립유치원 책임자 처벌과 유치원 에듀파인 도입을 요구하는 집회를 개최했다. 시민단체는 교육부가 사립유치원 비리 근절 대책을 마련하겠다는 입장에서 대해서는 찬성했으나, 대책을 마련하는 과정에서 학부모 및 교사의 의견을 수렴하지 않는다는 점에 다소 불만을 제기했다.

> … 비리 사립유치원 명단 공개 파문이 커지는 가운데 유치원 학부모들이 20일 도심에서 집회를 열고 책임자 처벌 및 유치원 국가회계시스템 도입을 촉구했다. 시민단체 '정치하는 엄마들' 회원은 이날 오전 시청역 앞에서 '유아교육·보육 정상화를 위한 모두의 집회'를 열고 이같이 밝혔다. '정치하는 엄마들'은 지난해 국무조정실과 교육청이 유치원 비리를 적발하고도 비리 유치원 이름은 전혀 공개하지 않는다는 사실을 알고 정부와 교육청 등을 상대로 정보공개 청구 및 행정소송을

벌여 왔다. 국무조정실 상대로 정보 비공개 처분 취소를 요구하는 행정소송을 벌인 장하나(19대 의원) 정치하는 엄마들 공동대표는 "한유총은 억울하다고 하는데, 끝까지 발악한다는 생각이 든다"면서 "나쁜 유치원이 극소수라면 그런 유치원을 한유총에서 제명하면 되는 일 아니냐"고 지적했다. 장 대표는 "교육당국이 다음 주에 대책을 낸다는데, 학부모나 교사 목소리는 듣지 않아서 믿음 가지 않는다"고 말했다. …

(한국경제, 2018.10.02)

2. 갈등 표면화기

갈등 표면화기는 정부의 정책 발표 및 특정 사건으로 인해 갈등이 표면화되는 단계를 의미한다. 일반적으로 갈등 표면화 단계에서는 갈등이 표면화되는 계기(triggering event)를 확인할 수 있다. 갈등 표면화 단계에서 갈등을 효과적으로 관리할 경우 갈등이 소멸되거나 잠복기로 이동하지만 효과적인 갈등관리가 이루어지지 못할 경우 갈등 확대기로 진행된다. 이 사례에서는 정부가 당정협의를 개최하고 유치원 공공성 강화 방안이 확정·발표된 시점부터 사립유치원 및 사립유치원단체의 반대운동이 이루어지는 시기이다.

국정감사에서 사립유치원 회계 비리문제가 지적되어 크게 논란이 됨에 따라 교육부는 10월 25일 당정협의를 통해 이에 대한 대책으로 '유치원 공공성 강화 방안'을 발표했다. 유치원 공공성 강화 방안은 사립유치원에 대한 관리·감독을 강화하는 방안에 초점을 두었다. 유치원 공공성 강화 방안 중 사립유치원 에듀파인 도입 의무화에 대한 내용이 가시화되면서 찬성 측과 반대 측의 이해관계자들이 제도 도입의 추진과 반대에 관련된 활동을 본격적으로 개시했다.

교육부의 유아교육 공공성 강화 방안이 공표되기 전 10월 24일 사립유치원 단체인 한국유치원총연합회는 기자회견을 통해 최근 발생한 사립유치원 회계 비리문제는 교육부에서 사립유치원 설립자가 유치원 운영을 위해 투입한 사유재산에 대한 보장이 없는 재무회계규칙을 적용했기 때문이라고 주장했다. 이에 설립자의 재산권과 사립유치원에 적합한 재무회계규칙을 만들어 달라고 요청하는 등 사립유치원이 수익성을 보장받아야 하는 사유재산이라는 입장을 강조했다. 유아교육 공공성 강화 방안이 발표된 10월 25일 한국유치원총연합회는 정부가 사립유치원 생존을 불가능하게 만들고 있다고 비판하면서 정부의 대책을 수용할 수 없다는 입장을 밝혔다. 이후 10월 30일 한국유치원총연합회는 '사립유치원 공공성 강화를 위한 대토론회'를 개최해 정부의 유치원 비리대책 대응 방향에 대해 논의했다.

> … 이 비대위원장은 "사립유치원이 비리집단으로 매도된 가장 큰 이유는 교육부에서 사립유치원 설립자들이 유치원을 운영하기 위해 투입한 사유재산에 대한 보장이 없는 재무회계규칙을 적용했기 때문"이라고 주장했다. 그러면서 "정부와 국회가 설립자들의 지위를 보장해 줄 수 있는 유아교육법과 사립유치원 현실에 맞는 재무회계규칙을 만들어 주기를 간곡히 부탁드린다"고 말했다. 또 "이런 법과 제도가 마련된다면 앞으로 사립유치원은 투명하고 공정한 회계를 준수할 것"이라고 덧붙였다. …
>
> (news1, 2018.10.24)

10월 31일 민주연구원, 박용진 국회의원 등은 '사립유치원 비리 근절을 위한 대안 마련 정책토론회'를 개최해 유치원 공공성 강화 방안의 중요성을 강조했다.

정부의 유아교육 공공성 강화 방안이 발표된 이후 한국유치원총연합회, 시민단체 등을 중심으로 다양하게 갈등이 표출되었다. 이 시기의 갈등 쟁점은 유치원 공공성 강화 방안 중 특히 사립유치원 에듀파인 도입 여부이다. 찬성 측에서는 사립유치원 회계 비리가 발생했기 때문에 에듀파인을 도입해 사립유치원 운영의 투명성을 확보해야 한다는 입장인 반면, 에듀파인 도입을 반대하는 측에서는 사립유치원에 에듀파인 시스템은 적합하지 않기 때문에 도입을 반대해야 한다는 입장을 갖게 되었다.

3. 갈등 확대기

갈등 확대기는 갈등이 지속적으로 증폭되는 단계이다. 갈등 표면화기에서 갈등 확대기로 전환되기 위해서는 입장에 대한 명분을 축적해 정당성을 확보하려는 노력이 필요하다. 이에 갈등 확대기에서는 갈등의 규모 및 강도가 증가하고, 서명, 집회, 시위 등 집단 의견 표출행위가 나타난다. 특히 갈등과 관련한 이해관계자들 간의 마찰이 쉽게 일어나기도 한다. 이 사례의 경우 교육부와 한국유치원총연합회가 유치원 공공성 강화 방안 수용 여부를 놓고 첨예하게 대립한 시기이다. 유치원 공공성 강화 방안에 반대하는 한국유치원총연합회는 기자회견 및 집회 등을 통해 반대 입장을 표명하고 적극적으로 집단행동을 한 시기이다. 또한 이 시기에 더불어민주당과 자유한국당 간의 갈등도 표출되었다.

11월 1일 교육부는 일방적인 유치원 휴업·폐원·원아 모집 중지 등으로 인한 유아의 학습권을 보호하기 위해 유치원 휴업·폐원 관련 지침을 개정했다. 정기 휴업일 이외 유치원장이 임시휴업을 실시할 경우 유치원 운영위원회 심의(공립)·자문(사립)과 학부모 동의(2/3 이상)를 받아 결정할 수 있도록 수정했다. 일방적인 원아 모집 중지는 교육과정 의무 위반 및 변경 인가 위반으로 「유아교육법」 제34조에 따른 형사 처벌 대상임을 강조하는 등 적극적으로 유아교육 공공성 강화 방안을 제시했다(교육부, 2018b). 또한 더불어민주당에서는 유치원·어린이집 공공성 강화 특별위원회를 구성했다. 유치원·어린이집 공공성 강화 특별위원회에서는 공공성과 투명성이 보장되는 대책을 추진하기 위해 다양한 의견을 수렴하겠다고 밝혔다.

11월 11일 한국유치원총연합회 비상대책위원회는 국회 교육위원회와 법제사법위원회에 일명 박용진 3법[1]이라는 유치원 3법에 대한 수정 요구안을 공문으로 발송했다. 공문에 따르면, 교비회계의 교육 목적 외 부정 사용 금지 조항에 수용할 수 없다는 입장을 밝혔으며, 사립유치원의 현실에 맞는 회계를 도입하고 유치원 설립자의 사유재산 투입에 대한 대가 지급 근거 마련 등을 요구했다. 결국 한국유치원총연합회는 사립유치원 에듀파인 도입뿐만 아니라 유치원 공공성 강화 방안과 관련된 내용을 대부분 반대했다.

11월 30일 한국유치원총연합회는 유치원 3법 통과 시 모든 사립유치원이 즉각 폐원하겠다는 강경한 입장을 밝혔다. 같은 날 교육부 역시 사립유치원 집단폐원에 대한 범정부 대응 방침을 발표하는 등 강경한 입장을 표명했다.

> … 사립유치원단체인 한국유치원총연합회(한유총)가 29일 오후 서울 광화문광장에서 '박용진 3법 반대를 위한 전국 사립유치원 교육자 및 학부모 대표 총궐기대회'를 열고 박용진 3법이 통과되면 모든 사립유치원이 폐원하겠다고 경고했다. 한유총은 "우리 의견이 반영되지 않고 박용진 3법이 국회를 통과하면 결의를 통해 모든 사립유치원이 즉각 폐원하겠다"는 내용의 성명을 발표했다. 이덕선 비상대책위원장은 "박용진 3법은 자유민주주의 기본인 개인 재산을 전혀 인정하지 않는 악법"이라며 "정부는 사립유치원에 시설 사용료를 지불해야 한다"고 주장했다. 교육부에 따르면 26일 기준 폐원 의사를 밝힌 유치원은 전국적으로 85곳이다. …
>
> (동아일보, 2018.11.30)

---

1) 유치원이 정부 지원금을 부정하게 사용하는 것을 막기 위해 마련된 「유아교육법」, 「사립학교법」, 「학교급식법」 개정안으로 대표 발의자의 명칭을 따 '박용진 3법'이라고 한다.

이 시기의 특징 중 하나로 국회 정당 간에도 사립유치원 재무회계를 둘러싼 입장에 차이점을 보이고 있다는 점이다. 11월 30일 자유한국당은 자체적으로 유치원 3법 개정안을 발의했다. 자유한국당이 발의한 개정안에서 사립유치원 회계 비리와 관련해 회계투명성 강화 차원에서 사립유치원 회계를 별도로 설치하고 국가지원회계와 일반회계로 분리해 관리하는 방안을 제시했다. 자유한국당이 제시한 개정안은 사립유치원 회계 투명성 확보 및 공공성 강화라는 방향성 측면에서는 유사하나 구체적인 내용 측면에서는 더불어민주당에서 제시한 유치원 3법과는 다소 상이한 것으로 나타났다.

> … 한국당이 발표한 유치원 3법 개정 방향에 따르면 '유치원 회계 투명성·신뢰성 확보', '학부모 감시권 모니터링 권한 확대·강화', '사립유치원 정상화를 통한 안정적인 유아교육 환경 유지', '출생아 수 감소를 고려한 유아교육 시스템 구축, 법인유치원 전환 노력' 등을 담은 유아교육법·사립학교법·학교급식법 개정안을 각각 발의하기로 했다. 사립유치원 회계 비리와 관련, 회계 투명성 강화 차원에서 유아교육법상 사립유치원 회계를 별도로 설치하고 국가지원회계·일반회계로 분리해 관리하는 방안을 제시했다. 국가지원회계의 경우 유치원교육정보시스템(에듀파인) 이용을 의무화해 국가·지방자치단체가 지급하는 보조금·지원금과 누리과정 보조금에 대해 정부 감시가 이뤄지도록 했다. 다만 일반회계의 경우 정부 지원금을 제외한 학부모 부담금 등이 포함되기 때문에 학부모가 감시할 수 있도록 했다. 유치원 운영위원회 자문을 의무화해 학부모 감시와 모니터링을 강화하도록 했지만, 정부 감시에서 멀어질 수 있다는 우려가 제기된다. …
>
> (시사위크, 2018.11.30)

12월 3일 국회 교육위원회는 법안심사소위원회를 개최해 사립유치원 회계 투명성 강화를 위한 유치원 3법 처리 여부를 논의했다. 하지만 여야가 교비의 국가회계 관리 일원화 여부 등에 대해 의견 차이를 보이면서 합의점을 찾지 못했다. 이후 12월 6일 법안심사소위원회를 개최했으나, 자유한국당 의원 불참으로 무산되었다. 12월 11일 시민단체(정치하는 엄마들)는 유치원 3법 통과 저지를 위해 국회의원에게 후원 의혹과 관련해 한국유치원총연합회와 일부 국회의원을 「정치자금법」 및 「국가공무원법」 위반 혐의로 고발했다.

4. 갈등 완화기

갈등 완화기 단계는 갈등의 확대 속도 및 강도 등이 완화되는 단계이다. 갈등 완화기 단계에서는 갈등당사자 간의 공식 또는 비공식 의사소통을 통해 이견 조정 가능성을 확인하는 단계이다. 이 사례의 경우 토론회 개최 및 한국유치원총연합회가 교육부에 의견서를 제출한 시기로 볼 수 있다.

2019년 1월 18일 사립유치원 공공성 확보 및 정책 제도화를 위한 집중 토론회가 개최되었다. 토론회 참석자로 교육부, 전국사립유치원연합회, 한국유치원총연합회, 정치하는 엄마들 등 정부, 학부모, 시민단체, 학계 전문가 등 다양한 이해관계자들이 참석했다. 하지만 입장차는 여전히 존재했다.

1월 23일 한국유치원총연합회는 교육부에 사립유치원에 맞는 회계 시스템을 만들어 달라는 의견서를 제출했다. 지금까지 한국유치원총연합회는 적극적으로 교육부가 제시한 유치원 공공성 강화 방안을 수용하지 않겠다는 반대 입장을 제시했다. 하지만 교육부 역시 적극적으로 유치원 공공성 강화 방안을 추진하려는 의지를 표명한 바 있다. 이에 한국유치원총연합회는 교육부와 대립 강도를 축소하고 이견을 조정하고자 노력했다. 아래의 신문기사 내용은 이러한 해석의 타당성을 뒷받침해 준다.

… 한국유치원총연합회 이사장과 소속 사립유치원 원장이 유아교육법 시행령 개정안 시행을 앞두고, 사립유치원의 목소리를 들어달라는 내용의 의견서를 23일 교육부에 전달했다. 한유총은 의견서 전달 후 가진 기자회견에서 회계 투명성 확보를 위해 앞장서겠다면서, 먼저 교육부에 두 가지를 요청했다. 지속적으로 유치원을 운영할 수 있는 방안과 사립유치원 현실에 맞는 회계 시스템을 도입해 달라고 주장했다. 이어 "현 에듀파인 시스템은 행정직원 여력이 충분한 국공립유치원 기준으로 만든 것으로 자재 구입부터 비롯해 업무 추진 방식이 다른 사립유치원의 업무 형태와 너무 다르다"면서 "먼저 사립유치원의 업무를 분석한 후 회계를 전산화한다면 적극 사용할 것"이라고 밝혔다. …

(전자신문, 2019.01.23)

5. 갈등 해결기

갈등 해결기 단계는 이해관계자 간에 이견 조정을 위해 구체적인 협상이 진행되는 단계를 의미한다. 구체적으로 협의체를 구성하거나 이해관계자 간의 협상 등을 통해 갈등을 해결하기도 한다. 이 밖에도 언론을 통해 보도문 형식으로 발표하거나, 합의문을 작성하는 등 다양한 방법이 존재한다. 갈등 해결기 단계를 지난 갈등은 소멸되거나 다시 갈등 잠복기 단계로 순환하게 된다. 이 사례에서 유치원 공공성 강화 방안 추진과제 중 하나인 사립유치원 에듀파인 도입이 시작된 시기가 해당된다고 볼 수 있다.

2019년 3월 한국유치원총연합회가 에듀파인 수용 의사를 밝히고 교육부가 제시한 사립유치원 에듀파인 도입을 추진했다. 교육부는 한국유치원총연합회의 반대에도 불구하고 2019년 2월 「사학기관 재무·회계규칙」 개정 후 법에서 정한 절차에 따라 사립유치원 에듀파인을 도입했다. 1단계 의무 도입 대상인 현원 200명 이상 유치원 568개 원 모두 에듀파인 도입을 완료했다. 이에 유치원 공공성 강화 방안 중 하나인 사립유치원 에듀파인 도입 관련 갈등은 표면적으로 해결되었다.

하지만 2019년 6월 일부 사립유치원에서 사립유치원이 에듀파인을 사용하도록 규정한 「사학기관 재무·회계규칙」은 「헌법」과 법률에 위배된다며 교육부 장관을 상대로 행정소송을 제기한 바 있다. 사립유치원 에듀파인 도입은 현재 1단계 의무 도입 대상인 대형 유치원에서만 도입이 완료되었으며, 유치원 전면 도입은 2020년 3월까지이다. 또한 유치원 공공성 강화 방안과 관련한 유치원 3법 역시 개정되지 않았다는 점에서 이 사례는 갈등이 소멸되었다기보다 갈등 생성 및 잠복기 단계로 순환했다고 해석해 볼 수 있다.

… 대형 사립유치원 원장들이 에듀파인(국가관리회계시스템) 사용을 의무화한 교육부령이 위헌이라며 헌법소원을 제기했다. 17일 교육계에 따르면, 원아가 200명 이상인 사립유치원장 340여 명은 지난달 24일 사립유치원도 에듀파인을 쓰도록 규정한 교육부령인 '사학기관 재무·회계규칙 53조3'이 헌법에 어긋난다며 헌법재판소에 헌법소원을 냈다. 해당 조항에 따라 현재 에듀파인을 반드시 사용해야 하는 원아 200명 이상 사립유치원(568곳) 원장의 약 60%가 헌법소원 청구인으로 이름을 올린 것이다.
헌법소원에 참여한 원장 가운데 167명은 같은 날 교육부 장관을 상대로 에듀파인 강제규정이 무효임을 확인해달라는 행정소송을 별도로 제기하기도 했다. 이들은 교육부가 법률에 근거하지 않고 하위 규칙으로 자신들의 권리와 의무를 제한해 헌법상 법률유보 원칙을 위반했다고 주장한 것으로 알려졌다. 또 사립유치원을 '비영리 개인사업자의 사유재산'으로 규정하고 "운영경비 대부분을 경영자가 조달하는데 다른 학교처럼 에듀파인을 반드시 쓰게 하는 것은 문제"라고 주장했다. 에듀파인 사용 의무화가 헌법상 직업의 자유와 재산권을 침해한다는 주장도 더했다.

교육부는 현행 사학기관 재무·회계규칙이 법적으로 문제없다는 입장이다. 사립유치원단체인 한국유치원총연합회(한유총)는 이번 헌법소원과 행정소송이 연합회 차원에서 한 일은 아니라고 선을 그었다. …

(서울경제, 2019.06.17)

〈표 6〉 유치원 공공성 방안 갈등 전개 과정

단계	일시	내용	이해관계자
갈등 생성 및 잠복기	2018.10.11	시·도교육청 감사 결과 언론 공개	
	2018.10.14	유치원 비리 근절을 위한 종합대책 마련 방침 발표	교육부
	2018.10.15	사립유치원 공공성 강화 정책에 적극협조 입장 발표	전국사립유치원연합회
	2018.10.17	유치원 감사 결과 공개와 관련해 MBC를 상대로 명단 공개 금지 가처분 신청 제기	한국유치원총연합회
	2018.10.20	유치원 실명 공개와 더불어 국가회계시스템 '에듀파인'과 온라인 입학지원시스템 '처음학교로' 불참 선언	한국유치원총연합회
	2018.10.20	공금 횡령과 유용으로 징계받은 교육부 공무원 실명 공개 요구	한국유치원총연합회
	2018.10.20	비리 사립유치원 책임자 처벌과 유치원 국가회계시스템 도입을 요구하는 집회 개최	시민단체 (정치하는 엄마들)
갈등 표면화기	2018.10.24	기자회견을 통해 사립 유치원 실정에 맞는 재무 회계규칙 별도 마련 요청	한국유치원총연합회
	2018.10.24	소속 다수 사립유치원장이 휴업을 결정했으나 부산시교육청의 강력 대응 방침에 집단휴업 결의 취소	한국유치원총연합회 부산지회
	2018.10.25	유치원 공공성 강화 방안 종합대책 발표	더불어민주당, 교육부
	2018.10.25	정부의 유치원 공공성 강화 방안을 수용할 수 없다는 입장 발표	한국유치원총연합회
	2018.10.30	사립유치원 공공성 강화를 위한 대토론회 개최	한국유치원총연합회
	2018.10.31	사립유치원 비리 근절을 위한 대안 마련 정책 토론회 개최	민주연구원, 박용진 의원 등

	날짜	내용	주체
갈등 확대기	2018.11.01	유치원 휴업·폐원 관련 지침 개정	교육부
	2018.11.01	유치원 입학관리시스템 처음학교로 미참여 사립유치원 강력 제재 방침 발표	부산시교육청
	2018.11.07	유치원 어린이집 공공성 강화 특별위원회 구성	더불어민주당
	2018.11.11	국회 교육위원회와 법제사법위원회에 '박용진 3법에 대한 수정요구안' 공문 발송	한국유치원총연합회 비상대책위원회
	2018.11.30	유치원 3법 통과 시 모든 사립유치원 즉각 폐원 발표	한국유치원총연합회
	2018.11.30	사립유치원 집단 폐원에 대한 범정부 대응 방침 발표	교육부
	2018.11.30	사립유치원의 국가지원회계와 일반회계를 구분하는 유치원 3법 개정안 발의	자유한국당
	2018.12.03	국회 교육위원회 법안심사소위원회 개최	더불어민주당, 자유한국당
	2018.12.06	국회 교육위원회 법안심사소위원회 개최	더불어민주당, 자유한국당
	2018.12.11	유치원 3법 통과 저지 관련 한국유치원총연합회, 국회의원 검찰 고발	시민단체 (정치하는 엄마들)
갈등 완화기	2019.01.18	사립유치원 공공성 확보 및 정책 제도화를 위한 집중 토론회 개최	교육부, 전국사립유치원연합회, 한국유치원총연합회, 시민단체 (정치하는 엄마들) 등
	2019.01.23	교육부에 사립유치원에 맞는 회계 시스템을 만들어 달라는 의견서 전달	한국유치원총연합회
갈등 해결기	2019.03	사립유치원 에듀파인 수용 의사 밝힘	한국유치원총연합회
	2019.04.22	사립유치원 개학 연기 사태 관련 한유총 설립 허가 취소 결정	서울시교육청
	2019.06.17	일부 사립유치원 원장들, 정부 상대로 에듀파인 사용 강제에 대한 행정소송 제기	한국유치원총연합회

V. 맺음말

이 글에서는 유치원 공공성 강화 방안 추진 과정 시 발생한 갈등의 전개 과정 및 이해관계자 구조 등을 갈등주기 모형에 기반해 분석했다. 결과적으로 사립유치원이 유치원 공공성 강화 방안 중 하나인 에듀파인 도입을 수용함으로써 표면상으로 갈등이 소멸된 것으로 볼 수 있다. 하지만 2019년 11월 현재도 유치원 공공성 강화 방안에 관한 논의가 이루어지고 있는 실정이며, 유치원 3법(「유아교육법」,「사립학교법」,「학교급식법」)은 개정되지 않았다. 특히 사립유치원 에듀파인 전면 도입과 관련한 행정소송이 진행 중이라는 점에서 유치원 공공성 강화 방안과 관련한 갈등은 소멸된 것이 아니라 갈등 잠복기 단계로 전환되었다고 해석해 볼 수 있다. 이에 향후 유치원 공공성 강화 방안을 효과적으로 추진하기 위한 시사점을 제시하면 다음과 같다.

1. 갈등 해결을 위한 협력적 네트워크 구축 필요

정책에 따른 갈등관리 역시 국정 운영의 중요한 부분 중 하나이다. 유치원 공공성 강화 방안은 사립유치원 회계 비리문제를 해결하기 위한 대안으로서 정부가 제시한 것이다. 이에 다양한 이해관계자들과의 의견 수렴 과정을 거치는 일반적인 갈등 사례와 달리 정부에서 결정하고 언론을 통해 공표하는 전형적인 DAD((Decide-Announce-Defend)[2] 접근 방법에 입각해 정책결정이 이루어졌다. 정부와 사립유치원 간의 갈등은 고조되었으며, 이를 해결하기 위한 협력적 네트워크는 부재했다.

---

[2] 정책 상대방이나 사회구성원과의 논의 없이 정부 독단의 의사로 사업 추진을 결정(decide)하고, 결정된 후 공중에게 알리며(announce), 갈등이 발생할 경우 제기되는 비판과 의혹을 방어(defend)하면서 결정했던 사업을 밀어붙이는 방식을 의미한다(서용석·함종석, 2012).

정부의 일방적인 정책 추진은 갈등관리 과정에서 이해관계자들의 신뢰 형성을 저해하는 요인이다. 즉, 이해관계자들의 참여와 협의는 갈등 예방 및 해소를 위한 중요한 요소 중 하나이다. 정책 추진 시 충분한 정보 제공과 의견 수렴을 위한 참여가 보장되지 않을 경우 이해관계자들은 정부와의 협의 및 조정보다는 저항과 투쟁이라는 전략을 선택하게 되는 등 갈등이 증폭되는 악순환을 경험할 수 있다. 이에 향후 유치원 공공성 강화 방안을 추진하는 과정에서 정부와 민간 간의 갈등을 최소화하고 해결점을 함께 모색할 수 있는 협력적 네트워크 구축을 위한 노력이 선행될 필요가 있을 것이다.

2. 갈등영향분석 실시 필요

갈등의 발생 가능성 및 해소 가능성, 합의 형성 절차 설계 등을 위한 갈등영향분석을 실시할 필요가 있다. 갈등영향분석이란 공공정책을 수립·추진할 때 공공정책이 사회에 미치는 갈등의 요인을 예측·분석하고 예상되는 갈등에 대한 대책을 강구하는 것을 의미한다(『공공기관의 갈등 예방과 해결에 관한 규정』 제2조). 이 글의 사례인 유치원 공공성 강화 방안의 경우 사립유치원을 중심으로 갈등이 발생할 것을 충분히 예상할 수 있었음에도 불구하고, 예상되는 갈등을 분석하고 이에 대한 대책을 수립하기 위한 노력은 찾아보기 힘들었다.

물론 위에서도 기술한 바와 같이 이 사례는 일반적인 갈등 사례와는 다소 차이가 있다. 즉, 정부가 사회문제로 지적된 사립유치원 회계 비리문제를 해결하는 과정에서 만들어진 정책으로 인해 발생한 갈등이라는 점에서 갈등영향분석을 실시하기에는 한계가 있었을 것이다. 그럼에도 불구하고 갈등영향분석의 주된 목적이 갈등의 발생 가능성을 예측하고 갈등의 해소 가능성을 판단하며, 합의 형성 절차를 설계하는 데 있다는 점에서 갈등영향분석을 실시할 필요가 있다고 판단된다.

3. 유아교육의 공공성 강화를 위한 단계적 추진 필요

유아교육의 공공성 확보는 무엇보다 중요하다. 사립유치원 설립 및 운영의 투명성을 확보하고 유아교육의 공공성을 확보하고자 하는 교육부의 정책 방향은 적절하다고 판단된다. 다만 교육부가 궁극적으로 제시한 정책 목표를 효과적으로 달성하기 위해서는 단계적으로 제도를 개선할 필요가 있을 것이다. 사립유치원 및 한국유치원총연합회는 교육부의 유아교육 공공성 강화 방안에 강력하게 반대했다. 또한 교육부와 협상 우위 전략으로 유치원 폐원 및 개학 연기 등 극단적인 방법을 선택했으며, 이와 관련한 피해는 결국 학부모인 국민에게 전가되었다. 이에 학부모, 시·도교육청, 국회, 유치원, 정부 등과 긴밀한 협의를 통해 현장의 목소리를 적극 반영하고 궁극적인 정책 목표를 달성할 수 있도록 단계적으로 추진하는 방안도 검토할 필요가 있다.

| 생각해 볼 문제들 |

1. 일반적으로 교육 서비스는 공공재적 성격을 지닌다. 교육 서비스를 제공하는 주체는 국·공립 및 사립학교로 구분될 수 있다. 사립학교의 자주성과 교육의 공공성 간의 관계는 오래전부터 중요한 논제로 다루어져 왔다. 앞에서 살펴본 유치원 갈등 사례 역시 사립유치원의 자주성과 유아교육의 공공성 간의 갈등이라는 측면에서 접근해 볼 수 있다. 사립유치원의 자주성을 확보하면서도 유아교육의 공공성을 향상시킬 수 있는 방안은 무엇일까?

2. 정부와 민간 간의 갈등에서 정부 리더십은 갈등문제 해결에 주요한 요인으로 작용할 수 있다. 갈등관리 과정에서 정부 리더십은 정책 유형이나 내용, 갈등의 양상에 따라 다양하게 나타날 수 있다. 이 사례에서 공적 권한에 기반한 정부의 강력한 규제 리더십이 효과적일 수 있었던 배경은 무엇일까?

3. 정부-민간 간의 갈등 사례에서 시민단체의 역할은 매우 중요하다. 정부-민간 간의 갈등 사례에서 시민단체는 정부보다는 민간 또는 지역주민을 지지하는 양상을 보여 왔다. 이와 달리 이 사례에서 '정치하는 엄마들'이라는 시민단체는 정부의 입장을 지지했고, 그들의 역할은 중요하게 작용했다. 갈등관리 사례에서 정부와 시민단체 간의 바람직한 협력체계는 무엇이고, 이러한 협력체계를 구축하기 위한 제도적 방안은 무엇일까?

〈 참고 문헌 〉

교육부(2018a). 유치원 공공성 강화 방안.
_____(2018b). 유치원 휴업·폐원 관련 절차 보완 지침 개정. 교육부 보도자료.
국회입법조사처(2019). 「2019 국정감사 이슈 분석 Ⅶ 교육위원회 문화체육관광위원회」. 국회입법조사처.
박홍엽·홍성만(2012). 국방갈등관리 표준해결모델 연구. 국방부.
서용석·함종석(2012). 「공정사회와 갈등관리: Ⅲ 갈등관리 역량 강화를 위한 사례연구」. 한국행정

연구원.
유항재(2016). 공공갈등 관리현황 분석: 국회의 갈등관리 기능을 중심으로. 국회예산정책처. 「사업평가현안분석」, 제61호.
한국교육개발원(2018). 유초중등통계.

뉴시스(2018. 10. 15). 전국사립유치원연합회 국가회계시스템 따르겠다.
동아일보(2018. 11. 30). 거리 나온 한유총 "유치원 3법 통과 땐 폐원."
서울경제(2019. 06. 17). 에듀파인 의무화는 위헌 대형 사립유치원장 60% 헌법소원.
시사위크(2018. 11. 30). 한국당, 사립유치원 비리 개선 위해 '유치원 3법' 발의.
전자신문(2019. 01. 23). 한유총 사립 현실에 맞는 회계 시스템 도입하라.
한국경제(2018. 10. 20). 유치원 비리 처벌 엄마들 도심 집회.
news1(2018. 10. 24). 한유총 "유치원 비리 죄송… 설립자 재산권 인정해달라."

03
청소년 진로교육을 위한 지방자치단체와 민간위탁기관의 성공적인 협력 : 연수구청소년진로지원센터 운영 및 건립 사례

김민정(金旻靜) · **박형준**
성균관대학교

I. 들어가는 말

진로교육 활성화 방안에 관한 논의와 더불어 2013년 5월에는 자유학기제 시범 운영 계획이 수립되었다. 2015년에는 「진로교육법」이 제정·시행되면서, 청소년 진로교육에 관한 체계를 구축하려는 노력이 본격화되었다. 이후 2016년에는 '자유학기제'가 전면 시행됨에 따라 진로교육에 대한 관심과 지원이 확대되었다.

「진로교육법」 제5조 '국가 및 지방자치단체 등의 책무'에 근거해 국가 및 지방자치단체는 청소년 진로교육에 필요한 국가 진로교육 체계 구축을 위해 힘쓰게 되었고, 그 노력의 일환으로 진로지원센터를 전국적으로 개소해 운영하고 있다. 이를 중앙과 지방 단위의 협력체계 구축 사례로 볼 수 있다. 중앙 차원에서 진로체험처 확충을 위한 중앙부처 및 민간과 연계한 '자유학기제 진로체험협의회'를 구성해 운영하고, 지역 차원에서는 지역사회 협력체계 구축을 위한 '자유학기·진로체험지원단 및 센터'를 설치해 운영하면서 자유학기제 도입과 청소년의 진로 체험을 위한 과정을 원활하게 하고자 한 것이다.

이 글은 전국에 진로지원센터를 설치하고 운영하게 된 정책 과정에 주목해, 지역 차원의 협력체계에 초점을 두어 좀 더 구체적인 협력 사례를 다루고자 했다. 이에 따라 지방자치단체와 민간위탁을 받아 운영하고 있는 기관이 협력을 통해 성공적으로 운영하고 있는 사례로 연수구청소년진로지원센터의 운영 및 건립 사례를 선정했다. 연수구청소년진로지원센터는 우수한 성과(교육청 평가 우수기관, 교육부 주관 사업 권역센터, 진로교육 유공자 수상 등)를 인정받았을 뿐만 아니라 연수구청과의 협력을 통해 새 센터를 건립해 이전·개소하는 등 민관 협력의 우수 사례라 볼 수 있는 선례가 되었다. 이 사례를 통해 지역 기반의 협력체계, 협력자들 간의 적극적인 소통, 신뢰를 바탕으로 한 운영이 성공적인 협력으로 이끄는 주요 요인임을 확인할 수 있었다. 이러한 사례가 청소년 정책 및 교육에서 협력이 갖는 의미를 제고하고, 지방자치단체와 위탁운영기관 간의 성공적인 협력을 만들어 가는 데 기여하는 초석이 되기를 기대한다.

II. 사례 개요

청소년을 하나의 독립적인 주체로 인식하는 시각이 주를 이루게 되면서 청소년에 관한 제도적 흐름 또한 변화하게 되었다. 청소년을 보호와 통제의 대상으로 여겼던 과거와는 달리 청소년의 성장과 권리에 기반을 둔 법률이 제정되고, 해당 법률을 추진 근거로 삼은 정책들이 구성되기 시작했다. 「청소년 기본법」과 '청소년정책기본계획'은 오늘날의 청소년 정책을 이해하는 데 주요 근간(根幹)이 된다고 볼 수 있다. 근간이 되는 제도들을 바탕으로 보호·복지·활동·교육 등 각 분야에 따른 청소년 정책이 수립·시행되고 있다.

이 사례는 2015년에 제정해서 시행되고 있는 「진로교육법」에 따라 전국에 진로지원센터를 설치하고 운영하게 된 것에 주목해, 지방자치단체와 민간위탁을 받아 운영하고 있는 기관이 협력을 통해 성공적으로 운영하고 있는 사례를 선정해 다루고자 했다. 2016년부터 자유학기제가 전면 시행됨에 따라 진로체험 활동이 적극적으로 장려되었으나, 학교와 진로지원센터, 진로체험처 등 주요 주체들은 처음 시행하는 제도에 대한 어려움을 크게 겪었다. 학교 교사가 전교생의 진로교육을 책임지는 것에도 어려움이 있고, 진로지원센터가 아직 설립되지 않은 지역도 있었으며, 진로체험처는 충분히 발굴되어 있지 않은 상황이라 모든 학생을 수용하기 어려운 실정이었다. 그럼에도 불구하고 지역 내 진로지원센터가 설립되어 운영되고 있는 경우, 진로지원센터와 협력해서 진로교육을 진행하거나 진로지원센터의 네트워크를 활용해 진로 체험을 하는 등과 같은 도움을 받을 수 있었다. 교육부는 자유학기제의 안정적 정착 지원을 위해서 '자유학기제·진로체험지원센터'를 2015년 6월까지 130개, 2015년 8월까지 182개, 2016년 2월까지 210개소를 설치하겠다는 목표를 세웠다.

이에 따라 청소년수련시설에 진로지원센터의 기능을 위탁하는 사례가 많이 발생했다. 건물을 추가로 건립하거나 증축하지 않으면서도 '자유학기제·진로체험지원센터'의 역할을 수행할 수 있도록 고안한 것이다. 청소년수련시설에는 청소년수련관, 청소년수련원, 청소년문화의 집, 청소년야영장, 유스호스텔, 청소년특화시설이 있다. 그중 청소년수련관과 청소년문화의 집이 지역사회에 고루 분포되어 설치·운영되고 있는 시설이기 때문에, 청소년 활동에 중점을 두고 운영하는 청소년수련관이 추가적으로 위탁에 참여하는 사례가 많았다. 한국청소년수련시설협회

(2018)에 따르면, 2018년 기준으로 청소년수련관은 전국에 총 187개가 설치·운영되고 있는데, 운영 형태는 직영 54개(28.87%), 민간위탁 133개(71.12%)로 위탁운영의 비중이 훨씬 높았다.[1]

연수구청소년진로지원센터는 2014년 2월에 위탁받아 연수구청소년수련관이 함께 운영하게 된 기관이다.[2] 연수구청소년진로지원센터는 2016년과 2017년 모두 인천광역시교육청 평가에서 우수기관(해당 평가 내 최고 등급)으로 평가되었으며, 2017년도에는 교육부가 주관하는 사업의 권역센터로 위촉되어 서울·인천·강원지역(1권역)의 진로체험 프로그램을 운영·관리하기도 했다. 또한 2017년 한 해 동안 연수구청과 여러 차례 협의해, 2018년 3월 새 센터를 건립하고 이전하는 성과가 있었다는 점에서 더욱 의미 있는 사례라고 보았다. 민간위탁 방식으로 운영되는 사례가 많은 만큼, 지방자치단체와 민간위탁기관이 신뢰를 기반으로 협력해 센터를 운영하고 발전시켜 나가는 사례는 좋은 선례가 될 수 있다고 생각해서 해당 사례를 선정하게 되었다. 그간 행정학 분야에서 청소년과 관련된 사례는 드물게 다루어졌기 때문에, 먼저 청소년진로지원센터 설치 및 운영에 관한 제도적 배경을 살펴봄으로써 정책적 흐름을 파악하고자 한다. 이어서 연수구청소년진로지원센터의 운영 및 건립에 관한 협력 사례를 통해 협력의 성공 요인에 대해 살펴보고자 한다.

---

1) 2015년 8월 기준, '자유학기제·진로체험지원센터'를 전국에 182개 설치했을 당시, 약 30%에 해당하는 총 53개(29.12%)는 수련시설에 설치했다(서울특별시 공문 참조, 2016).

2) 인천광역시 내에서 청소년 수련시설에 자유학기제·진로체험지원센터 위탁을 겸한 경우는 연수구청소년수련관과 서구청소년수련관 2개 시설이었다(2015년 9월 기준).

III. 청소년진로지원센터 설치 및 운영에 관한 제도적 배경

1. 제도적 흐름

우리나라 최초의 종합적인 청소년 정책은 1987년에 제정된 「청소년육성법」이라 할 수 있다(김정숙, 2014). 이전에 청소년은 아동복지 대상(만 18세 미만)의 일부분으로 포함되어 있었으나 「청소년육성법」 제정 이후 청소년육성위원회가 구성되고, 정부의 정책에서도 청소년 부분을 포함하게 되었다. 제도적 변화에 이어 1988년에는 청소년을 전담하는 국과 시·도 청소년과가 신설되었다. 이후 1990년에는 '대한민국 청소년헌장'이 제정·반포되었고, 1991년에는 '한국청소년기본계획'이 수립되었으며, 1991년에는 「청소년기본법」이 제정[3]되어 여러 차례의 개정을 거쳐 현재까지 이어지고 있다.

「청소년기본법」은 법의 기본 이념을 구현하기 위한 장기적·종합적 청소년 정책을 추진할 때, 청소년의 참여 보장, 창의성과 자율성을 바탕으로 한 청소년의 능동적 삶의 실현, 청소년의 성장 여건과 사회환경의 개선, 민주·복지·통일조국에 대비하는 청소년 자질 향상을 방향으로 할 것을 명시하고 있다. 이러한 이념을 바탕으로 청소년의 권리와 책임, 청소년의 자치권 확대, 가정과 사회·국가 및 지방자치단체의 책임, 청소년 정책의 총괄·조정 등에 관한 내용을 포함하고 있다. 「청소년기본법」을 시작으로 청소년과 관련된 제도와 정책 수립이 활성화되기 시작했다. 대표적인 예로 청소년정책기본계획을 들 수 있는데, 이는 1993년부터 5년 주기로 1~3차 청소년육성기본계획, 4~5차 청소년정책기본계획이 수립·운영되어 왔다.

---

3) 청소년육성법은 청소년기본법 제정으로 폐지되었다.
청소년육성법[시행 1988. 5. 29.] [법률 제3973호, 1987. 11. 28., 제정].

2018년부터는 '제6차 청소년정책기본계획(2018~2022)'이 적용되고 있다.

이 연구에서 중점적으로 다루고자 하는 사례는 인천광역시 연수구에 위치한 연수구청소년진로지원센터의 운영 및 재건립 과정에서 나타난 민관협력 사례로, 시간적 범위는 2016~2017년에 국한해서 살펴보고자 한다. 이 시기는 정책적으로 '제5차 청소년정책기본계획(2013~2017)'에 해당한다. 제5차 청소년정책기본계획의 정책과제는 5대 영역 15대 중점과제, 75개 세부과제로 구성되어 있다. 그중 '청소년(청년) 진로 체험 및 자립 지원' 과제 차원에서 청소년 진로교육에 대한 중요성이 더욱 강조되었다. 해당 정책은 청소년의 성장에서 자립에 이르기까지 민주시민으로서 성장하기 위한 균형적 지원 차원에서 수립된 것으로 세부 내용은 ① 지역사회 청소년 직업체험장 추진, ② 청소년 진로교육 활성화, ③ 청소년 직업체험 활동 강화, ④ 청소년(청년) 창업·취업 지원, ⑤ 청소년(청년) 주거 지원, ⑥ 청소년(청년) 진로·자립 지원 멘토링 네트워크 구축, ⑦ 네트워크 기반 직업훈련 도입 등 직업체험 환경 여건 강화가 있다.

앞서 언급한 바와 같이 진로교육 활성화 방안에 관한 논의가 지속되고 중요성이 강조되면서, 2013년 5월부터 자유학기제 시범 운영에 대한 논의가 시작되었다. 이어 「진로교육법」이 2015년에 제정되고 2016년에는 자유학기제가 전면 시행되면서 청소년 진로교육에 관한 정책적 관심과 지원은 꾸준히 증대되었다. 「진로교육법」 제5조 '국가 및 지방자치단체 등의 책무'에 따라 국가 및 지방자치단체는 청소년 진로교육에 필요한 국가 진로교육 체계 구축을 위해 힘쓰게 되었고, 그 노력의 일환으로 진로지원센터를 개소해 운영하고 있다. 중앙 차원에서 진로체험처 확충을 위한 중앙부처 및 민간과 연계한 '자유학기제 진로체험협의회'를 구성해 운영하고, 지역 차원에서는 지역사회 협력체계 구축을 위한 '자유학기·진로체험지원단 및 센터'를 설치해 운영하면서 자유학기제 도입과 청소년의 진로 체험을 위한 과정을 원활하게 하고자 한 것이다. 특히 이러한 협력은 2016년도부터 자유학기제가 전면 시행됨에 따라 중요성이 더욱 부각되었다.

중앙·지자체·공공기관 역시 진로체험처를 제공하고, 청소년수련시설 외 정부부처가 운영하는 다양한 체험시설 역시 진로 체험 운영 및 활성화에 적극 참여하고 있다. 특히 각 지역별 설립된 진로지원센터(또는 진로체험센터)는 지역 내 청소년들의 진로교육을 위해 다양한 프로그램을 기획·운영하고 있으며, 이 과정에서 민간단체·기업·대학과의 협력 또한 증진되었다. 이 사례는 이러한 부분에 주목해서 청소년 정책·청소년 교육에서도 협력적 거버넌스의 적용과 활용이 가능함을 살펴보고자 했다. 진로지원센터를 중심으로 교육부·교육청·학교·지방자치단체·지역사회 전반의 다양한 행위자가 참여하고 소통하며 협력하는 사례를 통해, '협력'이 가지는 의미를 함께 생각해 보고자 한다.

2. 주요 정책: 제5차 청소년정책기본계획

앞서 정리해 본 바와 같이 우리 사회가 청소년을 바라보는 시각의 변화는 청소년에 관한 법률과 정책의 변화 과정을 통해서도 드러난다. 「청소년기본법」과 같은 법률의 변천 과정, 5개년마다 수립·운영되는 청소년정책기본계획 등을 통해 정책 대상에 대한 이해와 해당 정책에 관한 시의성을 확인할 수 있다. '제5차 청소년정책기본계획(2013~2017)'에서는 청소년의 성장에서 자립에 이르기까지 민주시민으로 성장하기 위한 균형적 지원 차원에서 '청소년(청년) 진로 체험 및 자립 지원'을 15대 중점과제 중 하나로 제시했다.

'제5차 청소년정책기본계획(2013~2017)'에 따르면, 지나친 학업 경쟁으로 인한 청소년의 불균형한 생활 패턴이 심화되고, 주 5일 수업제 부분 도입(2005년) 이후 청소년의 여가시간이 2004년 하루 평균 4시간 33분에서 2009년에는 하루 평균 4시간 5분으로 더 감소되는 변화를 보였다는 점에서 새로운 사회환경을 적극 반영할 필요가 있음을 언급했다. 그뿐만 아니라 청년 노동시장의 위축 및 고용 불안정성 증

비전	청소년이 행복한 세상, 청소년이 꿈꾸는 밝은 미래
목표	– 청소년의 역량 함양 및 미래 핵심 인재로 양성 – 청소년의 자기주도적 참여와 권리 증진 – 청소년의 균형 있고 조화로운 성장 – 청소년의 안전하고 건강한 생활환경

정책과제		
	청소년의 다양한 역량 강화	1. 청소년 역량 증진 활동 활성화 2. 글로벌·다문화 역량 강화 3. 청소년의 인성 및 민주시민 교육 강화
	청소년 참여 및 권리 증진	4. 청소년의 참여 활성화 5. 청소년의 건강권 보호 6. 청소년의 권리 증진 기반 조성
	청소년 복지 및 자립 지원	7. 대상별 맞춤형 서비스 강화 8. 위기 청소년 보호·지원 강화 9. 청소년(청년) 진로 체험 및 자립 지원
	청소년 친화적 환경 조성	10. 건강한 가정 및 지역사회 조성 11. 안전한 생활환경 조성 12. 건전한 매체환경 조성 및 의식 제고
	청소년정책 추진체계 강화	13. 범부처 정책 총괄·조정 기능 강화 14. 청소년 지원 인프라 보장 15. 청소년 정책 추진 기반 강화

[그림 1] 제5차 청소년정책기본계획

대로 입직 지연 현상이 심화되는 점(1998년도 대기업 입직: 남 26세, 여 23.5세 → 2009년: 남 28.7세, 여 25.6세), 경제적 자립 시기의 지연, 개인주의적 가치관, 노동시장에서의 경쟁 심화 등으로 인한 결혼·출산 지연 및 기피 현상이 심화된다는 점 또한 변화된 정책 수요를 반영해 실효성 있는 정책을 수립할 필요가 있다는 근거로 제시되었다.

'제4차 청소년정책기본계획'의 한계를 검토하고 이를 보완하기 위한 차원에서도 청소년 진로교육에 관한 내용이 강조되었다. 청소년들의 진로·직업에 관한 욕구가 늘어나고 있으나, 지원 인프라는 현저히 부족하다는 점을 고려했다. 이 밖에도

20~24세가 직업에 대해 갖는 고민이 2002년 8.6%였다면, 2010년 38.5%로 증가했다는 점, 직업교육이나 직업훈련에 대한 경험이 있는 청소년이 청년층 인구 대비 19.5%(2004년)였다면, 15.3%(2010년)로 감소했다는 점, 취업문제가 청소년의 가장 큰 고민거리로 언급되나 청소년시설에서 제공하는 직업 체험 프로그램이 부족한 실정이라는 점 등을 고려해서 '제5차 청소년정책기본계획'이 수립되었다.

이 중 제5차 청소년정책기본계획(5대 영역 15대 중점과제, 75개 세부과제) 중 '청소년 복지 및 자립 지원' 영역에 '청소년(청년) 진로 체험 및 자립 지원' 항목이 있다. 이 중점과제의 세부과제 내용은 ① 지역사회 청소년 직업체험장 추진, ② 청소년 진로교육 활성화, ③ 청소년 직업 체험 활동 강화, ④ 청소년(청년) 창업·취업 지원, ⑤ 청소년(청년) 주거 지원, ⑥ 청소년(청년) 진로·자립지원 멘토링 네트워크 구축, ⑦ 네트워크 기반 직업훈련 도입 등 직업 체험 환경 여건 강화로 구성되어 있다. 정리하면 다음 [그림 2]와 같다.

세부과제 중 지역사회 청소년 직업체험장(community workplace) 추진은 지역사회(읍·면·동 등) 청소년 관련 기관과 다양한 기업의 연계를 통해 직장 체험 시스템을 구축해 청소년들에게 진로 준비 기회를 확대하고자 한 것이다. 자유학기제 시행과 더불어 여성가족부, 교육부, 고용노동부 간의 협력뿐만 아니라 각 부처(법무부, 환경부 등), 공공기관 등이 함께 협력해 체험의 기회를 적극적으로 마련하게 되었다. 청소년 진로교육 활성화는 진로진학상담교사 배치 확대를 기본으로 진로 코치 양성 계획 등을 포함하고, 청소년 직업 체험 활동 강화는 청소년 직업 체험으로 특화된 청소년시설을 건립하거나 직업 체험 프로그램 개발 및 운영 예산 지원, 직업 체험 활동 및 진로상담 프로그램 확대 등을 포함하고 있다. 청소년(청년) 창업, 취업 지원은 청년에게 일자리 정보를 제공하거나 노동시장 진입 전 학교 실정에 맞는 취업지원을 강화한다는 측면에 집중해서 주로 고용노동부와 협력하는 사업을 중점으로 한다. 이와 같이 정책과제에 따른 세부과제는 다시 해당 목표 달성을 위한 구체화된 사업들로 구성되어 운영된다. 이렇게 청소년 진로교육에 힘쓰게 된 주요 정책적 배

| 정책과제 | 청소년 복지 및 자립 지원 | 7. 대상별 맞춤형 서비스 강화
8. 위기 청소년 보호·지원 강화
9. 청소년(청년) 진로 체험 및 자립 지원 |

➡ 청소년(청년) 진로 체험 및 자립 지원

세부과제	1. 지역사회 청소년 직업체험장 추진
	2. 청소년 진로교육 활성화
	3. 청소년 직업 체험 활동 강화
	4. 청소년(청년) 창업·취업 지원
	5. 청소년(청년) 주거 지원
	6. 청소년(청년) 진로·자립지원 멘토링 네트워크 구축
	7. 네트워크 기반 직업훈련 도입

[그림 2] 제5차 청소년정책기본계획: 청소년 진로 체험 및 자립 지원

경을 살펴보았는데, 지금부터는 가장 대표적인 법률인 「진로교육법」에 대해 살펴보고자 한다.

3. 주요 법안: 진로교육법

    2013년 진로교육 활성화 방안에 관한 논의가 진행되면서, 2013년 5월부터 자유학기제 시범 운영 계획이 수립되었다. 이후 교육부에서 '자유학기제'를 전면 도입하면서 진로교육에 대한 관심과 지원이 확대되었다. 2015년에는 법률 제13336호로 「진로교육법」이 제정되고 시행되면서, 청소년 진로교육에 관한 체계를 구축하는 노

력이 본격화되었다.

「진로교육법」은 학생에게 다양한 진로교육 기회를 제공함으로써 변화하는 직업세계에 능동적으로 대처하고 학생의 소질과 적성을 최대한 실현해 국민의 행복한 삶과 경제 사회 발전에 기여함을 목적으로 제정되었다.[4] 본문은 제1장 총칙, 제2장 초·중등학교의 진로교육, 제3장 대학의 진로교육, 제4장 진로교육 지원으로 구성되어 있다. 제2장 제13조에는 '진로교육 집중학년·학기제'에 대해 명시하고 있고, 제4장 진로교육 지원에는 국가진로교육센터, 지역진로교육센터, 지역진로교육협의회, 진로 체험 지원, 교육 기부 진로체험기관 인증, 협력체계 구축 등에 대해 명시하고 있다.[5]

「진로교육법」 제1장 제5조 '국가 및 지방자치단체 등의 책무'에 따라 국가 및 지방자치단체는 청소년 진로교육에 필요한 국가 진로교육 체계 구축을 위해 힘쓰게 되었고, 이는 「행정기관 등의 진로체험 제공에 관한 규정」(교육부고시 제2019-180호, 2019. 4. 4., 일부 개정)과 같은 행정규칙에 따라 운영된다. 이 규정은 「진로교육법」 제5조 제3항 규정에 따라 중앙행정기관, 지방자치단체, 「공공기관의 운영에 관한 법률」에 따른 공공기관(이하 '공공기관') 및 「지방공기업법」에 따른 지방공기업(이하 '지방공기업')의 진로 체험 제공에 필요한 사항을 규정한다. 진로 체험 제공기관의 범위, 진로 체험 업무 담당자 지정, 진로체험처 등록, 진로 체험 운영, 진로 체험 운영 현황 조사, 진로 체험 실적 공개 및 활용 등에 대해 명시하고 있다.

이러한 「진로교육법」에 근거해서 각 부처별로 진로 체험 프로그램을 기획해 운영하고 있고, 각 지역별로 진로지원센터를 개소해 운영하고 있다. 자유학기제 시행과 더불어 정책적으로 진로교육의 중요성이 강조되면서 진로교육을 전담하는 교사

---

4) 진로교육법 제1장 총칙. 제1조 목적.

5) 진로교육법 제1장 제3조 '다른 법률과의 관계'에 명시하고 있는 바와 같이, 진로교육에 관해 다른 법률에 특별한 규정이 있는 경우를 제외하고는 이 법을 적용하게 되는 만큼 진로교육에 굉장히 중요한 법률이라 볼 수 있다.

의 필요성, 진로심리검사, 진로상담, 진로 체험을 할 수 있도록 하는 기회를 제공할 것을 명문화했고, 진로교육 집중학년·학기제를 운영할 것을 권고하고 있다. 이렇듯 진로교육의 중요성과 필요성을 강조하는 제도적 흐름에 따라 진로지원센터의 설치·운영도 양적으로 증가했고, 진로교육 콘텐츠 역시 증가했다. 지금부터는 청소년진로지원센터의 설치 및 운영 현황과 주요 행위자들 사이에서의 역할에 대해 정리하고, 연수구청소년진로지원센터의 운영 및 건립에 관한 협력 사례에 대해 살펴보고자 한다.

Ⅳ. 청소년진로지원센터 설치 및 운영

1. 청소년진로지원센터[6] 설치 및 운영 현황

교육부는 진로교육법을 바탕으로[7] 자유학기제, 진로집중학년·학기제 및 개인 맞춤형 진로설계를 지원하고자 하는 정책 추진에 따라 급증하는 학교별 진로 체험 수요에 대응하기 위해 각 지역별 자유학기제·진로체험지원센터(이하 진로지원센터)를 설치·운영하고 있다. 진로체험지원센터는 전국의 교육지원청별 또는 시·군·구 기초지자체 단위로 조직되어, 지역사회 내 다양한 체험처를 발굴하고, 진로체험지

---

6) 교육부에서 최근 '진로체험지원센터'라는 용어로 통일하고 있으나 기존에 진로센터, 진로지원센터, 진로진학센터, 진로체험센터 등 다양한 용어를 도입·사용해 왔다는 점과 이 사례연구에서 중점적으로 다루고자 하는 연수구청소년진로지원센터가 공식 명칭을 '진로지원센터'로 하고 있다는 점에서 혼란을 막기 위해 '진로지원센터'로 명명하고자 한다.

7) 진로교육법 제20조 ① 교육감은 대학의 장 및 지방자치단체의 장과 진로 체험 등을 활성화하기 위한 협력체계를 구축하여야 한다. ② 지방자치단체의 장과 교육감은 진로 체험 시설 등 진로교육과 관련된 시설 및 프로그램을 설치·운영하거나 지원할 수 있다.

원전산망 '꿈길'[8]에 등록해 학교와 연결하는 등 진로 체험과 관련해 다양한 지원활동을 하는 기관이다. 진로지원센터의 운영 현황(2016년 12월 기준)은 〈표 1〉과 같다.[9]

〈표 1〉 자유학기제 · 진로체험지원센터 운영 현황(2016.12.06 기준)

계	서울	부산	대구	인천	광주	대전	울산	세종	경기
센터 수	25	11	4	11	3	4	5	1	31
위탁 운영	21	6	0	7	3	4	5	0	20
지자체 직영	4	0	0	3	0	0	0	0	10
교육청 직영	0	5	4	1	0	0	0	1	1

계	강원	충북	충남	전북	전남	경북	경남	제주	총계
센터 수	18	10	14	14	22	23	18	2	216
위탁 운영	16	10	14	5	14	10	0	2	137
지자체 직영	0	0	0	0	0	0	1	0	18
교육청 직영	2	0	0	9	8	13	17	0	61

진로지원센터는 〈표 1〉과 같이 전국에 총 216개로, 이는 2015년 초에 67개 센터였던 것에 비해 약 322% 증가했음을 확인할 수 있다.[10] 운영 형태는 위탁 운영 137개, 지자체 직영 18개, 교육청 직영 61개로 위탁운영 방식의 비중이 가장 크다.

---

8) 교육부는 청소년들의 다양한 진로 체험을 지원하기 위한 대국민 서비스 플랫폼으로, 진로체험지원전산망 '꿈길'(http://www.ggoomgil.go.kr)을 운영해 진로체험처와 프로그램을 관리하고 있다.

9) 2018년 12월 기준, 17개 시·도별 224개 센터 설치·운영 중: 위탁운영 138개, 지자체직영 42개, 교육청 직영 44개[참고: 교육지원청 수: 177개, 지방자치단체 수: 229개, 예산 규모: 294억 원]

10) 현황: 67개(2015.03) → 130개(2015.06) → 182개(2015.08) → 203개(2015.12) → 216개(2016.12)

2018년 6월 기준으로는 위탁 운영 142개, 지자체 직영 14개, 교육청 직영 67개로 총 223개의 진로지원센터가 운영되고 있다. 2016년 12월 기준, 인력은 총 216개 센터 747명으로, 예산은 중앙특별교부금 50억 원, 지방비 167억 원(교육청 55억, 지자체 112억)으로 전년도에 비해 증가되는 추세를 보였다.

2. 진로지원센터의 협력관계

진로지원센터는 지역사회 내 진로 체험이 가능한 체험처를 발굴하고 관리하며 관련 프로그램을 컨설팅하고, 학교에서 진로 체험을 원활히 할 수 있도록 지원하는 역할을 수행하는 기관이다. 또한 교육기부 진로체험기관 인증제 심사, 진로체험 지원 자원봉사자 인력 모집 및 활용, 자체 진로 체험 프로그램 운영 등을 하는 기관이다. 이러한 진로지원센터를 중심으로 진로교육을 위해 협력하는 주요 행위자는 교육부, 교육청, 학교, 지방자치단체, 지역사회(민간기업, 민간단체, 학부모 등) 등이 있다. 이러한 행위자의 협력관계를 도식화하면 [그림 3]과 같다.

교육부와 교육청은 법률과 정책을 구성하고, 이를 총괄·기획하며 관련 예산과 정보를 지원하는 역할을 수행한다. 지방자치단체는 진로지원센터를 운영하는 예산을 지원하고, 지방자치단체 주도의 위탁운영 형태인 경우 실무적 지원도 같이 하게 된다. 학교는 자유학기제 및 진로교육을 시행하면서 진로지원센터에 진로 체험을 신청하고 진로교육을 요청한다. 지역사회의 주요한 행위자는 민간기업, 민간단체, 학부모, 지역주민들이 있는데, 이들이 진로체험처가 되어 프로그램을 제공해 주기도 하고, 청소년 진로교육에 참여하기도 한다. 진로지원센터는 이렇게 다양한 행위자 사이에서 청소년의 진로교육 및 진로 체험 프로그램을 총괄 운영하는 주요한 역할을 한다.

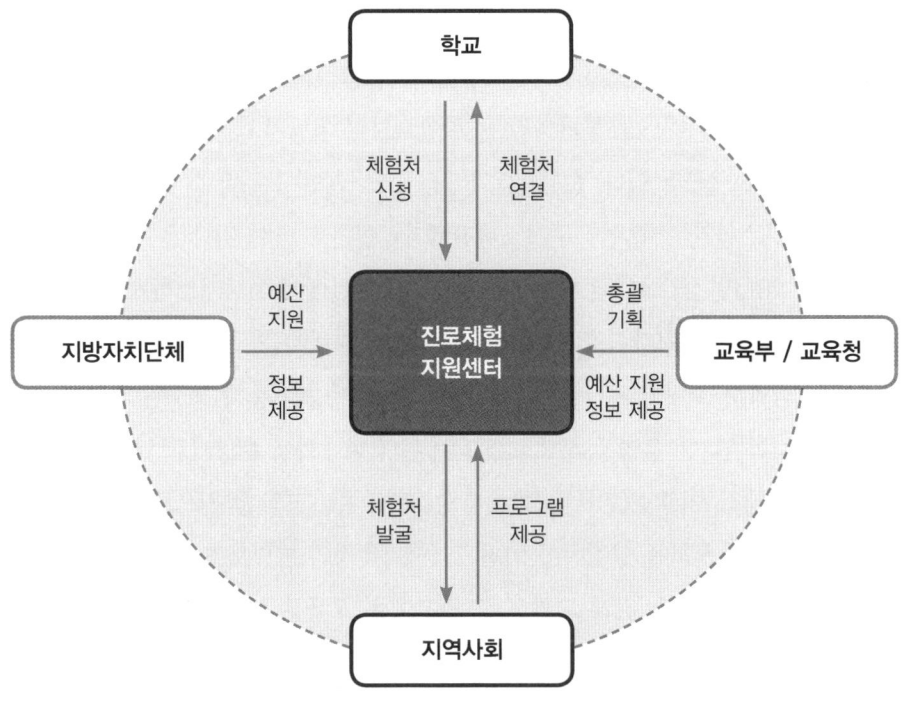

[그림 3] 진로지원센터와의 협력 행위자

V. 연수구청소년진로지원센터 운영 및 건립에 관한 협력 사례

1. 연수구청소년진로지원센터 운영 현황

연수구청소년진로지원센터의 경우, 인천 동부지역을 담당하는 센터에 해당하며, 연수구에서 (재)가톨릭아동청소년재단[11]에 위탁해서 운영하고 있다. 진로지원센터의 위탁운영은 크게 지방자치단체로부터의 위탁과 교육청으로부터의 위탁이 있는데, 이 경우 연수구청으로부터 위탁을 받았으므로 지방자치단체로부터의 위탁 유형에 해당한다고 볼 수 있다. (재)가톨릭아동청소년재단이 위탁받아 운영하고 있는 연수구청소년수련관 안에 연수구청소년진로지원센터도 함께 위탁 운영하는 방안으로 협의해, 2014년 2월 4일에 연수구청소년수련관 안에 설치·개소하게 되었다. 지역사회 진로지원전문기관으로서 유기적인 진로 지원체계를 구축하고, 청소년의 특성에 맞는 다양하고 내실 있는 진로 지원 프로그램 제공을 통해 청소년의 커리어 개발 역량을 강화한다는 운영 목적으로 2014년부터 현재까지 운영되고 있다.

2014년 개소 이후 2015년, 2016년의 3년간은 1명의 직원으로 운영되었다. 2017년에는 높은 성과를 인정받아 인천광역시교육청의 특별보조금으로 1명의 직원을 더 채용해 운영할 수 있게 되었고, 후반부에는 교육부 사업의 권역센터(1권역)로 지정되면서 1명의 직원을 추가로 더 채용해 운영할 수 있게 되었다. 2018년에 독립 건물로 이전하게 되면서 연수구청과의 논의를 통해 총 4명의 직원이 근무할 수 있도록 조율되었다.

센터장은 비상근으로 연수구청소년수련관장이 겸직했으며, 1명의 인력이 센터 전체를 책임지고 운영하고, 프로그램의 기획 및 운영, 사업의 집행 전 과정을 이끌어 나가는 데 현실적으로 어려운 부분이 있기 때문에 행정·실무적인 검토를 연수구청소년수련관 부장이 업무 지원(비상근)했다. 이러한 지원은 연수구청소년진로지원센터가 2018년 3월 독립·개소하기 이전까지 연수구청소년수련관 내에 위치하면서 긴밀한 협력의 관계로 유지되어 왔고, 독립·개소 후에도 센터의 안정을 위해 행정·실무적 지원을 했다.

---

11) (재)가톨릭아동청소년재단은 1996년 12월 30일에 설립되어 위기청소년 보호사업, 자연권·생활권 수련활동 사업, 상담사업 및 여러 가지 특화사업을 운영하며 전문적인 사업을 추진해 오고 있다.

⟨표 2⟩ 연수구청소년진로지원센터 운영 인력

기간	인력 구성
2014.02 ~ 2015.12	비상근 센터장 1명, 상근직원 1명(팀장)
2016.01 ~ 2016.02	비상근 센터장 1명, 상근직원 1명(주임)
2016.02 ~ 2016.12	비상근 센터장 1명, 상근직원 1명(주임)
2017.01 ~ 2017.06	비상근 센터장 1명, 상근직원 2명(대리, 팀원)
2017.07 ~ 2017.12	비상근 센터장 1명, 상근직원 3명(대리, 팀원 2명)
2018.01 ~ 2018.02	비상근 센터장 1명, 상근직원 4명(팀장, 대리, 팀원 2명)

"연수구청소년진로지원센터의 개소 때부터 제 일이라고 생각하고 계속 함께 업무를 봐왔습니다. 회계나 행정감사 등의 업무 지원이 주를 이루었지만, 때때로 사업의 아이디어를 함께 나누고 기획-운영-평가회의에도 동참해 의견을 조율하기도 합니다. 현재도 함께하고 있는데, 내년에는 센터가 더욱 안정되어 업무적으로도 독립되리라 기대하고 있습니다."

(연수구청소년수련관 한○○ 부장)

인천광역시 연수구[12]는 꾸준히 인구가 증가하고 있는 지역구에 해당한다. 2009년 약 27만 명 정도였던 인구가 2019년 약 35만 명까지 증가했음을 확인할 수 있었

---

[12] 인천광역시 연수구는 5개 법정동과 8개 행정동(옥련, 선학, 연수1, 연수2, 연수3, 청학, 동춘1, 동춘2동)을 관할구역으로 하는 지역이었으나, 이후 인구 증가로 인해 1996년 청량동이 2003년에는 옥련2동이, 2007년에는 송도동이 신설되었다. 이후 송도동 인구의 급격한 증가로 2012년에는 송도1, 2동으로 분동했고, 2014년에는 송도3동으로 분동되어 현재는 총 13개의 행정동으로 이루어져 있다.

〈표 3〉 연수구 내 교육기관

구분	유치원	초등학교	중학교	고등학교	특수학교	각종 학교	대학교
학교 수	43	29	17	16	1	1	9
학급 수	253	962	394	467	41	3	–
학생 수	5,421	23,211	10,937	11,564	221	42	–

다(KOSIS, 2019). 인천광역시 내에서도 폐교 사례가 발생하고 있으나, 연수구는 2019년, 2020년에도 개교를 예정하고 있다. 현재 연수구 내 교육기관은 〈표 3〉과 같다.

대학교 재학생 인원을 제외한 아동·청소년 수가 51,396명에 달하기 때문에, 아동·청소년에 대한 관심과 교육에 대한 열의가 높은 편이다. 또한 연수구가 구도심과 송도동의 포함으로 부상한 신도심으로 구성되어 있다는 점, 송도에 글로벌캠퍼스[13]가 조성되며 교육도시로 조명되고 있다는 점 등 역시 연수구의 특수한 사회환경이라 볼 수 있다. 연수구청소년진로지원센터는 이러한 교육적인 환경 여건을 고려해서 다양한 연령층을 대상으로 한 프로그램을 기획·운영하고자 했고, 송도동의 포함으로 구도심과 신도심이 나뉘어 있다는 점을 고려해서 기획·운영 과정에 반영했다.

2014년 개소 이후 2016년까지 약 3년간 한 명의 직원이 센터를 운영했음에도 불구하고 인천광역시 내 진로지원센터 중 가장 다양한 프로그램(직원 수 대비 프로그램 수, 진로 영역별 프로그램 기준)을 운영하는 센터로 자리 매김 했다. 이에 따라 연수구청소년진로지원센터는 2016년과 2017년 모두 인천광역시교육청 평가에서 우수기관으로 평가되었으며, 2017년도에는 교육부가 주관하는 사업의 권역센터로 위촉되어 서울·인천·강원지역(1권역)의 진로 체험 프로그램을 운영·관리하기도 했다. 이러

---

13) 송도글로벌 캠퍼스 내 외국대학교: 한국뉴욕 주립대(SUNY Korea), 조지메이슨대(George Mason Univ. Korea), 유타대(Univ of Utah Asia Campus), 겐트대(Ghent Global Campus).

한 내용을 바탕으로 연수구청소년진로지원센터의 운영에 관한 협력 사례와 연수구청소년진로지원센터의 재건립 과정에 관한 협력 사례를 살펴보고자 한다.

2. 연수구청소년진로지원센터 운영에 관한 협력 사례

연수구청소년진로지원센터는 2014년부터 진로 발달 단계별·진로 영역별로 다양한 프로그램을 기획·구성해 운영해 왔다. 지역사회 수요를 분석해 개발하는 콘텐츠가 증가하고 인지도가 높아지는 만큼 그 운영 실적 역시 증가하게 되었다. 연수구청소년진로지원센터의 2014년부터 2017년까지 운영 실적을 살펴보면 [그림 4]와 같다.

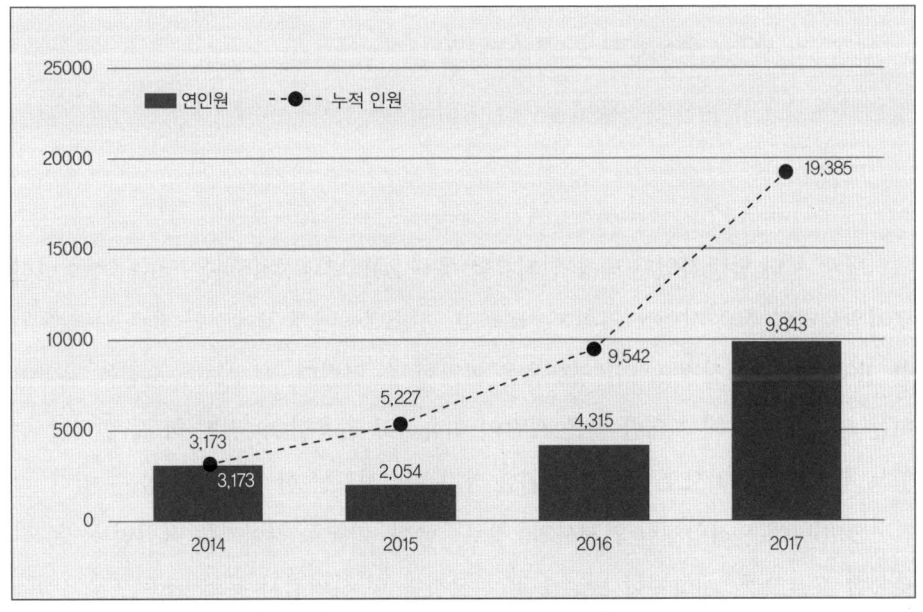

[그림 4] 연수구청소년진로지원센터 인원 실적

2014년에는 개소한 이후 이색직업 체험 프로그램, 진로체험 캠프, 직업인과의 만남, 진로통합 프로그램, 진로상담 및 심리검사, 대학탐방 등과 같은 8종의 프로그램을 1년간 총 219회 운영해 3,173명의 청소년들이 진로 프로그램에 참여했다. 이어 2015년에는 직업체험 연계사업, 직업체험 캠프, 학교로 찾아가는 직업인 특강, 진로통합 프로그램, 대학체험 프로그램 등과 같은 6종의 프로그램을 1년간 48회 운영해 2,054명의 청소년에게 진로 지원을 했다.

> "연수구청소년진로지원센터를 운영하는 데 초기에 가장 중점을 두었던 부분은 의미 있고 중점을 둘 만한 다양한 사업을 구성해 최대한 많은 지역주민이 이용하도록 하는 것에 있었습니다. 이를 통해 센터의 인지도를 높이고 더 많은 사람이 함께 할 수 있도록 하는 것이었습니다. 그렇게 하기 위해 학교 대상 프로그램과 개인 대상 프로그램으로 구분해 기획·운영했고, 다시 학교급별 진로 발달 단계에 맞는 단계적인 사업을 구성하고자 노력했습니다."
>
> (2014~2015년 센터 담당자 민○○○ 팀장)

당시 센터 담당자였던 팀장 인터뷰를 통해 2014년과 2015년은 연수구청소년진로지원센터의 주요 사업을 기획·운영하고, 청소년들에게 체계적인 진로 지원을 위한 연구사업을 중점적으로 운영했음을 파악할 수 있었다. 무엇보다 중점을 두어야 하는 사업에 주력해 최대한 많은 사람이 이용하고 활용할 수 있게 하고, 협력할 수 있는 자원을 적극적으로 발굴하기 위한 다각적인 시도를 한 시기라고 볼 수 있다.

2016년에는 직업체험 연계사업, 진로박람회, 학교로 찾아가는 직업인 특강, 진로통합 프로그램, 대학체험 프로그램, 진로상담 및 심리검사 등의 10종 프로그램을 1년간 159회 운영해 4,315명의 청소년에게 진로 지원 프로그램을 제공했다.

"연수구청소년진로지원센터 업무를 인계받았을 때, 기존에 운영해 온 사업들이 청소년의 진로 발달 단계에 맞춰 체계적으로 구성되어 있다는 것을 파악할 수 있었습니다. 이를 청소년이 좀 더 친근하게 접근할 수 있도록 각 사업별로 입에 붙는 이름(contents title)을 붙여서 계속 운영해 나가고, 진로 발달 단계를 고려한 진로 프로그램들 중 보충이 필요한 단계를 채워 넣는 방식으로 신규 프로그램을 기획해서 운영했습니다."

(2016~2017년 센터 담당자 김○○ 주임/대리)

연수구청소년진로지원센터는 3년간 프로그램의 다양성과 연인원의 증가, 참가 청소년 및 교사의 만족도가 높아지면서 성과를 인정받아 2017년에는 보조금과 지원이 증액(2016년 대비 3.5배)되었다. 인천광역시 교육청이 1명의 인건비를 추가적으로 지원하며 고용이 가능해졌고, 교육부가 주관하는 '정부 부처 연계 진로사업'의 1권역 주관센터가 되면서 하반기에 1명의 인력이 추가되었다. 이에 따라 2017년에는 직업체험 연계사업, 진로지원센터 기자단, 직업 탐색 프로그램, 학교로 찾아가는 직업 체험, 학교로 찾아가는 직업인 특강, 진로박람회, 진로통합 프로그램, 대학탐방 프로그램, 대학체험 프로그램, 진로상담 및 심리검사, 세계시민 역량개발 프로그램, 정부부처 연계 진로체험사업 등 16종 사업을 연 220회 운영해 총 9,843명의 청소년에게 진로 지원 프로그램을 제공했다. 그뿐만 아니라 연수구청소년진로지원센터는 인천광역시 내 진로지원센터 최초로 초등학생 대상 진로 프로그램을 기획·운영하기도 했다.

> "2017년도에 연수구청소년진로지원센터 사업의 큰 변화 중 하나는 초등학생을 위한 직업체험 프로그램을 도입했다는 것입니다. 2014년 센터 개소 이후 3년 동안 운영된 대표 프로그램을 초등학생에게 맞추어 기획·운영했습니다. 다년간 운영을 통해 검증된 포맷을 초등학생까지 확장해 초등학생 역시 다양한 체험과 도전을 통해 자신만의 흥미와 재능을 발견할 수 있도록 했습니다."
>
> (2017년 센터근무/초등진로 담당 원○○ 팀원)

교육청이 인력을 증원해 주며 생긴 여력으로 초등학생을 대상으로 한 프로그램을 추가적으로 기획 운영했고, 교육청은 초등학교 교원연수에 연수구청소년진로지원센터를 초청해서 교육 및 프로그램 소개를 할 수 있도록 협업했다.

정부부처 연계 진로체험사업은 「진로교육법」에 따라 중앙행정기관, 지방자치단체, 공공기관, 지방공기업 등의 학생 대상 진로 체험을 제공하는 것이 의무화됨에 따라 진로 체험 기회의 양적 확대에 따른 체계적 체험 및 인프라 구축 차원에서 교육부가 주도한 사업이라고 볼 수 있다. 이에 따라 정부부처 소속·산하기관이 보유한 인프라를 연계·활용해 민간기관에서 경험하기 어려운 특화체험 프로그램을 지원하는 정부부처 연계 진로체험사업을 개발해 보급하게 되었다. 그뿐만 아니라 사업 변경으로 시범 진행된 '지역창업체험센터'로 지정되어 창업체험 프로그램을 위탁 운영하기도 했다.

> "1권역 주관센터의 범위는 서울, 인천, 강원지역으로 해당 권역의 중학교 대상 프로그램의 운영 소요비용을 집행하고 진행 현황을 모니터링하는 역할을 수행했습니다. 이 사업으로 1권역에 총 35회 30개교 888명에게 지원을 했고, 4권역의 도움

> 요청으로 총 21회 18개교 877명에게 지원을 했습니다. 추가적으로 지역 창업체험 센터로 지정되어 운영한 창업체험 프로그램 위탁운영은 중고등학교 4개교 총 966명을 대상으로 했습니다. 센터의 16종 사업과 더불어 운영하느라 매우 바쁜 날들의 연속이었지만 참여한 학교와 학생들의 만족도가 높아 보람 있었습니다."
>
> (2017년 센터근무/정부진로 담당 김ㅇㅇ 팀원)

연수구청소년진로지원센터는 2016년에는 신규사업 3종, 2017년에는 신규사업 4종을 기획·운영하고, 동일 사업 내에서도 4차 산업혁명 등 시대의 이슈와 변화 과정을 반영한 진로 체험 등을 구성해 진로 지원의 효과성을 높였다. 변화를 적극적으로 수용하고 참가 청소년의 수요를 반영하는 과정에서 '협력'은 필수불가결한 요소가 되었다. 좀 더 구체적이고 단적인 사례로, '학교로 찾아가는 직업인 특강' 프로그램을 예로 들겠다. 연수구청소년진로지원센터는 많은 학교가 진로교육의 방식으로 선택하는 '진로 특강' 프로그램을 운영할 때도 강사 한 명을 초빙해 학생들이 일괄적으로 강의를 듣게 하는 것이 아니라 학교의 신청을 받은 후 학교와 상담을 통해 어떠한 진로교육 프로그램을 원하는지에 대해 논의하고 대상 학년 학생들에게 사전 수요조사가 진행되도록 협의한다. 사전 수요조사를 통해 학생들이 가장 만나고 싶은 직업군, 가장 되고 싶은 직업군은 무엇인지에 대한 결과를 종합해서 해당 수요를 반영한 강사를 캐스팅한다. 학생 수와 학교 학급의 규모에 따라 차이가 있으나 1개 학년 전체를 대상으로 직업인 특강을 운영할 때, 학급 수만큼의 강사를 구성해 결과를 미리 학교에 안내한다. 이후 학교는 학생들에게 직업군을 공지해서 관심 있는 직업의 수업을 들을 수 있도록 반을 재배정한다. 프로그램 수혜자의 수요를 파악하고 이를 충족하기 위한 노력의 과정이 추가되는 것이다.

학생들이 관심을 가지고 있고 만나기를 원하는 직업군을 연결해 주기 위해서

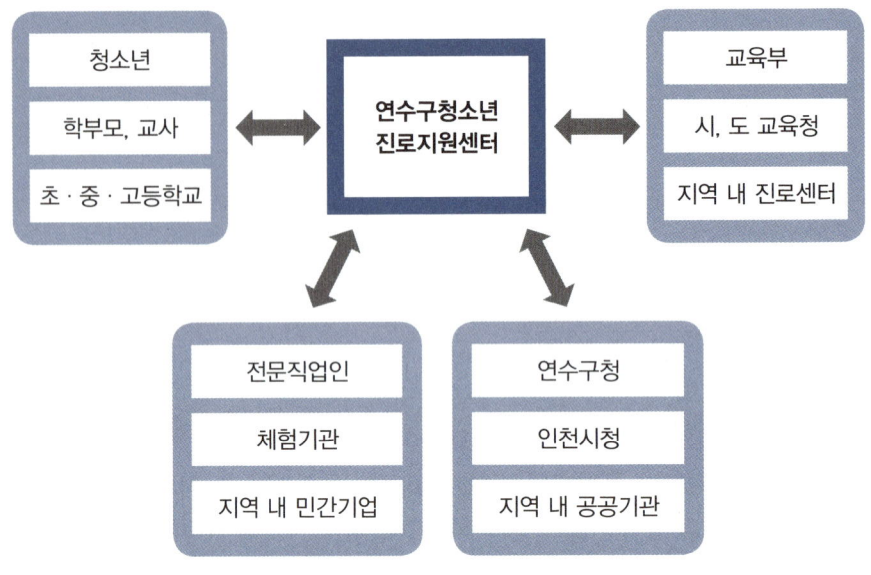

[그림 5] 청소년 진로 지원을 위한 협력체계

진로지원센터는 다양한 직업군과의 협력관계를 필요로 하게 된다. 수혜자의 요구를 충족시키기 위한 협력과 노력은 인천광역시교육청 주관 진로지원센터 이용 만족도 조사 및 평가 결과 2년 연속 '우수'(해당 평가 내 최고 등급) 평가로 이어졌다.

　　연수구청소년진로지원센터의 사업 운영 과정에서 협력하는 주요 행위자는 [그림 5]와 같다. 앞서 언급한 바와 같이 교육부와 교육청은 진로교육 정책을 수립하고 관련 사업을 관리하며, 지역 내 진로지원센터를 구성하는 역할을 한다. 연수구청은 연수구청소년진로지원센터에 예산을 지원하고 운영 전반에 대해 관리·감독하는 역할을 수행한다. 인천시청 및 지역 내 공공기관 역시 체험처로서 함께 협력하거나 자원을 제공하는 역할을 한다. 전문직업인과 체험기관, 지역 내 민간기업은 체험처와 강사로 협력하고자 진로지원센터의 주 협력 대상이 된다. 청소년, 학부모, 교사, 그리고 초·중·고등학교는 진로지원센터 프로그램의 주요 수혜자이자 참여자가 된다.

다양한 행위자가 각자의 역량과 자원, 전문성을 결합하는 협력 과정을 통해 '청소년의 진로교육(진로 지원)'을 위한 근원적 목표를 함께 달성할 수 있게 된다. 즉, 공동의 목표를 달성하기 위해 주어진 자원 내에서 모든 행위자가 책임감을 갖고 함께 의사결정을 하고 노력하는 협력체계가 구성되어 있다고 볼 수 있다. 일반적으로 진로지원센터가 가진 자원은 많지 않은 편이기 때문에, 협력의 정도에 따라 청소년 진로교육의 질과 성과가 달라진다고 할 수 있을 만큼, 협력은 자원을 구성하는 가장 큰 동력이 된다. 연수구청소년진로지원센터는 수혜 대상인 청소년을 충분히 이해하고 지역사회 내 수요분석을 통해 양질의 진로 콘텐츠를 개발함으로써 다양한 행위자와 더 많이 연계·협력해 자원을 구성하고 이를 적극적으로 활용해 성과를 창출했다.

3. 연수구청소년진로지원센터의 건립에 관한 협력 사례

앞서 소개한 바와 같이 연수구청소년진로지원센터는 짧은 기간 동안 굉장히 많은 성과를 이루어냈다. 진로콘텐츠 개발(프로그램 운영, 신규 프로그램 개발·운영) 측면에서도, 운영 횟수나 참가 청소년 인원 등의 측면에서도, 교육청이나 교육부의 평가에서도 인정할 수 있을 만한 성과가 창출되었다. 이러한 성과는 지방자치단체에도 긍정적인 영향을 미쳤다. 연수구청 역시 아동청소년 분야의 성과를 인정받아 청소년 보호정책 평가 대통령상 수상을 비롯해 지방자치단체 생산성 대상을 수상하는 등의 성과를 거두었다. 지방자치단체와 위탁운영기관의 윈윈(win-win) 관계는 또 다른 성과로 이어지는 선순환의 과정이 되었다.

청소년 진로교육에 대한 정책이 활성화되면서 연수구청소년진로지원센터를 이용하고자 하는 청소년과 학교의 요청이 지속적으로 증가했다. 연수구청소년진로지원센터를 위탁 운영하고 있는 연수구청소년수련관은 지하 1층~지상 3층으로 구성된 건물로 면적은 1,752㎡, 주차장 및 풋살 경기장을 포함한 전체 면적은 2,064㎡에 해당한다. 연수구청소년진로지원센터는 연수구청소년수련관 1층 입구 쪽 1개실에 자리하고 있어 면적은 48㎡였다. 사업 운영 시 체험처나 학교로 직접 출장을 가는 방식을 통해 운영하거나 연수구청소년수련관 강당을 예약해 프로그램을 운영해 왔다.

이에 따라 연수구는 기존에 활용되지 않고 방치되어 있던 연수구 동춘1동 부지를 연수구청소년진로지원센터를 설치하는 데 활용하기로 결정하고, 2016년 7월에 이에 대한 특별교부세 7억 원(총 사업비 22억 5,800만 원)을 확보했다. 연수구청의 내부적인 협의 과정 이후인 2017년도 3월부터는 본격적으로 센터 건립에 관한 소통을 하게 되었다. 연수구청소년진로지원센터의 건립 과정에서 '협력'의 의미가 강조되는 것은 센터를 크게 확장해 독립한다는 데에만 있는 것이 아니다. 건립된 진로지원센터가 유용하게 활용될 수 있도록 진로지원센터를 운영하고 있는 담당자들과 끊임없이 소통하고 의견을 반영했다는 데에 있다.

부지 용도 활용 확정 전 구상 단계에서부터, 연수구청과 연수구청소년진로지원센터는 지속적으로 의사소통을 해왔다.[14] 동춘동 주민센터 옆에 방치되어 있는 (구)파출소를 리모델링해서 활용하겠다는 논의가 진행되었을 때, 함께 부지 답사를 나가 어떻게 개선하고 활용할 수 있을지에 대해 검토했다. 해당 부지 매입 후 리모델링에 관한 논의가 본격화되었는데, 그대로 활용하기에는 파출소로 설계된 건물이라 프로그램 운영에 필요한 공간이 나오지 않고, 오랜 시간 방치되어 개선해야 할 부분이 매우 많은 상황이었다. 당시 진로지원센터를 운영하던 주체의 입장에서는 건

---

14) 연수구청의 권○○ 과장, 김○○ 팀장, 김○○ 주무관, 연수구청소년수련관의 홍○○ 관장, 한○○ 부장, 연수구청소년진로지원센터의 김○○대리가 주요 행위자로서 각 기관 차원에서의 의견을 제시했다.

물이 독립·개관되기를 희망하나 청소년들이 활동할 만한 공간이 없어, 프로그램의 효과적인 운영을 위해서는 수련관에 있는 게 더 나을 것이라 생각해서 구청에 입장을 전달했다. 이후 어떠한 이유에서 그러한 판단을 했는지, 다른 대안은 없을지에 대한 논의가 진행된 결과 새로 건립하기로 결정되었다.

예산 확보 과정을 거쳐 집행 과정에 들어서면서 건물의 설계에 관한 논의가 본격화되었다. 건물의 설계 과정에서도 주요 행위자 간의 협력을 살펴볼 수 있는데, 구청의 관계자들이 건축사와 설계 도면을 초안으로 잡아서 공간을 어떻게 구성하면 좋을 것인지에 대한 의견을 물어보았다. 초안에는 1층엔 사무실, 북카페, 창고가 배치되어 있고, 2층엔 직업체험실과 작은 프로그램실, 여자화장실이, 3층에는 다목적 교육실과 여자화장실, 남자화장실이 배치되도록 했다. 이는 기존 파출소 건물의 위치와 면적에 그대로 3층 건물을 건축하는 계획이었고 직업체험실은 조리대 등을 고정하는 도면이었다. 연수구청소년진로지원센터를 운영하는 관점에서 현재의 콘텐츠를 해당 공간에 적용해 활용하기 적절한지, 미래 지향적인 사업으로는 무엇을 해볼 수 있을지 등 구체적인 내용과 함께 공간을 검토하기 시작했다.

이 과정에서 주요 의사결정 주체[15]가 함께 다른 기관 답사를 통해 실(室) 구성 및 배치에 대한 의견을 공유하고 좁은 부지를 최대한 효율적으로 활용하기 위해 여러 차례 회의를 했다. 옆에 위치한 동 주민센터가 주차공간의 공유를 요청한 점과 센터 차원에서는 학급 단위의 프로그램이 가능한 공간 마련이 필요하다는 점 등과 같은 사안을 반영해서 연수구청소년진로지원센터를 필로티 구조로 하면 어떻겠느냐는 의견을 제시하게 되었다. 이러한 의견이 본격적으로 수용·검토되면서 최종적으로 필로티 구조 형태의 건축 도면이 완성되었다. 이는 동 주민센터의 요구 사항과 센터의 실질적 요구 사항이 반영되어 효율적으로 공간을 활용할 수 있게 된 구상이

---

15) 연수구청의 권○○ 과장, 김○○ 팀장, 김○○ 주무관, 연수구청소년수련관의 한○○ 부장, 연수구청소년진로지원센터의 김○○대리, 건축설계사가 함께 다른 기관 답사를 통해 지속적으로 건축 도면에 대한 회의를 했다.

었다. 또한 향후 이용하게 될 학교나 청소년, 학부모의 입장에서도 활용할 수 있는 공간이 넓게 구성될 수 있는 방안이라 실용성도 높다고 판단되었다.

최종적으로 이 방안에 따라 실건축되었고, 1층에는 사무실, 2층에는 청소년을 위한 카페, 상담실, 진로 탐색 공간, 관장실이, 3층에는 다목적 교육실 및 프로그램실이 배치되었다. 청소년을 위해 어떠한 장비가 필요하고 구비되어야 하는지에 대한 의견 수렴 과정 또한 연수구와 연수구청소년진로지원센터 간 신뢰를 바탕으로 협력을 통해 이루어졌다. 이러한 의사결정의 과정 하나하나가 운영 주체들(구청·위수탁 기관·담당자 등) 간의 협력이 이루어낸 성과라 볼 수 있다.

연수구청소년진로지원센터를 재건립하고 독립·개소하면서 운영에 대한 여건을 확립하는 과정에서도 연수구청과 연수구청소년수련관 부장, 그리고 연수구청소년진로지원센터의 구성원 간의 지속적 소통과 의견 교류가 있었다. 운영 일자, 시간, 운영규칙 등을 수립하면서 그간의 운영 경험이 반영되었고 근무하는 사람이 너무나 열악한 상황에 놓이지 않도록 개선해야 할 부분에 대한 의견도 제시되었다. 이에 따라 의견이 반영되어 지침을 구성하고 운영 인력이 충원되는 등의 성과가 있었다.

VI. 맺음말

이 사례는 「진로교육법」에 근거해 설치·운영되고 있는 진로지원센터 중 청소년 진로교육을 위한 연수구청소년진로지원센터의 협력체계에 대한 내용을 다루고 있다. 청소년을 포함한 교육 분야에서 '협력적 거버넌스'로 해석될 수 있는 사례가 많음에도 불구하고 이러한 협력관계에 주목하는 연구는 많지 않다. 그러나 진로지원센터의 사업(프로그램) 대부분이 협력 없이 이루어지기 힘든 구조라는 점에서, 정책적 차원에서도 네트워크와 협력을 강조하고 있다는 점에서 협력적 사례로서 조명할 가치가 있다고 판단했다. 또한 진로지원센터 재건립 과정에 관한 사례는 지방자치단체가 예산을 지원하고 사업을 지시하는 역할에서 그치는 것이 아니라 해당 지역에 필요한 요구에 정책적으로 대응하고, 효과적인 정책 구현을 위해 행위자 간의 협력을 구축하는 역할을 한다는 것을 보여주는 모범 사례라 볼 수 있다.

연수구청소년진로지원센터의 협력 사례가 성공적이라 볼 수 있는 요인은 무엇일까. 먼저, '지역 기반의 협력체계'가 견고하게 구성되어 있었다는 점을 들 수 있다. 위탁운영기관인 연수구청소년수련관과 연수구청소년진로지원센터를 중심으로, 지방자치단체인 연수구청, 교육부와 인천광역시교육청, 연수구 내에 위치한 학교, 학부모, 청소년, 지역사회 내 공공기관, 민간기관 등 다양한 행위자들을 사업에 참여시키고, 지속적으로 소통하며 협력한다는 점이다. 주요 행위자들은 지역을 기반으로 활동하고 있기 때문에 지역사회에 대한 이해가 높고, 자신이 거주하고 있거나 주로 활동하는 지역에 대한 애정을 갖고 있다. 그렇기 때문에 협력의 가능성과 협력 횟수 역시 증가한다는 점에서 지역 기반의 협력체계가 갖는 강점이 부각된다.

두 번째로, '협력자들 간의 적극적인 소통'을 들 수 있겠다. 협력체계를 바탕으로 지속적인 소통과 함께 성과를 거두는 경험을 통해 누적된 신뢰가 협력관계를 더욱 견고하게 만드는 데 기여한다. 연수구청소년진로지원센터 재건립 과정에 대한 협력 사례에서도 드러나듯이 실질적으로 운영하고 있는 주체(위탁운영기관)의 실무적 의견을 지방자치단체가 고려하고 수용해서 더욱 실용적이고 효율적인 공간이 마련될 수 있었던 것처럼, 소통은 성공적인 협력 결과의 주요 요인이 된다고 볼 수 있다. 연수구청소년진로지원센터 역시 사업 운영에서 가장 중요한 행위자이자 운영 목표의 주요 대상인 청소년의 의견을 적극적으로 수렴하는 모습을 보였다. 청소년의 의견을 수용 프로그램을 기획하거나 청소년과 함께 프로그램을 기획하고 실행해 보는

과정을 통해 효과적인 진로교육을 할 수 있도록 했다.[16]

세 번째로, '신뢰를 바탕으로 한 운영'을 들 수 있겠다. 지방자치단체와 위탁운영기관 간의 신뢰, 사업운영자와 참여자(이용자) 간의 신뢰 등 여러 행위자 간의 신뢰를 기반으로 운영하고 있다는 점이 성공적인 협력으로 이어지게 한다. 운영기관이 공동의 임무(mission)를 잘 달성하리라는 점, 공동체를 위한 목표를 가지고 노력하고 있다는 점, 투명성·책무성 측면에서 결함이 없고 진정성을 갖고 있는 기관이라는 점에 대해 신뢰할 수 있다면 다양한 행위자와 양해각서(MOU)를 맺거나 사업 참여를 통해 협력하는 과정이 원활할 것이다. 또한 신뢰를 기반으로 새로운 프로그램을 기획하고 운영하는 등과 같은 시도들 역시 가능해진다. 사업 운영에는 지방자치단체의 자원 지원(예산, 인력 등)이 필요한데, 도전을 받아들이고 지원하기 위해서는 이러한 신뢰가 전제되어야 할 것이다.[17]

---

16) 정욱환 외(2019)는 도시재생사업의 지역상생협력 사례를 분석하면서, 도시재생사업의 성공 요인을 지역주민들의 자발적인 참여와 해당 지역에 대한 경제적 기반에 대한 깊은 이해, 그리고 대학·기업·정부가 함께 참여하는 '민·관·산학의 유기적 협력관계'로 보았다. 이 과정에서 정부 및 지자체의 지속적이고 끊임없는 소통과 현실적인 예산·행정 지원 등이 필요하며, 공동체의 활성화를 위한 행위자들의 노력이 함께 뒤따라야 한다는 점을 강조했다. 이경선 외(2017)는 정부와 개발 NGO 간 협력관계를 협력 요인별 인식 차이에 따라 분석한 결과, 협력 경험과 효용성이 정부와 개발 NGO의 협력 의향에 영향을 미치고, 관리행정적 측면에서 협력하고자 하는 의향에 유의미한 영향을 주는 것으로 나타났다. 정부의 입장에서는 효과적으로 관리하고 운영하는 것에 중점을 두는 반면 비영리조직은 협력관계를 더욱 중시하는 경향을 보였다는 점에서 차이가 있었다.

17) 윤은식 외(2011)는 지역 차원의 협력적 거버넌스 대표 사례인 주민자치센터 행위자들의 네트워크를 중심으로 분석했다. 이를 통해 주민자치위원장을 중심으로 한 주민자치위원들 이외에도 공무원과 주민의 인식 전환을 위한 전반적인 교육이 수반되어야 협력의 수준을 제고할 수 있고, 주민자치 본연의 역할을 더 높은 수준에서 수행할 수 있다는 결과가 나타났다. 또한 제도의 역할 및 합리적 보상체계 구축은 행위자들의 협력 수준을 제고하는 데 유의미한 것으로 드러났다. 구교준 외(2013)는 지역경쟁력 확보 차원에서 지역 간 협력을 어떻게 도모할 것인지에 대해 논의하며, 협력적 거버넌스 이론을 바탕으로 한 실제 성공 사례의 필요 조건으로 리더십, 상시조직, 독립예산, 참여 지자체 간의 영향력 및 자원의 균형, 외부 효과가 존재하는 사업 대상 등을 언급했다. 이러한 요건들이 제대로 충족되지 못할 경우 협력 성과의 부재로 이어진다고 보았다.

이 연구에서 다룬 연수구청소년진로지원센터 운영 및 건립에 관한 사례를 통해 이와 같은 협력의 성공 요인들을 확인할 수 있었다. 다양한 행위자들의 네트워크와 지속적인 소통, 그리고 공동체를 향한 목표 공유, 현실적인 예산 및 행정 지원 등의 요인은 연수구청소년진로지원센터의 운영 성과 증진뿐만 아니라, 지역사회의 특수성 및 운영 주체의 의견을 반영한 센터를 건립한 성과로 이어지게 되었다고 볼 수 있다. 많은 지방자치단체가 위탁 운영을 하고 있는데, 이 사례에서 나타난 것처럼 위탁운영기관과의 적극적·지속적 소통을 통해 의견을 공유한다면 더 큰 성과를 창출할 수 있게 될 것이라 기대한다. 제5차 청소년정책기본계획에 이어 제6차 청소년정책기본계획이 시행되고 있고, 「진로교육법」 역시 활성화되고 있다. 지방자치단체와 위탁운영기관의 성공적인 협력 사례라 볼 수 있는, 연수구청과 연수구청소년진로지원센터의 협력 사례가 향후 청소년(청년) 진로교육 및 관련 정책에 다양한 행위자가 협력을 통해 문제를 해결해 나가는 데 긍정적인 선례가 되기를 바란다. 현재의 강점과 약점을 함께 파악하고, 앞으로 나아갈 방향을 같이 제시하며, 서로의 요구 사항을 전달하고 조율하는 협력관계는 행정 과정의 어려움을 축소시키고 행정 성과를 창출하는 데 기여할 것이다.

| 생각해 볼 문제들 |

1. 사회적 세태와 시대의 변화에 따라 청소년 정책 또한 변화해 왔다. 현재의 청소년 관련 법안 또는 청소년정책기본계획에서 놓치고 있는 부분이 있는지, 있다면 향후 어떻게 수정·보완해 정책적 대응을 할 수 있을 것인지 생각해 보자.

2. 진로교육법에서 명시하고 있는 국가 및 지방자치단체 등의 책무에 따라, 청소년진로지원센터를 전국에 설치·운영하고 있다. 이는 자유학기제의 안정적 정착과 진로 체험 지원을 위한 목적으로 시행되고 있는데, 이러한 교육부의 정책을 효과적으로 실현하기 위한 다른 방안이 있을지 생각해 보자.

3. 연수구청소년진로지원센터의 사례를 통해 지방자치단체와 위탁운영기관의 성공적인 협력 요인에 대해 살펴보았다. 이 사례의 함의에서 제시한 지역 기반의 협력체계, 협력자들 간의 적극적인 소통, 신뢰를 바탕으로 한 운영 이외에 협력의 중요한 요인으로 무엇이 있을지 생각해 보자.

〈 참고 문헌 〉

관계부처합동(2012.12.27). 제5차 청소년정책 기본계획 [2013~2017].
관계부처합동. 제6차 청소년정책 기본계획 [2018~2022].
교육부(2016.04.05). 자유학기제 안착과 확산을 위한 제2차 진로교육 5개년 기본계획(안) [2016~2020].
_____(2019.01). 2019 진로체험지원센터 운영계획.
교육부·한국직업능력개발원(2018). 진로체험지원센터(홍보 브로슈어).
교육부·한국직업능력개발원·대한상공회의소(2017). 2017 진로체험지원센터 담당자 역량 강화 연수 자료.
구교준·김성배·기정훈(2013). 협력적 거버넌스 모형을 통한 지역 간 협력 사례 분석: 대전 대도시

　　　　권 협력사업을 중심으로.「지방정부연구」, 17(3): 23-46.
국가법령정보센터. 진로교육법 [시행 2015. 12. 23.] [법률 제13336호, 2015. 6. 22., 제정].
_____청소년기본법 [시행 2019. 6. 19.] [법률 제15986호, 2018. 12. 18., 일부 개정].
_____청소년육성법 [시행 1988. 5. 29.] [법률 제3973호, 1987. 11. 28., 제정].
_____행정기관 등의 진로체험 제공에 관한 규정 [시행 2019. 4. 10.] [교육부고시 제2019-180호, 2019. 4. 4., 일부 개정].
김정숙(2014). 청소년정책연구 동향 분석 및 과제: 한국청소년정책연구원 25년간의 연구과제 분석을 중심으로. 한국청소년정책연구원.
서울특별시 공문(2016.01.14.). 청소년수련시설「자유학기제 진로·체험지원센터」운영 현황 제출 요청.
연수구청. 연수구 기본 현황 - 교육기관(http://www.yeonsu.go.kr)
연수구청소년진로지원센터. 연혁, 시설안내(http://youthcareer.kr)
_____(2018). Youth-topia: 당신은 어떤 세상에서 살고 싶은가요? : 연수구청소년진로지원센터 첫 번째 이야기. 더필링컴퍼니.
_____(2018). Youth-topia: 당신이 담고 싶은 미래는 어떤 모습인가요? : 연수구청소년진로지원센터 두 번째 이야기. 더필링컴퍼니.
윤은식·정규진·정문기(2011). 주민자치센터 행위자 네트워크거버넌스의 협력요인 분석: 2009년 우수 주민자치센터를 중심으로.「지방행정연구」, 25(4): 129-154.
이경선·이숙종(2017). 정부와 개발 NGO의 협력관계: 협력 요인별 인식 차이를 중심으로.「국제개발협력연구」, 9(4): 83-115.
정욱환·류은영·류은숙(2019). 창신·숭인 봉제골목 도시재생사업의 지역상생협력 사례에 관한 연구.「경영컨설팅연구」, 19(1): 219-231.
한국청소년수련시설협회(2018). 시설현황 통계.
한국청소년정책연구원(2011). 제5차 청소년정책기본계획 수립을 위한 연구. 여성가족부.
행정안전부(2019.07). 주민등록인구 현황(KOSIS).
행정안전부 국가기록원(2006). 청소년육성법.

04

다문화가족 지원정책을 둘러싼 정부와 민간 비영리조직의 협력과 갈등

조민혁 · 박형준
성균관대학교

I. 들어가는 말

이 사례는 2008년 이후 정착된 다문화가족 지원체계에서 나타나는 정부와 민간 비영리조직 간의 협력 · 갈등 양상을 조명함으로써 정부가 민간 영역과 협력적 거버넌스를 구축하는 과정에서 고려해야 할 관점을 제공하고 있다. 민관협력 중심의 다문화가족 지원체계를 수립하고자 했던 정책 초기 단계의 의도와 달리, 현재 구현된 정책은 '다문화가족지원센터'라는 기관을 둘러싼 정부 중심의 일방적인 사업들이 지배하고 있었다. 독립적인 비영리조직과의 협력은 그 규모가 축소되고 있으며, 다문화가족지원센터의 운영은 계약을 축으로 하는 관리 · 감독 위주의 위계적 구조에 갇혀 있다는 비판이 제기되고 있다. 정부와 민간의 관계가 형식적 협력에 그쳐 민간의 역량을 충분히 활용하지 못하고 있다는 것이다. 이 글을 통해 협력적 거버넌스의 관점에서 바라본 다문화가족 정책의 현 주소와 한계를 살펴보고, 나아가 정부가 직면한 문제를 해결하기 위한 규범적 접근 방법을 제시하도록 한다.

II. 문제의 제기

정부가 의도한 목표를 이루고자 설계한 정책과 실제로 구현된 정책의 격차는 언제나 예상하지 못한 문제로 이어진다. 복잡한 사회문제를 해결하고자 정부와 민간영역의 행위자가 구축하는 협력적 거버넌스 역시 초기에는 협력과 숙의의 가치를 의도했더라도 실제로는 위계와 하향식 관료적 특성을 그대로 답습하는 행태가 종종 관찰되곤 한다. 정부와 '함께' 문제에 대응하고 해법을 찾고자 했던 민간영역은 그들이 참여한 이 거버넌스가 정부를 '위해' 기능하는 하부조직(subsystem)과 다름없음을 알게 되는 순간 갈등의 시작을 예감한다.

이 글에서는 한국의 다문화가족 지원정책을 둘러싸고 정부와 비영리조직이 형성한 민관협력(private-public partnership)을 통해 협력적 거버넌스의 참여 주체들이 빈번히 맞닥뜨리게 되는 갈등과 장애물을 살펴보고 있다. 과거 다문화가족 지원 서비스 전달체계를 고안하고 도입하기 위한 과정에서 정부와 학계가 고민한 정책적 지향성·제도적 목표를 돌아보고, 현재 작동하고 있는 거버넌스 체계가 안고 있는 문제점과 한계를 조명한다. 그리고 그 간극에서 발생하는 갈등의 씨앗이 다문화정책 분야에서는 어떤 형태로 발화하고 있는지를 탐색하기 위해 다양한 국내 연구자들의 연구 결과를 검토한다. 이 논의는 정부와 민간이 겪어온 협력과 갈등의 행보를 돌아봄으로써 협력적 거버넌스를 구축하기 위해 정부가 직면하고 있는 과제를 식별

했으며, 대안을 모색하기 위한 이론적 접근으로까지 나아가고 있다는 점에서 그 함의를 찾을 수 있다.

1. 다문화사회 현황

현재(2017년 기준) 한국에는 외국국적 동포·결혼이민자·이주노동자·난민 등을 포함해 약 218만여 명의 이주민이 거주하고 있다. 2011년 당시 139만여 명에 불과하던 체류외국인 규모는 전체 인구에서 2.7%를 차지하는 데 그쳤으나, 6년간 156%가량 증가해 지금은 전체 인구의 4.2%를 체류외국인들이 차지하고 있다. 국제정세와 이웃국가의 경제적 상황, 그리고 개방적인 한국의 난민법 등의 요인들로 미루어 보건대 앞으로도 한국에는 더 많은 체류외국인들이 유입될 것으로 전망된다.

세계 주요 국가들이 겪고 있듯이 대한민국도 이주민들과 공존하는 방법을 배워가는 과정에 있다. 이주민들을 원주민 사회에 동화시키는 '멜팅 포트(melting pot)' 방식의 정책, 또는 문화적 차이를 수용하고 공존하는 '샐러드 볼(salad bowl)'과 같은 정책 등 다양한 해법이 등장해 논의되고 있다. 각기 다른 목표와 수단으로 구성된 정책들이지만 이주민들이 자조적인 삶을 영위하고 공동체에 기여하는 일원으로 자리매김 하도록 돕는 것은 공통의 지향점이라고 할 수 있다.

2. 다문화가족 지원정책의 과거: 협력의 시작

지난 2008년 「다문화가족지원법」이 제정되고 '제1차 다문화가족정책기본계획(2010~2012)'이 수립·시행되며 다문화가정 지원 서비스 전달체계가 마련되기 시작

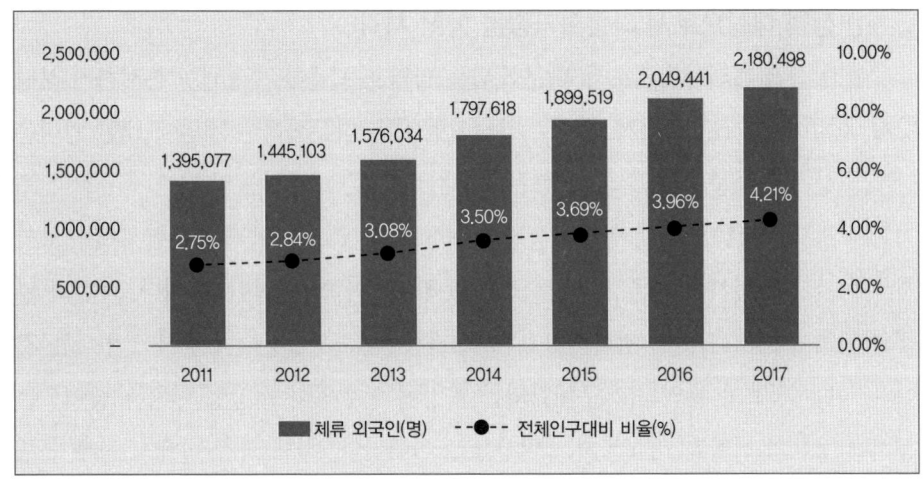

출처 : 출입국 · 외국인정책본부(2018).

[그림 1] 한국 체류외국인 규모 추이

했다.[1] 이를 기점으로 다문화가족에 대한 국가적 차원의 관리와 지원이 본격화되고 정부의 의제로 올라서게 되었으며, 민간과의 협력체계가 마련되기 시작했다. 초기의 정책환경과 다문화가정을 향한 시각은 일방적이고 시혜적인 성격이 짙었으며, 관이 주도하는 하향식 체계로부터 시작되었으나, 정책을 둘러싼 다양한 행위자들과 학계로부터 문제가 지적됨에 따라 민간 주도의 협력적 거버넌스에 대한 논의가 제기되어 왔다.

---

[1] 「다문화가족지원법」보다 1년 앞서 제정된 「재한외국인 처우 기본법」이 있으나, 이 법률은 결혼이민자 · 영주권자 · 난민 등 "한국에 거주할 목적으로 체류하고 있는 외국인에 대한 처우의 기본적인 사항"을 규정하고, 거시적 차원에서 외국인 정책의 수립 기반을 마련하고자 제정되었다는 점에서 "다문화가족의 안정적인 가족생활과 삶의 질 향상"을 목적으로 하는 「다문화가족지원법」과 맥을 달리하고 있다.

1) 정책 대상으로서 다문화가정을 향한 시각

아직 정책 패러다임으로서 '다문화'라는 영역을 포괄하는 정책이 존재하지 않던 당시, 이주민은 그저 사회적 약자로 인식되었으며, 다문화라는 개념에 대한 인식은 단지 추상적인 수준에 머물러 있었다. 심보선(2007)은 이주민들의 집단이 규모나 조직화된 정도, 상호작용, 정체성의 상징적 표현 등의 요소가 아직 충분한 수준으로까지 나아가지 못했기에 공론장을 창출하지 못하고 있음을 지적한 바 있다. 다문화 정책의 영역이 여러 집단이 경합하고 부딪힐 만한 이슈로 성장하지 못하고 있다는 것이다. 이는 정책이 논의되고 구체화되는 과정에 이주민이 개입할 여지는 줄어드는 동시에 정부의 역할은 비대해지는 현상으로 이어진다. 정책 과정 속에서 정부가 행위자들을 매개하고 상호작용을 촉진하는 역할에 그치지 않고, 스스로 정책을 주도하는 동시에 다른 행위자들을 주변부로 밀어내는 것이다.

이러한 현실은 다문화라는 개념을 경험해 보지 못한 한국 사회의 한계에 기인한 것이었으며, 구체적인 목표이자 고도화된 수단인 '정책'으로 구현하기에는 더욱 어려운 장벽으로 작용했다. 당시의 한국 사회에서 다문화를 향한 관용성은, 교육된 의식이 아니라 단지 추상적으로 존재하는 개념(홍기원, 2007)에 불과했다. 다문화사회를 바라보는 시각과 태도는 '사회적 약자'로 분류되는 이주민에 대한 '일반적 선의의 표현'에 머물러 있었다.

2) 정부의 초기 다문화 정책

(1) 임기응변식 정책

다문화가족 지원정책이 본격적으로 전개되기 이전에 정부가 주도하던 다문화 정책은 입국관리 및 국적 부여에 관한 문제에서 정부가 취해야 할 적극적 역할을 다하지 않았다는 지점에서 비판을 받은 바 있으며, 장기적 전망을 제시하거나 사회적 합의를 형성하지 않는 "임기응변식의 대증치유적 정책"(홍기원, 2007)을 제공하는데 그쳤다는 점도 한계로 지적되었다. 정책 설계에 관한 충분한 검토가 이뤄지지 않은 채 수립된 정책은 의도한 효과와 달리 여러 한계에 부딪쳤으며, 정책이 지방정부와 시민단체를 통해 집행되어도 이주민들이 체감하는 실질적 혜택으로 이어지지 못하는 문제가 지속되었다(한건수·설동훈, 2007). 그 밖에도 지원 서비스의 도농 간 격차로 인한 불평등의 문제나, 이주민의 현실(교통·시간·자녀 등)을 간과한 경직된 서비스의 문제도 잇따라 제기되는 등 정책의 사각과 허점이 부각되기도 했다. 정책 대상에 대한 면밀한 분석과 정책의 효과를 가로막는 장애물을 고려하지 못한 초기 다문화 정책은, 이주민 유입이라는 문제에 직면한 정부가 사후적으로 반응한 임기응변이라는 점에서 많은 한계를 안고 있었다.

(2) 타자화된 이주민

당시 이주민 정책과 제도의 실태에 관한 한건수·설동훈(2007)의 조사에 따르면, 이주민 정책은 정책의 수혜자들인 이주민들에게 실질적으로 필요한 서비스를 마련하는 것보다 정책을 집행하는 정부와 공무원들의 편의가 더욱 중요하게 여겨지고 있었다. 정책이 궁극적으로 지향하는 목표가 주변부로 밀려난 셈이다. 초기 다문화 정책에서 빈번히 등장하던 다문화축제나 문화체험 행사 등의 사업들은 이주민이 표면적 목표로 설정되었지만, 정작 사업의 준비나 조직 단계에는 이주민의 직접 참여가 배제되곤 했으며, 그들이 바라는 문화적 욕구는 반영되지 않았다(홍기원, 2007). 이주민을 위한 사업임에도 이주민의 필요나 바람보다 그를 관람하는 이들의 경험이 더 높은 우선순위를 점했던 것이다. 이 같은 문제는 당시 이주민 문제의 근본 원인에 대한 논의가 부족한 가운데 수립된 다문화 정책에서 비롯되었다. 전문가들은 정책의 명확한 목표가 부재한 탓에 이를 수행하기 위한 사업 역시 방향성을 상실하게 된 것으로 평가했다.

3) 민간 비영리 분야의 역할

다문화 정책은 다양한 주체들의 입체적인 역할 수행이 요구되는 분야이다. 중앙부처와 지방정부의 차원에서 수행하는 것이 더 적합한 영역이 있는 반면, 비영리조직이 오랜 기간에 걸쳐 쌓아온 노하우가 요구되는 문제도 있다. 정책 대상이 광범위하고 근본적인 차원에서 정책을 설계하거나 또는 강한 영향력이 요구되는 경우 중앙부처의 역할이 요구된다. 한편 주민과 지근거리에서 상호작용이 필요한 사업의 경우 지방정부가 수행하는 것이 적합하다(홍기원, 2007). 그러나 경직된 조직체계와 절차의 부담으로 인해 정부가 적절히 대응하지 못하는 영역이 바로 비영리조직의 유연성과 신속성이 빛을 발하는 지점이다. 정부의 한계를 보완하고 사각지대를 메우는 것은 비영리조직의 역할이었다. 다문화사회의 문제는 합법적인 영역과 비합법적 영역이 뒤섞여 있으며, 정부가 다문화 정책으로 포용할 수 있는 범위는 합법적 체류자격을 갖춘 이주민으로 한정되어 있다. 그러나 비합법적 영역에 속한 다문화 가정과 이주민들 역시 이 사회에 분명 존재하고 있다. 비영리조직은 정부의 범위를 넘어 소외된 이주민들에게도 도움의 손길을 뻗어 왔으며, 이주민들의 삶과 현장에 대한 높은 이해도를 바탕으로 실효성 있는 서비스를 제공해 왔다.

비영리조직의 역할이 비단 합법과 비합법의 중간지대에 국한되어 있는 것은 아니다. 민간 비영리조직들은 다문화 영역에 국가가 개입하기 이전부터 이주민을 지원하는 다양한 사업을 전개해 왔다. 노동·여성·종교 등의 분야에 산재한 비영리조직은 이주민들이 직면한 문제들을 이슈화했으며, 그들의 자립을 지원하기 위한 과정에서 선도적 역할을 수행해 온 역사를 갖고 있다(김경화, 2014). 지역공동체에 천착한 활동을 기반으로 오랜 시간에 걸쳐 쌓아온 신뢰도와 경험으로 습득한 암묵지(暗默知)는 다문화가족 지원정책의 문제를 풀어줄 가장 중요한 열쇠일 것이다.

4) 다문화가족지원센터 활성화 방안

다문화가족 정책이 수립되던 시기, 비영리 목적의 법인·단체들이 운영하는 다문화가족지원센터를 활성화하기 위한 방안도 학계에서 논의된 바 있다. 유진이·홍영균(2007)의 연구는 다문화가족 지원체계가 안정적으로 자리를 잡기 위해 요구되는 단계별 과제를 제시한 대표적인 사례이다. 이들은 센터가 본래 의도한 기능을 다하기 위한 필요한 도입·정착·활성화의 세 가지 단계를 제시했다. 첫째 도입 단계는 다문화가족지원센터의 기본 골격을 갖추는 과정으로, 법령의 개정과 운영 프로그램, 시설·인력의 확보 등이 이루어져야 하는 단계이다. 이어지는 정착 단계는 다문화가족지원센터가 지역사회에 완전히 뿌리를 내리는 과정이며, 기관의 홍보와 지역 주민의 참여를 유도하는 노력이 필요한 단계이다. 마지막 활성화 단계는 다문화가족지원센터가 지향해야 할 정체성이 제시되고 있다. 센터의 설립(도입)과 지역화(정착)에 정부가 역할을 했다면, 본격적인 운영과 각종 프로그램의 관리 주체는 민간이 담당하도록 전환해야 한다는 것이다. 센터가 실효성 있는 기능을 발휘하는 데에 순수한 민간조직의 역할이 요구된다는 의견들은 정부와 다른 민간 고유의 역량에 대한 필요성을 뜻한다. 그 밖에도 지방자치단체와의 적극적인 협력체계 구축, 정부재정 지원의 확대와 전문인력 양성체계의 보급 등이 활성화 방안의 과제로 언급되기도 했다.

III. 사례 개요: 다문화가족 지원정책의 현재: 갈등의 태동

1. 다문화가족 정책의 현주소

「다문화가족지원법」에서는 중앙부처인 여성가족부로 하여금 5년마다 다문화가족 지원을 위한 기본계획을 수립할 것을 의무 사항으로 규정하고 있으며, 이 계획에는 ① 다문화가족 지원정책의 기본 방향, ② 분야별 발전 시책과 평가에 관한 사항,

③ 다문화가족 구성원의 경제·사회·문화활동 증진에 관한 사항, ④ 재원 확보 및 배분에 관한 사항 등의 내용이 포함되어 있다. 2010년 수립된 제1차 기본계획과 제2차 기본계획을 거쳐 현재는 제3차 기본계획이 시행 중이다. 이 계획에 따르면, 현재의 다문화가족 정책에는 여성가족부·국토교통부·문화체육관광부·법무부·교육부·농림축산식품부·고용노동부·중소벤처기업부·외교부·행정안전부·국방부 등 총 17개의 중앙행정기관과 지자체가 참여하고 있으며, 5개의 대과제를 바탕으로 17개의 세부과제가 명시되어 있다. 제3차 기본계획이 설정한 세부과제들은 다문화가족 지원제도와 체계가 성숙기에 접어들었음을 알리고 있다. 제1차 기본계획에 드러난 다문화 정책의 초점이 서비스 전달체계를 마련하고 협력 인프라를 구축하는 데 있다면, 현재(제3차 기본계획) 다문화 정책은 기존 지원체계의 내실화와 서비스 확장에 무게를 두고 있는 셈이다.

〈표 1〉 다문화가족 지원정책 기본계획의 변화

제1차 다문화가족 지원정책 기본계획 (2010 ~ 2012)			제3차 다문화가족 정책 기본계획[2] (2018 ~ 2022)		
비전	열린 다문화사회로 성숙한 세계국가 구현		비전	참여와 공존의 열린 다문화사회	
목표	다문화가족의 삶의 질 향상 및 안정적인 정착 지원 다문화가족 자녀에 대한 지원 강화 및 글로벌 인재 육성		목표	모두가 존중받는 차별 없는 다문화사회 구현 다문화가족의 사회·경제적 참여 확대 다문화가족 자녀의 건강한 성장 도모	
과제	다문화가족 지원정책 추진체계 정비	다문화가족 지원 관련 총괄·조정 기능 강화	과제	다문화가족 장기 정착 지원	결혼이주여성 인권 보호 강화
		다문화가족 지원 서비스 전달체계 효율화			국제결혼 피해 예방 지원
		다문화가족 지원정책 추진 기반 확충			안정된 가족생활 지원
	국제결혼 중개관리 및 입국 전 검증 시스템 강화	국제결혼 중개에 대한 관리 강화			서비스 연계 활성화
		결혼이민 예정자 대상 사전정보 제공 확대		결혼이민자 다양한 사회 참여 확대	자립 역량 강화
					취·창업 지원 서비스 내실화
		자립 가능한 이민자 유입을 위한 입국 전 검증 시스템 강화			사회 참여 기회 확대

과제					
과제	결혼이민자 정착 지원 및 자립 역량 강화	결혼이민자 한국어 교육 및 의사소통 지원 강화	과제	다문화가족 자녀의 안정적 성장 지원과 역량 강화	안정적 성장을 위한 환경 조성
		결혼이민자 직업교육 및 취업 지원 활성화			학업 및 글로벌 역량 강화
		안정적 사회통합을 위한 국적 취득 합리화			진로 준비 및 사회 진출 지원
		결혼이민자 생활 적응 지원 및 사회보장 확대			중도 입국 자녀 맞춤형 지원
		이혼 및 폭력 피해 결혼이민자 인권 보호 증진		상호 존중에 기반한 다문화 수용성 제고	정책환경에 대한 주기적 모니터링 실시
		배우자 교육 운영 및 다문화가족 간 네트워크 강화			다문화 이해교육 활성화
	다문화 가족 자녀의 건강한 성장환경 조성	글로벌 인재 육성을 위한 맞춤형 교육 지원 강화			다문화 수용성 제고를 위한 미디어 환경 조성
		다문화가족 유아 등의 언어발달 지원사업 확대			지역환경 조성 및 참여·교류 프로그램 활성화
		다문화가족 학부모의 자녀교육 역량 강화		협력적 다문화가족 정책 운영을 위한 추진체계	정책 추진체계 간 협력 강화
		학교부적응 자녀 지원을 위한 인프라 확충			다문화가족 지원체계 내실화
	다문화에 대한 사회적 이해 제고	다문화 이해 증진을 위한 사회교육 활성화			
		다문화 이해 증진을 위한 학교교육 강화			
		지자체 일선공무원 등 다문화 관계자에 대한 교육 확대			
		다문화 이해 증진을 위한 홍보활동 강화			

출처: 여성가족부(2010, 2018).

2) 계획의 명칭은 1차 계획의 수립 당시 '다문화가족 지원정책 기본계획'이었으나, 2차부터 '다문화가족 정책 기본계획'으로 변경되었다.

2. 다문화가족지원센터 현황

정부와 비영리조직 간 협력이 실질적으로 이루어지는 대목은 '다문화가족지원센터'에서 찾을 수 있다. 다문화가족지원센터는 다문화가정과의 접점에서 각종 서비스를 제공하며 외연의 확장을 이어왔다. 2008년 61만여 명에 불과했던 다문화가족지원센터의 프로그램 이용 인원은 2016년 172만여 명까지 증가했다(한국건강가정진흥원, 2018). 이 센터는 가족·성평등·인권·사회통합·상담 등의 영역에서 다문화가정을 위한 프로그램을 운영하고 있으며, 언어·멘토링·사례관리 등 특성화사업도 병행하고 있다.

다문화가족지원센터를 중심으로 하는 서비스 전달체계는 민간 비영리단체, 여성가족부, 지방자치단체가 협력해 이주민의 삶 전반에 미치는 지원 서비스를 제공하는 것이 핵심이다. 여성가족부는 사업의 총괄·지원을 담당하고 한국건강가정진흥원은 프로그램을 개발하며, 이를 바탕으로 지방자치단체가 민간 비영리조직과 위탁 계약[3]을 체결하는 구조로 다문화가족지원센터가 운영되고 있다([그림 2] 참조). 중앙부처, 지방정부, 그리고 민간 비영리조직들이 연계되어 형성한 협력체로서 각 협력 주체들이 지니고 있는 약점(정부: 지식·노하우, 민간: 자원·권한)을 상호 보완할 수 있는 체계를 갖추게 된 것이다.

---

3) 「다문화가족지원법」에는 다문화가족지원센터의 설치·운영에 관한 사항이 명시되어 있으며, 동법 시행령은 위탁이 가능한 조직의 범위(비영리 목적)를 제시하고 있다. 다문화가족지원센터는 법률로 정하고 있는 기관으로서, 지방자치단체가 직접 운영하거나 비영리 목적의 조직에 위탁해서 운영할 수 있다.

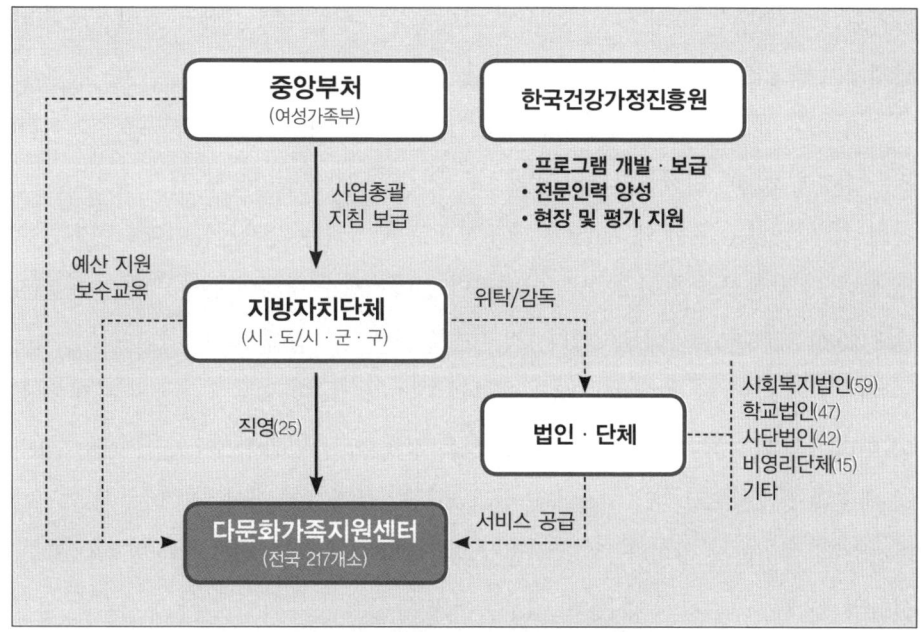

[그림 2] 다문화가족지원센터 조직체계도

3. 다문화가족 정책의 갈등 요인

상술했듯이 초기의 다문화가족 정책(제1차 기본계획)과 현재의 정책(제3차 기본계획)의 차이점은 다문화가족 지원 서비스 전달체계에 관한 정부의 인식을 나타낸다. 정책 대상에게 서비스를 공급하기 위해 구축한 협력체계의 기능을 바탕으로 각종 지원 서비스를 확대해 나간다는 것이 그것이다. 그러나 정부의 인식과는 다르게 현재의 다문화 정책은 다양한 영역에서 그 한계가 지적되고 있다. 이는 초기에 구축한 협력체계가 제기능을 하지 못한다는 지점에서 발생한다. 정책을 수립하고 집행하는 기반인 '협력체계'가 흔들린다면 서비스를 확장하고 내실화하려는 노력의 효과 역시 반감되기 마련이다. 국내에서 이루어진 다양한 연구들은 다문화가족 지원정책의 협력체계가 안고 있는 한계들을 지적해 왔다.

정부와 민간이 협력관계에 있음에도 같은 성격의 사업에 중복 투자를 하거나(최무현·김경희, 2015), 민간영역과의 연계성은 거세된 채 분절적으로 자기완결적인 성격의 정부사업들(최승범 외, 2015)은 대표적으로 제기되는 문제점들이다. 선거 등으로 인한 외부 환경의 변화로 인해 안정적인 협력관계가 형성되지 않고 있는 문제(김경화, 2016)도 비판받는 대목이었다. 정부가 정책을 주도함에 따라 나타나는 문제들도 제기되고 있었다. 조화성(2009)은 정부의 단편적 접근만으로는 근본적 문제 해결이 어려움을 지적하며 민관협력의 필요성을 강조했다. 민관이 함께 참여하는 협력적 네트워크 조성으로부터 시작해 민간과 민간의 협력까지 나아가야만 문제 해결에 가까워질 수 있다는 것이다. 정책과 현장의 소통 부재도 지적되어 왔다(김정훈, 2017). 현장의 실태는 고려하지 않은 채 정부부처의 일방적인 계획에 따라 강제되는 정책이 정부 신뢰도 하락의 주범이라는 비판이다.

그러나 무엇보다도 가장 큰 문제는 정부가 비영리조직을 협력의 주체로서 인식하지 못하고 있다는 점에 있다. 현재의 다문화가족 지원체계가 전국적으로 뿌리를 내린 이후, 정부는 다문화가족지원센터라는 정부의 울타리 안에 편입되지 않은 정부 바깥의 비영리조직들을 점차 배제하고 있다. 여성가족부가 민간 비영리조직과 협력사업으로 시행해 온 '지역 다문화 프로그램'의 경우 2018년 지원 예산은 2012년 대비 93% 삭감된 수준으로 축소되었다. 비영리 영역을 배제하려는 경향은 지방정부에서도 나타난다. 서울시가 추진하던 '다문화가족지원 특화사업'의 경우, 초기에는 순수 비영리조직들로 구성되었으나 2016년부터 다문화가족지원센터들이 선정기관을 점하기 시작해 현재(2018년)는 비영리조직의 점유율을 넘어선 상태이다.

다문화가족지원센터는 비영리조직의 빈자리를 메우지 못하고 있었다. 다문화가족지원센터들 대부분은 과거 비영리조직이었으나, 정부의 울타리에 편입된 이후에는 자율성이 거세된 채 정해진 사업을 수행하는 정부의 손으로 기능할 뿐이었다.

경직된 예산 운영 절차와 일방적으로 마련되는 사업, 실적 위주의 성과 등 정부의 성질과 다르지 않은 모습들이 관찰되었다(조민혁 · 김민정 · 박형준, 2019). 다문화가족지원센터를 운영해달라는 정부의 수탁 제의를 거절한 어느 비영리조직 대표는 "그곳에서 위탁을 받고 일하는 비영리단체들이 어떻게 변하는지 보아왔다"라며, "우리는 그곳에 '일'[4]을 하러 가고 싶지는 않다"고 거절 이유를 밝혔다. 정부의 지원을 받지 못하더라도 비영리조직으로서 다문화가정에게 정말 필요한 일을 직접 꾸려가겠다는 것이다. 그러나 이 같은 조직들이 필연적으로 직면하게 되는 문제는 결국 재정이었다. 수십 년간 다문화사회의 토대를 닦아온 비영리조직들은 재정난으로 인해 사업을 축소하거나 점차 고사하는 중이다.

IV. 대안의 모색: 정책적 함의

서로 다른 배경과 신념을 지닌 주체들이 공동의 목표를 위해 협력한다는 것은 수많은 갈등과 장애물이 가로놓인 길을 의미한다. 협력적 거버넌스의 효과적인 작동 기제를 설명하고자 했던 연구자들에게 정부와 민간의 협력관계는 주요한 관심사였다. 이들은 민관 협력을 바라보는 다양한 관점과 가능성을 제시해 왔으며, 경영 · 경제 · 정치 그리고 행정학의 분야에 걸쳐 이론적 논의가 이루어져 왔다. 우리는 민관협력 거버넌스를 둘러싼 논의의 뿌리에 있는 벤슨(Benson, 1975)을 통해 다문화가족 정책이 직면한 문제의 해법을 찾을 수 있다. 정치경제학적 관점에서 조직 간 균형을 탐구한 그는 거버넌스의 갈등을 해소하기 위한 방안으로 '공유와 합의'를 제시했다. 서로에 대한 불신을 해소하고 규범적 차원에서 합의를 형성하는 것이 성공적

---

4) 정부가 요구하는 절차를 만족시키기 위한 행정적 사무와 수동적인 사업 집행 등을 말한다.

인 협력의 선결 과제라는 것이다. 구체적으로 "무엇에 관해 합의를 형성해야 하는가?"라는 질문에 대한 대답은 '목표'와 '역할'에서 찾을 수 있다.

1. 목표에 대한 합의

'목표에 대한 합의(ideological consensus)'는 협력적 거버넌스를 구성하는 주체들이 개별적으로 추구하는 목표가 서로 다르다는 것을 인정하는 데에서 시작된다. 정부와 민간은 서로 다른 목표를 갖고 있기에 표면적으로 드러난 목적이 동일하더라도 궁극적으로 추구하는 목표는 다를 수 있다. 정부는 광범위한 가치와 좀 더 높은 차원의 목표에 봉사하는 반면, 민간조직은 상대적으로 협소한 조직 영역에 기반해서 목표를 추구하기 때문이다. 성공적인 협력적 거버넌스를 이루는 길은 두 주체의 목표가 중첩된 영역, 즉 '목표 정합성'을 더해 가는 것에 있다.

현재 다문화 정책에서 관찰할 수 있는 낮은 목표 정합성의 원인은 다문화가족 정책을 통해 구현하려는 미래 다문화사회의 모습에서 찾을 수 있다. 최근 다문화가족 정책의 민관 협력에 관한 연구에 따르면 비영리조직들의 활동 목표는 자조적 공동체 형성에 있었다. 비영리조직이 공급하는 지원 서비스가 바탕이 되어 종국에는 이주민들이 정보와 조력(助力, helping)을 공유하며 스스로를 돕는 자조성(自助性)을 배양하는 것이다.

그러나 비영리조직이 바라보기에 정부는 관리·감독 중심의 위계적 구조를 선호하고 있으며, 일방적이고 획일적인 사업들을 고수한다는 점에서 궤를 달리하고 있었다(조민혁·김민정·박형준, 2018). 목표의 격차에 대한 확신은 '문제를 바라보는 방식'과 '해결하는 방법'도 다를 것이라는 우려로 이어졌으며, 종국에는 협력적 거버넌스로부터의 자발적 이탈을 불러오게 된 것이다.

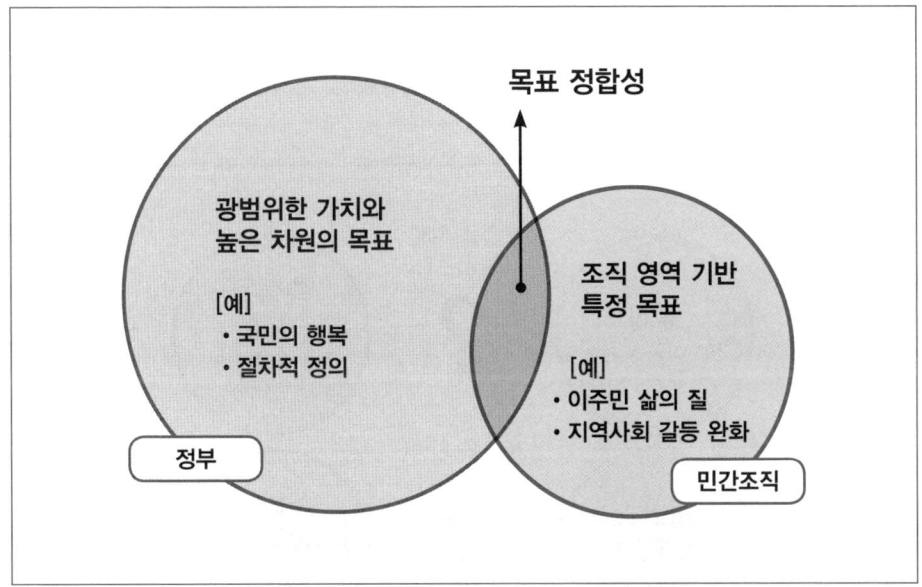

[그림 3] 정부와 민간조직의 목표에 대한 합의

2. 역할에 대한 합의

목표에 대한 합의가 각기 다른 목표를 인정하고 그 간극을 좁히는 것이라면, 역할에 대한 합의(domain consensus)는 각자가 수행하는 역할과 영역의 독립성을 확인하는 것이다. 다문화가족 정책 현장의 관점에서 이 규범을 적용하자면, "비영리조직이 맡은 역할과 고유의 영역에 대한 정부의 보장"을 의미한다. 조직이 마땅히 수행해야 할 역할과 그 영역은 책임성의 문제로 이어진다. 무엇을 위해 기능하는가? 누구를 위해 기능하는가?와 같은 질문이 주어졌을 때, 조직이 자임하는 역할의 정체가 드러나게 된다. 정책의 '효과(result)'를 목표로 하는 것과 '측정된 효과(result being measured)'를 목표를 하는 것에는 큰 차이가 존재한다. '다문화사회의 한국어 능력 향상'이 효과라면, '다문화 한국어 교실 참가자 수'는 측정된 효과와 같다.

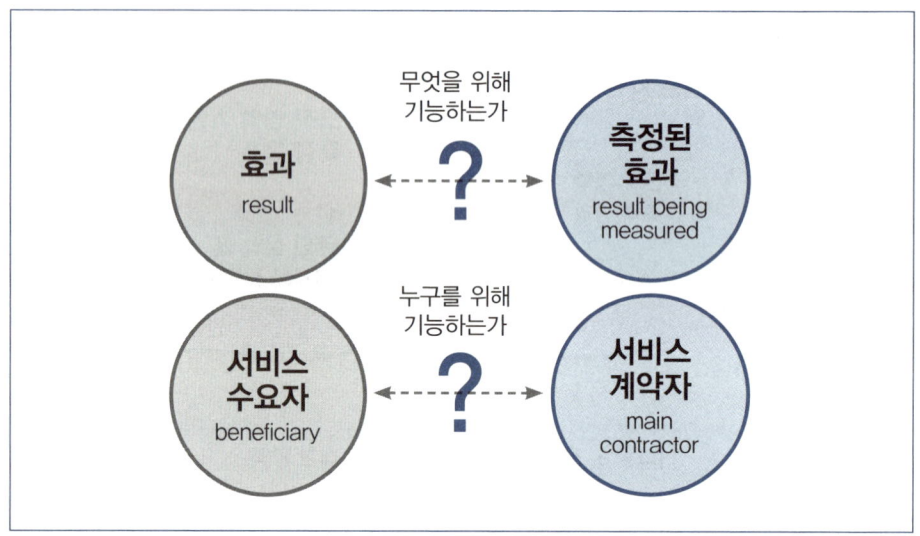

[그림 4] 서비스 공급 주체의 역할과 책임성

교육 참가 실적을 높이기 위한 조직의 노력이 곧 다문화가정의 한국어 능력 향상을 의미하는 것은 아니다. 조직의 기능이 서비스의 최종 수요자를 위한 것인지, 서비스의 공급을 계약한 계약자를 위한 것인지에 관한 질문 역시 마찬가지이다. 수요자(다문화가정)를 만족시키는 것과 계약자(정부)를 만족시키는 것은 전혀 다른 문제이다. 비영리조직이 측정된 효과에 그치지 않고 진정한 효과를 추구할 수 있어야 하며, 계약자가 아닌 수요자를 위해 기능할 수 있어야 본래 역할을 수행하는 것이 가능하다. 정부가 독단적으로 수립 후 하달하는 정책과 빈번한 지침의 수정은 비영리 고유의 영역을 위축시키고 정부는 예산과 절차적 부담을 역할을 강제한다. 책임성의 방향을 다문화가정에서 정부로 돌리는 셈이다.

3. 바르다흐와 레서의 사례

정부와 민간의 협력적 거버넌스를 연구해 온 두 연구자 바르다흐(Eugene Bardach)와 레서(Cara Lesser)는 1996년 어느 학교의 사례를 제시했다. 이 학교에 드러난 비영리 교육단체의 모습은, 공공 서비스를 공급하는 민관협력 관계에서 민간 고유의 역할과 책임성의 향방이 갖는 중요성을 역설한다.

이 학교는 10대(代)의 어린 나이에 부모가 된 학생들에게 교육 프로그램을 제공하고자, 한 민간비영리 교육단체와 계약을 체결했다. 협력하기로 한 두 주체는 '학생들의 더 나은 미래'를 추구한다는 점에서 같은 목표를 공유하고 있었지만, 그에 도달하기 위한 방식은 상이했다. 학교의 교장과 이사회는 학생들에게 수학이나 컴퓨터 활용 강의가 제공되기를 원했다. 두 과목이 당시 취업률에 큰 영향을 미치는 주요 과목이기도 했거니와, 투입한 시간과 자원의 효과를 '점수'라는 가시적인 형태로 드러낼 수 있기 때문이다. 그러나 교육단체가 학생들을 위해 마련한 프로그램은 수학이나 컴퓨터 활용과는 거리가 먼 '부모 역할 훈련'이었다. 이 과목은 시험 성적이나 학업성취도로는 그 성과를 측정할 수 없었다. 부모로서 아이를 양육하는 방법을 교육받고 아이에게 적절한 요리법을 배우고 정서적으로 교감하는 훈련을 하는 것이 그들의 취업 가능성을 보장하는 것도 아니었다. 하지만 부모가 되는 방법을 배우는 것은 이 학생들이 마주한 문제의 본질에 접근했다. 자신의 아이에게 더 나은 부모가 된 학생들은 가정의 문제로 인한 걱정을 덜어낼 수 있었으며, 수학과 컴퓨터를 넘어 자신이 원하는 미래를 고민하고 설계할 여유를 주었다. 이 교육단체는 비록 교장과 이사회가 바라던 서비스(측정 가능한 가시적 성과)를 제공하지는 못했으나, 책임성이 향해야 할 방향을 똑바로 직시했으며, 스스로의 역할을 놓치지 않았다.

V. 맺음말

민관이 함께 이끌어 가는 협력적 거버넌스는 정부가 멈춰야 할 때는 아는 것에서 시작된다. 오스본과 게블러(Osborne & Gaebler, 1992)는 국가를 두고 바다를 항해하는 배에 비유하며 이렇게 표현했다. "정부가 해야 할 일은 방향타(steering)를 잡는 것이지 노를 젓는 것(rowing)이 아니다." 정부는 큰 틀의 방향을 결정할 뿐, 이를 이루기 위해 노를 젓는 것은 민간의 역할이라는 것이다. 현재 다문화가족 지원정책의 한계는 방향타와 노를 모두 쥐고 있는 정부에서 기인한다.

갈등에서 협력으로 나아가기 위한 과제는 두 가지이다. ① 정책이 추구하는 목표에 관해 민관을 아우르는 폭넓은 논의가 필요하다. 지금의 다문화가족 지원체계는 서비스를 제공함으로써 궁극적으로 도달하려는 종착지가 불분명하다. 우리는 아직 '다문화사회의 공존'과 '한국 문화의 주입' 사이에서 민관의 의견을 수렴하는 과정도 가져보지 못했다. 협력의 주체들이 목표에 대한 합의를 이루었다면, ② 정부는 비영리조직 고유의 역할을 침범하지 않는 절제가 요구된다. 재정의 투명성과 절차적 정의의 중요성은 지켜내야 할 가치임이 분명하다. 그러나 이를 위해 묶어둔 기획과 집행의 자율성은 민간의 영역을 점차 지워가고 있었다. 그 결과 비영리조직들의 책임성은 다문화가족이 아닌 공무원들을 향하고 있는 것이 현실이다.

지금 현재에도 다문화가족을 위한 지원정책은 작동 중에 있으며 많은 이주민에게 교육과 상담, 각종 생활 서비스를 제공하고 있다. 그러나 여러 연구는 협력적 기능이 멈춰버린 정책의 한계를 분명히 지적하고 있다. 정부와 비영리조직이 갈등을 넘어 협력으로 나아갈 때 다문화 정책이 실효성을 찾게 될 것이다. 벤슨(Benson, 1975)이 강조했듯 '공유와 합의'는 갈등을 풀어갈 수 있는 단초이다. 목표와 수단을 공유하고 각자의 역할에 대한 합의를 형성할 수 있다면, 다문화사회라는 무거운 짐은 정부 홀로 부담하지 않아도 될 일이다.

| 생각해 볼 문제들 |

1. 정부와 민간이 형성하는 협력적 거버넌스는 재정과 권한의 측면에서 필연적으로 정부 주도적 성격을 띠기 쉽다. 그러나 이 협력관계가 효과성을 갖추기 위한 조건은 민간 역량을 적극적으로 활용할 수 있는지 여부에 달려 있다. 민간이 주도하는 거버넌스를 구축하기 위해서는 어떤 과정이 필요할까?

2. 다문화가족 지원정책의 초기 수립 단계에는 정부와 민간의 긴밀한 협력을 바탕으로 실효성 있는 사업 효과를 의도했다. 그러나 정작 다문화가족 지원체계가 본격 도입된 이후에는 비영리 부문 조직들이 고유의 역량을 발휘하지 못하고 정부의 손(hand)으로 기능하는 데 그치고 있다는 비판이 제기되고 있다. 정책의 당초 의도가 도입·시행되는 과정에서 변질되는 이유는 무엇인가?

3. 정부와 민간은 표면적 목표를 공유할지라도 궁극적인 목표는 각기 다른 방향에 놓여 있다. 정부는 국가 전체를 아우르는 광범위한 가치를 좇는 반면, 민간은 일정한 분야의 특수한 가치를 추구한다는 점에서 차이점을 안고 있다. 두 주체가 협력의 목표에 대한 합의를 형성하기 위해 필요한 것은 무엇인가?

4. 바르다흐와 레서(Bardach & Lesser, 1996)의 학교 사례에서 볼 수 있듯, 정부와 민간의 협력적 거버넌스가 효과를 거두기 위해서는 민간 고유의 역할과 영역이 보장되어야 한다. 정부의 개입과 민간의 자율, 두 범위의 경계는 어떻게 식별할 수 있을까?

〈참고 문헌〉

김경화(2016). 이주민 지원사업의 민관 파트너십에 영향을 미치는 변인에 관한 연구. 「지역사회학」, 17(3): 191-217.

김정흔(2017). 한국 다문화가족정책 통합에 대한 현장전문가의 인식: 다문화가족지원센터와 건강가정지원센터의 통합을 중심으로. 「다문화교육연구」, 10(2): 89-124.

심보선(2007). 온정주의 이주노동자 정책의 형성과 변화: 한국의 다문화정책을 위한 시론적 분석. 「담론 201」, 10(2): 41-76.

유진이·홍영균(2007). 다문화가족 지원센터 활성화 방안 연구. 「청소년시설환경」, 5(3): 89-100.

조민혁·김민정·박형준 (2019). 근거이론을 통한 비영리조직 민관협력의 한계요인 탐색: 다문화 지원 조직의 목표와 역할 격차를 중심으로. 「한국행정논집」, 31(2): 203-229.

조화성(2009). 「충남다문화지원체계 네트워크 구축방안」. 충남여성정책개발원.

최무현·김경희(2015). 한국의 다문화사회 정책의 거버넌스 현황과 발전방안. 「공공사회연구」, 5(3): 229-281.

최승범·김홍환·김춘미(2015). 지역 다문화가족 지원을 위한 협력적 거버넌스 문제점과 해결방안: 충청남도를 중심으로. 「지방행정연구」, 29(4): 93-123.

한건수·설동훈(2007) 이주자가 본 한국의 정책과 제도. 「경제·인문사회연구회 협동연구총서」. 한국여성정책연구원.

한국건강가정진흥원(2017). 「가족지원사업 연간실적보고서」.

홍기원(2007). 다문화사회의 정책과제와 방향: 문화정책의 역할과 과제. 「한국행정학회 학술발표논문집」.

Bardach, E. & Lesser, C. (1996). Accountability in human services collaboratives-for what? and to whom?. *Journal of Public Administration Research and Theory*, 6(2): 197-224.

Benson, J. K. (1975). The Inter-Organizational Network as a Political Economy. *Administrative Science Quarterly*, 20(2): 229-249.

Hudson, B. (2004). Analysing network partnerships. *Public Management Review*, 6(1): 75-94.

Osborne, D. & Gaebler T. (1992). *Reinventing the Government: How the Entrepreneurial Spirit is Transforming the Public Sector*. Plume.

05
협력적 거버넌스에 관한 성공 요인 분석 : 서울시 '찾아가는 동주민센터' 사례

이지형 · 박형준
성균관대학교

I. 들어가는 말

복잡하고 다양해지는 사회환경 속에서 효율적인 공공복지서비스 전달의 중요성이 커지고 있다. 이 글의 목적은 서울시의 공공복지서비스 전달체계 개편사업인 '찾아가는 동주민센터'의 시행 과정에서 나타난 협력적 거버넌스 구축과 성공 요인을 앤셀과 개시(Ansell & Gash, 2008)의 협력적 거버넌스 모형을 적용해 분석함으로써 새로운 이론의 가능성을 탐색하고 시사점을 도출하는 데 있다. 사례분석 결과, 현재 시행되고 있는 '찾아가는 동주민센터' 사업은 앤셀과 개시가 제시한 협력적 거버넌스의 조건과 모형을 구성하는 변수의 구성 요소를 대부분 갖추고 있는 것으로 분석되었다. 그러나 초기조건과 결과가 상호적 영향을 미치는 점, 리더십이 협력의 초기 조건에도 영향을 미치는 점, 그리고 중개자의 역할이 협력 과정에서 중요한 역할을 했다는 점 등 기존 모형이 제시하고 있는 변수들과는 다른 특징이 발견되었다. 또한, 이 연구에서는 이해관계자들이 협력의 중요성에 대해 인식할 수 있는 우호적인 환경 조성의 필요성, 리더의 존재와 역할 중요성, 정부나 지자체, 그리고 민간영역 등을 통한 인력과 재정에 대한 충분한 지원과 이에 대한 노력이 필요하다는 정책적 함의를 도출하고자 한다.

II. 사례 개요

저출산 및 고령화에 따른 인구구조의 변화, 복지사각지대[1] 증가 등에 따른 사회문제가 날로 심각해짐에 따라 효율적이고 공정한 복지 서비스 전달은 현대 행정국가가 풀어 나가야 할 가장 큰 정책과제로 자리 잡고 있다.

하지만 과거 중앙정부를 중심으로 이루어진 공공복지서비스 전달체계는 과도한 재정 지출과 복잡한 절차(이수천·고광신·전준현, 2011), 그리고 다양한 복지 수요 변화를 예측하지 못한다는 문제점이 있었고, 이는 더 이상 정부나 지방자치단체에서 독자적으로 공공복지 문제를 해결할 수 없는 상황에 이르게 되었다.

한편, '사악한 문제(wicked problem)',[2] '난잡한 문제(messy problem)'들이 증가하

---

1) 복지 욕구가 있음에도 급여 대상에 포함되지 못하거나, 포함되더라도 급여 수준이 충분히 미치지 못하거나, 급여의 내용이 수급자의 개별적 수요에 부합되지 않는 것으로 정의된다(홍성대, 2011).
2) 문제의 정의나 범위가 모호하고 하나의 조직 또는 기관의 관할권이 일치하지 않아 여러 조직이나 기관이 자원과 노력을 함께 동원해야 해결할 수 있는 문제로 정의된다(Rhodes, 2000; 이명석, 2013; 재인용).

고, 기존의 계층제적 방식에 효율성 저하 같은 문제의식이 확대되면서 정부와 시민, 민간기업 간의 수평적 협력관계가 대두되고 있다(Rittel & Webber, 1973; Powell, 1990; Kettl, 2006; Ansell & Gash, 2008; 이명석, 2010; Emerson, Nabatchi, & Balogh, 2012; 오철호·고숙희, 2012). 이러한 협력관계를 위해 정부·민간·기업 등 다양한 행위자들의 자율적인 참여와 소통 등을 기반으로 사회문제를 해결하고자 등장한 것이 민관협력 형태의 협력적 거버넌스(collaborative governance)이다.

현재 국내의 공공복지 분야에서도 협력적 거버넌스의 관점으로 이해할 수 있는 민관협력 바탕의 '읍·면동 복지 허브화', '지역사회 민관협력 활성화 시범사업', '찾아가는 동주민센터' 등의 다양한 공공복지 전달 서비스 사업들이 시행되었다.

특히 서울시의 '찾아가는 동주민센터(이하 찾동)'가 최근 가장 주목을 받고 있다. 찾동은 2014년 말 자치구 대상 공모로 선정된 13개 자치구 80개 동주민센터를 대상으로 1단계(2015년 7월) 운영을 시작해 2018년 7월(4단계) 기준 25개 구 408개 동으로 그 범위가 확대되고 있다(서울특별시 복지포털, 2019). 이는 2014년 6월 지방선거 당시 박원순 서울시장 선거 캠프에서 내놓았던 복지전달체계 개편안으로(황금용, 2017) 민관협력의 체계화 및 적극화, 주민 리더 양성 등의 활동을 강조한 정책이었다. 이후 박원순 서울시장의 당선이 확정됨에 따라 복지전달체계 개편 초안을 토대로 수많은 자문과 의견 수렴을 거쳐 정책안 정리 및 시장 보고를 통해(황금용, 2017) 1년 만에 정책이 시행되었다.

이렇듯, 국민의 다양한 복지 수요와 더불어 효율적인 복지정책이 수립되어야 하는 시점에서 거버넌스의 효과성을 증대시킬 수 있는 필수 요소인 '협력'이 과연 어떠한 방식으로 관계 형성을 촉진시켰는지에 대한 분석의 필요성이 제기된다.

이러한 문제의식을 바탕으로 이 연구에서는 앤셀과 개시(Ansell & Gash, 2008)의 '협력적 거버넌스' 모형을 적용해 찾동에서 나타나는 협력의 구축 과정에 대해 분석하고자 한다. 구체적으로 찾동사업이 논의된 이후, 다양한 이해관계자들(서울시, 동주민센터, 사회복지기관, 주민)이 어떤 협력 과정을 통해 공공복지서비스 전달체계가 활성화되었는지 살펴보고 사업의 빠른 전개 과정 및 범위 확대의 요인이 무엇인지 알아보고자 한다. 더 나아가 협력적 거버넌스의 구성 요소들이 어떻게 용이하게 이루어졌는지 분석하고 향후 정책적인 과제를 도출하는 것을 목적으로 한다.

III. 찾아가는 동주민센터(찾동) 사업 개요

사회복지정책 총괄 기능 및 통합관리 시스템의 부재, 유사·중복사업 증가 등의 문제가 심각해지면서 공공복지 전달 서비스 개편이 필요해지고 있다. 그러나 복지 업무 폭증에 따른 '깔때기' 현상, 중앙·지방정부, 공공·민간 간의 역할 정체성 혼란, 주민 참여 부족 등의 문제점이 나타나면서 기존의 공공복지 서비스는 혼란스럽게 전달되어 왔다(남기철, 2015: 167-169). 이에 서울시는 공공복지, 민관협력, 복지 생태계 등의 영역을 발전시키기 위해 찾동사업[3]을 시행했고, 이는 서울시가 대부분의 재정을 부담해 동주민센터에서 근무하는 보건, 사회복지 분야의 인력을 두 배 이상으로 확충하면서(남기철, 2015) 시민들이 복지에 관련해 효과적으로 체감할 수 있게 하겠다는 강한 의지를 담고 있다. 또한, 최근 문재인 정부에서도 찾동을 벤치마킹해 읍면동 주민센터 혁신사업을 전국적으로 확대하고자 하는 계획을 구상 중에 있다(이데일리, 2017). 당시 찾동의 내부 추진 단계는 〈표 1〉에 제시되어 있다.

찾동에서 제공하는 프로그램은 보건·복지와 마을공동체 크게 두 가지로 구성되어 있으며, 주로 '찾아가는 복지'를 통한 지역사회복지 공공전달체계의 강화, 주민 참여, 그리고 민관협력체계 개편으로 구분된다.

---

3) 2014년 9월 '동 마을복지센터'라는 명칭으로 시행되었으나 2015년 7월 '찾아가는 동주민센터'로 명칭이 전환되었다(이태수 외, 2017). 따라서 이 연구에서는 현(現) 명칭인 '찾아가는 동주민센터'로 부르기로 한다.

〈표 1〉 찾동의 내부 추진 단계

공약 단계 및 기획 단계	2014년 4월~6월	• 민선6기 서울시장 선거 과정에서 핵심 공약으로 채택 • 동주민센터 기능 개편 TF 운영계획 및 실행계획 수립 • 실무지원반 실무회의(1차~6차) • 민선 6기 공약 사항 실천계획 업무 보고
	2014년 7월~10월	• 희망서울정책자문위원회(복지건강분과) 구성 및 추진 방향 논의 • 마을복지허브사무소추진자문위원회 회의(1차~6차) • 동마을복지센터 시장 보고회 • 동마을복지센터 추진 관련 사회복지 전담공무원 정책회의
본격 준비 단계	2014년 12월~ 2015년 3월	• 동마을복지센터 1단계 사업 선정 자치구 발표 • 사회복지직 9급 일반공채 및 민간경력직 9급 시험 시행 • 동마을복지센터 추진 관련 노조 면담
	2015년 5월~7월	• 함께하는 협약식, 동장리더교육, 주민리더(통·반장 등) 교육 • 찾아가는 동주민센터 기자설명회 • 박원순 시장, 찾아가는 동주민센터 현장 방문
1단계 시행	2015년 7월~10월	• 1단계 추진 • 2단계 참여 자치구 공모 및 결정

출처: 서울특별시(2016a) 및 이태수·홍영준(2016)을 토대로 재구성.

보건·복지 분야에서는 방문간호사 건강진단, 복지 플래너, 빈곤위기 가정 프로그램, 임산부 또는 영유아 가정방문 등이 해당되며, 마을공동체는 마을공동체 프로그램, 마을계획 수립, 마을기금, 사회적 약자 발굴 등으로 구성된다(이주헌·라도삼·이정용, 2015). 민관협력 측면에서 살펴본 보건·복지 분야는 동주민센터와 민간복지기관이 정기적인 회의를 통해 일반 사례는 주민센터 등으로, 집중 사례는 민간복지기관 등으로, 위기 사례는 구청으로 구분해 주 사례 기관을 선정한다(안기덕, 2016a).

마을계획단은 동주민들로 구성된 조직이 동네를 다니면서 어려움에 처한 이웃이나 문제점 등을 찾아내고 이를 통해 의제, 실행계획 등을 수립한다. 또한, 복지통·반장은 우리동네주무관(공무원)과 함께 주민들과의 소통 중개자 역할을 담당하고 있는데, 이들은 마을총회를 바탕으로 진행되는 활동의 공유, 우선순위 과제의 선정 등을 통해 동네 안정화를 위한 네트워크 활동을 수행하고 있다(김인태, 2017).

즉, 찾동은 공급자 관점에서 제공되는 복지 서비스와 수요자 관점에서 이루어지는 마을공동체 활성화에 초점이 맞추어져 있으며(김인태, 2017), 공공의 책임성·민관 협력체계·마을공동체 강화 전략을 통해 공공복지서비스 전달체계의 핵심 가치들을 시행하는 데 목적이 있다.

이러한 측면을 바탕으로 이 연구에서 적용되는 협력적 거버넌스는 다양한 이해관계자들의 참여로 인한 행정의 투명성(은재호·오수길, 2009), 자발적인 협력, 그리고 공공의 가치를 목표로 하고 있다는 점을 통해 찾동의 시행 과정에서 나타난 이해관계자들의 문제 해결 방식 과정을 파악하고자 한다. 또한, 앤셀과 개시(Ansell & Gash, 2008)의 협력적 거버넌스 모형을 적용해 서울시와 동주민센터, 복지관, 주민 등 다양한 이해관계자들이 정보 및 자원 공유의 상호작용을 통한 공공복지서비스 전달체계 사업의 발전 과정과 성공 요인에 대해 초점을 맞추고자 한다.

Ⅳ. 사례 분석틀 및 연구 방법

1. 사례 분석틀

이 연구에서는 협력적 거버넌스를 토대로 구축된 모형들 중 앤셀과 개시(Ansell & Gash, 2008)의 모형을 활용하고자 한다. 이 모형은 정책 분야에서 137개의 협력적 거버넌스 사례연구를 검토해, 각각의 연구들이 공통적으로 내포하고 있는 성공 요건이나 협력관계의 패턴을 도식화했다. 또한, 모형에서 제시되는 '초기조건-협력 과정-결과'의 단계적 구성 요소들은 협력 구축과 관련된 다양한 측면을 좀 더 역동적으로 분석할 수 있다(조만형·김이수, 2009). 특히, 협력적 거버넌스가 여러 요인으로 인해 복합적으로 구축될 때도 있지만(조만형·김이수, 2009) 이 연구의 대상인 찾동은 시간의 흐름에 따라 단계별로 진행되었다는 점이 연구 모형으로 적합하다고 볼 수 있으며, 협력 과정 내에서 순환적으로 이루어지는 구성 요소들이 사례를 분석하는 데 큰 시사점을 줄 수 있을 것이다. 앤셀과 개시(Ansell & Gash, 2008)의 협력적 거버넌스 모형은 [그림 1]과 같이 크게 초기조건(starting conditions), 제도적 설계(institutional design), 리더십(leadership), 협력 과정(collaborative process)의 네 가지 구성 요소와 결과로 구성된다.

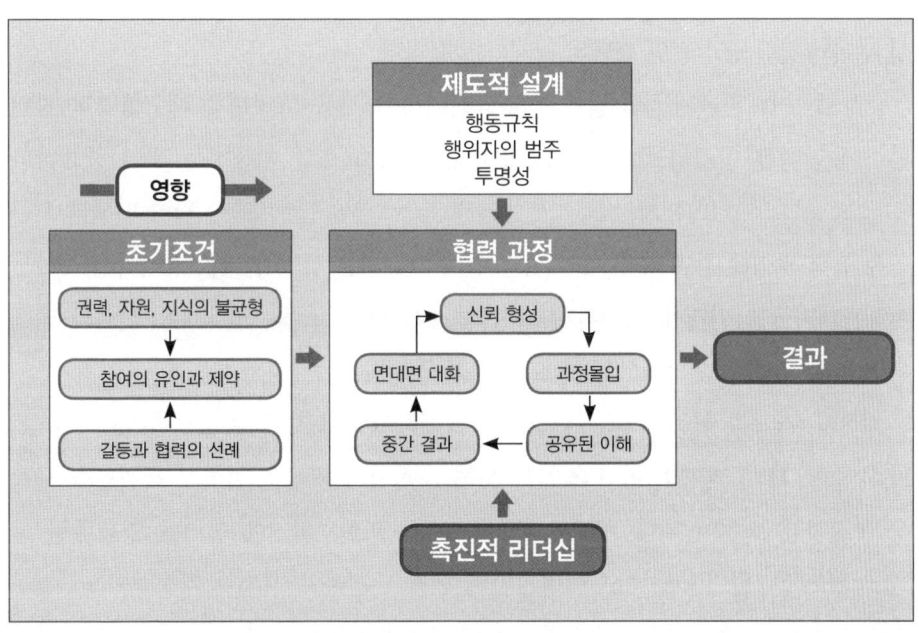

출처: Ansell & Gash(2008).

[그림 1] 앤셀과 개시의 협력적 거버넌스 모형

1) 초기조건

초기조건은 협력 과정에서 사회적 자본의 기본 수준에 해당하는 요소들을 설정하는 역할을 한다. 이는 구체적으로 이해관계자들의 권력-자원-지식의 불균형, 갈등이나 협력의 선례, 그리고 참여의 유인과 제약 같은 세 가지 하위변수로 구성된다.

첫째, 권력과 자원의 불균형은 협력적 거버넌스에서 공통적으로 지적되는 문제이다(Gray, 1989; Short & Winter, 1999; Tett, Crowther, & O'Hara, 2003; Warner, 2006). 이는 일부 이해관계자가 협력에 참여할 능력이나 자원을 동원할 수 있는 역량 등 동등한 상태에서의 참여에 제약이 있다면 협력 과정은 더 강한 행위자에 의해 조정될 수 있다(Ansell & Gash, 2008). 이러한 불균형은 불신 또는 몰입에 대한 집중도를 약화시킬 수 있어(Gray, 1989; Warner, 2006) 상대적으로 약한 이해관계자에게 권한, 대표성 부여와 같은 긍정적인 전략의 확대가 필요하다.

둘째, 이해관계자들의 참여가 자발적이라는 점을 고려했을 때, 협력적 거버넌스에 참여할 인센티브(incentives)에 대한 구성 요소를 이해하는 것이 중요하다(Chrislip & Larson, 1994; Andranovich, 1995; Nelson & Weschler, 1998). 참여 인센티브 구조는 협력 과정에 참여 시 의미가 있거나 이익이 되는 결과가 나올 것이라 생각하는 이해관계자들의 기대에 의존하게 되며(조만형·김이수, 2009), 발생하는 편익과 비용은 협력의 유인, 또는 제약 요인으로 작용하게 된다.

셋째, 갈등과 협동의 선례는 협력을 저해하거나 촉진할 수 있으며(Andranovich, 1995; Gray, 1989) 과거의 협력 경험을 통해 축적된 신뢰성은 협력적 거버넌스 구축을 촉진하는 요인이 된다(조만형·김이수, 2009). 또한, 과거에 협력을 경험했던 사회(societies)는 '윈윈(win-win)' 협력게임의 규칙을 정하고 시행할 가능성이 더 높다(Turrini et al., 2010). 다만 이해관계자 간의 상호의존성이 큰 경우, 높은 수준의 갈등은 협력적 거버넌스의 장애 요인으로 작용하는 것이 아니라 오히려 강력한 추진력을 창출할 수 있는데(Futrell, 2003), 이는 갈등이 높다고 해서 반드시 협력에 장애가 되는 것은 아니며, 이해관계자들 간에 낮은 신뢰 수준과 사회적 자본을 개선하기 위한 노력이 필요하다고 볼 수 있다.

2) 제도적 설계

제도적 설계는 협력 구축을 위한 기본 규칙이나 규정 등을 설정하는 것을 의미하며, 협력 과정에서의 절차적 정당성을 부여하는 데 매우 중요한 과정이다. 여기에는 참여개방성과 포럼배제성, 명확한 행동규칙 그리고 과정의 투명성 등 네 가지 하위변수로 구성된다. 참여개방성과 포럼배제성은 협력 과정에 누가 참여할 것인지를 정하는 참여 범주로서(배응환, 2016), 행위자의 범주는 개방적이고 포괄적(inclusive)이어야 한다(Ansell & Gash, 2008). 왜냐하면, 협력 과정에서 정당한 기회를 얻었다고 인지하는 그룹만이 과정에 대해 몰입을 할 수 있기 때문이다(배응환, 2010). 크리슬립과 라슨(Chrislip & Larson, 1994) 또한 성공적인 협력의 첫 번째 조건으로 문제에 영향을 미치거나 관심 있는 모든 이해관계자를 광범위하게 포함해야 한다고 보았다. 다만, 모든 이해관계자를 광범위하게 포함하는 과정에서 중요한 이해관계자의 배제는 협력 과정 구축의 핵심적인 실패 요인으로 작용하게 된다(Reilly, 2001).

다음으로 신뢰 구축의 관점에서 명확한 행동규칙과 과정의 투명성은 제도적 설계에 중요한 요소이다(Busenberg, 1999; Geoghegan & Renard, 2002). 명확한 행동규칙은 공식적인 법이나 규정, 그리고 비공식적인 규범 등을 포함하며(배응환, 2016), 이해관계자들의 행동을 제약한다. 예컨대, 행동규칙의 규범이 분명하고 일관성 있게 적용되었다면 이해관계자들은 과정이 공평하고 개방적이라는 것을 인식하게 된다. 마지막으로 과정의 투명성은 이해관계자들에게 공공 협상이 '실질(real)'적이고 협력 과정이 투명하다는 것을 신뢰할 수 있게 해준다(Ansell & Gash, 2008).

3) 촉진적 리더십

리더는 자원 등을 지원 및 제공할 수 있는 위치에 있는 행위자로서(Emerson et al., 2012) 리더십은 행위자의 참여에 대한 인센티브가 약하고 권력과 자원이 불균형적이며 적대감이 높을 경우 더욱 중요해지게 된다(Ansell & Gash, 2008: 555). 즉, 협력적 거버넌스에서 나타난 여러 변수가 협력 과정에 큰 영향을 미치지 못하거나 부작용이 있을 때, 촉진적인 리더십은 협력의 구축 과정을 좀 더 원활하게 진행할 수 있다(최문형·김인제·정문기, 2015). 협력 과정에서 리더는 이해관계자들을 토론의 장으로 끌어들이고 명확한 기준을 정립하며, 대화 주도와 신뢰 구축, 그리고 상호 이익을 도모하기 위한 역할을 하는 것이라고 볼 수 있다.

4) 협력 과정

초기조건과 제도적 설계, 그리고 촉진적 리더십은 행위자들이 더 나은 결과를 산출하기 위한 협력 과정에 영향을 미친다(배응환, 2016). 협력 과정은 반복적이고 비선형적이기 때문에 면대면 대화, 신뢰 구축, 몰입 과정, 이해의 공유, 중간 산출물 등이 순환적인 구조로 구성되어 있다.

첫째, 모든 협력적 거버넌스는 이해관계자들 간의 면대면 대화를 기반으로 한다(Ansell & Gash, 2008). 면대면 대화는 합의 지향적인 과정으로서 소통과 담론을 통해 이루어지고(배응환, 2016) 상호 이익을 위한 기회를 확인하는 데 매우 중요한 요소이다. 또한, 협상의 매개체 역할을 넘어 이해관계자들 간의 상호 이익을 저해하는 장애물을 제거하고(Bentrup, 2001) 신뢰, 상호 존중, 약속 등을 구축하는 역할을 한다.

둘째, 이해관계자들은 면대면 대화 이후의 상호작용을 통해 신뢰를 구축하게 된다. 다수의 학자는 협력이 단순한 '협상(negotiation)'이 아니라 서로 간의 신뢰 구축에 의미가 있다는 점을 강력히 주장하고 있다(Alexander, Comfort, & Weiner, 1998; Brinkerhoff, 1999; Glasbergen & Driessen, 2005; Imperial, 2005). 신뢰를 구축하고 협력적인 결과를 달성하기 위해서는 장기적인 헌신이 요구되며 정책결정자나 이해관계자는 효과적인 신뢰 구축을 위해 시간과 노력을 투자해야 한다.

셋째, 과정에 대한 몰입은 이해관계자들이 상호 이익과 신뢰 구축을 바탕으로 정책의 결과를 도출하는 데 '최선의 방법'이라는 신념을 발전시키는 것을 의미하며, 협력의 성공과 실패를 좌우하는 중요한 변수가 된다(Alexander, Comfort, & Weiner, 1998; Gunton & Day, 2003).

넷째, 협력 과정에 참여하는 이해관계자들은 일정한 시점에 그들이 달성할 수 있는 것이 무엇인지를 공유해야 한다(Tett, Crowther, & O'Hara, 2003; 조만형·김이수, 2009; 재인용). '공통 임무(common mission)', '공통 목표(common purpose)', '공통 목적(common objectives)' 등으로 정의되는 공유된 이해(Ansell & Gash, 2008)는 행위자들이 참여 명분을 부여받거나 결과를 평가할 수 있다(김도윤·한상연·고대유, 2018).

마지막으로 중간 결과물은 유형적 산출을 의미하며(조만형·김이수, 2009), 최종 결과물보다 소규모적이고 단기적인 '작은 승리(small wins)'를 의미한다.

5) 협력의 결과

협력의 결과는 위에서 제시한 초기조건에서 출발해 제도적 설계와 리더십을 바탕으로 협력 과정을 거쳐 도출된 최종 결과물을 의미한다. 성공적인 결과의 인식은 지역사회 참여도와 함께 향후 사업에 대한 협력 기능을 강화할 수 있는 역방향 고리(backward loop)의 조건이 될 수 있다(Sofaer, 2000).

2. 연구 방법

이 연구는 사례연구 방법을 통해 대상을 선정하고 앤셀과 개시(Ansell & Gash, 2008)가 제시한 협력적 거버넌스 모형과 세부 요인을 적용해 새로운 이론의 가능성을 탐색하는 데 목적이 있다. 구체적으로 모형에서 나타난 초기조건, 제도적 설계와 리더십, 협력 과정에서 나타나는 요소들의 순환적인 사이클, 그리고 최종 결과로 구분해 살펴보고자 한다. 그리고 기존 모형과 비교해 실제 사례에서 부각된 요소나 상이한 특징들을 파악하고자 한다(김태운, 2012).

이 연구의 시간적 범위는 민선 6기 지방선거를 앞둔 박원순 서울시장 후보 캠프에서 시정 전반에 대해 구체적인 공약을 발표한 2014년 6월부터 찾동 1단계 사업이 시행된 2015년 7월까지로 설정했다. 서울시는 박원순 서울시장의 당선 직후, 2014년 6월 복지건강실의 주도 아래 '마을복지허브사무소추진자문회의'를 추진했으며, 같은 해 7월 선거 공약의 구체화를 위해 '희망서울정책자문위원회'를 출범시켰다. 또한, 찾동이 서울시에서 자체적으로 시행한 공공복지 전달체계 사업이었으므로, 서울시가 공간적 범위에 해당한다.

V. 협력적 거버넌스를 통한 서울시의 공공복지전달사업 개편 : 찾동사업 사례

1. 서울시 '찾아가는 동주민센터'에서 협력적 거버넌스 구축에 관한 분석

1) 협력의 초기조건

(1) 권력이나 자원 불균형의 해소와 참여 인센티브

서울시는 사업 시행 전 초기 단계에서 복지전달체계 정책을 수립하고 계획할 수 있는 권한이나 재정, 인력 등과 같은 다양한 측면에서 동주민센터나 사회복지기관, 그리고 주민들보다 상대적으로 더 많은 자원을 지니고 있었다. 하지만 사업을 진행하는 데 새로운 복지 요구에 신속히 대응하고 공공성과 통합성을 촉진하기 위해서는 동주민센터나 지역주민들의 의견과 협조가 필요했다. 즉, 찾동사업의 특징이 찾아가는 0세 아동 가족 및 65세 이상의 노인층을 아우르는 광범위한 서비스 제공, 동 단위 사례관리 강화 등의 보편성 강화와 효과성 증진이라는 점을 고려한다면 민의 협력이 필수적으로 인식될 수밖에 없는 상황이었다.

이러한 권력과 자원의 불균형은 주로 '중재자', '지도자', '새로운 상황' 등에 의해 해소될 수 있다(한창묵, 2017). 이 연구의 사례에서는 박원순 서울시장의 대규모 인력[4] 및 예산 투입[5] 강조와 당선 직후 전문가들로 구성된 자문위원회(마을복지허브사무소추진자문회의, 희망서울정책자문위원회), 그리고 민간 추진지원단 배치 등이 민관 간에 상대적으로 부족한 자원을 상쇄시키기 위한 기제로 나타난다. 왜냐하면 찾동은 기존에 사회복지 인력을 증원하고 동주민센터의 복지 기능 강화만을 목적으로 제안되었으나 자문위원회와 시장 보고를 거치면서 주민이 주도하는 복지체계로 바뀌었기 때문이다(이태수 외, 2017).

한편, 과거 중앙정부 중심의 복지전달체계 개편은 인력이나 예산 부족, 수동적인 복지급여, 그리고 전국 단위 개편에 따른 지역의 특수성을 반영하지 못한 문제점들을 가지고 있었다. 더욱이 서울시 같은 경우에는 다른 지역보다 주거비와 교육비의 부담 증가, 양극화 심화, 사회보장 취약성에 따른 소외계층의 빈곤문제가 매우 심각한 지역이었다(이태수 외, 2017). 이렇듯, 어려운 환경 속에서 복지뿐만이 아니라 민원 업무, 주민자치와 마을 만들기, 동별로 제공되는 긴급복지지원금 등 다양한 영역을 포함하는 찾동은 서비스를 제공받게 되는 주민들에게 긍정적인 변화를 기대하게 했다(남기철, 2015). 또한, 동주민센터와 사회복지기관 직원들의 사명감과 목표 달성 인식이 참여 동기에 중요한 기제로 작용했다.

(2) 갈등과 협력의 선례

현재까지 중앙정부는 시군구와 읍면동 주민센터 개편을 통해 복지 공급을 효과적으로 증진시키려는 노력을 했다. 예컨대, 사회복지 전달체계와 관련된 정책들

---

4) 기존 동주민센터 조직과 업무를 기존 2개팀(행정1, 복지1)에서 3개 팀(행정1, 복지2)으로 증설했으며, 사회복지공무원 2,000명을 확충해 동 단위 사례관리를 강화했다(이태수 외, 2017).

5) 서울시 복지예산 변화는 아래와 같다.

(단위: 억 원)

구분	2014	2015	2016	2017	2018
순계예산	215,498	228,427	242,350	263,017	318,811
사회복지 분야	65,425(31.8%)	78,349(34.3%)	83,452(34.4%)	87,735(33.4%)	111,574(35.0%)

출처: 서울특별시 재정포털(2019).

이 제기된 1980년대 이후(황금용, 2017) 사회복지 전문요원 배치, 보건복지사무소 시범사업(1995~1999), 사회복지사무소 시범사업(2004~2006), 시군구 주민생활 지원기능 강화사업(2006~2007), 그리고 2013년 박근혜 정부 출범과 함께 제시된 '동주민센터 복지허브화 사업' 등이 있다(이태수 외, 2017). 그러나 이러한 사업들이 지속해서 시도되었음에도 가시적인 정책의 성과를 거두지 못했으며(남기철, 2015), 인력이나 현장 접근성 측면, 복지 수급 범위의 한계 등과 같은 비판이 제기되었다(이태수, 2016).

특히, 2005년에 사회복지사무소 시범운영 기간에 민관협력체계 구축을 토대로 운영된 '주민생활 지원서비스 전달체계'의 경우에는 시군구와 읍면동 간에 상호 연계되는 추진구조를 마련해 복지 서비스 기능 강화를 도모하고자 했다. 그러나 행정직의 복지 업무 기피, 공공영역에서 나타나는 사례관리 중복 등의 부정적인 평가가 있었다(황금용, 2017). 이렇듯, 과거 공공기관 중심의 공공복지 전달체계 정책은 여러 시행착오를 경험하고 보완을 거쳐 찾동과 같은 새로운 민관협력 형태의 정책결정을 시도하게 되었다.

2) 제도적 설계

(1) 명확한 행동규칙과 과정의 투명성

제도적 설계에서 성공 요인으로 제시되는 것이 비전과 목표, 그리고 명확한 운영규칙을 제정하는 것이다(한창묵, 2017). 서울시는 사업을 위한 행동규칙(ground rule)을 '찾아가는 동주민센터 업무 매뉴얼'에 구체적으로 명시하고 있다. 또한, 명확한 가이드라인과 추진체계가 〈표 4〉, [그림 2]와 같이 잘 설계된 점을 알 수 있다. 이 밖에도 서울시는 성과 창출을 위한 각 조직의 역할 및 비전과 공무원 교육 체계, 그리고 회의 일정 등을 구체적으로 제시했다.

그리고 추진지원단과 추진운영위원회가 과정의 투명성 강화에 큰 역할을 한 것으로 나타난다. 먼저 민간위탁으로 구성된 추진지원단은 서울시, 동주민센터와 직접 소통하면서 현장의 의견을 전달했다. 추진운영위원회는 민간 전문가가 위원장을 맡았으며, 사업의 주요 사항을 심의하고 결정하는 민관협의체를 구성했다. 즉, 공공과 민간으로 구성된 다양한 조직들이 참여하고 상호 모니터링 체계와 소통구조를 구축하는 수평적인 방식을 유지하게 되면서 운영 과정의 투명성은 강화되었다. 이렇듯, 서울시의 공공복지 전달체계 사업을 추진하기 위한 명확한 운영규칙과 목표, 과정의 투명성은 이해관계자들에게 협력 과정을 촉진하는 계기가 되었다.

(2) 행위자의 범주

찾동의 정책결정 과정에서 나타난 행위자의 참여 범주는 포괄적이고 개방적이

〈표 2〉 찾동 핵심 과제

찾동 비전	• 주민이 만드는 복지공동체, 주민과 함께하는 동주민센터
전략 목표	• 지역의 사회안전망 강화, 주민자치 구현
신규 업무	• 우리동네주무관 · 복지수퍼바이저 · 찾아가는 복지, 보편복지 • 복지 플래너 · 방문간호사 · 통합 서비스 제공 • 통합복지상담(복지상담전문관) · 사례관리 · 복지생태계 조성 • 복지자원관리, 나눔이웃 등
발전 계획	• 조직 및 인력: 사회복지 인력 2배 확충, 기존 2개 팀→3개 팀 • 사례관리: 통합 사례관리 실시 • 중점 추진: 보편적 복지, 방문복지, 사례관리 강화 • 추진체계: 정책의 구상 단계부터 시행까지 민 · 관 거버넌스형 추진운영본부 운영
핵심 과제 (중점 분야)	찾아가는 복지 실현	• 복지 플래너 도입 • 우리동네주무관, 통 · 반장제 운영
	통합 서비스 제공	• one-stop 및 any-stop 통합 서비스 제공 • 동 중심 사례관리 시행
	마을생태계 조성	• 동 단위, 주민자치력 강화 • '찾아가는 동주민센터' 추진 민 · 관 거버넌스 운영
	동행정 혁신	• 동주민센터 업무 재조정 • 신규 인력 충원 및 배치 • 동주민센터 공간 재설계

출처: '찾아가는 동주민센터 업무매뉴얼-주민자치(행정)' 및 이대현(2015)을 토대로 재구성.

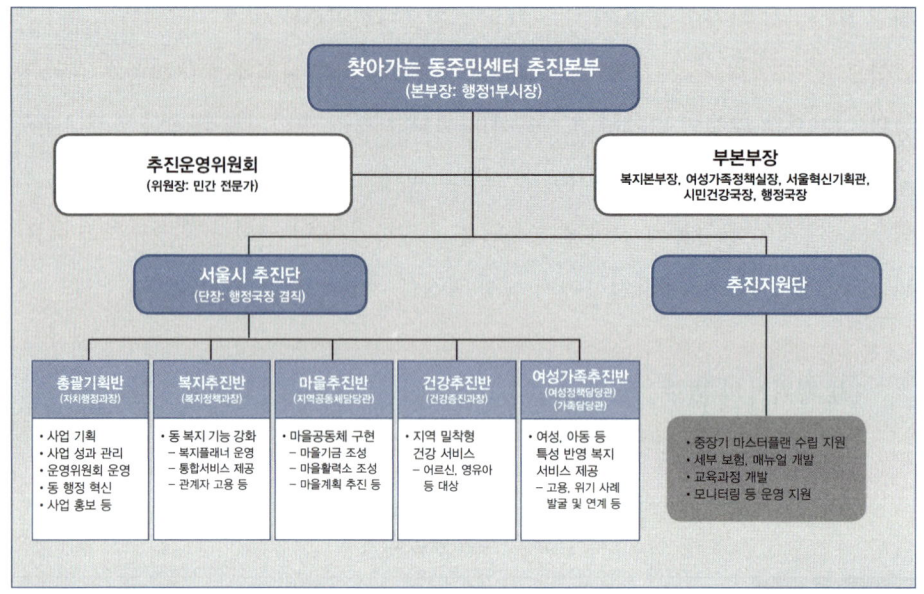

출처: 황금용(2017).

[그림 2] 찾동 추진체계

라고 볼 수 있다. 이는 찾동이 갈등을 조정하는 것이 아니라 공공복지 서비스 정책을 더욱 효과적으로 발전시키기 위한 것이 목표였기 때문이다. 사업의 논의 과정에서 나타난 마을복지허브사무소추진자문회의는 사회복지 학자, 서울시 복지재단 관계자, 사회복지관 협회 대표자, 서울시와 자치구의 사회복지 담당 공무원으로 구성되었으며, 동주민센터 조직재설계, 사회복지관과의 역할 분담, 민관협력 추진 방안 등에 관한 사항들이 논의되었다. 또한, 79명의 전문가로 구성된 희망서울정책자문위원회[6] 출범하면서 복지전달체계 개편을 최우선 핵심 과제로 선정해 다양한 토론과 자문을 바탕으로 구체적인 실행계획이 논의되었다(이태수 외, 2017).

---

6) 기획위원회, 안전교통분과, 도시재생분과, 경제일자리분과, 복지건강분과, 여성교육분과, 문화관광분과 등 8개의 세부 분과위원회로 구성되었으며, 복지건강분과는 11명의 보건·복지 분야의 현장전문가로 구성되었다(중앙일보, 2014).

이후, 서울시 차원에서 공식적인 추진본부의 필요성이 제기되면서 추진본부에 행정1부시장을 중심으로 추진운영위원회, 추진단, 추진지원단 등 세 개의 조직이 구성되었다. 특히 민관 협력의 조화를 구축하고자 구성된 추진지원단은 사회복지기관, 마을활동기관, 사회적 경제기관, 그리고 전문가·주민 등 다양한 행위자로 구성되었고, 그들을 포함시켜 단계별 시행규칙을 통해 투명성과 민주성, 그리고 개방성을 강화했다. 찾동의 사업 시행 과정에서 나타난 행위자의 범주는 [그림 3]과 같다.

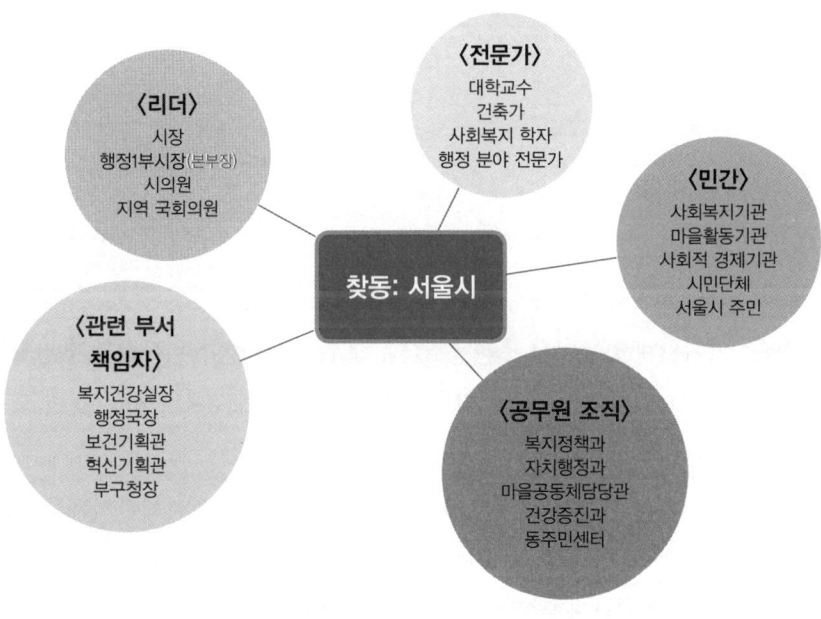

[그림 3] 찾동 사업 거버넌스의 주요 행위자

3) 촉진적 리더십

촉진적 리더십은 협력 과정의 촉매 역할을 하며(김이수, 2011), 이는 더 나은 최종 결과를 도출하는 데에 중요한 역할을 한다. 찾동의 시행 과정에서 나타난 촉진적 리더는 박원순 서울시장이다. 그는 강력한 리더십을 바탕으로 공무원, 전문가, 민간 등 다양한 행위자들과 함께 소통하며 협력을 끌어냈다. 2011년 민선 5기 보궐선거를 통해 임기를 시작하게 된 박원순 서울시장은 시민의 생활과 복지에 초점을 두고 민선 6기부터 '더함복지(더불어 함께하는 복지)' 사업을 통해 복지체계 개편을 강화했다(이태수 외, 2017). 이후 인력과 예산을 늘리고 다양한 언론 매체를 통해 찾동의 중요성을 강조하는 등 복지정책 패러다임에 큰 변화를 모색했다. 즉, 찾동이 현실화된 결정적인 이유는 박원순 서울시장이라는 정책결정자가 리더십을 통해 선거공약을 이행하고자 하는 강한 의지에서 비롯된 것이다(이태수·홍영준, 2016).

4) 협력 과정

(1) 면대면 대화

면대면 대화는 참여자들이 타인에 대한 책임을 가지게 하며, 수평적인 방식을 통해 이루어지는 소통은 서로를 이해하고 존중하는 데 중요한 역할을 한다(Roberts, 2002). 또한 이해관계자들이 토론회, 간담회, 포럼 등을 통한 의사소통이 가능해야 협력 과정의 선순환을 위한 조건이 형성될 수 있기 때문에(김태운, 2012) 협력 과정에서 중요한 부분이다.

찾동의 경우에는 전문가, 주민, 사회복지기관 등 다양한 이해관계자들의 회의나 토론이 매우 활발했던 것으로 나타난다. 예컨대, 사업 시행 단계에서 나타난 마을복지허브사무소추진자문회의, 희망서울정책자문위원회, 그리고 동주민센터와 복지관, 주민들 간의 회의 및 워크숍 등이 있다. 먼저 희망서울정책자문위원회는 2014년 7월 16일 분과위원회가 개최된 이후 한 달 동안 세 차례의 회의를 통해 분과 핵심 과제 13개를 선정해서 이에 대한 세부 내용 및 투자 계획을 논의했다(이태수 외, 2017). 이후 서울시 사회복지관 기관장 간담회, 자치구 행정국장·복지국장 연석회의, 공무원노조 서울지부-자치행정과장 면담, 업무 매뉴얼 설명회 개최 등의 다양한 면대면 대화가 이루어졌다(서울특별시, 2016a). 또한, 추진단·지원단은 합동 연석회의를 개최해서 관련 현안 과제나 민관(부서) 간의 이견에 대한 합의를 조정했다. 특히 연석회의 준비는 추진단이, 회의 진행은 지원단(단장)이 진행하는 등 직급과 직위를 벗어나 상호 수평적인 방식을 통해 이루어졌다(서울특별시, 2017).

이렇듯, 다양한 회의와 토론 등을 통해 이해관계자들은 상호 협력적으로 나아가야 할 방향에 대해 구체적으로 논의할 수 있었으며, 사업의 안정적인 추진을 위한 중·장기적 계획들 또한 원활하게 설계할 수 있었다.

(2) 신뢰 구축

면대면 대화 후에 나타나는 신뢰 형성은 행위자들 간의 협력적 관계를 유지해주는 핵심적인 요소이다. 찾동에서는 민관 거버넌스 구현과 주민 리더 양성을 위해 서울시·자치구 추진지원단이 중간조직으로서 신뢰 형성을 도모했다. 서울시 추진지원단이 사업의 전반적인 방향을 제시하면 자치구 추진지원단은 사업 방향을 세부 지역 단위로 구현될 수 있도록 유도했다(서울시복지재단, 2016). 즉, 추진지원단의 핵심 역할은 '협치 지원'으로서 서울시-자치구-동주민센터의 영역 내에서 공공과 민간, 민간 간의 의사소통을 촉진하고 이들이 신뢰를 구축할 수 있도록 하는 역할을 담당했다. 예컨대, 복지 영역에서는 모니터링 또는 컨설팅, 간담회 개최 등을 주도했으며 마을 영역에서는 주민 참여 지원, 마을기금사업, 마을활력소 등 전 주민의 참여를 이끌기 위한 시도를 했다(서울시복지재단, 2016).

이를 통해 공공과 민간 간의 시너지를 끌어냄으로써 찾동의 기조를 안착시키고 주민과 동주민센터, 자치구의 요구 사항들을 서울시에 전달하는 주요 역할을 한 것이다. 다만 사업 초창기에는 자치구 추진지원단의 역할이 모호하고 제대로 알려지지 않아 행정 보조조직으로 인식되었으나 활동이 본격적으로 진행된 이후 동주민센터, 민간, 자치구청 등에서 관련 사항들을 활발하게 문의하기 시작하면서 그 위상이 점점 변화했다(서울시복지재단, 2016).

(3) 과정몰입

앞서 형성된 두 과정은 이해관계자들의 과정몰입에 토대가 되었다. 먼저 사업의 전반적인 측면에서 살펴보면, 박원순 서울시장이 언론이나 홈페이지 등에서 사업의 중요성을 강조했으며, 서울시는 서적, 발간물, SNS 등을 통해 사업을 알리기 위한 집중적인 노력을 했던 것으로 나타났다. 이를 통해 시민들의 체감도가 향상되고 이는 이해관계자들 간의 사업 참여 활성화 및 결속력 강화로 이어지게 되었다.

한편, 민관협력의 과정몰입 측면에서는 동주민센터와 복지관 간의 정보, 자원 공유를 통해 지역사회 문제를 해결하기 위한 노력이 두드러진다. 이들 간에 정보, 자원 공유 등의 기회가 늘어나면서 복지관은 공공조직의 자원 동원력을 제공받게 되었으며, 사례 발굴 및 서비스 연계의 필요성이 증가함에 따라 과정이 더욱 투명하고 빠르게 진행될 수 있었다. 예컨대, 학습모임이나 사례회의, 그리고 기관장 간 워크숍을 통해 사례관리나 지역 조직화에 대한 개념과 관점을 공유했다. 또한, 여기서 비롯되는 지역 현안에 대한 이해, 사례 회의 체계 구축, 다른 기관에 대한 존중 등의 구성 요소들이 협력 과정에 더욱 몰입할 수 있게 하는 요인이 되었다(민소영 외, 2018).

(4) 이해의 공유

국민들은 생활고로 인한 '소외계층의 자살사건', 업무 과중화로 인한 '사회복지사의 자살' 등을 통해 복지전달체계의 변화를 촉구했으며, 서울시 또한 복지를 혁신적으로 바꾸고자 이 사업의 필요성이 제기되었다. 이는 비교적 이해관계자들 간에 공유된 목적과 비전의 설정이 쉬웠던 것으로 보이는데, 그 이유는 정부, 시민, 복지관 등이 서로 협력하지 않으면(김태운, 2012) 사업의 추진이 어렵다는 인식을 공유하고 있었기 때문이다. 또한, 서울시는 사업을 통해 대대적인 인력 확충과 재배치, 그리고 충분한 예산 확보를 통해 공무원들의 근무환경을 개선하고자 했다.

한편, 주민의 입장에서는 복지 대상이 지역주민 전체로 확대된 점과 복지 발굴과 마을공동체 조성을 통해 사업에 직접 참여할 기회가 생겨나면서 공공기관과 직접 이해를 공유할 수 있는 계기가 되었다.

(5) 중간 결과

서울시는 사업 1단계 시행 전에 성동구, 성북구, 도봉구, 금천구 4개 구의 1개 동씩을 시범으로 지정해서 사회복지 인력과 방문간호사 배치 그리고 우리동네주무관, 복지플래너, 복지상담전문관, 동 단위 사례관리 등을 시행했다. 이는 〈표 3〉과 같다.

〈표 3〉 예비운영동 시행 자치구

구분	시행 자치구
예비운영동	성동구 마장동, 성북구 월곡2동, 도봉구 방학2동, 금천구 독산3동

출처: 서울특별시 복지포털(2019).

이는 사업의 본격 시행에 앞서 예비 운영을 통해 사업 추진상의 문제점이나 한계 등을 파악하고 1단계 시행에 반영하기 위함이었다(이예빈, 2016). 2015년 3~6월까지 시범 운영한 결과, 방문상담이 약 87%, 전화상담 안내가 132%, 서비스 연계 지원이 57%로 증가했으며, 한부모가족 18%, 국민기초생활수급자 22%를 발굴했다(이예빈, 2016). 또한, 사회복지 전담공무원과 방문간호사가 직접 찾아가 노후 복지상담이나 건강 체크 등을 시행한 결과 주민들의 만족도가 크게 향상되었다.

이와 더불어 사업 시행 논의가 시작된 이후 동주민센터 공간개선사업이 시작되었으며, 2015년 6월 말까지 80여 명의 건축가가 참여해 13개 구 79개 동주민센터 공간이 개선되었다. 그리고 이를 상시 개방해 주민이 쉽게 방문할 수 있는 여건을 마련했다(서울특별시, 2016b). 이렇듯, 사업 시행 전에 나타난 중간적 성과들은 사업 최종 결과에 대한 몰입 강화에도 큰 영향을 주었다.

(6) 최종 결과물

서울시의 공공복지서비스 전달체계 개편사업으로 추진된 찾동은 2015년 7월에 1단계가 시행되었으며, 2018년 기준 4단계에 접어들어 불과 4년 만에 25개 구 408동으로 그 범위가 확산되었다. 다만, 사업 초기에는 시장, 구청장, 시의원 등의 강한 의지와 지지를 토대로 시작되었으나 행정직과 복지직 간의 입장 차이, 정책에 대한 이해 부족 등의 문제가 있었다. 그러나 꾸준한 모니터링을 통한 인력 충원, 동주민센터의 팀 조직 정비 등을 바탕으로 공무원들의 인식과 태도가 변화했으며, 주민들 또한 점점 마을사업과 복지에 대한 적극성을 보이기 시작했다. 또한, 국회의원이나 시장, 그리고 학계 전문가들이 행사나 성과공유대회 등에 참석해 토론하고 홍보했으며, 동 직원에 대한 교육, 복지 서비스 질 향상에 대한 필요성을 강조했다. 이를 통해 사업 1단계가 시행된 이후 다양한 측면에서 성과를 거두게 되었다.[7]

첫째, 마을공동체조성사업(주민참여지원사업, 마을기금, 마을계획, 마을활력소)은 주민들이 공동 욕구를 이웃, 동사무소와 함께 해결해 주민이 주도하는 공동체 중심의 복지 행정을 구축했으며, 주민이 공공기관을 신뢰할 수 있게 되는 밑거름이 되었다(이태수 외, 2017). 둘째, 복지·마을공동체 조성의 관리자로서 동장, 팀장 등 5~6급 공무원과 우리동네주무관의 역할 강화를 통해 이들이 복지 실현의 촉진자 역할을 수행하게 했다(서울특별시, 2016b). 특히 동장은 동 단위 통합사례관리 정기 모니터링 회의에 월 1회 참석하고 관내 지역순찰 등을 주 2회 이상 실시하면서 복지사각지대나 관내 취약시설 발굴에 크게 기여했다. 이는 공무원들이 단순 행정 업무를 처리하거나 주민을 민원인으로 생각하는 '관리감독자'가 아닌 주민의 '파트너'로서 행정이 직

---

7) 사업 1단계가 시행된 이후 1년 동안의 주요 성과는 다음과 같다. 첫째, 452명의 사회복지공무원이 동주민센터에 충원되었으며 106명의 방문간호사를 신규 채용했다. 둘째, 우리동네주무관의 복지·건강 대상 방문 수가 132,210으로 증가했다. 셋째, 빈곤위기 가정 12,281명, 치매·우울·허약 노인 7,209명을 신규 발굴했다. 넷째, 14동의 주민들이 스스로 마을계획을 수립했으며, 주민투표로 결정된 실행 의제 수 235건, 그리고 마을계획 투표에 7,557명의 주민이 참여했다(안기덕, 2016b).

접 찾아가게 되는 계기가 되었다(이태수 외, 2017). 셋째, 복지전달체계 개편으로 복지 대상을 보편적으로 바라보면서 다양한 계층과 집단에 공공 서비스가 제공되었다. 또한, 발굴-사례관리-문제 해결 업무 수행 방식을 통해 복지생태계 조성을 통한 통합적 해결 방식에 집중했다(이예빈, 2016).

VI. 맺음말

1. 분석 결과 토의

서울시에서 시행된 찾동 시행 과정의 분석 결과 앤셀과 개시(Ansell & Gash, 2008)의 협력적 거버넌스 모형에서 제시하고 있는 구성 요소를 갖추고 있는 것으로 분석되었다. 구체적으로 서울시, 동사무소, 지역주민 그리고 사회복지기관 간의 협력적 거버넌스 초기조건을 시작으로 제도적 설계와 리더십의 영향을 통해 협력 과정에서의 선순환적인 과정을 거쳐 '찾동 1.0'이라는 정책 결과를 가져오게 되었다.

또한, 이 연구의 사례는 앤셀과 개시(Ansell & Gash, 2008)가 강조한 협력적 거버넌스의 특징들을 대부분 포함하고 있었다.[8]

첫째, 서울시라는 공공기관의 주도 아래 다양한 회의, 포럼, 토론회 등이 진행

---

[8] 앤셀과 개시(Ansell & Gash, 2008)의 협력적 거버넌스에 대한 구체적인 분류 기준은 다음과 같다.
  1. 포럼(forum)은 정부 및 공공기관(public agencies)에 의해 주도된다.
  2. 참여자들은 정부 외의 행위자들을 포함해야 한다.
  3. 참여자들은 공공기관을 단순 자문하는 것이 아니라 의사결정 과정에 직접 관여한다.
  4. 포럼은 참여자들의 집합적 행동을 통해 공식적으로 조직화되어야 한다.
  5. 실행에 옮기지 못하더라도 합의에 의한 의사결정이 그 목표이다.
  6. 협력의 중점 사항은 공공정책과 공공관리이다.

되었다. 둘째, 학계, 연구기관, 사회복지기관, 주민 등 비정부 행위자들을 포함했다. 셋째, 찾동의 추진위원회장이 민간인으로 임명되었으며, 추진지원단 또한 민간 조직으로 구성되어 지역의 자치 역량을 강화하고 공공과 민간과의 소통을 활발하게 하고자 했다(서울시복지재단, 2016). 넷째, 사업의 초기 시행 과정에서 나타난 마을복지허브사무소추진자문회의, 희망서울정책자문위원회는 박원순 서울시장의 복지전달체계 개편 공약을 구체화하기 위해 공식적으로 설립되었다. 그리고 이를 구성하고 있는 사회복지학자, 서울시 복지재단 관계자, 전문가 등은 집합적인 회의를 통해 복지전달체계 개편 초안의 구체적인 내용을 마련했다. 다섯째, 찾동이 갈등문제 해결사업이 아닌 공공복지 전달체계를 강화하기 위한 사업이었기 때문에 서울시와 동주민센터, 사회복지기관 등 참여자들 간의 합의가 원활했던 것으로 보인다. 여섯째, 찾동사업은 복지 서비스 강화 여건을 마련하고(이태수 외, 2017) 기존의 복지사업과는 차별화된 서울시 주도의 대규모 사업이었다는 점에서 중요한 공공복지 정책으로 인식되었다.

한편, 이 연구의 사례 결과에 따르면 앤셀과 개시(Ansell & Gash, 2008) 모형과는 다른 구성 요소도 파악되었다. 첫째, 앤셀과 개시의 모형에서 제시되는 리더십은 협력 과정에 영향을 미치는 것으로 나타나지만 찾동에서는 박원순 서울시장의 리더십이 사업 초기조건 형성 과정에도 큰 영향을 미치고 있다. 즉, 박원순 서울시장은 공공복지 부문에 대규모의 인력과 예산 투입을 선거 공약으로 내세우고 언론 매체와의 인터뷰 등에서도 서울시의 적극적인 역할과 민관 간의 협력을 강조했다. 이는 공공복지사업과 같이 대규모의 인력과 예산을 필요로 하는 사업 같은 경우에는 정부나 지자체의 역할이 매우 중요하며, 단체장이나 국회의원, 시의원 등과 같은 지도자의 리더십이 사업 초기조건에 큰 영향을 미칠 수 있다는 것을 보여준다.

둘째, 앤셀과 개시(Ansell & Gash, 2008)의 모형과는 달리 산출된 최종 결과가 다시 협력적 거버넌스의 새로운 초기 조건에 영향을 미칠 가능성이 있음을 파악할 수 있다. 이는 협력적 거버넌스의 결과가 더 높은 단계의 사회적·환경적 수준으로 상승시키는 적응(adaptation) 과정을 통해 환류고리(feedback loop)를 형성할 수 있다는 것이다(Emerson et al., 2012).

이 연구에서는 사업의 1단계 시행까지를 최종 결과로 분석했으나 4단계(2018년 기준)로 접어든 시점에서 과거의 단계별 성과들이 다음 단계의 사업 시행에 영향을 준 것으로 나타난다. 찾동은 1단계 시행 이후, 1년 동안 빈곤위기 가정 12,281가구 발굴, 주민이 직접 만든 마을계획 235개 도출, 방문건강관리율 향상, 공무원의 인식·태도 변화 등 혁신적인 성과를 거두었다. 이를 통해, 사업이 2단계로 나아갈 수 있는 동력을 제공하게 되었다. 또한, 사업 자체가 자치구 대상 공모를 통해 점진적으로 확대되었다는 점을 고려하면 자치구들이 참여하게 될 인센티브가 다시 구축되고 있는 것으로 나타났다. 그리고 다음 단계를 시행하기 위한 협력 과정에서도 이해관계자들의 지속적인 면대면 대화,[9] 신뢰 구축, 과정 몰입, 공유된 이해 등이 반복되고 있는 점을 파악했다. 또한, 박원순 서울시장은 사업 1단계 이후에도 다음 단계 사업의 출범식이나 시행 지역에 직접 방문해 찾동을 서울 전체 자치구 동으로 확대하겠다는 강한 의지를 나타냈다(아주뉴스, 2016). 이를 통해 앤셀과 개시(Ansell & Gash, 2008)의 협력적 거버넌스 모형에서는 순환적 사이클이 협력 과정에서만 나타나고 있지만 이 연구의 사례에서는 최종 결과와 초기 과정이 상호적 영향을 미치면서 협력적 거버넌스 모형 전체에도 적용되는 것으로 나타났다.

셋째, 앤셀과 개시(Ansell & Gash, 2008)의 모형에서 제시되지 않았던 중개자(추진지원단)의 역할이 협력적 거버넌스를 촉진하는 데 중요한 역할을 한 것으로 나타났다. 찾동의 본질적인 목적이 단순 방문복지 제공을 넘어서 주민들의 공감대를 이끌어내고 관과 관, 민과 관, 민과 민의 협력을 통한 복지체계 네트워크 강화였기에, 서울시는 공공의 자원과 방향은 유지하면서 동시에 민의 성격을 가진 중간조직이 필

---

9) 합동 연석회의는 주 1회로 운영되었으며, 2015년 3월부터 2017년 5월까지 총 85회(연인원 2,531명 참여)가 개최되어 총 444개의 안건에 대해 합의했다(서울특별시, 2016b).

요했다(서울시복지재단, 2016). 이러한 상황에서 공공기관의 한계를 보완하고 지역 내 거버넌스를 구축하기 위해 추진지원단이 중간조직으로써 상호 모니터링과 소통체계를 마련했다.

　찾동의 시행 과정에서 나타난 협력적 거버넌스의 특성들을 고려하면 앤셀과 개시(Ansell & Gash, 2008)의 모형은 사례에 맞게 수정이 필요하다고 볼 수 있다. [그림 4]와 같이 기존 앤셀과 개시(Ansell & Gash, 2008)의 모형과는 다르게 협력적 거버넌스 모형에서의 결과와 초기조건이 상호적 영향을 미치게 되고, 리더십이 협력의 초기조건에도 영향을 미치게 된다는 것을 보여준다. 마지막으로 추진지원단이 주민들의 역량을 끌어내고 민간과 공공이 연계되는 신뢰 구축 과정에서 중간조직으로서 큰 역할을 했다.

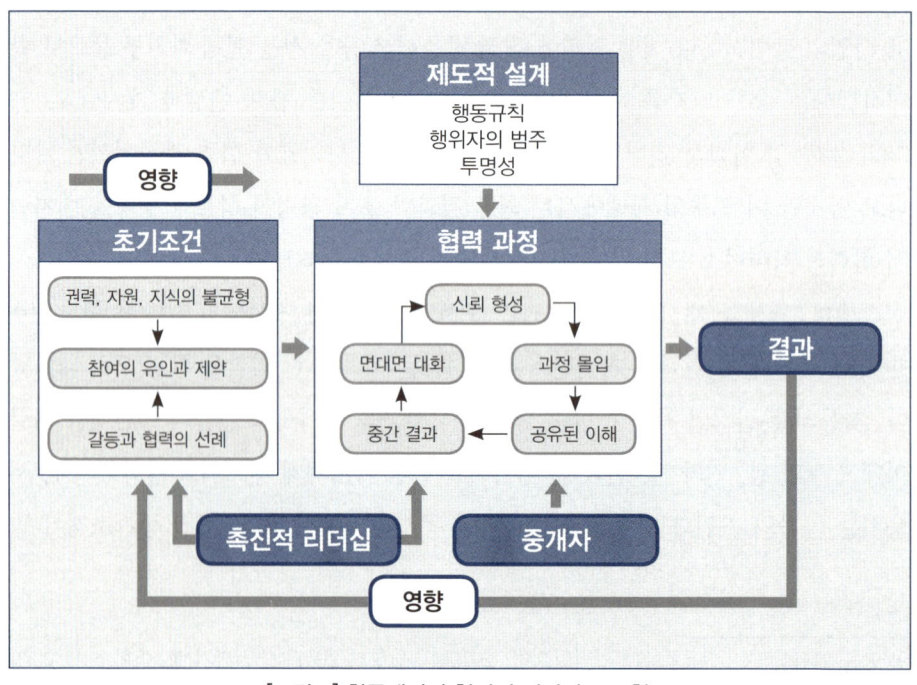

[그림 4] 찾동에서의 협력적 거버넌스 모형

2. 시사점 및 함의

복잡하고 다양해지는 사회환경 속에서 공공복지의 효율성과 민주성을 확보하기 위한 민관 간의 협력이 강조되고 있다. 이 연구에서는 앤셀과 개시(Ansell & Gash, 2008)의 협력적 거버넌스 조건과 모형을 분석하기 위해 서울시 공공복지서비스 개편사업인 찾동의 시행 과정을 사례로 선정했다. 이는 그동안 제기되었던 공공기관 주도의 복지전달체계 사업에 대한 한계점과 의문점을 바탕으로 찾동의 성공적인 협력적 거버넌스 구축 요인이 무엇인지 알아보고자 했다. 사례분석 결과, 앤셀과 개시가 제시한 모형의 변수와 구성 요소를 대부분 검증했지만, 실제 사례에서는 순환 과정과 변수에 대한 수정·보완의 필요성이 발견되었다. 또한, 이러한 사례분석을 통해 정책적 함의를 도출했는데, 이는 다음과 같다.

첫째, 참여자들 간 협력의 중요성에 대한 인식이 필수적이며 이를 위한 우호적인 환경 조성이 필요하다. 예컨대, 앤셀과 개시(Ansell & Gash, 2008)의 모형에서도 제시되어 있듯이, 이해관계자들을 협력에 적극적으로 끌어들일 수 있는 구체적인 참여 인센티브가 제공되어야 하며, 정부나 지자체는 민관협력이 필요한 사업을 지속적으로 발굴하는 것이 필요하다. 또한, 민관 간의 정기적인 접촉을 통해 협력사업의 목적이나 전략 기획 등을 구체화하는 방안이 마련되어야 한다.

둘째, 기관이나 주민들이 사업을 원활하게 이끌어 나갈 수 있도록 하는 리더의 존재와 역할이 매우 중요하다. 리더십은 협력적 거버넌스 성공의 필수적 요소이자 사업의 동력을 확보하는 데도 매우 중요하다(Emerson et al., 2012). 이는 문제의 조정 과정에서 리더가 사람들을 집중시키고(Heifetz, 1994) 사업에 대한 틀 개발과 동기를 부여함으로써 이해관계자들 간의 책임성을 확립시키는 데 그 역할이 필수적이기 때문이다. 이 연구의 사례에서도 나타나듯이, 박원순 서울시장의 사업에 대한 강력한 의지와 더불어 언론과 SNS를 통한 홍보 등의 노력이 중요한 부분을 차지했다. 특히 협력적 거버넌스에서는 다양한 이해관계자들이 참여하기 때문에 이들의 의견과 가치관을 적절하게 수용하고 공감해 줄 수 있는 포용적인 리더가 필요할 것이다.

셋째, 정부나 지자체, 그리고 민간영역 등을 통한 인력과 재정에 대해 충분한 지원이 필요하다. 대부분의 협력사업은 정부가 복잡한 사회문제들을 해결하기 위해 상당한 자원과 규제를 통해 최종적으로 공공의 목표를 명시하는 데서 출발한다(Twombly, 2003). 찾동이 기존의 공공복지사업 전달체계 개편과 뚜렷하게 구분되는 점은 바로 명확한 목표 설정, 그리고 인력과 자원의 투입이었다. 2011년부터 2014년까지 우리나라 각종 제도 급여 대상자는 80%로 증가했으나 복지 관련 인력은 18%밖에 증원되지 않아 복지 서비스 전달 과정에서 큰 한계를 가지고 있었다(홍영준, 2017). 반면에, 찾동은 사업 초기부터 일반공채, 임기제, 시간선택제 임기제, 민간 경력 등을 다양한 방식으로 발굴했으며,[10] 사회복지 담당공무원 1인당 복지 대상자가 사업 시행 전 170명(2015년 6월 기준)에서 115명(2016년 6월 기준)으로 감소했다(안기덕, 2016b). 즉, 공공사업 분야에서 민관협력의 적극성을 제고하고 주민들의 역량을 끌어내기 위해서는 인력이나 재정적 지원책 마련이 필요하며, 민관 간의 원활한 자원 공유를 위한 노력이 수반되어야 한다(함영진·김태은, 2017).

한편, 이 연구는 서울시의 찾동을 단일 사례로 선정해서 분석했기 때문에 분석의 일반화에 대한 한계가 따른다. 향후 연구에서는 찾동 사업 시행 이후 나타난 세부적인 협력·갈등 과정이나 새로운 이해관계자의 역할을 살펴보고 다른 지역의 협력 사례들과 비교·분석할 필요가 있다.

---

[10] 1단계 사업 인력 채용은 9급 사회복지직 일반공채 175명, 민간경력 공채 189명, 임기제 공무원 51명(마을사업 43명, 지역사회복지 분야 8명)으로 규모가 확정되었다(이태수 외, 2017).

생각해 볼 문제들

1. 찾동은 2014년 서울시 13개 자치구 80개 동주민센터를 시작으로 4단계에 접어들어(2018년 기준) 25개 구 408개 동에서 실시되고 있다. 이렇듯, 공공정책사업이 일시적으로 끝나지 않고 지속되기 위해서는 어떠한 사항들이 고려되어야 할까?
2. 정부 차원에서 국민에게 효율적인 공공복지 서비스를 전달하기 위해서는 재정적 지원 마련은 매우 중요하다. 그렇다면 좀 더 나은 복지 서비스를 제공하기 위해 기존에 확보된 자원을 낭비하지 않고 부족한 자원을 확보하기 위한 방안은 무엇일까?
3. 찾동의 사례에서 나타난 이해관계자들은 서로 자발적인 협력을 통해 공공복지 전달체계 개편사업을 성공적으로 이루어냈다. 앞으로 사회문제가 더욱 복잡해진다는 점을 고려한다면 민관협력은 필수적인 요소일 것인데, 과연 이러한 민관협력사업을 더욱 발전시키기 위한 구성 요소는 무엇일까?

⟨참고 문헌⟩

김도윤·한상연·고대유(2018). 도시개발사업의 협력적 거버넌스 비교 연구. 「분쟁해결연구」, 16(3): 141-169.

김이수(2011). 행정구역 통합과정에서 협력적 거버넌스 구축에 관한 실증적 연구. 「한국사회와 행정연구」, 22(3): 69-94.

김인태(2017). 공공서비스의 공동생산 참여의 영향요인에 관한 연구: 서울시 찾아가는 동주민센터 사업을 중심으로. 서울대 행정대학원 석사학위 논문.

김태운(2012). 국책사업 유치과정에서의 협력 거버넌스. 「한국행정논집」, 24(4): 857-884.

남기철(2015). 지역사회복지 관점에서의 서울시 동주민센터 개편사업 분석. 「한국지역사회복지학」, 55: 163-186.

민소영·김이배·송아영·노수현·손지현·지혜은(2018). 찾아가는 동주민센터와 복지관 협력모델 및 역할 제언 연구. 서울시 복지재단 연구용역 보고서.
배응환(2010). 신지역주의와 협력거버넌스: 광역경제권 설계의 전제. 「한국행정학보」, 44(4): 203-232.
_____(2016). 협업행정의 실증분석: 님비사업의사결정의 성공요인. 「한국행정연구」, 25(3): 91-128.
서울시복지재단(2016). 찾아가는 동주민센터 자치구 추진지원단 역할 정립 연구.
서울특별시(2016a). 2016 찾아가는 동주민센터 1단계 사업백서.
_____(2016b). 찾아가는 동주민센터 업무매뉴얼-복지편.
_____(2017). 찾아가는 동주민센터 업무매뉴얼-주민자치(행정).
서울특별시 복지포털. 찾아가는 동주민센터 현황(http://wis.seoul.go.kr/human/situation.do).
서울특별시 재정포털. 한눈에 보는 서울 예산(http://news.seoul.go.kr/gov/archives/502453).
안기덕(2016a). 찾아가는 동주민센터 운영방안 연구. 「한국사회복지행정학회 학술대회 자료집」, 201-228.
_____(2016b). 찾아가는 동주민센터: 1년간의 성과와 의미. 2016 사회정책연합 공동학술대회 발표자료.
오철호·고숙희(2012). 협력적 거버넌스 구축 및 운영에 관한 연구. 「한국사회와 행정연구」, 22(4): 27-49.
은재호·오수길(2009). 「한국의 협력적 거버넌스」. 대영문화사.
이대현(2015). 서울시 '찾아가는 동주민센터' 추진 내용과 준비 사항: 주민중심 복지체계로 혁신 및 마을공동체 조성. 「월간 주민자치」, 44: 28-33.
이명석(2010). 협력적 거버넌스와 공공성. 「현대사회와 행정」, 20: 23-53.
_____(2013). 협업행정의 과제. 국회입법조사처 발표자료.
이수천·고광신·전준현(2011). 「사회복지정책론」. 서울: 나눔의집.
이예빈(2016). 서울시 복지전달체계의 개편, '찾아가는 동 주민센터'. 서울연구원.
이주헌·라도삼·이정용(2015). 찾아가는 동주민센터 활용한 서울형 주민자치 가능성 모색. 「서울연구원 정책과제연구보고서」, 1-145.
이태수(2016). 서울시 '찾아가는 동주민센터'의 추진의 의미와 과제. 「한국사회복지행정학회 학술대회 자료집」, 87-109.

이태수·강혜규·김진석·김형용·남기철·엄의식(2017). 「찾아가는 동주민센터」. 서울연구원.

이태수·홍영준(2016). 서울시 '찾아가는 동주민센터'의 정책결정과정과 의의. 「비판사회정책」, 53: 246–281.

조만형·김이수(2009). 협력적 거버넌스 구축에 관한 실증적 연구: 광명시와 구로구간 환경 기초시설 빅딜 사례를 중심으로. 「한국사회와 행정연구」, 20(2): 215–239.

최문형·김인제·정문기(2015). 주거환경관리사업에서의 협력적 거버넌스: 길음동 소리마을 주민참여형 재생사업을 중심으로. 「한국지방자치학회보」, 27(4): 179–208.

한상연·고대유·김순영·이호규(2014). 사례분석을 통한 협력적 도시거버넌스에 관한 연구. 「국토계획」, 49(2): 329–345.

한창묵(2017). 국내 협력적 거버넌스의 성공 요인에 관한 연구. 성균관대 석사학위 논문.

함영진·김태은(2017). 민간 중심의 민관협력 활성화 시범사업의 성과와 과제. 「보건복지포럼」, 248: 71–83.

홍성대(2011). 복지사각지대 해소 방안으로서의 사례관리 활성화를 위한 법·제도적 과제. 「입법과 정책」, 3(2): 127–149.

홍영준(2017). 찾아가는 복지 실현을 위한 서울시의 무모한 도전 그리고 미래. 「월간 복지동향」, (224): 46–51.

황금용(2017). 찾아가는 동주민센터, 현황과 과제: 정책의 전국화에 따른 점검. 「보건복지포럼」, 11:, 21–41.

아주뉴스(2016. 7. 18). "확 달라진 서울의 복지…'찾아가는 동주민센터 1년' 박원순 "촘촘한 복지망 구축할 것."
    https://www.ajunews.com/view/20160718103735438(검색일: 2019년 6월 8일)

이데일리(2017. 8. 11). "靑, 서울시 '찾동사업' 벤치마킹…읍면동 주민센터 大혁신 추진."
    http://www.edaily.co.kr/news/read?newsId=02788006616026336&mediaCodeNo=257&OutLnkChk=Y(검색일: 2019년 6월 2일).

중앙일보(2014. 7. 9)). "민선6기 희망서울정책자문위원회 위원 명단."

http://news.joins.com/article/15202519(검색일: 2019년 6월 3일).

Alexander, J. A., Comfort, M. E., & Weiner, B. J. (1998). Governance in Public Private Community Health Partnerships: A Survey of the Community Care Network SM Demonstration Sites. *Nonprofit management and leadership*, 8(4): 311–332.

Andranovich, G. (1995). Achieving consensus in public decision making: Applying interest based problem-solving to the challenges of intergovernmental collaboration. *Journal of Applied Behavioral Research*, 31(4): 429–445.

Ansell, C. & Gash, A. (2008). Collaborative Governance in Theory and Practice. *Journal of Public Administration Research and Theory*, 18(4): 543–571.

Bentrup, G. (2001). Evaluation of a collaborative model: A case study of analysis of watershed planning in the Intermountain West. *Environmental Management*, 27(5): 739–748.

Brinkerhoff, D. W. (1999). Exploring state-civil society collaboration: policy partnerships in developing countries. *Nonprofit and Voluntary Sector Quarterly*, 28(1_suppl), 59–86.

Busenberg, G. J. (1999). Collaborative and adversarial analysis in environmental policy. *Policy Sciences*, 32(1): 1–11.

Chrislip, D. & Larson, C. E. (1994). *Collaborative Leadership: How Citizens and Civic Leaders Can Make a Difference*. San Francisco, CA: Jossey-Bass.

Emerson, K., Nabatchi, T., & Balogh, S. (2012). An integrative framework for collaborative governance. *Journal of Public Administration Research and Theory*, 22(1): 1–29.

Futrell, R. (2003). Technical Adversarialism and Participatory Collaboration in the U.S. Chemical Weapons Disposal Program. Science, *Technology and Human Values*, 28(4): 451–482.

Geoghegan, T. & Renard, Y. (2002). Beyond community involvement: lessons from the insular Caribbean. *Parks*, 12(2): 16–27.

Glasbergen, P. & Driessen, P. P. (2005). Interactive planning of infrastructure: The changing role of Dutch project management. Environment and Planning C. *Government and Policy*,

23(2): 263-277.

Gray, B. (1989). *Collaborating: Finding common ground for multi-party problems*. San Francisco, CA: Jossey-Bass.

Gunton, T. I. & Day, J. C. (2003). The theory and practice of collaborative planning in resource and environmental management. *Environments*, 31(2): 5-20.

Heifetz, R. A. (1994). *Leadership without easy answers*. Cambridge, MA: Harvard University Press.

Imperial, M. T. (2005). Using collaboration as a governance strategy: Lessons from six watershed management programs. *Administration & Society*, 37(3): 281-320.

Kettl, D. F. (2006). Managing Boundaries in American Administration: The Collaborative Imperative. *Public Administration Review*, 66: 10-19.

Nelson, L. S. & Weschler, L. F. (1998). Institutional Readiness for Integrated Watershed Management: The Case of the Maumee River. *Social Science Journal*, 35(4): 565-576.

Powell, W. W. (1990). Neither Market nor Hierarchy: Network forms of Organization", in Staw, B. & Cummings, L.(eds.), *Research in Organizational Behavior*, 12, Greenwitch, CT: JAI Press., 295-336.

Reilly, T. (2001). Collaboration in Action: An Uncertain Process. *Administration in Social Work*, 25(1): 53-74.

Rhodes, R. A. W. (2000). The governance narrative: Key findings and lessons from the ERC's Whitehall Programme. *Public Administration*, 78(2): 345-363.

Rittel, H. W. & Webber, M. M. (1973). Dilemmas in a general theory of planning. *Policy Sciences*, 4(2): 155-169.

Roberts, N. C. (2002). Keeping public officials accountable through dialogue: Resolving the accountability paradox. *Public Administration Review*, 62(6): 658-669.

Short, C. & Winter, M. (1999). The problem of common land: Towards stakeholder governance. *Journal of Environmental Planning and Management*, 42(5): 613-630.

Sofaer, S. (2000). *Working together, moving ahead: A manual to support effective community health coalitions*. School of Public Affairs, Baruch College, City University of New York.

Tett, L., Crowther, J., & O'Hara, P. (2003). Collaborative Partnerships in Community Education. *Journal of Education Policy*, 18(1): 37-51.

Turrini, A., Cristofoli, D., Frosini, F., & Nasi, G. (2010). Networking literature about determinants of network effectiveness. *Public Administration*, 88(2): 528-550.

Twombly, E. C. (2003). What factors affect the entry and exit of nonprofit human service organizations in metropolitan areas?. *Nonprofit and Voluntary Sector Quarterly*, 32(2): 211-235.

Warner, J. F. (2006). More Sustainable Participation? Multi-stakeholder Platforms for Integrated Catchment Management. *Water Resources Development*, 22(1): 15-35.

06 협력적 거버넌스와 리더십의 선순환 과정 : 점박이물범 보호를 둘러싼 논의

박지민 · 박형준
성균관대학교

I. 들어가는 말

환경을 둘러싼 갈등은 그 자체로도 사악한 문제의 성격을 지녀, 문제 해결을 어렵게 만든다. 새만금이나 천성산, 부안에서의 극심한 환경 갈등은 다양한 이해관계자들이 엮여 관료제적인 해결책으로 문제 해결을 어렵게 만든다.

사회문제를 해결하기 위한 또 다른 방식인 거버넌스적 접근 방식은 문제 해결을 위한 지평을 확장한다. 이 사례는 협력적 거버넌스 관점에서 백령도에서 점박이물범 보호를 둘러싼 갈등과 협력 양상에 관해 분석했다. 분석 결과, 녹색연합의 리더십이 동인으로 강력하게 작용해 점박이물범 보호와 관련된 협력의 촉매제로 작용했으며, 해양수산부와 해양환경공단이 인공쉼터 조성을 위해 협력적인 노력을 진행했음을 알 수 있었다. 또한 녹색연합은 점사모(점박이물범을 사랑하는 사람들의 모임)를 결성해 지역주민과의 네트워크를 강화하는 한편 생태학교 과정 개설을 통해 지역 청소년들과 정기적인 유대관계를 가질 수 있어 신뢰를 형성할 수 있었다. 이를 바탕으로 지역에서의 협력을 강화해 나갈 수 있었다. 이러한 노력을 바탕으로 백령도 지역에 점박이물범 휴식처로 인공쉼터를 조성할 수 있었고, 물범 보호를 위한 초석을 다질 수 있게 되었다.

이 글에서 보여주는 정책적 함의는 아래와 같다. 신뢰와 협력의 관계를 강화해 나가기 위해 지속적으로 협력의 강화해 나갈 수 있는 협력의 장(arena)이 필요하다. 녹색연합이 교육이라는 매개체로 청소년들을 협력의 장으로 자발적으로 끌어들이게 되는데, 이는 시간적·공간적 연속성을 창출해 협력을 위한 촉매제로 작동하도록 한다. 협력적 거버넌스 논의에서 중요한 지점 중 하나가 자발적으로 문제를 해결해 나가는 집단을 어떠한 방식으로 발굴해낼 것이며, 거버넌스 마인드를 갖춘 관리자 혹은 개인을 어떻게 발굴해 나갈 것인가 하는 측면이다. 교육 프로그램은 거버넌스의 다양한 요인들을 동시에 발현시킬 수 있으며, 또한 거버넌스에 적합한 인재를 발굴해 내는 데 초석으로 작용할 수 있다는 점에서 이 사례는 정책적 의의를 가진다.

II. 사례 개요

환경문제의 경우 자연보호 입장과 개발을 통한 경제적 이익을 추구해야 한다는 입장 사이에서 갈등이 존재하는 영역이다. 최근 야생동물의 보호와 관련해 갈등이 많이 발생하고 있다. 농작물에 피해를 주는 야생멧돼지, 고라니 등과 관련해 갈등이 심화되고 있다. 이러한 갈등을 잘 극복한 사례가 백령도 점박이물범 보호를 위한 협력 사례이다. 생업을 위해 경제적 이익을 추구하는 어민들에게 어족자원을 놓고 경합하는 점박이물범은 보호해야 할 대상이라기보다 경쟁자이기 때문이다. 일반적으로 환경 갈등과 관련해 계층제적 기제가 제대로 작동하지 않을 수도 있기 때문에 다른 방식의 조정 기제를 통한 문제 해결 가능성을 도모하는 작업이 필요하다.

우리나라에서 점박이물범[1]은 어민들의 불법 포획, 환경오염 등으로 인해 꾸준히 그 개체 수가 줄어들고 있었다. 점박이물범의 개체 수는 1940년대 기준 8,000마리로 그 개체 수가 꾸준히 감소했는데, 1980년대에는 대략 2,300마리, 2004년의 경우 1,000마리 이하로 개체가 생존해 있을 것으로 추정되었다(Han et al., 2005: 권영주·백상규·유승훈, 2013). 우리나라의 주 서식지인 백령도 근해에서는 2008년에 확인된 개체 수는 322마리였으며, 2013년에는 가로림만에서 약 7마리가 발견되어 개체 수가 줄어드는 문제에 직면하게 되었다.

점박이물범의 생존에 간접적으로 영향을 주는 요소는 자원, 정책, 법, 과거의 실패 사례, 네트워크 구성 요소의 연결 상태 등을 꼽을 수 있다. 점박이물범은 천연기념물 보호종으로 지정되어 포획 및 유통 금지 등과 같은 개별 법률에 따라서 일정한 법적 규제를 받는다(육근형, 2011). 그러나 법률적으로 보호받고 있다고 해도 다른 보호종과 마찬가지로 해당 종을 보호하고 남획을 규제하는 것만으로는 충분치 않다. 그 이유는 발해만에서 일어난 원유 유출 재앙에서 볼 수 있듯이, 해당 종의 서식지가 훼손된다면, 그 서식지에 유일하게 서식하는 종의 존속이 위협받을 수도 있기 때문이다(육근형, 2011). 실제로 이러한 이유로 멸종한 천연기념물들이 존재하기 때문

---

[1] 점박이물범(Spotted seal)은 바다의 생태건강성을 대표하는 깃대종이라고 할 수 있는 천연기념물로 북태평양의 캘리포니아 알류산 해역 및 캄차카 반도, 쓰시마(對馬島)와 홋카이도(北海道) 및 혼슈(本州) 등지에 널리 분포하며 동해, 황해와 동지나해 북부 및 베링 해협을 거쳐서 북극해까지 서식 분포를 보이나 남반구에서는 서식하지 않는다(권영주·백상규·유승훈, 2013). 몸 위쪽은 황갈색이며, 몸길이는 대략 1.4m, 몸무게는 80~110kg까지 성장하며, 몸 옆과 등쪽에는 크기와 모양이 다른 검은 반점들이 불규칙한 패턴으로 나 있는 것을 볼 수 있다. 주요 먹이는 명태, 놀래미, 청어, 까나리, 대형 플랑크톤 등이다.

에 이러한 실패 사례를 고려해야 한다.

　법적 규제 측면에서 점박이물범이 보호받고 있지만, 구체적인 점박이물범 지원 법안은 명시되어 있지 않기 때문에 멸종 위기에 대해 법적 보호를 받고 있지 못하다. 설사 점박이물범 진흥법이 제정된다고 하더라도 지역 어민들과의 갈등, 점박이물범 보호를 위한 지속적 모니터링 활동, 밀렵 방지 활동 등을 해양수산부 단독으로 감당하기는 어려운 문제이다. 이 사례의 경우 해양수산부가 점박이물범 보호에 적극적 입장을 취하고 있지만 정보의 부재와 점박이물범 보호와 관련된 문제를 해결하기 위해 동원되어야 할 행정력의 부족을 주민의 협력을 통해 극복한 사례이다. 갈등 상황에서 점박이물범 보호를 위해 다양한 행위자들이 어떤 과정을 거쳐 점차적으로 협력 관계를 강화해 나갔으며, 어민들과의 갈등 요인을 어떤 협력적 기제를 발휘해 불확실성을 감소시켰는지 살펴볼 필요가 있다.

　백령도 점박이물범 사례의 경우 생태학교 및 간담회 등 다양한 방식의 협력의 결과로 해양수산부가 18억 원의 예산을 들여 점박이물범을 위한 또 다른 쉼터를 마련했다. 물범은 생존을 위해 바위 위에서 쉬어야 하기 때문에 쉼터의 존재는 중요하다고 볼 수 있다. 이는 길이 20m, 폭 17.5m로 점박이물범 약 50마리가 휴식을 취할 수 있는 규모이다. 건립 과정에서 인공적인 요소를 최대한 배제했는데 그 이유는 수면 아래 바위틈에 조피볼락이나 쥐노래미가 서식할 수 있고, 해조류가 달라붙어 어초 역할이 가능해져 점박이물범의 생존에 긍정적인 효과를 미치게 되기 때문이다. 또한 어민들의 입장에서도 어족자원의 증식으로 점박이물범과 경합하지 않고 좀 더 풍성한 어족자원을 누리게 될 초석을 쌓게 되었다.

　이러한 방식은 지역사회 및 어민들, 간담회에서 나온 의견을 종합 반영해서 해양수산부가 최종적으로 집행한 사업으로 협력의 결과 혹은 협력의 영향으로 볼 수 있다. 2018년 11월에 이루어진 발표회에서 점박이물범 인공 휴식지가 완성되었기 때문에 이를 관찰하려는 관광객의 증가를 예상했다. 그리고 해상 및 유람선에서 관찰하며 육상 관찰로 점박이물범의 반응과 행동 특성을 분석함으로써 점박이물범 안내 방법 및 주의 사항에 관한 매뉴얼을 만들 수 있었다고 한다. 또한 지속적 모니터링으로 주요 서식지에 안내문 및 안내판을 만들어서 설치할 것을 제안했다. 이를 통해 점박이물범 서식지 완공에 따른 경제적 효과를 예측하고 늘어나는 관광객들에 대한 대비책을 선행적으로 마련한 일종의 환류 시스템으로 작동했다. 생태학교에서의 활동이 지속되면서 이러한 적응 과정은 끊임없이 선순환 과정으로 작동하게 될 것으로 예측된다.

III. 점박이물범 보호 협력 과정의 행위자들과 다양한 시각과 노력

점박이물범 보호와 관련된 주요 행위자 혹은 집단은 점박이물범을 비롯한 천연기념물에 대해 직접적으로 보호해야 할 책임이 있는 소관기관인 해양수산부, 지속적으로 점박이물범 보호사업을 진행한 인천녹색연합, 어족자원을 놓고 점박이물범과 경쟁하는 어민, 천연기념물로서 관광자원 보호 입장인 지역주민, 점박이물범 보호와 관련해서 자발적으로 동아리 활동을 하고 있는 지역의 중·고교생들로 구분할 수 있다.

1. 어민: 공존을 위한 노력

어민들은 점박이물범에 대한 복합적인 시선을 가지고 있었다. 그 이유는 점박이물범과 어족자원을 두고 경합을 벌여야 하는 집단이 백령도 어민이기 때문이다. 점박이물범은 먹이를 섭식하는 시간을 제외하고 대부분의 시간을 바위에서 일광욕을 하는 데 보낸다. 따라서 점박이물범을 보호하기 위해서는 휴식처인 바위와 더불어 먹이 취식 공간인 하늬바다 등에 대한 보호 방안을 같이 고민해야 하지만 지역주민들이 점박이물범 개체 수가 늘어나는 것을 달가워하지 않았다. 2000년 중반만 해도 지역주민, 특히 어민들이 점박이물범에 대한 인식은 좋지 않았다. 그 이유는 점박이물범이 주민들의 통발과 어장을 망가뜨리는 등 어민 생활에 피해를 주고 있기 때문이다. 점박이물범의 보호를 위해서는 어민들의 협조가 필수적이지만 천연기념물 보호법 등을 제정해 강제적으로 점박이물범 보호와 관련된 법적 수단을 강행하게 되면 오히려 어민들의 불만을 더 부추길 염려가 있었다.

점박이물범의 보호 필요성에 관해서는 어민들도 공감하는 측면이 있다. "잔점박이물범과 어민들이 함께 살 길을 찾아야 합니다."고 주장한 어민은 인터뷰에서 아래와 같이 언급했다.

> "물범들은 까나리 어망이나 노래미 통발을 찢어 어민들의 생활에 큰 피해를 주고 있습니다. 하지만 물범이 천연기념물인 만큼 해칠 수도 없는 노릇이고, 그렇다고 피해를 가만히 앉아서 보고 있을 수도 없고…, 참 막막하지요."[2)]

점박이물범에 대한 어민들의 관점이 좀 더 직접적으로 변화하게 된 계기는 생태적 중요성과 관광자원으로서 가치가 재인식되었기 때문이다. 어민이지만, 관광자원의 직접적인 이해당사자이기도 한 지역주민들은 점박이물범의 보호로 실질적인 경제적 이득을 제고할 수 있다. 권영주 외(2013: 60)에 따르면, 점박이물범 보호로 인한 경제적 효과는 약 315억 원으로 추정된다. 이 연구는 CVM(조건부 가치평가법)을 통한 전국 단위 설문조사 방식으로 추정한 것이라 지역주민들의 경제적 이익을 직접

---

2) 인천신문(2008.12.02). "물범 보호, 어민 생계와 함께 모색해야" 발췌.
http://www.incheonnewspaper.com/news/articleView.html?idxno=35283

적으로 추산할 수는 없었다. 그렇지만 백령도 주민 인구는 2017년 기준 7,352명이며 관광자원으로서 경제 파급 효과는 지역민들이 대부분 향유한다는 점에서 지역주민들에게 미칠 경제적 파급 효과가 적지 않다고 볼 수 있다. 이는, 행정안전부에서 백령도·연평도 및 대청도·소청도 등 서해 5도의 지역주민들의 소득 증대와 생활 안정 기반을 조성하기 위해 2019년 총 24개 사업에 대략 329억 원의 예산을 투자한 것과 비교해 볼 때 결코 적은 액수가 아니다.[3] 즉, 점박이물범을 보호하면서 어족자원에 대한 경합을 완화할 수 있는 정책이 필요하다는 점을 알 수 있다.

이에 대한 고민과 해답은 앞서 한 어민의 인터뷰에서 찾을 수 있다.

> "물범 바위 주변에 인공어초를 넣으면 해초가 자라 자연스럽게 어류들이 몰려들고 물범들도 서식지에서 이탈하지 않고 바위 주변에서만 먹이 활동을 할 것입니다. 또한 하늬바다에 경사가 지게끔 구배를 맞춰주면 밀물 때도 물범들이 올라가 쉴 수 있을 것이며, 해변에 망원경 몇 대만 설치해 관광객들이 언제나 물범들을 볼 수 있도록 관광상품화해야 합니다."[4]

즉, 인공어초 조성을 통해 주민들은 점박이물범과의 공존을 유지하려 하고 있음을 알 수 있다. 이러한 측면은 지역주민들이 결성한 다양한 활동을 통해 더욱 두드러지게 나타나고 있다.

---

3) 백령도 인구는 서해 5도 전체 인구의 77% 수준(2017년 기준).

4) 인천신문(2008.12.02). "물범 보호, 어민 생계와 함께 모색해야" 발췌.
http://www.incheonnewspaper.com/news/articleView.html?idxno=35283

2. 정책창도자로서 녹색연합의 교육과 계몽 프로그램

　녹색연합은 가장 오랫동안 점박이물범 보호사업에 앞장서 왔다. 녹색연합과 지역주민들은 서로의 협력의 필요성을 공감하고 다양한 활동으로 점박이물범의 보호 활동을 하기 시작했다. 녹색연합은 지역주민들이 점박이물범에 관해 잘 알고, 지역사회에 보탬이 될 자원으로 활용할 수 있다면 백령도 지역주민 자체적으로 점박이물범 보호 주체가 될 수 있을 것이라 판단했기에, '지역주민들과 함께하는 생태관광'을 시도했고, 이를 통해 주민과 공존할 방법을 모색했다.

　녹색연합은 야생동물소모임으로 모인 시민모임과 함께 백령도에 실제로 서식하는 점박이물범 조사를 기반으로「백령도 점박이물범 서식실태보고서」를 2004 ~ 2005년 즈음에 발간하면서 국내에 점박이물범 보호 필요성을 처음으로 알렸고, 또 점박이물범 최대 번식지인 중국 랴오둥(遼東)을 2006년에 답사하면서 중국 상황을 조사했으며, 국회바다포럼을 함께 개최해 '점박이물범 보호 및 관리에 대한 국제심포지엄'과 '한-중 백령도 점박이물범 조사(공동)', 백령도 주민과의 간담회를 진행했다. 또한 2006년, KBS1 열린채널에서 방영된 '점박이물범의 꿈' 영상을 제작해서 시민에게 점박이물범의 현황에 대해 알렸고, 2007년부터 백령도 지역 청소년들과 함께 점박이물범에 관한 교육과 해상 모니터링을 진행해, 백령중고교, 백령초교, 북포초교와 함께 점박이물범 관련 탐사 프로그램과 보호 캠페인을 진행해 지역사회에서 점박이물범 보전 필요성을 역설했다. 2013년엔「점박이물범아, 내년에도 꼭 만나!」라는 동화책을 발간해서 어린 아이들에게 멸종 위기에 직면한 야생동물 보호의 필요성에 관해 알렸다. 이들은 교육을 바탕으로 지역주민과 청소년들에게 공유된 가치를 전파하는 결정적인 역할을 했다. 높은 거래비용[5]에도 불구하고 사업을 꾸준히 지속적으로 추진해 왔다는 점을 알 수 있다.

---

5) 사업 운영의 어려움, 활동가들의 낮은 임금 등.

천연기념물인 점박이물범을 보호해야 한다는 당위적 가치만으로 협력을 위한 유인을 이끌어낼 수 없었다. 초창기 협력에 미온적이었던 어민들은 점박이물범들과 경합적 자원을 공유하고 있었다. 녹색연합에서 진행한 지속적 교육 프로그램과 생태학교 프로그램은 유인체계를 서서히 변화시켜 나가는 동인이 되었다.

이러한 교육 프로그램은 상호의존성을 강화하는 중요한 도구로 작용하게 된다. 이는 개인이나 조직의 힘으로 해결하기 어려운 천연자원 보호문제를 해결하는 기제로 작동하기도 했다.

이렇듯 점박이물범에 대한 관심 증대와 이를 보호해야 한다는 공유된 가치가 형성되었다. 2016년 8월 3일 '백령도 해양환경, 수산 발전을 위한 관계기관 간담회'가 인천녹색연합 주최로 열렸다. 지역주민, 행정전문가, 시민단체 등 11개 단위[6]가 참석해 보호 대상 해양생물이자 멸종위기종인 백령도 점박이물범을 중심으로 한 해양환경 보전과 주민과의 상생 방안 모색을 위한 숙의가 이루어졌다.

이날 토론회는 녹색연합 부설 녹색사회연구소의 사무국장이 2004년부터 녹색연합, 녹색사회연구소가 진행한 백령도 점박이물범 모니터링, 생태안내자 양성교육, 생태관광 시범사업, 캠페인 활동을 비롯해 올해 진행될 청소년 점박이물범 생태학교 계획을 발표한 후 참석자들의 자유로운 토론이 이루어졌다.

백령도 남3리 어촌계장은 아래와 같이 언급했다.

> "점박이물범 보호 필요성에 공감하며, 점박이물범의 먹이는 어민들의 주요 소득원으로 점박이물범의 먹이가 풍부해지면 어민들의 어업 영역을 침범하지 않을 것이기에 점박이물범 휴식처 인근에 인공어초 설치, 치어방류 등이 선행되어야 한다."[7]

---

[6] 해양수산부와 인천시, 백령면 어촌계, 점박이물범을 사랑하는 사람들의 모임, 백령중·고등학교 및 백령해양경비안전센터와 해양환경관리공단 및 고래연구센터.

[7] 아래 토론회 내용은 녹색연합 홈페이지(활동 게시판) http://greenkiss.org/?p=48435를 참조했다.

점사모 회장은 아래와 같이 언급했다.

"2014아시안게임 마스코트로 점박이물범이 지정됐으나 점박이물범 관련 지원이 없어 아쉬웠으며, 백령도 점박이물범에 대한 관심을 이끌어내기 위한 구체적인 홍보 방안을 마련해야 한다. 또한 지역주민, 중앙정부, 지자체, 환경단체 등과의 지속적인 소통 채널을 구축해 백령도 점박이물범 보호 방안을 계획해야 한다."[8]

3. 자발적 시민모임과 협력

'점박이물범을 사랑하는 사람들의 모임(점사모)'은 2013년 5월 30일에 창립되었다. 숙박업에 종사하는 김예찬 씨 등 백령도 주민 20여 명의 구성원이 창립을 주도했다. 거시적·생태적 관점이 아닌 "점박이물범은 향후 우리 섬에 꼭 필요한 존재"라는 인식에 기인해, 점박이물범을 보호하는 것이 궁극적으로 지역 발전에 도움이 된다는 인식이 확대된 것이다. 주민들의 자발적인 움직임은 보호생물종 관리활동으로 이어질 수 있었고, 대표적인 지역 생물종 보전이 단순히 하나의 종을 보호한다는 인식을 넘어서 지역 생태계에도 파급 효과를 줄 수도 있다는 점을 상기시켰다.[9]

청소년들의 동아리 활동도 두드러지게 나타나기 시작했다. 2017년 4월 13일(목) 백령중·고등학교 해송관에서 30여 명의 백령중·고등학생으로 구성된 '점박이물범 생태학교 동아리' 발대식이 진행되었다. '점박이물범 생태학교 동아리'는 월 1회

---

8) 아래 토론회 내용은 녹색연합 홈페이지(활동 게시판) http://greenkiss.org/?p=48435를 참조했다.
9) 박수홍(녹색연합 자연생태팀 DMZ 보전활동 담당) 서해5도의 자연생태와 향후 보존방안. http://www.korinf.com/common/inc/common/incViewContent.asp?bbs_seq=1037&passwd=

이상 점박이물범 모니터링과 학습모임을 통해 점박이물범의 서식환경을 탐구했다. 이를 통해 점박이물범의 실태를 파악하고 보호 방안을 도출했으며, 12월에 활동 결과 발표회 등을 진행했다. 2017년 12월 3일 백령중·고등학교 다목적실에서 학생과 지도교사, 주민, 녹색사회연구소 관계자 등 30여 명이 참석한 가운데 '백령도 점박이물범 생태학교 동아리' 활동 발표회를 개최했다. 2019년의 경우 백령중·고등학교 전교생 160명 중 40여 명이 동아리 회원으로 참석할 정도로 점박이물범에 대한 관심을 표출했음을 알 수 있었다.

백령중·고등학교 대표로 참석한 학생은 아래와 같이 언급했다.

> "이번 간담회를 통해 점박이물범으로 인한 어민들의 어려움을 알 수 있었다며 점박이물범과 주민들이 상생할 수 있는 방안이 마련되길 희망한다."

요약하면, 숙의 과정을 통해 참가자들은 어민들의 어려움을 공유했고, 점박이물범 관련 지원사업과 홍보 방안을 확대해야 한다는 점과 서로 간의 협력 관계를 강화해야 한다는 점을 인지하게 되었다.

이를 반영해 해양수산부 과장은

> "주민들의 의견을 적극 수용해 민관공동협력 인프라 구축을 통해 백령도 점박이물범 보호 및 수산 발전 계획을 수립하기로 하겠다."

고 언급했으며, 간담회에서 나온 안을 구체적으로 정리해서, 추후 다시 만날 것을 약속했다.

정리하자면, 지속적으로 점박이물범 보호사업을 진행했던 녹색연합의 리더십을 동인으로 어민, 지역주민, 청소년들이 천연기념물인 점박이물범을 보호해야 한다는 공통의 가치를 형성하게 되었고, 인천녹색연합에서 주최한 간담회에 다양한 이해당사자들이 참여해 허심탄회한 대화를 통해 점박이물범 보호와 어민들의 피해 예방을 위한 요소를 파악했으며, 자원을 보유하고 관련 사업을 추진할 역량을 보유한 해양수산부 관계자들에게 해당 안이 적극 수용되었음을 파악할 수 있다.

이상의 원칙에 대한 행위자 간의 협력 과정을 정리하면 [그림 1]과 같다.

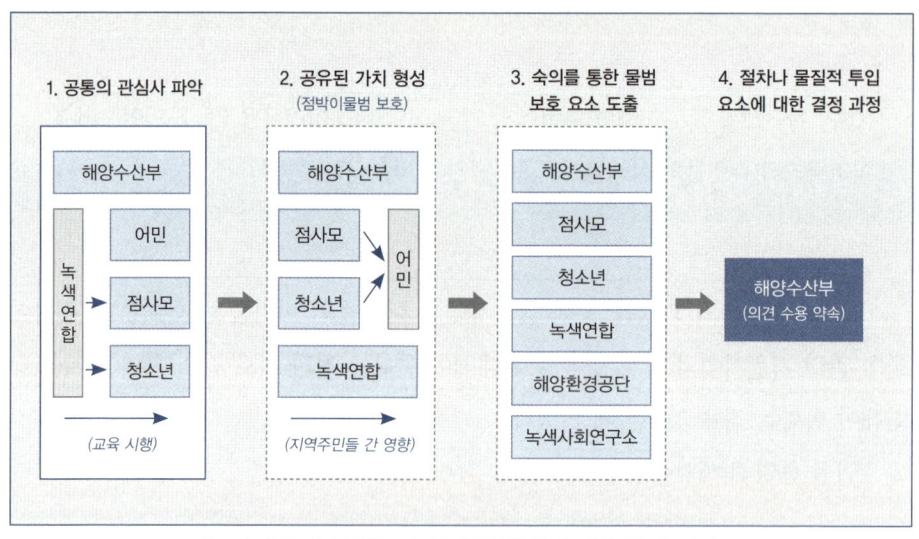

[그림 1] 점박이물범 보호를 위한 '원칙에 대한 합의' 과정

Ⅳ. 협력의 상호작용 강화로서의 교육 프로그램과 생태학교

원칙에 대한 합의 과정을 통한 양질의 상호작용은 공유된 헌신, 적법성 및 신뢰

와 상호이해를 활성화해서 행위자들 간 공유된 동기를 형성하게 된다. 또한 이렇게 형성된 동기는 선순환 과정을 거쳐 원칙에 대한 합의를 유지시키는 데 도움을 준다. 2016년부터 2018년까지 청소년을 대상으로 매년 진행되고 있는 '점박이물범 생태학교'는 이러한 선순환 과정을 강화하고 공유된 동기를 촉진시키는 기제로서 작용했다.

인천녹색연합 주관으로 점박이물범 청소년 생태학교를 2016년 7월부터 11월까지 백령중·고등학교에서 처음 실시했다. 민·관협력 방식으로 추진된 이 행사는 해양환경관리공단, 백령중·고등학교, 인천녹색연합, 녹색사회연구소 등이 프로그램에 함께하거나 후원했으며, 점박이물범에 대한 지역사회 인식 증진 활동의 일환을 목적으로 한 사업이었다. 이 프로그램을 통해 백령도 중·고등학생들은 전문가와 함께하는 모니터링 체험, 해양 생태 전문가 강의, 보호 캠페인 등 활동에 참가하게 되었다. 이러한 활동을 통해 백령도 중·고교에서는 2017년 4월에 '점박이물범 생태학교 동아리'[10]가 만들어졌다. 이 동아리는 전년도에 '점박이물범 생태학교'에 참가한 학생들의 요구에 따라 결성되었다.

동아리에서는 2017년 12월 점박이물범을 관찰하고 그 특성에 관한 발표회를 완료했다.[11] '점박이물범 생태학교 동아리' 발표회에 학생 및 지도교사와 주민, 녹색사회연구소 관계자 등이 참석했고, 발표 이후 차년도 계획을 수립했다.

이러한 활동은 2018년에 좀 더 두드러지게 나타나는데 녹색사회연구소와 백령중·고등학교 '점박이물범 생태학교 동아리(이하 점박이물범 동아리)', 인천 초은고등학교 마케팅 광고홍보 동아리 학생들과 인솔교사, 전문강사 등 총 37명은 2018년 7월 25~27일, 2박 3일 동안 백령도 일대에서 제3회 점박이물범 여름생태학교 프로그램

---

10) 녹색사회연구소 홈페이지 http://greenkiss.org/?p=48693 참조.
11) 인천in(2017.12.4). '백령도 점박이물범 생태학교 동아리' 발표회 진행.
  http://www.incheonin.com/2014/news/news_view.php?sq=41088&m_no=&sec=

을 진행했다.

'해양쓰레기 피해 현황과 해양동물들의 생존 위협', '사곶해변 해양쓰레기 모니터링 활동', '수거한 해양쓰레기를 활용한 점박이물범의 먹이 모형 만들기', '점박이물범의 생태와 해양동물 구조치료 현황', '민통선에 살고 있는 야생동물들', '물범 동아리 소식지 제작을 위한 기획과 취재활동' 프로그램을 진행했고, 캠프 후반엔 제2회 점박이물범의 날에 관한 논의와 모둠별 연구과제를 중간 점검하는 등 전문강사의 강의 및 참가 학생들의 현장활동 중심으로 캠프가 진행되었다.

2018년 연구과제를 살펴보면 아래와 같다.

1. 미세플라스틱의 심각성과 해양생물에게 미치는 영향
2. 점박이물범 홍보를 위한 가이드북과 이모티콘 제작 계획 및 진행
3. 백령도 내 점박이물범 이동 경로 및 이동 패턴
4. 백령도 안에 점박이물범과 관련된 연구기관의 설치 필요성

동아리 소식지를 제작하기 위해 네 개의 모둠이 직접 백령도 곳곳을 방문해 취재를 진행했다. 모둠별로 백령도 두무진 관광지를 방문한 관광객과 백령도에 근무하는 군인들을 대상으로 점박이물범에 관한 인터뷰를 진행했으며, 점박이물범 해상 관찰에 영향을 크게 미치는 기상 요인을 조사했다.

2018년 11월 23일에는 백령중·고등학교에서 '제3회 점박이물범 생태학교 동아리 활동 보고회'[12]가 열렸다. 이날 보고회에 참가한 학생은 2017년 30명에서 2018년 40명으로 늘었으며, 구체적인 분석과 정책 제안을 발표했다. 보고회[13]에서는 동

---

12) 국민일보(2018.11.25). '인천 옹진군 백령중고등학교 점박이물범 생태학교 동아리 활동 발표회 성황'. http://news.kmib.co.kr/article/view.asp?arcid=0012869128
13) 보고회는 점박이물범 동아리, 인천녹색연합, 해양환경공단, 녹색사회연구소이 주관·주최.

아리 구성원들이 1년 간 점박이물범을 주제로 학생들이 주로 탐구하고 활동했던 내용들을 정리해서 보고했다.

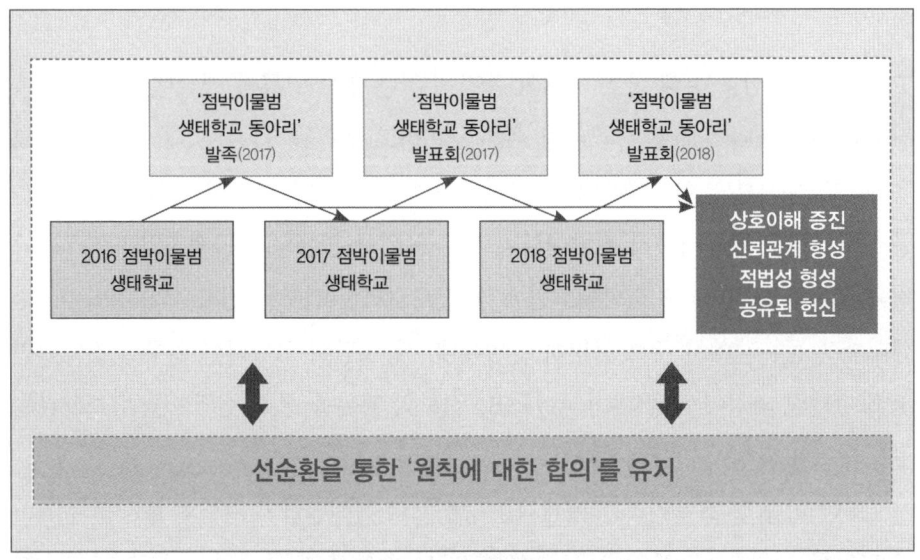

[그림 2] '공유된 동기' 형성 과정

정리하면, 이러한 순환 과정을 거치며 함께 공동의 목표를 추구하고 서로에 대한 이해가 높아졌음을 잘 알 수 있다. 발표회를 통해 도출한 정책적 제안들은 차년도 점박이물범 보호를 위한 정책에 반영되며, 이 과정이 순환적으로 지속되면서 상호의존성을 증진시키는 기제로서 작용하게 되는 것이다. 또한, 개별 참여자가 다른 참여자의 위치 및 관심에 대해 이해도가 높아졌음을 알 수 있다. 이는 인터뷰를 통해 확인할 수 있는데, 2017년 4월 동아리 발대식에 참여한 점박이물범을 사랑하는 사람들의 모임(점사모) 심정순 회장(2017)은

> "점사모에서도 올해 모니터링을 진행할 예정이다. 점박이물범 생태학교 동아리와 정보 교류도 하면서 협력해 나갔으면 한다."

고 언급했다. 이를 통해 상호 이해의 증진을 위한 정보 교류를 언급했고 협력을 촉진하고 적법성(legitimacy)을 갖추기 위해 노력하고 있음을 알 수 있다. 적법성은 교육과정을 통해서도 형성되는데, 점박이물범 보호를 위한 다양한 활동과 방안들을 함께 강구하고 학습하면서 점박이물범 보호를 위한 활동의 비공식적인 방식 및 규칙을 형성하게 된다. 또 점박이물범에 대한 모니터링 업무는 점사모와 '점박이물범 생태학교 동아리'에서 주로 담당하고 있는데, 두 집단이 모니터링 업무를 진행하면서 모니터링 과정에서 공백이 줄어들고, 정보의 교류를 통해 점박이물범 보호라는 공동의 목표 달성이 가능해졌다.

또한 학습 및 교육이라는 매개체를 중심으로 녹색연합의 주도로 행사를 주최하고 다양한 행위자들(녹색사회연구소, 해양환경공단 등)이 함께 주관하며 해양수산부, 점사모 등의 후원을 받았다. 즉, 동아리 활동 및 발표회를 통해 직·간접적인 협력체계를 구축하며 기관, 분야의 경계를 넘어 공유된 길을 구성하는 '헌신(commitment)' 체계를 구축하는 것이 가능해졌다.

이러한 과정들이 다시금 '원칙에 대한 합의' 과정에 반영되어 점박이물범 보호를 위한 새로운 사업 추진을 가능케 한다. 구체적 실천 제안들이 차년도 사업에 반영되며, 발표회나 간담회를 통한 숙의 과정의 공유는 이러한 제안들이 지속되고 순환되도록 하는 매개체가 된다.

협업 능력의 핵심적 기제로 이 지역에서 지속적으로 점박이물범 보호활동을 벌인 녹색연합의 리더십이 두드러진다. CGR을 추동하는 동인에서 언급했듯이 인천녹색연합의 경우 2004년부터 점박이물범 보호를 위해 지속적으로 활동해 왔다.

특히, 교육사업에서 리더십이 두드러지게 나타나는 점을 알 수 있다.

아래 〈표 1〉은 지역주민을 대상으로 연도별로 진행한 생태교육사업의 일환이다. 2007년의 경우 민관협력을 통한 해양생물종 보호와 해양생태관광 및 농어촌 사례분석, 간담회 진행 및 마을별 간담회 진행해 점박이물범 서식 현황과 타 지역 사례를 소개했다. 2008년의 경우 3개 어촌계와 간담회 진행을 시도했고, 지역리더그룹과 답사를 진행했으며, 해양생태관광 시범사업을 2회 실시했다.

3차 연도인 2009년의 경우 점박이물범 생태관광 시범사업을 진행했으며, 주민을 대상으로 1기 물범생태 해설가 양성과정을 진행했는데, 이 과정을 이수한 주민들이 '점사모'를 조직해 현재까지 꾸준히 활동하고 있다.

4차 연도에는 물범생태 해설가 기초과정을 확대했고, 심화과정을 개설했으며, 물범 생태관광시범사업을 확대했다.

〈표 1〉 인천 녹색연합 물범 교육사업

구분	내용
1차 2007년	- 국내·외 민관협력으로 해양생물종 보호 - 지역경제 활성화 정책 - 국내 해양생태관광 - 농어촌 관광 사례조사 분석 - 마을별 간담회 - 어업 피해 유형 조사
2차 2008년	- 3개 어촌계 간담회 진행 시도 - 주민 참여 해양생태관광 프로그램 계획 - 지역리더그룹 선진지 답사 - 해양생태관광 시범사업 시행(2회, 36명)
3차 2009년	- 지역주민 대상 물범생태 해설가 양성과정 진행(9명) - 민관 간담회 진행 - 물범 생태관광 시범사업 추진(2회, 32명)
4차 2010년	- 물범 생태관광 시범사업 추진(3팀, 49명) - 지역주민 대상 물범생태 해설가 기초과정 진행(12명) - 지역주민 대상 물범생태 해설가 심화과정 진행(5명)

또한, 녹색연합의 주도로 생태학교 개설 → 발표회 개최의 과정이 순환되면서 지역주민 및 청소년들과 참가자 간의 지식 축적이 자연스럽게 이루어졌다. 이렇게 축적된 지식이 실제 정책에 활용되기도 한다는 측면에서 협력의 중요한 요소로 작용하게 된다. 가장 최근에 진행된 발표회는 2018년 11월에 진행되었는데, 점박이물범동아리 학생들의 총 4개 주제로 점박이물범 탐구 발표[14]를 진행했다.

〈표 2〉 생태학교 발표회 발표 내용(지식 축적 과정)

구분	주요 내용
발표 1팀 〈점박이물범 어디 가시까〉	- 백령도 내의 점박이물범의 이동 경로 파악 - 3곳의 주요 서식처의 공통점 파악 - 이동 경로에 따라 야기되는 문제점 분석 - 물범과 어민 및 지자체와 지역주민 간 상생 방안으로 물범생태관광 제안
발표 2팀 〈점박이물범 이젠 우리 친구야〉	- 점박이물범 인공 휴식지 조성 - 점박이물범을 관찰하려는 관광객 증가 예상 - 해상과 유람선 관찰 혹은 육상 관찰 - 점박이물범의 반응과 행동 특성을 분석 - 점박이물범 안내 방법과 주의 사항 작성 - 꾸준한 모니터링과 주요 서식처에 안내문 및 안내판 설치 제안
발표 3팀 〈백령도 해양쓰레기 그것이 궁금하다〉	- 백령면사무소 해양쓰레기 업무 담당자의 인터뷰 진행 - 백령도 해양쓰레기 수거 방법과 처리 과정을 파악 - 미세플라스틱이 해양생태계와 점박이물범 등 해양포유류에 미치는 영향을 조사 - 해양쓰레기 감축을 위한 실천 방법 제시
발표 4팀 〈아직 끝이 아니야〉	- 여름생태학교, 점박이물범의 날 행사, 육상과 해상관찰 활동, 해송제(학교 축제) 때 캠페인 진행 등 여러 활동에 관한 평가

자원 측면에서 법적 자원은 해양수산부에서 보유하고 있지만 정보자원(점박이물범 모니터링), 교육자원(녹색연합 : 전문가 초빙 역량) 및 금전적 자원(펀딩 및 해수부) 등이

---

14) 국민일보(2018.11.25), '인천 옹진군 백령중고등학교 점박이물범 생태학교 동아리활동 발표회 성황.' http://news.kmib.co.kr/article/view.asp?arcid=0012869128

분산되어 있고, 이들 자원의 조합이 필요하다는 점을 구성원들이 공유하고 있다. 특히 청소년을 대상으로 진행된 생태학교에 다양한 자원이 집중되었다는 점은 생태학교가 협력의 매개로 작용했고, 생태학교라는 연례적 행사가 협력의 공식적 규칙으로서 작용했음을 알 수 있었다.

V. 맺음말

이상 논의를 통해 점박이물범 보호를 위한 다양한 협력적 활동들이 어떠한 방식으로 정착되었으며, 협력 과정에서 작동한 중요한 동인이 무엇인지 구체적으로 파악해 보았다. 초창기 어민들이 협력 과정에 부정적인 인식을 가지고 있었던 점이 거버넌스 체제를 구축하는 데 어려운 점으로 작용했다. 경제적 이익에 기반한 어민들의 판단은 생존권 문제와도 직결되는 측면이 있기 때문에 환경단체가 자칫 교조적 생태주의로 빠져들게 된다면 어민들의 지지를 이끌어내지 못했을 것이다.

녹색연합의 리더십이 이 과정에서 두드러지게 나타났는데, 거버넌스 논의들에서 강조하는 문제 해결을 위한 창의적 발상의 전환을 이루어냈다. 지역주민들을 대상으로 점박이물범의 생존이 관광산업 육성으로 연결되어 지역민들의 수입 증진에 도움이 될 것이라 계획을 입안하고 생태관광 해설사 사업을 지역주민들을 대상으로 추진했다. 이 과정을 통해 지식을 축적한 지역주민들이 점박이물범의 가치를 깨닫게 되어 '점사모'라는 점박이물범 지지 조직을 만들었으며 어민들에게 영향을 미치기 시작했다. 지역주민에 대한 우호적 여론은 청소년을 대상으로 2016년에 추진한 생태학교를 통해 더욱 강화되었는데, 이는 매년 지속적으로 열리며, 생태학교에서 조사하고 연구한 주제를 연말에 발표회를 통해 공유함으로써 지식의 축적과 상호의존적 관계 및 신뢰관계 형성을 촉진하는 계기가 되었다. 즉, 교육사업을 추진함으로써 협력 역학에서 강조한 신뢰 형성, 지식의 축적, 적법성, 공유된 규칙 등이 동시에 발현 가능하게 되었으며, 생태학교가 지속적으로 운영됨에 따라 이러한 과정이 선순환을 이루게 되었다는 점을 파악할 수 있었다. 이러한 일이 가능했던 것은 동인(driver)으로서 녹색연합이 지속적이고 꾸준하게 점박이물범 보호사업을 추진해 왔기 때문이다.

해양수산부도 이 과정에서 일익을 담당했다. 간담회에서 알 수 있듯이 해양수산부는 점박이물범 보호를 위해 다양한 의견을 개진하는 행위자들에게 긍정적인 반응을 보였는데, 이는 다양한 주체들과의 협력이 점박이물범 보호라는 공통의 목표를 달성하는 데 더 효과적이라는 점을 알고 있다고 볼 수 있다. 생태학교와 발표회를 공동 주관하거나 후원함으로써 협력을 위한 자원을 공유하고, 궁극적으로 점박이물범 쉼터 조성에 결정적인 역할을 담당하기도 했다.

생태학교와 발표회에 참가하는 백령중·고교 학생들은 점박이물범 보호와 관련된 활동을 추진하고 점박이물범 보호를 위한 실질적 대안들을 도출하고 이를 축적해 나간다. 이 과정에서 동아리 형태로 유지되어 매년 연례적인 행사가 가능케 하고, 외부의 조력자인 녹색연합과 기타 단체들(점사모 등)과 협력해 신뢰를 강화하고 있음을 알 수 있다.

정책적 함의는 우선적으로 신뢰와 협력의 관계를 강화해 나가기 위해 지속적으로 협력의 강화해 나갈 수 있는 협력의 장(arena)이 필요하다는 것을 발견했다. 녹색연합이 교육이라는 매개체로 청소년들을 협력의 장으로 자발적으로 끌어들이게 되는데, 이는 시간적·공간적 연속성을 창출해 협력을 위한 촉매제로 작동하도록 한다. 협력적 거버넌스 논의에서 중요한 지점 중 하나가 자발적으로 문제를 해결해 나가는 집단을 어떠한 방식으로 발굴해낼 것이며, 거버넌스 마인드를 갖춘 관리자 혹은 개인을 어떻게 발굴해 나갈 것인가 하는 측면이다. 교육 프로그램은 거버넌스의 다양한 요인을 동시에 발현시킬 수 있으며, 또한 거버넌스에 적합한 인재를 발굴해 내는 데 초석으로 작용할 수 있다는 점이 있다. 청소년들은 이러한 연례적 행사와 교육을 통해 자연스럽게 점박이물범 보호를 위한 협력을 체득하게 된다(다양한 단체들과의 협력을 경험).

이러한 모든 과정에서 동인으로서 리더십의 중요성이 다시금 강조되었다. 교육이라는 수단으로 주민들과 청소년들을 자발적 협력으로 이끌 수 있었던 것은 녹색연합이 보여준 리더십에 기인한 측면이 있었다. 결국 리더십도 방향성이 중요한데, 어떠한 방식으로 리더십을 발휘할지가 중요한 측면이 있다. 거버넌스 리더는 강압적 방식이 아닌 참가자들의 의견을 수용하는 방식을 취하게 되는데, 교육과정을 통해 위계적 방식이 아니라, 현장에서 점박이물범의 중요성을 체득하는 방식으로 수용성을 제고하는 측면이 있다는 점에서 교화적 리더십을 발휘했다고 볼 수 있다. 이렇듯 교육 프로그램을 활용한 리더십의 발휘하는 것이 언제나 협력적 거버넌스를 이끌어내지는 않지만, 협력을 위한 중요한 기제로 작용할 수 있다는 점은 분명한 듯 보인다.

토론 측면에서 가로림만에서 조력발전소로 갈등이 발생한 지점이 체제 맥락에 영향을 주었을 것이라 예상되지만 구체적 질적 증거를 수집하지는 못했다. 환경 갈등이 벌어진 지역 사례를 살펴보면 이러한 갈등 이후 지역주민들의 환경에 대한 의식, 시민의식이 고양된다는 점을 알 수 있는데, 가로림만 발전소 건립에 관해 어촌계 쪽 반발이 심했고, 백령도 점박이물범 문제로 간접적으로 영향권에 있다는 점을 미루어볼 때, 체제 맥락에서 환경 갈등적 요인도 추후 고려해 보아야 할 사안이라고 생각한다.

| 생각해 볼 문제들 |

1. 백령도의 사례에서 공식적인 의사결정기구로서 인천시, 백령도 담당 공무원, 해양수산부가 있었음에도 그동안 점박이물범 보호사업을 효과적으로 진행하지 못한 이유는 무엇인가?

2. 정책영역에서 다양한 행위자의 협력체계를 구축하는 요인은 여러 가지가 있다. 본문에서 가장 중요하게 두드러지는 단체와 협력을 이끌어내는 요인은 무엇인가?

3. 현대의 주요 정책들은 다양한 이해관계자의 참여를 통해 좀 더 실효성 있는 정책으로 완성될 수 있다. 그럼에도 불구하고 각각의 이해관계자들은 각자 다른 동기구조를 가지고 있어 협력체계 구축을 위한 협상에서 어려움이 발생할 수 있다. 협력을 이끌어내기 위한 역할을 공무원이 주도해야 하는가? 해당 협력의 주체는 누가 되어야 하는가?

4. 백령도의 사례와 같이 지역주민들은 협력의 주체임과 동시에 협력의 대상이기도 하다. 여러 환경 관련 갈등 사례를 참고해 볼 때 지역주민들과 어떠한 방식으로 소통하고 관계를 맺는가가 갈등 해결의 중요한 기제로 작용하기도 한다. 본문에서 환경단체가 지역주민들과 협력을 이끌어내기 위해 어떠한 방식을 활용했으며, 그러한 방식이 긍정적(혹은 부정적) 기제로 작동해 어떠한 파급 효과를 낳았는지 정리해 보자.

5. 협력의 주체가 반드시 정부가 되어야 하는가? 다양한 협력 방식에 대해 논의해 보자.

〈 참고 문헌 〉

권영주 · 백상규 · 유승훈(2013). 한국의 점박이물범 보전가치 추정. 「해양정책연구」, 28(2): 41-70.

김현우 · 안용락 · 박태건 · 김장근 · 문대연 · 최석관(2010). 사진을 통한 백령도 점박이물범의 개체식별 가능성 파악. 「한국수산과학회지」, 43(4): 340-344.

박태건 · 안용락 · 문대연 · 최석관 · 김장근(2010). 백령도 점박이물범(Phoca largha)의 서식 현황에 관한 연구. 「한국수산과학회지」, 43(6), 659-664.

육근형(2011). [주요 연구성과 리포트] 물범과 공생, 우리 바다의 가능성을 찾다. 「계간해양수산」, 3: 188-190.
이명석(2002). 「거버넌스의 개념화: '사회적 조정'으로서의 거버넌스」. 한국행정학회.
이준덕(2009). [culture] 점박이물범, 갯벌, 야생조류로 되살아나는 황해. 「과학동아」, 24(2): 142-147.

Ansell, C. & Gash, A. (2008). Collaborative governance in theory and practice. *Journal of Public Administration Research and Theory*, 18(4): 543-571.
Emerson, K., Nabatchi, T., & Balogh, S. (2012). An integrative framework for collaborative governance. *Journal of Public Administration Research and Theory*, 22(1): 1-29.

07 강원도 폐광지역 개발과 관련한 갈등

김동현
한국문화관광연구원

I. 들어가는 말

밤 늦은 시간 서울에서 강원 남부지역에 시외버스를 타고 가면 어둡고 좁은 도로를 통해 가게 된다. 상대적으로 관광산업이 발전한 강원 동부지역에 비하면 낙후되었다는 느낌을 지울 수 없지만, 고한사북 공용버스터미널에 도착할 무렵에는 한밤중에 서울시내의 불야성을 경험하게 된다. 지역주민의 격렬한 생존권 투쟁의 결과 국내 유일의 내국인 출입 카지노가 있는 곳, 그곳이 강원 폐광지역의 현재이다. 화려한 강원랜드 카지노의 이미지는 한때는 화려했던 우리나라의 경제 성장을 이끌었던 석탄산업의 을씨년스러운 흔적들과 대비된다.

강원 폐광지역은 일제시대 자원 수탈 차원에서 탄광 개발이 시작된 이후 1960~70년대 한국의 산업화 과정에서 추진된 제1차 경제개발 5개년계획의 일환으로 석탄산업 활성화에 주력하면서 탄광지역의 황금기를 이끌어냈다. 그러나 1980년대 중반 이후 석유와 가스 등으로 에너지 수요구조가 전환되면서 석탄산업은 사양사업의 길로 접어들었다. 1989년 본격적으로 시작된 정부의 석탄산업합리화 정책으로 강원 폐광지역은 대규모 폐광 사태와 지역공동화를 경험하게 되었다. 당시 석탄산업합리화 정책은 석탄산업보조금의 감소에 따른 재정 효과, 열악한 광산의 재해 해소, 극렬한 광산 노사분규의 해소라는 소기의 목적은 달성한 것으로 보인다(윤상헌·박석희, 2006: 73). 그러나 탄광산업에 대한 의존도가 높았던 강원 남부지역은 인구의 급격한 감소, 지역경제의 침체, 부동산 가격 폭락 등 지역사회가 붕괴되는 사회문제를 경험하게 되었다(정성호, 2004; 태유리 외, 2017: 101).

1994년 12월, 강원도 정선군 고한·사북지역은 지역경제 회생을 위해 핵폐기물 처리시설을 유치하겠다고 나서는 등 강원 남부지역은 지역 붕괴를 막기 위해 각종 자구(自救) 노력을 기울였다.

자구 노력에도 불구하고 가속화되는 지역 붕괴를 막을 수 없었던 1995년 2월 주민 수천 명이 정부에 지역경제 회생에 대한 정부의 근본적인 대책을 요구하는 시위에 돌입했고, 그해 1995년 3월 초 지역주민의 시위와 관련해 당시 통상산업부는 감산 지원 위주의 탄광지역 정책에서 개발을 통한 지역경제 활성화 쪽으로 전환하겠다는 종합대책을 발표했다. 또한 대책의 실효성을 담보할 수 있도록 특별법을 제정하고, 폐광지역을 관광지역으로 개발할 수 있도록 내국인 출입을 허용하는 카지노를 유치하겠다는 대책을 제시했다.

당시 통상산업부의 정책의 핵심이라고 할 수 있는 「폐광지역 개발 지원에 관한 특별법」(이하 폐광지역법)이 1995년 12월에 제정되었다. 당시 2005년까지 한시 적용법으로 국회에서 통과되었으나, 두 차례의 개정을 거쳐 현재는 2025년까지 효력을 가지는 것으로 연장된 바 있다. 해당 법률의 가장 중요한 내용은 제11조(「관광진흥법」적용의 특례)에 규정된 문화체육관광부 장관이 폐광지역 중 경제 사정이 특히 열악한 지역 중 1개소에 한해 카지노업을 허가할 수 있도록 명시한 내용이다. 카지노업의 허가를 받을 수 있는 자는 공공성 및 효율성이 확보될 수 있도록 요건에 적합해야 하고, 문화체육부 장관은 과도한 사행행위 등의 예방을 위해 출입 제한 등 영업에 관해 제한할 수 있도록 명시하는 등 카지노에 대한 당시부터 현재까지의 사회적 인식을 고려한 제한장치를 설치했으나, 현재까지 카지노에 대한 이중적 인식과 갈등은 계속되고 있는 것으로 보인다.

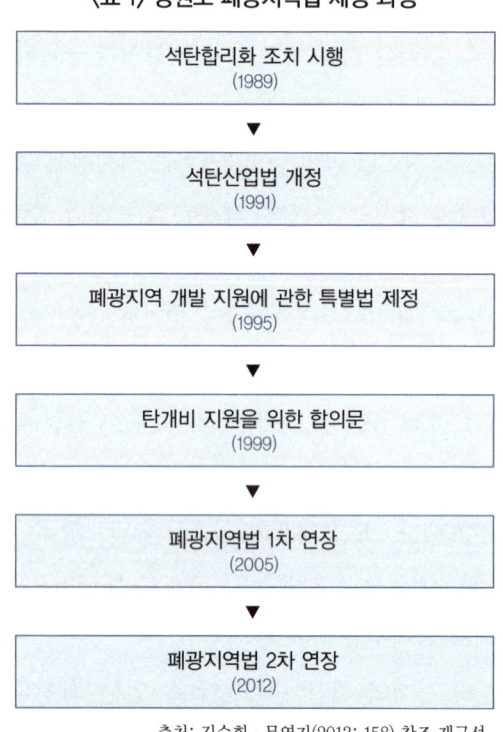

〈표 1〉 강원도 폐광지역법 제정 과정

출처: 김승희·문영기(2013: 158) 참조 재구성.

강원 폐광지역은 환경 변화에 따른 정부정책의 변화로 인해 발생한 특수한 지역적 문제가 좀 더 일반적인 사회적 모순과 중첩되면서 지역사회운동의 시험장이 되었다(박형신, 2006: 278). 지역사회가 붕괴되었고, 이로 인해 지역주민의 생존과 관련한 갈등과 투쟁 등 지역사회운동이 다양하게 나타나고 있다. 그러나 최근 외부에서 바라보는 강원 폐광지역은 여타 지역의 카지노 건립에 대한 반대 투쟁 및 카지노의 이권을 둘러싼 지역주민의 갈등이 부각되는 경향을 보인다. 강원 폐광지역의 문제와 갈등은 단순하게 해석할 수 없으며, 특히 폐광지역법 제정과 카지노 건립 이후 사회·공간적 상황의 변화에 따른 지역사회의 변화는 면밀하게 살펴볼 필요가 있다.

Ⅱ. 강원 폐광지역을 둘러싼 주요 갈등

1. 카지노에 대한 이중적 태도

2001년 강원도 폐광지역인 정선군 일대에 개장한 내국인 출입 카지노는 사회적으로 우리 사회의 오래된 금기 하나를 제거하는 의미를 가졌다. 오랫동안 지속된 내국인의 카지노 출입 금지가 사라지기 때문이다. 또한 그것은 카지노 산업이 피폐된 지역경제를 회생시킬 수 있는 중요한 수단이 될 것인지, 반대로 사회적으로 심각한 부작용을 야기할 것인지에 대한 문제였다.

카지노와 관련된 갈등은 카지노에 대한 이중적 태도를 보여준다. '황금알을 낳는 거위'로 불리면서 높은 기대를 받기도 하고, 반면에 '각종 사회문제를 야기하는 도박'이라는 비난까지 양 극단의 평가를 받고 있기 때문이다. 카지노 산업은 고용 창출과 지역산업의 발전, 지방세 수입의 증대 등 경제 발전에 기여하는 긍정적인 측면과 자금 세탁, 탈세, 조직범죄 유발 등 부정적인 측면을 가지고 있다.

이러한 부정적인 측면에 대해 사행산업통합감독위원회는 사행산업 총량제, 이용자 보호 전자카드 제도 등을 통해 사행산업의 사회적 부작용을 최소화하고 건전한 발전을 도모하고자 하고 있다. 사행산업 총량제는 사행산업과 관련해 어떠한 상황이 '적정 수준'인가를 파악해 적정 수준에 대한 상한 또는 최고 한도를 설정하는 것이다. 사행산업 총량은 아래와 같은 절차를 통해 설정되며, 제1차 사행산업 건전발전 종합계획(2008. 11)에서는 OECD 비교 대상국의 GDP 대비 사행산업 규모 등을 종합적으로 고려해 우리나라 GDP 대비 사행산업 순매출 비중을 2018년까지 0.58% 수준으로 관리했으며, 이후 제2차 사행산업 건전발전 종합계획(2014. 2)에서는 당초 종합계획상 정책 목표는 0.58%였으나 2014년 3월 국민계정 체계 개편에 따라 0.54%로 변경해 관리하고 있다. 이용자 보호 전자카드 제도는 사행산업 이용객의 과도한 베팅 및 지출은 개인 차원을 넘어 가족·지역사회·국가문제로 확대될 수 있어 해당 제도의 도입을 검토하고 있다(사행산업통합감독위원회 홈페이지).

사행산업통합감독위원회의 제도는 기본적으로 카지노가 가지는 사행산업의 특징을 반영한다. 「사행산업통합감독위원회법」 제2조는 사행산업을 "인간의 사행심을 이용하여 이익을 추구하거나 관련된 물적 재화나 서비스를 생산하는 산업"으로 규정하고 있다. 특히 「관광진흥법」 제3조에 따른 카지노업은 "전문 영업장을 갖추고 주사위·트럼프·슬롯머신 등 특정한 기구 등을 이용하여 우연의 결과에 따라 특정인에게 재산상의 이익을 주고 다른 참가자에게 손실을 주는 행위 등을 하는 업"으로 도박 중독 등의 사회적 부작용을 야기할 수 있어 건전화를 위한 감독과 통제가 요구되는 산업으로 인식하고 있다.

'황금알을 낳는 거위'와 '각종 사회문제를 야기하는 도박'의 이중적 태도는 폐광지역법에 따라 강원 폐광지역의 대체산업으로서 강원도 정선군 일대에 내국인 출입이 가능한 카지노가 허용되었던 과거부터, 현재 총량제와 전자카드제 등 사행산업통합감독위원회의 제도와 관련해 갈등이 발생하고 있는 현재까지 이어지고 있다. 당시 카지노 허용 과정에서 심각한 갈등 상황을 피할 수 없었지만 기대 반 우려 반

속에 문을 연 내국인 카지노는 현재 고용 인원 3,800여 명에 매출액 1조 4천억 원을 넘어서며 국내를 대표하는 사행산업의 자리에까지 올랐다.

그러나 사회적 갈등을 무릅쓰고 설치된 강원 탄광지역의 내국인 카지노가 지역 발전, 또는 대체산업의 관점에서 기대만큼의 성과는 거두지 못한 것으로 판단된다. 과거 탄광산업의 광업 종사자 수와 비교할 때 고용 창출 효과가 1/10 수준에 불과하고, 지역주민의 인식적 측면에서도 카지노 산업의 지역 발전 효과가 높지 않은 것으로 보인다(이옥동 외, 2015). 유원근·최호영(2011)은 폐광지역 개발 지원사업의 경제적 파급 효과 분석을 통해 카지노 산업만으로 폐광지역의 대체산업 역할을 오롯이 수행하기는 어렵다는 결론을 끌어냈다. 카지노가 높은 매출과 국내외 관광객의 유입을 유도한 것은 사실이나, 실제 지역의 성과로 연계되지는 못하고 있다는 결론이다. 오히려 도박 중독, 자살 증가, 2차적 범죄에 대한 우려의 목소리는 점점 높아지고 있다(이인혜, 2005; 안상원·한상철, 2013). 부정적 사회적 비용은 지역주민이 감수하는 상황이 되고 있으며, 특히 강원 폐광지역에 대한 지역 이미지는 폐광 이후 반전을 가져오지 못하고 있다.

또한 강원 폐광지역의 폐광지역법에 의한 독점적 지위를 반대하는 다른 지역 및 이해관계자들과의 갈등이다. 이미 두 차례 연장된 폐광지역법은 2025년에 종료가 예정되어 있다. 폐광지역법이 또 한 차례 연장될 수 있겠으나, 종료될 경우 지역에 미치는 영향을 고려하지 않을 수 없다. 당초 계획되었던 민자유치 사업들이 IMF 외환위기와 지역의 특수성 등으로 인해 대부분 현실화되지 못하면서 '황금알을 낳는 거위'인 카지노에 대한 의존은 심화되고 있는 상황이다. 그러나 제주 등 다른 지역에서도 카지노 내국인 입장을 허용해달라고 요구하고 있는 상황이며, 카지노 이외 다른 사업으로 강원랜드가 확실히 자리를 잡지 못하면 강원랜드를 중심으로 경제활성화를 모색하고 있는 4개 시·군이 공멸할 가능성이 있다. 게다가 이곳을 '도박공화국'의 주범으로 인식하는 외부의 시선이 카지노 이외에 대체산업의 발전을 저해하고 있다.

2. 정부 주도 vs 주민 참여

정부는 폐광지역개발사업을 추진하고 1980년대 대규모의 국비를 투입했다. 그러나 투자 대비 지역활성화 효과는 상대적으로 미비했다. 정부가 추진한 폐광지역개발사업은 생활환경 개선 및 관광시설 개발 중심의 하드웨어 구축, 선택과 집중이 아닌 지역안배형 투자 방식으로, 주민의 삶의 질, 주민 소득 창출, 지역 역량 강화 등은 고려하지 못한 관 주도형의 지역정책으로 평가된다(김승희·문영기, 2013; 정성호, 2005; 방극택, 2012). 폐광 이후 대체산업에 대한 대안을 마련하지 못하고, 지역 쇠퇴가 가시화되면서 정부정책에 대한 주민들의 불신이 증대됨으로써 대규모 시위로 이어지게 된다. 1995년 3월 3일 강원도 남부지역 7개 탄전지역 주민 7천 명이 모여, 폐광지역살리기를 위한 '3·3 주민 생존권 확보운동'이 진행되었다(고한·사북 남면 지역살리기 공동추진위원회, 2007; 정선군, 2005). 국가정책으로 인해 침체된 지역사회를 좀 더 강력한 정부 주도형 지원으로 살려낼 것을 촉구한 운동이었다. 정부는 주민들의 의견을 수용하고, 폐광지역 개발 및 대체산업 창업의 지원 근거가 되는 폐광지역법을 제정했다. 현재까지 폐광지역법을 기준으로 대규모의 재정이 투입되었다.

그러나 투자 대비 성과는 미약하다는 평가(유원근·최호영, 2011; 김원동, 2010; 김승희·문영기, 2013; 정성호, 2005; 태유리 외, 2017)이다. 공공 및 민간자본이 대체로 기반시설 조성사업과 도시정비 및 복지사업에 투자되었으며, 지역특화사업과 관광휴양시설 조성사업의 투입은 1/4 수준에 불과했다. 기반시설의 확충과 정주 여건의 개선 등에는 상당한 진척을 이루었으나, 대체산업 육성 측면은 미흡했다는 평가가 나오는 이유가 여기에 있다. 환경 기반 개선 및 인프라 구축에 집중되었던 지역개발사업들은 지역에 대한 외부 투자나 주민 소득 향상에 대한 파급 효과를 이끌어내지 못했으며, 강원랜드로 인해 3차 산업은 일부 증가했지만 여전히 지역산업을 끌고 갈 대체산업의 정착은 요원하다는 평가(태유리 외, 2017: 101-102)이다.

이러한 상황의 근본적 원인은 '강력한 정부 주도형' 지원만을 정답으로 판단한

데 있다. 즉, 정부 주도형의 외부 재원의 투자와 외부 요인의 투입이 추진되면서 지역경제 환경과 주민 역량, 외부 수요 등을 고려한 단계별 발전정책이 시행되지 못했기 때문이다. 정부가 초기 계획을 설계하고 재원 등을 투자하는 등 '강력한 정부 주도형' 지원이 필요하겠지만, 그 이후에는 공간 경쟁력의 회복과 자생적 경제력을 갖추기 위한 자구적 노력이 요구된다. 그러나 폐광지역의 공간 경쟁력 회복을 위한 틈새시장의 재화 및 서비스를 기반으로 한 대체산업의 육성이 자발적으로 이루어지지 못했다.

역설적인 것은 폐광지역법 제정이 폐광지역 주민들의 투쟁의 결과로 얻어낸 역사적 초유의 주민입법 사례로 평가받고 있다는 것이다. 폐광지역법의 토양은 태백시민궐기대회(1993년), 주민주식회사 설립(1994년) 등 각 지역의 생존권 요구에 관한 주민궐기대회와 주민의 자구 노력이었다. 다만 주민운동이 가지는 한계와 카지노 개발 이익의 배분문제 등으로 인해 지역 간·계층 간 분열로 인해 주민운동의 연대정신과 헌신성이 기로에 서게 되었다.

3. 관광개발사업의 이해관계 갈등

관광 개발은 경제적 파급 효과를 비롯해 사회문화적인 향상 및 환경 개선 효과가 매우 크다. 지방자치제도가 실시된 이후 대부분의 지방자치단체들이 지역경제 활성화의 일환으로 많은 관광개발계획을 수립해 추진하고 있다. 카지노의 독점적 지위를 확보한 강원 폐광지역이 관광을 통해 지역 회생을 기대한 것은 당연한 수순으로 보인다. 그러나 강원 폐광지역에서의 관광 개발과 관련한 갈등은 관광 개발이 반드시 지역에 긍정적 효과만 가져다주지 않는다는 것을 보여준다. 관광 개발을 통해 지역사회는 변화를 겪게 되는데, 이러한 변화는 지역사회에 부정적으로 영향을 미치기도 한다. 지역사회 활성화를 위해 도입된 관광 개발이 오히려 지역의 물가 상승, 토지가격 인상, 지역문화의 파괴와 훼손, 소비주의의 확대, 자연환경 파괴, 교통 혼잡 및 쓰레기 처리 등의 문제를 야기하기도 한다(윤상헌·박석희, 2006: 72).

무엇보다 관광 개발을 추진하는 과정에서 수많은 이해집단이 개발 과정의 전 부문에 걸쳐 참여하게 되는데, 자신의 이해관계를 관광 개발에 반영하려고 함으로써 갈등이 발생할 여지가 많아진다. 개발을 주도하는 집단과 이것을 지지하거나 혹은 반대하는 집단이 등장하게 되며, 이들 참여자는 그들의 이해관계나 보는 시각, 관점, 정보, 지식 등의 수준에 따라 다양한 입장을 가지기 때문이다. 사전에 예상되거나 혹은 이미 발생한 갈등이 적절하게 예방 및 해결·관리되지 못할 경우 이해집단 간에 발생하는 갈등은 더욱 해결이 어렵고 복잡하게 전개될 가능성이 크며, 계획의 집행 및 평가 단계까지 영향을 미치게 된다. 결과적으로 이해집단 간 협력을 단절시키면서 갈등의 증폭이 야기되어 사업 지연과 손실이 유발되는 등 갈등의 사회적 비용이 커지게 된다. 또한 정부 및 지자체 혹은 관광기업 등 개발 주체에 대한 불신으로 이어져 실제 관광개발계획 및 집행을 더욱 위축시키게 되며, 결국 지역 발전 및 주민 생활의 질을 향상시키는 데 장애 요인으로 작용할 수 있다.

강원 폐광지역의 갈등은 관광 개발 과정에서 발생할 수 있는 갈등의 단면을 그대로 보여준다. 예를 들어 태백시 에코뮤지엄 개발 사례의 경우 관광자원 개발과 지역기반시설 개발을 둘러싸고 발생한 갈등을 보여준다. 강원도 태백시 골짜기에 있는 철암동은 가장 낙후된 지역이지만, 과거 탄광촌의 옛 모습을 잘 보전하고 있어 에코뮤지엄으로 만드는 계획을 진행했다. 그러나 태백시의 도로 확장 계획으로 무산될 위기에 처하게 된다. 당시 철암동 지역의 보전을 둘러싼 찬반의 갈등을 살펴보면, 관광자원으로 개발해서 지역의 정주 기반을 확보하자는 찬성 입장과 도로 편입에 따른 철거와 보상을 통해 철암지역을 떠나고자 하는 반대 입장이 첨예하게 대립했다.

태백시 철암동 주민들이 강원탄광 폐광지인 철암동에 탄광지역 생활문화 현장을 대대적으로 보존 복원하려는 강원도 사업계획을 두고 찬반 의견이 상충, 갈등을 빚고 있다
〈찬성〉 찬성 주민들은 철암동 일대가 탄광지역 생활문화 현장으로 보존 복원되면 추억의 탄광촌 생활상이 부활, 새로운 볼거리로 관광자원화돼 지역의 정주 기반이 다져질 것이라며 환영하고 있다.
〈반대〉 철암시장 상인 등 반대 주민들은 지난달 26일과 지난 9일 태백시청을 방문, 철암지역을 탄광지역 생활문화 현장으로 보존 복원하기보다는 도로를 확·포장하는 등 오히려 적극 개발해 줄 것을 요청했다.

(강원일보, 2005.06.13, '태백 철암동 탄광지 복원사업 갈등')

최근에는 지역주민의 생존권 확보가 우선시되는 상황에서 환경 보전과 관광 개발을 둘러싼 갈등 또한 유발되고 있다. 최근의 가리왕산을 둘러싼 알파인 경기장 문제가 이러한 갈등의 양상을 여실히 드러낸다.

평창겨울올림픽 당시 알파인스키 활강·슈퍼대회전 경기가 열린 가리왕산 알파인 경기장은 당초 올림픽이 끝난 뒤 복원을 전제로 조성됐다. 하지만 대회가 끝난 뒤 올림픽 유산 활용 등을 이유로 지역주민들이 곤돌라와 관리도로 등 일부 시설 존치를 요구하면서 가리왕산 관리 주체인 산림청 등과 갈등을 빚고 있다.…(중략)
투쟁위원장은 "알파인 경기장은 반드시 개최지역에 올림픽 유산으로 남겨줘야 한다는 것이 주민들의 요구다. 하지만 산림청은 엄청난 비용을 들어가는 완전 복원만 고수하고 있다. 사회적 합의기구에 참가해 이 부분을 집중적으로 설명하겠다"고 말했다. …(후략)

[그림 1] 가리왕산 알파인 경기장 문제 보도 기사

4. 카지노 이익과 지역 간 갈등

　　카지노 시설에 대한 독점적 지위에 대한 폐광지역 외부의 갈등은 계속되고 있다. 그러나 강원 탄광지역 내 카지노 부대시설물의 배분을 놓고 지역 간 경쟁과 갈등은 그 이상이다. 1995년 폐광지역의 경제 회생을 약속하는 3·3합의안이 도출된 뒤 카지노 유치 경쟁이 벌어지면서 정선과 태백지역의 경쟁과 갈등이 시작되었다. 3·3 합의로 만들어진 폐광지역법은 내국인 카지노 허용이라는 독점적인 위치를 허용하고 있다. 결국 현재의 메인 카지노 입지는 도의 용역 결과에 따라 정선군 사북지역으로 결정되었다. 그러자 다른 폐광지역에서 카지노 부대시설의 분산 배치를 요구했다. 강원도는 정선, 태백, 삼척, 영월 4개 폐광지역 시·군과 강원랜드가 탄광지역 발전과 관련된 공동문제에 공동 대처하자며 탄광지역균형발전협의회를 구성했다. 협의회에서 2001년 4월 카지노와 관련해 합의된 사항은 ① 인근 시·군의 민자·외자 유치 촉진 차원에서 스키리조트 규모 축소 등 카지노리조트 사업계획을 조정하고, ② 영월에는 강원랜드 직원연수관, 삼척에는 청소년수련원 등 폐광지역에 카지노 관련 시설을 분산 배치하는 한편, ③ 기혼자 숙소는 자율 의사에 따라 입주하도록 한다는 등의 내용이었다.

　　정선군은 폐광지역법의 기초가 된 3·3 합의를 이루어낸 것은 정선지역 주민이라고 받아들인다. 정선이 투쟁의 주역이었으며 강원랜드는 정선지역의 폐광 대신 들어선 것으로 본다. 폐광지역법에 명시된 '폐광지역의 균형 개발'에 대해서는 강원랜드가 굳건히 뿌리를 내린 다음에 가능한 것으로 본다. 반면 태백지역은 3·3합의의 중요 내용인 폐광지역법을 태백시 측에서 먼저 주장했다고 강조한다. 또한 강원랜드가 정선지역만의 기업이 아니라 폐광지역의 균형 개발을 위해 설립된 기업이라는 점을 부각시킨다. 정선을 제외한 강원 탄광지역의 주민들은 고한·사북에 카지노호텔과 부속시설이 대부분 입지하면서 나머지 지역이 소외되고 있다며 불만을 토로했다. 특히 2004년 강원랜드 스키장 설계계획과 관련해 태백지역 등에서 "강원랜드가 계획대로 18면짜리 스키장을 정선군 고한에 지을 경우 다른 지역 스키장이 관광객 유치에 어려움을 겪는다"고 반발하며 지역 간의 갈등이 표면화된 전례가 있다. 당시 강원탄광지역 균형발전협의회가 중재에 나서는 등 강원 폐광지역의 4개 지자체는 조정의 필요성은 공감했지만, 어느 측도 공동협의체 구성에 적극적이지 않았다. 강원도 주관의 탄광지역균형발전협의회나 사회단체가 중심이 된 광산지역주민협의회 모두 이해관계 충돌로 활동이 중지되었다. 2006년 특별소비세의 감면 또는 면제 규정을 폐지해 카지노 입장료 인상을 추진하는 데 대한 대처에서 태백과 정선은 공동 대응의 필요성은 인정하면서도 지역 간 갈등이 여실하게 드러났다.

III. 사례 검토: 일본 이와키시 '조반 하와이언 센터'

폐광지역과 관련해 일본 이와키시의 사례를 살펴볼 필요가 있다. 일본 동북지방에 위치한 후쿠시마(福島)현 이와키시는 탄광을 삶의 터전으로 하는 산골마을이다. 하지만 1950년대 말부터 시작된 전 세계적인 석유 에너지 혁명은 강원 탄광지역과 같이 이와키시에 먹구름을 몰고 왔다. 하지만 강원 탄광지역과 달리 이와키시는 유명한 온천 테마파크 마을로 변신하는 데 성공했다.

해당 사례에서 살펴볼 수 있는 이와키시의 성공 요인은 첫째, 혁신적 변화이다. 당시 최대의 탄광으로 '검은 다이아몬드'를 긁어 모았던 후쿠시마현 이와키시 조반탄광(磐城炭礦)의 사장인 나카무라 유타카(中村豊) 사장은 완전한 변신을 위한 결단을 내리게 된다. 새로운 사업을 찾기 위한 해외 시찰 도중 방문한 하와이에서 지역의 특징을 활용한 혁신적 변화를 가져올 발상의 전환을 가져오게 된다. 조반탄광이 석탄 1t을 캐려면 40t이나 되는 어마어마한 양의 온천을 밖으로 빼내야 했지만, 온천을 활용한 하와이언 리조트 개발에 착수했다. 3년의 고생 끝에 1966년 1월 15일, 마침내 일본 최초의 테마파크 '조반(常磐) 하와이언 센터'가 문을 열었다. 폐광이 테마파크 온천으로 다시 태어난 것이다. 600명에 달하는 종업원 전원을 흡수했다. 암울했던 산골에는 다시 생기가 돌기 시작했다.

둘째, 공동체의 적극적·자발적 참여이다. 1965년 일본 본토 최대 규모의 조반 탄광에서는 대규모 인원 감축이 행해졌다. 한때 기간산업으로 융성했던 때의 흔적은 모두 사라졌다. 지역을 구하기 위해 '조반 하와이언 센터' 프로젝트는 볼거리를 만들고자 지역주민을 활용한 하와이언 댄싱을 기획한다. 조반 하와이언 댄서가 마을에 활력을 불어넣게 된 기적의 실화가 2006년 영화로 만들어지기도 했으며, 영화 〈훌라걸스〉의 영향으로 수퍼리조트하와이언즈도 개장 이래 최대의 호황을 누렸다. 여기에서 유심히 살펴볼 것은 〈훌라걸스〉 이후를 지역사회와 함께 고민했다는 것이다. 특히 디즈니랜드나 유니버설 스튜디오 같은 테마파크를 상상하면 거대한 자본, 외국의 기술과 노하우 같은 것들이 떠오르게 마련이지만, 설계에서부터 콘텐츠에 이르기까지 지역사회가 모두 '데즈쿠리(手作り·수작업)'로 했다는 점에서 정부 주도의 외부 자원 유입만을 수동적으로 기다리고 있는 강원 탄광지역의 대처와 차이를 보인다. 당시 이와키시의 사례에서 한 가지 더 살펴볼 것은 탄광마을 시절 경험하지 못했던 리조트사업이 문제가 속출해 각 부문의 반상회가 매일 밤 자정을 넘겨도 결론이 나지 않을 때가 많았다고 한다. 이어지는 야근 때문에 종업원들의 피로가 누적되었다. 피로 누적으로 서비스 제공이 원활하지 못했을 때 마을 사람들이 자원봉사자로 참여해 문제를 해결했다는 것이다.

셋째, 지역의 문제를 해결하기 위한 공생의 자세이다. 나카무라 사장은 하와이언즈를 만들 때부터 모든 인력과 물자는 지역에서 우선 조달하고자 했다. 모자라면 외부의 도움을 받겠지만 지역 상품을 우선적으로 사용하고, 비용이 부담되더라도 지역의 사랑을 받는 것이 우선되어야 한다는 입장이었다. 이는 지역의 공생관계 유지와 연결된다. 인근 유모토(湯本)라는 전통적인 온천마을이 있었고, 30여 곳의 온천여관이 있었다. 당시 거대한 테마파크가 생기면 손님을 독차지할 것이란 우려 때문에 조직적으로 반발할 법도 한데 이곳에서는 별 잡음 없이 공생관계가 잘 유지되었다. 처음에는 반발이 있었지만, 당시 나카무라 사장이 사업을 추진하기 전 온천여관의 모든 경영자를 불러놓고 "우리끼리 다툴 때가 아니다. 우선 이와키가 전국에서 찾아온 사람들로 넘쳐나게 만들어야 한다. 그것이 바로 모두가 사는 길이니 저도 돕겠다"고 진지하게 설득한 이후 분위기가 달라졌다. 현재 유모토 지역을 포함한 이와키시 지역의 온천여관 등은 수퍼리조트하와이언즈에서 흘러 넘치는 고객들을 유치해 공생을 통한 지역 활성화가 진행되고 있다. 대표적으로 지역 활성화를 도모하기 위해 결성된 '이와키 관광마을 만들기 뷰어로'를 포함해, 이와키시와 관광물산협회, 상공회의소, 수퍼리조트하와이언즈에서 각각 직원이 파견되어 상시 협력을 논의하고 있다. 이와키시의 관광 진흥을 위한 각종 이벤트도 4개 단체가 공동으로 진행한다.

　이와키시의 사례가 강원 폐광지역에 주는 핵심적 교훈은 ① 혁신적 변화를 위한 리더십, ② 적극적인 공동체의 역할 수행 노력, ③ 스스로 지역의 문제를 해결하기 위한 협력적 자세이다. 강원 폐광지역은 3·3 합의와 폐광지역법 제정 과정에서 지역을 움직일 수 있는 혁신적 변화를 추동할 동력이 분명 존재했으나, 폐광지역법 제정 이후 지역 간 갈등이 이해관계의 갈등으로 진행되면서 동력이 약화되는 결과로 이어지게 되었다. 또한 이는 적극적인 공동체의 역할을 찾기보다는 정부 주도의 문제 해결, 외부의 재정 지원만을 바라는 수동적 자세 등으로 인해 폐광지역법이 두 차례 연장된 현재의 시점에도 정부의 지원 이외에 자생할 수 있는 동력을 잃고 강원 폐광지역 간 카지노 또는 관광 개발에 따른 이익을 둘러싼 갈등만이 남은 상황이다.

IV. 강원 폐광지역 갈등의 교훈

1. 지역문제 해결을 위한 협력적 거버넌스와 지역사회 혁신

　과거의 거버넌스는 정부 주도의 문제 해결이 핵심이었으나, 현재의 사회문제 해결은 정부의 역량만으로 해결하기 어렵다. 협력적 거버넌스, 네트워크 거버넌스가 모든 정책의 묘안처럼 남발되는 것은 문제지만, 사회적 난제를 해결하기 위해 정부 중심에서 정부를 포함한 협력체계가 필요하다는 점에서 정부 역할의 재정립과 행위자 간 협력적 거버넌스는 중요하다.

　강원 폐광지역 사례에서도 지역 수준과 국가 수준의 '어떠한' 노력이 필요한 시점이며, 이는 '누군가'의 노력만으로 해결할 수 없는 문제라는 점에서 참여에 기반한 협력이 요구된다. 강원 폐광지역에서 나타나는 카지노 이익을 둘러싼 지역 간 갈등, 관광자원 개발 과정에서의 지역주민 간 갈등은 기존 정부 주도의 문제 해결 방식에서 벗어나지 못하고 있다.

　1995년 3·3 합의와 폐광지역법의 제정은 지역주민들의 투쟁 결과로 얻어낸 역사적 초유의 주민입법 사례이며, 자구 노력으로 핵폐기물 처리장을 유치하려고 노력하는 등 지역주민 스스로 문제 해결을 하기 위한 경험이 있는 지역임에도 불구하고 현재 강원 탄광지역은 공동체 붕괴의 현실을 여실하게 보여준다.

　그러나 지역 간 배타성과 소지역주의가 카지노 건립 이후 이권을 둘러싼 갈등을 야기하며 지역 간 연대를 약화시킨 것은 부인할 수 없는 사실이지만, 다양한 지역적 문제들이 다시 수면 위로 떠오르면서 지역활동가들이 새로운 활동을 시작하는 것은 강원 폐광지역의 지역사회운동조직의 형성과 분화가 아직 계속되고 있음을 보여준다(박형신, 2006). 강원도 폐광지역의 문제를 해결하기 위한 바람직한 방향은 기존 거주자의 지속적 생활 여건을 확보하고 지역경제 활성화와 일자리 창출, 사회·

문화적 공동체 기능 회복, 주민의 자발적 참여가 이루어지는 것이다. 이를 위해 주민의 생활 여건, 지역경제 활성화, 지역주민 일자리 창출 등 사회적 재생, 문화적 재생, 환경적 재생, 경제적 재생에 맞추어져 물리적 시설보다는 사람과 활동에 초점을 맞추어야 한다. 즉, 주민과 함께 기업을 통해 경제적 자립 기반 조성이 바람직하다. 결과적으로 행정이 주도하는 사업은 예산이 끊기지거나 사람이 바뀌면 멈추어지고 외부 기업 주도의 도시재생은 기업의 지원이 끊기면 이어가지 못한다. 결국 주민이 주체가 되어야 한다는 것이다.

지역 수준의 노력에서는 지역주민과 사회적 경제 영역과의 거버넌스 혁신을 통한 공공 서비스의 질을 향상시키는 것이다. 이를 위해 시민과의 협업을 통해 수요지향 정책을 설계하고 운영하는 것이 필요하다. 또한 중간지원조직을 적절히 활용해 사회적 경제 영역의 자생력을 확보하고 이들과의 협업을 통한 전달체계의 개선이 필요하다. 한편 국가 수준에서는 유연한 제도설계와 운영이 필요하다. 이를 위해서 정부는 좀 더 국민과 협업이 가능한 형태로의 조직혁신을 꾀해야 하며, 혁신 네트워크 간 협업을 원활하게 할 수 있는 공공 리더십 역량을 키워야 할 것이다. 이전처럼 정부가 기획하고 수행하는 것이 아니라 다양한 행위자와의 협업을 펼치는 것이 사회문제를 해결하는 데 유리하다는 것이다.

다양한 사회구성원이 참여해 공동의 결정과 생산을 이루는, 또는 협력과 협업을 펼쳐서 사회문제를 해결하는 것은 참신한 아이디어를 통한 돌파구를 마련하고, 더 나은 해결책을 만들어 나갈 수 있다(정서화, 2017: 908). 그러므로 권한을 위임해서 시민에게 더 많은 역할을 부여할수록 직면한 사회문제의 즉각적인 해결을 가져올 수 있는 힘을 발휘할 수 있다(Mulgan et al., 2007; 정서화, 2017: 909). 많은 시민이 수동적 관찰자에서 적극적 참여자로 변화할 때 의미 있는 사회혁신을 기대할 수 있다(희망제작소, 2008; 정서화, 2017: 909).

전국적 사회운동의 부진, 지역 내 진보정당운동의 쇠퇴, 부문운동들의 전망 부재 등의 상황과 맞물리면서, 이들 사회운동 세력은 "국가와 시장에 대한 비판과 감시"를 행하던 '도전자'에서 서울시가 열어 놓은 사회혁신 거버넌스 공간의 '협력자'이자 사회혁신 주체로 스스로의 정체성을 변화시키고 있다(장훈교, 2016a: 14; 조문영·이승철, 2017; 이승철·조문영, 2018: 284). 역량이 강화된 시민이 "문제 제기형 시민운동에서 문제 해결형 시민운동으로 전환"(김병권, 2013: 5)하고 있는 것이다.

강원 폐광지역에서도 미력하나마 이러한 지역사회운동의 변화가 감지되고 있다. 지역적 쟁점이 제기될 때마다 주민들이 모였다가 흩어지는 일시성을 특징으로 하는 집합행동(예: 3·3 합의)의 성격을 띠었던 과거에서, 현재의 지역운동단체들은 분명한 이념과 대의를 설정하고 지역문제에 참여하는 제도화된 단체로서 활동하고 있다. 또한 당면 과제(예: 폐광지역법 제정)를 즉각적으로 달성하고자 하는 쟁취형 운동에서 대의를 장기적 관점에서 하나씩 실현해 가는 생활 속의 지역사회운동으로 정착해 가고 있다. 과거 '광산지역주민협의회'와 같이 연대조직으로서 시민사회가 역동적으로 움직이지는 않지만, 문제 해결형 시민운동으로서 '태백생명의 숲', '태백자활후견기관', '철암세상', '태백시민연대' 등은 문제를 해결하기 위한 자발적 결사체로서 역할을 수행하고 있다.

2. 지역공동체 의식에 기반한 협력: 공동지역혁신

두 차례 연장된 폐광지역법의 핵심 이슈는 실효성 있는 재정 지원문제와 폐광지역개발기금의 확대 가능성 여부였다. 결과적으로 2차 연장 당시 2012년 폐광지역법 개정에 따라 카지노 사업자에게 납부 의무가 부과된 폐광지역개발기금 납부금 한도는 20%에서 25%로 상향 조정되었다. 그러나 더 중요한 문제는 분산 배분되는 방식에서 좀 더 효과적인 투자로 진전될 수 있는가의 문제이다. 정부 지원을 바탕으로 지역 간 장기발전 전략을 공조할 수 있는 협력체계가 실제로 작동할 수 있어야 한다. 현재 태백, 정선, 영월, 삼척 간 폐광지역법의 혜택을 둘러싼 이해 갈등이 조정되지 않는 한 폐광지역의 정치적 역량이 발휘될 수 있는 거버넌스의 구축은 기대하기 어렵다. 폐광지역 4개 지역은 1995년 폐광지역법 제정운동 때부터 '폐광지역법 제정 연대회의', '강원남부대표자회의', '광산지역주민협의회' 등의 협의체를 운영했던 정치적 경험을 가지고 있다. 그러나 지난 10년의 시간이 흐르면서 강원랜드 각종 사업을 둘러싼 지역 갈등으로 인해 지역공동체 의식은 거의 소멸되었다. 총 20여만 명의 인구가 국회의원 지역구상으로 삼척시가 분리되어 있고, 평창군은 폐광지역에 속해 있지 않은 단순하지 않은 정치적 구도를 내재하고 있다(이선향, 2010: 123). 이러한 정치적 구도와 4개 지역의 개별적인 이해관계를 넘어 4개 지역 지자체, 시민사회단체, 강원랜드 간 네트워크 거버넌스가 구축되어 지역 간 공감대 형성과 이해관계가 조정될 수 있을 때, 지역의 이해관계를 정치 과정에 반영할 수 있는 정치적 동력이 될 것이며, 폐광지역 주민의 정치적 투입 활동의 효과가 제고될 것으로 기대할 수 있다(이선향, 2010: 123).

이러한 측면에서 유사한 지역 정서, 탄광이라는 산업 발전 과정의 동질성 등은 서로 협력할 경우 상호 시너지 효과를 거둘 만한 매개 상황들임을 눈여겨볼 필요가 있다. 폐광지역의 지역 갈등이 다른 지역에 비해 격렬하고 오래된다는 것은 지역의 실정이 절박하다는 의미라는 점에서 협력의 대상을 외부에서 찾기보다 옆에서 찾는 자세가 필요하다. 인접 지역 상호간에 지역산업의 공통적 특성이 존재하는 강원 탄광지역의 경우 생산성이 제고된 연계 성과를 도출하기 용이하며, 상대적으로 중복 또는 유사성이 높은 지역전략산업의 동시 추진은 중복 투자와 경쟁력 저하 등으로 이어진다는 점을 고려할 필요가 있다. 예를 들어 태백시와 정선군의 공동전략산업에 대해 연구한 김용욱(2007)은 제1공동전략산업으로 친환경건강농업산업을 제시하고, 제2공동전략산업으로 관광휴양산업을 제시한 바 있다. 태백시와 정선군이 유사한 산업구조와 추세를 보이고 있기 때문에 태백과 정선의 협력 지역발전기구(RDA) 구성과 지역혁신체제(RIS) 구성을 통해 효과성을 제고할 수 있다. 특히 제1공동전략산업으로 친환경건강농업산업과 관련해 농업기술센터와 연구시설, 농공단지, 유통

사업체 등의 연계 방안을 모색할 수 있으며, 제2공동전략산업에 해당하는 관광휴양산업은 중복되지 않은 관광자원을 개발해 광역 단위의 관광 경쟁력 확보를 기대할 수 있다. 특히 강원 폐광지역이 관광자원 개발과 관련해 이해관계 갈등을 보이고 있는 점은 단기적 이해관계에 매몰된 부분이라는 점에서 일본 이와키시 '조반 하와이언 센터' 사례에서 제시된 유모토(湯本) 온천마을과의 협력과 공생을 살펴볼 필요가 있다.

3. 민간 주도형 사업 추진을 위한 사회적 경제의 활용 검토

정책적으로 사회혁신은 이러한 크고 작은 실험의 누적으로 사회 전반의 패러다임을 변화시키는 기제로 작동한다는 점에서 주목받아 왔다. 특히 지역 발전을 논의할 때 사회적 경제가 회자되는 것은 당연하게 여겨지는 시대가 되고 있으며, 지역주민들의 자발적 참여로 지역경제를 활성화시키고 지역의 내생적 발전을 도모하는 주요한 기제로 인식되고 있다(태유리 외, 2017: 99). 기존의 비영리섹터가 가진 성격과 기술혁신이 결합되면서 시장과 정부의 중첩 공간에서 풀뿌리 사회혁신으로 혁신 지형의 변동을 불러일으키고 있다는 점에서 주목할 필요가 있다. 실제로 과학기술을 활용해 사회문제를 해결하려는 많은 시민의 활동이 '소셜 벤처(social venture)' 혹은 '사회적 기업'의 형태로 이루어지며, 시장영역의 혁신을 불러오고 있다는 점은 앞으로 사회혁신정책 설계 시 주요한 주제이다(정서화, 2017: 909).

시·군 단위 이상에서 사회적 경제조직을 육성하는 중간지원조직은 대부분 운영 방식이 관 주도형 또는 민관협력형으로, 관에서 시설을 설립 및 운영하거나 관에서 설립하고 민간에서 위탁 운영을 한다. 고유의 사회적 경제조직 육성 프로그램이나 차별화된 중간 지원 기능을 보유하는 기관도 있지만, 반대로 위탁 운영이라는 특성상 정부나 지자체의 대변인적 역할에만 국한되어 사회적 경제 활성화사업이 요구하는 유연적·혁신적 역할을 제대로 발휘하지 못하는 한계를 갖고 있기도 하다(태유리, 2015; 박세훈, 2015; 오단이·정무승, 2015; 김학실, 2014). 따라서 사회적 경제 활성화를 위해서는 민간 주도 기능이 강화된 중간지원조직이 필요하다(태유리 외, 2017: 100). 민간 주도형은 관 주도형에 비해 자율성과 유연성을 갖고 있어 사회적 경제의 잠재성을 발굴하기에 적합하다. 폐광지역은 지역의 특성상 틀에 짜여진 정책 추진 속도로는 단기간 내에 사회적 경제 육성 효과를 발생시키기는 어렵다. 대규모 투자 대비 지역 발전 효과가 상대적으로 낮은 것이 이를 입증하는 결과이다.

결과적으로 지역의 특성, 사회적 경제를 수용하는 속도에 맞는 폐광지역만의 육성 프로그램 운영이 필요하다. 사회적 경제조직의 육성은 지속성 측면에서 반드시 단계적 지원이 필요하므로, 사회적 경제조직 육성의 모든 과정에 좀 더 체계적으로 대응할 수 있는 구조의 마련이 필요하다. 따라서 사회적 경제의 잠재성을 도출해내는 역할은 민간영역이 주도하고, 관리 및 성장 지원 역할은 관 주도형 중간지원조직이 담당하는 형태의 분업화가 필요하다(태유리 외, 2017: 114).

V. 맺음말

한때 한국 경제를 이끌었던 강원 폐광지역이 현재의 모습에 이르기까지 시간은 오래 걸리지 않았다. 하지만 1995년 폐광지역법이 제정된 이후 현재까지 강원 폐광지역의 변화는 계속되는 인구 감소와 유출, 그리고 흔적만 남은 과거의 영광과 같은 폐광지역, 그리고 지역주민들 마음속 깊은 곳에 새겨진 갈등의 상처들만 남아 있다. 두 차례 특별법이 연장되는 과정에서 강원 폐광지역이 크게 변화한 것은 양면의 칼날과 같은 내국인 카지노가 남았을 뿐이다. 과거 역사적 초유의 주민입법 사례로 폐광지역법 제정 과정에서 주민들은 지역에서의 탈출만이 희망이라는 자조 섞인 이야기를 하고 있다. 카지노가 야기할 수 있는 사회적 문제를 인정하지 않을 수 없지만 카지노 시설을 지역에 유치하기 위해 지역 간 경쟁하는 것은 그것 이외에는 전략이 부재한 강원 탄광지역에 예정된 한계일 것이다. 카지노 시설의 분담에 따른 이해관계 갈등으로 강원 탄광지역이 지역별 분화는 정치적 역학구조에 따라 심화되어 현재는 새로운 발돋움을 위한 계기를 마련할 수 있을지 미지수이다.

그러나 일본 이와키시 '조반 하와이언 센터'의 사례에서 나타나듯 기존과 단절하는 혁신적 아이디어를 통한 지역 내 자원의 활용, 지역주민의 자발적 참여, 그리고 이해관계 이전에 공생과 협력하려는 자세가 필요하다. 이는 정부가 모든 것을 해결할 수 있다는 고전적 거버넌스와 구별되는 지역사회 혁신의 사례라고 보여진다.

강원 폐광지역에서도 늦었지만 정부에 모든 책임을 지게 하는, 또는 정부가 모든 것을 해결할 수 있다는 고전적 거버넌스에서 협력적 거버넌스로 나아갈 필요가 있다. 다행히 역사적 초유의 주민입법 사례인 폐광지역법을 만든 지역답게 지역사회운동이 저변에서 이루어지고 있으며, 문제 제기형 시민운동이 아닌 문제 해결형으로 전환되고 있다는 점은 시사하는 바가 크다. 또한 같은 산업을 영위하고, 같은 문화를 오랫동안 공유한 강원 탄광지역 사회가 정치적 역학구조와 카지노 분담 시설 유치에 따른 이해관계로 갈등의 골이 깊지만 반대로 문제를 해결하기 위해서는 공동의 자세와 혁신의 필요성을 인지하고 있다는 점에서 작은 부분부터 자원을 공유하고, 전략산업을 육성해서 카지노 이후의 대체산업을 육성할 단초를 마련할 필요가 있다. 마지막으로 지역문제를 해결하기 위한 대안으로서 사람과 노동, 협력과 연대, 공동체 복원 등 사회적 가치를 추구하는 사회적 경제를 적극적으로 검토할 필요가 있다.

| 생각해 볼 문제들 |

1. 지금까지 강원랜드 주변 사회적 환경의 이미지는 긍정적이라고 보기 어렵다. 이른바 '카지노 노숙자', 강력범죄의 증가, 전당포, 영세자영업의 쇠락 등이 현재의 이미지라고 해도 과언은 아니다. 현재의 지역 이미지를 고려할 때 강원랜드가 시도하는 문화관광단지로의 변신은 강원도 자연환경의 고유성을 바탕으로 지역공동체가 문화적 잠재력을 발휘할 수 있는 공간으로 재정비되는 일과 동시에 이루어질 필요가 있다. 이를 위해 정부와 시민사회, 그리고 강원랜드가 각각 초점을 맞추어야 할 부분과 수행해야 할 역할은 무엇인가?

2. 일본 이와키시 '조반 하와이언 센터'가 폐광의 위기에서 성공 사례가 된 것은 주민의 자발적 참여와 이해관계를 앞세우지 않는 자세 등이다. 다만 이 과정에서 시발점은 조반탄광의 사장인 나카무라 유타카(中村豊) 사장의 혁신적 리더십을 무시할 수 없다. 강원 탄광지역이 다시 일어서기 위해서 필요한 리더십은 무엇이며, 누가 어떻게 하는 것이 적절한가?

3. 폐광지역법의 종료 등을 고려할 때 강원 탄광지역의 미래를 관광산업에 집중하는 경향이 적지 않다. 기존에 건설된 다수의 리조트 등과 카지노를 기반으로 하는 레저, 컨벤션, 문화예술 등을 연계한 종합레저단지로 발전시키겠다는 강원랜드와 하이원의 계획이 그러하다. 다만 이러한 경우 강원 폐광지역의 관광자원을 개발할 필요가 있으나, 오랜 시간 성과를 내지 못한 사업들에 대해 실망하고 있는 지역사회의 공감대와 지지를 확보할 방안이 무엇이 있겠는가?

〈 참고 문헌 〉

고한 · 사북 남면 지역살리기 공동추진위원회(2007). 「3 · 3투쟁과 주민운동《3 · 3투쟁 12주년 특별기획》」, 고한, 사북, 남면지역 주민운동 백서.
김승희 · 문영기(2013). 폐광지역 개발사업 성과분석과 지역개발 방향에 관한 연구. 「사회과학연구」,

52(1): 155-188.

김용욱(2007). 강원도 폐광지역 공동지역혁신을 위한 전략산업 연계방안: 태백시와 정선군을 중심으로. 「한국지역개발학회지」, 19(1): 43-70.

김원동(2010). 강원도 폐광지역의 쟁점과 미래 전망 그리고 대응전략: '강원랜드'와 '폐특법'을 중심으로. 「사회과학연구」, 49(2): 133-181.

박형신(2006). 강원 폐광지역 지역사회운동조직의 형성과 분화. 「지역사회학」, 7(2): 277-314.

방극택(2012). 카지노 산업이 폐광지역 발전에 미친 영향에 관한 연구 : 강원랜드와 태백시를 중심으로. 「지역발전연구」, 12(1): 57-83.

송석휘(2015). 지방정부 사회혁신에 대한 평가와 과제: 서울시 사회혁신을 중심으로. 「공간과 사회」, 25(2): 153-189.

안상원·한상철(2013). 도박 중독자의 2차 범죄화 예방 방안에 관한 연구 : 치료 프로그램 중심으로. 「한국중독범죄학회」, 3(1): 90-114.

유원근·최호영(2011). 폐광지역 개발 지원사업의 경제성 제고를 위한 정책 방안 : 강원남부폐광지역의 경제적 파급효과 분석을 중심으로. 「한국산학기술학회논문지」, 12(1): 151-159.

윤상헌·박석희(2006). 관광개발과 갈등: 강원남부 폐광지역을 사례로. 「관광학연구」, 30(3): 71-89.

이선향(2010). 폐광지역개발지원특별법의 정치적 동학과 그 영향. 「사회과학연구」, 49(2): 107-132.

이승철·조문영(2018). 한국 '사회혁신'의 지형도: 새로운 통치합리성과 거버넌스 공간의 등장. 「경제와 사회」, 겨울호: 268-312.

이옥동·최정일·방극택(2015). 강원랜드 카지노산업의 입지 효과에 대한 인식 평가. 「한국콘텐츠학회논문지」, 15(5): 523-536.

이인혜(2005). 카지노 유치지역 주민의 도박 참여 및 도박중독 실태와 삶의 만족도 : 강원도 폐광지역을 중심으로. 「한국심리학회지: 사회문제」, 11(4): 67-82.

이태원(2014). 강원도 폐광지역 개발사업 분석: 국가, 지방정부, 그리고 전문가집단의 역할을 중심으로. 「사회과학연구」, 53(1): 37-75.

장훈교(2016). 사회혁신의 두 얼굴: 자기지배와 자기착취의 경합공간(1). 「사회혁신의 시선」, 3: 1-19.

정서화(2017). 사회혁신의 이론적 고찰: 개념의 유형화와 함의. 「기술혁신학회지」, 20(4): 888-914.

정선군(2005). 「정선군 석탄산업사」.

정성호(2005). 강원남부 폐광지역의 개발 현황과 과제. 「지역개발연구」, 13: 149-168.
_____(2006). 폐광지역의 사회경제적 변화와 개발: 태백지역을 중심으로. 「지역사회학」, 7(2): 219-246.
조문영·이승철(2017). '사회'의 위기와 '사회적인 것'의 범람: 한국과 중국의 '사회건설' 프로젝트에 관한 소고. 「경제와 사회」, 113: 100-146.
태유리·김재현·김주미·조영주(2017). 폐광지역 활성화를 위한 사회적경제 조직체 육성 프로그램의 비교 연구: 강원 폐광지역을 사례로. 「지역개발연구」, 49(2): 99-120.
희망제작소(2008), Mulgan interview. http://www.makehope.org(2017. 2. 7 접근).

Mulgan, G., Tucker, S., Ali, R., & Sanders, B. (2007). *Social Innovation: What it Is, Why it Matters and How it Can Be Accelerated*, Oxford: Skoll Centre for Social Entrepreneurship Working Paper.

08

대학 공공기숙사 건립사업의 님비 갈등 사례

유정호 · 조민효
성균관대학교

I. 들어가는 말

　　대학 공공기숙사는 대학생의 열악한 주거환경 개선 및 주거비 부담 완화를 위해 공공기숙사를 건립하는 정책으로, 행복(공공, 연합)기숙사가 대표적이다. 그러나 이 정책을 추진하는 과정에서 지역사회와의 첨예한 님비(NIMBY) 갈등이 발생해 공공기숙사 건립이 지연되거나 취소되는 사례가 발생하고 있다. 이 글에서는 공공기숙사 건립의 추진 배경과 사업 유형, 님비 갈등의 주요 이해당사자 및 쟁점을 살펴보고자 한다. 그리고 갈등이 해결된 사례들(경희대학교 아름원 기숙사, 홍제동 연합기숙사)과 지속되는 사례들(한양대학교 행복기숙사, 동소문동 연합기숙사)을 비교분석해 갈등 해결을 위한 방안을 모색하는 데 목적이 있다.

II. 사례 개요

대학 공공기숙사 건립은 2012년 이명박 정부 후기부터 2019년 문재인 정부 현재까지 중앙정부 차원에서 대학생의 열악한 주거환경 개선 및 주거비 부담 완화를 위해 중앙정부, 공공기관, 지방자치단체가 공공기숙사를 건립하는 정책이다. 그러나 공공기숙사 건립사업은 대학교 지역주민과 임대업자들이 반대하면서 갈등 현상이 발생하기 시작했다. 이화여자대학교, 홍익대학교, 경희대학교 공공기숙사 건립, 홍제동 행복(연합)기숙사는 건립 과정에서 주민들의 반대로 인해 사업이 지체되다가 가까스로 해결되었다. 고려대학교, 한양대학교 행복(공공)기숙사, 성북구 동소문동 행복(연합)기숙사, 성동구 응봉동 연합기숙사, 총신대학교 등 여러 대학가에서 기숙사 건립으로 인한 대학과 주민 간의 갈등이 지속되고 있다. 공공기숙사 건립을 반대하는 주민들은 저렴한 기숙사가 건립되면 대학가 원룸의 임대료가 하락해 주민과 임대업자의 생계가 곤란해진다는 이유뿐만 아니라, 청년 인구의 유입으로 인한 치안 및 풍기문란, 성범죄 문제, 소음, 교통대란, 주거환경 훼손 등을 사유로 내세우고 있다.

여기에서는 공공기숙사 건립으로 인한 갈등 사례들을 분석했다. 구체적으로, 사례 선정 이유를 시간적 측면, 공간적 측면, 내용적 측면으로 제시하고자 한다.

첫째, 시간적 측면이다. 공공기숙사 건립 갈등 사례는 2012년 이명박 정부 후반기부터 시작되어 문재인 정부까지 장시간 지속되는 갈등 사례이다. 또한 2012년부터 정부가 대학생 주거복지정책을 추진하면서 발생한 갈등이라는 점과 한국의 고등교육 진학률이 70%를 넘는 상황에서 많은 대학생과 대학생 자녀를 가진 가정에 미치는 사회적 파급 효과가 크다는 점에서 선정했다.

둘째, 방사성 폐기물 처리시설 같은 정책 갈등 사례는 일부 지역에만 발생하는 경우가 대다수이다. 그러나 이 사례는 전국에 분포한 많은 대학을 대상으로 공공기숙사를 건립하고 이에 반대하는 해당 지역주민들이 존재한다는 점에서, 전국적 이슈로서 의의를 가진다.

셋째, 내용적 측면에서 공공기숙사 건립의 경우 갈등 해결 사례와 갈등 해결 실패 사례를 동시에 살펴볼 수 있다. 예를 들어, 경희대학교 행복(공공)기숙사와 홍제동 행복(연합)기숙사 사례는 지역주민들과의 갈등을 극복하고 건립되어 운영 중이다. 이에 반해, 한양대학교 행복(공공)기숙사와 동소문동 행복(연합)기숙사는 사업을 시작한 2015년도부터 2019년 현재까지 첨예한 갈등을 겪고 있다. 이러한 갈등 해결 성공 사례와 실패 사례를 비교 분석함으로써 갈등 극복 요인들을 살펴볼 수 있다는 점에서 의의가 있다.

대학 공공기숙사 건립 사례는 대학생 주거비 부담 완화라는 공익을 위해 정부와 공공기관이 공공기숙사를 건립하는 과정에서 지역주민들과 충돌하는 님비 갈등 사례라고 볼 수 있다. 그러므로 교육의 공공성 강화와 지역주민의 이익 간 갈등 해결 과정에서 공공기숙사 사업 유형, 성공 사례와 실패 사례를 비교해 살펴봄으로써, 갈등을 둘러싼 주요 이해당사자, 쟁점들과 해결 방안을 도출할 수 있으리라 판단된다.

III. 대학 공공기숙사 건립의 추진 배경 및 사업 유형

대학 공공기숙사 건립 과정에서 갈등 사례를 알아보기 위해서는 정책 추진의 배경 및 유형을 살펴볼 필요가 있다. 중앙정부는 2010년대 들어 민자기숙사로 인한 사립대 기숙사비의 증가 및 대학생 원룸의 열악한 주거환경에 대한 사회적 관심 증가를 배경으로 대학생 주거에 관해 직접적 관심을 가졌으며, 교육의 공공성 범위가 확장되어 사립대학에도 적용되는 등 사회적 변화에 맞추어 대학 공공기숙사 건립을 추진했다.

1. 추진 배경

대학 기숙사란 대학 설립·운영규정 제4조 별표2에 따라 교사시설 중 지원시설에 속해 있는 시설이다. 대학에서 공부하는 학생들을 위해 교육적인 목적을 지니고 숙식을 제공하는 공동 거주체계를 의미하며, 가정과 학교의 중간적인 성격으로 주거와 학습을 겸비한 공간을 말한다. 1996년 대학 설립·운영규정이 공포되기 이전의 대학 설치 기준령은 기숙사 수용 인원을 총학생 정원을 기준해서 15% 이상으로 명시하고 있었다. 그러나 대학 설립·운영규정에서는 관련 규정이 삭제되어 대학의 기숙사 확충의 필요성을 저하시킨 요인으로 볼 수 있으며, 이로 인해 기숙사 부족 현상의 심화와 대학생의 주거비 부담 증가에 영향을 미친 것으로 판단된다.

재원 조달 구조에 따른 기숙사 유형은 재정기숙사, 민자기숙사, 공공기숙사로 분류할 수 있고, 시대 변화에 맞추어 기숙사 유형도 변화해 왔다.

첫째, 1980~90년대는 대학에서 직접 재원을 마련해 설립·운영하는 재정기숙사가 대다수를 이루었다. 2000년대 들어서 기숙사 수용률과 시설 수준은 대학 경쟁력의 중요한 요인으로, 대학알리미의 '우리 대학 경쟁력'의 교육 여건 지표 중 하나이고 한국대학평가원의 대학기관 인증평가의 평가 기준이기도 하다. 기존 재정기숙사의 설비가 노후화되었고, IMF 외환위기 이후 정부의 강력한 등록금 인상 억제로 인해 재정기숙사를 설립하기에 대학 재정이 충분하지 못했다.

둘째, 민자기숙사는 사립대학이 재정기숙사를 건립할 재정이 부족함에 따라 외부 민간자본을 유치해 건립한 기숙사이다. 특히, 2005년 1월 개정된 「사회기반시설에 대한 민간투자법」 개정 이후, 대학의 재정적 부담을 최소화하면서 필요한 기숙사 시설을 확보할 수 있는 대안으로 인식되면서 사립대학에서 기숙사가 활발히 건립되었다. 2005년 경희대학교(국제캠퍼스) 우정원을 시작으로, 전국에 건립되어 운영 중인 사립대학 민자기숙사는 2017년 기준 25개 사립대학에서 28개 동이다(대학교육연구소, 2018). 그러나 민자기숙사는 대학이 소유권을 갖지만 사업 시행자가 운영 권한을 갖고 사용료를 받는 BTO(Build-Transfer-Operate) 방식으로 건설되어, 연세대학교 SK국제학사는 한 학기 1인실 기숙사비가 249만 원(월 62.3만 원), 고려대학교 프론티어관은 1인실 234만 원(월 58.5만 원) 등으로 상대적으로 높은 기숙사비를 책정하고 있는 것이 현실이다. 이처럼 사립대의 높은 기숙사비는 대학 등록금과 연계되어 대학생의 경제적 부담을 가중시켰다.

대통령 직속 청년위원회가 2015년에 조사한 「대학생 원룸 실태조사」에 따르면, 수도권에 거주하는 대학생 중 68%가 기숙사가 아닌 원룸에 거주하며, 평균 월세보증금은 1,418만 원, 한 달 월세는 42만 원으로 조사 대상인 대학생들의 72.2%가 주거비에 큰 부담을 느끼고 있었다. 이명박 정부는 반값등록금 공약을 이행하기 위해 국가장학금의 도입·확대에 초점을 두었던 데 반해, 대학생을 위한 주거공간은 민자기숙사 건립에 의존했고, 이로 인해 대학생의 주거비 부담이라는 사회문제가 불거졌다.

셋째, 공공기숙사는 부족한 기숙사 확충과 민자기숙사의 높은 기숙사비 문제를 해소하기 위해 중앙정부, 한국사학진흥재단과 한국장학재단의 공공기관, 지방자치단체가 연합해서 공공기숙사를 건립해 주변 원룸 시세보다 저렴한 비용으로 주거공간을 제공하는 정책으로 2012년 이명박 정부 후기부터 추진했다.

2012년 제18대 대통령 선거에서 주요 후보들이 대학 공공기숙사 건립을 공약으로 발표했다. 박근혜 후보는 대학 행복기숙사 사업을 실시해 사립대 민자기숙사의 절반 이하 가격으로 제공하고 전국 대학의 기숙사 수용률을 30%까지 높이겠다고 공약했다. 문재인 후보도 국·공유지를 활용한 공공기숙사를 추진하고 대학생 임대주택과 고시원을 대체하는 공공원룸텔을 연평균 1만 호씩 공급하겠다고 공약했다. 2013년 출범한 박근혜 정부는 2013년 취임 직후 140대 과제 중 교육비 부담 경감 및 대학생 주거안정 정책을 발표했고, 2013년 12월에는 국토교통부, 교육부, 기획재정부가 중심이 되어 대학생들의 주거 마련을 통합적으로 지원하기 위한 '대학생 주거지원 5개년계획'을 발표했다. 국토교통부는 기숙사 건설자금을 지원하고, 교육부는 기숙사 건설을 주도하며, 기획재정부는 예산 지원, 국유지를 행복(연합)기숙사 부지로 제공하기로 역할을 나누었다. 2017년 출범한 문재인 정부도 100대 국정과제 중 '유아에서 대학까지 교육의 공공성 강화를 위해 대학생 기숙사 수용 인원 5만 명 확충' 및 '청년과 신혼부부 주거 부담 경감을 위해 청년주택 내 기숙사 확대(5만 명)'를 선정해서 추진 중이다.

2. 공공기숙사 사업의 유형

대학 공공기숙사의 유형은 주관기관별로 다양하다. 우선 교육부는 산하의 한국사학진흥재단을 통해 행복(공공)기숙사, 행복(연합)기숙사 등 두 가지 유형의 공공기숙사 사업을, 한국장학재단을 통해서는 민간기부형 연합기숙사 사업을 추진 중이다. 서울시는 내발산동 공공기숙사와 희망하우징을, 국토교통부는 주택도시기금을 제공하거나 LH공사를 통해 대학생 임대주택을 공급하고 있다. 여기에서는 한국사학진흥재단에서 추진하는 행복(공공)기숙사 및 행복(연합)기숙사에 초점을 두고자 한다.

첫째, 행복(공공)기숙사는 사립대학 부지 내에 낮은 이자율의 공공기금으로 기숙사를 건립하는 방식이다. 사업 추진의 배경 및 목적은 첫째, 대학생의 열악한 주거환경으로, 사립대의 기숙사는 부족한 실정이고 노후된 기숙사가 많아 신축 및 증·개축, 리모델링에 대한 수요가 증가되는 추세이다. 둘째, 대학생의 주거복지이다. 사학진흥기금으로 학생 1인당 월 24만 원 이하의 저렴한 기숙사비 실현을 통해 대학생 거주 부담을 완화하고 거주환경을 개선하는 것이 이 사업의 목적이다.

지원 및 운영 방식은 민자사업 방식(Build-Transfer-Operation: BTO)을 준용해, 교육부, 한국사학진흥재단, 사립대 학교법인이 협력하며, 한국사학진흥재단과 학교법인이 50%씩 출자한 특수목적법인(SPC)을 설립한다. 이 특수목적법인이 학교 자체 부담, 주택도시기금 및 사학진흥기금을 융자해 행복(공공)기숙사를 설립하고 학교에 기부채납한 후 최대 30년간 기숙사 운영권을 취득해 공공기금 차입금을 상환하는 방식이다. 예를 들어, 경희대학교는 한국사학진흥재단, 교육부, 국토교통부와 각각 2012년 9월에 행복(공공)기숙사 건립사업 실시협약을 체결하고 추진했다. 2017년 개관한 경희대학교의 아름원 행복(공공)기숙사는 경희대학교 내 부지에 경희대학교가 30억 원을 투자하고, 국토교통부가 국민주택기금 162억 원, 한국사학진흥재단이 사학진흥기금 113억 원을 낮은 이자율로 융자해 건립했다.

기숙사 건축 과정에서 공공성을 제고하기 위해, 기숙사 운영의 주체는 한국사학진흥재단과 학교법인이 이사로 참여하는 특수목적법인이 담당하며, 한국사학진흥재단은 건축 단계부터 참여해 시공업체 업체 선정 기준 마련, 표준설계모델 마련 및 설계자문 등에 참여해 건축의 적정성 등 사업의 공공성을 제고한다. 그리고 기숙사 운영 차원에서도 표준 기숙사비 책정 및 소외계층 지원 기준을 마련해 공공성을 제고한다. 구체적으로, 표준 기숙사비는 월 24만 원 이내(2인 1실 기준)에서 대학이 자율적으로 선택하며, 사회적 약자[1]를 우선 선발(입사생의 30%)하고 기숙사비를 인하하도록 지원(수용 인원 5% 이상 인원에게 최소 50% 이상 인하)하는 등 소외계층 지원을 통해 교육의 공공성을 제고한다.

사업 현황은 전국에서 총 41개 사업 중 35개소가 운영 중이며, 6개 사업은 설계·공사 중이다. 이 가운데 서울에 소재한 행복(공공)기숙사는 7개 대학 9개 사업으

---

1) 기초수급자 등 저소득계층, 장애학생, 한부모가정, 아동복지시설 퇴소자 중 대학생.

로, 이 중에서 9개 사업이 2019년도 4월 현재 운영 중이다.

둘째, 행복(연합)기숙사는 국·공유지 등에 낮은 이자율의 공공기금으로 여러 대학의 대학생이 활용할 수 있는 기숙사이다. 행복(연합)기숙사는 교육부, 국토교통부, 한국사학진흥재단 등 중앙정부와 공공기관, 지방자치단체가 협력해 설립한다.

지원 방식 및 운영 방식은 민자사업 방식(BTO)을 준용해, 공공기관인 한국사학진흥재단이 전액 출자한 특수목적법인(SPC)을 설립한다. 특수목적법인은 사업 시행자가 되어 기숙사를 건립하고 토지 소유주에게 기부채납 후 최대 30년간 기숙사 운영권을 취득해 사학진흥기금 차입금을 상환한다. 기숙사 건립 재원은 사학진흥기금(공공자금관리기금+주택도시기금)으로 조달하고 기숙사비 인하를 위해 토지 소유주가 '기숙사 건축비 및 운영비'의 일부를 지원할 수 있다.

그리고 기숙사 운영의 공공성을 제고하기 위해, 기숙사 운영의 주체도 특수목적법인(SPC)이 담당하며, 한국사학진흥재단이 설계 단계부터 기숙사 운영까지 담당한다. 또한 기숙사비를 2인 1실 기준 월 19만 원(참여대학 1인당 5만 원 지원) 이하로 책정하며, 사회적 배려자가 우선 입주한 후 잔여분에 대해 일반 대학생을 선발하는 방식으로 운영한다.

행복(연합)기숙사의 사업 현황은 전국에서 총 5개 사업 중 2개소가 운영 중이며, 3개 사업은 설계·공사 중이다. 구체적으로 2014년 9월 개관한 홍제동 행복(연합)기숙사는 서울 서북부권의 9개 대학에 재학 중인 지방 출신 대학생 516명이 2인실 기준 월 19만 원의 기숙사비를 내고 생활하고 있다. 이 밖에도 서울 성북구 동소문동 행복(연합)기숙사가 2015년부터, 천안권 행복(연합)기숙사가 2016년도부터, 대구 행복(연합)기숙사가 2018년부터 사업이 추진 중이다. 그러나 동소문동 행복(연합)기숙사는 주민들의 건립 반대로 인해 4년이 넘게 공사를 시작하지 못하고 있다.

두 사업의 가장 큰 차이점은 해당 대학의 재학생만이 입주할 자격을 가진다면 행복(공공)기숙사이고, 다양한 대학의 재학생들이 연합해 입주할 수 있다면 행복(연합)기숙사라고 볼 수 있다. 그리고 부지 및 건축비를 지원하는 주체가 행복(공공)기숙사는 사립대이나, 행복(연합)기숙사는 국가 및 지방자치단체가 소유한 국·공유지이다. 이러한 차이점들로 인해 갈등의 쟁점이 달라질 수 있다. 그리고 부지 및 건축비를 지원하는 주체에서 두 사업의 공통점과 차이점은 〈표 1〉에 정리되어 있다.

〈표 1〉 공공부문 대학 공공기숙사 지원사업 유형

	행복(공공)기숙사	행복(연합)기숙사
주관기관	교육부	
시행자	한국사학진흥재단	
사업 추진 시기	2012.3.20	2012.8.14
부지	사립대 부지	국·공유지
지원 근거	한국사학진흥재단법 제19조 제4호 (기금의 사용)	한국사학진흥재단법 제19조 제4호 (기금의 사용) 한국사학진흥재단법 제19조의 2 (기금의 예탁)
재원	사학진흥기금, 국민주택기금, 해당 대학	사학진흥기금, 국민주택기금
입주 자격	해당 사립대 재학생만	다양한 대학의 재학생
사례	경희대 행복(아름원)기숙사 한양대 행복(공공)기숙사	홍제동 행복(연합)기숙사 동소문동 행복(연합)기숙사
월 임대료	월 24만 원 이하(2인실 기준)	월 19만 원 이하(2인실 기준)

출처: 김민길·유정호·조민효(2018) 재구성.

Ⅳ. 대학 공공기숙사 건립의 갈등 분석

1. 갈등의 개념 및 성격

　　NIMBY는 Not In My Backyard의 약자로서, 사회적으로 이슈가 되는 시설을 향한 집단적인 반감을 표현하기 위해 1970년대부터 사용되기 시작했다. 이러한 시설들이 공익을 목적으로 하고 사회 전체에 편익을 제공하기 때문에 반드시 필요하다는 점은 해당 지역주민들도 인정하지만, 해당 시설들이 입지함으로써 주민들이 속한 지역에 자연훼손, 재산적 가치 하락, 시설의 유해성, 사고의 위험성 등 부정적 외부 효과를 미칠 수 있다. 따라서 주민들이 자신이 속한 지역 또는 사회보다는 다른 지역 또는 사회에 입지하기를 바라는 마음을 나타내는 문구이다.

　　한국행정연구원은 갈등 사례 데이터베이스(DB)를 구축하면서, 갈등의 원인에 따라 이익 갈등, 가치 갈등, 이익-가치 갈등, 기타 등 네 가지 유형으로 분류하고, 갈등 성격에 따라 선호시설, 비선호시설, 정책 갈등, 기타 등 네 가지 유형으로 분류했다. 그리고 갈등 주체에 따라 정부-정부, 민간-정부, 민간-민간 등 세 가지 유형으로 분류했다.

　　주민의 대학 기숙사 건립 반대 현상은 원인에 따른 정책 갈등 네 가지 유형 중에서 이익-가치 갈등에 해당한다고 볼 수 있다. 이익 갈등은 한정된 자원이나 권력에 대해 서로 경쟁하거나 이해관계의 분배 방법 및 절차 등에 대해 서로 다른 입장을 지니는 갈등이고, 가치 갈등은 가치관이나 신념체계, 종교와 문화 등에 대한 시각차에 따른 갈등을 의미한다. 임대료 하락으로 인한 생존권 위협은 이익 갈등이고, 자연환경 훼손 및 경관 침해, 성범죄 증가 우려 등은 가치 갈등과 연결할 수 있다. 또한 한 대학의 기숙사 건립에 대해 주민들은 이해관계 및 가치에 따른 갈등을 동시에 가지기도 한다. 한국행정연구원의 갈등 사례 데이터베이스의 분류체계에 따르면, 대학 공공기숙사 갈등 사례는 갈등 원인에서 이익-가치 갈등, 갈등 성격에서 비선호시설, 갈등 주체에서 민간-정부 간의 갈등으로 분류할 수 있다.

그렇다면, 공공기숙사 사업 유형별로 갈등의 원인이 다를 수 있다고 추론할 수 있다. 사립대 부지 내에 건립되는 행복(공공)기숙사는 해당 대학의 재학생만이 입주할 수 있어 대학 주변의 원룸과 대체재 관계를 가지며, 이로 인해 지역주민은 임대료 하락이란 이익 갈등을 가질 것이다. 이와 다르게, 국·공유지에 건립되는 행복(연합)기숙사는 여러 대학의 재학생들이 입주할 수 있어 지역주민은 임대료 하락보다는 환경보호, 치안, 공공기물 훼손, 소음, 유흥문화와 같은 이유로 가치 갈등이 두드러지게 나타날 수 있다.

2. 갈등의 해결 방안

님비(NIMBY)로 인한 갈등을 해결하기 위해 다양한 정책적 대안이 제시되고 있다. 대표적으로 보상, 참여적 의사결정과 합의 형성, 위험에 대한 정보 제공과 의사소통, 제도적 기제 등이 제시되었다(심준섭, 2008). 구체적인 해결 방안은 다음과 같다.

첫째, 님비로 인한 갈등을 해결하는 방안으로 가장 자주 활용되는 것이 잠재적 손실을 보전하기 위한 경제적 보상이다. 경제적 보상의 크기는 해당 시설로 인한 부정적 외부 효과를 상쇄하고 남을 만큼 충분히 커야 보상으로써 효과적으로 작동할 수 있다.

둘째, 참여적 의사결정과 합의 형성은 님비시설의 입지 결정 과정에서 다양한 행위자 간의 참여를 통한 합의 형성 노력으로 가장 빈번하게 언급되는 대처 방안 중 하나이다. 그리고 님비시설 관련 행위자들 사이에 존재하는 불신을 감소시키는 수단으로 완전한 시민 참여와 장기간의 정치적 토론을 강조했다.

셋째, 입지 영향에 대한 정보 제공과 의사소통이다. 시설의 입지에 따른 위험과 영향에 관해 다양한 행위자와 의사소통하는 방법이다. 위험시설의 경우 그 안전성과 관련된 객관적인 정보를 주민들에게 제공하기보다는 위험을 축소하는 등의 거짓 정보를 제공하고 나중에 이것이 주민들에 의해 밝혀지게 되면 정부의 신뢰는 크게 하락한다. 따라서 정부는 시설이 지역사회에 미칠 부정적 효과에 대해 정확한 정보를 제공해야 한다. 의사소통이 효과적일 경우, 정부에 대한 대중의 신뢰도는 증진된다.

넷째, 제도의 구조이다. 입지 과정에서 일관성과 확실성을 증진시키기 위해 제도적 구조를 확립하고 이용하는 방안이다. 제도는 정책의 일관성을 증대시키는 것과 함께, 사람들로 하여금 사회적 관계 속에서 다른 사람들이 행동하는 방식을 예측 가능하도록 만드는 사회적 신뢰를 촉진한다. 입지 선정 과정에서 시민 참여 기회를 보장하는 제도의 구조를 통하면, 정책의 절차적 합리성을 증진시킬 수 있다.

3. 갈등의 쟁점과 주요 이해관계자 분석

공공기숙사 갈등 사례의 핵심 쟁점은 대학생의 주거비 부담 완화 및 주거환경의 향상 등 고등교육의 공공성 제고를 위한 공공기숙사 건립과, 대학교 인근 주민들의 재산권 및 환경권 간의 충돌이다. 이와 관련해 주요 이해관계자는 교육부, 한국사학진흥재단, 지방자치단체, 대학, 대학생, 지역주민, 임대업자, 대학촌지역발전위원회 등이다. 공공기숙사 건립으로 인한 갈등 사례에서 이해관계자 간의 협력 및 갈등관계는 교육부, 한국사학진흥재단, 대학, 대학생이 찬성 연합을 구성하고, 지역주민, 임대업자와 대학촌지역발전위원회가 반대 연합을 구성하고 있다. 지방자치단체는 공공기숙사 건립을 찬성하는 연합에 동조하는 듯하나, 지역주민과 임대업자의 민원 및 투표권 행사를 의식해 중간에서 어중간한 입장을 보이고 있는 편이다.

공공기숙사 건립을 둘러싸고 제기되는 핵심 쟁점 및 찬성과 반대 입장은 다음과 같다. 찬성 연합에서는 대학의 기숙사 수용률이 낮아 대학 인근 원룸에 거주하는 대학생이 많지만, 전월세가가 높아 대학생에 부담이 크고 주거환경도 열악하므로 이를 해결하기 위해 공공기숙사 건립이 필요하다는 입장이다.

이에 대해 반대 연합은 대학 기숙사 건립에 대한 다양한 문제점을 제기하며 반대한다. 기숙사 공사 시 대형 차량 진출입에 따른 위협, 소음과 분진 피해, 자연환경 훼손, 경관 침해 등으로 문제를 지적하거나, 대학생 증가에 따른 유흥문화 확산, 성범죄 증가를 우려하고 있다. 가장 많이 제기되는 반대 이유는 임대업자의 반대로서, 새롭게 공급되는 공공기숙사의 기숙사비는 대학가에서 임대사업자가 공급하는 원룸의 임대료보다 낮은 수준으로 책정되어 임대사업자의 수익을 저하시켜 재산권과 생존권을 침해한다고 주장한다. 단, 반대 연합이 제기하는 쟁점들은 공공기숙사가 건립되는 지역별로 각각 다르게 나타나고 있다. 갈등의 쟁점과 주요 이해관계자, 해당 사례는 〈표 2〉에 정리했다.

〈표 2〉 갈등의 쟁점과 주요 이해관계자, 해당 사례

		찬성 연합	반대 연합	해당 사례
주요 이해관계자		• 대학 • 중앙정부 • 한국사학진흥재단	• 주민 • 임대업자	
쟁점	재산권 침해	• 고등교육의 공공성 추구 • 임대료 하락에 대한 근거 불충분 • 기숙사 규모 축소	• 저렴한 기숙사 임대료로 인한 임대료 수익 저하	• 경희대 • 한양대
	공사 안전문제	• 공사 현장에서 안전 최우선 확보	• 공사 시 대형 차량 진출입에 따른 위험 • 소음과 분진 피해 우려	• 동소문동 연합기숙사
	주거환경 훼손	• 일조권, 통풍에 맞추어 설계 변경	• 주거환경(일조권, 통풍, 교통대란, 소음 등) 훼손 우려	• 홍제동 연합기숙사 • 동소문동 연합기숙사
	치안문제 (유흥문화, 성범죄) 확산	• 대학생과 주민이 협력해 방범활동	• 대학생 대거 유입으로 인한 유흥문화 확산 및 성범죄 등 치안문제 발생 우려	• 홍제동 연합기숙사, • 한양대, • 동소문동 연합기숙사
연합 세력		• 대학생	• 대학촌지역발전위원회 • 한양대기숙사건립반대대책위원회	
중간 세력		• 지방자치단체(각 구청)		

대학생의 주거복지 정책으로 중앙·지방자치단체 및 공공기관이 공공기숙사를 건립하는 과정에서 발생한 지역사회와의 갈등은 님비 갈등의 주요 특징에 부합한다.

첫째, 중앙정부(교육부)와 지방자치단체, 한국사학진흥재단과 각 대학가의 주민, 임대업자들을 포함한 행동 주체가 있다.

둘째, 갈등 당사자들은 상호 의존하면서, 교육의 공공성, 대학생 주거 부담 완화, 생존권, 재산권, 환경권, 치안 같은 양립 불가능한 갈등 내용이 있다.

셋째, 서울 동소문동 행복(연합)기숙사 건립 사례에서 보듯이, 교육부와 한국사학진흥재단은 주민의 반대로 인해 사업이 연기되어 약 100억 원의 사업비가 추가되었고, 이로 인해 대학생의 주거의 질이 위협받고 있다고 인지한다. 반대로 대학가 주민 및 임대업자들은 교육부와 한국사학진흥재단이 추진하는 공공기숙사 건립으로 인해 지역사회에 교통 혼잡, 아동의 교통사고 증가 가능성, 기숙사 인근 초등학교 및 아파트의 학습권 침해, 대학생 유입으로 인한 풍기문란 등의 부정적인 영향이 있을 거라고 인지한다.

넷째, 대학생의 주거복지 정책으로 인한 갈등은 사업 발표 이후 다수의 공청회를 거치며, 정책 갈등이 생성 및 잠복하고, 표출, 확대, 완화, 해결되는 과정으로 전개된다.

따라서, 대학 공공기숙사 건립사업은 님비 갈등에 해당된다고 볼 수 있다. 문재인 정부가 고등교육의 공공성을 강화하는 정책의 일환으로 공공기숙사 건립을 지속적으로 추진하면서, 이와 같은 정책 갈등 사례는 계속 발생할 것이다. 따라서 공공기숙사 건립으로 인한 갈등의 극복 사례와 지속 사례를 살펴봄으로써, 갈등 해결의 실마리를 찾을 수 있으리라 판단된다.

V. 님비 갈등의 극복 및 지속 사례

1. 님비 갈등의 극복 사례

이 연구에서는 대학 공공기숙사 건립을 둘러싼 님비(NIMBY) 갈등의 극복 사례로 경희대학교 행복(공공)기숙사 사례와 홍제동 행복(연합)기숙사 사례를 선정했다.

1) 경희대학교 행복(공공)기숙사

경희대학교 행복(공공)기숙사는 2012년도에 사업이 추진되었으며, 이문동, 회기동, 아름원 등 총 3개의 기숙사로 구성된다. 이 중에서 이문동과 회기동 기숙사의 수용 인원은 각각 74명과 51명인 소규모 기숙사로, 주민 및 임대업자와 별다른 갈등 없이 2014년도 3월 개관해 운영 중이다. 그러나 아름원 기숙사는 926명(468실)을 수용하는 대규모 기숙사로 지역사회의 님비 행태로 인해 갈등을 겪게 된다.

지역사회 님비 행태의 이유는 첫째, 기숙사 건립에 따른 주변 지역의 임대시장 위축으로 인한 주민 및 임대업자의 재산권 및 생존권을 위협할 수 있기 때문이다.

> 김광우(대학촌지역발전협의회 사무총장): "천 명이라는 숫자가, 학교 밖에 있던 학생이 학교 안으로 들어가 버리면 천 실의 공실이 생겨 주민들이 여러 가지 경제적으로 어렵기 때문에…"(YTN, 2014.04.14).

둘째, 아름원 기숙사 내에 들어설 학생식당 및 카페와 같은 상점으로 인해 지역 상권이 경제적 피해를 입을 수 있다는 우려이다. 즉, 경희대 행복(공공)기숙사 갈등 사례는 임대료 하락 및 지역 상권 침체와 같은 경제적 요인으로 인한 것이라고 볼 수 있다.

　한국행정연구원 갈등 사례 데이터베이스(DB)에 따르면, 경희대 주변 일부 주민과 임대업자들은 해당 기숙사 건립 사업이 발표되자 생존권을 내세우며 아름원 기숙사 건립을 반대하기 시작했고, 2012년도에 건국대, 경희대, 한양대 등 서울시내 7개 대학가의 주민 1,000여 명이 '대학촌지역발전협의회'를 결성해 기숙사 신축사업을 반대했다. 특히 경희대학교 주변에서 원룸을 운영하는 임대업자들은 대규모의 공공기숙사가 학교 내에 들어오게 되면 주변 임대업자들은 경제적 어려움에 처할 것이므로, 정부나 경희대학교에서 주민들을 위한 대책도 마련해 주어야 한다고 주장하며, 계획된 수용 인원의 절반가량인 500여 명으로 입주 인원을 축소할 것을 요구했다.

　이와 반대로, 경희대학교 재학생들은 지방 출신 재학생들의 주거비 부담을 완화시킬 수 있다며 반기는 입장이다. 실제로 2014년 3월 경희대학교 대학신문 〈대학주보〉에서 재학생 698명을 대상으로 설문조사를 실시한 결과, 전체 학생의 83.2%가 공공기숙사 건립을 찬성하는 것으로 나타났다.

　지역사회와의 갈등을 극복하기 위한 방안으로, 동대문구청은 아름원 기숙사를 위한 주민공청회를 2014년 4월 17일에 연 것을 시작으로, 민원조정협의체를 구성해 여러 차례 주민 의견 수렴 과정을 거치게 된다. 주민과 임대업자들의 입장은 경희대학교 측이 주변 원룸을 임차해 기숙사로 활용하거나 또는 기존 계획안인 1,000여 명인 대규모 수용 인원을 500명으로 줄여서 수용하고 주변 임대시장에 미치는 영향을 지켜본 후 수용 인원을 증가시키자는 것이다. 반대로, 경희대학교와 대학생, 한국사학진흥재단의 입장은 1,000여 명을 수용하는 대규모 기숙사를 건립한 후 공실로 두면 대학생과 대학에 피해를 줄 수 있다는 점, 그리고 경희대학교 전체 재학생 중 24.3%가 경기도에 거주지를 두고 있고, 이번에 신축될 예정인 공공기숙사 입실자의 약 58.3%를 경기지역 학생들로 채울 예정이라고 밝혔다. 즉, 학교와 학생 측은 경기지역에서 통학하는 학생들을 우선 배정하기 때문에 주민 생계에 위협이 되지 않는다는 입장이다.

초기 공청회에 참석한 주민들은 학교 측의 공술인이 모두 대학생으로 구성된 것에 반발했고, 이 과정에서 주민 20여 명이 공청회를 거부하며 회의장을 퇴장하는 상황이 발생하는 등 공청회는 주민들과 경희대학교, 대학생들 간의 이견을 좁히지 못한 채 마무리되었다.

2014년 7월경 동대문구청은 환경영향평가를 보완하고 주민들의 민원에 대한 구체적인 방안을 제시할 것을 요구하며, 경희대학교의 공공기숙사 건축 허가 신청을 반려했다. 이에 대해 경희대학교 학생회는 동대문구청의 건축 허가 신청 반려에 반발해, 9월경 신축 허가를 요구하는 학생 3,480명의 공동 민원을 동대문구청에 제기했다. 동대문구청은 민원조정협의체를 통해 합의점을 찾겠다는 입장을 지속적으로 표명했으나, 주민과 임대업자들이 기숙사 규모 축소만을 주장함에 따라 제대로 된 논의가 이루어지지 않았다. 동대문구청은 민원조정협의체를 10월 14일에 추진했지만 일정상의 문제로 끝내 무산되었다.

경희대학교는 대학촌지역발전협의회와 논의하기 위해 필요한 자료를 요청했으나 자료도 받지 못했고 논의에 진전도 없어, 2014년 10월 24일 동대문구청을 상대로 공공기숙사 인·허가를 촉구하는 행정심판을 서울특별시 행정심판위원회에 접수했다. 그 결과 동대문구청은 2014년 12월 경희대학교 공공기숙사 인·허가를 통과시켰고, 공사가 2015년 6월 1일에 시작되어, 2017년 9월에 개관했다.

경희대학교 행복(공공)기숙사 갈등 사례에서 쟁점 사항은 임대료 하락으로 인한 재산권 침해 및 기숙사 내 학생식당 설치로 인한 지역 상권의 피해 등 경제적 사유이다. 즉, 갈등의 원인에 따른 유형에서 이익 갈등이라고 볼 수 있다. 이와 같이 경제적 이익으로 인한 님비 갈등을 해결하는 방안은 잠재적 손실을 보전하는 보상이지만, 주민 및 임대업자들은 공실로 남은 주변 원룸을 대학 측이 임차해서 기숙사로 활용하거나 기숙사 규모를 축소하는 방안만을 일방적으로 주장하다가 합의에 이르지 못했다. 이해당사자들이 성실한 논의 과정을 거치며 경제적 피해를 실증적으로 도출하고 합의에 도달해야 했으나, 경제적 보상을 위한 자료를 제출하지 않는 등 성실하지 못한 논의 과정으로 인해 갈등은 행정심판으로 해결되었다.

2) 홍제동 행복(연합)기숙사

홍제동 행복(연합)기숙사는 교육부, 국토교통부, 한국사학진흥재단 등 중앙정부와 지방자치단체인 서대문구가 협력해 건립 부지와 재원을 확보했다. 구체적으로 2012년 11월 해당 기관들 간의 건립사업 실시협약 체결을 시작으로 교육부가 국유지(3,418㎡)를, 서대문구가 공유지(825㎡)를 무상으로 제공하고, 한국사학진흥재단이 사학진흥기금 75억 원, 국토교통부가 국민주택기금 84억 원을 투자했다. 이 기숙사 건립사업이 발표되자, 지역사회의 님비 행태로 인한 갈등을 겪게 된다.

지역사회 님비 행태의 이유는, 첫째, 대학생들이 집단으로 거주하며 발생할 수 있는 부적절한 유흥 행태 및 소음 등이 주변 생활권을 해칠 수 있다. 둘째, 범죄로 인한 치안에 문제가 생길 수 있다고 우려하기 때문이다. 한국행정연구원에서 제시한 원인에 따른 갈등 유형에서 가치 갈등에 해당한다고 볼 수 있다. 홍제동 행복(연합)기숙사의 위치는 국·공유지에 건립되어 여러 대학의 재학생들이 입주할 수 있고, 대학가와 물리적 거리가 멀어 기존 대학생 원룸가가 아니었다. 따라서 지역주민은 임대료 하락보다는 주거환경 훼손(공공기물 훼손, 소음), 유흥문화 확산으로 인한 치안문제와 같은 가치 갈등이 이익 갈등보다 더 강하게 나타났다고 볼 수 있다.

지역사회의 님비 행태를 극복하기 위한 방안으로, 한국사학진흥재단과 서대문구청은 연합기숙사 건립 예정지 주민들과의 공청회를 2013년 5월부터 수차례에 걸쳐 진행하면서 주민들의 반대 사유를 경청하고 이를 해결하거나 가치가 동등한 대안을 제시하면서 합의를 이끌어갔다.

첫째, 주거환경 훼손 우려에 대해서는 행복(연합)기숙사 내 구내식당 및 피트니스센터 등의 다양한 시설을 주민에게 개방할 수 있도록 허용하고 그 규모를 확장했다. 그리고 주차장이 부족한 현실에 맞추어 기숙사 내의 주차장 공간을 거주자 우선

구역으로 지정해 주민들이 소정의 금액으로 사용할 수 있도록 했다. 둘째, 지역 내 고용활성화 차원에서, 청소, 경비직, 구내식당 조리원 등의 기숙사 종사 인력으로 서대문구 주민들을 우선 채용하도록 합의했다. 셋째, 범죄를 예방하기 위해 해당 기숙사 입주 대학생들과 주민들이 협력해 방범 순찰을 계획했다. 넷째, 기숙사 입주 대학생과 인근 사회적 약자 가구의 초·중·고 자녀 간의 멘토링 학습을 연계해, 대학생은 봉사활동을 경험하고 아동·청소년은 보충학습 및 대학생 롤모델을 가질 수 있도록 합의했다.

홍제동 행복(연합)기숙사는 입주 대학생과 지역사회와의 소통을 통한 상생의 모형을 제시했다고 볼 수 있다. 님비 갈등 해결 방안과 같이, 논의 과정에서 다양한 이해당사자들 간의 참여를 통해 합의하려고 노력했고, 이를 통해 이해당사자들 사이에 존재하는 불신을 감소시킬 수 있었다. 그리고 기숙사 건립이 주변 지역에 미칠 수 있는 부정적 효과인 범죄 발생에 대한 정보를 공유하고 이를 공동으로 해결하는 방안도 찾았다. 이뿐만 아니라, 대학생과 아동·청소년 간의 멘토링을 제도화해서 대학생과 주민이 상호 소통하며 사회적 신뢰를 쌓아갈 수 있는 제도를 형성했다는 점에서 의의가 있다. 물론 홍제동 행복(연합)기숙사는 국·공유지에서 새롭게 건립되었기 때문에 기존 대학가 주변의 임대업자가 생존권을 이유로 건립을 반대할 이유는 없었다는 점에서 다른 기숙사 건립 사례에서 생기는 갈등 유형과는 차이가 있다.

2. 님비 갈등의 지속 사례

1) 한양대학교 행복(공공)기숙사

한양대학교 행복(공공)기숙사는 한양대학교와 한국사학진흥재단이 건립하는 기숙사로, 총 802명(초기 1,450명에서 축소)을 수용하는 규모이고 사업 기간은 2015년부터 2019년 8월 현재까지 사업 발표 이후 4년간 갈등이 진행 중이다.

지역사회 님비 행태의 이유는, 첫째, 기숙사 건립에 따른 청년층의 유입으로 인해 지역에 치안문제 증가이다. 둘째, 기숙사 건립으로 인한 지역사회 임대업자들의 생존권 및 노후생활 위협에 대한 우려로서, 주변 지역 원룸의 공실률이 높아지면 지역경제를 침체시킬 것이라는 주장이다. 한국행정연구원에서 제시한 원인의 따른 갈등 유형에서 이익 갈등과 가치 갈등이 동시에 나타나는 이익-가치 갈등에 해당하는 복잡한 유형이다.

갈등 과정을 구체적으로 살펴보면, 2015년 한양대학교 행복(공공)기숙사 건립 계획이 발표된 후, 지역주민 및 임대사업자는 '한양대기숙사건립반대대책위원회' 단체를 구성하고, 기숙사 건립 취소를 요구했다. 한국사학진흥재단과 한양대학교는 2016년 11월 30일과 2017년 2월 10일 두 차례에 걸쳐 주민설명회를 개최하고 주민과 임대업자들의 기숙사 건립 반대 사유를 청취했다. 그 후 한국사학진흥재단은 2017년 5월 18일과 7월 24일에 한양대학교 재학생과 교직원, 주민 및 임대업자, 성동구청을 대상으로 주민간담회를 개최하며 합의점을 찾아가려고 노력했다.

지역주민의 입장은 1,450명 규모의 공공기숙사를 건립하면 임대업자의 생계에 영향을 줄 수 있고, 한양대학교가 정부자금으로 대규모 기숙사를 건립하는 것은 대학생을 인질로 200억 원의 수익사업을 하려는 의도라고 간주했다. 또한 한양대학교의 설계안은 지역사회의 거주환경, 일조권, 통풍, 교통 등 다양한 차원에서 지역주민에게 피해를 준다고 주장하면서 반대했다. 이러한 반대 사유에 대해, 한양대학교와 재학생은 한양대학교 기숙사의 수용률이 11.5%에 불과한 상황이지만, 지역사회의 의견을 받아들여 건축 계획안을 지상 10층에서 7층으로 낮추어 일조권 침해를 방지하고 수용 인원을 1,450명에서 802명으로 축소하기로 제안하는 등 합의점을 도출하기 위해 양보했다. 그럼에도 불구하고 주민과 임대업자들은 건립 취소만을 주장해 합의점을 찾지 못했다.

한양대학교와 한국사학진흥재단은 2017년 6월 21일과 11월 15일 두 번에 거쳐 서울시 도시계획위원회에 심의를 제출했으나 무산되었고, 2017년 12월 6일 서울시

도시계획위원회는 한양대학교 행복(공공)기숙사 신축안을 통과시켰다. 그러나 성동구청의 건축물 인·허가 단계에서 중단된 상황이다. 성동구청은 주민들의 민원 발생과 다가오는 지방선거를 의식해 주민들의 입장을 들어주는 모습을 보였다. 그리고 2018년 6월 13일 지방선거에 출마한 성동구청장 후보들은 찬성과 보류로 각각의 입장이 다르지만, 공통적으로 대학교-학생-주민 협의체를 만들어 공공갈등을 해결하겠다고 밝혔다. 그러나 2019년 3월까지도 성동구청은 주민들의 반발을 의식해 행복(공공)기숙사의 건축 허가를 최종 승인하지 않고 있다.

대규모 공공기숙사의 건립이 차질을 빚으면서 나온 대안으로, 성동구청은 2019년 3월 2일부터 주민들의 생존권도 보장하고 대학생도 월세 부담을 줄일 수 있는 '성동한양 상생학사' 사업을 내고 시범 운영을 시작했다. 운영 방식은 성동구청과 집주인 간 상생협약 체결로 보증금을 3,000만 원으로 상향하는 대신, 월세를 40만 원으로 낮추는 것이다. 보증금 인상 부분도 LH공사에서 주택도시기금을 활용해 학생에게 2,900만 원을 연 1%로 대출해 주고, 대출이자도 성동구청과 한양대학교에서 절반씩 부담하게 된다. 이를 통해 대학생이 부담하는 보증금은 100만 원으로 대폭 낮아지게 된다. 그리고 월세 40만 원도 성동구청과 한양대학교가 7만 5,000원씩 총 15만 원을 지원하게 되면서, 학생이 부담하는 월세는 25만 원으로 줄어들게 된다. 이를 위해 성동구청은 한양대학교 재학생과 원룸 임대업자들을 만나 설득하고 상생 협력을 이끌어냈다. 그리고 시범사업으로 성동구청은 총 50호를 공급할 예정이고, 시범사업 운영 경과에 따라 공급 호수를 확대해 나간다는 계획이다. 그러나 이와 같은 사업은 공급 물량이 적고 소규모로 분포하며 지방자치단체와 대학교의 지원금이 지속적으로 투입되어야 한다는 점에서 한계가 있다.

한양대학교 행복(공공)기숙사 사례에서 쟁점 사항은 임대료 하락으로 인한 재산권 침해와 일조권 및 통풍 등 주거환경 훼손 등 이익-가치 갈등이다. 주민과 임대업자의 반대 사유에 대해, 한양대학교와 한국사학진흥재단은 기숙사 규모 축소 및 설계 변경을 통한 주거환경 개선안을 통한 손실 보상을 제안했다. 그럼에도 불구하고 한양대기숙사건립반대대책위원회와 대학촌지역발전위원회를 내세운 주민과 임대업자들은 건립 취소만을 주장하고 있다. 이는 결정 과정에서 다양한 행위자들 간의 참여를 통한 신뢰 형성과 합의에 도달하려는 노력이 필요하다는 님비 갈등 해결 방안과 반대로 진행되었다. 그리고 성동구청은 주민의 민원을 고려해서 찬성 연합과 반대 연합 사이에서 어중간한 입장을 취하고 있어 갈등 해소가 쉽지 않아 보인다.

2) 성북구 동소문동 행복(연합)기숙사

한국사학진흥재단이 2015년부터 204억 원의 예산을 지원해 국·공유지에 공공기숙사 건립을 추진하던 성북구 동소문동 행복(연합)기숙사는 2017년 11월 기숙사 착공 허가가 나왔음에도 불구하고, 주민들의 무조건 반대로 인해 2018년 2월 공사계획을 변경하면서 사업비가 302억 원으로 증가했다. 한 개 동으로 지으려던 건물을 두 개 동으로 재설계하면서 공사비 약 80억 원, 이자 및 감리비 증가 약 17억 원 등 모두 98억 원의 추가 비용이 발생했기 때문이다. 동소문동 행복(연합)기숙사 사례는 현재도 주민들이 공사장 앞을 24시간 지키면서 공사 차량이 공사 현장에 출입하지 못하도록 막는 등 첨예한 갈등이 이어지고 있다.

지역사회 님비 행태의 사유는 첫째, 기숙사가 들어설 바로 인근에는 학생 수가 1,400여 명으로 서울에서 학생들이 가장 많은 돈암초등학교와 병설 유치원이 있어 아동 교통사고의 우려가 있다. 둘째, 행복(연합)기숙사 부지 인근은 경기도 및 서울의 북부권과 서울의 도심을 연결하는 교통의 요충지인 돈암 사거리로 항상 붐비는 곳이며, 교통대란을 일으킬 수 있다. 셋째, 기숙사 부지가 돈암초등학교와 지척이며 4,500세대의 아파트 입구에 위치해 있어 학부모와 주민들은 교육환경 및 생활환경 침해를 이유로 건립을 반대하고 있다. 넷째, 기숙사의 높은 층수로 인해 조망권 및 일조권을 침해한다고 주장한다. 한국행정연구원에서 제시한 원인에 따른 갈등 유형에서 모든 님비 행태의 사유가 가치 갈등에 해당한다고 볼 수 있다. 이 기숙사의 예정 부지는 홍제동 행복(연합)기숙사와 마찬가지로 국·공유지이고 부지 주변을 대규모 아파트 단지와 초등학교가 인접해 있다. 따라서 주민들은 임대료 하락 우려보다는 교통사고, 교통대란, 주거 및 교육환경 훼손과 같은 가치 갈등을 강하게 겪고 있다고 볼 수 있다.

한국사학진흥재단, 성북구청과 주민들은 공공기숙사 건립과 관련된 논의 과정을 진행했으나 합의점에 이르지 못했고, 오히려 서로 간에 감정이 상하는 결과를 가져왔다. 당시 김영배 (전)성북구청장은 고려대학교, 성신여자대학교, 국민대학교, 서경대학교, 한성대학교 등 관내 대학교 및 주변 지역 활성화를 바라면서 공공기숙사 사업을 적극적으로 추진했다. 이에 대해 주민들은 해당 부지를 공원으로 조성해달라고 요청했으나, 성북구청은 토지 소유자인 국가의 공공기숙사 계획안이 법적 하자가 없다며 착공을 허가했다. 그리고 성북구청과 교육부는 행복(연합)기숙사 건립은 환경영향평가나 교통영향평가 대상이 아니라며 실시하지 않았고 법적으로도 하자가 없다고 주장했다. 이 과정에서 인근 아파트 주민과 학부모들은 공익사업을 이유 없이 반대했다는 오명을 얻었다며 반발하고 있다. 한국사학진흥재단이 주민과 학부모를 지역이기주의로 몰아붙였다는 것이다. 그리고 성북구청은 주민들이 항의 방문 시 구청장실의 문을 잠그고 대화를 거부했다고 설명했다.

한국사학진흥재단은 2017년 착공 신고 이후 1년 넘게 지역주민의 의견 수렴을 위해 여덟 차례 주민간담회를 개최했으나, 일부 주민들의 무조건적인 기숙사 건립 반대로 원만한 협의가 불가하다고 보고 공사를 재개하기로 결정했다고 밝혔다. 따라서 2019년 1월 중순부터 공사를 강행했으며, 주민의 의견을 반영해 재단이 양보하려던 계획도 취소했다. 당초 한국사학진흥재단은 5층과 11층 두 개동의 건물을 지을 계획이었지만 조망권을 해친다는 주민들의 의견을 반영해 11층 건물을 9층 높이로 재설계하려고 했다. 그럼에도 주민들이 절대 반대 입장을 고수하자 원래 계획대로 5층과 11층 두 개동의 건물로 추진하기로 결정했다.

동소문동 행복(연합)기숙사 사례는 가치갈등 사례로서, 사업의 초기 논의 과정에서 다양한 이해당사자 간의 참여를 통한 합의 형성 노력이 매우 부족했다. 특히 상호간의 불신을 감소시키고 합의에 도달하기 위해서는 시민 참여와 토론이 필요하나, 해당 사례에서는 주민과 학부모들이 한국사학진흥재단과 성북구청이 일방적으로 사업을 추진하면서 자신들을 지역이기주의자로 몰아세웠다고 분노하고 있는 상황이다. 이러한 반대에도 불구하고 한국사학진흥재단은 공사를 진행하고 있어 갈등의 골은 깊어지고 있다. 즉, 님비 갈등 해결을 위한 다양한 이해당사자의 참여와 논의 과정, 사람들로 하여금 사회적 관계 속에서 신뢰를 구축해 정책의 절차적 합리성을 높이지 못해 갈등이 지속되고 있다고 판단된다.

V. 맺음말

대학 공공기숙사 건립사업은 고등교육의 공공성 차원에서 2012년 이후 박근혜 정부와 문재인 정부까지 지속적으로 추진되며 그 사업이 확장되고 있다. 이 사업은 경제적 여력이 낮은 가구의 대학생들이 개선된 주거환경에서 경제적 부담 없이 대학생활을 할 수 있다는 점에서 사회적 효용이 크다. 그러나 공공기숙사 건립 주체와 주민들 간의 님비 갈등은 앞으로도 확대되리라 판단된다.

이 같은 갈등을 극복하기 위해, 첫째, 갈등의 유형을 파악할 필요가 있다. 공공기숙사 건립사업은 사립대 부지 내에 건립해 해당 재학생만 입주하는 행복(공공)기숙사와 국·공유지에 건립해 다양한 대학의 재학생들이 입주하는 행복(연합)기숙사로 구분할 수 있다. 이 사업별로 갈등의 유형이 이익 갈등, 가치 갈등, 이익-가치 갈등으로 다르게 나타날 수 있다는 점을 인식하고, 이에 대비할 방안을 마련할 필요가 있다. 특히, 이익 갈등이나 가치 갈등보다 이익-가치 갈등처럼 복잡하게 얽혀 있는 갈등 유형은 사업 과정에서 신중하게 접근할 필요가 있다.

둘째, 님비 갈등 발생 초기 단계의 중요성을 인식하고, 초기 논의 과정에서 연합 간의 요구 사항을 파악하며, 의사소통을 통해 상호 신뢰를 쌓아가는 과정이 필수적이다. 초기 단계부터 공공기숙사 건립으로 인한 긍정적 효과 및 부정적 효과에 대한 정보를 상호 제공하고 의사소통하는 과정을 제도적으로 구조화해야 할 것이다. 동소문동 행복(연합)기숙사 사례는 갈등 초기 단계에서 주민과 학부모들이 한국사학진흥재단 및 성북구청이 자신들의 주장을 무시하고 일방적으로 사업을 추진했다고 인식한 후 합의점을 형성하지 못하고 있다. 또한 총신대학교 기숙사 증축 갈등 사례에서도 서울시 갈등조정담당관이 조정에 참여했으나, 갈등 초기에 생겨난 감정적 갈등까지 해결하지는 못했다. 그러므로 갈등 발생 초기 단계에서 공정한 갈등 조정의 주체가 적극적으로 참여할 필요가 있다.

셋째, 지방자치단체는 대체로 공공기숙사 건립에서 갈등을 중재하는 매우 중요한 역할을 담당하므로 책임성 있는 행보가 요구된다. 공공기숙사 건립 과정에서 일반적으로 중앙정부와 한국사학진흥재단, 대학교와 대학생이 찬성 연합을 구성하고, 지역주민과 임대업자들이 반대 연합을 구성한다. 지방자치단체는 두 연합 사이에서 주민간담회와 공청회를 개최하고 중재하거나 특정 연합을 지지하는 역할을 수행하는 것으로 나타났다. 경희대학교 행복(공공)기숙사와 홍제동 행복(연합)기숙사 사례에서 보듯이, 각각 동대문구청과 서대문구청이 두 연합을 논의 과정에 참여시켜 갈등을 해결하는 중재자 역할을 적극적으로 수행했고, 한 연합의 주장이 일방적이어서 합의에 도달할 수 없는 경우 다른 연합과 협력해 갈등을 극복했다. 그러나 한양대학교 행복(공공)기숙사와 동소문동 행복(연합)기숙사 사례는 각각 성동구청과 성북구청이 주민들의 민원 및 지방선거에서의 투표를 의식해 갈등 해결 역할을 소극적으로 수행하거나 일방적으로 정책을 결정함에 따라 갈등 해소에는 실패했다. 따라서 지방자치단체는 공공기숙사 건립에서 역할의 중요성을 인식하고, 참여적 의사결정을 위한 공론(公論)의 장을 마련하고 합의를 도출하기 위해 공정하게 역할을 수행할 필요가 있다.

| 생각해 볼 문제들 |

1. 대학 공공기숙사 건립 사례에서 갈등 해결을 위한 제도화된 조정기구는 존재하지 않았다. 갈등 사례별로 중앙정부, 한국사학진흥재단, 지방자치단체, 대학, 지역주민이 구성한 이해당사자 조직이 협상 과정에 참여하다 보니, 갈등 해결 역량이 낮아 갈등이 지속되었다고 볼 수 있다. 국가 차원에서 중앙정부–지방자치단체, 지방자치단체–지방자치단체 간의 갈등을 해결하는 전담기관처럼, 지방자치단체 차원에서 전담기관을 설립해 다양한 갈등 현상 해결을 담당하는 제도는 효과적일까?

2. 지방자치단체장은 선거 결과 및 지역주민들의 민원을 의식하다 보니 공공정책을 추진하는 데 소극적일 수 있다. 공익을 위한 정책을 추진하는 데 적극적인 역할을 이끌어낼 수 있는 방안은 무엇일까?

3. 현대의 정책들은 다양한 이해당사자의 참여를 통해 실효성 있는 정책이 될 수 있다고 생각한다. 그러나 이해당사자들은 각각 다른 동기구조를 가지므로 협상 과정에서 어려움이 발생할 수 있다. 복잡한 이해관계의 조정을 위해 협상 과정에서 반드시 고려해야 할 점은 무엇일까?

〈 참고 문헌 〉

김민길·유정호·조민효(2018). 행복(공공)기숙사 도입이 대학가의 임대료에 미친 영향에 관한 연구: 서울시 빅데이터 캠퍼스를 활용하여. 「한국정책학회보」, 27(4): 35-66.
대학교육연구소(2018.08.22). 2017년 대학 민자기숙사 현황(정보공개청구).
심준섭(2008). 님비(NIMBY) 갈등의 심층적 이해. 「한국공공관리학보」, 22(4): 73-97.
한국행정연구원(2006). 주민혐오시설 설치에 따른 갈등해소 방안 연구: 폐기물처리시설 사례분석을 중심으로.
한국행정연구원 갈등사례 DB(2016). 경희대 공공기숙사 갈등.
YTN(2014.04.14). "'반값 기숙사' 놓고 경희대·임대업자 갈등." https://www.ytn.co.kr/_ln/0103_201404140910365302

09
지방자치단체 갈등관리 :
서울시의 금천소방서 건립 갈등 사례

이효주 · 박성민
성균관대학교

I. 들어가는 말

이 글에서는 서울시 25개 자치구 중 유일하게 소방서가 없던 금천구에 금천소방서의 건립이 확정되자, 해당 부지의 지역주민들이 부지 선정에 크게 반발하면서 일어난 집단분쟁을 서울시갈등조정담당관이 중재한 사례를 분석하고자 한다.

소방시설은 주민의 생명과 재산을 보호하기 위해 필요한 기반시설임에도 불구하고, 집값 하락, 주변 지역 교통체증, 사이렌 소음 등으로 해당 지역 주민들은 건설을 반대했다. 즉, 소방서 건립으로 인한 혜택은 금천구 전체에게 돌아가는 반면, 건립으로 인해 감수해야 하는 피해는 소방서가 들어서는 지역주민들에게만 집중된다는 것이 지역주민들의 주장이었다. 소방서 건립의 필요성은 모두가 동의하지만, 부지 선정에 따른 극심한 반발이 있는 상황에서 관(官)의 일방적인 소방서 건립 추진은 오히려 건립 지연을 가져왔다.

한편, 갈등이 지속되는 동안 해당 지역의 소방서 건립을 반대하는 지역주민들의 투쟁이 언론을 통해 전국적으로 보도되었으며, 일부에서는 지나친 이기주의로 인한 낭비 현상이라고 비난했다. 반면, 일방적인 밀어붙이기식 관 주도형 기반시설 건설은 구시대적 행태이며, 현대 사회에 적합하지 않다는 목소리도 있었다. 늦게나마, 지역주민의 참여와 소통을 통해 우여곡절 끝에 최종 부지에 합의를 이루었지만, 지역발전대책을 두고 또다시 해당 지역주민과 소방재난본부는 첨예하게 대립했다. 이에 서울시갈등조정담당관이 개입해서 갈등조정협의회를 구성해, 해당 지역의 교통, 도시, 주민 편의 분야에서 지역주민의 니즈(needs)와 소방재난본부가 충족시킬 수 있는 부분을 조사하도록 했다. 여러 차례의 조정협의를 거쳐 절충안을 도출하게 되었고, 결과적으로 금천소방서도 건립되고, 주민공감시설까지 마련할 수 있었다.

갈등의 유형과 원인은 다양하며, 그만큼 갈등을 해결할 수 있는 방법 또한 다양하다. 특히, 이 사례에서는 갈등 중재를 위해 나설 주체가 모호한 상황에서 제3자의 입장으로서 서울시갈등조정담당관이 개입했고, 이는 갈등의 실마리를 푸는 단초가 되었다. 갈등의 시초부터 서울시갈등조정담당관의 중재를 통한 절충안 도출까지의 일련의 과정은 갈등관리 사례로서 실무적 함의를 제공할 것으로 기대된다.

II. 사례 개요

1. 서울시 25개 자치구 중 유일하게 소방서가 없는 금천구

서울시 25개 자치구 중 유일하게 소방서가 없는 지역이 금천구이다. 금천구는 특히 대규모 의류상가, 공장, 벤처기업 등이 밀집되어 있어 대형 화재가 발생하면 그 피해가 막대할 것이다. 금천구 내에는 소방서가 없기 때문에, 이 지역에서 재난이 발생하면 구로소방서에서 출동해야 하는 실정이다. 하지만, 금천구 최남측에서 화재가 발생한다면 구로소방서에서 소방관들이 출동하는 데 약 20분 이상 소요되는 상황이며, 이는 재난의 피해를 최소화할 수 있는 골든타임을 놓칠 가능성이 높다는 것을 의미한다. 금천구와 구로구 주민의 수를 합하면 약 70만 명으로, 서울시내 소방서 중 한 소방서의 관할 인원이 가장 많은 곳이 구로소방서이다. 그동안 소방서의 화재, 구조, 구급사고의 40%가 금천구에서 발생했다는 점을 보아, 누구보다도 25만 명 금천구민을 위해 금천소방서 신설이 필수적이라 할 수 있다.

2. 본격적인 금천소방서 건립 추진 움직임

금천구 지역사회에 소방서 건립이 필요하다는 목소리는 2012년부터 지속적으로 제기되어 왔다. 2013년에는 금천소방서 건립에 관한 지역주민 설문조사를 실시했고, 그 결과 95%에 육박하는 찬성표를 확인했다. 즉, 근본적으로 금천구에 소방서 건립이 필요하다는 주장에는 대부분의 구민이 동의하고 있다는 것이다. 이에, 2014년 1월에는 금천소방서 건립 추진을 위한 T/F팀이 금천구청에서 추천한 7개 부지, 구로소방서에서 추천한 6개 부지, 금천소방서 신설 타당성 용역 결과에서 제시한 3개 부지를 선별해서 총 16개 부지를 대상으로 입지 여건과 토지 소유자의 의사, 경제적 편익분석을 실시했다. 그 결과, 시흥대로 344일대(구리소방서 추천 부지)를 최종 선정했다. 이어, 금천구 중심인 독산동 1052-8번지 등 대지 면적 3,192㎡에 달하는 부지에 지하 1층~지상 4층 규모의 금천소방서를 2016년 1월부터 2019년 12월까지 신설하는 계획을 수립했다. 서울시는 해당 부지가 왕복 12차선인 시흥대로를 접한 교통 요충지이기에 재난이 발생할 경우 금천구 전 지역에 5분 내로 소방차가 도착할 수 있다는 선정 근거를 밝혔다.

3. 부지 선정에 관한 갈등: 님비시설로 전락한 소방서

금천소방서 건립 예정지로 선정된 독산 2동 주민들의 반발이 일어났다. 독산 2동 주민들은 금천소방서 건립으로 받게 되는 혜택의 범위는 금천구 전체 구민인 반면, 피해는 독산 2동 주민들만 받게 된다며, 건립 지역을 변경하거나 보상책을 마련할 것을 강하게 요구했다. 예컨대, 독산 2동 주민자치위원장은 선정 지역은 말미고개의 얼굴과 같은 곳이며, 이보다 더 적합한 장소가 있음에도 불구하고 굳이 해당 지역에 소방서를 건립하려는 이유를 납득할 수 없다는 주장을 언론 인터뷰를 통해 밝혔다. 더불어, 독산 2동은 발전하고 있는 독산 1, 3, 4동에 비해 낙후한 곳인데, 금천소방서 건립의 희생양까지 되었다는 주민들의 불만이 커져 갔다. 특히, 해당 지역에 금천소방서가 설립되면, 기존의 횡단보도와 버스정류장까지 옮겨야 하는데, 이러한 비용을 감수하면서까지 해당 지역에 소방서가 꼭 설립되어야 하는지 이해할 수 없다는 독산 2동 주민들의 반대가 커져갔다.

결국, 2016년 2월, 금천구의회는 금천소방서 건립 현안에 대해 논의하는 자리를 가졌다. 시의원, 구로소방서장, 서울시 소방재난본부 관계자 등이 참석했고, 금천구의회 의원들은 다시 한번 관내 대형화재 발생 시 겪게 될 피해 규모에 대해 설명하고, 구민의 안전, 골든타임 확보를 위해 금천소방서가 꼭 필요한 상황임을 강조했다. 이에, 관계기관과 협의해, 금천소방서 건립이 하루빨리 추진될 수 있도록 의회 차원에서 최선을 다하겠다는 입장을 표명했다.

이후, 토지 소유자들을 대상으로 설명회를 개최했다. 하지만, 토지 매입가에 대한 토지 소유자들의 불만도 제기되었다. 2016년 7월부터 토지 소유주들과 본격적인 대화를 가지며, 「공익사업을 위한 토지 등의 취득 및 보상에 관한 법률(토지보상법)」을 근거로 매입가를 제시했다. 그러나 토지 소유자들은 납득할 수 없는 가격이라며, 크게 반발했다.

2017년 1월, 독산 2동 주민센터에서 소방재난본부의 주민설명회 및 마을총회가 개최되었다. 하지만, 주민 100여 명이 몰려와 집단항의를 했다. 서울시는 독산 2동 주민들에게 소방서 내에 주민들의 편의시설로 북카페, 안전체험실 등을 구축할 것이라고 설득했지만, 주민들의 반발은 누그러지지 않았다. 시흥대로에는 '근조(謹弔) 소방서 유치 반대' 현수막이 걸리기도 했고, 독산동 주민자치위원회를 중심으로 약 300여 명이 금천구 소방서 건립 반대 서명운동을 벌이기도 했다. 소방서가 해당 부지에 들어오면, 가뜩이나 낙후된 지역인데 집값이 더욱 떨어질 것이며, 상권 또한 위축되고, 주민들은 사이렌 소리 등 소음공해로 피해를 입으며, 이는 결국 낙후지역에 대한 차별이라는 목소리를 내었다. 주민들의 반대는 점차 심화되어, 언론에서도 해당 사례를 크게 다루었다. 현수막 사진이 인터넷에 공개되었으며, 네티즌들은 소방서를 님비시설로 보는 독산 2동 주민들에게 과도한 지역이기주의라며 비난했다.

게다가, 독산동 일대에는 남문시장, 독산동 우시장과 같은 작은 시장이 다수 있고, 고층빌딩도 점차 들어서고 있었다. 유치 예정지 맞은편에 고층건물이 2016년 말에 완공되었고, 47층 규모의 아파트 단지도 2018년에 들어설 예정인 상황에서, 대형화재 대비를 위한 금천소방서 건립은 불가피한 것이라는 점에 많은 사람이 동의하고 있었다. 즉, 해당 부지에 금천소방서를 건립하는 것에 대해 금천구 구민들은 동의하고, 독산 2동 주민들은 극심하게 반대하는 상황이었다.

4. 소방서 건립 동의와 함께 제기된 지역발전대책 필요성

금천소방서 건립 필요성에는 기본적으로 독산 2동 주민들도 동의하는 바, 인근 웨딩홀 부지를 대체부지로 제안했다. 소방재난본부는 주민들의 뜻을 반영해 해당 부지를 검토했지만, 감정가가 높을뿐더러 토지 소유자의 관광호텔 건립계획으로 해당 부지로 변경하는 것은 불가하다는 것을 확인했다. 이에, 주민들에게 부지 선정 과정을 설명하고, 합동현장조사를 실시했다. 결국, 독산 2동 주민들은 2017년 6월, 독산 2동에 금천소방서를 설립하는 안에 동의했다.

단, 금천구청과 독산 2동 주민들은 지역발전대책의 필요성도 함께 제시했다. 소방서 신설로 인한 공사 중 안전사고, 교통체증, 사이렌 소음 등의 피해를 감수해야 하므로 이에 대한 보상 차원에서 지역발전대책을 마련해 줄 것을 주장했다. 이에, 소방재난본부는 기본적으로 지역 발전에 협조하겠지만, 소방서 운영 범위를 벗어나는 영역은 불가하다는 입장을 표명했다.

5. 서울시 갈등조정 전문가의 지역발전대책 마련

오랜 시간 갈등 끝에 소방서 건립이 타결되었지만, 지역발전대책을 두고 또 다른 갈등이 발생할 수 있는 상황이었다. 제3의 갈등 조정자의 필요성에 동의해, 2018년 갈등조정협의회가 구성되었다. 소방재난본부와 구로소방서는 주민편의시설을, 서울시와 서울시 갈등조정 전문가는 도시계획, 교통, 안전 분야를, 금천구청과 지역주민은 도시재생 활성화에 대해 검토하게 되었다. 그 결과, 〈표 1〉에서 보듯이 세 가지 분야에서 금천구와 지역주민의 요구가 제기되었고, 이에 대해 소방재난본부는 일부는 수용하며, 절충안을 제시했다. 수용이 불가한 사안에 대해서는 갈등조정회의를 통해 절충안이 마련되었고, 주민과 소방재난본부 모두 동의하게 되었다.

〈표 1〉 갈등조정회의 절충 과정

분야	금천구, 지역주민의 요구	소방재난본부의 입장	갈등조정회의를 통한 절충안
교통 안전	• 금천소방서 내 1개 층에 약 100평의 공간을 주민 전용으로 할당해 15~20대의 주차공간 제공	• 소방서 내 체력 단련실 및 강당을 주민들에게 개방 • 주차장은 총 31대로 행정차량 4대, 장애인주차장 등을 제외하면 일반주차 24대로 이미 협소한 실정으로, 주차공간 제공 불가 • 소방서 이용 동선으로부터 분리되며, 주거지에서 직접 출입이 가능한 별도의 공간(소방서 후면 약 50평) 검토 • 소방서 신설로 삭제되는 거주자우선주차장 5대 공간 유지 방안 검토	• 독산 2동 서울시 도시재생 희망사업지 선정 • CCTV, 속도계, 속도저감장치 등 설치 • 소방차 출동 시 시흥대로 진입 후 사이렌 경종
도시 계획	• 독산 2동을 준주거·상업지역으로 용도지역 상향	–	• 용도지역 상향에 대해 지속적·적극적 검토
주민 편의 시설	• 지역주민들의 피해를 보상할 수 있는 주민 편의 제공 요구	• 소방서 후면(약 20평) 공간 제공, 뒷마당과 연계 사용 가능 • 거주자 우선주차장 5대 유지, 소방서 주차장 5대 제공 • 공개 공지에 마을 행사 개최 가능, 유사시 주차 가능	• 서울시 비영리법인 지원센터에 지역주민 초대해, 주민편의시설 운영 현황 벤치마킹 등 향후 운영 방안 논의→지역 특성 고려해서 편의시설을 다문화가정을 위한 마을 쉼터로 활용

III. 협력 행위자 및 협력 유형

1. 협력행위자: 서울시 갈등조정담당관

1) 서울시 갈등조정담당관 현황

2012년 1월 서울시에는 갈등조정담당관이 신설되었다. 최초로 갈등조정관 제도가 도입된 곳은 인천 부평구청이나, 갈등전담부서가 신설된 것은 서울시가 최초이다. 갈등조정담당관은 시장 직속기구인 서울혁신기획관(3급, 국장)의 6개 부서(사회혁신, 민관협력, 청년정책, 지역공동체, 갈등 조정, 인권) 중 하나로, 개방형 직위로 채용되는 갈등조정담당관(4급, 과장)과 2개 팀으로 과장 포함 9인(행정직, 토목직, 건축직 공무원)으로 구성되어 있다.

서울시 갈등조정담당관의 목표와 비전을 살펴보면 〈표 2〉와 같다.

〈표 2〉 서울시 갈등조정담당관의 목표 및 비전

구분	내용			
비전	모두가 상생하는 포용도시 서울			
정책 목표	공공갈등의 예방과 체계적 관리를 통한 시정 신뢰도 제고			
추진 전략	사전적 갈등 예방	맞춤형 갈등 조정	갈등관리 역량 강화	갈등관리 거버넌스 강화
추진 방향	• 갈등을 적시에 포착, 예방하고 이에 전략적으로 대응하기 위한 갈등 예방 시스템 강화	• 갈수록 복잡하고 첨예해지는 갈등 양상에 따라 현장 중심의 맞춤형 갈등 조정 실시 • 관련 제도 개선 및 서울형 공론화 모델 구축	• 갈등 대응 능력 제고를 위한 직원 대상 교육 실시 • 우수 사례 발표 대회, 관련 콘텐츠 개발 등을 통한 갈등관리 노하우 전파 및 인식 제고	• 민간전문가·기관 및 다른 지자체와의 협력을 통한 갈등관리 네트워크 활성화 • 시·구 간 협력해 지역주민의 갈등 자율조정 능력 배양
추진 과제	• 상시보고제 • 갈등경보제 • 공공갈등 진단	• 갈등 유형별 조정 • 직접·전문가·협의회 • 갈등영향분석 • 숙의 공론화	• 갈등관리교육 • 갈등관리 실태평가 • 우수 사례 발굴·전파	• 갈등포럼 • 지자체 공동연수 • 학술대회 • 갈등소통방

출처: 서울시(2018)에서 인용.

2. 협력 유형: 제3자(갈등관리 전담기구)에 의한 갈등 조정

1) 갈등전담기구의 필요성

현대 사회의 갈등의 빈도는 점점 더 많아지고 있다. 지방자치제가 도입된 지 20년 이상이 되었고, 민주화를 거치면서 지역 및 이해당사자 간의 이해관계가 빈번히 충돌하고 있다. 이러한 배경 속에서 갈등의 성격은 복잡해지고 있는데, 민원의 피신청인이 둘 이상이거나 다수 이해관계자가 얽혀 집단민원의 양상으로 변해가고 있는 것이 그 예라 할 수 있다. 실제로, 국민권익위원회에서 2008년 이후 조정한 187건의 집단민원 중 피신청인이 다수인 경우, 관계기관이 연루된 집단민원이 전체의 90%를 차지하는 것으로 나타났다.

갈등의 복잡성뿐 아니라, 갈등의 장기화가 현대 사회의 갈등 특성 중 하나이다. 국립서울병원 재건축, 제주 해군기지 건설, 봉은역사공원 조성, 밀양송전탑 건설 등 많은 갈등이 수년간에 걸쳐 지속되어 왔다. 이러한 갈등의 장기화 원인 중 대표적으로 뽑히는 것이 소통 능력의 미흡이다. 대부분의 정책사업은 불특정 다수에게 그 혜택이 돌아가지만, 그로 인한 피해 및 손해는 특정 집단이 감수하게 된다. 정부(중앙/지방) 입장에서는 공익을 위한 사업이라는 당위성을 근거로 피해 주민들과의 소통에 소극적인 자세를 취하게 되는데, 이는 갈등의 장기화 및 많은 사회적 비용이 발생하게끔 한다.

이처럼 갈등이 복잡해지고 장기화되면서, 힘과 권위를 바탕으로 사용되던 전통적인 갈등 해결 방식에서 벗어나, 대화와 협의를 근간으로 문제를 해결하고자 하는 대안적 해결 방식이 갈등 해결의 근본적인 해법이라고 전문가들은 말한다. 사회통합위원회가 실시한 「실효성 있는 갈등관리 해결 절차의 제도와 연구」(2010)에 따르면, 대안적 갈등 해결 방식이 평균적으로 힘과 권위에 의한 갈등 해결 방식보다 갈등 지속 기간이 짧았다. 그뿐만 아니라, (사)한국사회갈등해소센터가 실시한 「2013 한국인의 공공갈등 의식조사」를 살펴보면, 우리 사회에서는 대화를 바탕으로 하는 갈등 해결 방식, 갈등 전문가와 같은 제3자의 조정을 통한 해결 방식이 바람직한 갈등 해결 방안으로 인식되는 것을 알 수 있다(홍수정, 2017).

2) 서울시 갈등조정담당관의 갈등 조정 유형

서울시 갈등조정담당관은 정상적인 사업 추진이 어려워진 갈등 현안을 현장 중심으로 갈등 조정을 실시하는데, 그 유형으로는 ① 직접 조정, ② 갈등조정협의회, ③ 조정전문가 지원, ④ 갈등 현안 검토회의가 있다. 유형별 자세한 내용을 살펴보면 〈표 3〉과 같다.

〈표 3〉 서울시 갈등조정담당관의 갈등 조정 유형

유형	내용
직접 조정	• 갈등조정담당관이 직접 관계 실무자와 검토회의를 운영하고 관련 분야 전문가와 협업해 갈등을 해소하는 방식을 말한다. • 대상: 시정 신뢰도에 직접적 영향을 미치는 중요한 갈등 • 추진 절차: 직접 조정 결정(관계 실무자 검토회의) → 갈등조정 절차 설계(현황 및 실태 파악, 전문가 섭외 및 절차 설계) → 갈등 조정 실시(대안 마련 및 이해관계 조정, 설득 및 협의안 도출) → 조정 완료 및 피드백(필요 시 공청회 등을 거쳐 조정 완료)
2. 갈등조정협의회	• 조례 제12조에 근거해, 공공갈등을 원만하게 조정하고 관리하기 위해 사안별로 협의회를 운영한다. • 구성: 5명 이상 20명 이하의 관계 공무원, 당사자 및 전문가(필요 시 관련 단체 전문가 참석 의견 청취) • 대상: 이해관계자 간 이해가 상반되어 사업 추진이 지연되는 경우 • 추진 절차: 갈등조정협의회 구성 여부 결정(갈등관리심의위원회[1] 심의 의결) → 협의회 구성(조정협의회 구성, 운영규칙 마련) → 협의회 운영(쟁점, 이해관계 확인, 사실조사 및 대안 마련) → 합의 형성(합의안 마련 및 정책 반영)

---

1) 갈등관리심의위원회는 「서울특별시 공공갈등 예방 및 조정에 관한 조례」 제7조에 근거해, 공공정책 수립 및 추진 시 발생하는 공공갈등을 예방하고 해결에 관한 심의와 자문을 수행한다. 위촉직 12인(시장 추천 4인, 시의회 추천 4인, 비영리민간단체 및 법인 추천 4인)과 당연직 3인으로 구성되어 있다. 임기는 2년이며, 최대 3회, 6년 이내 연임 가능하다. 갈등관리심의위원회의 주요 기능은 ① 공공갈등 예방 및 해결을 종합계획 수립 및 추진, ② 공공갈등 해결 방식의 발굴 및 활용, ③ 갈등관리 관련 자치법규의 정비, ④ 갈등영향분석 실시 여부, ⑤ 갈등조정협의회 구성 및 운영, ⑥ 이외의 공공갈등의 예방과 해결에 관해 시장이 필요하다고 인정하는 사항에 심의와 자문을 진행한다.

3. 조정전문가 지원	• 갈등 유형에 따라 해당 사안에 적합한 전문가를 추천해 대화를 통한 문제 해결을 추진한다. • 대상: 조정전문가[2] 투입으로 해결이 가능한 경미한 사안(수시) • 추진 절차: 조정 의뢰(사업 추진부서) → 갈등전문가 추천(사안별 적정 전문가 선정) → 갈등 조정(실태 및 현황조사, 대화) → 조정 완료(결과 보고 및 정책 반영)
4. 갈등 현안 검토회의	• 부서 간 입장 확인 및 대안을 모색하기 위한 조정의 적정성, 대안의 합리성, 조정 결과(합의된 대안)에 대한 사회적 수용성 등을 사전 검토하고 대안을 마련한다. • 대상: 사업부서의 갈등 조정 요청 시 • 추진 절차: 소관 부시장이 주재하고 수시로 개최 대상 결정 → 관계 부서 의견 확인 → 갈등 현안 검토회의 개최 → 정책 방향 결정 → 결정 내용 시행

출처: 서울시(2018)에서 인용.

3) 권위주의적 의사결정 대신 참여·숙의 패러다임을 적용한 갈등조정협의회

이 사례에서 나타난 서울시 갈등조정담당관의 갈등 조정 유형은 갈등조정협의회에 해당된다. 금천소방서 신설을 담당하고 있는 소방재난본부와 부지로 선정된 지역의 독산 2동 주민 간의 이해가 상반되어 소방서 신설이 오랜 기간 지연되었고, 조례 제12조에 근거해서 서울시 갈등조정담당관리협의회를 구성해 갈등 조정에 나선 것이다.

한 가지 이 사례에서 주목해야 할 점은 기본적으로 소방서 신설은 양자가 동의하지만, 그 건설 부지에 대해서는 합의가 어려웠으며, 오랜 기간 끝에 합의가 이루어진 이후에도 각종 보상 및 도시발전대책에 관해 갈등이 있었다는 것이다. 그리고 이 시점에서 서울시 갈등조정담당관이 참여해, 갈등조정협의회를 통해 금천소방서

---

[2] 전문가 40인, 전문기관 14개로 구성된 갈등조정 전문가 풀을 운영한다. 참여 대상으로는 갈등 조정 전문기관, 관련 분야 교수, 갈등조정 유경험자 등이 있다. 갈등조정 전문가의 역할은 ① 갈등영향분석, 갈등조정협의회 참여 및 자문 등, ② 중점 관리대상 사업이 있는 실·본부·국의 멘토 역할 부여, ③ 갈등관리 실태평가, 열린대화 등 협업에 의한 자문 및 행사 지원, ④ 갈등관리 실무자 공동연수 및 간담회 참여 등이 있다.

신설로 인한 주민편의시설, 도시계획, 교통 및 안전 분야에 관해 함께 검토하고, 이해관계를 절충해서 합의된 지역발전대책을 도출할 수 있었다.

입장이라는 것은 당사자가 직접적으로 주장하는 것을 의미하며, 이해관계는 이 주장 이면에 실질적으로 당사자가 원하는 것(니즈나 관심사, 때로는 두려움 및 분노)을 포괄한다(이희진, 2008). 예컨대, 하나의 포도를 두고 두 사람이 대립된 경우를 상상해 보자. 여기서 두 사람의 입장은 동일하다. 서로 "포도를 갖겠다"는 것이다. 하지만 포도가 필요한 진짜 이유, 즉 이해관계는 다르다. 한 사람은 알맹이로 포도잼을 만들기 위해 포도가 필요하다는 것이고, 또 다른 사람은 껍질로 포도주를 만들기 위해 포도가 필요하다는 것이다. 이처럼 양측이 입장은 같으나, 이해관계가 다를 때 초점을 맞추면 한 사람은 알맹이를, 또 다른 사람은 껍질을 나누어 갖는 방식으로 문제해결이 가능하다. 하지만, 이렇게 대립되는 두 사람의 이해관계를 당사자가 스스로 정리하고 분석하기에는 그 갈등의 성격이 지나치게 복잡한 경우가 있다. 이때, 양자 간의 대립되는 이해관계를 분석하고 검토해 최적의 대안을 도출하는 과정을 이끌어 나갈 수 있는 제3자의 조정이 필요한 것이다. 이 사례에서는 바로 서울시 조정담당관이 갈등협의회를 구성함으로써, 이러한 역할을 수행한 것으로 이해할 수 있다.

기존 한국 정부나 공공기관의 갈등관리 방식은 권위주의적인 행정 패러다임(DAD 방식)을 선호해 왔기 때문에 갈등관리지수가 OECD 회원국 36개국 중 27위로 하위권을 기록했다고 볼 수 있다(정영호·고숙자, 2015). DAD 방식이란, 힘을 바탕으로 정책결정자가 은밀하게 결정하고(decide), 발표한 뒤 강하게 주장하다가(announce), 반대나 불만이 제기될 경우 방어하는 것(defend)을 의미한다. 주민들의 주거 및 생활지역에 직접적으로 영향을 미치는 건설의 문제를 몇몇 사람이 일방적으로 결정하고 밀어붙이면 반발이 따르기 마련이다. 특히, 인간의 자기결정(self-determination) 욕구를 고려한다면, 일방적인 결정으로 인한 갈등은 당연한 결과로 볼 수 있다(강영진, 2009; 박지호·허준영, 2016 재인용).

금천소방서 건설 사례는 비록 초기에는 지역주민 대상으로 다소 권위주의적인 행정 패러다임에 기반한 DAD 접근법을 보이다가, 서울시 갈등조정담당관의 개입으로 주민 참여 패러다임(PDD)으로 접근법을 달리해, 궁극적으로 갈등을 해소한 것을 보여준다. 즉, 독산 2동 주민들을 지역발전대책 등 보상책 검토에 참여시켜(participative), 함께 대안을 심사숙고하고(deliberative), 최종적으로 합의안을 결정한(decision) 것이다.

금천소방서 건설 갈등은 일종의 비선호시설(기피시설) 관련 갈등 유형이라고 보아도 무방하다. 주민들에게 금천소방서란 "집값을 떨어뜨리고, 사이렌 등 소음공해를 유발하며, 주차공간이 협소해지는 시설"이었기 때문이다. 소위 님비 갈등은 주권자인 주민이 정책결정 과정에서 배제됨으로써 나타난다. 구청과 소방재난본부가 주민들의 의견을 충분히 반영하지 않고, 일방적으로 건설을 추진한다며 독산 2동 지역주민들이 강하게 반대했던 것도 이런 맥락에서 살펴보아야 한다. 이에, 님비 갈등에서 최선의 해법은 정책결정 과정에의 주민 참여가 최선이다. 소방서 건설안이 제기되는 초창기부터 주민 참여를 가능하게 했다면 갈등 지속 기간이 단축되었을 것이다. 늦게나마, 제3자의 중재로 공동체(갈등조정협의회)를 구성해서 정책결정 과정에 주민들의 참여를 포함해 숙의 폭을 넓히고, 주민들로 하여금 지역 정책사업에 직간접적으로 영향을 미친다는 참여의식을 갖도록 하는 것(NIMBI: Now I Must be Invovled)이 님비(NIMBY: Not In My Back Yard) 갈등의 핵심적인 해결 방안이라는 것이다(강영진, 2009; 박지호·허준영, 2016 재인용).

IV. 맺음말

금천소방서 건립 갈등 사례는 기존의 혐오시설 건립으로 인한 님비 현상과는 차이가 있다. 소방서가 지역주민의 생명과 재산을 보호하는 필수적인 공공시설이라는 것은 누구나 인정하지만, 소방서의 공공 서비스 제공 과정에서 발생하는 피해를 혜택받는 집단 중 일부만 감수해야 한다는 점에서, 필수적인 공공시설이 특정 지역 주민들에게는 주민기피시설로 인식되었다. 이처럼, 현대 사회에서는 주거, 교통, 경제 원리로 개인의 이익과 공공성 간의 상충으로 인한 갈등이 더욱 심화되고 있고, 전통적인 하향(top-down) 방식으로의 문제 해결은 불가능에 가깝다. 갈등과 문제의 성격이 복잡하고 다양해짐에 따라, 해결 방식 또한 다각도에서 강구되어야 한다. 특히, 이 사례는 단순히 민(독산 2동 주민)·관(소방재난본부)의 갈등이라고 정의하기에는 또 다른 관(금천구청)과 민(독산 2동 외의 금천구 주민)이 연관되어 있는 복잡한 갈등구조를 가지고 있다. 특히, 금천구청은 독산 2동 주민의 이익과 금천구의 이익을 모두 고려해야 하는 입장이다. 이에, 어느 쪽에도 치우치지 않은 중립적인 갈등조정 전문가의 중재가 필요한 상황이라 볼 수 있다. 서울시 갈등조정담당관의 주도로 갈등조정협의회를 구성해 조정회의를 진행하고, 갈등당사자 간의 해결 방안을 모색함으로써 비로소 갈등 해소라는 해결점에 도달할 수 있었던 것이다.

갈등조정 전문가의 중재 이전에는 다소 관(금천구, 소방재난본부)의 일방적인 소방서 건립 추진이 있었다. 실제, 금천구가 소방서 건립을 추진한 것은 2015년부터였지만 일반 지역주민을 상대로 설명회를 개최한 것은 2017년 1월이 처음이었다. 독산 2동 주민들의 소방서 건립 반대를 지나친 지역이기주의로 볼 수도 있지만, 추진 과정에서 설명회나 보상책, 인센티브 제시 등을 통한 공감대 형성이 부족했다는 지적도 많다. 기반시설 건립에 대한 국민들의 인식 전환도 필요하지만 공공의 이익을 위해 주민재산권의 희생을 강요하는 것 또한 구시대적 발상이라는 것이다.

주거지를 단순히 주거공간을 넘어 집값, 땅값 등 경제적 가치, 재산으로 여기는 현대 사회에서 혜택이 다수에게 제공되는 공공 안전은 도외시하게 되고, 재난 대비 시설인 소방서가 '혐오시설'로 여겨지는 상황에서 무조건 '지역이기주의'로 비난만 하는 것은 갈등 해결에 도움이 되지 않는다는 목소리도 있다. 독산 2동 주민들의 반대 근거로 제시한 것처럼, 독산 2동 일대가 상대적으로 발전이 늦었기에 지역주민들의 '상대적 박탈감'에도 관심을 가질 필요가 있다는 것이다. 실제로, 금천구 아파트 값은 2017년 1월 기준으로 서울 25개 구 중 가장 낮았다. 우리는 이러한 점에서 관계 패턴을 생각해 볼 필요가 있다. 갈등은 대부분 개별적인 사안으로 인식되는 경우가 많은데, 표면에 드러난 갈등 사안들은 오랜 시간 축적된 관계 패턴의 결과라고 볼 수 있다(박지호·허준영, 2016). 금천구 내 다른 지역에 비해 특히 개발이 늦었던 독산 2동 주민들 입장에선 금천소방서 건립이 소음공해 등 집값에 부정적인 영향을 줄 터이니 경제적인 면에서 또 한번 손해를 보게 된다고 생각했을 것이다. 이러한 맥락을 고려한다면, 부지 검토 및 선정 과정에서 도시발전대책, 경제적 인센티브 방안에 대한 주민 의견 수렴 등이 동시에 병행되었다면 사회심리적 갈등과 비용을 줄일 수 있었을 것이다.

이처럼, 선악(善惡)이 분명하지 않은 상황에서 제3자인 전문가의 중재는 갈등 조정 과정에 전문성, 타당성, 신뢰도를 제고할 수 있으며, 결과적으로 정책 수용, 갈등 해결에 가까워질 수 있다. 특히, 정책 타당성을 검토하는 주체(갈등조정협의회)에 해당 지역주민을 포함시키는 것은 참여의식을 제고하고, 존중받는다는 생각을 갖게 할 뿐 아니라, 해당 정책결정의 참여자로서 주체의식, 정책 결과에 대한 책임의식을 부여할 수 있어서, 정책결정 이후 집행 과정에서도 비용과 갈등을 감소시킬 수 있다.

주민들의 의견을 수렴하고 검토해 협상하는 과정에서 행정비용이 발생할 수 있지만, 일방적인 밀어붙이기식 정책집행은 오히려 사회적 갈등비용을 더 증가시킬 수 있다. 그뿐만 아니라, 이 사례에서는 소방시설 건립과 동시에 갈등 해소 과정에서 마을쉼터 마련, 다문화가정을 위한 교육 및 주민휴게공간과 같은 주민공감시설이 마련되면서 공동체 의식을 강화하는 계기가 되었으며, 도시재생 희망사업지 선정 등과 같은 실제 지역 발전에 기여할 수 있게 되었다. 즉, 님비시설 갈등 해소 과정에서 부가가치로 사회통합에 기여하게 되었다고 볼 수 있다.

| 생각해 볼 문제들 |

1. 이 사례에서 나타난 금천소방서 건립 갈등은 갈등이 해결되기까지 짧지 않은 시간이 소요되었다. 쓰레기소각장과 같은 전형적인 님비시설이 아님에도 불구하고, 이처럼 오랜 시간 갈등이 지속되었던 사회적·문화적·정치적·행정적 원인과 이를 해결할 수 있는 방안에는 무엇이 있을까?

2. 금천구는 갈등의 중점에 있는 독산 2동을 포함하면서, 동시에 서울시에 포함되는 행정 단위이다. 서울시소방재난본부와 독산 2동이 대립하고 있는 현 상황에서 금천구에 기대되는 지역 리더십은 무엇이 있을까?

3. 금천소방서 건설이 독산 2동 내 부지로 결정되어 독산 2동 주민들의 반발이 크게 일어났다. 이러한 상황에서 금천구 내 독산 2동 외 주민들은 갈등을 해결하기 위해 어떠한 역할을 할 수 있을까?

4. 이 갈등 사례는 서울시 갈등조정담당관의 개입으로 비로소 해결되었다. 서울시 갈등조정담당관이 그 역할을 수행하는 데 독립성을 갖기 위해 필요한 사항은 무엇일까?

〈 참고 문헌 〉

강영진(2009). 「갈등 해결의 지혜」. 일빛.
기성훈(2013.10.21. 07:07). 머니투데이, 2020년 서울 전 구청에 소방서 생긴다. https://news.mt.co.kr/mtview.php?no=2013102000122830509&outlink=1&ref=http%3A%2F%2Fsearch.naver.com
김아름(2018.05.07). 파이낸셜뉴스, 금천소방서 건립 '난항'…5월 착공 연기. http://www.fnnews.com/news/201805071723517134
김용만(2016.02.06. 15:51). 신아일보, 금천구의회, 소방서 건립 위한 설명회 가져」. http://www.

shinailbo.co.kr/news/articleView.html?idxno=489750

박정배(2015.01.20. 04:00). 아시아투데이, 「금천소방서 놓고 서울시-금천구 갈등…"땅값 · 교통 · 선거공약 등으로 골치."」 http://www.asiatoday.co.kr/view.php?key=20150119010009910

박지호 · 허준영(2016). 「공정사회와 갈등관리(Ⅴ): 갈등해결 역량강화 교육을 위한 사례연구」. 서울: 한국행정연구원

서울시(2018). 「2018년 갈등관리 백서: 상생의 힘」.

유현우(2017.02.13. 09:53). 이데일리, 소방서가 혐오시설?…길 하나 사이 두고 편 갈린 금천 주민. https://www.edaily.co.kr/news/read?newsId=01275926615830192&mediaCodeNo=257&OutLnkChk=Y

이영준(2015.09.13. 16:55). 시민일보, 서울시의회, '소방안전특별회계조례안' 수정 가결. http://www.siminilbo.co.kr/news/articleView.html?idxno=413007

임형준(2017.02.14. 15:58). 매일경제, 동탄 화재 참사에도 "소방서 싫다"는 주민들. https://www.mk.co.kr/news/society/view/2017/02/104900/

홍수정(2016). 서울시 갈등조정담당관의 현황과 과제. 「지방행정」, 65(756): 28-31.

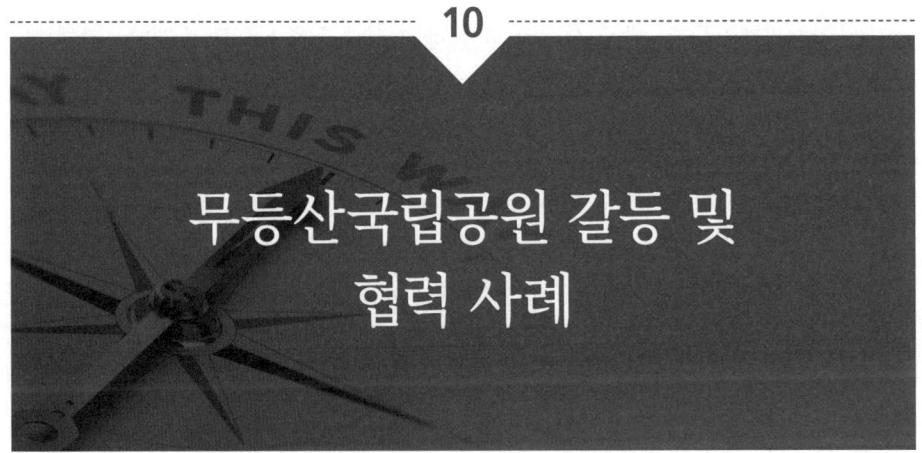

10

무등산국립공원 갈등 및 협력 사례

이혜림·박성민
성균관대학교

I. 들어가는 말

이 글에서는 무등산국립공원을 둘러싼 다양한 갈등 사례를 분석하고자 한다. 무등산국립공원은 25년 만에 지정된 국립공원이자 최초의 시민 국립공원이라는 점에서 역사적으로 의의를 지닌다. 우리나라에서 25년 동안 국립공원이 추가로 지정되지 못한 가장 큰 난관은 개인 사유지 침해를 우려한 지역주민 및 토지 소유주들의 반대였던 점에 주목할 때, 무등산국립공원은 일반 국립공원에 비해 개인 토지의 비중이 2배 이상(70% 이상)임에도 불구하고 성공적으로 합의를 이끌어냈다는 점에 주목할 필요가 있다. 이에 어떤 과정을 통해 성공적으로 국립공원으로 승격할 수 있었는지를 이해관계자들 간 갈등 사례와 갈등 해결 사례를 중심으로 소개하고자 한다. 구체적으로 사례를 갈등 사례와 갈등 해결 사례를 분류해 협력적 거버넌스 틀을 통해 살펴보고자 한다. 조정, 참여, 그리고 협력을 통한 갈등 조정 및 해결 사례와 상충하는 이해관계 및 가치의 충돌로 발생한 갈등 사례를 통해 무등산국립공원을 둘러싼 갈등 관련 이슈들을 검토한다. 마지막으로 협력적 거버넌스 틀에 근거해 무등산국립공원 사례가 우리 사회에 주는 합의점과 응용점을 도출하고 공공갈등이 사회적 이슈인 우리 사회에서 생각해 볼 수 있는 토론 질문을 제시하며 마무리하고자 한다.

II. 사례 개요

1. 무등산국립공원의 연혁

무등산국립공원(Mudeungsan National Park)은 해발 1186.8m로 광주광역시 북구, 광주광역시 동구, 전라남도 담양군, 전라남도 화순군에 걸쳐 있는 국립공원이다. 무등산국립공원의 전체 면적은 75.425㎢이며, 광주광역시가 47.6㎢를 차지하고 있다. 이에 도립공원 지정 이후 광주광역시에서 무등산도립공원을 관리해 왔으나 도립공원의 보호 필요성 및 우수성에 근거해 국가 차원의 관리가 필요하다는 지역주민과 이해관계자들의 의견이 있었다. 상충하는 이해 갈등에 인한 수많은 논쟁 끝에 의견은 수렴되었고, 광주광역시는 2010년 12월 24일 환경부에 무등산국립공원 지정 요청을 건의해 관리 주체를 지방자치단체에서 국가로 변경하는 데에 성공했다. 즉, 무등산도립공원은 무등산국립공원으로 승격했다. 무등산국립공원이 지정된 후, 국립공원의 관리구역은 도립공원의 2.5배인 75.425㎢로 확대되었다. 환경부는 국립공원의 관리 주체로서 환경 보전과 지역 발전 도모를 위해 국립공원사무소를 열어 핵심지역 명품마을 조성, 생태계 조사, 사유지 매입, 무등산 훼손 복원사업, 고지대 매립 폐기물 해결, 무질서 행위 단속, 탐방지원시설 설치 등의 다양한 활동을 통해 국립공원을 보호하고 지역사회 발전을 도모하고자 노력하고 있다.

〈표 1〉 무등산국립공원 연혁

연도	중요 사건
1971.01	무등산도립공원 지정(안) 작성 및 지정 신청
1972.05	무등산도립공원 지정(전라남도 고시 제58호)
1987.09	무등산공원 관리사무소 설치
1998.09	무등산 보존과 이용에 관한 종합계획 수립
2001.12	기본계획 변경
2010.10	무등산국립공원 지정 범시·도민 추진위원회 개최
2010.12	광주광역시에서 무등산국립공원 승격 지정을 환경부에 건의
2010.12	환경부 고시(제2012-252호)에 따라 무등산국립공원 지정 결정
2011.10~12	국립공원 지정 타당성조사 연구 용역 수행
2012.03~05	관계 지방자치단체 실무협의 및 지역주민 간담회
2012.06	주민설명회 및 공청회 개최(약 200명)
2012.07~08	관할 시·도지사 및 군수 의견 조회 *지역주민·토지 소유주 대상 공고·공람 및 의견 수렴(각 지자체 주관)
2012.09	관계 중앙행정기관 협의
2012.11	중앙산지관리위원회(산림청) 심의·의결
2012.12	중앙도시계획위원회(국토해양부) 심의·의결
2012.12	국립공원위원회 심의·의결 (확정)
2013.03	국립공원으로 승격(국립공원 제21호 지정: 환경부고시 제2012-252호) 무등산국립공원 공원사무소와 동부사무소 개소
2014.12	국내에서 6번째로 국가지질공원으로 지정

출처: 국립공원관리공단(2015)을 바탕으로 재구성.

현재 무등산 국가지질공원에는 지질명소 23개소, 역사 문화명소 22개소가 존재하며, 서석대와 입석대는 천연기념물 제465로 보존을 받으며 관리되고 있다. 이들 외에 보물 2점과 지정문화재 28점이 공원 내에 존재한다. 국립공원공단은 2016년 무등산국립공원의 탐방객 수가 약 357만 명으로 국내에서 세 번째로 많음을 밝힌 바 있으며, 탐방객들은 현재까지 꾸준히 증가 추세에 있다. 무등산이 도립공원에서 국립공원으로 승격해 성공하기까지 겪은 연혁 및 중요한 사건들은 앞의 〈표 1〉에 제시되어 있다.

2. 무등산국립공원의 의의 및 갈등 사례 소개

무등산국립공원은 1988년 월출산이 국립공원으로 지정된 이후 25년 만의 지정이라는 점에서 지정 시 많은 지방자치단체, 토지 소유주, 유관 정부부처 등 크게 이목을 끌었다. 25년 동안 국립공원이 지정되지 못한 이유는 국립공원이 될 만한 후보가 부족하다기보다는 지역 발전과 자연 보존을 둘러싼 지역사회 및 관련 시민단체와의 갈등 등 직면한 도전 과제를 해결하지 못했기 때문이다. 무등산국립공원 승격은 위의 연혁에서 알 수 있듯이 관계 지자체, 지역주민 등 이해관계자들이 적극적으로 건의한 협업의 결과물이라 할 수 있다.

그러나 무등산이 무등산국립공원으로 승격 후 모든 갈등이 사라진 것은 아니다. 물론 갈등을 원만하게 해결한 사례도 있지만 무등산 개발 및 보존 등 다양한 명목으로 이해관계자들 간 갈등은 다양한 양상을 보이고 있다. 국립공원관리공단은 무등산국립공원의 아홉 가지 특징을 제시했다: 이는 ① 25년 만에 지정된 신규 국립공원, ② 향후 국립공원 확대의 기준과 지표 역할, ③ 지정 초기 집중된 예산, ④ 지역사회의 노력으로 지정이 이루어진 최초의 국립공원, ⑤ 지역사회의 참여율이 높은 국립공원, ⑥ 도시 근교형 국립공원, ⑦ 다양하고 심각한 훼손지 존재, ⑧ 높은 외래종 분포 비율, ⑨ 높은 사유지 면적이다(국립공원관리공단, 2015). 이러한 특징에 근거할 때, 무등산국립공원의 주 갈등 원인은 무등산국립공원 전체 면적 중 약 73.3%가 개인 사유지라는 사실과 무등산 개발과 보존을 둘러싼 입장 차이에서 기인한다. 「한국민족문화대백과사전」 또한 무등산국립공원 지정 후, 지역주민 간의 갈등의 주원인을 사유지 공원 제척과 사유지 매수로 설명한다. 국립공원 내 개인이 소유한 사유지는 공원관리 정책과 마찰을 일으킬 가능성이 크기 때문이다. 국립공원의 사유지 문제는 사유지와 공공재의 갈등으로 개인의 권리와 공익이 충돌되는 것이다. 즉, 이는 가치의 충돌로 인한 갈등이다. 여기에서는 무등산국립공원의 사유지 비율이 70%가 넘는 것은 전국 국립공원의 평균 사유지 비중이 34%인 점을 감안할 때 상당히 높은 비중임에도 불구하고 무등산국립공원은 지역사회의 노력으로 국립공원이 지정된 최초의 국립공원이라는 점을 주목하고자 한다. 무등산국립공원을 둘러싼 무등산국립공원의 갈등 사례 및 문제점은 아래 〈표 2〉와 같이 정리된다.

〈표 2〉 무등산국립공원 갈등 사례 및 문제점

– 무등산국립공원의 사유지와 공공재의 갈등
– 무등산국립공원 지정 이전까지 발생한 훼손지 복원·복구
– 무등산국립공원 지정 이후 급증한 탐방객들로 인한 불법행위 단속
– 무등산국립공원 내 과도한 사유지로 인한 사각지대 관리
– 무등산국립공원 내 정상 군부대와 방송·통신탑 이전
– 무등산국립공원 내 존치된 목장지대의 관리
– 천연기념물 지역의 탐방객 관리문제
– 집단시설지구의 존치와 관리
– 인공조림지, 산간도로에 대한 개선
– 무등산 관리공원 내 사유지의 공원구역 제척, 사유지 매수, 주택 및 건축물 신축 등

출처: 김보현·문광선·강석준·최진희·박용규(2014)와 국립공원관리공단(2015)을 바탕으로 재구성.

국립공원관리공단(2015)의 무등산국립공원 자연자원조사에 따르면, 무등산국립공원 관할지역에는 전체 가구 수 309호, 주민 수 604명이 있는 총 7개의 마을이 존재한다. 이들은 무등산국립공원의 관리와 직접적으로 관련된 이해관계자로 이들과 대화 및 조정을 통한 협력은 필수이다. 좀 더 범위를 넓혀 무등산국립공원의 행정구역 현황은 다음과 같다. 2013년 조사 결과 광주광역시 1,472,910명, 담양군 47,365명, 화순군 67,829명으로 총 1,588,104명이다. 국립공원 지정은 지역경제 발전 및 활성화, 지역주민 삶의 질 향상 등 지역사회와 밀접한 관련이 있기 때문에 지역주민은 무등산국립공원의 이용자이자 직·간접적 이해관계자로서 관리되고 있다. 우리나라 정부는 보호지역의 관리를 위해 전담 조직인 국립공원관리공단을 설립해 국립공원을 관리하고 있다. 공원관리청은 10년을 주기로 공원별 보전 및 관리계획을 수립해야 함을 자연공원법 제17조 2로 규정하고 있다. 지역사회의 발전 및 무등산의 보존을 고려해 무등산국립공원관리공단의 무등산국립공원사무소가 선정한 2016년 다섯 가지 핵심 사업은 ① 서식지 중심의 관리로 생태 건강성 증진, ② 다양한 자원봉사 프로그램의 통해 시민참여형 현장관리 활성화, ③ 훼손이 심각한 공원의 복원을 통해 제모습 찾기 확대, ④ 광주 인근에 생태탐방체험시설을 건립해 생태문화를 직접 체험할 수 있는 환경을 만들어 교육 중심지로 조성, ⑤ 저지대 슬로 탐방을 위한 스마트 헬스 케어(smart health care) 프로그램 운영, 예술을 체험하는 생태문화 프로그램 운영 등 국립공원의 브랜드화 등이다(출처: 국립공원공단 홈페이지(http://knps.or.kr/)).

국무조정실·한국사회갈등해소센터(2014)의 갈등관리 모델에 따르면, 무등산 사례의 경우 개발-환경 갈등 사례로 분류될 수 있다. 이는 오래된 갈등 유형으로 환경의 중요성이 커지면서 양립하기 힘든 두 가지 가치의 갈등을 말한다. 이러한 배경 및 이해관계자들의 관계에 근거해 무등산국립공원을 둘러싼 갈등을 갈등 해결 사례와 갈등 사례로 크게 두 가지 방향으로 나누어 관련 사례들을 소개하고자 한다. 갈등 조정 및 해결 사례는 무등산국립공원 지정 성공 사례, 지역 협력사업인 명품마을 조성 사례, 협력의 긍정적 결과인 지역 행복생활권 선도사업 선정 사례와 무등산권 유네스코 세계지질공원 인증 사례, 그리고 최신 갈등 해결 사례인 무등산 글로벌 지오파크 사례이다. 갈등 사례로는 무등산국립공원 개발 및 발전에 대한 이해관계 충돌로 인해 발생한 시민단체 및 환경단체의 활동 사례와 무등산 내 토지 소유주들의 갈등 사례를 소개하고자 한다.

III. 협력 행위자 및 협력 유형

1. 무등산국립공원 갈등 해결 사례

1) 조정을 통한 갈등 해결 및 협력 구축 사례: 무등산국립공원 지정 성공

무등산국립공원은 우리나라 최초로 시민이 만든 국립공원이자 향후 국립공원의 미래를 보여주는 중요한 장소로 의의를 지닌다. 앞서 논의한 대로 무등산국립공원의 사유지 비율은 약 73%로 높은 편이고 신규 편입 지역의 95.6%가 개발제한구역으로 지정되어 있다. 국립공원을 논의하는 초기 단계에 "이중규제의 우려, 사유재산권 침해, 지역 발전에 대한 소외감" 등 토지 소유주와 지역주민들의 반대가 매우 심했었다. 이에 환경부와 국립공원관리공단은 인접 마을을 대상으로 총 스물다섯 번의 간담회를 개최했고, 다른 국립공원 명품마을의 성공 사례를 보여주며 지속적으로 주민들과 소통하고 설득했다.

관(官)에서 적극적으로 반대하는 주민 설득에 성공한 것은 무등산국립공원이 다른 공원에 비해 빠르게 국립공원으로 지정된 이유 중 하나이다. 구체적으로 환경부와 국립공원관리공단은 주민들의 요구 사항을 국립공원 계획 등에 반영하는 등 다양한 의견을 적극적으로 수렴했고, 사유지 매입 예산의 우선적 확보, 국민 신탁 및 기증운동 등 실천 가능한 대책을 마련해 개인의 사유지를 공공의 목적인 국립공원으로 편입하는 데 동의한 것에 대해 폭넓은 대안을 마련할 것을 강조했다. 이러한 과정에서 합의는 원활하게 이루어졌고 갈등은 줄어들었다. 환경부는 광주광역시·화순군·담양군이 형성한 '무등산 생태·문화공동체'를 가장 큰 성과로 지목했다. 지자체 간에도 상생을 목표로 공동체를 형성한 전략은 무등산국립공원 지정의 또 다른 성공 요인으로 작용했음을 입증한다.

그동안 환경부와 지방자치단체는 국립공원 지정을 위해 수차례 노력해 왔고 현재도 하고 있다. 울릉도·독도, 태백산, 순천만 등이 대표적인 예이다. 그러나 국립공원 제도가 지역사회 발전에 도움이 되기보다는 자연공원법으로 지역주민 및 개인 토지 소유주들의 권리를 제한해 지역사회 발전을 저해한다는 부정적 인식은 국립공원 지정이 여러 난제를 겪도록 유도한다. 무등산국립공원 지정이 25년 만에 일어난 일임은 이를 증명한다.

무등산국립공원 추가 지정은 국립공원에 대한 인식이 변화되고 있음을 보여줄 뿐 아니라 이해관계자들의 인식 변화에 긍정적으로 기여한다는 점에서 중요하다. 예를 들어, 무등산국립공원 승격 이후 태백산, 팔공산 등 여러 지자체에서 현재 국립공원 지정을 추진 중에 있다. 이는 1989년 이후 꾸준히 진행되는 무등산 보호운동을 통한 지역사회 공감대 형성과 중앙정부-지자체-지역주민-시민단체의 지속적 협력의 결실이다. 2015년 발간된 국립공원관리공단의 무등산국립공원 자연생태계 복원 종합계획 보고서에 따르면 무등산국립공원 사례는 지역의 시민단체, 전문가, 시민들이 직접 무등산을 연구하고 보전할 뿐 아니라 자비를 들여 사유지를 사서 기증하는 등 모든 이해관계자가 지속성과 적극성에 근거한 참여의 모습을 보인다. 갈등관리는 선제적 접근 방식이 효율적이며 초기에 이루어질수록 사회적 비용이 적게 발생한다는 사실에 근거할 때, 이 사례에서 초기에 참여적 의사결정을 통해 갈등을 해결한 것은 다각도에서 성공적인 접근법이라 할 수 있다.

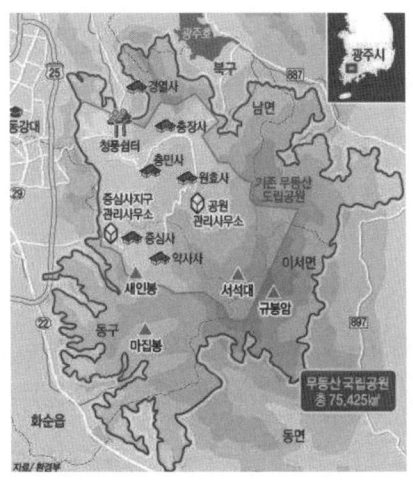

출처: 환경부.

[그림 1] 무등산국립공원 지도

2) 참여형 의사결정을 통한 갈등 해결 및 협력 구축 사례: 무등산국립공원 명품마을 조성

명품마을은 국립공원을 보존함과 동시에 주민 소득을 높이는 것을 취지로 국립공원공단에서 선정해 지원하는 마을이다. 즉, 해당 지역의 주민들과 중앙정부, 지자체가 참여해 지역 발전 및 국립공원의 발전을 위해 서로 아이디어를 공유하고 더 나은 계획을 수립한다는 점에서 참여형 의사결정을 통한 협력 사례로 볼 수 있다. 무등산국립공원에는 대표적으로 광주광역시 북구 충효동에 위치한 무등산반디마을(반딧불이가 꿈꾸는 명품마을)이 있다. 이는 에코뮈제(ecomusee)로 불리며 민박, 공원, 쉼터, 휴게공간, 특산물 판매장, 농촌체험장 등 마을의 주요 자원을 활용해 관광객 유치를 통한 지역경제 활성화에 기여하고 있다. 무등산국립공원 동쪽인 전남 화순군에는 도원 명품마을이 조성되어 있다. 도원마을은 아름다운 경관과 특산품인 명품 쌀, 율무, 장아찌 등을 중심으로 관광객의 이목을 끌고 있다. 명품마을 조성은 개인 사유지에 무등산국립공원이 들어서면서 발생한 주민과의 갈등을 해결한 대표적 사례이다. 주민 입장에서는 명품마을을 조성함으로써 주민들의 사유재산권을 보호받을 뿐 아니라 이익 창출을 통해 지역사회가 활성화되는 효과를 누릴 수 있다. 국립공원 입장에서는 이를 통해 무등산 환경 정비도 가능하고 홍보 효과를 볼 수 있기에 모두를 위한 전략이라고 볼 수 있다. 명품마을의 통장을 비롯한 지역주민들은 국립공원 관계자들과 지속적인 회의를 통해 마을 운영의 문제점, 개선 방안 등을 논의하며 함께 명품마을을 꾸려가고 있다. 무등산국립공원 사무소장은 명품마을에 직접 찾아가 주민들의 고충을 듣고 해결책 및 피드백을 제시하는 등 직접적으로 소통하고 있다. 국립공원관리공단은 명품마을 조성을 위한 지역사회 협력사업 외에도 시민대학 운영, 자원활동가 발굴, 야생동물 피해 예방시설 설치 등 다양한 활동을 지원한다. 그뿐만 아니라 기아자동차, 스타벅스, 코레일 등 민관협력을 통해 무등산이 다양한 분야에서 사회 공헌을 할 수 있는 방안을 다각도로 구축하고 있다.

3) 갈등과 협력 영향분석 사례: 지역행복생활권 선도사업의 사업비 지원, 무등산권 유네스코 세계지질공원 인증

무등산국립공원은 이해관계자들의 협력으로 많은 갈등을 해결해 오고 있으며, 이는 여러 측면에서 긍정적 결과를 낳고 있다. 대표적으로 무등산이 2017년 지역행복생활권 선도사업에 선정된 것과 2018 무등산권 유네스코 세계지질공원 인증이 그 예이다. 2017년 대통령 직속 지역발전위원회 주관 2017년 지역행복생활권 선도사업에 시·도 상생협력사업인 무등산권 지질공원 통합 지질관광 활성화 및 세계화가 선정된 바 있다.

전라남도 담양군·화순군이 참여해 지자체 간 상호 협력을 이루었으며, 주민들의 삶의 질 개선을 목적으로 2017년부터 2019년까지 3년간 25억 7천 200만 원의 사업비를 지원받았다. 시·도 간 유기적 협력체계 및 관계를 유지해 지질공원의 홍보 및 세계화, 지질공원과 지역문화를 연계한 생태관광 인프라 구축, 지질공원 통합 지오브랜드 개발 및 연계 상품 개발 등의 기회를 얻은 것이다.

다음 해인 2018년에는 무등산권 유네스코 세계지질공원 인증은 지방자치단체 상생협력·갈등관리 우수시책 경진대회에서 장려상을 수상했다. 유네스코 집행이사회는 2018년 4월 무등산권 지질공원을 세계지질공원으로 최종 인증했다. 이는 지질명소(화순 서유리 공룡화석지, 무등산 정상 3봉, 서석대, 입석대, 등 20곳)와 역사 문화명소(아시아문화전당, 죽녹원 등 42개소)를 포함한다. 이는 유네스코 세계지질공원의 가이드라인(지질 교육, 지역주민과의 협력사업 여부, 관광 프로그램 운영 현황, 지질공원 해설사 운영 프로그램 등)에 따라 2년 동안 인증을 준비하며 국가와 지자체, 시민 등 모든 이해관계자가 협업해 이루어낸 결과이다.

광주시는 관광 인프라 구축을 통한 경제 활성화와 일자리 창출을 통해 창출된 경제적 이익이 지역민들에게 돌아가도록 관련 지자체 및 기관들과 협력해 노력할 것임을 밝혔으며, 시민 참여 행사를 열어 시민들과 적극적으로 소통할 것임을 밝혔다. 이러한 성과는 이웃한 지자체가 협력해 구축한 네트워크가 긍정적인 영향을 발휘한 사례이다.

출처: 이클레이 한국사무소 홈페이지(http://icleikorea.org/main).

[그림 2] 무등산 유네스코 세계지질공원 인증

4) 최신 동향 및 해결 프로세스: 무등산 글로벌 지오파크 사례

지오파크(Geopark, 지질공원)는 소중한 자연유산을 체험할 수 있는 공원으로 국제적으로 연합해 과학교육 및 다양한 사업을 지원한다. 무등산의 경우 무등 지오파크(Mudeungsan Global Geopark 또는 Mudeung Geopark)로 소셜 계정을 이용한 쌍방향 소통과 다양한 최신 프로그램을 통해 지질공원과 주민들의 협력사업을 추진 중에 있다. 이는 지역주민 및 무등산 이용객들이 스스로 만들어 나가는 새로운 트렌드로 자발적 참여가 활성화될 때 효과가 극대화된다.

우선, 지오파크는 무등산지질공원의 전문가들이 개발한 지질교육 프로그램을 매년 여름방학 초등학생을 대상으로 제작해 지오스쿨을 통해 직접 교육한다. 또한 광주 평생교육진흥원은 시민들을 대상으로 한 강의, 대학생을 대상으로 한 강의, 지오시네마 운영 등을 통해 무등산지질공원의 홍보 및 교육을 수행하고 있다. 그 밖에도 전문 해설가들이 다양한 프로그램을 기획해 무등산지질공원에 관광객을 적극적으로 유치하고 있다. 시민들을 초청한 축제 개최, SNS 활동, 포럼 참석 및 개최, 소식 업데이트 등 무등산지질공원의 활동은 시민들과 자연스러운 쌍방향 소통이라고 볼 수 있다. 콘텐츠 위주의 다양한 프로그램은 다양한 이해관계자들이 자연스럽고 쉽게 참여하고 소통할 수 있도록 돕는다. 이는 여러 단체가 자발적이고 적극적으로 소통하고 만남을 이어갈 수 있도록 돕는다. 특히 포럼 개최나 다양한 집단을 대상으로 한 교육은 무등산국립공원 이해관계자들 사이의 네트워크 구축을 도울 뿐 아니라 건전한 대화의 장을 통해 다양한 의견을 사전에 수집하도록 한다. 이는 갈등 해결의 사전적 측면에서 볼 때, 갈등이 갑자기 터지는 위험을 줄여주는 적극적 형태의 갈등관리 전략이자 해결 프로세스이다. 이렇게 최신 트렌드를 활용해서 갈등을 해결하는 것은 다양한 인프라 구축을 통해 지역경제를 활성화에 기여할 뿐 아니라 갈등관리의 효율성을 극대화함으로써 공동 발전의 토대를 구축하는 긍정적 효과를 발생시키는 데 기여할 것이다. 무등산 글로벌 지오파크의 소셜 네트워크 계정의 활동 예시는 [그림 3]과 같다.

출처: 무등지오파크 공식 소셜 네트워크 계정.

[그림 3] 무등 지오파크 공식 소셜 네트워크 계정의 활동 예시

2. 무등산국립공원 갈등 사례

1) 무등산국립공원 개발 및 발전에 대한 이해관계 충돌 사례

무등산국립공원 지정 이후, 지역주민 및 시민단체는 무등산의 생태계 보호를 위해 온천지구 개발, 아파트, 빌라, 호텔 신축 등을 반대해 왔다. 2019년 6월 무등산보호단체협의회는 신양파크호텔의 매각이 논의되자 이를 허물고 공동주택을 신축하자는 안건에 반대 입장을 비추었다. 애초에 호텔의 설립 자체가 군사정권 시절 시민의 뜻과는 무관하게 건립된 것이기 때문에 또다시 사익을 위한 건축행위가 발생할 경우 시민단체가 강력히 대응할 것임을 밝혔다. 최근 시민단체는 국립공원 지정에서 제외된 지역을 중심으로 난개발이 집중적으로 시도되고 있는 것을 문제 제기했고, 이러한 활동을 저지해 모든 행정 의사결정 과정에서 환경·안전·시민의

권리를 고려할 것을 행정당국에 요청한 바 있다. 이처럼 시민단체와 환경단체는 수많은 무등산국립공원의 개발 및 건축계획의 지리적 위치와 발전계획의 타당도, 필요성 등을 검토하고 '자연생태계의 보전'의 목적에 어긋나면 이에 대항해 반대해 오고 있다.

무등산공유화재단은 무등산을 보호하기 위한 운동으로 시민들의 자발적 모금, 기부, 증여 등을 통해 운영되는 시민환경운동이다. 1981년 무등산도립공원의 도로건설 및 관광 종합개발계획이 추진되자 시민들은 이에 반대하는 성명을 발표했다. 이어 1991년에는 무등산 땅 한 평 갖기 1,000원 모금운동, 환경학교 개설 등 좀 더 적극적 형태의 반대운동을 펼치며 영향력을 키웠다. 마침내 2008년 10월 31일 광주광역시 조례 제3646호 광주광역시 무등산 보호 관리기금 설치 및 운용조례가 공포된 바 있다. 무등산공유화재단에 대한 활동 내역은 〈표 3〉에서 확인할 수 있다.

무등산공유화운동의 목적은 무등산사랑운동을 지구촌운동의 모델로 널리 확산시켜 환경 훼손을 예방해 공공성을 확대시키는 것이다. 이들이 하는 일은 크게 네 가지로 나뉜다.

첫째, 무등산의 훼손 위험성을 조사해 무등산 보전 대상 지역을 조사하는 연구를 수행하는 것이다.

둘째, 시민모금 및 자산 취득의 관리활동이다. 개인이나 단체로 자산을 기증 또는 신탁받아 무등산 사유지나 시설을 취득하고 영구적으로 보전한다.

셋째, 환경교육 및 홍보활동이다. 다양한 프로그램을 기획해 심포지엄, 세미나, 자연 생태 기행 등 무등산공유화운동의 정신을 확산시킨다.

넷째, 국내 및 국제 네트워크 활동이다. 전국 각지의 내셔널트러스트 운동단체와 정보 교환 및 상호 협력을 촉진할 뿐 아니라 내셔널트러스트 단체와 교류하고 국제회의를 추진한다.

〈표 3〉 무등산공유화재단의 활동 내역

연도	무등산보호단체협의회 활동
1987. 10	무등산운동연합회 준비
1989. 04	무등산사랑 범시민축제 개최(현재 매년 춘, 추계 MBC와 공동 개최)
1989. 05	11개 가맹단체로 창립(현재 78개 회원단체)
1990. 03	무등산사랑 심포지엄 개최(매년 실시)
1991. 10	무등산사랑 장애인 · 비장애인 자매 등반대회
1993. 09	(사)무등산보호단체협의회 사단법인 승인
1994. 04	무등산사랑 환경대학 개설(매년 2기씩 수료)
1997. 04	무등산연구소 개설(무등산 전문위원회를 상설기구화)
1999. 10	창립 10주년 기념 국제심포지엄 개최
2001. 03	(재)무등산공유화재단 재단법인 환경부 승인
2001. 07	무등산사랑 청소년환경학교 개설
2003. 03	무등산사랑 생명숲학교 개설(매월 2회씩)
2005. 10	풀뿌리 시민운동 사례공모 발표회 최고상 수상
2005. 12	광주광역시 초중고 체험교과활동 발표 무등산사랑 청소년환경학교 최우수상
2006. 03	시민 숙원사업 무등산공원 증심사집단시설지구 정비복원사업 추진
2006. 11	전국 산림생태 복원지 선정대회에서 무등산공원 생태복원사업 대상 수상
2008. 12	산림청 '숲해설가 초급교육과정 인증기관' 선정
2009. 11	국제심포지엄 개최(400여 명 참석)
2010. 10	무등산자락 무돌길 동구구간 개방
2011. 05	무등산 정상 개방(현재 8회)
2011. 08	예비 사회적 기업 인증(광주광역시)
2012. 12	무등산국립공원 지정 무돌길 한 바퀴 행사(현재 3회)
2013. 04	녹색캠페인 및 식목행사 범시민대회

출처: 무등산보호단체협의회 공식 홈페이지(http://mudeungsan.org/).

또한, 무등산국립공원 개발 및 발전에 대한 이해관계 충돌 사례로 무등산 전기차 운행 반대 사례를 들 수 있다. 2019년 7월부터 8월은 광주세계수영선수권대회 기간으로 광주시는 무등산 세계 홍보를 목적으로 해당 기간 동안 무등산 원효사부터 장불재까지 6.4㎞ 구간에 3대의 친환경 가스차 시범 운행을 추진했고, 지역 환경단체(광주 전남녹색연합, 광주환경운동연합, 광주에코바이크, 광주시민생활환경회 등)는 이에 반발했다. 광주전남녹색연합을 포함한 8개의 지역 환경단체는 공동 성명서를 제출해 전기차 운행은 이미 광주시가 검토했으며, 당시 환경부와 국립공원공단이 환경 훼손과 안전사고를 우려해 반대한 시안임을 주장하며 전기차 운행에 확고히 반대했다. 추가로 시민단체는 무등산국립공원에 현재 필요한 것은 전기차 운행이 아닌 군부대 이전과 생태 복원임을 강조했다. 광주시는 친환경차의 경우 케이블카와 다르게 시설을 따로 설치할 필요가 없으며 친환경 연료를 사용해 환경을 오염시키지 않음을 주장했고, 아울러 장애인, 노인, 외국인에게 무등산의 접근성을 높여 무등산국립공원의 가치를 적극적으로 홍보할 수 있는 기회임을 강조하며 전기차 운행을 지지했다. 2018년에도 광주시에서 원효사에서 장불재까지 친환경차의 시범 운행을 추진한 바 있지만 국립공원관리공단과 환경단체의 반대로 이미 무산된 경험이 있다. 이에 광주시는 환경단체에 협의체 구성을 통해 문제를 논의할 것을 제안했지만 환경단체의 거부로 현재 진행되고 있지 않다. 시민단체의 성명서 전문은 아래에 제시되어 있다. 최종적으로 전기차 운행에 대한 허가 권한은 환경부가 가지고 있다. 다시 말해, 무등산 홍보 기회와 환경 파괴의 위험이라는 대립되는 두 이해관계자의 갈등은 좁혀들지 않고 있으며, 현재 경부는 친환경차 운행 방안 추진을 보류 중에 있다.

성명서 [전문]

무등산국립공원 전기차 운행 검토를 즉각 중단하라.

- 무등산국립공원, 지금은 '이용'이 아니라 '복원'을 논의할 때
- 진전 없는 무등산 군부대 이전 문제 해결과 정상부 복원에 집중하라.

광주시가 세계수영선수권대회 기간 중 무등산국립공원에 친환경차를 운행할 수 있도록 본격적인 준비에 나선다는 계획이다.

무등산국립공원 정상 군부대 이전과 복원에 힘을 쏟아야 할 때 오히려 이용과 개발을 계획하고 있는 광주시의 행정에 심각한 우려를 표한다.

무등산이 21번째 국립공원으로 승격된 이후 시민들의 높은 열망과 힘으로 2015년 12월 무등산 정상 군부대 이전협약이 체결되었다.

하지만 군부대 이전 대상지 문제에 부딪혀 몇 년째 논의조차 진행하지 못하고 제자리걸음을 하고 있다.

또한 중봉 및 장불재 일원의 방송통신시설 이전 또한 해결해야 할 문제이다. 국립공원 무등산의 자연성 회복을 위해서 해결해야 할 일이 우선임에도 오히려 광주시가 이용과 개발에 앞장서고 있는 것이다.

특히, 무등산국립공원 전기차 운행은 작년 광주시가 검토한 사업으로 이미 환경부와 국립공원공단에서 환경 훼손과 안전사고 우려, 차량 운행 시 날리는 비산먼지로 인한 등산객들의 피해를 이유로 반대를 명확히 한 사안이다.

무등산국립공원은 지금 '이용'이 아니라 '복원'을 논의해야 할 때이다.

지금은 답보 상태에 빠진 무등산국립공원 군부대 이전 문제 해결을 위한 돌파구를 마련하고 방송통신시설 이전, 정상부 복원 등 무등산국립공원을 온전하게 복원하기 위한 계획을 세워야 한다.

국립공원 무등산의 자연성 회복을 위해 머리를 맞대고 지혜를 모아야 할 시기에 오히려 차량을 운행하고 도로를 정비해야 하는 사업을 계획하고 있는 광주시의 반환경적이고 무책임한 행정을 강력히 규탄한다.

2019년 3월 27일

광주전남녹색연합, 환경운동연합, 시민생활환경회의, 광주전남숲해설가협회,
광주전남불교환경연대, 생명을노래하는숲기행, 국립공원을지키는시민들의 모임

출처 : 광주in(http://www.gwangjuin.com)/ 저작권자 ⓒ 광주in.

2) 무등산국립공원 개발 및 발전에 대한 이해관계 충돌 :
개인의 재산권 vs 공익 추구(자연보존)

환경부는 국립공원에 대해 개인의 사유지일지라도 공익적 목적에 부합할 때에는 개발을 법적으로 제한할 권리가 있다. 그러나 공익이 과도하게 추구될 경우에 개인의 소유권에 대한 권리 행사가 불가능하기에 이에 대한 이해관계자들의 갈등은 좁혀지지 않는다. 무등산의 경우 개인 사유지가 특히 많은 편이며, 2,700명의 개인 토지는 약 800억 원의 가치를 지니고 있다. 개인의 사유지를 매입하는 대안은 한정된 예산과 복잡한 이해관계로 인해 사실상 불가능하다. 국립공원관리공단(2015)은 허용행위가 제한된 토지 소유자들이 민원을 제기하고 있으며, 이는 공원관리 행정에 큰 부담을 주고 있다고 밝힌 바 있다.

실례로 여수 금오도와 인근 섬 주민들은 자신의 토지를 가꾸지 못하는 것에 대해 끊임없이 불만을 제기하고 있으며, 지역주민들은 국립공원의 해제를 요구하고 있다. 그들은 과도한 규제로 인해 사유재산이 침해당했으며 생존권을 보장받을 권리가 있다는 주장이다. 국립공원은 자연공원법을 비롯한 특별조치법, 산림보호법 등 구역에 따라 다른 법들이 적용되고 있다. 다시 말해, 이는 관계 부처의 이해관계에 따라 정부부처 내 갈등을 야기하고 있음을 역설한다. 무등산에 현존하는 갈등을 해결하고 미래의 갈등을 예방하기 위해서는 국립공원의 취지인 자연보전과 국민의 권리인 사유재산권 보호 사이의 균형 잡힌 정책이 요구된다.

현재 국립공원 내 사유지 문제를 해결하기 위한 방안은 법적·제도적으로 접근이 가장 많이 사용되는 해결책이다. 사유지 매수 원칙을 세우고 이를 단계적으로 시행하는 것을 말하며, 이는 정부의 예산으로 사유지를 직접 보상하거나 국립공원 구역 조정, 행위 제한 완화, 과세 감면, 환경 신탁제도 등 직접적 접근법과 간접적 접근법으로 나타난다(국립공원관리공단, 2015). 그러나 사법적 해결은 시간이 많이 소요되고 당사자들의 불만을 가져온다는 점에서 한계를 지닌다(심준섭·김지수, 2011). 이에 국무조정실·한국사회갈등해소센터(2014)는 대안적 분쟁 해결(Alternative Dispute

Resoultion: ADR) 방법을 제시했다. 이는 재판이 아닌 협상, 조정, 중재 등의 다양한 기법을 포함하는 것이다. 이처럼 무등산국립공원의 갈등도 상황에 맞는 다양한 해결 방안을 적극적으로 고려하고 추진해 갈등의 사후 예방뿐 아니라 사전 예방을 위한 노력을 기울여 효율성을 높여야 한다. 협력적 거버넌스 구축은 이에 대한 해결책이 될 수 있다.

3. 무등산국립공원 갈등관리 시스템: 협력적 거버넌스 틀을 중심으로

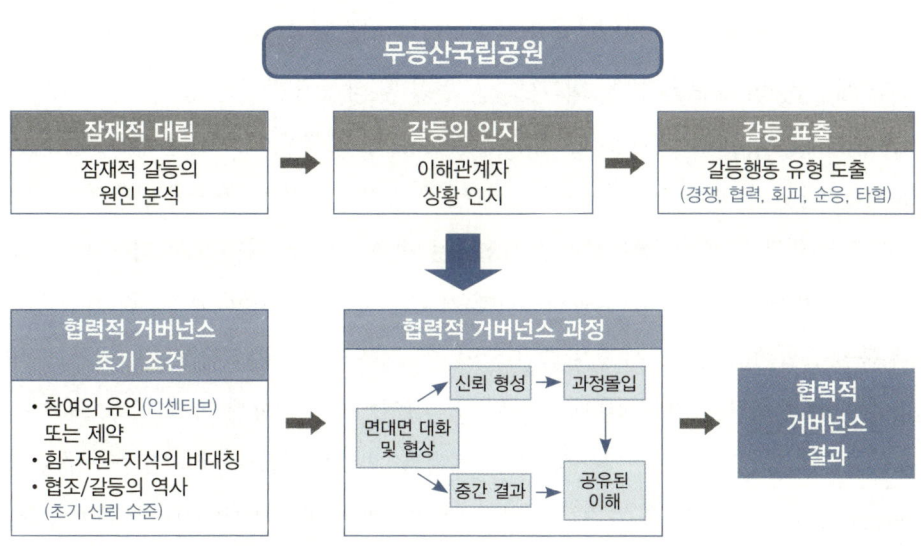

[그림 4] 무등산 국립공원의 협력적 거버넌스 형태

국무조정실·한국사회갈등해소센터(2014)에 따르면, 개발-환경의 갈등은 구조가 복잡한 특징이 있으며, 다양한 단체의 개입은 대규모 갈등으로 확산을 만드는 경향이 있다. 무등산국립공원의 경우 개발과 환경에 대한 가치 갈등의 사례로 분류될 수 있다. 여기에서는 무등산국립공원의 갈등 및 협력 사례를 협력적 거버넌스 과정인 '갈등 발생 원인 → 갈등 인지 → 갈등 표출'의 단계를 통해 분석하고자 한다. 앤셀과 개시(Ansell & Gash, 2008)의 협력적 거버넌스 모형에 따라 협력적 거버넌스의 초기 조건 → 협력적 거버넌스 과정 → 협력적 거버넌스 결과로 구분해 앞의 [그림 4]와 같이 제시하고자 한다. 협력적 거버넌스의 구조는 공유된 문제 영역을 논의하고 해결하기 위해 다수의 관련 이해당사자가 가시적(자금, 노동, 업무) 및 비가시적(이해, 정보, 권위) 자원을 동원하고 분배하며, 공동의 목표와 비전을 개발하고 달성하기 위한 공식적 비공식적 공동 의사결정과 업무 분담 및 수행의 메커니즘과 과정이다 (김홍희, 2011: 147-148; 남덕현·임준형, 2014; 신상준·이숙종, 2015).

무등산국립공원의 협력적 거버넌스 모형과 이해관계자의 입장을 종합해서 고려할 때, 갈등의 표출은 경쟁, 회피보다는 협력 및 타협에 가까운 형태임을 알 수 있다. 초기에는 낮은 신뢰 수준 및 정보의 비대칭성으로 갈등의 모습을 갖추지만, 무등산국립공원의 경우 갈등의 인지 단계 및 협력적 거버넌스 과정에서 중앙정부의 주도로 이해관계자들이 협력하거나 타협하는 데 성공했다. 이는 모든 이해관계자가 무등산국립공원 복원 목표에 동의했기에 가능한 일이다. 무등산국립공원 자연생태계 복원 종합계획의 보고서에 따르면, 복원 목표는 ① 생태성: 가장 우선적으로 지향해야 하는 목표는 자연생태계의 보전, ② 참여: 모두가 함께 참여하고 소통하는 무등산 국립공원, ③ 지속 가능성: 모든 계획과 실행의 목표는 지속 가능한 무등산국립공원 조성 등 크게 세 가지로 나타난다(국립공원관리공단, 2015). 이러한 목표에 따른 다섯 가지 세부 원칙은 ① 지속 가능성, ② 상위 계획과의 연계, ③ 종합적 복원, ④ 생태적 복원, ⑤ 참여의 복원이며, 이에 따른 세부 방향이 구체적으로 제시되었다. 이를 통해, 각 이해관계자는 자신의 이익을 우선시하지만 무등산국립공원의 목표를 최우선시해 서로 타협하고 협력하게 된다. 이는 궁극적으로 생태계 서비스 질 향상과 탐방객 만족도 향상으로 이어지는 선순환 구조 구축에 기여하는 것이다. 앞서 언급한 대로 무등산국립공원은 '최초 시민이 만든 공원'으로 인정될 만큼 의의를 지니기에 다른 국립공원에 미치는 파급 효과가 크다. 협력적 거버넌스 모형에서도 알 수 있듯이 결국에는 갈등을 해결하고 협력하기 위해서는 이해관계자들의 지속적인 면대면 대화 및 협상을 통한 신뢰 형성이 필수 단계이다.

4. 갈등관리 시스템을 통한 역할 분석

무등산국립공원을 둘러싼 다양한 갈등 및 갈등 해결 사례는 위에서 제시한 것과 같이 다양하며, 〈표 4〉와 같이 정리할 수 있다. 무등산국립공원에는 크게 여덟

〈표 4〉 이해관계자와 주요 역할

이해관계자	주요 역할
환경부	자연환경, 생활환경의 보전, 환경오염 방지, 수자원의 보전·이용 및 개발에 관한 사무를 관장
국립공원(관리)공단	환경부 산하 위탁집행형 준정부기관으로 공원관리사업 추진 - 주요 기능: 자연생태계와 자연·문화경관 조사·연구 및 보전, 공원사업 시행, 행위 허가 및 협의 업무 등
유관 중앙행정기관 (산림청, 국토해양부 등)	- 산림청: 중앙산지관리위원회 심의·의결 - 국토해양부: 중앙도시계획위원회 심의·의결
지방자치단체 (광주광역시, 전라남도 화순군, 전라남도 담양군)	무등산국립공원 소재지의 지방자치단체들은 무등산국립공원의 보전 및 발전을 위해 계획을 수립 또한, 국가에 다양한 의견을 제시하고 중앙정부, 시민단체 등과 협업해 각 지방자치단체의 발전을 추구
마을주민	무등산국립공원 관할지역에 속해 거주하는 마을 주민들로 무등산국립공원 내 사업 및 발전 방안, 계획 등에 직접적 관련성을 가짐
지역주민	광주광역시, 화순군, 담양군에 거주하는 주민으로 마을주민에 비해 간접적이지만 무등산국립공원의 사업 및 발전계획 등과 연관이 있음.
토지 소유주	무등산국립공원의 70% 이상의 토지를 차지하는 토지의 소유주들로 개인의 재산에 대해 권리를 주장
시민단체 ((사)무등산보호단체협의회, 무등산공유화재단, 환경단체 등)	단체의 목적에 따라 지자체 또는 중앙정부의 사업에 관련된 의견을 제시하고 반발하는 역할을 수행 -의견이 수렴되면 단체들끼리 연합해 공동성명서를 제출하기도 함.

개의 이해관계자가 존재하며, 이들은 무등산국립공원의 발전계획에 대해 각기 다른 입장을 보인다.

중앙정부인 환경부는 무등산국립공원을 둘러싼 이해관계자 중 힘-자원-지식의 측면에서 가장 큰 영향력을 지닌 이해관계자이다. 이들은 정책을 결정할 권한을 가지고 있기에 나머지 이해관계자들을 조율하는 역할을 주로 수행한다. 국립공원공단은 환경부 산하 소속으로 국립공원을 관리하고 현 사례에서는 무등산국립공원을 관리를 주관하고 있다. 환경부가 좀 더 넓은 관점으로 무등산국립공원의 종합계획에 관여한다면, 국립공원공단은 좀 더 세부적인 접근법을 가진다. 직접적으로 모든 이해관계자들을 대면하고 협상하는 역할을 수행할 뿐 아니라 자연생태계 보전과 생물다양성 제고라는 국가적 목표를 달성하고 있다. 비슷한 맥락에서 유관 중앙행정기관도 국가적 목표 달성을 최우선시하며, 각 부처 분야의 이해관계가 상충될 때 나서서 이에 대응하는 역할을 수행한다. 지자체는 지역사회 발전을 위해 적극적으로 활동하는 이해관계자 중 하나이다. 예컨대 광주광역시는 무등산국립공원에 대한 비전을 수립하고 여러 프로그램을 제안해 이해관계자들과 협의하는 등 주도적인 역할을 수행하고 있다. 무등산국립공원이 시민의 국립공원이라는 점에 근거할 때, 마을주민 및 지역주민의 역할이 매우 중요함을 쉽게 유추할 수 있다. 즉, 무등산국립공원의 종합계획 및 복원계획은 지역사회와 충분한 대화 및 합의를 통해 수립되어야 사후 갈등 발생을 최소화할 수 있다. 무등산국립공원의 개인 토지 비율을 고려할 때, 토지 소유주는 이해관계자들의 갈등의 중심에 위치한다고 볼 수 있다. 국립공원은 자연생태계 보전을 위해 국가에서 직접 관리하는 보호지역이기에 사유지의 문제가 있는 한 효율적이고 지속적인 관리가 불가능하다는 점에서 토지 소유주에 대한 전략적 접근을 통한 원만한 해결이 필요하다. 마지막으로 시민단체는 다양한 목적에 따라 형성되지만 무등산국립공원의 사례에서는 국립공원의 자연생태계 보전을 목적으로 다양한 형태로 나타나고 있다. 이들은 공익적 성격을 띠고, 영리단체 및 영리활동에 제재를 가하는 역할을 수행하며 자발적으로 발생한 조직이다.

정리하면, 협력적 거버넌스 과정을 바탕으로 무등산국립공원 운영의 효율성을 제고하고 민주성을 높이기 위해서는 각 입장의 공유를 바탕으로 한 지속적 소통과 신뢰 구축이 중요하다. 여덟 가지 주체의 이해관계자들이 적극적으로 참여하고 상호간 신뢰를 통해 조정 및 합의를 할 필요가 있으며, 협력적 거버넌스를 구축해야 한다.

V. 맺음말

무등산국립공원의 갈등 및 갈등 해결 사례에 근거할 때, 협력적 거버넌스로 갈등을 해결하기 위해 가장 중요한 것은 합의된 공동의 목표를 가지는 것이라는 합의점을 도출할 수 있다. 무등산국립공원이 다른 후보지의 공원들 또는 현재 국립공원인 공원들과 차별화된 점은 이해관계자들이 협의를 통해 이루어낸 우리나라 최초의 시민 국립공원이라는 점이다. 시민, 시민단체, 전문가 등이 자발적으로 참여했으며, 모든 이해관계자는 무등산이 가지는 가치를 인정해 '자연생태계 보전'을 최우선 목표로 설정함에 동의했다. 이에 최상위 목표를 달성을 위해 개개인의 이익은 협력적 거버넌스 과정을 통해 타협하고 이해되었다. 다시 말해, 우선순위가 명확히 설정된 상태에서 대면 대화 및 협상, 신뢰 형성, 과정 충실, 공유된 이해, 중간 성과의 다섯 단계는 선순환 구조를 구축했고, 성공적인 협력적 거버넌스의 결과를 가져온 셈이다.

무등산국립공원의 사례에서 우선적으로 주목해야 할 것은 협력적 거버넌스 초기조건 단계에서 초기 신뢰를 구축한 과정이다. 무등산이 국립공원으로 승격을 논의하는 초기 단계에서 다른 국립공원 지정 과정과 마찬가지로 갈등이 존재했지만 힘-자원-지식을 가진 정부(해당 사례에서는 환경부와 국립공원공단을 의미)는 다른 이해관계자들과 심층적으로 대화를 나누었고 합리적인 협상을 시도했다. 중재 과정에서 단순하고 일방적 대화가 아닌 연구용역을 통해 전문성과 타당도를 입증했으며, 국민들의 요구 사항을 듣고 이를 해결할 수 있는 중·단기 발전 방향을 제시한 것이다. 정부 외의 다른 이해관계자들 역시 '자연생태계 보전'이라는 목표에 동의했기에 자신의 권리 및 이익을 다른 방식으로 보상받는 방식에 동의했으며, 공동의 목표를 이루는 데에 기여했다. 모든 과정은 단순한 협업이 아닌 적극적 형태의 참여를 통해 가능했다. 예컨대 무등산국립공원의 단계별 복원 추진계획 및 비전(vision)을 함께 수립하는 과정에서 모든 이해관계자가 자발적으로 참여하도록 유도하는 것이다. 또한 지역사회와 끊임없이 교감하려는 시도를 통해 녹지 네트워크를 구성하고 스스로 자연을 사랑하도록 유도하는 것이다. 정부는 단계별 계획에 따라 프로그램 및 전략들이 잘 이행되고 있음을 지속적으로 알려 정보를 제공했으며, 공유를 통해 발생한 피드백을 반영했다. 이러한 과정은 무등산국립공원 이해관계자들 간 신뢰 형성에 긍정적으로 작용했다. 또한 관리 및 운영을 공동으로 했기에 신뢰를 바탕으로 한 지속적인 소통이 가능했으며, 정보의 공유가 쉽게 이루어졌다. 수많은 협의회 및 미팅을 통해 심층적으로 서로의 입장을 이해하고 공감하는 것이 성공적인 협력적 거버넌스 구축에 필요하다.

그럼에도 불구하고, 여전히 이해관계 충돌에 따른 갈등은 발생하고 있다. 그러나 무등산국립공원의 경우 이미 구축된 네트워크 및 신뢰를 통해 쌍방향으로 소통하고 다자간 공동의 노력을 통해 갈등을 해결해 나가고 있다. 이해관계자들이 상생해서 발전하기 위해 지속 가능한 공동 발전 모델을 구축한 것이다. 다시 말해, 지리적 위치에 근거해 존재하는 이해관계자들을 기능적으로 연계시켜 협력과 제휴를 통한 공동 발전을 꾀하는 것이다. 이들의 발전 과정은 교육을 통한 공동 발전, 지자체 간 공동체 형성을 통한 발전, 기업 및 산업 연계를 통한 공동 발전, 협력과 제휴를 통한 공동 발전 등 다양한 협력의 형태를 보인다. 즉, 제한된 인프라를 효율적으로 활용해 효용성을 극대화했으며, 무등산국립공원의 발전 및 보존의 토대를 구축했다.

추가로 이 사례가 도출한 합의점은 국무조정실·한국사회갈등해소센터(2014)가 53개의 갈등을 선정해 유형화하고 분석한 연구 결과와도 일치한다. 그들은 대화로 인한 갈등관리를 하기 위해서는 신뢰가 반드시 구축되어야 함을 전제했으며, 공급자 중심의 접근법보다는 주민들을 다양한 활동에 참여시키는 것이 핵심적 갈등 해결 방법임을 밝혔다. 어떤 대안을 적용할지라도 신뢰 구축은 최선의 갈등관리 방법이자 모든 갈등관리 프로세스의 기반이 되어야 한다는 것이다. 즉, 공청회, 주민 참여 협의체, 공동 사실조사 등 모든 갈등관리 프로세스는 어떤 식으로 접근하는지에 따라 상이한 결과를 만든다. 또한 초기에 적극적으로 정보를 공개하고 주민을 참여시켜 의사결정의 주체로 여겨 절차적 공정성에 대한 인식을 강화시키는 것은 갈등을 줄이는 가장 자연스러운 방법임을 밝혔다(국무조정실·한국사회갈등해소센터, 2014). 이러한 절차 및 과정은 무등산국립공원의 갈등 해결 방식과 많은 부분 일치하는 바이며, 이에 무등산국립공원 사례가 다른 국립공원들이 가진 갈등 해결의 올바른 이정표가 되기를 바란다.

| 생각해 볼 문제들 |

1. 1999년 헌법재판소는 지나친 개인의 재산권 침해를 인정해 20년 내 정부가 부지를 매입하지 않으면 토지주가 재산권을 행사할 수 있다는 판결을 내렸다. 다시 말해, 2020년부터 도시공원구역 관리에 변화가 있을 예정이다. 이에 대해 개인의 사유에 대한 재산권 침해와 자연 보호 혹은 지역주민의 삶의 질 향상이라는 공익의 가치가 더욱 충돌할 예정이다. 이러한 가치 갈등은 추후 이익 갈등으로 발전하며 규모가 커지고 복잡해지는 경우가 많다. 효율적 갈등관리 측면에서 어떠한 가치가 우선시되어야 한다고 생각하며, 이런 갈등 상황을 해결할 수 있는 방안은 무엇일까?

2. 국립공원의 개발 제한의 범위를 둘러싼 논쟁은 개발-환경 갈등의 사례로 전국적으로 끊임없이 발생하고 있다. 자연보존을 목적으로 영리를 추구하는 것은 옳지 않다는 입장과 자연을 훼손하지 않는 범위 내에서 발전이 시도되어야 한다는 주장이다. 앞의 사례에서 소개한 무등산국립공원의 친환경 전기차 운행이 대표적인 예이다. 전자를 주장하는 단체들은 친환경이라 할지라도 자연의 훼손을 막을 수는 없으며, 훼손된 자연을 복원하는 것이 국립공원이 해결해야 하는 우선적인 과제라는 입장이다. 반면에, 후자는 자연을 훼손하지 않는 범위 내에서 발전 및 개발이 가능하며, 이를 통해 무등산국립공원을 홍보하는 것이 장기적으로 더 긍정적인 효과를 가질 것이라는 주장이다. 이러한 대립되는 입장을 협력적 거버넌스 틀로 바라볼 때, 이해관계자들이 합의할 수 있는 절차 및 대안은 무엇일까?

〈 참고 문헌 〉

국립공원관리공단(2015). 무등산국립공원 자연생태계 복원 종합계획.
국립공원관리공단 무등산국립공원사무소(2013). 국립공원 완충지역의 생태적 디자인 적용방안 연구.
국립공원연구원(2016). 국립공원 이해관계자 갈등관리매뉴얼 개발연구.

국무조정실·한국사회갈등해소센터(2014). 갈등관리 Role Model 확산을 위한 연구.
김보현·문광선·강석준·최진희·박용규(2014). 무등산국립공원 지정 후 갈등양상과 관리방안. 「한국환경생태학회 학술대회논문집」, 24(2): 53-54
김홍희(2011). 협력 거버넌스 모형의 구축과 적용: 경주 방폐장 선정 과정의 분석. 「정부학연구」, 17(2): 143-183.
남덕현·임준형(2014). 협력적 거버넌스를 통한 국책사업의 갈등해결: 송산그린시티 토석채취장 갈등 사례를 중심으로. 「한국지방자치학회보」, 26(2), 223-250.
신상준·이숙종(2015). 협력적 거버넌스의 성공 요인 및 과정: 인천광역시 주민참여예산제도 조례 개정 사례를 중심으로. 「한국지방자치학회보」, 27(2): 79-111.
심준섭·김지수(2011). 원자력발전소 주변 지역주민의 갈등 프레임 분석: 후쿠시마원전사고의 영향을 중심으로. 「한국행정학보」, 45(3): 173-202.
한국민족문화대백과사전 https://encykorea.aks.ac.kr/

Ansell, C. & A. Gash(2008). Collaborative governance in theory and practice. *Journal of Public Administration Research and Theory*, 18(4): 543-571.

Deliberative Democracy, Collaborative Governance, Conflict Management,
Social Problems, Inclusive Policies Case Studies

함께 풀어가는 사회문제
- 갈등과 협력 사례 -

PART 02

제도편

갈등관리 제도나
시민참여형 제도 자체에 대한
논의가 중심인 사례

01
환경영향평가제도를 둘러싼 갈등

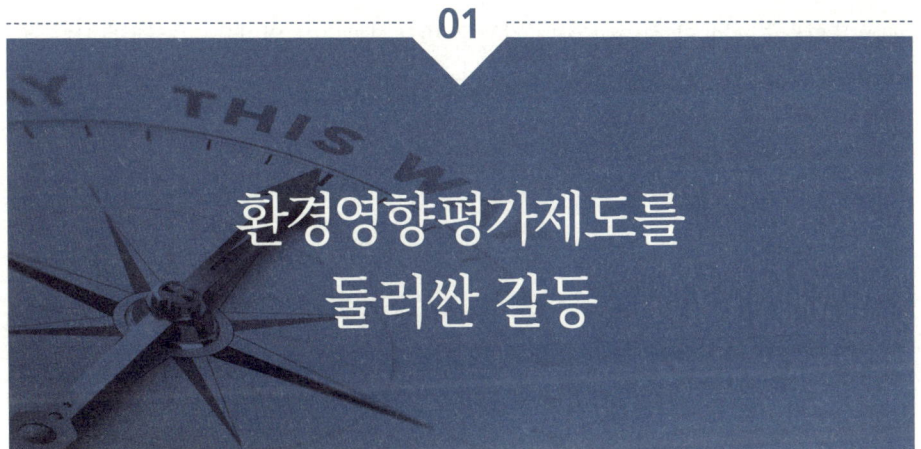

김보미
성균관대학교

I. 들어가는 말

1991년 환경영향평가제도가 도입된 이후, 환경영향평가서 및 환경영향평가 협의 결과에 대한 갈등 및 논란이 발생했다. 환경영향평가로 인한 갈등을 해결하기 위해 30여 년간 환경영향평가제도는 전략환경영향평가(구: 사전환경성검토), 평가 항목 및 범위 결정, 주민 및 NGO 참여, 정보 공개, 제3의 독립된 평가기관을 포함해 여러 제도적인 개선이 이루어졌다. 그러나 환경영향평가제도는 여전히 갈등의 논란의 중심에 있으며, 갈등의 유발 요인으로 꼽히고 있다.

환경영향평가제도에서 제시하고 있는 갈등과 협력을 위한 절차와 각 절차가 실제 운용되는 과정에서 협력이 아닌 갈등을 발생시키는지 원인을 검토해 보았다. 환경영향평가제도는 주민 참여, 정보 공개 등의 절차를 도입하고, 개선하면서 시기, 방법적인 측면에서 매우 상세하게 규정하고 있다. 그럼에도 불구하고, 갈등이 지속적으로 발생되는 이유는 제도가 갈등과 협력을 해결하기 위한 방향으로 발전되었음에도 이해관계자의 인식은 여러 이해관계자가 협의하는 절차가 아닌, 전문가들 위주의 과학기술적인 절차라고 인식하고 있기 때문이었다. 또한, 그 과정에서 오랜 기간 동안 제도와 이해관계자 간의 쌓인 불신은 상대방의 참여를 축소시키기 위해 절차를 형식적으로 운영하거나, 시위나 반대를 위한 전략으로 활용하게 되었다.

환경영향평가제도는 주민 참여와 이해관계자 협의 등과 관련해 법으로 구체적이고 세분화되어 규정되어 있으며, 다른 제도와 비교해 갈등관리 부분에서 비교적 잘 만들어진 제도라고 할 수 있다. 그럼에도 불구하고 이 글에서는 갈등이 발생하는 원인에 대해서 제도보다는 운영에 초점을 맞추어 갈등관리 방안의 운영 과정상의 한계점에 대해서 검토해 보고자 한다.

II. 환경영향평가제도와 갈등

국민들에게 환경영향평가는 어떤 제도로 인식되고 있을까? 구글이나 네이버와 같은 인터넷 홈페이지에서 '환경영향평가'를 키워드로 검색하면 화면에 '부실', '반대', '갈등' 등의 제목들로 가득 채워진다. 실제로 네이버 검색 엔진에서 2018년 10월부터 2019년 9월까지 1년 간 환경영향평가로 검색하면, 총 1,063의 뉴스가 검색되는데, 이 중 주민설명회 등의 절차에 대한 공고·공람을 제외하면 갈등, 부실, 졸속 등의 단어를 어렵지 않게 볼 수 있다. 환경영향평가제도가 뉴스 등에서 사람들에게 부정적 혹은 갈등을 일으키는 원인으로 인식되고 있는 것이다.

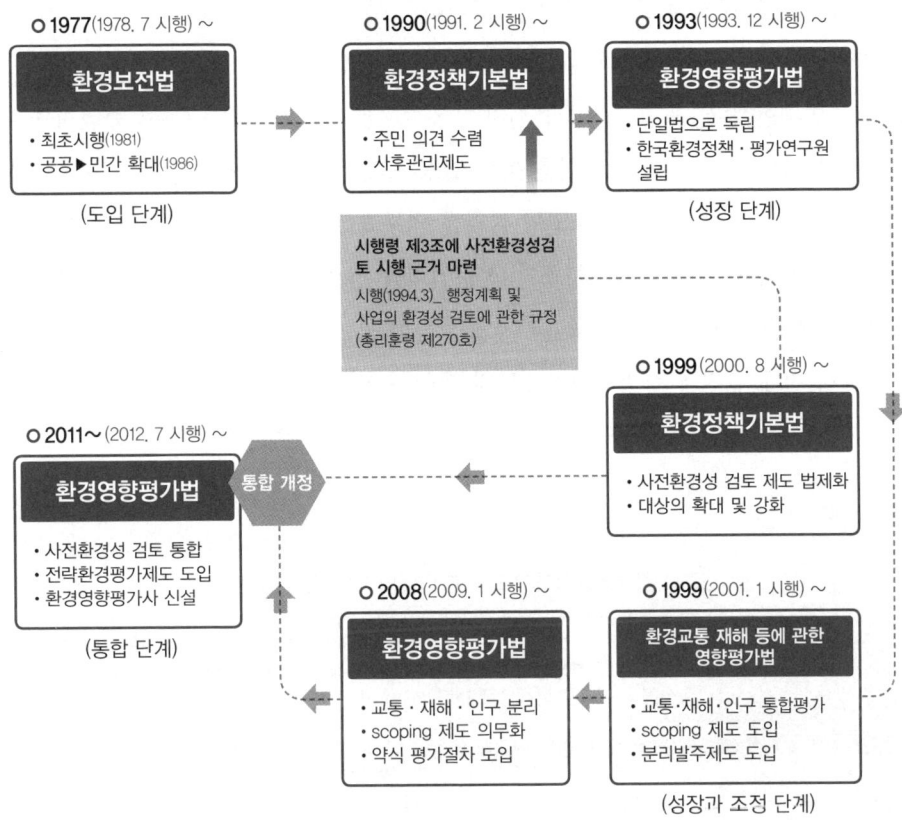

출처: 환경부(2016).

[그림 1] 환경영향평가제도 관련 법령의 변천

    그러나 환경영향평가제도는 1990년 「환경정책기본법」이 제정되어 도입된 이후에 많은 문제 제기와 연구를 거듭해 가면서 제도를 개선해 왔다. 1991년에는 주민의견 수렴 절차와 사후관리제도를 도입했고, 1993년에는 환경영향평가를 객관적·전문적으로 검토할 수 있는 한국환경정책·평가연구원을 설립했다. 1999년에는 환경영향평가가 사업이 결정된 이후에 저감 방안 등 미시적인 것에만 국한되어 검토

함에 따라 사업 자체의 환경적 영향을 고려하지 못하고, 주민들의 의견이 초기에 반영되지 못한다는 문제점을 해결하기 위해 사전환경성 검토(현: 전략환경영향평가)를 도입하고 법제화했다. 또한, 스코핑 절차(평가 항목 및 범위 결정)를 도입해 중점적으로 검토해야 할 항목들을 미리 논의를 통해 결정하고, 주민들에게 알리고 의견을 받을 수 있도록 했다. 2008년에는 스코핑 절차를 의무화했고, 2011년에는 양질의 환경영향평가서 작성을 위해 환경영향평가 전문인력을 양성하기 위한 환경영향평가사제도를 신설하기도 했다.

여러 번에 걸친 환경영향평가제도의 개선은 환경적 검토나 예측, 판단을 좀 더 정확하게 하기 위함도 있지만, 주민 반대 및 갈등으로 인한 문제를 해결하기 위한

〈표 1〉 환경영향평가제도 관련 법령의 목적 및 기능 변화

1977년 「환경보전법」	제1조(목적) 이 법은 대기오염 · 수질오염 · 토양오염 · 소음 · 진동 또는 악취 등으로 인한 보건위생상의 위해를 방지하고 환경을 적정하게 보전함으로써 국민보건 향상에 기여함을 목적으로 한다.
2019년 「환경영향평가법」	제1조(목적) 이 법은 환경에 영향을 미치는 계획 또는 사업을 수립 · 시행할 때에 해당 계획과 사업이 환경에 미치는 영향을 미리 예측 · 평가하고 환경보전 방안 등을 마련하도록 하여 친환경적이고 지속 가능한 발전과 건강하고 쾌적한 국민생활을 도모함을 목적으로 한다. 「환경영향평가법」 제4조(환경영향평가 등의 기본 원칙) 환경영향평가 등은 다음 각 호의 기본 원칙에 따라 실시되어야 한다. 1. 환경영향평가 등은 보전과 개발이 조화와 균형을 이루는 지속 가능한 발전이 되도록 하여야 한다. 2. 환경보전 방안 및 그 대안은 과학적으로 조사 · 예측된 결과를 근거로 하여 경제적 · 기술적으로 실행할 수 있는 범위에서 마련되어야 한다. 3. 환경영향평가 등의 대상이 되는 계획 또는 사업에 대하여 충분한 정보 제공 등을 함으로써 환경영향평가 등의 과정에 주민 등이 원활하게 참여할 수 있도록 노력하여야 한다. 4. 환경영향평가 등의 결과는 지역주민 및 의사결정권자가 이해할 수 있도록 간결하고 평이하게 작성되어야 한다. 5. 환경영향평가 등은 계획 또는 사업이 특정 지역 또는 시기에 집중될 경우에는 이에 대한 누적적 영향을 고려하여 실시되어야 한다. 6. 환경영향평가 등은 계획 또는 사업으로 인한 환경적 위해가 어린이, 노인, 임산부, 저소득층 등 환경 유해인자의 노출에 민감한 집단에게 미치는 사회 · 경제적 영향을 고려하여 실시되어야 한다.

목적도 큰 비중을 차지한다. 이는 환경영향평가제도의 목적과 기능이 어떻게 변화했는가를 살펴보면 알 수 있다. 1977년 「환경보전법」이 제정된 당시에 제시되었던 목적은 환경보전을 위한 오염 방지에 초점을 두고 있으나, 현재 「환경영향평가법」에서는 환경영향평가를 환경 영향에 미치는 계획 또는 사업의 수립 및 시행 시, 친환경적이고 지속 가능한 발전을 도모하기 위함임을 명시하고, 운용하기 위한 기능 및 원칙으로 과학적·기술적·경제적 고려뿐만 아니라 정보 공개, 주민 참여나 사회적 약자의 배려를 제시하고 있다.

법에 명시되어 있는 바와 같이 환경영향평가제도는 갈등을 유발하는 제도가 아니라 갈등을 예방하고 해결하기 위해 운영되는 제도이다. 그렇다면 왜 아직도 환경영향평가제도로 인한 갈등은 줄어들지 않고 오히려 더 늘어나고 있는 것일까? 그 원인을 알기 위해서는 환경영향평가제도와 그 실제 운영 과정에서 어떤 일들이 일어나는지 검토할 필요가 있다. 지금까지 많은 연구에서는 주민 참여, 정보 공개, 평가서 작성 및 검토 등의 절차, 방법, 객관성·전문성·신뢰성 등 환경영향평가제도의 제도적인 문제점에 초점을 두어 연구를 진행했고, 문제점을 해결하기 위해 노력해 왔다. 그러나 환경영향평가제도가 지속적인 개선을 거듭하고 있음에도 불구하고 갈등이 발생하고, 환경영향평가제도에 대한 비판이 줄어들지 않는 원인에 대한 근본적인 검토가 필요하다. 환경영향평가제도의 갈등 해결과 관련된 여러 절차와 방안에 대해서 갈등관리 및 협력이 일어나기 어려운 원인에 대해서 검토해 보고자 한다.

III. 환경영향평가제도의 행위자 및 갈등·협력 요인

우리나라의 환경영향평가제도는 전략환경영향평가, 환경영향평가, 소규모 환경영향평가로 나뉜다. '전략환경영향평가'란 환경에 영향을 미치는 계획을 수립할 때에 환경보전계획과의 부합 여부 확인 및 대안의 설정·분석 등을 통해 환경적 측면에서 해당 계획의 적정성 및 입지의 타당성 등을 검토해 국토의 지속 가능한 발전을 도모하는 것을 말하며, '환경영향평가'란 환경에 영향을 미치는 실시계획·시행계획 등의 허가·인가·승인·면허 또는 결정 등을 할 때에 해당 사업이 환경에 미치는 영향을 미리 조사·예측·평가해 해로운 환경 영향을 피하거나 제거 또는 감소시킬 수 있는 방안을 마련하는 것을 말한다. '소규모 환경영향평가'란 환경보전이 필요한 지역이나 난개발(亂開發)이 우려되어 계획적 개발이 필요한 지역에서 개발사업을 시행할 때에 입지의 타당성과 환경에 미치는 영향을 미리 조사·예측·평가해 환경보전 방안을 마련하는 것을 말한다(「환경영향평가법」 제2조). 비교적 적은 환경 영향이 예측되는 사업에 대해 실시하는 소규모 영향평가를 제외한 전략환경영향평가와 환경영향평가는 하나의 연결된 절차라고 할 수 있다. 각각의 대상사업이 다르기 때문에 환경영향평가제도 내의 다른 제도, 절차라고도 할 수 있지만, 하나의 개발사업을 계획 및 수립할 경우, 해당 개발사업계획 수립 이전에 입지적인 측면에서 관련 상위 계획에 대한 검토 및 변경이 필요하기 때문에 별도의 절차가 아닌 하나로 연결된 절차인 것이다. 대체적으로 개발사업의 입지 등과 관계되는 상위 계획에 대한 환경적 영향은 전략환경영향평가, 해당 개발사업의 실시계획 등 구체적인 계획(안)에 대한 환경적 영향은 환경영향평가에서 검토된다.

전략환경영향평가와 환경영향평가는 대상이 다를 뿐, 세부 절차는 스코핑(scoping), 초안·본안으로 이루어져 있으며, 세부적인 운영 방법은 동일하다. 스코핑은 평가 범위 및 항목을 결정하는 것으로 환경영향평가협의회를 통해 전략환경영향평가 혹은 환경영향평가 시 중점적으로 검토해야 할 항목 등을 결정한다. 그리고 사업자가 초안을 작성해서 제출하면 관계 행정기관 및 주민의 의견 수렴 과정을 통해 사업자에게 전달하고 사업자는 평가서 본안을 작성해서 다시 제출한다. 본안은 환경부 및 한국환경정책·평가연구원의 검토를 거쳐 협의 여부가 결정된다.

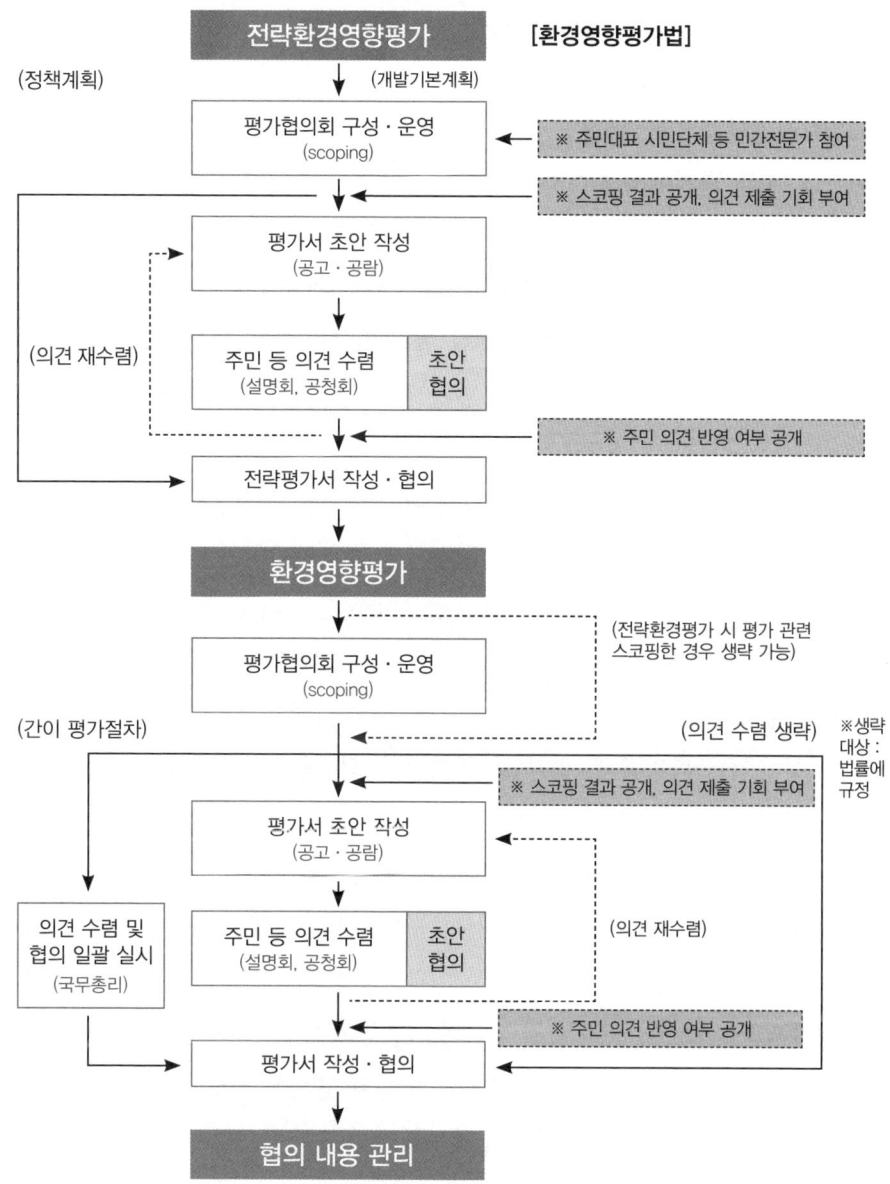

출처: 유병로 · 조현구(2013).

[그림 2] 환경영향평가 절차

1. 환경영향평가제도의 행위자

전략환경영향평가, 환경영향평가가 진행되는 과정에서 다양한 이해관계자가 참여한다. 모든 과정에서 참여자는 사업을 추진하고자 하는 사업자와 사업자의 의뢰를 받아 환경영향평가를 실시하고 평가서를 작성하는 환경영향평가업자, 해당 사업 및 계획의 최종 승인 권한을 가지고 있는 승인기관(중앙행정기관 및 지방자치단체),[1] 해당 사업 및 계획의 환경적 영향에 대한 협의 권한을 가지고 있는 협의기관(환경부 및 지방유역환경청), 지역주민 및 NGO, 환경 관련 전문가, 해당 지역 지방자치단체, 기타 관계 행정기관 등이 있다.

사업자 및 환경영향평가업자는 사업에 대한 계획을 수립하고, 관련된 환경 현황을 조사해 전략환경영향평가서, 환경영향평가서 등을 제출하는 역할을 한다. 승인기관은 사업자가 신청을 하고, 관련 자료 등을 제출하면 여러 관계자로 이루어진 환경영향평가협의회를 구성해서 개최한다. 협의기관은 환경영향평가 절차 전체를 운영 및 관리하며, 초안을 접수받아 관계 행정기관 등의 의견을 수렴하고, 주민, 관계 행정기관, 전문가, 한국환경정책·평가연구원의 검토 의견을 검토해 협의 여부를 결정한다. 지역주민과 NGO는 환경영향평가협의회에 직접 위원으로 참여하거나, 스코핑, 평가서 초안 등이 공고·공람되면 의견을 제시할 수 있고, 주민설명회에 참석해 의견을 제시할 수 있다. 전문가도 마찬가지로 환경영향평가협의회에 위원으로 참여하거나, 환경부 등의 의뢰를 받아 관련 내용에 대해 자문할 수 있다. 지방자치단체 및 관계 행정기관 등은 초안을 토대로 각 기관의 의견을 제시할 수 있다. 각 절차별로 참여자의 역할과 참여 방식이 일부 다르지만, 평가 범위 및 항목 결정, 평가서 초안·본안 검토 협의 과정에서 모든 이해관계자가 참여할 수 있도록 제도가 설계되어 있다.

---

1) 공공기관이 시행하는 계획 및 개발사업의 경우에는 승인기관인 중앙행정기관 및 지방자치단체 등이 사업자가 되기도 한다. 예를 들어서, 도시기본계획을 수립하거나 도시개발사업을 추진할 경우, 해당 지방자치단체가 수립기관 및 사업자가 된다.

<표 2> 환경영향평가 협의 과정에서 참여자 권한 및 역할

기본계획 승인	전략환경영향평가(SEA)	평가 범위 및 항목 결정	평가준비서 작성 및 접수	사업자, 환경영향평가업자
			환경영향평가협의회 심의	협의회(공무원, 전문가, 주민/시민단체)
			주민 의견 수렴(공고 및 공람)	주민/시민단체
		평가서 초안 검토 협의	초안 작성 및 접수	사업자, 환경영향평가업자
			관계 행정기관 의견 수렴	환경부, 승인기관, 관계 행정기관
			주민 의견 수렴 (공고 및 공람, 공청회, 설명회)	주민/시민단체
		평가서 본안 검토 협의	본안 작성 및 접수	사업자, 환경영향평가업자
			한국환경정책·평가연구원·전문가 검토	한국환경정책·평가연구원
			환경부 검토 및 협의	환경부
실시계획 승인	환경영향평가(EIA)	평가 범위 및 항목 결정	평가준비서 작성 및 접수	사업자, 환경영향평가업자
			환경영향평가협의회 심의	협의회(공무원, 전문가, 주민/시민단체)
			주민 의견 수렴(공고 및 공람)	주민/시민단체
		평가서 초안 검토 협의	초안 작성 및 접수	사업자, 환경영향평가업자
			관계 행정기관 의견 수렴	환경부, 승인기관, 관계 행정기관
			주민 의견 수렴 (공고 및 공람, 공청회, 설명회)	주민/시민단체
		평가서 본안 검토 협의	본안 작성 및 접수	사업자, 환경영향평가업자
			한국환경정책·평가연구원·전문가 검토	한국환경정책·평가연구원
			환경부 검토 및 협의	환경부

참여자 집단	역할
사업자(행정기관)	계획 및 사업 수립, 평가준비서·평가서 준비, 주민 의견 수렴(공청회, 설명회 개최)
환경영향평가업자	평가준비서·평가서 작성(계획 및 사업에 대한 환경조사, 분석 및 예측)
승인기관	계획 및 사업에 대한 행정절차 지원(접수, 관계기관 협의 요청, 공고·공람), 환경영향평가협의회 심의(개최), 평가서 초안 검토 의견 제시, 계획 및 사업 인·허가
협의기관(환경부)	환경영향평가협의회 심의, 평가서(초안, 본안) 검토 의견 제시, 협의
검토기관(KEI)	환경영향평가협의회 심의, 평가서 본안 검토 의견 제시
전문가	환경영향평가협의회 심의, 평가서 본안 검토 의견 제시
주민 및 시민단체	환경영향평가협의회 심의, 평가준비서, 평가서 초안 의견 제시

출처: 김보미(2016).

2. 환경영향평가제도의 갈등 예방 및 관리를 위한 요소

1) 이해관계자 참여

환경영향평가제도는 전체 절차에 걸쳐 다양한 이해관계자가 직·간접적으로 절차에 참여할 수 있다. 이해관계자의 참여는 세 가지 방식으로 이루어진다.

첫째, 환경영향평가협의회의 위원으로 직접 참여하는 것이다. 승인기관은 「환경영향평가법」 시행령 제4조에 근거해 환경부 및 지방환경청 공무원 1명 이상, 수립 및 승인기관 공무원 1명 이상, 계획 및 사업, 환경영향평가 관련 전문가 1명 이상, 해당 지역 지방자치단체 공무원 1명 이상, 주민 1명 이상, 시민단체 혹은 시민단체 추천 전문가, 건강영향평가 혹은 해양 관련 전문가 1명 이상을 포함해 10명 내외로 환경영향평가협의회를 구성하도록 되어 있다.[2]

둘째, 공고·공람된 정보를 토대로 의견을 제시할 수 있다. 평가 범위 및 항목이 결정되면, 온라인으로 정보를 공개하도록 되어 있고, 이에 대해서 주민들은 의견을 제시할 수 있다. 또한, 관계 행정기관은 환경영향평가서 초안에 대해서 의견을 제시할 수 있으며, 전문가의 경우 환경부 등 협의기관의 요청에 따라 본안에 대한 검토 의견을 제시할 수 있다.

셋째, 주민설명회에 참석하거나 공청회 등을 요청해서 계획 및 사업과 환경적 영향에 대해 설명을 듣고, 질문 및 의견을 제시할 수 있다. 사업자 및 환경영향평가업자에 의해 초안이 작성되고 접수되면, 공람기간 내에 설명회가 개최되며, 주민들이 요청할 경우 공청회도 개최해야 한다.

이해관계자 간의 소통 및 논의는 갈등을 예방하거나 해결하기 위해 필수적인 요소이다. 환경영향평가제도는 다른 교통영향평가, 재해영향평가 등 다른 제도와

---

2) 환경영향평가협의회에 주민대표, 시민단체 등 민간전문가를 의무적으로 1명 이상씩 포함하도록 하는 내용은 2012년 7월에 처음 도입되었다.

비교해 참여하는 이해관계자의 범위가 넓고, 법령으로 참여 시기, 방법 등에 대해 구체적으로 규정해 놓음으로써 다양한 이해관계자 간의 논의가 의무적으로 이루어 질 수 있도록 만들어졌다.

2) 정보 공개

환경영향평가는 절차가 진행되는 과정에서 주민 및 이해관계자들이 계획 및 사업에 대해 파악하고, 의견을 제시할 수 있도록 정보를 공개하고 있다. 평가 항목 및 범위가 결정된 후, 평가서 초안이 접수된 후에 공고·공람을 통해 관계자들이 내용을 알 수 있도록 하고 있다. 그 밖에 환경영향평가와 관련된 정보를 상시적으로 제공하는 홈페이지(http://www.eiass.go.kr)를 운영하고 있다.

환경영향평가제도 내의 정보 공개는 매우 구체적으로 법령에 제시되어 운영되고 있다. 정보 공개가 환경영향평가제도 내에 도입된 이후, 정보 공개 시기 및 방법에 대해 문제 제기가 많았다. 이에 따라 「환경영향평가법」 시행령 제10조, 제13조 등 정보 공개 시기 및 기간, 공개 범위, 공개 방법 등을 좀 더 구체화해 명시하고 있다.

〈표 4〉 정보공개 관련 법령

「환경영향평가법」 시행령
제10조(전략환경영향 평가 항목 등의 결정 내용 공개 등) ① 법 제11조 제5항에 따라 전략환경영향평가 대상 계획을 수립하려는 행정기관의 장은 법 제11조 제1항 및 제3항에 따라 결정된 전략환경영향 평가 항목 등을 결정된 날부터 20일 이내에 전략환경영향평가 대상 지역을 관할하는 시·군·구 또는 전략환경영향평가 대상계획을 수립하려는 행정기관의 정보통신망 및 법 제70조 제3항에 따른 정보지원시스템에 14일 이상 게시하여야 한다. ② 전략환경영향평가 대상계획을 수립하려는 행정기관의 장은 제1항에 따라 공

개된 전략환경영향 평가 항목 등에 대하여 주민 등이 의견을 제출한 경우에는 이를 검토하여 법 제9조 제2항 제1호에 따른 정책계획의 경우에는 제21조에 따른 전략환경영향평가서에, 법 제9조 제2항 제2호에 따른 개발기본계획의 경우에는 제11조 제1항에 따른 전략환경영향평가서 초안에 그 내용을 포함하여야 한다.

제13조(전략환경영향평가서 초안의 공고·공람 등) ① 개발기본계획을 수립하려는 행정기관의 장은 천재지변 등 특별한 사유가 없으면 법 제12조 제2항에 따라 전략환경영향평가서 초안을 제출한 날부터 10일 이내에 다음 각 호의 사항을 「신문 등의 진흥에 관한 법률」 제9조 제1항에 따라 전국을 보급지역으로 하여 발행되는 일반 일간신문과 전략환경영향평가 대상지역을 주된 보급지역으로 하여 발행되는 일반 일간신문에 각각 1회 이상 공고하고, 20일 이상 40일 이내의 범위에서 전략환경영향평가 대상 지역의 주민 등이 공람할 수 있게 하여야 한다. 이 경우 공휴일 및 토요일은 공람기간에 산입하지 아니한다.

1. 개발기본계획의 개요
2. 전략환경영향평가서 초안에 대한 공람 기간 및 장소
3. 전략환경영향평가서 초안에 대한 의견(공청회 개최 여부에 대한 의견을 포함한다)의 제출 시기 및 방법

② 개발기본계획을 수립하려는 행정기관의 장은 제1항에 따라 공고 및 공람을 실시할 때에는 다음 각 호의 구분에 따라 공고 및 공람을 실시한다는 사실 등을 게시하여야 한다.

1. 전략환경영향평가 대상 지역을 관할하는 시·군·구 또는 개발기본계획을 수립하려는 행정기관의 정보통신망: 공고 및 공람의 내용과 전략환경영향평가서 초안 요약문
2. 환경영향평가 정보지원시스템: 공고 및 공람의 내용과 전략환경영향평가서 초안

③ 개발기본계획을 수립하려는 행정기관의 장은 제1항에 따른 공고를 하려면 공람 기간 및 장소 등에 관하여 미리 전략환경영향평가 대상 지역을 관할하는 시장·군수·구청장의 의견을 들어 그 내용을 결정하여야 하며, 공람장소는 전략환경영향평가 대상 지역을 관할하는 시·군·구마다 1개소 이상 설치하여야 한다.

3) 객관적이고 신뢰성 있는 제3의 독립된 기관

계획 및 개발사업의 환경적 영향에 대한 분석 및 예측, 평가서 작성은 사업자와 사업자의 의뢰를 받은 환경영향평가업자가 담당한다. 계획 및 사업을 시행하는 측에서 환경영향평가서를 작성하는 것이기 때문에 환경영향평가서의 객관성, 정확성, 신뢰성 등을 검토하고, 계획 및 사업에 대한 실제 환경적 영향에 대한 검토를 해서 판단하는 것이 필요하다. 환경부 및 지방유역환경청에서 이러한 역할을 담당하고 있지만, 좀 더 객관성·전문성 등을 확보하기 위해 1992년에 한국환경정책·평가연구원이 설립되었다. 한국환경정책·평가연구원이 설립되기 전에는 개별 사업별로 전문가에게 자문 의견을 의뢰했다. 그러나 전문가에 따라 의견이 너무 분분해서 유사한 사업이라도 전문가에 따라 검토 의견의 내용이 판이하게 다르기도 하고, 전문가가 사업 및 환경영향평가에 대한 이해도가 낮거나 개별 항목 분야의 전문가들이 본인의 전문 분야만을 강조하는 등 검토 및 협의 과정에서 큰 도움이 되지 못했다.

한국환경정책·평가연구원은 환경과 관련된 전문가로 구성된 연구기관으로 사업자, 승인기관, 협의기관 등과 연계되어 있지 않은 제3의 독립적인 기관이다. 한국환경정책·평가연구원에서는 환경영향평가서 검토만을 담당하는 환경평가본부를 별도로 구성해 운영하고 있으며, 환경평가본부는 소음, 대기 등 각 분야 전문가(2019년 현재 약 33명)로 구성되어 있다.

사업자 및 환경영향평가업자가 환경영향평가 본안을 작성해서 제출하면, 환경부가 한국환경정책·평가연구원에 검토를 의뢰한다. 한국환경정책·평가연구원에서 검토 의견을 환경부에 제출하면 이를 참고해서 환경부가 협의 여부를 결정한다. 환경영향평가는 앞으로 일어나지 않은 일에 대해 협의해 가는 과정이다. 따라서 객관적이고 신뢰할 수 있는 근거 및 자료가 매우 중요하다. 환경영향평가서를 사업자 및 환경영향평가업자가 작성하고, 환경부가 환경적 검토를 전문적으로 실시하기에는 인력, 예산 등 여러 가지 현실적인 제약으로 인해 어렵기 때문에 환경영향평가서에 대한 검토는 부실, 은폐, 왜곡 등의 논란이 종종 발생할 수밖에 없다. 한국환경정책·평가연구원은 이를 보완하고 사업의 환경적 검토에 대한 전문성, 객관성, 신뢰성을 높이는 역할을 하고 있다.

IV. 환경영향평가제도 운영 과정에서 갈등이 발생되는 원인

앞서 환경영향평가제도 내에서 갈등을 예방하고, 협력을 강화하기 위해 도입된 여러 장치에 대해 검토해 보았다. 환경영향평가제도는 갈등을 예방하고, 협력을 강화하기 위한 다양한 방법을 활용하고 있음에도 불구하고, 갈등이 지속적으로 발생하고 있으며, 부실한 환경영향평가서, 형식적인 주민 참여 등 갈등 상황에서 제시되는 문제점도 반복되고 있다. 그 원인에 대해서 많은 연구자가 분석을 하고 있으며, 여러 가지 제도적 개선 방안을 마련하고 있다. 환경영향평가제도의 제도적인 문제도 당연히 있겠지만, 제도의 개선에도 불구하고 갈등이 줄어들지 않는 원인에 대한 검토가 필요하다. 여기에서는 현 제도와 제도에 참여하는 이해관계자들의 운영 및 참여 과정에서 나타나는 운영 과정상의 문제점을 중점적으로 검토해 보기로 한다.

1. 이해관계자의 제도에 대한 이해

환경영향평가제도는 앞서 서술한 것처럼 환경적 검토를 위해 지속 가능한 발전을 도모하는 것뿐만 아니라, 여러 이해관계자, 그중에서도 사회적 약자를 배려해 서로 협의해 나감으로써 갈등을 예방 및 관리하는 목적도 있다. 그러나 각 이해관계자가 인식하고 있는 환경영향평가제도의 목적이 각각 다르며, 특히 환경영향평가에 대한 여러 절차 운영 및 관리를 하고 있는 공공기관 담당자들이 갈등관리 목적에 대한 인지도가 낮은 편으로 나타났다. 2015년 수립 및 승인기관, 협의기관 담당자, 한국환경정책·평가연구원 환경평가 전문가, 전문가, NGO 활동가 190명을 대상으로 환경영향 예측 및 저감 방안 수립, 정책 의사결정 지원, 갈등 예방 등 환경영향평가제도의 목적에 대한 설문조사를 실시한 결과, 한국환경정책·평가연구원, NGO를 제외한 이해관계자들은 과학기술 및 도구적인 측면의 목적인 환경영향 예측 및 저감 방안 수립을 가장 중요하게 인식하고 있는 것으로 나타났다(김보미, 2016).[3] 특히,

3) 환경영향평가 목적에 대한 설문조사 결과

		환경영향 예측 및 저감 방안 수립	정책 의사결정 지원	갈등 예방
전체	평균	4.33	3.96	3.81
	표준편차	0.76	0.91	0.93
수립/승인기관	평균	4.32	3.59	3.56
	표준편차	0.67	0.81	0.90
협의기관	평균	4.47	3.93	3.87
	표준편차	0.63	0.87	1.14
KEI	평균	3.94	4.65	4.24
	표준편차	1.30	0.70	0.97
환경영향평가업자	평균	4.13	3.84	3.84
	표준편차	0.83	0.88	0.88
전문가	평균	4.55	4.08	3.79
	표준편차	0.55	1.08	0.81
NGO	평균	4.42	4.37	4.05
	표준편차	0.61	0.60	0.85

주 : 5점 척도('매우 아니다' 1 → '매우 그렇다' 5).
출처: 김보미(2016).

수립 및 승인기관이 다른 집단에 비해 환경영향평가제도의 다양한 이해관계자가 협의하는 과정적인 측면을 낮게 인식하고 있는 것으로 나타났다. 이러한 수립 및 승인기관의 인식은 환경영향평가협의회를 구성하고 개최하는 과정에서 나타난다. 과학기술적인 절차라고 인식할수록 주민이나 NGO보다는 공무원, 전문가를 더 높은 비율로 협의회를 구성하며, 회의를 개최하기보다는 서면으로 진행할 가능성이 높다. 갈등이 발생된 사업은 환경영향평가협의회의 구성 및 운영에서부터 이해관계자 간의 불신이 형성되는 경우가 많다. 사업을 반대하는 주민이나 NGO의 입장에서는 주민이나 NGO의 참여가 제한되었다고 생각할 경우, 사업에 대한 은폐가 있다고 의심하게 되기 때문이다. 또한, 회의 개최가 아닌, 서면 심의로 협의회를 운영할 경우 각각의 위원이 의견을 제시하고, 이를 문서상으로 취합하는 형태이기 때문에 관련 논의가 충분히 이루어지지 못하며, 도출되는 환경 및 지역정보의 양이 적어 적절한 환경조사 및 평가가 이루어지기 쉽지 않다. 이는 부실한 환경영향평가로 이어지게 되는 것이다.

협의기관도 갈등 예방의 목적보다는 환경영향 예측 및 저감 방안 수립 목적을 더 중시하는 것으로 나타났으며, 이는 협의 과정에서 주민 의견보다는 전문가의 의견을 더 비중 있게 고려할 가능성이 높다. 환경영향평가 협의 결과에 대한 영향력을 조사한 설문에서 협의기관은 한국환경정책·평가연구원을 가장 영향력 있다고 꼽았으며, 전문가, 환경부, 주민 및 NGO, 승인기관 순으로 영향력 있다고 응답했다.[4]

---

4) 환경영향평가 협의 결과에 대한 각 참여자 영향력 정도 평가

		영향력						
		협의회	주민설명회	환경부	KEI	승인	주민/NGO	전문가
전체	평균	3.47	3.11	3.92	3.89	3.59	3.11	3.50
	표준편차	0.89	0.89	0.79	0.73	0.82	0.89	0.71
수립 및 승인기관	평균	3.85	3.25	3.96	3.96	3.55	3.54	3.70
	표준편차	0.51	0.79	0.75	0.64	0.83	0.83	0.59
협의기관	평균	3.37	3.48	3.60	3.80	3.40	3.52	3.73
	표준편차	1.00	0.90	0.72	0.76	0.81	0.73	0.69
KEI	평균	3.00	2.77	4.24	3.88	3.31	2.82	3.24
	표준편차	1.12	0.75	0.56	0.33	0.85	0.81	0.75

실제 갈등이 발생했던 가로림 조력발전사업의 전략환경영향평가 협의 과정에서 주민의 반대가 심했고, 갈등이 해결되지 않았음에도 불구하고 협의가 이루어졌으며, 이후 주민들은 더 강력한 반대 시위운동을 하게 되었다. 가로림 조력발전사업의 전략환경영향평가 검토 과정에서 주민의 의견을 전혀 고려하지 않았다는 것은 아니다. 협의 의견에 주민 반대에 대한 해결을 조건으로 제시하고 있다. 그러나 전략환경영향평가서가 협의되었다는 것은 환경영향평가서 검토 단계에서 사업 시행 여부에 대한 번복이 어렵기 때문에 사업 시행에 대한 협의가 된 것으로 인식된다. 가로림 조력발전사업의 경우, 결국 최종적으로 사업을 시행하지 않게 되었지만, 전략환경평가 협의의 결과 번복인 환경영향평가서에 대한 환경부의 부동의 결정으로 인한 것이 아니라, 전략환경평가 협의 결과에 대한 유효기간이 만료됨에 따른 사업자의 포기로 무산된 것이었다.

계획 및 사업을 수립하는 사업자 및 수립기관의 경우에도 환경영향평가제도를 과학기술적인 절차로 인식하고, 환경영향평가제도의 주민 참여 절차를 형식적으로 생각하는 경향이 있다. 사업자의 의뢰로 환경영향평가서를 작성하는 환경영향평가업자는 환경부와 한국환경정책·평가연구원 외에는 협의와 관련해 중요하다고 인식하지 않는 것으로 나타났다. 환경영향평가 협의 결과에 미치는 주민의 영향력을 높게 생각하지 않을 경우, 평가서를 작성하거나, 과정을 진행하면서 주민의 의견에 귀기울이지 않을 가능성이 높다. 형식적으로 주민설명회를 개최하고, 주민 의견을 적극적으로 반영하지 않는 것은 주민 의견의 중요성 및 영향력에 대해 높게 인식하

환경영향 평가업자	평균	3.30	3.23	4.33	4.33	3.23	3.41	3.37
	표준편차	0.99	0.70	0.73	0.69	0.79	0.78	0.65
전문가	평균	3.32	3.22	3.62	3.78	4.00	3.51	3.43
	표준편차	0.84	0.84	0.78	0.78	0.52	0.76	0.72
시민단체	평균	3.53	2.00	3.95	3.35	4.05	2.26	3.11
	표준편차	0.96	0.75	0.91	0.81	0.91	1.15	0.87

주 : 5점 척도('매우 아니다' 1 → '매우 그렇다' 5).
출처: 김보미(2016).

고 있지 않기 때문이다. 최근 주민 반대로 인해 사업이 지연되거나 무산되는 사례가 점차 발생하면서 주민 의견 수렴이 필요하다고 인식되고 있고 있다.

2. 이해관계자 간 불신

환경영향평가제도가 30여 년간 운영되면서 각 이해관계자 간의 허물기 쉽지 않은 불신과 편견이 쌓이게 되었다. 이러한 불신은 환경영향평가제도의 목적대로 운영될 수 없도록 하고, 결국에는 더욱더 큰 불신을 낳고 있다.

사업을 추진하고자 하는 입장의 사업자, 수립 및 승인기관 등은 주민 참여에 대한 부정적인 인식을 가지고 있다. 주민에게 많은 정보를 주면 오히려 갈등을 발생시킨다는 것이다(조공장 외, 2013). 따라서 사업에 대한 모든 정보를 공유하고, 이를 공개적으로 논의하기보다는 주민 참여 절차 및 과정을 사업에 대한 장점을 위주로 한 홍보를 하거나, 적극적으로 주민 참여를 유도하지 않는 사례가 많이 발생했다(전동준 외, 2018). 온라인에 전문적 내용만을 일방적으로 공표하고 짧은 기간에만 의견 수렴을 하거나, 주민설명회 등의 개최에 대한 정보를 비교적 사람들이 많이 구독하지 않는 일간지 위주로 공지를 함으로써 많은 사람이 주민설명회 개최 자체를 잘 알지 못하도록 했다. 또한, 사업에 대한 갈등이 심한 몇몇의 사업에서 사업자 측이 조직폭력배 등을 동원해 주민설명회 및 공청회 등의 참여를 제한하거나, 폭력사태가 발생한 사례가 발생되기도 했다(김보미, 2016).

이로 인해 사업을 반대하는 입장의 주민이나 NGO들은 사업자 측에서 부정적인 정보를 축소·은폐하려고 하거나 주민 참여를 배제한다고 인식해 문제 제기를 하고, 사업 자체에 대한 반대를 하게 되었다. 특히, 위와 같은 선례가 오랜 기간 동안 쌓이게 되면서 사업자를 포함해 사업을 추진하고자 하는 공공기관과 환경영향평가제도에 대한 주민과 NGO들의 무조건적인 불신이 형성되었다. 따라서 사업에 대한 의견이 있거나 반대를 하는 입장이 되면, 사업자 측과 대화를 시도하기보다는 주민설명회 등을 개최하지 못하게 함으로써 환경영향평가 협의 과정이 늦어지게 하거나, 시위 등의 방법으로 여론을 활용해 공공기관에 압박감을 주는 전략을 많이 시도하게 되었다.

환경영향평가와 관련된 이해관계자는 각 계획 및 사업이 수립되는 지역에 따라 달라지는 주민을 제외하고, 수립 및 승인기관, 협의기관, 한국환경정책·평가연구원, 전문가, NGO 등 고정적이다. 오랜 기간 쌓인 이들 간의 불신과 편견은 환경영향가제도의 목적대로 운영되지 못하고, 악순환으로 이어지고 있다. 이러한 문제를 해결하기 위해 주민 참여, 정보 공개 절차 및 방식을 좀 더 구체화하고 강화하고 있으며, 평가서에 대한 신뢰성, 객관성을 확보하기 위해 공동의 사실 확인(joint fact finding)과 같은 방안이 검토되기도 한다. 그러나 이러한 제도적 개선뿐만 아니라, 기존의 제도를 적극적으로 활용해 서로 간의 신뢰를 형성함으로써 불신의 악순환의 고리를 끊는 것이 필요하다.

V. 맺음말

환경영향평가제도는 여러 연구자에 의해 갈등과 협력에 대한 많은 연구 끝에 지금의 제도가 완성되었다. 주민, NGO, 전문가 등의 직·간접적인 참여 방안을 마련했으며, 각 절차가 완료될 때마다 공고·공람 등을 통해 정보를 공개하고 있다. 또한, 제3의 독립기관을 설립해 전문성, 객관성을 확보하고자 하지만 형식적인 운영에 대한 문제 제기로 인해 주민 참여 및 정보 공개의 시기, 방법 등을 법령 혹은 가이드라인으로 제시해 갈등 혹은 논란의 여지를 줄이고자 노력하고 있다.

그럼에도 불구하고, 갈등이 지속적으로 발생되는 원인은 각 참여자의 제도에 대한 낮은 이해도와 오랜 기간 동안 쌓인 불신 때문이라고 할 수 있다. 제도의 규정은 각 참여자가 서로 정보와 의견을 공유하고, 논의를 통해 협의안을 만들도록 유도하고 있지만, 과학기술적인 절차라는 인식을 갖고 있는 사업자, 승인기관, 협의기관 등이 주민 참여는 번거롭고 협의 결과에 큰 영향을 미치지 않는다고 생각하기 때문에 적극적으로 다른 이해관계자의 의견을 수렴 및 반영하기 위한 노력을 하지 않거나, 참여 자체를 방해하는 경우도 발생한다. 주민, NGO 등은 사업을 추진하려는 사업자 및 기관 자체를 불신하며, 협의 과정에서 참여를 배제하려는 모습을 보일 경우, 격렬한 반대운동을 벌인다. 협의와 협력을 위해 만들어진 여러 절차는 오히려 서로 간의 불신과 갈등을 유발하는 요소로 작용하고 있기도 하다.

현 시점에서는 주민 참여나 협의하는 절차를 더 구체화하고 강화하기보다는 제도에 대한 교육이나 이해관계자 간 네트워크 강화, 신뢰 형성을 바탕으로 한 좋은 협의 사례들을 발굴하는 등의 노력을 통해 현 제도가 목표한 바대로 운용될 수 있도록 하는 것이 필요하다.

| 생각해 볼 문제들 |

1. 환경영향평가제도에서 주민을 포함해 여러 이해관계자를 참여시키도록 제도가 설계된 이유는 무엇일까?

2. 환경영향평가제도의 여러 가지 목적 및 기능 중 갈등 예방 및 관리가 강조되고 있으나, 실제 환경영향평가제도에 참여하는 이해관계자들은 이에 대한 인식이 낮은 편이다. 이해관계자들의 제도에 대한 이해를 높일 수 있는 방안은 무엇일까?

3. 환경영향평가제도 내에서 주민이 반드시 참여하도록 되어 있다. 이때, '주민'의 범위는 어디까지라고 생각하는가? 그리고 그 이유는 무엇인가? 환경영향평가제도는 주민 참여를 강화하는 방향으로 제도가 개선되고 있다. 그러나 제도가 강화되는 것과 달리 몇몇의 논란이 많이 되는 계획 및 사업 외에는 실제로 주민의 관심과 참여가 적은 편이며, 특히 사업이 구체화되지 않은 전략환경영향평가 단계에서는 거의 관심이 없는 경우가 많다. 주민의 낮은 관심과 참여를 높이기 위해 필요한 것이 무엇일까?

4. 환경영향평가 절차가 운영되는 과정에서 각 이해관계자 간 신뢰를 회복하기 위해서는 어떠한 노력이 필요할까?

5. 환경영향평가제도를 진행하는 과정에서 갈등이 발생할 경우, 갈등 협력 및 조정은 누가 담당하는 것이 적절할까?

〈 참고 문헌 〉

김보미(2016). 환경영향평가제도의 운영메커니즘에 관한 연구. 성균관대학교 박사학위 논문.
유병로·조현구(2013). 환경갈등 완화를 위한 환경영향평가제도 역할 연구. 「한국행정논집」, 25(3): 847-878.
전동준 외(2018). 국민참여형 환경영향평가 체계 구축 및 제도 개선방안. 세종: 한국환경정책·평가연구원.
조공장 외(2013). 환경영향평가협의회 활성화 방안 연구. 한국환경정책·평가연구원.

사회문제 해결을 위한 국민과 정부 간 협력과 소통
: '국민디자인단' 사례

강나율 · 박성민
성균관대학교

I. 들어가는 말

사회문제가 점점 더 복잡하고 다양해짐에 따라 정부가 단독으로 모든 문제를 해결하는 것은 어려운 문제가 되었다. 이에 정부는 민간영역이나 비영리단체, 시민단체 등 다양한 참여자들과 협력해 문제를 해결하고자 노력하고 있다. 그러나 그럼에도 불구하고 여전히 일반 국민들이 원하는 정책 수요(needs)와 정책 공급 측면의 간극(gap)이 발생하곤 했다. 최근 정부는 이러한 간극을 더 효과적으로 줄일 수 있도록 국민들을 직접 정책결정 과정의 참여자로 포함해 협력하는 국민참여형 문제 해결 방식을 적용하려는 시도를 보이고 있다. '국민디자인단'은 이러한 맥락에서 국민

참여형 정책사업의 일환으로 등장하게 되었다. 국민디자인단은 일반 국민들이 정부 조직 또는 공무원과 협력해 사회문제를 진단하고, 이러한 문제를 극복하거나 해소하기 위한 대안점을 함께 찾아가는 과정이라고 이해할 수 있다.

　이 글에서는 정부가 국민디자인단을 통해 어떻게 국민들의 참여를 이끌어내고 활용하고자 했는지 그 전략과 논리를 소개한다. 또한 국민디자인단의 여러 가지 과제 중에서 우수 사례, 다소 미흡했다고 평가되는 사례, 그리고 한 번의 실패 경험을 겪고 난 후 우수 사례로 선정될 수 있었던 경우의 사례를 제시한다. 아울러 세 가지 사례를 기반으로, 국민디자인단이 갖는 의의와 국민과 정부가 협력 시 유념해야 할 점에 대해 간략한 사례 평가를 실시한다. 이러한 논의들은 비단 국민디자인단에만 국한되어 적용되는 것이 아니라, 향후 국민과 정부가 협력과 소통을 위해 마련할 다양한 프로젝트 및 정책을 위해 시사점을 제공해 줄 수 있다는 점에서 의의를 찾을 수 있을 것이다.

II. 정부혁신을 이루기 위한 '소통', '혁신'의 중요성

　현대 사회는 점점 더 복잡하고 불확실한 미래의 모습을 보여주고 있다. 그뿐만 아니라 4차 산업혁명시대[1]로 접어들게 되면서 고도로 발전된 기술과 방대한 양의 정보 활용이 보편화될 것으로 예상된다. 이러한 변화들은 정부가 단독적으로 정책문제를 해결하거나 정부혁신을 추진하는 것보다는 민간과 시민사회의 역량을 활용하는 것이 중요하다는 것을 시사해 준다. 그동안 정부는 정부와 행정체제를 지금보

---

1) 4차 산업혁명시대는 2016년 다보스포럼(Davos Forum: World Economic Forum)에서 처음 언급되었으며, 고도로 발전된 과학기술과 정보통신기술(ICT)을 융합함으로써 빅데이터와 인공지능(AI) 등을 보편화시킬 것으로 예상된다.

다 나은 상태로 개선하기 위해 다양한 방식으로 정부혁신을 추진해 왔다. 그러나 세계화와 국제화가 활발히 이루어지고 있는 현대 사회의 대내외적인 불확실성으로 인해 정부는 늘어나는 정책 수요(needs)를 충족하기 어려운 상황이다. 이러한 상황에서, 경제협력개발기구(OECD)의 공공개혁 본부장인 에드윈 라우(Edwin Lau)는 OECD가 2년마다 펴내는 「한눈에 보는 정부」를 통해 국가별로 객관적인 비교를 하는 것이 정부의 역량을 강화하는 데 큰 도움이 될 수 있다고 소개한 바 있다. 그는 정부의 역량을 측정하는 지표에서 '위기관리와 소통'과 '공공 분야 혁신'이라는 새로운 지표가 추가되었다고 설명했다. 이는, 결국 정부의 질적 성장을 위해서 취할 수 있는 여러 가지 대응 중에서도 '소통'과 '혁신'이 중요한 핵심 요소가 될 수 있다는 것으로 파악할 수 있다.

정부는 국민들과 소통하고 이를 바탕으로 혁신을 이끌어내고자 다양한 시도를 추진 중이다. 일례로 지난 박근혜 정부에서는 '정부3.0'이라는 슬로건을 토대로 정부혁신을 위한 다양한 시도를 해왔으며, 현 문재인 정부에서도 이러한 흐름을 이어가고 있다. 그러나 정부가 소통적 측면을 강화하고자 여러 시도를 하고 있음에도 불구하고, 여전히 국민들과 정부의 소통 방식은 정부 주도 하에 이루어지고 있는 하향식 구조를 띠고 있었다. 즉, 국민들의 의견을 듣고 수렴하는 정도의 소극적 소통의 기회는 늘렸으나, 여전히 정부는 정책 과정의 공식적 참여자로서 활동하고, 국민들은 비공식적 참여자로서 의견을 표출하는 것에 만족해야만 했다. 그러나 공무원들이 복잡하고 다양한 사회문제에 대한 정책 수요를 파악하고 그에 적절한 해결책과 대안을 모두 제시하는 것은 현실적으로 어려울 수밖에 없다. 그뿐만 아니라 공무원과 국민들이 파악한 문제(problem)와 해결책(solution)의 간극(gap)이 커질수록 국민들의 불만이 높아 정책에 순응하지 않고, 정부에 대한 신뢰가 하락한다는 사실도 염두에 두어야 한다.

정책문제는 곧 국민들의 삶과 밀접한 연관을 맺고 있다. 처음에는 한 사람이 불편함을 느끼는 사회문제점이 곧 여러 사람이 공통적으로 문제점을 인지하고 비로소 공론화 과정을 거쳐 표출됨으로써 정책문제로 자리 잡게 된다. 이러한 문제를 해결하는 정책을 제시하거나 수정·개선할 수 있는 공식적 권한을 가진 참여자는 정부를 비롯한 소수 참여자이기 때문에 실제로 그 문제에 직면하고 있는 국민들의 불편함을 모두 헤아리기 어렵다. 또한 해당 정책문제에 대한 특정한 이해관계가 있는 소수의 이익집단이나 목소리를 적극적으로 내는 소수 국민의 목소리만이 정책 과정에 반영되는 문제점도 존재한다. 따라서 '소통'을 한다는 것은 단순히 의견을 듣거나 수렴하는 과정의 횟수를 양적으로 늘리는 것뿐만 아니라 국민들의 잠재적 수요를 파악해서 이를 선제적으로 예방하고, 적극적으로 정책 과정 전반에 국민의 목소리(voice)를 반영하는 것까지 고려해야 할 것이다.

III. 사례 개요 : 국민과 정부 간 참여와 협력을 강조하는 '국민디자인단'

이러한 맥락에서 행정안전부 정부혁신조직실에서는 정부정책에 대한 국민참여 활성화를 위해 '국민참여 정책'이라는 사업을 하고 있다. 국민참여 정책이란 국민들이 정책 전 과정에 참여할 수 있도록 국민들의 다양한 참여 방식을 기획하고, 중앙부처와 지자체 등을 통해 전파하는 정책을 의미한다. 정부는 2016년 3월 1일 '국민참여 정책과'를 신설해 국민참여 정책을 전담해서 운영하고 관리하고 있다. 국민참여 정책에는 온라인 국민참여 플랫폼(국민생각함), 생활공감정책 추진(생활공감 국민행복), 국민·공무원 제안제도, 정부 3.0 국민디자인 과제가 포함되어 있다. 이 중에서도 국민디자인단은 국민이 직접 정책의제 설정, 정책결정, 정책집행, 정책평가와 환류 등의 정책 과정 전반에 참여한다는 점에서 다른 국민참여 정책[2]들과 차이를 보인다.

---

2) '국민참여 정책', '국민생각함·생활공감정책', '제안제도'는 정책 과정 중에서 일부분에만 참여함

국민디자인단의 등장 배경을 정리하면 다음과 같다.

첫째, 기존의 문제 해결 방식은 정부 주도 하에 이루어졌던 공급자 중심이었으나, 국민 주도 하에 이루어질 수 있는 수요자 중심의 문제 해결 방식을 제시할 필요성이 증대되었다.

둘째, 수요자 맞춤형 행정 서비스를 제공하기 위해서는 국민의 잠재된 정책 수요를 파악하고 이를 선제적으로 예방하거나 극복할 수 있는 방안을 찾는 것이 중요해졌다.

셋째, 국민들이 정책 과정(정책의제 설정 단계, 정책결정 단계, 정책집행 단계, 정책평가와 환류 단계) 중에서 일부분에만 제한적으로 참여하는 것이 아니라 정책 과정 전반에 참여함으로써 소통하는 것이 중요해졌다.

이러한 중요성과 필요성을 인식함으로써 정부는 국민들의 적극적인 참여를 이끌어내어 협력하는 정부혁신을 이루고자 한다.

1. 국민디자인단 운영과 현황

국민디자인단은 2014년에 처음으로 31개(중앙행정기관 19개, 지방자치단체 12개)의 과제를 맡아 수행하면서 시작되었다. 이후 〈표 1〉과 같이, 다음 해인 2015년에는 248개(중앙행정기관 42개, 지방자치단체 206개), 2016년에는 382개(중앙행정기관 44개, 지방자치단체 338개), 2017년에는 273개(중앙행정기관 39개, 지방자치단체 234개), 2018년에는 229개(중앙행정기관 51개, 지방자치단체 178개)의 과제를 수행했다는 것을 확인할 수 있다(행정안전부). 국민디자인단 과제는 점차 증가하다가 감소했는데, 중앙행정기관의 경

으로써 의견을 제시하는 것에 초점이 맞추어져 있다.

우 꾸준히 증가하고 있다는 것을 알 수 있다.

〈표 1〉 국민디자인단 과제 현황

(단위: 개)

구분	2014년	2015년	2016년	2017년	2018년	합계
합계	31	248	382	273	229	1,163
중앙행정기관	19	42	44	39	51	195
지방자치단체	12	206	338	234	178	968

출처: 행정안전부.

2. 국민디자인단 사례

다음으로 국민디자인단 사례를 세 가지 소개하고자 한다. 소개하고자 하는 첫째 사례(식약처 국민디자인단)는 국민디자인단이 어떤 과정을 거쳐서 문제 해결을 했는지, 그 과정과 결과의 내용을 보여주고 있으며, 둘째 사례(인천시 국민디자인단)를 통해 국민디자인단 운영 시 유의할 점을 확인하고, 셋째 사례(관세청 국민디자인단)를 통해 국민디자인단의 실패와 성공에 대한 바람직한 방향에 대해 생각해 보고자 한다.

1) 식품의약품안전처의 '소비자 중심의 영양정보 서비스 개선 사례'

국민디자인단은 2014년부터 중앙행정기관과 지방자치단체에서 자율적으로 과제를 선정해 수행하고 있다. 점점 국민디자인단의 제도를 활용하는 중앙행정기관과 지방자치단체가 늘어나고 있는데, 그들이 했던 다양하고 많은 과제 속에서 어떤 내용을 진행했고, 어떤 효과를 가지게 했는지를 보는 것은 미래의 국민디자인단 과제를 위해서도, 국민참여 정책의 발전을 위해서도 중요하다고 볼 수 있다. 이에 여러 우수 사례 중에서 식품의약품안전처에서 진행한 '소비자 중심의 영양정보 서비스 개선 사례'를 성공 사례로 선정해 이에 대한 내용을 확인해 보고자 한다.

점점 더 많은 사람이 건강한 식생활에 대해 관심을 갖고 있으며, 건강한 식생활에 관심이 없다고 할지라도 섭취하는 음식의 영양정보를 아는 것은 중요하다. 특히나 건강관리를 하고 있는 사람들에게는 이러한 영양정보가 더욱이 필요하다. 기존의 영양 표시는 대개 전문용어를 사용하기 때문에 일반 국민들이 정보를 인지하기 쉽지 않고, 통일성 없이 나열된 작은 글자와 많은 정보로 인해 제대로 된 활용이 불가능한 상태였다. 그 때문에 영양정보가 표기가 되어 있더라도, 이를 활용하는 것에는 제약이 따르는 상황이었다.

이에, 식품의약품안전처(식약처) 국민디자인단은 기존의 영양정보 표시제도가 복잡하고 표준화되어 있지 않다는 문제점을 파악해 제도를 개선하기 위해 국민들이 정보를 접하고 활용하는 매체를 폭넓게 탐구함으로써 '소비자 중심의 영양 표시 및 정보 제공' 프로젝트를 진행했다. 이러한 '소비자 중심의 영양 표시 및 정보 제공' 프로젝트는 식약처의 정책 변경을 따르는 기업뿐만 아니라 바뀌게 될 영양정보 표시를 활용할 국민들의 습관까지도 함께 고려해야 했다. 따라서 식약처 국민디자인단은 영양정보 표시를 변경하기 위해서 관련 이해관계자들의 입장을 모두 고려해, 기업 입장에서는 편리하게 영양정보 표시를 제공할 수 있도록 하고, 이러한 영양정보 표시를 국민들이 잘 활용할 수 있는 방법을 모색했다. 이 과정에서 국민디자인단은 일상에서 영양정보를 알기 쉽게 파악함으로써 국민들의 건강 수준을 높이겠다는 목표를 세우게 되었다.

본격적인 프로젝트를 착수하기 전에, 주로 개선하고자 했던 타깃은 가공식품의 포장지와 프랜차이즈 업체의 안내판이었다. 그런데 점점 프로젝트를 진행함에 따라, 국민디자인단은 해당 문제를 개선하기 위해서는 단순히 영양정보 표시의 도안을 수정함으로써 해결되는 것이 아니라 인지하지 못했던 국민들의 습관까지 고려할 필요가 있다는 것을 깨달았다. 이에 따라 국민들이 영양정보를 접할 수 있는 다양한 홈페이지, 이벤트 또는 행사뿐만 아니라 관련 기관 및 기업에서 배포하는 교육자료들을 분석함으로써 정책 수요자의 대상과 범위를 넓혔다.

그동안 영양정보는 공급자에 따라 상이하고 다양한 형태로 제공되어 왔었기 때문에 국민들이 이러한 정보를 습득하는 것에 상당한 피로를 느낄 수밖에 없었다. 이는 결국 정보가 만들어지는 과정에 그치는 것이 아니라 영양정보 제공 서비스에도 영향을 미칠 수 있다고 볼 수 있다. 국민디자인단은 이러한 문제를 인식하고, 해결하고자 기업의 입장에서 쉽게 영양정보를 제공할 수 있도록 영양정보 표시의 표준이 될 수 있는 '튼튼박스'를 고안하게 되었다.

'튼튼박스'를 고안하기까지, 국민디자인단은 국민들이 일상에서 영양정보 표시를 어떻게 인식하고 있는지, 어떠한 어려움이 있는지를 확인했다. 마찬가지로 영양정보 표시를 제공하는 가공식품 및 기업들의 입장에서 발견된 이슈와 문제점들을 정리해서 아이디어들을 발전시켜 나갔다. 이 과정에서 국민디자인단이 프로젝트를 수행하면서 필요한 우선순위 사업을 다음과 같이 설정했다. 첫째, 영양정보 표시 및 튼튼박스를 위한 표준 디자인을 개발한다. 둘째, 정보 제공자 입장에서 디자이너들이 영양정보 표시 도안을 쉽게 만들 수 있도록 간편한 매뉴얼을 제작해서 제공한다. 셋째, 홈페이지에서 정보를 쉽게 찾을 수 있도록 아이콘 및 정보 배치를 알맞게 구성한다. 넷째, 개인별로 맞춤형 영양정보를 제공할 수 있는 모바일 애플리케이션을 개발한다. 마지막을, 영양정보 표시 활용과 관련된 국민들의 인식 개선을 위한 홍보를 위해 이벤트 및 광고를 활용할 필요가 있다고 생각했다.

위와 같은 국민디자인단의 활동 이후 개선사업이 진행되었고 그 전·후를 비교해 보면 다음과 같은 변화를 보였다. 기존의 '1회 제공량', '1회 참고량' 등 다양하고 어려운 용어들의 법령 용어가 개정되었으며, 공급자마다 제각각이고 복잡하던 영양정보 표시 또한 '튼튼박스' 표준안을 바탕으로 일관적으로 제공될 수 있도록 변경되었다. 또한 여전히 영양정보 표시를 읽고 활용하는 것에 어려움을 겪는 국민들을 대상으로 인식을 변화하기 위해 극장 광고를 활용함으로써 인식 개선을 위해 노력하게 되었다.

이러한 식품의약품안전처와 국민디자인단의 활동의 결과, 2016년 1월 14일에는

> 가공식품 포장 시 영양정보를 표시할 수 있도록 입법예고가 진행되었고, 5월에는 외식기업들을 대상으로 입법예고를 진행했다.
>
> 출처: 정부 3.0 국민디자인단 성과사례집 중.

이 사례는 국민디자인단이 정부와 민간기업의 협력을 통해 문제 제기와 대안을 탐구함으로써 국민참여 정책의 긍정적인 효과를 발휘했다는 점에서 의의가 있다. 또한 국민들이 직접 참여해서 만든 정책이 제도로 자리 잡게 되었다는 점 역시, 국민들의 정책 참여가 프로젝트 하나로 국한되어 끝나는 것이 아니라 국민 전체에게 영향력을 끼칠 수 있는 법으로도 입법될 수 있다는 점은 향후 국민들의 다양한 참여로 인해 긍정적인 변화를 스스로 만들어낼 수 있다는 것을 보여준다는 점에서 성공적이라고 평가할 수 있다.

2) 인천광역시의 '마을주택관리소(마·주·소) 사례'

국민디자인단의 정책적 과제가 모두 성공한 사례만 있다고는 볼 수 없다. 인천광역시에서 진행했던 '마을주택관리소(마·주·소)'의 사례는 다소 아쉬운 면이 많았던 국민디자인단 사례로 뽑을 수 있다.

> 인천광역시의 원도심은 지역 개발 불균형과 정비사업지구 해제, 고령화로 인한 노인 인구 증가 등의 문제를 겪고 있었다. 인천광역시는 이에 대한 대안으로 2015년 7월부터 국민디자인단과 함께 송림동, 도화동 등 노후화되고 소외된 원도심의 주민들이 서로 교류할 수 있도록 새로운 마을을 만들기 위한 프로젝트를 기획했다. 구체적으로는, 소외되고 고령화되어 있는 원도심으로부터 젊은 세대와 노인 세대들이 서로 공존하고 소통할 수 있는 환경을 마련하고자 했다. 세대 간의 교류가 지

속적으로 이루어질 수 있도록 함으로써 고령화 사회의 소외문제를 극복하고 다양한 세대 간의 공존을 목표로 세우게 되었다.

이러한 목표를 바탕으로 전문가, 시민, 공무원 등 여러 분야 사람들을 통해 다양한 의견과 아이디어를 공유했다. 예컨대, 국민과 공무원 등 국민디자인단 참여자들은 문제 인식을 위해 현장조사와 인터뷰를 진행했고, 문제 해결을 위해 어떠한 장애요인이 있는지 살펴보았다. 여러 차례의 만남을 통해 의견을 공유하고 아이디어를 발굴하면서 개선사업의 대상이 될 지역의 상황에 적합한 서비스를 제공해야 된다고 깨달았다. 그래서 원도심에 거주하고 있는 주민들이 원하는 환경을 파악해서 이를 제공해 마을 간 교류를 늘릴 수 있는 방법을 모색해 나갔다.

그 결과, 당시 마을에서 주택관리소로 운영되고 있던 빈집을 '마주 보고 소통하는 공간(마·주·소)'으로 지칭하고, 이를 주민들의 새로운 커뮤니티 센터로 탈바꿈하고자 했다. 예를 들어, 새로운 '마·주·소'에서는 전기나 상·하수도와 같이 지원이 필요한 부분에 대해 가능한 범위 내에서 집을 수리할 수 있는 서비스와 공구를 제공하며, 꽃길을 조성하고 담장을 허물어 마을의 주거환경을 재정비하고, 택배 보관소를 운영함으로써 직장인 주민들을 위한 공간을 마련해 주었다. 그뿐만 아니라, 맞벌이 부모의 자녀와 홀몸노인들이 함께 모여 밥을 먹는 '집밥모임'이나, 노인들이 어린이들의 안전한 등·하교를 지원해 주는 '안전지킴이' 활동이나 방과 후 홀로 부모를 기다려야 하는 아이들을 돌봐주는 '아이돌봄 서비스' 등의 활동을 할 수 있도록 프로그램을 개발했다. 이 밖에도 도움이 필요한 소외된 노인들의 문제에 대해서 지역 대학생들의 재능 기부 및 봉사활동을 연계함으로써 이러한 문제들을 해결할 수 있도록 도와주는 활동을 마련했다. 즉, 물리적 환경의 개선뿐만 아니라 내부 프로그램을 제공함으로써 젊은 세대와 노인 세대 간의 긍정적인 교류를 촉진하는 마을 공동체를 형성하고자 했다.

국민디자인단은 보완된 마을주택관리소를 통해 원도심이 활기를 되찾을 것이라고 전망했다. 우선, 민·관 공동의 자원봉사와 재능 기부를 통해 노후했던 주택들이

집 수리를 지원받아 물리적 환경이 개선되었고, 그동안 소외되었던 문화, 교육, 건강, 복지 등 다양한 분야에서 혜택을 볼 수 있을 것이라고 기대되었다. 또한 노인 세대에서 겪게 되는 건강 관련 문제에서도 의료봉사를 통한 도움을 받고, 취미활동 활성화 등을 통해 외로움을 해소할 수 있을 것이라고 전망했다.

하지만 국민디자인단의 노력이 무색하게도 마을주택관리소 운영 실태는 이상과 큰 차이를 보이게 되었다. 마을주택관리소 운영이 국민디자인단의 계획과 차이를 보이는 본질적인 이유는 인력과 예산 부족으로 인한 문제였다. 남동구 마을주택관리소를 예를 들면, 오전과 오후에 한 번씩, 하루 두 차례 순찰을 도는데 직원이 한 명이다 보니 관리소가 비어 있는 시간이 많아서 주민들의 택배를 보관해 주거나 집 수리 공구 등을 빌려주는 일이 어려운 상태였다. 마을주택관리소는 애초의 계획 수립 과정에서부터 건설 전문업체와 지역주민들의 자원봉사 활동에 많은 부분 의존하는 형태로 운영되는 것으로 체계를 잡았다. 하지만 현실적으로는 관리소 운영을 직원 한두 명에게 맡기거나 자원봉사자에게 의존하다 보니 관리소가 하루에도 몇 번씩 문을 닫기 일쑤여서 당초 목표를 시행하기 어렵고, 서비스의 질 또한 떨어지게 되었다.

또한 관리소 한 곳이 맡고 있는 마을의 범위도 너무 넓어 원만한 운영이 어려웠다는 비판을 받았다. 부평구 십정 2구역 관리소의 경우에는 담당하는 마을 면적이 19만 3,066제곱미터에 이르고 이곳에는 2,598세대가 거주하고 있었다. 또한 남구 관리소의 경우, 면적 11만 2642제곱미터의 공간에 살고 있는 1,889세대를 담당해야 했다. 이러한 광범위한 범위의 지역을 한두 명의 관리자에 의해 관리되고 있었기 때문에, 국민디자인단이 초기 의도했던 기대 효과를 창출하기에는 역부족이었다고 판단할 수 있다. 즉, 주민들에게 다양한 서비스를 제공하면서 관리소 운영과 행정 업무까지 하려면 인력 충원이 반드시 필요한 상태였으나, 이러한 사실은 간과된 채 기획안만 제공되었던 것이다.

출처: 정부 3.0 국민디자인단 성과사례집 중, Break News 기사 발췌 등.

이러한 결과는 국민디자인단 프로젝트를 수행할 때, 이상적인 면만 보고 기획해, 집행할 때 발생하는 제한적인 현실적 여건에 대해서는 소홀했기 때문에 발생했다고 볼 수 있다. 결국, 다양한 전문가와 국민들, 공무원이 함께 프로젝트를 기획하지만, 실제로 프로젝트 자체를 만드는 것에만 중점적으로 생각한다면 기대했던 바를 달성하기 어려울 수 있다는 것을 시사해 준다. 따라서 제도나 정책의 형성 과정 자체에서도 집행 과정상의 현실적 여건을 고려해서 기획해야 한다는 점을 간과해서는 안 된다. 결국, 인천광역시의 마을주택관리소의 사례는 지속적으로 관리가 유지될 수 있도록 추후 체계를 갖추어야 한다는 점에서 아쉬운 사례로 꼽을 수 있다.

3) 관세청의 '해외직구 반품물품 〈개인 관세환급 셀프 서비스〉 사례'

한편, 국민디자인단 과제를 수행하면서 한 번의 실패를 기회 삼아 성공을 이룬 사례도 있다. 다음은 관세청 국민디자인단이 겪은 실패의 경험과 이를 보완하기 위한 노력과 결과를 보여주고 있다.

> 관세청은 2016년에 국민디자인 과제 '국민안심 해외직구 정보통합서비스'를 추진한 적이 있었다. 반품과 관련해 관세 환급 서비스의 개선을 시도하고자 기획했으나, 내·외부의 갈등으로 실패하게 되었다. 내·외부 갈등은 국민디자인 과제에 참여하고자 하는 참여자들의 관점의 차이를 극복하지 못했기 때문이었는데, 국민들의 경우 서비스 개선을 최우선으로 생각하는 반면, 담당 공무원의 경우 제도 개선을 위해 거쳐야 하는 복잡한 절차를 간과할 수 없어 의견의 간극이 좁혀지지 않았던 것이다. 예컨대, 해외직구 반품 증가율에 비해서 관세 환급이 상대적으로 증가하지 않는 이유에 대해서, 국민들의 경우 관세 환급 절차가 너무 복잡해서 이용할 수 없다고 생각한 반면, 공무원의 경우 관세 환급 수요가 없기 때문이며, 대행해 주면 되는 문제이므로 더 이상 해줄 수 없다는 입장을 고수했다.

결국 당시 국민디자인단은 별다른 성과를 내지 못하고 실패로 돌아갔으나, 이후에도 관세청의 행정 서비스가 여전히 국민들이 관세 환급을 쉽게 받을 수 없는 현실이라는 것을 인지한 후, 다시 한번 국민디자인단의 과제로 선정해 문제를 해결하고자 했다. 관세청이 가지고 있던 문제점은 제도 개선을 이루었음에도 불구하고 실제 국민들이 개선된 제도를 전혀 활용하지 못해 불만이 제기되어 왔던 것이다. 예컨대, 2014년 7월, 관세청은 해외에서 직구로 구입한 물품을 반품하기 위해서는 관세사·특송업체 등을 거치지 않고 개인이 직접 행정 서비스를 이용할 수 있도록 제도를 바꾸었다. 그러나 이러한 제도 변경에 대해서 관세청을 비롯해 다양한 관련 기관에서는 형식적인 관세 환급 방법에 대한 설명과 정보를 제공했기 때문에, 국민들이 이러한 내용을 인식하기 어려운 상황이었다. 또한, 만약 본인이 직접 해외직구 물품을 반품하고자 시도하더라도, 절차가 너무 복잡하고 시간적·비용적 부담이 발생하기 때문에 환급 자체를 포기하는 일이 빈번히 발생한다는 사실이 지적되었다.

이에 국민의 입장과 시각에서 알기 쉽고 간편하게 해외직구 반품 개인 관세 환급 서비스를 제공받을 수 있도록 서비스를 개선하기 위한 목표를 세웠다. 특히나, 관세청은 과거 국민디자인단 활동 결과가 내·외부 갈등으로 인해 정책에 반영되지 못했던 경험을 염두에 두고, 다시 한번 새롭게 문제의 해결책과 대안을 모색하고자 했다.

우선, 첫 번째 단계인 '발견하기'에서 국민들의 불만 사항을 파악했다. 2016년에 진행했던 국민디자인단 활동 시(2016년 3~10월) 수집된 정보를 활용하고 한국소비자원의 「해외직구 반품·환불 실태조사」에 따른 정책 개선 건의(2017년 2월)를 검토했다. 또한 협업기관, 민원, 뉴스, 블로그 등 SNS를 통해 기존의 문제를 분석했는데, 분석 결과 대체로 환급 민원이 가장 많았으며 환급에 대한 이해가 부족했다는 사실을 발견했다. 관세 환급 정보는 간단하다고 강조하고 있지만, 수입 과정을 체감하지 못한 국민들의 경우 수출 과정을 생소하게 여겨 난관에 봉착하고 환급을 포기하게 된다는 사실을 확인했다. 또한 현재 제공하고 있는 해외직구 대행업체와 기관의 환급(정보) 서비스의 만족도를 살펴보았을 때, 대행업체의 경우, 해외직구의 경우 묻지도 따지지도 않고 해주는 반면, 관세환급(수출) 서비스는 제공하지 않거나 값비싼 수수료를 지불해야 하고, 관련 정보를 찾는 것도 쉽지 않은 것으로 확인되었다. 또한 기관의 경우 형식적인 정보만 제공하고 있어서 이해하기 어렵고 적용하기 힘들다는 문제가 발생하고 있었다. 이러한 문제점을 발견하고, 국민디자인단은 해외직구 물품 반출입 프로세스를 현장 견학해 국민과 공무원 간 양자의 관점을 이해하고 조정하는 시간을 가졌다. 또한 이해관계자들을 대상으로 워크숍과 간담회를 진행하고, 해외직구 반품에 따른 수출 신고 및 관세 환급 현장을 체험했다.

두 번째 단계인 정의(define) 단계에서는 문제점을 분석하고 이해관계자 간의 갈등을 해결하고자 했다. 사용자 여정 맵을 통해서 고객의 여정을 정의했다. 즉, 현장 견학과 체험을 통해 실제 고객의 여정을 내용을 확인하고 정의내리면서 어떠한 점이 좋았는지 정의를 내리면서 'wow point'를 부여하고, 불편했던 문제점에 대해 'pain point'를 부여함으로써 문제점을 정의했다. 또한 관세 환급에 대해서 국민들이 바라보는 관점과 담당 공무원이 바라보는 관점을 비교해 봄으로써 서로 다른 문제 인식에 대해 정의내렸다. 그뿐만 아니라 문제점 이외에도 개선을 위한 행정 서비스에 대한 기대치의 정도를 비교해 보았다. 대화를 통해 확인해 본 결과, 이러한 간극이 생기게 된 이유는, 국민들은 그들이 자주 활용하는 공공기관이나 민간 서비스 기관에서 받는 서비스에 대해 생각하고 있었으며, 담당 공무원들은 주로 관세사를 상대하기 때문에 여기서 발생하는 세관의 서비스에 대한 문제 인식을 가지고 있었기 때문이다. 또한 비용을 절약하기 위해 국민들이 직접 환급을 진행하고자 하나, 충분한 계기와 사용 편의성이 없어 끝까지 환급 절차를 완수하지 못하고 있다는 것이 문제로 지적되었다.

마지막 개발 및 전달 단계에서는 제안을 통해 미션을 성공시키고자 했다. 먼저 기존 환급 시스템을 개인의 인식에 맞게 변화시키고자 했다. 이를 위해서 첫 번째 제안은 수출 신고-적재-환급 신청 등 복잡한 환급 절차 대신 환불한 최종 영수증을 제출함으로써 갈음할 수 있도록 변경하는 것이었다. 이러한 제안이 받아들여질 경우, 국민들은 직접 방문하지 않고, 수출 신고서를 작성하지 않아도 환급 서비스를 받을 수 있게 된다는 이점을 지니게 된다. 이를 위해서 2017년 6월, 관세청은 「관세법 시행령 제124의2조 개정안」을 제출했으며, 개정안이 통과되면 세 가지 단계를 생략해 간소화할 수 있었다. 그러나 과세 원칙 및 동 제도의 법령상 요건에 부합하지 않고 부정 환급 가능성, 행정의 효율성 저하를 초래할 수 있다는 이유로 2017년 8월 수용되지 않았다.

그래서 국민디자인단은 두 번째 제안을 탐색했다. 두 번째 제안은 제도적 측면을 바꿀 수 없다는 상황을 받아들이고, 국민들이 최대한 관세 환급 서비스를 쉽게 이용할 수 있도록 정보를 제공하자는 것이었다. 예컨대, 국민들에게 관세 환급을 이용하기 위해서는 반드시 수출 신고를 거쳐야 한다는 당위적 측면을 인식시켜 주기로 했다. 또한 환급 과정에서 어려움을 겪어 중도 탈락할 만한 접점을 파악해서 그들에게 정보를 제공해 끝까지 환급 서비스를 제공받을 수 있도록 유도하고자 했다. 이를 위해 포스터나 동영상을 배포함으로써 수출입행위의 당위성을 부여했으며, 관세청에서 다양한 물리적·정보적 장치들을 제공함으로써 개인이 스스로 관세 환급 서비스를 이용할 수 있도록 했다. 이러한 결과물들은 비록 법령 개정을 통한 관세 환급 절차 간소화에는 실패했지만, 국민이 직접 복잡한 환급 과정을 스스로 해낼 수 있는 행정환경을 조성해 줌으로써 행정 서비스의 품질을 개선했다는 의의를 지닌다.

출처: 2017년 국민디자인단 성과사례집 중, 관세청.

IV. 협력 행위자 및 협력 유형

1. 국민디자인단의 구성과 행위자

현재 운영되고 있는 국민디자인단은 정책 수요자(전문가, 국민), 서비스 디자이너, 사업을 담당하는 공무원 8~15명으로 구성되어 있다. 정책 수요자 중에서 전문가는 교수·연구원·관련 단체 등 해당 분야 전문지식을 제공할 수 있는 사람들로 이루어져 있으며, 일반 국민은 수요자 입장의 관점으로 아이디어를 제시하는 역할을 한다. 서비스 디자이너들은 서비스 디자인 방법을 통해 과제 수행 시 총괄적인 기획·운영을 맡고 있다(행정안전부). 공무원들은 활동비를 지원하고 일정과 목표를 관리하는데, 공무원 중에서도 정부3.0을 담당하는 공무원들은 과제의 추진 상황과 사후관리를 총괄하는 업무를 담당하고 있으며, 사업을 담당하는 공무원들은 정책을 설명하고 이해관계자들이 참여할 수 있도록 협조를 요청하며, 활동 결과들을 이행하는 역할을 맡고 있다. 이렇게 구성된 국민디자인단은 과제별로 구성되며 운영계획에 따라 국민들의 수요를 관찰하고 분석해 정책 개발을 실시하게 된다.

2. 국민디자인단의 협력 유형 및 방법론

국민디자인단은 행정안전부가 민간 디자인산업을 담당하는 '산업통상자원부'와 디자인 분야 공공기관인 '한국디자인진흥원'과의 협업을 통해 서비스 디자인 방법론을 활용함으로써 제시한 국민 참여정책이다(한국디자인진흥원 홈페이지). 서비스 디자인의 개념은 영국에서 대두되었는데, 초기에는 공공 서비스 산업에 적용되는 디자인을 의미했으나, 지금은 모든 서비스 부문의 디자인까지 적용하는 개념으로 확장되었다(김진경·남호정, 2015). 서비스 디자인이란 디자인 과정에 다양한 이해관계자들이 참여해서 서비스와 관련된 모든 사람의 관점과 수요(needs), 서비스의 요소들 간의 관계를 고려하는 것을 의미한다. 즉, 사람과 프로세스(process), 자원을 모두 고려함으로써 전체 서비스 시스템을 관리한다는 개념이다(김진경 외, 2015). 이러한 서비스 디자인에서 주로 활용하는 방법론의 기본적 프레임은 더블다이아몬드 모델이다. 더블 다이아몬드 모델(double diamond model)은 [그림 1]과 같이 표현할 수 있는데, 크게 네 가지의 단계로 이루어져 있으며, 발견(discover), 정의(define), 개발(develop), 전달(deliver) 단계로 구분된다(김진경 외, 2015).

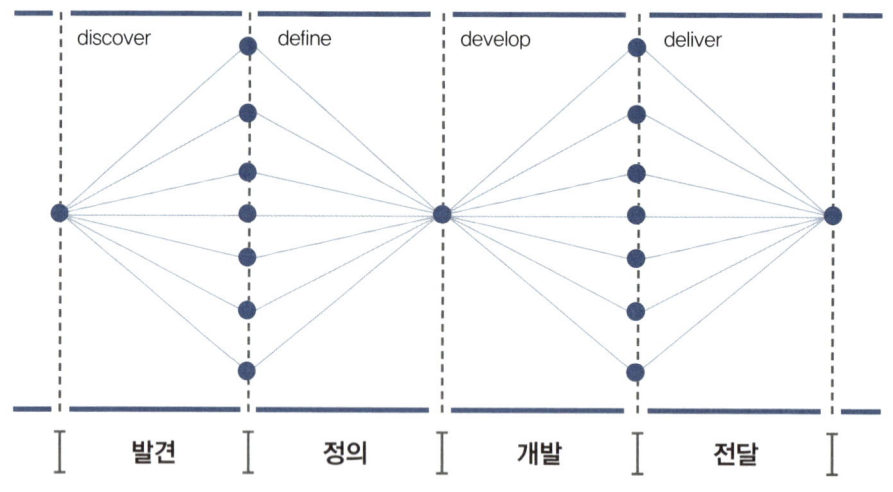

출처 : 김진경 외(2015: 207).

[그림 1] 더블 다이아몬드 모델

각 단계에 대해 〈표 2〉에 대해 요약해 제시했는데, 간략하게 설명하자면 첫 번째 발견 단계에서는 풀어내야 할 과제와 목표를 정의하고 많은 가능성을 탐색한다. 이 단계에서는 서비스 디자인적 사고를 이해하고 프로세스를 진행할 준비가 되어 있는지 확인한다고 볼 수 있다. 두 번째 정의 단계에서는 정보를 취합해서 패턴과 주제를 찾아낸다. 협업을 통해서 창조적인 아이디어(idea)와 콘셉트(concept)를 반복적으로 모의시험을 시행해 본다. 이 과정에서 참여자들은 협업해 전체적인 콘셉트 틀을 만들어 놓는다. 세 번째 개발 단계에서는 수집한 자료조사를 토대로 문제를 해결하기 위한 아이디어를 공유한다. 또한 서비스의 콘셉트가 고객들의 마음속에 자리 잡을 수 있도록 하는 단계이다. 이러한 단계를 거친 후, 마지막 전달 단계에서는 문제 해결을 위해 도출한 아이디어를 정리해서 사용자들에게 전달한다. 그뿐만 아니라 사후적인 관리를 지속하는 과정도 포함된다. 서비스 디자인은 창의적인 해결 방안을 도출하기 위해서 최종 결과물이나 목표에만 초점을 맞추는 것이 아니라 그 목표에 이르기까지 과정을 체계적으로 수행해 나간다는 점에서 의의가 있다. 또한 고객에 대한 관찰과 분석을 토대로 잠재적인 욕구를 발견하고 이를 충족시킬 수 있는 실천전략을 세워 제시한다는 점에서 방법론적으로 맞춤형 서비스를 실현해 줄 수 있는 타당성을 지니고 있다.

〈표 2〉 더블 다이아몬드 모델의 세부 내용

구분	세부 내용
발견 (discover)	문제를 해결하기 위한 도전적 과제를 파악하고, 그에 대한 목표를 정의함으로써 다양한 가능성을 찾아내는 단계이다. 이 과정에서 참여자들이 서비스 디자인적 사고를 이해하고 있는지, 서비스 디자인 프로세스를 수용할 만한 수준에 이르렀는지를 확인해 볼 수 있다.
정의 (define)	정보를 취합한 후 문제의 패턴을 찾아냄으로써 주제를 도출한다. 이 과정에서는 참여자들 간의 협업을 통해 창조적인 아이디어(idea)와 콘셉트(concept)를 반복적으로 시험한다. 전체적인 콘셉트를 만들 때에는 사용자 중심의 터치 포인트 순서를 정해야 하며, 문제 정의 과정에서 공동의 노력이 요구된다.
개발 (develop)	자료조사를 정리함으로써 문제를 해결하기 위한 아이디어를 찾는 단계이다(우수미, 2018). 많은 반복 과정을 거쳐 나온 아이디어와 콘셉트를 중심으로 서비스의 무형성을 해결할 수 있다(김진경, 2015). 또한 도출한 서비스의 콘셉트가 고객들의 마음에 와닿을 수 있어야 한다.
전달 (deliver)	연구하고 탐구해서 도출한 결론을 사용자들에게 전달하는 단계이다. 발견에서 개발 단계까지 형성되고 테스트되어 일관성 있게 기획된 서비스 콘셉트의 변화 과정을 확인하고 고객들에게 전달하는 과정이다. 문제점을 창의적으로 해결하기 위한 아이디어를 전달하는 것에 그치는 것이 아니라 성공적으로 실현 가능할 수 있도록 사후적인 관리까지 포함하는 단계이다.

출처 : 김진경 외(2015: 207).

V. 함의점 및 생각해 볼 문제

1. 국민디자인단 사례 평가 및 시사점

정책을 디자인한다는 의미의 국민디자인단제도는 국민이 정책 과정 전반에 참여할 수 있도록 함으로써 공공 서비스의 제공 방식을 수요자 중심으로 개선했으며, 시민들에게 상향식 참여에 따른 성취감을 부여하는 동시에 행정에 대한 국민의 만족도와 신뢰도를 제고하는 데에 의의가 있다. 그럼에도 불구하고 국민디자인단이 진행한 프로젝트가 모두 성공했다고 판단할 수는 없으며, 국민디자인단이라는 국민 참여 정책의 플랫폼이 보완할 점에 대해서 논의하는 것은 중요하다.

앞서 서두에서 더 이상 정부가 단독적으로 행정 수요를 충족해 줄 수 없기 때문에, 민간영역과 시민사회 영역을 활용하는 것이 중요하다고 서술한 바 있다. 또한 소통의 중요성을 강조하며 국민의 참여를 이끌어내고 협력하는 과정에서 혁신이라는 성과를 창출하기 위해 정부가 다양하게 노력하고 있다는 것을 확인했다. 여러 가지 시도 중에서도 국민디자인단 사례를 중심으로 정부가 국민참여 정책을 어떻게 운영하고 있으며, 어떠한 과정을 어떤 방법으로 수행하고 있는지를 살펴보았다. 그뿐만 아니라 국민디자인단 과제 중에서도 크게 세 가지 사례를 살펴봄으로써, 성공 사례, 실패 사례, 실패한 경험을 토대로 다시 성공 사례로 발돋움한 사례를 확인해 보았다.

사례별로 다음과 같이 시사점을 정리할 수 있다. 우선, 식품의약품안전처(식약처)에서 진행한 '소비자 중심의 영양정보 서비스 개선 사례'를 통해 보았듯이, 정부와 국민이 원하는 정책이라고 하더라도 기업이 거절하거나 협조하지 않는다면 기대하던 효과를 볼 수 없었을 것이라고 예상할 수 있다. 즉, 만약 이해관계자인 기업이 협조하지 않았다면, 법안이 입법화될 때 불협화음이 많았을 것이다. 그러나 기업과 국민들의 의견을 모두 고려함으로써 적절한 협조와 조율을 거쳤기 때문에 서로가 만족할 수 있는 방향으로 흘러갈 수 있었다. 이를 토대로 협력이 변화와 혁신의 중요한 핵심 요소가 된다는 것을 확인할 수 있었다.

한편, 인천광역시 마을주택관리소 사례에서 보듯이, 때로는 국민들의 의견과 생각이 모두 옳고 좋은 것만은 아닐 수 있다. 분명히 국민들이 일상에서 겪는 불편함이나 개선 사항을 인지했을지라도, 어떤 원인 때문에 그런 것이고 어떠한 과정으로 진행되어야 하는지는 모를 수도 있기 때문이다. 또한 관련 분야에 대한 전문지식이나 집행상 여건을 고려하지 않고 이상적인 기획안만 제시했을 때 발생하는 문제점에 대해서도 간과해서는 안 된다. 이 때문에 국민들에게 적절한 관련 분야의 전문가와 함께 문제점을 분석하고 대안을 탐색할 수 있도록 돕는 것은 중요하다. 국민디자인단의 경우에 공무원과 전문가, 서비스 디자이너가 전 과정에 함께 참여해서 서로의 부족한 정보를 공유하고 조언해 줄 수 있다는 점에서 긍정적일 수 있다. 그러나 그럼에도 불구하고 실질적으로 공유되는 정보의 양이나 범위, 질에 대해서도 생각해 보아야 할 것이다. 또한 정책과 프로젝트를 기획하는 것에서 그치는 것이 아니라 지속적으로 체계가 관리될 수 있도록 사후적인 모니터링을 중요하게 생각해야 한다. 인천광역시의 '마을주택관리소(마·주·소)' 사례만 봐도 집행에서 발생하는 현실적 여건을 고려하지 못한 채 진행했기 때문에 '좋은 의도'로 프로젝트를 만들었지만 그에 맞는 기대 효과는 얻을 수 없었다. 따라서 일회성 프로젝트나 보여주기식 프로젝트로 그치지 않도록 꾸준한 관심과 지원이 필요하다.

세 번째 사례인 관세청의 해외직구 반품물품에 대한 '개인 관세환급 셀프 서비스' 사례를 통해서는 실제로 국민디자인단을 운영하면서 참여자 간의 갈등을 좁히지 못할 경우 실패할 수도 있으며, 실패를 전화위복 삼아 다시 더 나은 해결점을 찾아갈 수 있다는 시사점을 준다. 한 차례 국민디자인단 과제가 실패하면서 겪었던 과거의 원인을 토대로 문제점을 다시 재탐색하고, 이를 극복하기 위해 목표를 재조정하는 과정이 필요하다는 것을 보여준다. 그뿐만 아니라, 첫 번째 제안점의 실패(법령 개정 불수용)를 대신해서 두 번째 제안점으로 문제를 해결하기 위한 시도를 보였다는 점에서 다수의 대안점을 고려하고 적용하는 것의 필요성을 다시 확인해 볼 수 있다.

이와 같은 국민디자인단의 사례들을 통해 국민참여 정책이 성공적으로 실현되기 위해서는 행위자들이 정책 과정에 적극적으로 참여하고 문제 해결 과정을 이해하는 것이 중요하다. 또한 국민과 공무원 간의 관점과 입장 차이를 헤아려 볼 수 있는 다양한 방식의 직·간접적인 체험을 통해 진정한 의미의 소통을 실현할 수 있는 기회를 마련한다는 점에서 의의가 있을 것이다.

2. 국민디자인단 사례의 한계와 보완점

앞서 국민디자인단 사례에 대한 의의와 시사점을 살펴보았으나, 여전히 몇 가지 한계가 존재한다는 것을 알 수 있다. 따라서 국민디자인단 사례를 바탕으로 유의해야 할 점과 그에 대한 보완점의 방향에 대해 논의하고자 한다. 우선, 국민디자인단은 서비스 디자인의 개념을 접목해서 디자인적 사고를 바탕으로 더블 다이아몬드 모델이라는 프레임 속에서 문제를 해결하고자 했다. 그러나 관세청의 「2017년 국민-디자인 과제 성과보고서」에 따르면. 국민디자인단을 운영했던 공무원의 의견 중에서, "서비스 디자인 활동이 다소 획일화된 경향을 보이고 있다"는 것을 지적했다. 그에 따르면, 문제 해결을 위해서 '최고'의 해결점을 찾는 것보다는 서비스의 수요자와 공급자 모두를 고려함으로써 양측이 만족할 수 있는 최적의 해결점을 찾는 것이 중요하므로 이를 위해서는 양측의 입장에 대한 끊임없이 반복된 확인 과정이 필요하다고 주장했다. 그러나 현재의 방법론에서는 정책이 가진 타당성을 검증하는 데 무리가 있다. 따라서 국민의 목소리와 아이디어를 발굴하는 데에 그치는 것이 아니라 지속 가능한 정책과 서비스를 거듭날 수 있게 타당성과 유용성 검증이 반영되어야 하며, 이에 맞도록 과제가 지닌 범위와 규모 등 특성에 맞는 평가지표와 서비스

디자인 방법을 고안할 필요가 있다고 제시했다.

이 밖에도 「2016년 정부3.0 국민디자인단 과제 결과보고서」를 살펴보면, 현안 문제에 대한 전문가 섭외가 어려워 심층적으로 분석을 이루지 못했다는 내용도 있다. 이는 국민디자인단이 '자발적'으로 이루어지기 때문에 전문가들의 재능 기부에 의존하는 점, 국민들의 자발적 참여에 의존하면서 현실적으로 참여자의 충분한 확보가 어려운 현실을 보여주고 있다. 그뿐만 아니라, 집행상 인력과 예산의 부족으로 인해 사후 모니터링을 지속적으로 수행하지 못했던 인천광역시 '마을주택관리소(마·주·소)'의 사례와 일맥상통하는 내용이다.

정부는 국민디자인단을 도입함으로써 다음과 같은 효과를 기대하고 있다.

첫째, 공공 서비스의 혁신적 측면을 기대할 수 있다. 국민디자인단은 서비스 디자인이라는 개념에 착안해서 공공정책이 수요자 중심으로 개발될 수 있도록 시도하고 있다. 서비스 디자인이라는 개념이 공공 분야에서는 생소한 적용일지라도, 이를 토대로 공공 서비스에서도 수요자 중심의 맞춤형 공공정책을 제공해줄 수 있다는 가능성을 보여주고 있다.

둘째, 협업을 통한 창조 효과를 기대할 수 있다. 앞서 상술한대로, 국민디자인단이 방법론적으로 취하고 있는 서비스 디자인은 협업을 통한 창조(co-creation)를 가능하게 한다. 즉, 서비스 디자인의 개념은 단순히 결과물을 산출하는 것에만 관심이 있는 것이 아니라, 그러한 결과물을 창조해 나가는 과정까지 중요한 산물로 보고 있다. 이러한 측면을 고려할 때, 다양한 참여자들(전문가, 공무원, 국민 등)이 문제를 해결하기 위한 과정에서 창조적인 아이디어를 만들어낼 수 있을 것이다.

셋째, 높은 효과성 및 실현가능성을 가지고 있다. 서비스 디자인은 다양한 이해관계자들과 함께 문제를 해결한다는 점에서 수요자의 관점과 공급자의 관점을 모두 아울러 생각할 수 있다는 장점을 지닌다. 따라서 문제 해결을 어렵게 하는 실제 사정에 대해 서로 공유할 수 있고, 이를 협업해서 해결할 수 있다는 점에서 좀 더 실현가능한 적실한 대안을 제시할 수 있을 것이다.

마지막으로, 상호 이해와 신뢰성을 구축할 수 있다. 수요자가 곧 공급자가 되고, 공급자 역시 수요자의 관점을 통해 문제를 해결한다는 점에서 서로 간의 신뢰가 증진될 수 있다. 또한 이를 통해 개발된 서비스에 대한 만족도를 높여 또 다른 참여를 이끌어낼 수 있다는 점에서 선순환이 가능하다.

아직까지는 기대 효과를 모두 실현하고 있다고 평가할 수 없으나, 이러한 운영 시범을 통해 향후 국민과 참여, 협력을 이끌어내는 정책을 기획하기 위해서 필요한 시사점을 이끌어낼 수 있을 것으로 판단된다.

Ⅵ. 맺음말

국민디자인단은 다양한 행위자를 참여시켜 공동의 문제를 해결한다는 점에서 민주적이지만, 현실적인 제약점도 갖고 있다. 이를테면, 다수의 참여자와 함께 문제를 해결하기 위해서는 소통이 중요하고 신뢰를 기반으로 협력해야 한다. 그러나 그동안 우리나라는 독점적·권위적인 중앙정부의 행정통치 방식에 익숙해 있었다. 그래서 아직까지도 우리 사회에서는 소통의 부족과 그로 인한 신뢰의 부족이 해결해야 할 과제로 남아 있다. 이를 극복하기 위해서는 많은 대화를 해야 하지만 이런 노력에는 시간과 비용이 매우 많이 든다. 신뢰의 문제가 해결된다고 하더라도, 다양한 행위자가 많다는 것은 그만큼 거부점이 많이 발생할 수밖에 없다는 점을 간과할 수 없다. 또한 앞으로 다가올 혹은 이미 다가온, 방대한 정보를 공유할 수 있는 시대에서는 정부가 단일적으로 지시나 통제할 수 없다는 것을 알아야 한다. 다양하고 방대한 정보는 정부가 독점적으로 가질 수 있는 전유물이 아닐 것이다. 결국에는 정보를 갖고 있느냐보다 가지고 있는 정보를 통해 창출할 수 있는 생산물이 중요한 것이다. 그리고 이는 시민사회와 시장이 서로를 보완해 줄 수 있다고 본 것이다. 어려운 점이 존재할 것이고, 분명 그 과정에서 갈등이 존재함에도 불구하고 서로를 보완할 수 있는 플랫폼 자체를 형성하는 것은 미래를 대비하는 우리의 대응책이라고 볼 수 있기 때문에 더욱더 장려해야 한다. 그러나 이러한 인지를 하지 못한 채로는 국민들의 참여도 기대할 수 없으며, 시장에서의 협조도 기대할 수 없다. 따라서 국민참여 정책이 어떤 방식으로 이루어지고 있으며, 어떤 효과가 있을 수 있는지를 홍보하고 교육하면서 국민들의 참여를 이끌어낼 수 있도록 해야 할 것이다.

한편, 제시한 국민디자인단 사례는 일부분에 지나지 않는다. 소개한 사례 이외에도 수많은 국민디자인단 사례가 진행되었으며, 그중에서 임의적으로 선정해 소개했을 뿐이므로 다양한 사례를 종합적으로 고려하지 못했다는 점이 한계로 남아 있다. 또한 정부가 국민디자인단 우수 사례를 성과사례집으로 묶어 놓았지만, 분명 실패한 사례도 다수 존재할 것이다. 그러나 실패 사례에 대해서는 우수 사례처럼 선정해 자료집으로 묶어놓지 않았기에 실패 사례에 대한 정보를 얻기가 어려워 비교적 한정된 정보 속에서 실패 사례를 소개했다. 또한 복합적이고 다양한 문제에 대해 광범위한 대응 방향의 기준을 제시하고 싶었으나 사례들이 일부이기 때문에 이 보고서에서 소개한 사례들을 바탕으로 앞으로의 방향에 대한 유의점과 대응점을 제시했다는 점에서 일부 한계점이 존재한다고 볼 수 있다. 그러나 그럼에도 불구하고 제시한 세 가지 사례를 통해 국민디자인단을 토대로 국민참여 정책의 방향성에 대해 숙고해 볼 수 있다는 점에서 의의를 가질 수 있으며, 이를 토대로 국민참여 정책의 방향성과 개선점 및 보완점에 대해 논의해 보는 것이 좋으리라 사료된다.

생각해 볼 문제들

1. 국민참여 정책(국민디자인단)이 취지에 맞게 운영되고 긍정적인 효과를 창출하기 위해서는 무엇보다 국민들의 참여를 이끌어내는 것이 중요할 것으로 보인다. 그러나 특정한 이해관계를 바탕으로 의견을 제시하는 이익집단 또는 시민단체와 다르게 일반 국민들의 참여를 이끌어내는 것은 새로운 전략이 요구될 수 있다. 일상에서 보고 느끼는 다양한 사회문제들에 대한 문제 인식을 국민들이 직접 해결할 수 있다는 인식을 심어줌과 동시에 적극적으로 국민참여 정책에 참여할 수 있도록 장려할 수 있는 전략은 어떻게 세울 수 있을까?

2. 여기에 제시되어 있는 국민디자인단 두 번째 사례(인천시 마·주·소 사례)처럼, 다양한 국민들의 의견을 수렴하고 반영할 수 있다는 것에서 긍정적인 기대 효과를 예상할 수 있지만, 전문적인 지식의 부재, 집행상 운영문제 등으로 인해 국민들이 제시한 대안의 현실 적용 가능성 문제가 발생할 수 있다. 국민들과 협력해 제시한 정책 및 대안들이 실제로 전문성을 갖고 실현 가능하도록 만들기 위해서 필요한 것은 무엇일까?

3. 여기에 제시되어 있는 국민디자인단 세 번째 사례(관세청 사례)를 통해 알 수 있듯이, 국민과 공무원 간 협력이 때로는 오히려 서로 간의 입장 차이를 조율하지 못해 갈등으로 번질 수 있다. 또한 첫 번째 사례(식약처 사례)에서는 민간기업과 원만한 협력을 거칠 수 있었지만, 다양한 참여 주체들의 협력이 필요한 경우 이해관계자와 첨예한 갈등이 발생할 수 있다. 정부-민간영역-국민 간의 협력과 소통 시 가장 유의할 점은 무엇이며, 갈등 발생 시 해소할 때 어떤 전략을 사용하는 것이 좋을까?

〈참고 문헌〉

관세청(2017). 「2017년 국민-디자인 과제 성과보고서. 해외직구 반품물품 〈개인 관세환급 셀프서비스〉」.

김진경·남호정(2015). 서비스디자인에서 더블 다이아몬드 모델에 의한 CSV활동 사례. 「상품문화디자인학연구」, 42 : 203-212.

박상도(2015.01.23. 13:32). BreakNews. 「인천시, 서민 주택 주거환경 관리한다. 전국최초 '마을주택
 관리소' 설치, 운영.」 http://www.breaknews.com/sub_read.html?uid=347117&section=sc2
우수미(2018). 효과적인 데이터 분석을 위한 창의적 문제해결에 대한 연구: 디자인씽킹을 중심으로.
 단국대학교 석사학위 논문.
한국디자인진흥원 홈페이지. http://kidp.or.kr/
행정안전부(2018). 2017 국민디자인단 성과 사례집.
행정안전부 홈페이지. https://www.mois.go.kr
행정자치부. 한국디자인진흥원(2016). 2016년 정부 3.0 국민디자인단 성과 사례집
2016년 정부 3.0 국민-디자인과제 결과보고서. 주민-구청 협력 원룸 주변 무단배출 쓰레기 저감대
 책. 광주광역시 동구.
2017년 국민디자인단 성과사례집.

03
지방자치단체 갈등관리 :
서울시의 프랜차이즈 가맹본부와
가맹점주 집단분쟁 중재 사례

김재형 · 박성민
성균관대학교

I. 들어가는 말

이 글에서는 가맹본부와 가맹점주 간의 집단분쟁을 조정을 지방자치단체인 서울시가 해결한 사례를 분석하고자 한다. 이 사례는 미스터피자 가맹본부의 갑질에 해당하는 불공정행위로 가맹본부와 가맹점주 간의 갈등이 상생협약 체결로 해결된 후 MP그룹 회장의 경비 폭행사건을 계기로 매출 30%가 하락하면서 60개 가맹점이 폐점하는 일이 발생했다. 일련의 사건으로 미스터피자 가맹점주들은 218일간 시위하는 등 갈등이 심화되었다. 이에 대해 서울시장은 분쟁과 관련해 조치를 약속하고, 서울시에 미스터피자 진상조사 TF 구성 및 분쟁 조정을 진행한 사례이다.

이 사례는 갈등조정담당관이 미스터피자 가맹본부와 가맹점주 간의 갈등조정 협의체를 구성한 사례로 중립적 해결 주도자로서의 역할에 해당한다. 서울시는 사전 체결된 상생협약의 중립적 해결 주도자로서의 역할을 할 수 있는 근거로 중재 절차를 개시했으며, 27차례의 공식회의를 진행했다. 갈등조정담당관은 중립성 및 신뢰 구축과 협상 방식·절차·전략 수립, 우선 협의 과제 선정, 조정절차 운영의 역할을 담당하고 공정경제과는 사실 관계 확정 및 기초자료 조사, 쟁점 및 분쟁 사안 분석, 법 위반 사항 조사 및 제도 개선 사항 발굴 분쟁조정 실무를 담당하며, 각자의 임무를 수행해 상생 합의를 통해 미스터피자 가맹본부와 가맹점주 간의 갈등은 해결되었다.

이 사례는 지방행정기관 최초로 가맹본부와 가맹점주 간의 집단분쟁을 조정한 사례라는 점에서 사례로서의 함의가 있다 하겠다. 서울시는 미스터피자 가맹본부와 가맹점주, 양 당사자들의 중재 요청에 따라 중재를 시작했고, 그 과정에서 서울시 공정경제과와 갈등조정담당관이 회의를 27차례 진행하며 조정을 개시해 각 당사자들 면담을 통해 합의를 이끌어낸 사례로 행정학에서의 갈등관리 사례로서 충분한 함의를 가진다고 생각된다.

II. 사례 개요

1. 가맹본부 회장의 폭행사건이 가져온 매출 하락

2015년 8월 미스터피자 가맹본부(MP그룹)의 광고비 유용, 보복 출점, 치즈통행세 소위 갑질에 해당하는 불공정행위로 가맹본부와 가맹점주 간의 갈등이 심화되었다. 그러나 당시에 김기식 국회의원 중재로 협상을 진행, 양 당사자는 상생협약을 체결했다. 하지만 2016년 4월 MP그룹 정우현 회장의 경비 폭행사건(2016년 4월 2일)을 계기로 매출 30%가 하락하면서 60개 가맹점이 폐점하는 일이 발생했다. 일련의 사건으로 미스터피자 가맹점주들은 MP그룹 가맹본부 앞에서 식자재 가격 인하, 광고 실시 등을 주장하며 2016년 9월 6일부터 218일간 시위했으며, 형사고발, 공정위 신고 등으로 미스터피자 프랜차이즈 가맹본부와 가맹점주들 간의 갈등이 심화되었다.

이에 대해 2016년 11월 17일 박원순 서울시장은 MP그룹 앞 시위장을 방문해 분쟁과 관련해 조치를 약속하고, 서울시에 미스터피자 진상조사 TF 구성 및 분쟁조정을 진행했다.

2017년 4월 11일, 치즈 가격 인하, 양 당사자 고소·고발 취하, 계약 해지 11개 매장의 재계약, 향후 분쟁 발생 시 서울시 중재를 통한 해결 등을 골자로 한 1차 상생협약을 체결했다. 그러나 2017년 7월 MP그룹 가맹본부 회장의 구속에 따라 가맹점 매출의 하락에도 불구하고 가맹본부의 대책 미비로 갈등이 고조되었다.

2. 프랜차이즈 상생협약에 따른 중재 절차 개시

이에 따라 미스터피자 가맹점주들은 구매협동을 통한 물류 공급 등의 제도 개선, 오너 리스크로 인한 매출 하락 손해배상과 광고비 부당 사용, 치즈통행세 등으로 취득한 부당이득금 반환 등의 손해배상, 로열티·광고비 한시적 면제, 식자재 공급 가격 인하 등의 매장 긴급 지원 등의 사항들을 가맹본부에 요구했다. 그러나 가맹본부는 이러한 요구 사항을 수용할 수 없어 양 당사자 모두 서울시에 중재를 요청했다. 이에 따라 서울시는 2017년 4월 체결된 상생협약에 근거해 8월 11일 중재 절차를 개시했으며, 중재 기간 동안 총 27차례의 공식회의를 진행하는 등 많은 노력을 기울였다.

3. 분쟁과 조정의 추진 경과 및 조정 결과

그간의 분쟁과 조정의 추진 경과 및 갈등 해결 과정을 정리하면 〈표 1〉과 같다.

〈표 1〉 분쟁과 조정의 추진 경과 및 조정 결과

- 2015년 8월 : 광고비 유용 등으로 분쟁이 격화되었으나 김기식 국회의원 중재로 상생협약 체결
- 2016년 2월 : 가맹본부 정우현 회장 경비원을 폭행한 폭력사건을 계기로 매출이 약 30% 하락, 약 60개 가맹점이 폐점
- 2016년 9월 : 미스터피자가맹점주협의회(이하 미가협), 가맹본부 앞 시위 및 고발, 공정위 신고 등으로 양측 갈등 심화
- 2016년 10월 : 김진우 미가협 회장 국정감사 참고인 출석 → 가맹계약 해지
- 2016년 11월 : 서울시장, 시위장 방문해 진상조사 약속
  - 서울시, 상생TF 구성 후 분쟁 조정 시작
- 2017년 4월 : 서울시 중재로 1차 상생협약 체결
  - "가맹본부와 점주단체 간 분쟁이 해결되지 않을 경우 서울시 중재에 따른다"고 합의
- 2017년 6월 : 정우현 회장 검찰조사 및 사임.
  - 대국민 사과 발표 및 회장직 사임
- 2017년 7월 : 정우현 회장 구속
  - 치즈통행세 및 횡령 배임 혐의
  - 보복 출점, 자서전 강매
  - 친인척 공짜 급여, 광고비 횡령
  - 오너 리스크로 인한 매출 하락
- 2017년 8월 : 서울시 중재절차 개시
  - 가맹본부-미가협 서울시에 중재요청서 제출
  - 중재회의 상견례
- 공정경제과와 갈등조정담당관의 협업을 통한 중재절차 개시
- 2017년 8월 : 중재 개시 전 선결조건
  - 식재 공급 가격 2개월 5% 인하
  - 전 매장 광고비 2개월 50% 면제
  - 전 매장 치즈 3상자 무상 제공
- 2018년 8월 : 미스터피자 가맹본부-가맹점주 상생협약 타결
  - 상생협약에 따라 가맹점주들은 가맹본부를 통해 구매해야 했던 필수구입 품목 일부(베이컨, 냉동새우, 샐러드 등 25개 품목)를 2019년부터 자체 구매할 수 있게 됨.
  - 미가협, 국내 최초 구매협동조합 설립, 가맹본부와 구매공동위원회 구성해 투명한 공급 시스템 구축
  - 가맹본부, 자사주 출연으로 가맹점주 복지재단 설립/운영 및 매출이 저조한 점포 지원
  - 서울시, 미가협이 구성한 국내 최초 구매협동조합에 대해 소셜 프랜차이즈 지원(서울형 소셜 프랜차이즈 사업)으로 전문 컨설팅 및 ERP 구축을 지원하는 등 성공적 운영과 확산을 위해 지원

III. 우리나라 프랜차이즈 분쟁 조정의 특징 및 서울시 분쟁 조정의 함의

　서울시에서는 가치와 이념, 지역, 세대 등 다양한 부분에서 갈등이 발생하고 있고, 서울시뿐 아니라 전 세계 대도시에서 보편적인 현상으로 확인되는 현상이 바로 경제적 불평등이다. 경제적 불평등에 대한 대책의 한계가 있으나, 서울시 차원에서 정책적으로 문제 해결을 시도한 것이 이번 미스터피자 프랜차이즈 분쟁 조정이다.

　프랜차이즈 분쟁의 특징을 살펴보면, 우선 가맹본부와 가맹점주 간 상호의존도가 높아 갈등이 발생할 가능성이 크게 잠재되어 있다(Shane, 2005). 만약 갈등이 조기에 해결되지 않으면 소송으로 이어지는데, 이런 경우 가맹본부와 프랜차이즈 브랜드 가치 하락으로 해당 가맹점주뿐만 아니라 이해관계가 없는 다른 가맹점에도 피해를 끼칠 수 있다. 이렇게 발생된 갈등이 조기에, 적절히 해결되지 못하는 경우 피해가 발생해 복구에 비용이 크게 소요될 수 있어 프랜차이즈에서 갈등관리는 가맹본부와 가맹점주의 생존에 중요하다. 물론 프랜차이즈 운영 시 갈등은 불가피하지만 갈등을 좀 더 간단하고 원만히 해결하는 방법은 있다. 그 때문에 갈등 해결 시스템이 필요한데, 우수한 갈등관리 시스템은 단기적으로 가맹본부와 가맹점주 간의 갈등을 조기에 안정화시키고, 양 당사자들이 만족하는 결과에 이르게 하며, 장기적으로 양 당사자들 간 소통 능력이나 문제 해결 능력을 제고한다(Ury, Brett, & Goldberg 1988). 그러나 양 당사자가 만족하는 결과에 이르려면 양 당사자 간 의사소통이 원활해야 하며, 대안 모색이 합리적이어야 하고, 의사결정을 할 때 책임이 있어야 하는 등 갈등관리 과정을 일정 부분 제도화되는 것이 바람직하다(임동진, 2013).

　이와 관련해 프랜차이즈 분쟁 조정제도가 있는데 이는 대안적 분쟁 해결 방법의 한 형태인 '조정'을 활용한 제도로, 가맹본부와 가맹점주 간에 발생하는 분쟁의 초기 해결과 피해의 실질적 보상을 위해, 양 당사자 간의 자율적 합의를 통한 분쟁 해결 방식이다(김건식, 2017).

조정은 중립의 입장인 제3자가 분쟁하는 혹은 분쟁에 직면한 양 당사자가 신청하면 협상으로 분쟁을 해결하는 절차로서, 재판과는 다르게 양 당사자가 독립적으로 분쟁을 해결하는 부분을 강조한다(김상식·김유정, 2015). 정리하면, 조정은 양 당사자가 중립적인 제3자의 도움으로 갈등을 해결하는 방법으로, 소송 등 법률 절차 이외의 갈등을 해결하는 방식과 기법으로 볼 수 있다(임동진, 2012). 이는 상이한 목적을 지닌 갈등의 당사자들 어느 한편의 승리가 아닌 상생을 위해 상호 수용이 가능한 갈등의 해결 방식을 추구한다(Bowers, 1980).

갈등 해결 방식의 범위는 ① 갈등 회피, ② 비공식적 토론, ③ 협상, ④ 중재, ⑤ 행정 결정, ⑥ 재정, ⑦ 사법 결정, ⑧ 입법 결정, ⑨ 비폭력적 직접 행동, ⑩ 폭력으로 정리할 수 있다(Moore, 2003). 갈등 해결 방법의 범위 중 ① 갈등 회피에서 ⑩ 폭력으로 이동할수록 외부 개입이 늘어나 적대적인 대치의 기간이 길어지고, 당사자들이 서로 결과에 만족할 가능성이 줄어들며, 당사자들 간 의사소통이나 문제 해결 능력이 제고될 기회가 적어질 가능성이 높다. 자율분쟁 조정은 ③ 협상과 ④ 중재의 중간 단계에 해당한다고 볼 수 있다.

대부분의 분쟁은 당사자들 간의 의사소통을 통해 내부적으로 해결이 모색되며 제3자가 개입하는 조정은 분쟁 당사자들 간 관계가 상당 수준 악화된 다음에야 모색된다(Dant & Schul, 1992). 일반적으로 갈등 해결 방식은 갈등 회피와 폭력 등의 극단적인 방법은 거의 활용되지 않으며, 소송보다는 협상, 조정, 중재 등과 같은 대안적 분쟁 해결 방법이 주로 활용된다(임동진, 2013).

대안적 분쟁 해결 방법 중 하나로서 조정이 많이 활용되는 이유는 시간과 비용이 적게 소요되기 때문이다. 재판이 절차에 따라 각 당사자의 손해를 입증하고 손해액을 산정한 후 주장하는 소송하는 것에 비해 조정은 절차가 상대적으로 간단해서 비용 부담과 관련해 경제적이다. 이는 경제적 약자인 가맹점주의 입장에서는 큰 혜택이다. 조정은 시간 소요도 적은 편이다. 소송은 재판이 착수된 후 결과가 나올 때까지 평균 1년 6개월이 소요되지만 조정은 심의가 착수되면 빠른 경우 하루 안에 결과가 나올 때도 있다. 조정은 성공률 역시 높다. 우리나라의 경우 가맹사업 관련 분쟁은 1,000만 원 미만의 조정 신청이 70% 이상을 차지하고 있으며, 소액이기 때문에 정식재판으로 해결하는 경우는 1.4% 정도로 미미하다(공정거래위원회, 2014). 따라서 프랜차이즈 분쟁은 낮은 비용으로 신속한 해결이 필요한 경우가 대부분으로, 이러한 이유로 조정제도는 적합한 대안 중 하나로 인정받고 있다(김상식 외, 2015). 또한 조정은 시간과 비용, 위험을 고려할 때 소송 등의 다른 갈등 해결 방식보다 효율적이다(Holmes, 2005).

조정은 또한 행정 제재로 처분받을 수 있는 시정 조치 혹은 과징금에 비해 피해를 구제하는 데 실효성을 높일 수 있다. 더군다나 조정이 성립되면 재판 과정에서의 화해와 효력이 동일하다는 점에서 법률 집행의 효율성을 제고할 수 있다. 그리고 조정 권고안을 양 당사자가 거부하거나 수용할 수 있어, 한 번 결과가 나온 것을 스스로 취소하거나 변경할 수 없다는 기속력 혹은 확정력이 없고 집단중재 혹은 집단소송으로 연결되지 않는다는 측면에서 좀 더 유연성을 가진다고 할 수 있다. 분쟁 당사자들은 자율적 합의를 통해 지속적인 계약 관계를 유지하면서 분쟁 해결이 가능하며(Adler & Chernick, 2003), 조정 과정에서 사적 정보 교환으로 상호 신뢰를 구축해서 관계를 성숙시킬 수 있다(Goldberg, 1989). 특히, 가맹사업은 지속적인 거래 관계가 전제인 점을 고려할 때 분쟁 이후 원만한 관계를 위해서는 조정이 더욱 바람직한 제도이다.

프랜차이즈 가맹본부와 가맹점주 간의 집단분쟁에 대한 조정은 통상적으로 공정거래위원회에서 진행했다. 그런데 이 사례는 지방행정기관 최초로 가맹본부와 가맹점주 간의 집단분쟁을 조정한 사례라는 점에서 사례로서의 함의가 있다 하겠다. 서울시는 미스터피자 가맹본부와 가맹점주, 양 당사자의 중재 요청에 따라 중재를 시작했고, 그 과정에서 서울시 공정경제과와 갈등조정담당관이 회의를 27차례 진행하며 조정을 개시해 각 당사자들 면담을 통해 합의를 이끌어낸 사례로 행정학에서의 갈등관리 사례로서 충분한 함의를 가진다고 생각된다.

Ⅳ. 협력 행위자 및 협력 유형

1. 지방자치단체 갈등관리 역할의 특성

서울시장과 같은 지방자치단체장은 민주선거를 통해 시민사회와 결합하는 방식으로 정책을 설계하는 정당성을 확보하므로, 거의 항상 정책을 반대하는 정책반대연합이 존재하는 상태에서 정책을 결정하고 집행해야 한다. 정책에 대한 시민사회의 입장은 개별 사건에 따라 달라질 수도 있으나, 대부분은 특정 입장을 중심으로 양분되는 경향이 있어 정책설계 환경은 확연히 구별되는 정책옹호연합과 정책반대연합의 존재를 전제조건으로 본다. 직선제를 통한 정치적 지방자치제도는 이런 의미에서 양면적 성격을 가진다. 한 측면에서는 시민사회 내에 존재하는 대립하는 입장의 확장이었고, 다른 측면에서는 대립하는 입장을 민주선거를 통해 봉합하는 효과를 가졌기 때문이다. 따라서 서울시는 서울시장을 지지하는 정책옹호연합과의 책임의 구속을 통해 정책을 구체화하면서, 정책반대연합과 타협을 통해 정책을 조정해야만 하는 과제를 만나게 된다. 다시 말하면 갈등형성자와 갈등관리자의 역할을 모두 수행해야 한다. 이 사례에서는 서울시의 갈등관리자로서의 역할에 대해 살펴보고자 한다.

2. 서울시 갈등관리 시스템

1) 서울시 갈등관리 시스템 도입의 흐름

2004년 정부는 갈등관리가 공공정책 운영에 중요하다는 것을 인식하기 시작해 갈등관리와 관련된 제도 정비를 추진하기 시작했다. 갈등관리 초기에 정부는 공공정책을 수립하고 운영하는 과정에서 불가피하게 나타나는 갈등을 체계적으로 관리하기 위해 「갈등관리기본법」 제정을 추진했다. 하지만 국회, 일부 시민단체 등이 정부 중심의 업무 추진과 법 명칭에 반대하면서 어려움을 겪게 되었다. 이후 대통령령으로 입법 수위를 낮추어 2007년 2월 12일 해당 규정이 제정되었다(「공공기관의 갈등 예방과 해결에 관한 규정」). 이를 근거로 국무총리실 산하조직으로 '갈등관리정책협의회'를 조직, 해당 조직을 중심으로 갈등관리가 시행되고 있다. 2008년부터 중앙부처의 갈등 과제 현황을 관리하는 등 부처별로 갈등관리 업무가 진행되고 있고 또한 평가되고 있다.

2011년 서울시장에 당선된 박원순 시장은 사회적 갈등이 지방자치단체 차원에서 점차 심화되는 것에 주목해 갈등조정담당관 제도를 제안했다. 2012년 지방자치단체로서는 처음으로 4급(서기관)을 팀장으로 하는 갈등관리 관련 지원전담부서가 구성되었다. 2012년 10월 「서울특별시 공공갈등 예방 및 조정에 관한 조례」, 2013년 「서울특별시 공공갈등 예방 및 조정에 관한 조례 시행규칙」이 차례로 제정되면서 제도적 기반이 마련되었다.

2013년 갈등 진단 프로세스 운영을 통해 갈등 예방 관련 행정이 시행되기 시작했고, 기존의 행정으로 발견되지 않은 갈등을 포함하기 위해 2014년 갈등경보제, 2015년부터 갈등관리 실태평가가 시행되었다. 이러한 제도 발전으로 갈등관리 시스템이 완성되었고, 서울시는 갈등관리의 전반적 사이클이 완성되었다(서울시 갈등관리 백서, 2015).

2) 갈등관리 시스템의 4단계 프로세스

서울시 갈등관리 시스템은 '갈등 진단, 갈등 대응계획 수립, 맞춤형 갈등 조정, 지속관리'의 4단계로 구성되어 있다(서울시 갈등관리 매뉴얼, 2014).

제1단계(갈등 진단)는 갈등 예방을 위한 첫 단계로서, 다음 연도 예산계획 수립 시기(통상 해당 연도 9~10월)에 예산사업과 비예산사업 모두를 대상으로 갈등 진단을

<표 2> 정책 단계별 갈등관리

구분	단계	주요 활동	세부 활동
1단계	정책 구상	갈등 진단	• 사업 통보(갈등 진단대상 사업) → 자체진단(부서) → (1차) 갈등진단/등급결정회의 → (2차) 갈등진단/등급결정회의 → 등급 결정(최종)
2단계	정책계획	갈등 대응계획 수립	• 갈등계획 수립(부서 자체) → 전문가 검토 → 전문가 자문회의(소규모) → 실/국/부서 책임자, 사업담당자, 전문가 집중토론 (높은 갈등 예상 사업)
3단계	정책 실행	맞춤형 갈등 조정	• 갈등현안검토회의 개최 - 갈등 대응에 정책 조정이 필요한 경우 - 부서 간 조정 • 갈등조정협의회 개최 - 갈등의 대립이 심한 경우 - 부서 간 조정+제3자 조정 • 갈등영향분석 실시 - 사회적 비용이 과도한 경우나 과도할 우려가 있는 경우 - 심의위원회의 자문을 통해 실시 결정 • 갈등 사례별 관련 전문가 추천 및 지원
4단계	사후관리	지속관리	• 갈등사례집/교재 발간 • 토론회 등을 통한 개선점 발견 • 갈등관리의 실태평가

출처: 하동현·홍수정(2017)에서 인용 후 정리.

시행한다. 그 이후 갈등 발생의 가능성을 검토해 갈등 발생 가능성이 높은 사업 순으로 해당 사업을 '중점관리대상'으로 선정해 관리한다. 제2단계(갈등 대응계획 수립)는 1단계에서 선정한 중점관리대상 사업에 대해 실행 가능한 구체적인 전략 작성을 통해 갈등 대응계획을 수립한다. 이때 계획 수립 과정에서 서울시 내의 이해관계자(사업담당자, 관리자)와 해당 갈등에 대한 전문가들이 갈등 대응과 관련한 정책의 방향을 공유한다. 제3단계(맞춤형 갈등 조정)는 갈등 원인과 등급별로 대응 방식 구체화를 통한 실행으로 효과성을 제고한다. 해당 갈등관리 대상이 되는 갈등의 내용이 정책적 판단이나 정책 방향 변경이 필요한 정도의 심각성을 가질 경우, 갈등관리 검토를 위한 회의를 통해서 팀 간 의견을 조정하거나, 갈등 당사자들 간 합의하도록 다양한 지원을 결정하는 갈등조정협의회를 개최한다. 갈등 발생 가능성이 높거나 이미 갈등이 발생한 경우, 갈등영향분석을 실시해 갈등 현상 진단 및 분석을 통해 갈등 합의에 대한 가능성과 합의를 통해 갈등 해결 방법을 제안하기도 한다. 또한 당사자들의 소통을 위해 서울시 내의 담당자 외에 해당 갈등 관련 전문가를 추천해 문제해결력이 제고되기도 한다. 제4단계(지속관리)는 갈등관리의 시행에 대한 상황을 파악하고 적절한 대응이 사후적으로 이루어지도록 한다. 또한 갈등관리에 대한 사례 공유와 관련해서 교육을 다양하게 진행해 갈등 해결에 대한 관리 방법의 해결 역량을 제고하도록 하고 있다. 위에서 상술한 사항은 앞의 〈표 2〉에 정리되어 있다.

3) 갈등관리 시스템의 운영 현황

위에서 갈등 진단의 대상이 되는 사업 중에서 갈등 발생 가능성이 높은 순으로 나열해 등급이 나뉘는데, 이 중 1등급과 2등급의 사업은 '중점관리대상'이 된다. 이들 사업은 갈등관리카드가 별도로 작성되어 관리된다. 2013년부터 2015년까지의 갈등관리 시스템의 운영 현황을 알아보면 갈등조정담당관에 의해 115개 사업이 '중점관리대상'으로 지정되었다.

중점관리대상이 된 사업들의 갈등 주체별로 분석해 보면, 서울시에서 갈등 발생 가능성이 높은 이해관계자의 특성을 알 수 있다. 아래 〈표 3〉을 보면 중점관리대상 사업의 갈등 주체는 서울시-주민(자치구)에 해당하는 갈등 사례의 건수가 가장 많은 것으로 나타났다(66건, 73.1%). 다음으로 많은 갈등 주체는 서울시-이익단체로 이익단체는 전문가집단, 상인, 민간사업자, 종교단체 등으로 나타났다(17건, 18.3%). 대부분의 갈등의 공간적 범위는 서울시 내에서 발생한 것으로 나타났다(89건, 95.7%).

이러한 분석 결과로 추론하면, 갈등은 주로 정책설계 및 추진기관인 서울시와 정책 추진에 직접적인 영향을 받는 이해관계자인 주민이나 이익단체 간에 발생하는 것으로 나타났다. 따라서 정책설계 및 추진 단계에서 받는 직접적인 영향을 고려해서 갈등관리에 소요되는 자원을 배분할 필요가 있으며, 갈등관리를 위한 공청회 등의 조정 단계에서 직접적으로 영향을 받는 당사자인 이해관계자(주민, 이익단체)를 설득하고 그들의 요구를 들어 정책집행에 반영하는 것이 갈등관리의 핵심이라고 할 수 있다.

〈표 3〉 갈등 주체

구분	갈등 주체	건수(비율)	비고
서울시 내 (지역 내)	서울시와 주민(자치구)	68(73.1%)	자치구는 대립이나 갈등의 입장보다는 중립적, 소극적, 문제 해결에 적극적
	서울시와 자치구(주민)	2(2.2%)	자치구가 대립이나 갈등의 입장을 보임
	서울시와 이익단체	17(18.3%)	이익단체 - 전문가, 종교단체, 노동조합, 지역상인 등
	서울시와 시민단체	2(2.2%)	특정한 시민단체와의 대립이나 갈등
서울시 외 (지역 외)	서울시와 타 지자체 주민	1(1.1%)	타 지자체는 대립이나 갈등의 입장보다는 중립적, 소극적, 문제 해결에 적극적
	서울시와 타 자치단체	2(2.2%)	타 지자체가 대립이나 갈등의 입장을 보임
	서울시와 중앙정부	0(0%)	서울시와 중앙정부 부처 간 갈등

출처: 하동현 외(2017)에서 인용 후 정리.

갈등을 해결하기 위해 갈등조정담당관이 대응하는 기본 갈등 대응전략은 〈표 4〉와 같이 구분할 수 있다. 먼저, 주민(이해관계자)들과 만나 그들의 의견을 듣고, 또한 설명회나 공청회 등을 개최해서 정책의 목적과 내용, 직접적인 영향에 대해 전달한다. '전문가 자문회의'를 통해 전문가들의 자문받기도 하고, 갈등 발생 가능성이 높아 적극적으로 대응할 필요가 있으면, 사전에 갈등영향분석을 시행해 갈등의 원인에 대해 깊이 이해하고, 전담조직을 설치해 대응 능력을 높이며, 전문지식을 심화하는 세미나 및 심포지엄을 개최하기도 했다. 그래도 갈등 해결이 어려우면, 직접 나서서 조정을 시행했다. 미스터피자 가맹본부와 가맹점주 간의 갈등 사례와 같이 당사자들로 협의체를 구성하기도 하고, 혹은 이해관계자를 그룹화해서 그룹별로 갈등조정담당관이 직접 대응하거나 전문성이 필요한 경우에 전문가를 선정해 파견해서 간접 대응하기도 했다. 갈등 수준에 따라 행해진 갈등 대응전략이 다른데, 그러한 전략에는 설득, 조정 외에도 다양한 방법이 있을 것이고, 갈등 수준에 따라 투입되는 자원이나 강도는 다를 것이다. 자세한 사항은 〈표 4〉와 같다.

〈표 4〉 갈등 대응전략

순위	대응전략 유형	건수(비율)
1	주민(이해관계자)과의 면담, 협의, 대화 진행	52(55.9%)
2	주민설명회, 공청회 진행	27(29.0%)
3	전문가 자문회의 진행	12(12.9%)
3	TF(전담조직) 구성	12(12.9%)
5	세미나, 토론회, 학술 심포지엄 개최	5(5.4%)
6	시민위원회 구성	6(6.5%)
7	주민협의회와 협의 진행	4(4.3%)
8	갈등영향분석 진행	3(3.2%)
8	갈등 조정(분리 조정을 통해)	3(3.2%)
9	갈등 조정(갈등조정협의체를 통해)	2(2.2%)

출처: 하동현 외(2017)에서 인용 후 정리.

갈등조정담당관이 담당하는 중점관리대상 사업의 분쟁 해결의 유형 경로는 다음 〈표 5〉와 같다.

먼저, 갈등을 예방하는 측면으로, 여기서 갈등은 잠재적 갈등으로, 직접적으로 드러나지 않았으나, 첫째, 사업이 계속 진행되고 있어 갈등관리가 계속 필요해서 지원되는 유형이고, 둘째, 사업이 종료되거나 중단되었지만 갈등 예방이 필요해서 지원이 계속되는 유형이고, 셋째, 사업이 종료되거나 중단되어 더 이상 갈등관리의 필요성이 소멸되어 지원이 종료되는 유형이다.

다음으로, 표출된 갈등을 관리하는 측면으로, 여기서 갈등은 표출된 갈등으로, 직접적으로 드러나서 갈등을 완화하기 위한 행정행위가 필요한데, 첫째, 갈등을 일으킨 쟁점은 해결되었으나 사업이 계속 진행되고 있어 갈등관리담당관의 갈등 예방 지원이 계속 이루어지는 유형이고, 둘째, 갈등을 일으킨 쟁점이 해결되지 않아서 갈등이 지속되어 갈등 완화을 위한 지원이 계속 이루어지는 유형이며, 셋째, 갈등을 일으킨 쟁점이 해결되어 사업이 종료됨에 따라 갈등관리를 위한 지원이 종료되는 유형이다.

〈표 5〉 분쟁 해결 유형 경로

구분	분쟁 해결 유형 경로	비고
잠재적 갈등	잠재적 갈등 → 사업의 지속 → 갈등관리 지속	21(22.6%)
	잠재적 갈등 → 사업 종료(중단) → 갈등관리 지속	12(12.9%)
	잠재적 갈등 → 사업 종료(중단) → 갈등관리의 지속	8(8.6%)
	소계	41(44.1%)
표출된 갈등	갈등의 표출 → 갈등 완화 활동 → 쟁점 해결 → 사업 지속 → 예방적 갈등관리 지속	14(15.1%)
	갈등의 표출 → 갈등 완화 활동 → 쟁점 미해결 → 갈등 지속화	17(18.3%)
	갈등의 표출 → 갈등 완화 활동 → 쟁점 해결 → 사업 종결 → 갈등관리 종료	21(22.6%)
	소계	52(55.9%)

출처: 하동현 외(2017)에서 인용 후 정리.

3. 갈등관리 시스템을 통한 역할 분석

갈등관리가 시작되는 초기에 갈등조정담당관의 기본 역할은 전문적인 상담을 하는 것이다. 가령 서울시 내의 정책을 집행하면서 갈등 소지가 있는 팀에 갈등 해결을 위해 필요한 전문지식이나 해당 전문가를 연결해 주는 등의 역할이다. 이처럼 갈등조정담당관 혹은 갈등담당조직은 발생한 갈등에 직접적으로 대응하지 않는다. 아래 〈표 6〉에서 기술된 것처럼, 서울시 내의 팀을 직접 조정하는 내부 조정자 역할을 하는 제1유형은 거의 없고, 대외 관계자를 대상으로 하는 제3유형, 제4유형에 대한 활동도 적다. 다만, 평소 갈등 예방을 실시하고, 서울시 내 팀의 갈등에 관련된 사항을 지원하며, 갈등 발생 가능성이 높은 잠재적 갈등을 파악하는 활동을 한다. 즉, 서울시 내에서 갈등 관련 지식과 전문가를 지원하는 팀으로서 활동한다.

〈표 6〉 갈등담당조정관의 역할 유형 및 주요 사례

유형	주요 사례
내부 조정자 (제1유형)	강남순환도시고속도로 건설, 서울로 7017 프로젝트 등
전문 상담사 (제2유형)	대중교통 전용 지구 조성, 강남순환고속도로 건설에 따른 남부도로사업소 이전 등
해결 주도자 (제3유형)	서부 이촌동 공동체 활성화, 가락동시장 시설현대화 사업 등
협력 참모 (제4유형)	관악산 저류조 설치사업, 수도권 매립지 기간 연장, 서울 등축제 등
제도 설계자 (제5유형)	아직은 사례 없음.

출처: 하동현 외(2017)에서 인용 후 정리.

그러나 서울시 내 타 팀의 업무이지만 갈등이 발생하고 또 심각해지면 갈등조정담당관은 직접 나서서 갈등관리를 하며, 갈등 해소를 위한 역할을 해야 하는 유형으로 역할을 전환할 수 있다. 지금까지는 직접 나서지 않는 역할이었으나 앞으로는 발생하는 갈등이 복잡하고 심화되는 경향이 있어 직접 나서는 역할인 해결 주도자로 전환할 것으로 판단된다. 갈등담당조정관(갈등담당조직)의 역할 유형과 주요 사례는 〈표 6〉에서 기술된 것과 같다.

이 사례에서 분석하는 다루는 '서울시의 프랜차이즈 가맹본부와 가맹점주 집단분쟁 중재 사례'는 갈등조정담당관이 대외 관계자(가맹본부와 가맹점주)를 대상으로 해결 주도자의 역할을 하므로 제3유형인 해결 주도자로 구분된다고 판단된다. 갈등조정담당관이 기존의 간접적 역할에서 직접적 역할로 전환되는 사례인 점에서 의미가 있다고 판단된다.

4. 가맹본부와 가맹점주 분쟁 분석

미스터피자 프랜차이즈 가맹본부와 가맹점주 집단분쟁을 둘러싼 갈등은 프랜차이즈 가맹본부와 가맹점주의 갈등 관계를 보여주는 전형적인 사례이다. 그러나 특이한 점이자 학술적으로 중요한 점은 통상적으로 프랜차이즈 가맹본부의 우월적 지위로 인해 갈등관계가 대외적으로 드러나지 않는 경우가 대부분인데, 여러 상황적 요인으로 대외적으로 갈등관계가 드러났다는 것이다. 분쟁당사자 간 쟁점과 관련된 자세한 사항은 다음 〈표 7〉에 있으며, 협상 결과 – 합의안 내용을 정리한 것은 〈표 8〉에 있다.

5. 갈등관리 분석

1) 제3유형 중립적 해결 주도자로서의 역할

이 사례는 갈등조정담당관이 미스터피자 가맹본부와 가맹점주 간의 갈등조정 협의체를 구성한 사례로 제3유형인 중립적 해결 주도자로서의 역할에 해당한다.

⟨표 7⟩ 분쟁당사자(가맹본부-가맹점주) 간 쟁점(2016. 11. 17)

구분		가맹본부 주장	가맹점주 주장
상생협약 이행	2016년 매체광고비로 매월 5억 원 집행 ※공정위 표준고시(50:50 부담)와 달리 광고비를 가맹점주가 90% 이상 부담	• 11월 신제품 출시 후 집중 집행 예정	• 일부 집행했으나 정우현 회장 폭행사건 이후 거의 집행하지 않음. • 6월 및 9월 신제품 출시 때도 광고비 미집행
	식자재 공급 가격 20~30% 인하	• 치즈 가격 인하 (94,000원→87,400원) • 로열티 인상 보류	• 일부 이행했으나, 최초 합의에 비해 턱없이 부족. 5%라도 인하 희망
	가맹계약 10년 후 가맹계약 갱신에 대한 갱신요구권 보장 ※가맹사업법은 10년 계약 갱신요구권 인정	• 이행 • 협의회 회장을 할인 포인트 부정 수급으로 형사고발함.	• 2년 전 일단락된 사건임에도 협의회 와해를 위해 이용
	POS 업체 선정 시 가맹점주 참여	• 일방적 POS업체 선정에 대한 사과 및 매장에 단말기 2대 무상 지급	• 형식적 사과, 전 POS업체의 경우 매장 보유 단말기 전체 교체했음.
가맹점주협의회 현황		• 대부분 가맹점주 이탈	• 시위에 반대하는 점주가 일부 있기는 하나 유일한 가맹점주 단체임.
매출 정상화 대책		• 신제품 출시 • 가맹점주 매장관리 철저	• 서울시, 국회 등과 상생협약 체결로 이미지 쇄신

출처: [제윤경 의원 보도자료-제윤경, 미스터피자 가맹점주 시위장 방문]에서 인용 후 정리.

⟨표 8⟩ 협상 결과: 합의안 내용 정리

합의서 서문	• 본 합의는 가맹본부와 가맹점주협의회 및 비상대책위원회 간 합의서임. • 기존 합의 상생협약(2015년)을 존중 • 그간의 경제 환경과 기타 상황 변경을 감안, 합의 이후 브랜드 전체에 대한 위기 극복 및 상생을 위한 협의를 적극 진행하기로 함.
광고비	• 가맹본부 - 가맹계약서상 광고비를 광고판촉비로 변경 판촉비 - 특정 점포 지원과 제휴 할인 가맹본부 부담 비용 등으로 사용하지 않음.
가맹계약 유지	• 가맹본부 - 분쟁기간 중의 계약 위반 사유로 가맹계약 해지나 갱신을 거절하지 않음.
합의 이후	• 가맹점주협의회는 건전한 내부협의를 통해 해결 노력함. 단, 합의가 되지 않는 사항에 대해서 서울시의 중재에 따름.

출처: 미스터피자 프랜차이즈 가맹본부와 가맹점주 상생합의문 정리.

갈등의 상황을 정리하면 다음과 같다. 먼저 미스터피자 가맹본부의 치즈통행세, 보복 출점, 광고비 유용 등 갑질과 불공정 행위 등으로 가맹본부와 가맹점주 간의 분쟁이 심화되었으나 김기식 국회의원 중재로 양 당사자는 상생협약을 체결했다. 그러나 그 이후 정우현 회장의 경비 폭행사건을 계기로 매출 30%가 하락하면서 60개 가맹점이 폐점하는 일이 발생해 미스터피자 가맹점주들은 식자재 가격 인하, 광고 실시 등을 주장하며 형사고발, 공정위 신고 등으로 가맹본부와 가맹점주들 간의 반목이 심화되었다. 이에 대해 박원순 서울시장은 분쟁과 관련해 조치를 약속하고, 서울시에 미스터피자 진상조사 TF 구성 및 분쟁 조정을 진행하는 것으로 중립적 해결 주도자로서의 역할을 시작했다.

그러나 그 후 치즈 가격 인하, 양 당사자 고소·고발 취하, 계약을 해지한 매장의 재계약, 향후 분쟁 발생 시 서울시 중재를 통한 해결 등을 골자로 한 1차 상생협약을 체결했으나 MP그룹 가맹본부 회장의 구속에 따라 가맹점 매출이 하락에도 불구하고 가맹본부의 대책 미비로 갈등이 고조되었다. 이에 따라 미스터피자 가맹점주들은 구매협동을 통한 물류 공급 등의 제도 개선, 오너 리스크로 인한 매출 하락 손해배상과 광고비 부당 사용, 치즈통행세 등으로 취득한 부당이득금 반환 등의 손해배상, 로열티·광고비 한시적 면제, 식자재 공급 가격 인하 등의 매장 긴급 지원 등의 사항들을 요구했다. 그러나 가맹본부는 이러한 요구 사항을 수용할 수 없어 양 당사자가 서울시에 중재를 요청했다. 이러한 요청으로 이전에 체결된 상생협약에 따라 중립적 해결 주도자로서의 역할을 할 수 있는 근거가 마련되었고, 서울시는 중재 절차를 개시했으며, 27차례의 공식회의를 진행했다.

공식회의를 통해 서울시는 가맹본부와 가맹점주 간의 갈등 해결을 위해서는 구매협동조합 설립으로 거래관계의 투명성을 제고하고 경제적 공동체 구성을 통한 대등한 거래관계를 구축하는 것이 핵심이라고 판단했다. 이에 따라 갈등조정담당관은 중립성 및 신뢰 구축과 협상 방식·절차·전략 수립, 우선 협의 과제 선정, 조정절차 운영(쟁점별 협상)의 역할을 담당하고 공정경제과는 전문성을 토대로 사실관계 확정 및 기초자료 조사, 쟁점 및 분쟁 사안 분석, 법 위반 사항 조사 및 제도 개선 사항 발굴 분쟁조정 실무를 담당하며 각자의 임무를 수행했다.

2) 상생 합의를 통한 갈등 해결

서울시 갈등조정담당관을 통해 가맹본부 구입 강제 품목 중 새우 등 25개 품목을 자율구매 품목으로 전환하고, 가맹본부와 가맹점주로 구성된 구매공동위원회를 운영해 구매에 대한 전 과정을 점검해 거래의 투명성을 제고하는 것, 그리고 미스터피자 가맹점주 자녀 장학금 지원 및 복지사업 등을 골자로 하는 '미스터피자 가맹점주 복지재단' 설립 및 운영, 저매출 점포 지원 프로그램(환경 개선 비용 지원 등) 운영 등을 주요 내용으로 한 상생 합의를 통해 미스터피자 가맹본부와 가맹점주 간의 갈등은 해결되었다. 또한 이를 기념하는 '미스터피자 상생협약식'이 관련 주요 인사가 참석한 가운데 2018년 8월 9일, 서울시청에서 개최함으로써 갈등이 해결되었다.

V. 맺음말

이 사례는 우선 프랜차이즈 가맹본부와 가맹점주 간 집단분쟁을 행정기관이 중재한 최초 사례로 기록된 점에 함의가 있다. 이 사례 이전에는 분쟁조정 권한이 공정거래위원회(공정거래조정원)에만 전속되어 있어 현장의 대응성과 피해 구제에 대한 신속한 조치가 부족했다는 것이 주요 평가이다.

이번 미스터피자 프랜차이즈 가맹본부와 가맹점주 간에 발생한 갈등의 해결 사례는 가맹본부의 식자재 공급 과정에서 폭리 취득 등 불투명한 거래 관행을 개선하는 계기가 되었다. 그리고 전국 최초로 가맹점주가 중심이 된 구매협동조합 설립 등 가맹본부·가맹점주 간의 대등한 관계 설정을 통한 갑과 을의 관계 개선 모범 사례로 기록되었다. 또한, 이러한 사례를 시작으로 이후 편의점, 제과점, 패스트푸드점 등의 가맹본사의 갑질이 만연한 업종의 가맹본사와 가맹점주 간의 갈등이 드러나 지방자치단체의 중재를 통해 분야별 상생협약 유도 및 체결이 지속적으로 이어지기를 기대한다. 그리고 이를 통해 가맹본사와 가맹점주 간의 관계가 갑질 관계가 아닌 상생하는 관계의 문화가 확산되기를 기대한다.

이 사례에서는 서울시를 중심으로 지방자치단체 갈등관리 사례를 분석했으며, 실제 발생한 사건인 미스터피자 프랜차이즈 가맹본부와 가맹점주 집단분쟁 중재 사례를 주로 기술했다.

갈등관리 역시 행정기관의 행위이므로 몇 가지 쟁점이 있는데, 이와 연계해서 이 사례에서는 갈등관리의 결과의 평가에 대해 다음과 같은 토론 질문을 제시하고자 한다.

| 생각해 볼 문제들 |

1. 행정행위인 갈등관리의 결과를 평가하는 데 기존 방식에 대한 쟁점이 있을 수 있다. 대체로 행정행위의 성과는 KPI와 같은 양적 지표로 평가되는데, 서울시 갈등조정담당관도 역시 그러하다. 갈등조정담당관의 업무는 양적 지표로 평가되는데, 해당 갈등과 관련해 보고서와 논문 수, 그리고 이해관계자와의 회의 횟수 등의 양적 지표로 해당 갈등관리를 평가해 왔다. 그러나 갈등 조정부서의 평가지표 중 이러한 양적 지표는 갈등 조정 역할의 효과성을 측정하는 데 타당성이 낮다는 의견이 있다. 그 이유는 갈등 조정은 양적 지표로 평가하기 어려운 상황이 대부분이기 때문이다. 한 번 만나서 갈등이 해결되기도 하지만, 수십 차례를 만나도 해결되지 않는 갈등도 있다. 대안이 있어도 갈등이 해결되지 않기도 하고, 대안이 없어도 당사자 간의 감정이 해소되어 갈등이 해결되기도 한다. 이처럼 갈등관리의 과정과 이에 따른 결과는 양적 지표로 나타나지 않는 부분이 대부분이다. 이를 고려한 갈등 조정에 대한 타당성 있는 평가 방안은 무엇이라 생각하는가?

〈 참고 문헌 〉

공정거래위원회(2014). 「2014년 공정거래백서」. 세종.
김건식(2017). 전자상거래 분쟁해결을 위한 중재제도 도입 검토. 「경제법연구」, 16(3): 3-24.
김상식·김유정(2015). 가맹사업거래 분쟁의 실효적 해결방안. 「법과정책」, 21(2): 143-165.
서울시(2013). 「2013년 갈등관리 백서 상생의 힘」.
_____(2014). 「2014년 갈등관리 백서 상생의 힘」.
_____(2015). 「2015년 갈등관리 백서 상생의 힘」.
_____(2018). 「2018년 갈등관리 백서 상생의 힘」.
_____(2014). 「2014 갈등관리매뉴얼」.
_____(2016). 「2016 갈등관리매뉴얼」.
_____(2018). 「2018 갈등관리매뉴얼」.
임동진(2012). 대안적 갈등해결방식(ADR) 제도의 운영실태 및 개선방안 연구. 한국행정연구원.

_____(2013). ADR 기구의 분쟁조정기능 활성화 방안 연구: ADR 전문가 FGI를 중심으로. 「한국정책과학학회보」, 17(3): 189-218.

임영균·박주영(2019). 자율조정을 통한 가맹본부-가맹점 간 분쟁해결. 「유통연구」, 24(1): 119-150.

하동현·홍수정(2017). 서울시 갈등관리시스템의 운영실태 및 역할 유형. 「한국지방자치학회보」, 29(2): 91-118.

Adler, Howard Jr. & Chernick, Richard(2003), The Expanding Role of ADR in Antitrust Cases, *Dispute Resolution Magazine*, 9(2): 34.

Bowers, Mollie H.(1980). Grievance Mediation: Another Route to Resolution, *Personnel Journal*, 59(2): 132-139.

Dant, Rajiv P. & Schul, Patrick L. (1992). Conflict Resolution Processes in Contractual Channels of Distribution, *Journal of Marketing*, 56(1): 38-53.

Goldberg, Stephen B.(1989), Grievance Mediation: A Successful Alternative to Labor Arbitration, *Negotiation Journal*, 5(1): 9-15.

Holmes, David E.(2005), Mediation and Arbitration Myths, *Franchising World*, 37(9): 33-35.

Shane, Scott A.(2005), *From Ice Cream to the Internet*, Pearson Education Inc. Prentice Hall.

Ury, William L., Brett, Jeanne M., & Goldberg, Stephen B. (1988). *Getting Disputes Resolved: Designing Systems to Cut the Costs of Conflicts*, San Francisco, CA: Jossey-Bass.

함께 풀어가는 사회문제
- 갈등과 협력 사례 -

04

원자력 정책갈등 해결을 위한 시민참여형 정책설계: 신고리 5·6호기 공론조사 사례*

주지예
서울대학교

I. 들어가는 말

공론조사는 사회적 난제와 같이 갈등적인 정책문제의 해결책을 수립하기 위해 다양한 정책행위자의 의견을 민주적으로 수렴하는 공론화의 구체적인 기법으로, 새로운 갈등 해결 방식으로서 주목받고 있다. 높은 대표성과 숙의성을 강점으로 하는

---

* 주지예(2019)의 박사학위논문에서 발췌했으며, 이 사례의 세부 내용에 대한 설명은 신고리 5·6호기 공론화위원회(2017)의 「신고리 5·6호기 공론화 시민참여형 조사보고서」 내용을 바탕으로 작성되었다.

공론조사는 2017년 전 국민을 대상으로 최초로 시행된 신고리 5·6호기 공론화를 통해 한국형 공론조사인 시민참여형 조사라는 명칭으로 수행되었다.

신고리 5·6호기 공론화는 문재인 대통령이 19대 대선 당시 안전한 대한민국을 위해 공사 중단을 공약한 것에서부터 시작되었다. 그러나 신고리 5·6호기는 2016년 6월 시공 이후 2017년 5월 대선 당시 이미 종합공정률이 28.8%인 상태였기 때문에, 지역경제에 미치는 영향력을 고려하지 않을 수 없는 상황이었다. 따라서 중단에 대한 문제를 사회적 합의를 통한 결정으로 풀어내기 위해 2017년 7월 24일 공론화위원회가 공식 출범했다. 정기회의를 통해 공론화 과정에 필요한 조직 구성 및 프로그램들을 설계해, 언론 및 온오프라인 플랫폼을 활용한 대국민 홍보에서부터 일반국민을 위한 토론회 그리고 시민참여단 중심의 숙의 프로그램들이 단계적으로 운영되었다.

주요 정책행위자는 정부 수준에서 중립과 중재 역할을 수행하는 공론화위원회와 건설 재개와 건설 중단이라는 대립된 정책선호를 가진 두 개의 집단으로 구성된 이해관계자 그리고 시민을 대표하는 시민참여단 및 모든 일반 국민이라는 세 개의 집단이 있다. 이들 간의 소통과 협력 과정은 신고리 5·6호기 공론화에서의 협력체계를 나타내는데, 크게 3자간 소통을 중심으로 하는 소통적 협력체계와 공론화위원회의 중재 하에 첨예한 갈등관계에 놓인 이해관계자 간의 협력을 중심으로 구성된 경쟁적 협력체계로 유형을 나눌 수 있다.

공론화위원회는 갈등 해결 기제를 주체적으로 시행하는 입장에서 소통을 위한 지속적인 제도적 지원과 함께 중재적 역할을 수행해야 하고, 제도의 틀 안에서 대립관계의 이해관계자 집단은 건강한 경쟁 자세와 함께 세부 프로그램을 운영해 나가는 파트너로서의 역할 수행이 중요하다는 점을 시사한다.

II. 사례 개요

1. 사례 배경

　신고리 5·6호기에 대한 공론화 논의는 문재인 대통령이 19대 대선 당시 '안전한 대한민국'을 위해 공사 중단을 공약으로 삼은 데에서부터 시작되었다. 특히 19대 대선은 이전 대선과는 달리 에너지 정책에서 대선 후보별로 공통적으로 같은 방향의 공약[1]을 내세우면서 원전 중심의 기존 정책과는 다른 에너지 정책 프레임의 전환이 예고되었다. 그러나 신고리 5·6호기는 2016년 6월 시공 이후 이후 2017년 5월 대선 당시 이미 종합공정률이 28.8%인 상태였다. 이는 신고리 5·6호기가 지역경제에 미치는 영향력을 고려하지 않을 수 없는 상황임에 따라 문재인 대통령은 당선 이후 신고리 5·6호기 중단에 대한 문제를 사회적 합의를 통한 결정으로 진행하기로 한다. 2017년 6월 27일 국무회의에서 공론조사 방식의 공론화를 추진하는 것으로 공식적인 결정을 내리고, 이후 국무조정실 소속 신고리 5·6호기 공론화 준비 T/F를 설치해 공론조사 수행을 위한 제도적 근간이 되는「신고리 5·6호기 공론화 위원회 구성 및 운영에 관한 규정」(국무총리 훈령 제690호)을 제정했다. 이후 공론화위원회를 중심으로 전문조사업체 선정 및 검증단 발족 그리고 주요 이해관계자 집단 등이 형성되고, 협의를 통한 공론화 세부 일정 수립에 따라 일련의 공론화 과정이 추진되었다. 이에 따라 신고리 5·6호기 공론조사는 국내에서 최초로 전국 단위에서 전 국민 대상 숙의 프로그램이 시행된 시민참여형 의사결정 사례로, 첨예한 대립으로 사회적 난제가 되어온 원자력 정책 갈등을 공론조사라는 갈등 해결 기제를 활

---

[1] 각 대선후보의 공약들은 국민의 선택으로 정치적 입지의 생존이 결정되는 정치인의 전략으로서 당시 여론과 사회적 분위기가 가장 충분히 반영되어 있는 정책대안이라 볼 수 있다.

용해 사회적 합의를 형성한 사례가 되었다.

2. 주요 개념

공론조사는 갈등적인 정책문제를 해결책을 수립하기 위해 다양한 정책행위자의 의견을 민주적으로 수렴하는 절차인 공론화의 구체적인 수단으로 새로운 갈등 해결 방식으로서, 이미 많은 정책연구로부터 제안되고 있다. 시민배심원이나 협의회 등과 달리, 공론조사는 높은 대표성과 숙의성을 가지면서 가치 갈등과 이해 갈등 영역을 모두 포괄하고 전국 또는 지역 수준의 모든 갈등 범위에 적용해 실행할 수 있는 장점을 가진다(대통령자문지속가능발전위원회, 2004). 이러한 공론조사(deliberative polling)에 대한 개념은 1988년 이후 미국의 피시킨(James Fishkin) 교수로부터 숙의적 여론 수렴 기법으로 정의되며, 이후 다양한 국가에서 적극적으로 공론조사라는 기법이 활용되기 시작했다(CDD, 2010). 이와 관련해 신고리 5·6호기 공론화위원회(2017a)에서는, 공론조사는 무작위 추출인 확률추출법으로 선정된 대표성을 가진 일정 수의 시민들이 전문가 등이 제공하는 지식과 정보를 활용해 충분한 학습과 토론 시간을 가진 후 최종적인 정책선호를 결정하고 이를 수렴한 결과를 도출하는 조사 방식이라 정의했다.

그런데 신고리 5·6호기 공론화로 실시된 공론조사는 사실 공식적인 정식 명칭이 아니며, '신고리 5·6호기 공론화 시민참여형 조사'라는 정식 명칭을 가지고 있다. 신고리 5·6호기 공론화위원회(2017)에 따르면, 시민참여형 조사는 "피시킨 교수가 제안한 공론조사 방식을 원용하되 시민대표 참여자의 대표성과 숙의 과정의 실체성을 높여 정확한 공론을 측정하기 위해 여러 가지 점을 보완한 조사 방식으로 이번 공론화를 위해 새롭게 설계한 우리 고유의 숙의 여론조사"라고 설명되어 있다. 즉, 국내외에서 기존에 통용되던 공론조사의 방식에 국내의 문화와 맥락을 반영해 대표성과 숙의의 실체성을 강화시킨 새로운 한국형 공론조사라고 할 수 있다.

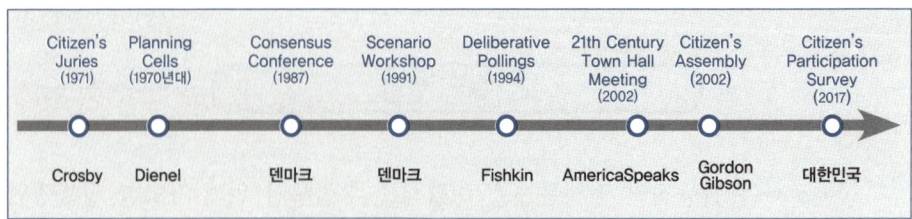

출처: 김춘석(2019; 32), 한국정책학회 춘계학술대회 발표 자료.

[그림 1] 공론화 기법의 발전

3. 추진 과정

국내 최초로 시민참여형 조사를 활용한 신고리 5·6호기 공론화는 2017년 7월 24일부터 10월 20일까지 약 3개월간 대국민 홍보에서부터 대상 집단별 숙의 프로그램들까지 세부적으로 구체화되어 추진되었다. 다음 [그림 2]는 공식적으로 공론화가 개시된 이후 어떠한 과정들을 거쳐 마무리되었는지에 대해 시간의 흐름대로 정리한 것이다.

가장 먼저 신고리 5·6호기 공론화에 대한 국민 인식에 영향을 미친 것은 언론이었다. 7월 말 방영된 JTBC와 KBS의 토론 프로그램은 공론화위원회 주최가 아닌 해당 방송사에서 개최한 것이었으며, 이후에도 8월 29일에 MBC와 채널A에서 방영한 토론 프로그램 또한 마찬가지였는데, 이는 공론화에 대한 사회적 관심이 그만큼 높았다는 것으로 해석된다. 한편, 공론화위원회 주관으로 시행된 공론화 세부 프로그램들을 보면, 크게 언론 및 다양한 온오프라인의 매체를 활용한 대국민 홍보와 숙의 프로그램으로 구분된다. 그리고 시기적으로는 시민참여단의 2박3일 종합토론회를 전후로 구분될 수 있다.

우선 공론화위원회는 8월 중 정기회의를 통해 분과위원회와 이해관계자 관련 소통협의회 그리고 시민참여형 조사를 수행할 조사업체를 선정한 이후, 8월 말부터 본격적으로 대국민 홍보를 추진했다. 포털사이트 광고, 라디오 광고, 언론 인터뷰 그리고 전광판 광고를 통해 공론화에 대한 국민 인식 향상 및 시민 참여 활성화를 도모했다.

대국민 홍보	(7월 28일) JTBC 밤샘토론 '탈원전, 득인가 실인가?' (7월 30일) KBS 생방송 일요토론 '과연 신고리 5·6호기의 운명은 어떻게 결정해야 할 것인가?'
조직 구성	(8월 3일) 분과위원회 구성 / (8월 17일) 소통협의회 구성 / (8월 24일) 조사업체 선정
대국민 홍보	(8월 21일 ~ 9월 3일) 포털사이트 광고 1차 (8월 21일 ~ 9월 20일) 라디오 광고 (8월 24일 ~ 9월 21일) 언론 인터뷰 (8월 29일) MBC 100분 토론 '원전의 운명은?' 채널A 추석특집 긴급진단 토론회 '탈원전 해법은?' (9월) 전광판 광고 1차 : 전국 210여기 전광판 광고
조직 구성	(9월 6일) 검증위원회 구성
일반 국민 숙의 프로그램	(8월 1일 ~ 10월 11일) 지역순회 토론회 : 총 7회 (8월 27일 ~ 10월 7일) TV토론회 총 5회
1차 조사 및 시민참여단 확정	(8월 25일 ~ 9월 9일) 1차 조사 : 국민 대표성 확보 위해 20,006명 조사 (9월 13일) 시민참여단 500명 확정
시민참여단 숙의 프로그램1	(9월 13일) 시민참여단 오리엔테이션 및 2차 조사 (9월 21일) 시민참여단 전용 이러닝 시스템 오픈 (9월 28일) 숙의자료집 배포
미래세대 숙의 프로그램	(9월 30일) 미래세대 토론회
대국민 홍보	(10월 13일 ~ 10월 15일) 포털사이트 광고 2차 (10월) 전광판 광고 2차 : 전국 210여기 전광판 광고
시민참여단 숙의 프로그램2	(10월 13일 ~ 10월 15일) 2박3일 종합토론회 - 10월 13일 3차 조사 - 10월 15일 4차 조사
공론화 종료	(10월 20일) 정책권고안 제출

출처: 신고리 5·6호기 공론화위원회(2017)의 결과보고서를 바탕으로 저자가 직접 작성.

[그림 2] 신고리 5·6호기 공론화 과정

홍보가 시작된 이후, 8월부터 10월 초까지 일반 국민을 대상으로 한 지역순회 토론회와 TV토론회를 개최하며 전 국민 대상의 숙의 프로그램이 시행되었고, 9월 초 1차 조사로 시민참여단이 확정된 이후에는 9월부터 10월 중순까지 시민참여단을 대상으로 오리엔테이션 및 2차 조사, 숙의자료집 배포 및 이러닝 오픈 등 다양한 숙의 프로그램이 별도로 운영되었다. 그리고 9월 30일에는 미래세대 대상의 숙의 프로그램을 진행해 신고리 5·6호기 이슈에 대한 세대별 숙의를 시도했다.

공론화를 통한 최종 결정이 이루어지는 시민참여단의 2박3일 종합토론회가 시행되는 10월에는 2차 포털사이트 광고와 2차 전광판 광고 외에 다른 홍보는 없었으며, 종합토론회 시작 전 10월 초에는 일반 국민 대상의 숙의 프로그램이 먼저 종료되었다. 10월 13일부터 시작된 종합토론회에서는 첫째 날 3차 조사와 마지막 날 4차 조사를 끝으로 국민들과의 소통 및 숙의 과정은 마무리되었다. 공론화의 공식적인 종료일은 10월 20일 공론화위원회의 결과보고서 제출로 모든 공론화 과정이 끝났다.

일련의 공론화 과정에서 핵심은 새로운 공론조사 기법인 시민참여형 조사에 따른, 다수의 시민이 수행하는 숙의[2]와 토의이다. 국내의 공론조사 수행에 주요 역할을 담당하고 있는 조사전문기관 한국리서치 소속 김춘석(2019)은 "공론화에 참여해 숙의 과정을 거친 다수 시민의 생각과 입장을 정량조사를 통해 취합하는 기법에 대한 통칭"으로 '공론화조사'라는 개념을 구성하며, '숙의토의조사'라는 새로운 명칭을 제안하기도 했다. 이처럼 한국형 공론조사의 핵심은 시민들 간의 토의로 이루어지는 숙의 과정인데, 앞서 살펴본 공론화 과정에서 나타나 있었듯이 시민참여단 대상의 숙의 프로그램과 시민참여단에 포함되지 못한 일반 국민들을 대상으로 한 보강 프로그램이 병행적으로 추진되어 전국 단위에서 숙의 과정이 시행될 수 있게끔 설계되었다.

---

[2] 신고리 5·6호기 공론화위원회(2017)에 따르면, "숙의(熟議)는 '깊이 생각하며 충분히 논의하는 것'"이라고 정의되어 있다.

일반 국민을 대상으로 한 숙의 프로그램과 시민참여단의 대상으로 숙의 프로그램을 시간의 흐름에 따라 정리하면 [그림 3]과 같다.

	일반 국민	시민참여단
숙의과정	(8월 1일) 지역순회 공개토론회① 서울지역 (8월 10일) 공론화위원회 공식 홈페이지 운영 (8월 27일) 울산 MBC TV토론회① (9월 7일) 지역순회 공개토론회② 광주지역	
	(9월 13일) 지역순회 공개토론회③ 대전지역	(9월 13일) 시민참여단 확정
		(9월 16일) 시민참여단 오리엔테이션
	(9월 18일) 지역순회 공개토론회④ 부산지역	
		(9월 21일) 시민참여단 전용 이러닝 오픈
	(9월 26일) 지역순회 공개토론회⑤ 서울지역	
	(9월 27일) SBS TV토론회②	
	(9월 28일) 지역순회 공개토론회⑥ 수원지역	(9월 28일) 시민참여단 숙의자료집 발송
	(9월 30일) 미래세대 토론회 (10월 5일 ~ 7일) TV토론회③	
	(10월 11일) 지역순회 공개토론회⑥ 울산지역	(10월 13일 ~ 15일) 시민참여단 종합토론회

출처: 신고리 5·6호기 공론화위원회(2017)의 결과보고서를 바탕으로 저자가 직접 작성.

[그림 3] 신고리 5·6호기 숙의 프로그램

대상 집단별 숙의 과정을 보면, 시민참여단이 확정되어 오리엔테이션이 시행되기 전까지, 일반 국민으로서 지역순회 공개토론회와 TV토론회를 통해 모두에게 동일한 숙의 과정이 제시되었다. 9월 16일 이후에는 시민참여단은 2박3일 종합토론회 전까지 별도로 운영되는 숙의 프로그램과 일반 국민 대상의 숙의 프로그램 모두 접하며 충분한 숙의 과정을 거치게 되었다. 즉, 시민참여단이 일반 국민의 대표성을 가지고 책임감 있는 참여 태도를 형성하는 데 숙의 과정은 주요한 역할을 했다고 볼 수 있다.

시민참여단을 대상으로 하는 숙의 프로그램의 세부 내용을 살펴보면, 〈표 2〉와 같이 일자별로 정리할 수 있는데, 공론화에 대한 이해와 시민참여단으로서의 책임 의식을 향상시키고 신고리 5·6호기에 대한 전문지식과 함께 안전성, 경제성, 환경성 등 일정한 토론 주제의 제시해 효과적인 숙의와 토론을 추진했다.

〈표 2〉 시민참여단 숙의 프로그램 세부 내용

일자	프로그램	세부 내용
2018.09.16	오리엔테이션	공론화의 의미와 취지 설명, 시민참여단 역할과 숙의 과정 안내 신고리 5·6호기에 대한 2차 설문조사 시행 건설 중단과 건설 재개 측의 입장 발표
2017.09.28	숙의자료집 발송	제1장. 신고리 5·6호기 공론화 개요(공론화위원회가 작성) 제2장. 원자력발전에 대한 이해(공론화위원회가 작성) 제3장 및 제4장. 건설 재개 측 주장, 건설 중단 측 주장(각 집단이 직접 작성)
2017.09.21. ~ 2917.10.07	이러닝	시민참여단 전용 학습 플랫폼(총 6강으로 구성) 1강. 공론화에 대한 이해 2강. 신고리 5·6호기에 대한 안전성 3강. 재개 및 중단에 따른 전력 공급 및 전기요금의 영향 4강. 재개 및 중단에 따른 국가산업의 영향 5강. 우리나라의 에너지 정책 전망 6강. 종합 의견
2017.10.13. ~ 2017.10.15	종합토론회	1세션. 총론 토의(중단 및 재개 이유) 2세션. 쟁점 토의1(안전성/환경성) 3세션. 쟁점 토의2(전력 수급 등 경제성) 4세션. 종합 토의(최종 선택과 사회적 수용성)

출처: 주지예(2019: 91). 박사학위 논문에서 발췌.

특히, 최종 결정을 내려야 하는 2박3일 종합토론회의 경우에는 4개의 세션으로 구성되었는데, 각 세션마다 건설 재개 측과 건설 중단 측의 발제가 있었고, 시민참여단은 발제를 들은 이후 분임별로 나뉘어 지정된 주제에 대해 분임토의를 수행했다. 각 분임별로 모더레이터(moderater: 토론 사회자)가 중립적으로 토의를 진행했고, 분임 토의 후에는 다시 전체모임 장소로 모여 건설 재개 측과 건설 중단 측 발제자 및 토론자에게 분임별로 선정한 대표 질문들을 전달하고 그에 대한 답을 듣는 질의 응답 시간을 가졌다. 시민참여단과 건설 재개 및 건설 중단 측 사이의 대면 형식의 양방향 소통이 이루어진 실체적 숙의 과정이었다고 할 수 있다.

최종적으로 체계적인 숙의 과정과 조사를 통해 나타난 시민참여단의 결정은 건설 재개로 정해졌으며, 공론화위원회는 10월 20일 「정책권고안」에서 건설을 재개하지만 향후 "원자력발전을 축소하는 방향으로 에너지 정책을 추진할 것"을 권고했다.

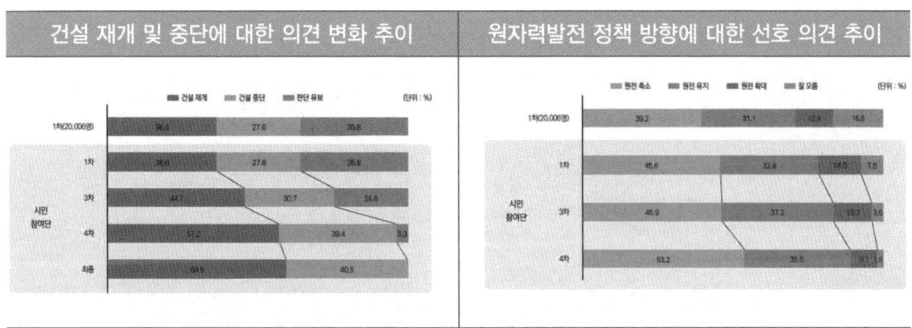

출처: 신고리 5·6호기 공론화위원회(2017: 78, 87).

[그림 4] 신고리 5·6호기 시민참여형 조사 주요 결과

III. 협력 행위자 및 협력 유형

신고리 5·6호기 건설 재개와 중단에 대한 문제를 해결하기 위해 공론화에 관계된 주요 집단들은 「신고리 5·6호기 공론화 검증위원회 검증보고서」에 따르면, [그림 5]와 같이 공사 중단 및 재개 측을 물론, 공론화위원회와 일반 국민 외에도

언론, 시민사회단체 및 학계 등으로 나타난다. 그리고 이들 간의 소통 방법은 신고리 5·6호기 공론조사 관련 행위자들 간의 협력 과정 및 협력 유형을 보여주는데, 실제 각 주체별 소통체계는 서로 다른 소통 플랫폼의 구축 및 활용 등을 통해 다양한 협력 유형 및 합의 형성 과정을 보여주었다. 예를 들면, 공론화위원회와 국민 간의 관-민 관계에서는 보도자료, 게시판 및 SNS, e러닝 등 온오프라인 플랫폼을 활용한 소통 중심 협력체계가 이루어졌고, 공론화위원회와 공사 중단 및 재개 집단 간의 관계에서는 공론조사 추진 중 발생하는 의견 충돌을 해소하기 위한 소통협의회라는 합의 중심의 협력적 조직이 구축되었다.

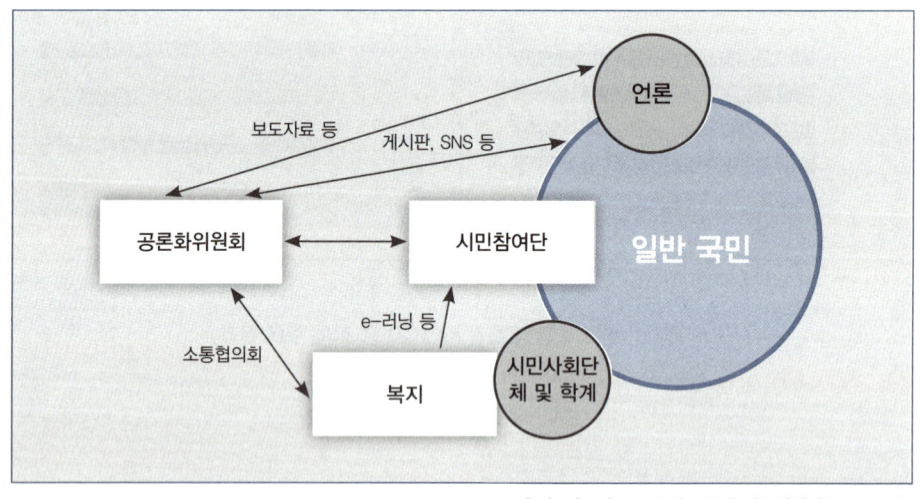

출처: 신고리 5·6호기 공론화 검증위원회(2017: 138).

[그림 5] 신고리 5·6호기 공론조사의 주요 행위자별 소통 흐름

이러한 소통 흐름을 바탕으로, 각 주체 및 집단 사이에 합의 형성이 필요하고 공론화 일정을 추진하기 위해 협조와 협력이 요구되는 협력적 거버넌스는 크게 공

론화위원회-이해관계자(건설 재개 및 중단 측)-일반 국민(시민참여단 포함) 간에 구축되어 있다고 할 수 있다. 그리고 이들 3자간의 궁극적인 협력은 일반 국민을 대표하는 시민참여단으로부터 실현된다고 볼 수 있다.

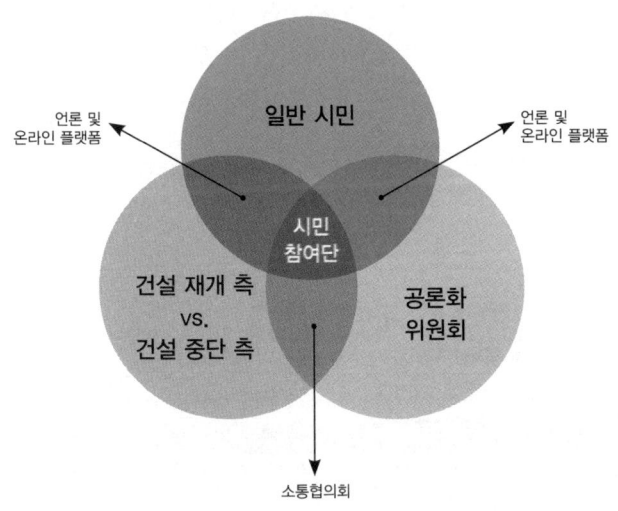

[그림 6] 신고리 5·6호기 공론조사의 주요 협력 행위자

1. 주요 협력 행위자

주요 협력 행위자 중 첫 번째, 공론화위원회는 1명의 위원장과 다양한 분야의 전문가인 8명의 위원으로 구성되어 있는데, 인문사회 전문가 2인, 과학기술 전문가 2인, 조사통계 전문가 2인, 갈등관리 전문가 2인이 포함되었다. 이들은 각 전문 분야에 맞게 네 가지 분과위원회로 구성되어 공론화 과정에 주요 의제를 선정해 검토하면서 효율성을 증진시키는 역할을 수행했다. 또한 분과별로 자문을 받을 수 있게끔 자문위원회를 구성했고, 공론화 과정의 중립성, 책임성, 투명성 등을 제고하기 위해 검증위원회도 구성했다.

두 번째 주요 협력 행위자인 건설 중단 측과 건설 재개 측으로 구성된 이해관계자집단은, 공론화 운영의 공정성 확보를 위해 구성된 소통협의회이다. 양측 집단 간 그리고 시민참여단, 공론화위원회와의 원활한 소통을 진행했다. 소통협의회는 재개 측의 대표와 중단 측의 대표로 구성되었는데, 재개 측에서는 한국원자력산업회의, 한국원자력학회, 한국수력원자력(주)가 참여했고, 중단 측에서는 안전한 세상을 위한 신고리 5·6호기 백지화 시민행동이 참여했다. 이들은 소통협의회를 통해 상호 조율과 합의를 통해 합리적인 공론 방식을 설계해 나갔다.

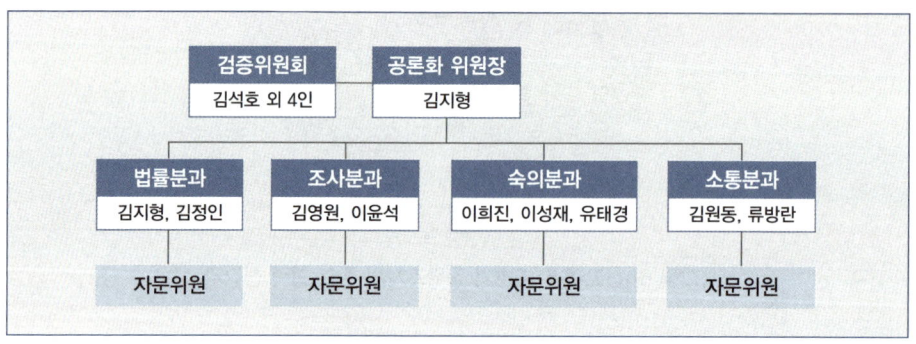

출처: 신고리 5·6호기 공론화위원회(2017)의 결과보고서를 바탕으로 저자가 직접 작성.
[그림 7] 공론화위원회 조직도

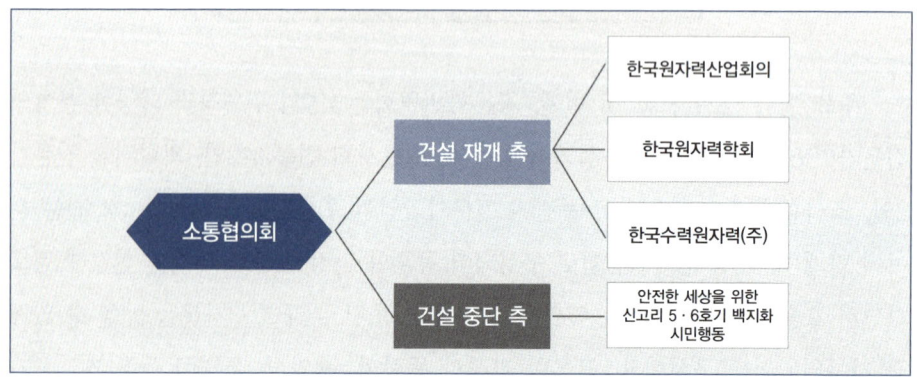

출처: 신고리 5·6호기 공론화위원회(2017)의 결과보고서를 바탕으로 저자가 직접 작성.
[그림 8] 소통협의회 구성체계

마지막으로 주요 협력 행위자인 시민참여단은 이중추출법으로 구성되었는데, "대한민국 국적의 만 19세 이상 국민(주민등록 기준)들을 지역(16개 시도)·성·연령으로 3차원 층화(160개 층)한 후, 비례 배분한 20,000명을 층화 무작위 추출해 1차 표본을 구성하고, 1차 표본(20,000명)을 건설 재개/중단/판단유보·성·연령으로 3차원 층화(30개 층)한 뒤, 비례 배분한 500명을 층화 무작위 추출하는 방식"(신고리 5·6호기 공론화위원회 2017)으로 선정되었다.

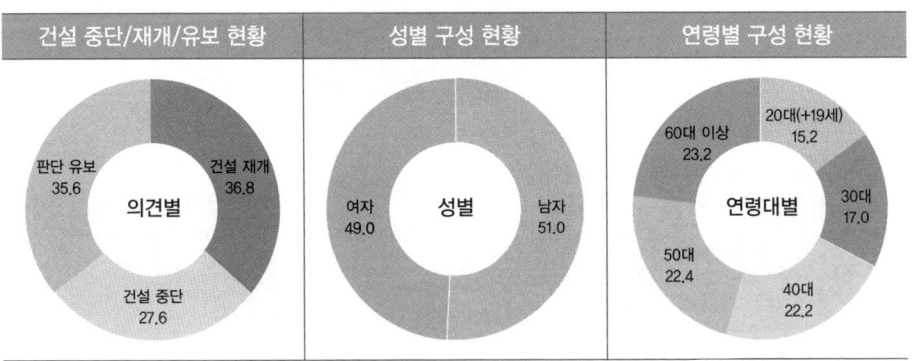

출처: 신고리 5·6호기 공론화위원회(2017: 28) 재구성.

[그림 9] 시민참여단 구성 현황

2. 협력 유형

세 개의 주요 협력 행위자들 간의 협력 유형은 크게 두 가지로 구분된다. 공론화 과정의 거시적 차원에서 3자가 모두 포함되어 있는 유형과 미시적 차원에서 명확히 두 개의 집단으로 구분되는 소통협의회의 구성원인 건설 재개 측과 건설 중단 측 간의 협력 유형으로 나누어 볼 수 있다. 전자의 경우 소통이 중심되는 소통적 협력 유형이라면 후자의 경우는 갈등관계에 놓인 대립집단이 공존하며 경쟁을 유지하는 경쟁적 협력 유형이라 할 수 있다.

먼저, 첫 번째 협력 유형인 '정부(공론화위원회) - 이해관계자(건설 중단 및 건설 재개 측) - 일반 국민(시민참여단)' 간의 협력체계는 정부의 중립적인 입장에서의 조율과 제도적 지원을 바탕으로 나머지 두 개의 집단이 소통의 장에서 적극적인 참여를 통해 소통하며 문제 해결안을 선택해 나가는 현상을 의미한다.

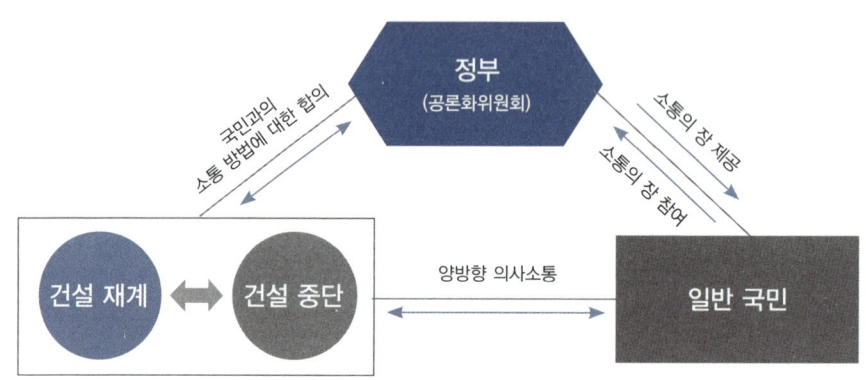

[그림 10] 소통적 협력 유형

3자간 소통적 협력 유형에서는 지역순회 공개토론회, TV토론회, 미래세대 토론회 외에도 시민참여단 대상의 종합토론회 등 소통의 장이라는 공간적 범위가 전제되어 있다. 특정한 소통적 공간을 제공하는 공론화위원회는 대전, 부산, 서울 등 총 일곱 번의 지역순회 공개토론회를 통해 전국 지역별로 토론의 장을 마련해 주었고, 건설 재개 측과 건설 중단 측 그리고 지역시민들에게는 각자 본인의 입장을 제시하는 적극적인 참여가 요구되었다. 토론회는 중립적인 입장인 주관기관인 학회나 제3자가 진행했으며, 양측의 발제와 참석한 시민들과의 토론으로 구성되었는데, 일곱 차례의 토론회 중 첫 번째 서울지역 토론회와 두 번째 광주지역 토론회에서만큼은 건설 중단과 재개에 대한 발제가 아닌, 공론화 자체에 대한 이해를 제고하고 공론화에서 무엇을 고민해야 되는지에 대한 국민 인식 향상을 위한 과정으로서 진행되었다. 그러나 여섯 번째 지역 순회 토론회였던 경기지역에서는 건설 재개 측과 건설 중단 측 간의 발제자 타당성에 대한 갈등으로 인해 결국 합의에 이르지 못한 채 건설 중단 측의 발제만으로 토론회가 진행되기도 했다.

소통적 협력체계에서는 이해관계자 집단의 갈등에도 불구하고 공론화위원회가 소통의 흐름을 유지하기 위해 다양한 채널의 언론을 활용하고 온라인 플랫폼에서도 공식 홈페이지에 제언방 등을 개설해 공론의 장으로 국민들을 참여시켰고, 국민들은 적극적인 참여 태도를 보였다. 따라서 신고리 5·6호기 건설 여부에 대한 주요 행위자 간의 직간접적 소통은 협력적인 공론화 과정 추진에 주요한 원동력이 되었다고 할 수 있다.

두 번째 유형인 경쟁적 협력체계는 공론화위원회의 중재로 이해관계자들(건설 재개 측과 건설 중단 측)이 소통협의회라는 조직을 매개로 경쟁적이지만 공존 지향적인 협력을 구축하는 형상을 의미한다.

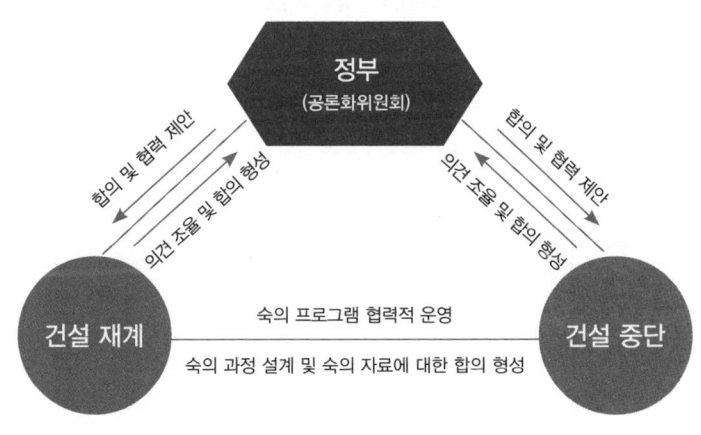

[그림 11] 경쟁적 협력 유형

소통협의회는 공론화위원회가 2017년 8월 17일 제5차 정기회의에서 신고리 5·6호기 공론화 과정을 합리적으로 설계하기 위해 대립된 입장을 고수하고 있는 양측 대표와의 소통 채널로 구축한 협력조직이다. 공론화위원회는 합의와 협력을 구축하기 위한 조직을 구성해 제공하며 중재자 역할을 했고, 건설 재개 측과 건설 중단 측은 대립관계로서 각자 선호하는 정책을 바탕으로 합리적인 경쟁을 전제로

〈표 3〉 소통협의회 운영 실적

일자	논의 사항
1차 회의 (8월 17, 18일)	• 소통협의회 운영 방안 • 양측 요구 사항에 대한 의견 • 자료집 제작 관련 협조 • 1차 조사 질문지
2차 회의 (8월 23일)	• 1차 조사 계획(안) • 공론화 관련 향후 주요 일정(안) • 자료집 목차(안)
3차 회의 (8월 31일)	• 자료집 검토(안) • 자료검증 전문가 그룹 운영(안) • 동영상 제작(안)
4차 회의 (9월 8일)	• 자료집 목차 및 내용 관련 • 동영상 목차 및 이러닝 학습자료 제작 관련 • 자료검증 전문가그룹 운영에 관한 건 • 검증위원회 구성 및 운영에 관한 건 • 오리엔테이션 참관인단 구성 및 양측 발표자 협의 • 지역순회 토론회 관련
5차 회의 (9월 21일)	• 자료집 제작 및 검토 관련 • 이러닝 동영상 제작 • 토론회 참석자 관련 협의
6차 회의 (9월 29일)	• 시민참여단 종합토론회 계획(안) • 전문가 참여 방안 협의
7차 회의 (10월 10일)	• 종합토론회 세부계획(안)

출처: 신고리 5·6호기 공론화위원회(2017: 25).

시민들을 설득하기 위해 어떻게 전달할 것인지, 그리고 그들과 어떻게 소통할 것인지에 대한 세부적인 방향들에 대해 조율하고 합의했다. 소통협의회의 운영 실적이 정리된 〈표 3〉에 나타나 있듯이, 이해관계자 간의 합리적인 경쟁과 함께 요구되는 협력은 주로 숙의 프로그램의 운영이었으며, 세부적으로 숙의자료집, 이러닝, 종합토론회라는 세 가지 이슈로 구분된다.

첫 번째 이슈는, 시민참여단에게 제공되는 숙의자료집에 대한 작성이다. 건설 재개 측과 건설 중단 측 간에는 숙의자료집에 무엇이 어떻게 담겨야 하는지에 대한 합의가 필요했으며, 이 과정은 절차적 타당성, 공정성, 객관성을 확보하기 위함이었다.

우선 숙의자료집은 총 4장으로 구성되어 있는데, 공론화 개요에 대한 1장과 원자력발전에 대한 이해를 목적으로 하는 2장은 공론화위원회에서 작성했고, 각 측의 작성한 내용과 주장은 각각 3장과 4장에 각각 담겼다. 3장과 4장의 구성은 먼저 양측이 1차적으로 각자 자료집 초안을 작성한 후 상호 교차 검토를 수행해 상호간에 납득이 가능한 수준으로 구성되게끔 했다. 다음으로는 양측이 요청한 바에 따라 자료 출처에 대한 검증 수준에서 전문가 검토 단계가 진행되었고, "원자력 안전, 환경, 경제, 대체에너지, 지질 분야"에 대한 전문가들의 최종 검토 의견이 각 측에 전달되었다. 각 측에서는 전문가 검토 의견에 수용한 경우 수정 및 반영 작업이 이루어졌고, 그렇지 않은 경우에는 전문가 의견을 각주로 표기했다. 최종 수정된 자료집은 공론화위원회에서 검수 후 시민참여단에게 발송되었다. 최종 발송된 자료집은 공정성을 확보하기 위해 전체 부수의 절반은 재개 측의 주장이 3장으로, 나머지 절반은 중단 측의 주장이 3장으로 구성되게끔 제작되었다.

하지만 숙의자료집 최종본은 완전한 합의와 협력을 바탕으로 산출된 것은 아니다. 신고리 5·6호기 공론화 검증위원회(2017)의 검증보고서에 따르면, 실제 양측에 소속된 전문가들 사이에서 서로 활용한 자료에 대한 검토 의견이 불일치해 지속적인 갈등을 유지하다 합의를 보지 못한 채 작성되었고, 원래 9월 16일 오리엔테이

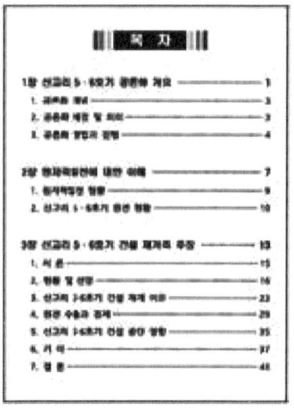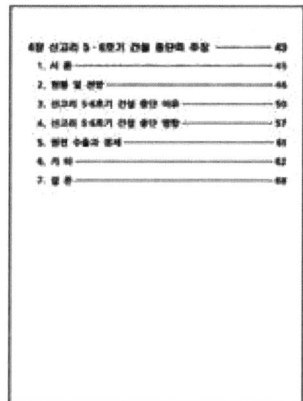

[그림 12] 숙의자료집 목차

션에서 배포되어야 했던 일정이 그 이후 28일에 우편으로 발송되어 자료집을 통한 숙의 기간이 4주에서 2주로 짧아졌다는 평가를 받으며 협력의 한계를 드러내기도 한다.

    두 번째 이슈는, 이러닝 동영상 자료이다. 동영상 내용 또한 숙의자료집처럼 양측이 각자 직접 작성했고, 대신 교차 검증의 단계는 생략했으며 전문가 검증과 위원회의 검토로 최종 탑재되었다. 동영상은 총 6개의 강의로 이루어져 있으며, 공론화에 대한 이해를 제공하는 1강을 제외하고 2강부터 6강까지는 각 강의의 주제에 해당되는 건설 재개 측의 내용과 건설 중단 측의 내용으로 구성되었다. 2강은 안전성, 3강은 전력 공급 및 전기요금에 대한 영향, 4강은 국가산업 측면에서의 영향, 5강은 에너지 정책 전망, 6강은 종합 의견으로 각 강의별 주제가 다양했다. 동영상 자료에서만큼은 상호 교차 검증이 없었기 때문에, 상대적으로 큰 갈등은 없었지만 각 측의 전문가들이 적극적으로 참여하고 관리해야 하는 이러닝 Q&A 게시판의 경우에는 양측 모두 시민참여단의 질의에 답변 시간이 느리거나 아예 없는 점 등이 문제로 드러나며 협력적인 이러닝 시스템 운영의 한계가 나타났다.

마지막 합의 이슈는, 종합토론회 운영 방향이다. 2박3일간 운영된 종합토론회 일정은 2일차부터 본격적으로 시작되었는데, 총 네 개의 세션으로 구성된 토론회는 중단 및 재개 이유라는 총론 토의(세션1)를 시작으로 안전성 및 환경성(세션2), 전력 수급 등 경제성(세션3) 그리고 최종 선택과 사회적 수용성(세션4)으로 운영되었다. 각 세션은 양측의 발표 후, 시민참여단의 분임토의 그리고 질의 응답 순으로 진행되었고, 4세션은 분임 토의 후 바로 마지막 4차 조사가 진행되었다. 종합토론회의 합의 문제들은 토론회 발표 순서와 질의 응답 시간 배분 등 구체적 운영 사안들이었으며, 발제는 세션1에서 재개 측이 먼저 하는 것을 시작으로 이후 세션에서는 중단 측이 먼저 하며 서로 발제 순서를 번갈아가며 하기로 협의했고, 질의 응답은 발제자 1인을 포함해 각 측의 전문가 3인이 담당했다.

종합토론회는 공론화 과정의 최종 숙의 단계로서 가장 핵심적인 단계였기에 〈표 4〉에 정리되어 있듯이 재개 및 중단 측 간의 합리적이고 협력적인 운영이 가장 많이 요구되는 과정이었다. 표면적으로는 종합토론회 운영에 협력적인 형상을 보이기는 했으나, 내면적으로는 양측 간 인력 구성에 불균형이 존재해 시민들의 정보화된 의견 형성에 협력적인 양상을 보였다고 하기에는 어려움이 있다. 실제 건설 재개 측의 전문가 중 학계 전문가는 70%였던 반면 건설 중단 측의 전문가 패널 중 학계 전문가는 50%에 불과했다(신고리 5·6호기 공론화위원회, 2017). 또한 정부출연기관의 연구자의 개입 여부 문제는 공론화 기간 내내 양측 간의 갈등을 극대화시킨 이슈였고, 결국 합의를 보지 못한 채 공론화위원회의 판단으로 중재된 사안이다.

즉, 경쟁적 협력체계는 경쟁과 협력이 동시에 요구되는 체제로서 양측 간의 적극적인 참여와 공론화위원회의 중립적이고 중재적인 역할이 핵심이 되는 구조로, 공론화위원회는 꾸준히 협력적 제도의 틀로 이해관계자들을 이끌어 왔고, 2개의 대립적인 집단으로 구분되는 이해관계자들은 제도의 틀 안에서 적극적으로 경쟁함과 동시에 프로그램 운영에서는 상호간에 협력적인 파트너의 역할을 수행했다고 볼 수 있다.

〈표 4〉 종합토론회 세부 일정

일자	시간		세부 내용	기타
10.13 (금)	19:00~19:40	40'	3차 조사	
	20:00~20:15	15'	개회식	언론 취재
	20:35~21:00	25'	분임별 인사 및 토의규칙 숙지	
10.14 (토)	09:00~12:50	230'	〈세션1〉 총론 토의(건설 재개/중단 각각 25분씩) - 재개 측 먼저 발제 후 중단 측 발제	생방송
			시민참여단의 분임 토의 및 질의 응답 - 답변 2분, 반대 측 반론 2분, 재반론 1분	
	14:10~17:40	210'	〈세션2〉 쟁점 토의(1) (건설 재개/중단 각각 15분씩) - 중단 측 먼저 발제 후 재개 측 발제	
			시민참여단의 분임 토의 및 질의 응답 - 답변 2분, 반대 측 반론 2분, 재반론 1분	
	19:10~19:25	15'	〈시민참여단에게 보내는 영상 메시지〉 - 건설 현장, 미래 세대 및 지역주민 의견	
	19:25~20:00	35'	〈세션 1,2〉 보충 질의·응답	
10.15 (일)	08:30~12:00	210'	〈세션3〉 쟁점 토의(2) (건설 재개/중단 각각 15분씩) - 재개 측 먼저 발제 후 중단 측 발제	
			시민참여단의 분임 토의 및 질의 응답 - 답변 2분, 반대 측 반론 2분, 재반론 1분	
	13:20~14:50	90'	〈세션4〉 마무리 토의 (건설 재개/중단 각각 10분씩) - 중단 측 먼저 발제 후 재개 측 발제	
			시민참여단의 분임 토의	
	14:50~15:30	40'	4차 조사	
	15:30~16:00	30'	폐회식(송별사, 인증서 수여, 소감 발표)	언론 취재

출처: 신고리 5,6호기 공론화위원회(2017: 35) 재구성, 주지예(2019: 92) 박사학위 논문에서 발췌.

IV. 맺음말

　신고리 5·6호기 공론화는 건설 재개 또는 건설 중단이라는 명확하고 대립적인 정책선호의 차이가 분명한 이슈로서, 공론화 과정 중 이해관계자 간의 첨예한 갈등이 충분히 예상되었고, 그에 따라 협력체계 구축이 필수적이었다. 또한 원자력발전이라는 과학적 전문성이 요구되는 주제이기 때문에 일반 국민들에게는 충분히 이해하고 의사를 결정할 수 있는 숙의 시간이 필요했다.

　공론화위원회는 신고리 5·6호기 공론화에서 추진되어야 할 두 가지 이슈(전문성에 따른 일반 국민의 이해도 제고, 이해관계자 집단 간의 갈등 조정)를 달성하기 위해 소통적 협력체계와 경쟁적 협력체계를 구축해 공론화 과정을 이끌어 왔다. 일반 국민과 이해관계자들을 모두 공론의 장으로 포함시키기 위해 온오프라인의 플랫폼을 다양하게 활용했고, 특히 이해관계자 간의 협력을 위해서는 새로운 매개조직을 구성해 이해관계자들은 합리적인 경쟁을 도모하고 상대 측과의 파트너십을 구축한 프로그램 운영 모습을 보여주었다.

　즉, 공론화위원회는 중립적이자 중재적인 입장에서 일반 국민과 이해관계자들을 공론의 장으로 견인하는 성과를 보여주었고, 제도적 틀에 참여하는 기회를 가지게 된 일반 국민 및 시민참여단은 적극적인 참여 태도를 보여주며 소통적 협력체계의 효과를 산출해냈다. 대립관계에 놓인 이해관계자 집단은 합의를 보지 못한 극도의 갈등 상황에도 공론화 일정을 함께 무리없이 소화하며 경쟁적이지만 협력적인 모습을 보여주었다. 물론 공론화 프로그램 운영 중 이해관계자 양측은 소극적인 태도를 보인 경우도 있었고, 내면적으로는 사실 합의와 조율에 실패한 경우 등 한계점이 있었는데, 이를 보완하기 위해서는 협력적 추진에 대한 일정한 가이드나 공론화위원회의 좀 더 세밀한 모니터링 등의 필요성이 제기될 수 있다.

　신고리 5·6호기 공론화는 사회적 난제와 같은 정책 갈등 이슈에서 주요 정책

행위자들이 어떻게 상호 협력체계를 구축했고 각자에게 요구되는 역할은 무엇인지 등 구체적인 시사점을 제공하는 의미 있는 정책 사례이다. 이 사례는 갈등 해결 기제를 주체적으로 시행하는 정부는 끊임없는 제도적 지원과 함께 중재적 역할을 해야 한다는 중요성을 다시 강조하며, 이해관계자 간의 건강한 경쟁과 함께 정책 과정을 이끌어 가는 파트너로서의 역할 수행의 중요성을 핵심적으로 제시하고 있다. 더불어 실제 숙의 프로그램의 추진 과정에서 양측 간 발제 및 토론 진행 중 갈등 발생과 불참 문제 그리고 합의 실패에 따른 일정 지연, 양측 간 전문가 인력 구성 불균형 등 공정하거나 효과적이지 못했던 부분들은 향후 또 다른 공론화에 주요한 밑거름이 되어 더욱 합리적이고 효과적인 협력적 체계를 구축하고 운영할 것이라고 기대된다.

| 생각해 볼 문제들 |

1. 신고리 5·6호기 공론화에서 건설 재개와 건설 중단 간에 합의 형성이 실패한 부분으로 정부출연기관의 연구자의 입장을 어떻게 볼 것인지의 문제가 있었다. 재개 측은 공론화 과정에 해당 연구자의 활동을 찬성했으나 중단 측은 해당 연구자의 의견이 정부의 입장으로 보여질 가능성이 있다는 이유로 반대했다. 그러나 공론화위원회는 전문가로서의 개인이 전문적 식견을 발표하는 행위를 반대하는 데에는 명백한 이유가 있어야 한다는 이유로 해당 연구자의 활동을 허용했다. 정부출연기관의 연구자의 특정 주장이 정책에 대한 의사결정을 해야 하는 시민에게 편견 없이 전문지식으로 전달되려면, 어떠한 조치가 필요할까? (양측에 소속된 모든 전문가 및 패널들은 각자의 소속들을 모두 공개하고 공론화 과정에서 활동했다.)

2. 시민참여단으로 참여하지 못한 일반 국민들은 신고리 5·6호기 건설 재개 및 건설 중단에 대해 숙의할 수 있는 방법이 공론화위원회 및 이해관계자들이 노출된 언론 및 온오프라인에 제공된 토론회와 자료들로 제한되었다. 그럼에도 불구하고, 언론의 관심도와 공론화위원회의 공식 홈페이지의 제언방 활용도 등을 보면 시민참여단 외에 전 국민의 관심과 참여가 매우 높았다. 시민참여단 외에도 일반 국민들과의 양방향 소통을 위해서 지역순회 공개토론회나 온라인에서의 게시판 활용 외에도 추진되어야 할 또 다른 방법이 있을까?

3. 공론화 과정에서 핵심은 숙의 과정이다. 특히 시민참여단에게 제공된 숙의 프로그램 중 가장 결정적인 영향을 미쳤던 2박3일 간의 종합토론회는 시민참여단이 외부와의 접촉이 단절된 채 오로지 공론화 이슈에 집중할 수 있었던 과정이다. 그리고 종합토론회의 핵심 일정은 분임 토의인데, 분임 토의에 모인 다양한 시민은 상호 토의를 수행하며 생각을 공유하고 넓히며 발전시키는 시간을 가졌다. 분임 토의에서 중요한 역할은 모더레이터로, 시민들은 전문 토론자들이 아니기 때문에 토의 현장을 중립적인 입장에서 지원하고 토의 이슈에 대해 잘 이해하며 사회를 봐주는 역할이 필요하다. 실제 신고리 5·6호기 공론화에서는 변호사 및 갈등관리 전문가들이 모더레이터로 참여했다. 그러나 각계각층의 다양한 사람으로 구성된 모더레이터들은 본인에게 할당된 분임의 토의를 진행하는 방법이 각기 달랐는데, 모더레이터로서의 자격 요건이나 역할에 대한 가이드라인이 있다면 무엇이

요구될 수 있을까?

4. 신고리 5·6호기 공론조사는 시민참여형 조사로서 한국형 공론조사로 최초 시행된 공론화 기법이다. 다양한 공론화 기법들은 정책을 결정하기 위해서 또는 공론을 확인하기 위해서 설계되어 활용되는데, 국민의 정책수용성을 높이기 위해서는 공론조사의 결과 활용이 어떠한 방향으로 추진되어야 할까?

5. 신고리 5·6호기 공론화 이후 대입제도 개편 공론화처럼 다양한 의제가 공론화 주제로 제안되고 있다. 실제로 신고리 5·6호기 이전에도 사용 후 핵연료 관리 방안에 대한 공론조사, 3색신호등 도입에 대한 시민참여 여론조사 등이 진행된 적이 있고, 최근에서는 경기도 기본소득에 대한 숙의적 공론 진단, 국가기후환경회의 미세먼지 토론회, 통일부의 통일국민협약 사회적 대화 등이 추진되었다. 이처럼 다양한 의제들이 공론 대상이 되고 있는데, 모든 정책의제가 공론화가 될 수 있을까 아니면 어떤 기준이나 범위에서 공론화가 추진되어야 할까?

〈 참고 문헌 〉

김춘석(2019). 시민 숙의토의 기반 정책설계에 대한 비판적 검토와 활성화 방안. 한국정책학회·한국자치행정학회 공동 추계학술대회 발표자료.
대통령자문 지속가능발전위원회(2004). 갈등관리시스템 구축방안 연구보고서.
신고리 5·6호기 공론화위원회(2017). 신고리 5·6호기 공론화 시민참여형 조사보고서.
신고리 5·6호기 공론화 검증위원회(2017). 신고리 5·6호기 공론화 검증위원회 검증보고서.
주지예(2019). 숙의적 시민참여형 정책설계 과정의 정책 서술과 정책환류 분석 : 신고리 5·6호기 공론조사를 중심으로. 성균관대학교 국정전문대학원 박사학위 논문.

Center for Deliberative Democracy(2010). *By the People: Hard Times, Hard Choices*, Michigan Residents Deliberate Report: January 2010.

05

공공갈등 해결을 위한 도구로서 공론조사의 의의와 발전 방향: 2007년 부산 북항 재개발사업 및 2018 제주 녹지국제영리병원 인허가 사례

김화연 · 이숙종
성균관대학교

I. 들어가는 말

한국에서는 2005년 8·31 부동산종합대책 수립을 최초로 공론조사를 도입한 후 한미 FTA, 신고리 5·6호기, 2022년 대입제도 등과 관련된 국가적 중요 사안에 대해 공론조사를 실시했다. 이후 정책결정 과정에서 시민 참여의 중요성이 증대되면서, 정책 현장에서 공론화가 유행처럼 번지고 지자체 차원에서도 공론조사를 통해 정책의 정당성을 확보하고 갈등을 최소화하고자 노력하고 있다.

하지만 일각에서는 공론화에 대한 충분한 논의가 전제되지 않는다면 정책을 지연시키고 사회의 혼란이나 갈등을 오히려 증폭시킬 수 있다는 목소리가 제기되고 있다. 특히 다루어지는 정책문제가 공론조사에 적합한 대상이어야 하며, 체계적인 설계를 바탕으로 충분한 시간 및 재정적 자원이 투입되지 않는다면 공론조사의 타당성과 신뢰성은 보장되기 어렵다.

이 글에서는 한국 사회에서 공공갈등을 해결하기 위해 공론조사를 도입한 초기 사례와 최근 사례를 비교해 공론조사 적용의 발전 과정과 향후 나아갈 방향에 대해 논의하고자 한다.

II. 사례 개요

정책결정 과정에서 시민 참여의 중요성이 증대되면서, 정책 현장에서 공론화가 유행처럼 번지고 있다. 공론화에 대한 관심은 사회문제가 갖는 복잡성과 다양성의 증가로 설명될 수 있다. 사회문제의 복잡성과 다양성의 증가로 이해관계자들 간의 의견 대립이 전보다 빈번해졌고 해결하기도 까다로워지는 양상을 보이고 있기 때문이다. 이와 같은 사회적 갈등의 증가는 갈등의 사회적 비용을 최소화하고 시민들이 가진 다양한 수요와 가치를 아우를 수 있는 의사결정 과정을 필요하게 만든다. 공론화가 유행처럼 번지는 이유가 여기에 있다. 공론(公論)은 정책결정 과정에서 능동적이고 적극적인 시민들의 의견을 반영하는 행위이며, 공론화는 다양한 사람들이 어떤 현안에 관해 숙의 과정을 거쳐 정제된 합의의 의견을 형성하도록 하는 과정을 말한다(김정인, 2018: 346; 김대영, 2004: 119). 즉, 공론화는 복잡해지고 다양해진 시민들의 관점과 의견이 숙의 과정을 통해 합의된 의견으로 정제될 수 있는 기회를 제공하는 의사결정 방법인 것이다.

실제로 공론화는 분명 숙의민주주의를 실현하는 의사결정 도구로 인정받고 있다. 하지만 일각에서는 공론화에 대한 충분한 논의가 전제되지 않는다면 정책을 지연시키고 사회의 혼란이나 갈등을 오히려 증폭시킬 수 있다는 목소리가 제기되고 있다. 실제로 언론에서도 공론화 대상에 대한 적합성을 지적하거나 의사결정 과정에서 공론화의 원칙이 적절히 적용되었는지에 대한 의문을 제기하고 정부가 공론화 만능주의에 빠져 정부정책을 관철시키기 위한 도구로 사용한다는 비판을 하기도 한다(국민일보, 2017; 중앙일보, 2018; 조선일보, 2018).

한국에서는 2005년 8·31 부동산종합대책 수립을 최초로 공론조사를 도입해 한미 FTA, 신고리 5·6호기, 2022년 대입제도 등과 관련된 사안에 대해 공론조사를 실시했다. 일련의 과정을 통해 공론조사의 허점이 보완되었으나 여전히 좀 더 체계적인 제도적 설계가 필요하다.

이에 이 사례분석에서는 한국 사회에서 공공갈등을 해결하기 위해 공론조사를 도입한 초기 사례와 최근 실시된 공론조사의 과정을 비교해 공론조사 적용의 발전 과정과 향후 나아갈 방향에 대한 논의를 담고자 한다. 특히 사례분석 결과를 통해 정책 현장에서 민주적 갈등 해결 수단으로서 공론조사를 활용할 수 있도록 실무적 제언을 담고자 한다. 이를 위해 여기서는 2007년 '북항 재개발 관련 공론조사'와 2018년 '제주 녹지국제영리병원 인허가 공론조사' 사례를 분석했다. 국내에서는 2005년 8·31 부동산종합대책 수립 과정에서 최초로 공론조사를 도입했다. 당시 공론조사는 여론 수렴의 새로운 참여 모델로 기대 받은 한편 표본의 대표성 확보 문제 등 과정과 절차상의 문제를 지적받았다. 이에 이 연구는 첫 도입에서 생길 수 있는 시행착오를 고려해, 최초의 사례를 제외하고 2007년 사례를 분석했다. 또한, 부산 북항 재개발사업과 제주 녹지국제영리병원 인허가 문제는 모두 지역 차원에서 다루어질 수 있는 문제이므로 두 사례를 선정했다.

〈표 1〉 갈등 해결을 위한 공론조사 도입 사례(국내)

공론화 대상	추진기간	추진기구
8·31 부동산대책	2005. 07~08	재정경제부
한미FTA 찬반	2006. 09	SBS
부산 북항 재개발사업	2007. 07	부산항만공사
사용 후 핵연료 관리 방안	2015. 03	사용 후 핵연료 공론화위원회
중저준위 방폐장 입지 선정	2015. 11	과학기술부, 행정자치부, 산업자원부, 방폐장 부지선정위원회, 한국수력원자력
신고리 5·6호기 공사 중단 및 탈원전	2017. 07~10	신고리5·6호기 공론화위원회
2022년도 대입제도 개편	2018. 04~07	대입제도개편 공론화위원회
제주 녹지국제영리병원 인허가	2018. 08~09	녹지국제병원 숙의형 공론조사위원회

출처: 한국행정연구원(2018).

III. 공론조사에 대한 이론적·제도적 배경

공론조사는 공공정책에 대한 정보의 제공, 제공된 정보를 토대로 다양한 관점을 가진 사람들과의 토론 기회 마련, 그리고 그에 따른 의견 변화의 측정이라는 요건을 동시에 충족시키기 위해 피시킨(James Fishkin)이 제안한 기법이다(Fishkin, 2011). 공공정책에 대한 일반 대중의 의견을 조사하기 위한 기법이라는 점에서는 여론조사와 동일하지만, 정보와 토론 기회의 제공이라는 특징은 공공정책에 대한 일반 국민의 의견을 여론조사보다 신뢰성 있게 파악할 수 있게 해주는 공론조사만의 특징이다.

여론조사 역시 처음 제안되었을 때는 민주주의와 토론의 조화를 통해 대의민주주의의 한계를 극복하는 데 결정적인 기여를 할 수 있을 것으로 기대되었으나 여러 한계로 인해 기대만큼의 성과를 거두지는 못했다(김원용, 2003). 여기에서는 공론조사가 갖는 특징들이 여론조사의 한계를 극복하는 데 어떻게 기여할 수 있는지 논의하고 공론조사의 절차에 대해서도 간략히 소개한다.

공론조사가 갖는 정보를 갖춘 토론이라는 특징은 합리적 무지로 인한 여론조사의 한계를 극복할 수 있게 해준다.[1] 주요 정책에 대해 균형 잡힌 정보를 미리 제공받고 다양한 관점을 가진 사람들과의 토론에 참여함으로써 조사 대상자들은 정책에 대해 안정적인 의견을 갖게 된다. 이에 따라 공론조사는 불안정하고 피상적인 의견에 대한 확인인 여론조사와 달리 충분한 정보를 토대로 숙고한 안정적 의견에 대한 확인이 될 수 있다.

또한 공론조사의 또 다른 특징인 과학적 확률표집은 정보를 갖춘 토론이라는 특징과 결합해서 대의민주주의에 대해 직접민주주의적 대안을 제공해 준다.[2] 대의

---

[1] 다운스(Anthony Downs)에 의해 제시된 합리적 무지는 정보의 혜택보다 비용이 큰 경우 정보 획득을 포기하는 것이 경제적으로 합리적이기 때문에 발생한다(김길수, 2018). 다양하고 복잡한 정책문제의 성격으로 인해 일반 대중은 이슈가 되고 있는 주요 정책에 대한 정보를 획득하는 비용을 크게 인식하며, 반대로 대의민주주의에서 일반 대중이 정책결정에 영향을 미칠 수 있는 수단은 별로 없다고 생각하기 때문에 정보 획득으로 인한 편익은 작게 인식한다. 따라서 일반 대중이 합리적 무지를 택하고 있는 상황에서 여론조사를 통해 측정된 결과는 지식과 정보의 제공에 따라 바뀔 가능성이 높은 불안정한 의견이 된다. 이러한 한계는 여론조사를 통해 도출된 결과를 일반 대중의 의견과 동일시해서 정책결정에 반영할 수 있는지에 관해 근본적인 의문을 제기하게 만든다. 여론조사의 결과는 정당의 후보자 공천, 정부의 주요 정책결정 등에 참고자료로 활용되어 영향을 미치기 때문에, 만약 여론조사 결과의 타당성에 결함이 있다면 주요 정책의 결정에서 잘못된 판단을 내리게 만드는 요인으로 작용할 것이다. 대중이 정책에 대해 더 많은 것을 알아갈수록 정책에 대한 의견 또한 변화하게 될 가능성이 크기 때문이다.

[2] 과학적 확률표집은 공론조사의 결과가 전체 국민에 대한 대표성을 가질 수 있게 해준다. 고대 아테네에서 추첨제라는 방식을 통해 해결되었던 직접민주주의의 다수성 문제는 공론조사에서 과학적 확률표집이라는 방식을 통해 다루어진다. 더불어 대의제에서는, 개인들의 정치 참여가 정치적 대표를 선출하는 것에 그치기 때문에 정치적 대표와 일반 국민 간의 정치적 분업이 발생하지만, 추첨제에 의해 동일한 정치 참여의 가능성이 보장될 경우에는 그렇지 않다. 일반 국민이 공적 시민으로서의 정체성을 유지하고 공적 관심을 유지함으로써 합리적 무지 현상은 대의제에서 좀 더 효과적으로 제어될 수 있다(김원용, 2003).

민주주의의 한계를 극복하기 위한 직접민주주의 방식을 도입하는 데 핵심적인 두 차원은 '참여'와 '토의'이지만, 일반적으로 폭넓은 참여를 보장하고자 할 경우 다수성의 문제로 인해 깊이 있는 토의가 불가능하다(오수길·이지문, 2017). 하지만 공론조사는 과학적 확률표집을 통해 소수의 인원으로 폭넓은 참여를 가능하게 하며, 정보를 갖춘 토론을 통해 깊이 있는 참여를 충족시킬 수 있게 해준다.

이처럼 과학적 확률표집을 통해 추출된 대표성 있는 시민들은 충분하고 균형 잡힌 정보를 토대로 한 심도 있는 토론을 경험하면서 기존에 갖고 있던 피상적인 의견을 좀 더 숙고된 의견으로 변화시킨다. 이렇게 형성된 공론은 대표성, 정보 제공, 토론이라는 특징으로 인해 장기적으로 안정적인 의견으로써 심층적인 국민 의사를 반영할 수 있다(김원용·정효명, 2003).

공론조사의 일반적 절차는 다음과 같다(오현철, 2007).

첫 번째 단계인 1차 서베이는 일반적인 여론조사와 동일한 방식으로 집단별 의견에 대한 조사를 목적으로 진행되며, 향후 2차 서베이를 위한 표본집단 선출에 활용된다.

두 번째 단계에서는 1차 서베이 결과를 토대로 층화 무작위 추출 방식을 통해 500명 내외의 참여자를 선발한다.

세 번째 단계에서는 참여자들에게 해당 정책 이슈에 대한 다양한 관점이 균형 있게 반영된 자료집을 미리 제공한다. 자료집을 학습할 수 있도록 충분한 시간을 제공한 후 면대면 조건에서 토론할 수 있도록 참여자들을 일정한 장소에 소집해 참여자들끼리의 소그룹 토론과 전문가에 대한 질의 응답을 포함하는 전체 토론을 실시한다.

네 번째 단계에서는 첫 번째 단계에서 실시했던 것과 동일한 질문지로 2차 서베이를 실시하며, 1차 서베이의 결과와 대조함으로써 의견 변화를 확인할 수 있다. 2차 서베이의 결과는 전체 국민에 대한 대표성을 갖춘 표본 집단이 충분한 학습과 토론 과정을 거친 후 형성한 의견이기 때문에, 전 국민이 동일한 학습과 토론을 거쳤을 경우 형성될 공론으로 간주한다(오현철, 2007: 165; Fishkin, 2011).

〈표 2〉 공론조사의 일반적 절차

단계 구분	세부 내용
1차 설문조사 (여론조사)	• 일반적인 여론조사로서, 해당 이슈에 대한 국가 전체 차원에서 집단별(계층별, 지역별, 세대별 등) 의견을 조사 • 이를 토대로 표본집단 선출
참여자 표본 추출	• 1차 서베이 결과와 의견 분포가 동일한 표본집단을 층화 무작위 추출 방식으로 500명 내외 선발 • 토의 참여 거부자를 대신할 수 있도록, 동일한 특성(의견, 계층 등에서)을 보이는 예비참여자 확보
정보 제공과 토론	• 해당 이슈에 대한 찬반 주장과 근거를 균형 있게 정리한 자료집을 참여자들에게 제공 • 선발된 시민들을 일정한 장소에 소집(주말 1~2일)해 무작위로 소그룹별로 배치 • 소그룹별로 자료집을 토대로 훈련된 조정자가 토론을 진행하며, 전체 토론에서 전문가에게 질문하고 답을 들을 수 있음.
2차 설문조사 (공론조사)	• 토론 후에 참여자들을 대상으로 1차 서베이와 동일한 질문지로 2차 서베이 실시 • 이 결과는 통계학적으로 전 국민이 동일한 과정을 거쳤을 경우 도출될 합리적 의견으로 간주됨

출처: 김선희(2003)의 '공론조사의 개요'와 김원용(2006)의 '공론조사의 구성 요소와 절차'를 수정·종합한 오현철(2007)의 표를 재구성.

IV. 사례분석

1. 초기 공론조사: 북항 재개발사업 공론조사(2007년)

부산에 위치한 북항은 남항, 감천항, 다대포항, 신항과 함께 부산항을 이루는 항구 중 하나이다. 부산항은 1876년 부산포라는 이름으로 처음 개항했고, 1960년대 이후에는 경제개발 정책이 추진되면서 수출입 전진기지로서 기능했다(해양수산부, 2013). 이처럼 부산항이 한국의 관문 기능을 수행하면서 부산의 중심지가 되어감에 따라 북항을 통해 수송되는 물량도 자연스레 증가하게 되었다. 북항은 원래 일반화물을 취급할 목적으로 만들어졌지만 수요 증가를 감당하기 위해 컨테이너 화물까지 취급하게 되는 상황이 발생하면서 무리한 운영이 이어지게 되었다(해양수산부, 2013). 결과적으로 북항을 통하는 물동량의 증가로 인해 설계 하중을 초과하는 무리한 운영이 지속되었던 점과 자연스럽게 발생한 노후화로 북항의 유지보수 비용은 매년 증가했다(부산항만공사, 2007).

노후화와 더불어 북항 재개발의 필요성을 제기하게 된 또 다른 요인으로 대체 항만의 존재를 들 수 있다(해양수산부, 2013). 2008년에 컨테이너 화물을 취급하기 위한 신항이 개항함에 따라 북항에서 원래 용도에 맞지 않게 취급하던 컨테이너 화물의 전이가 예상되었다. 더불어 부산 도심의 성장과 주5일 근무제 확대로 인한 여가시간의 증대 등 사회적 변화는 경제적 생산성에 치중해 있던 재래 항만의 기능 변화를 요구하게 만들었다(해양수산부, 2013). 즉, 대체 항만의 개항으로 인한 북항 일반부두의 여유와 여가시간의 증대라는 사회적 변화 또한 북항 재개발의 필요성을 발생시킨 또 다른 요인으로 작용했던 것이다.

북항 재개발은 2004년 9월 노무현 대통령의 지시에 의해 본격적으로 시작되었는데, 다음 해에 마스터플랜 수립에 착수해 2006년 마스터플랜이 발표되었다. 2006년 처음 수립되어 발표된 마스터플랜에는 국제해양관광 거점 개발, 해륙교통의 요충지 개발, 친환경/시민참여형 도시 개발이라는 세 가지 주요 목표가 담겨 있었다(윤일성, 2013). 하지만 노무현 대통령에 의해 경제적 사업성에 지나치게 치중했다는 점이 지적되었고, 부산시민을 위한 항만 재개발이 되어야 한다는 지시에 따른 대대적인 계획 변경이 이루어졌다. 이에 따라 2007년 6월에 수정된 마스터플랜안 두 가지가 제시되었는데, 1안은 친수공간(親水空間) 위주의 개발안이었고, 2안은 경제적 생산성을 우선시하는 상업형 개발안이었다. 그리고 제안된 두 가지 안을 토대로 삼아 북항 재개발 마스터플랜이 부산시민을 위한 계획이 될 수 있도록 공론조사를 통해 시민들이 마스터플랜을 선택하고 확정하게 함으로써 북항 재개발 공론조사가 추진되었다.

북항 재개발사업을 담당하는 부산항만공사는 2007년 6월 13일부터 북항 재개발사업 마스터플랜 수립을 위해 공론조사에 착수했다. 실제 공론조사는 여론조사 전문기관인 한국리서치에 의뢰했으며, 공론조사의 일정과 내용은 〈표 3〉과 같이 계획했다. 공론조사의 첫 번째 단계로 국민들의 표피적 의견을 조사하기 위해 여론조사와 동일한 1차 설문조사가 계획되었다. 1차 설문조사는 부산에 거주하는 19세 이상 남녀 1,000명을 대상으로 해서 북항 재개발사업 자체에 대한 인지 여부와 각 개발 방향에 대한 인지도를 파악하기 위한 목적을 가졌다. 두 번째로 학습 및 토론 단계에서는 1차 설문조사 대상자들 중 일부를 선정해서 북항 재개발 마스터플랜안 두 가지에 대한 설명자료를 제공하고 학습시키고자 했다. 또한 북항 재개발사업을 다루는 TV 토론 프로그램을 시청하고, 이후 소규모 분임 토론과 전체 토론을 개최하고자 했다. 공론조사의 마지막 단계에서는 1차 설문조사 대상자와 학습 및 토론 참가자를 대상으로 1차 설문조사와 동일한 설문을 실시해서 최종적인 공론을 파악하고자 했다. 또한 공론조사와 별개로 전문가를 대상으로 의견을 파악해서 최종 마스터플랜에 반영하고자 했다.

〈표 3〉 북항 재개발사업 공론조사 계획

단계	내용	기간
1단계: 1차 설문조사	• 부산 거주 19세 이상 성인을 1,000명을 대상으로 북항 재개발사업 및 개발 방향에 대한 인지도 조사	2007.06.13. ~ 2007.06.18.
2단계: 학습 및 토론	• 선정된 조사 대상자들에게 두 가지 재개발 안에 대한 설명자료 제공 및 학습 기간 부여 • 북항 재개발 관련 TV 토론 프로그램 시청 • 1차 설문조사 참가자 중 100여 명 대상으로 전체 및 분임 토론 개최	TV토론: 6월 21일 전체 및 분임 토론: 6월 23일
3단계: 2차 설문조사	• 1차 설문 조사자와 학습 및 토론 참가자 대상으로 2차 설문조사 실시	2007.06.13. ~ 2007.06.18.

출처: 국제신문(2007).

계획에 따라 추진된 공론조사의 과정과 결과는 다음과 같다. 우선 1단계에서는 부산시민 1,099명을 인구 비례로 추출해 1차 설문조사를 실시했다. 1차 설문조사 전 설문지가 작성되었고, 학습과 토론에 활용될 정책자료집의 제작과 검토를 거쳐 자료집이 확정되었다. 설문에는 북항 재개발 자체에 대한 인지도, 북항 재개발에 대한 입장, 북항 재개발이 부산 경제에 미칠 영향, 개발안별 선호도 등에 대한 질문이 포함되었다. 1차 설문조사 결과, 친수공간형의 1안에 대한 선호도가 55.4%, 상업형의 2안에 대한 선호도가 40.1%로 나타났다.

학습 및 토론을 위한 2단계에서는 1,099명의 1차 조사 대상자 중 참가를 희망하는 77명을 대상으로 정책자료집을 제공해 학습하게 했고, TV토론과 시민토론회를 개최해 마스터플랜안에 대해 논의했다. 전체 토론회에서는 각 개발안에 대한 설명과 함께 분임 토론을 통해 도출된 질문에 대한 답변도 이루어졌다. 또한 토론 장면을 담은 동영상이 1차 조사 대상자들에게 발송되었다.

마지막으로 1차 조사 대상자 중 544명을 대상으로 3단계의 2차 설문조사를 실시했다. 2차 설문조사에 사용된 설문 문항은 1차 설문조사의 설문 문항과 동일하게 구성되었다. 2차 설문조사 결과, 1안에 대한 선호도가 56.8%, 2안에 대한 선호도가 41.2%로 나타났다(해양수산부, 2007). 2차 설문조사에 응했던 1차 조사 대상자로 한정한 1차 설문조사 결과는 1안 54.2%, 2안 41.7%였기 때문에 2차 설문조사에서 1안에 대한 선호도가 2.6% 증가했고 2안에 대한 선호도가 0.5% 감소한 것으로 분석되었다. 더불어 공론조사 자체에 대한 참가자들의 평가도 이루어졌는데, 86%가 공론조사 과정이 공정했다고 응답했고, 89%가 공론조사 결과를 신뢰한다고 답했다. 또한 80%가 자신의 의견과 다른 결론이 나오더라도 수용하겠다고 답했다(오마이뉴스, 2017).

공론조사의 결과에 따라 친수공간 확보에 중점을 둔 마스터플랜이 확정되었다. 마스터플랜에는 부산시민을 위한 친수공간 확보를 위해 데크형 친수공간을 중앙에 설치하고 랜드마크를 조성하는 내용이 담기게 되었다(해양수산부, 2007). 상업, 업무,

항만 기능이 통합된 복합항만지구를 조성해서 기존 상권과 연계된 원도심 활성화를 도모하고자 했다. 개발 면적의 경우 재개발지구 전체 면적 142만㎡ 중 친수공간이 포함된 공공용지가 38.4만㎡로 전체 면적의 73%를 차지하도록 하는 개발안으로 확정되었다.

2. 최근 공론조사: 제주 녹지국제영리병원 인허가(2018년)

의료 분야에서 영리병원 설립에 관한 논의는 오랜 기간 지속되어온 갈등 과제이다. 영리병원을 찬성하는 측의 입장은 보건의료 분야가 차세대 산업으로서 신성장 동력이라 평가하고 있다. 특히 의료는 건강과 직결되는 만큼 수익성이 높을 것으로 예상될 뿐 아니라 국민들에게도 의료 서비스의 선택권을 확대시킬 수 있을 것이라고 주장한다. 반면 영리병원을 반대하는 측에서는 영리병원의 설립으로 비영리병원의 의료 서비스 질이 상대적으로 하락하고 의료비가 상승해 의료 격차가 확대될 것이라며 우려의 목소리를 내고 있다.

2015년 박근혜 정부의 보건복지부에서는 제주 녹지국제영리병원의 설립을 승인하고, 제주특별자치도청에서 건축 허가를 했으나 이후 보건의료정책심의위에서 병원 개원 허가 여부를 결정하지 못하고 있었다.[3] 정부에서 영리병원 설립을 승인하자 제주지역의 시민단체에서는 영리병원이 허용되면 공공성 훼손, 의료비 폭등 등을 우려하며 항의서를 내는 등 승인 철회를 요구했다. 하지만 2017년 8월, 녹지그룹

---

3) 제주녹지국제영리병원은 연면적 1만 8,200㎡로 지하 1층, 지상 3층 규모를 갖추고, 성형외과, 피부과, 내과, 가정의학과의 4개 진료과목에 47개 병상을 마련해 2017년 7월 28일 완공했다. 또한 2017년 8월에는 의사 9명, 간호사 28명, 간호조무사 10명, 국제코디네이터 18명과 외료팀 외 직원 134명을 채용하고 진료를 위한 장비와 시설들을 마련하며 대한민국의 첫 영리병원으로 개원할 준비를 마쳤다(한겨레, 2019).

에서 2017년 10월을 목표로 국제병원을 개원하기로 하고 사업 허가 신청을 제출하자, 제주의료민영화저지운동본부(이하 운동본부) 측에서 도민 1,068명의 서명을 받아 공론화 과정을 통해 해당 문제를 해결할 것을 제안하게 되었다.[4]

제주도는 운동본부가 요청한 공론화(숙의형 정책 개발)를 받아들이고 4월 17일 '숙의형 공론조사위원회'를 결성했다. 공론조사위원회에는 법조계, 학계, 전문가, 시민단체, 의료계, 경제계 등 총 9인으로 구성되었으며, 위원회에서는 공론조사 방법으로 '지역토론회 2회 개최, 2개 이상 방송사 녹화 중계', '3,000명 대상 1차 공론조사', '도민참여단 선정, 200명 규모' 등으로 정했다(김주환·하동현, 2019).

2018년 7월 30일~31일 도민 토론회가 개최된 후 공론조사위원회는 8월 15일부터 일주일간 제주도민 3,000여 명을 대상으로 1차 공론조사(찬반 여론조사)를 실시했으며, 이를 토대로 도민참여단 242명을 모집했다. 확정된 도민참여단은 질의 응답 과정 등을 거친 후 9월 9일 오리엔테이션, 9월 16일 1차 숙의토론회와 2차 공론조사, 10월 3일 2차 숙의 토론회와 3차 공론조사(최종 설문조사)에 참여하게 되었다.

〈표 4〉 제주녹지국제병원 개설 허가 및 불허에 대한 공론조사 결과

구분		개설 허가	개설 불허	판단 유보
제주도민 (3,012명)	1차 조사 8.18 ~ 22	20.5%	39.5%	40.1%
도민참여단 (200명)	2차 조사 09. 16	27.7%	56.5%	15.8%
도민참여단 (180명)	3차 조사 10. 03	38.9%	58.9%	2.2%

출처: 제주특별자치도 보도자료(2018); 경향신문(2018).

최종 조사 결과에 따르면 개설을 허가하면 안 된다고 선택한 비율이 58.9%로

---

4) 제주도는 2017년 「제주도 숙의민주주의 실현을 위한 주민참여 기본조례」를 제정해서 19세 이상 도민 500명의 서명을 받아 청구인 대표가 도지사에게 숙의형 정책 개발을 청구할 수 있도록 했다.

개설을 허가해야 된다고 선택한 비율 38.9%보다 20.0%p 더 높았으며, 개설 불허에 대한 의견이 점차 증가한 것으로 나타났다(1차 조사에서 39.5%, 2차 조사에서 56.5%, 3차 조사에서 58.9%로 점차 증가함).[5] 결과적으로 녹지국제영리병원 관련 숙의형 공론조사위원회에서는 영리병원 개설에 대해 불허할 것을 권고하게 되었다.

하지만 2018년 10월 4일 공론조사위원회의 권고에도 불구하고 제주도는 현실적으로 공론조사 결과를 수용하는 데 어려움이 있어 녹지국제병원 개설을 조건부로 허가하겠다는 방침을 밝혔다. 이에 운동본부에서는 제주도지사를 '국내 1호 숙의민주주의 파괴자'로 비난하며 성명을 내며 맞섰고, 보건복지부 장관이 현 정부에서 영리병원을 추진하는 일은 없을 것이라 밝히며 의료정책의 방향이 공공성 강화 측면으로 추진될 것임을 강조했다(연합뉴스, 2019).

2019년 2월, 녹지국제병원 측은 외국인 전용이라는 조건부 개설 허가를 받았으나, 현실적으로 조건부 개원을 할 수 없어 제주도에 도청 조건부 개설 허가에 대한 취소를 요구하며 행정소송을 제기했다. 하지만 제주도는 4월 "정당한 사유 없이 의료법이 정한 시한 내에 병원을 개원하지 않았다"며 녹지제주병원 개설 허가를 취소했고, 결국 2019년 4월 29일 녹지그룹에서는 병원 개원을 취소하고 철수 결정을 내리면서 제주 영리병원 개설은 무산되었다.

---

5) 공론화 과정 전반의 공공성에 대해서는 83.9%가 공정했다고 답했으며, 공정하지 않다는 답변은 5%에 그쳤고, 최종 결과를 존중하겠다는 비율은 76.7%를 기록했다.

〈표 5〉 제주도 녹지국제병원 관련 갈등 연혁 및 공론조사 과정

일정	주요 사건	
2015. 06. 11.	녹지그룹, 제주도에 녹지국제병원 개설 허가 사전심사 재청구	공론조사 이전
2015. 12. 18.	보건복지부, 녹지국제병원 사업계획 승인	
2016. 04. 05.	녹지국제병원 건축공사 착공	
2017. 07. 28.	녹지국제병원 건물 준공 및 사용 승인 완료	
2017. 08.	녹지국제병원, 운영 인력 채용	
2017. 08. 28.	녹지그룹, 제주도에 녹지국제병원 개설허가 신청서 제출	
2017. 11. 15.	「제주특별자치도 숙의민주주의 실현을 위한 주민참여 기본조례」 제정	
2018. 02. 01.	시민단체, 제주도에 녹지국제병원 숙의형 정책개발 청구	
2018. 03. 08.	제주도, 녹지국제병원 숙의형 정책개발 청구 수용	
2018. 03. 13.	제주도, 녹지국제병원 개설 허가 처리 기한 공론조사 결과 도출 시까지 무기한 연기	
2018. 04. 17.	제주도 녹지국제병원 숙의형 공론조사위원회 출범	공론조사 과정
2018. 07. 30~31.	녹지국제병원 제주도민 토론회 실시	
2018. 08. 15.~21.	제주도민 3000명 대상, 1차 공론조사 실시	
2018. 09. 06.~07.	공론조사위원회, 도민참여단 242명 선발(최종 208명 확정)	
2018. 09. 09.	공론조사위원회, 오리엔테이션 개최(180명 참여)	
2018. 09. 16.	공론조사위원회, 1차 숙의 토론회 개최 후 2차 공론조사	
2018. 10. 03.	공론조사위원회, 2차 숙의 토론회 개최 후 3차 공론조사	
2018. 10. 04.	제주도 녹지국제병원 숙의형 공론조사위원회, 제주도에 녹지국제병원 개설 허가 불허 권고	
2018. 12. 05.	제주도, 녹지국제병원 개설 조건부(외국인 전용) 허가	공론조사 이후
2018. 12. 05.	운동본부, '제주지사, 숙의민주주의 파괴자' 비난 성명	
2018. 12. 06.	보건복지부 장관, '현 정부 하에서 영리병원 추진 불가' 의사 표명	
2019. 01. 16.	의료단체, 시민단체 등 총 99개 단체로 구성된 '제주영리병원 철회 및 의료민영화 저지 범국민운동본부' 출범	
2019. 02. 14.	녹지그룹, 녹지국제병원 개설 조건부 허가 위법 소송 제기	
2019. 02. 26.	녹지그룹, 녹지국제병원 개원 시한 연장 요청	
2019. 03. 04.	의료법상 녹지국제병원 법정 개원 기한	
2019. 03. 26.	제주도, 녹지국제병원 개설 조건부 허가 취소 전 청문 실시	
2019. 04. 17.	제주도, 녹지국제병원 개설 조건부 허가 취소	
2019. 04. 29.	녹지그룹, 녹지국제병원 개원 취소 및 철수 결정	

출처: New1제주(2019.04.17); 연합뉴스(2019.04.29); 김주환·하동현(2019).

V. 맺음말

1. 공론조사 사례 비교

'북항 재개발 공론조사'는 당시 부동산 대책, 한미 FTA라는 국운을 좌우할 중대 사안에 대해 두 차례 이루어졌을 뿐 지방 단위에서는 처음 실시되는 도전이었다. 하지만 '북항 재개발 공론조사'는 국내·외 공론조사 사례를 분석해 자료 수집, 설문조사, 학습과 숙의 과정 등을 비교적 체계적으로 진행하고 공론조사 결과를 통해 마스터플랜을 확정함으로써 갈등을 해소했다는 긍정적 평가를 받는다. 특히 공론조사 이후 참여자들의 학습 수준과 효과성을 측정해 공론조사의 신뢰성을 높이고 결과의 수용성을 확보했다는 측면에서 의의가 있다고 평가받는다. '제주 녹지국제영리병원 인허가 공론조사'의 경우에도 도민 참여와 숙의 과정을 통해 의견을 수렴했다는 점에서 큰 의미를 지닌다. 특히 영리병원 개원과 관련해 단순히 찬반을 논하는 대신 공론조사를 통해 의견을 수렴함으로써 제주도민의 민주주의 역량을 진전시키는 기여했다고 평가받는다.

한편 '북항 재개발 공론조사' 이후 10여 년의 시간이 지났고, 그 사이 중앙정부 차원에서 몇 차례 공론조사가 더 실시되었다. 그 과정에서 2007년 사례에서 지적된 공론조사의 절차적·설계적 문제점 중 일부는 해소되었으나 일부는 여전히 존재하는 것으로 보인다. 이를 살펴보면 다음과 같다.

첫째, 공론조사에서는 참석자들 간의 충분한 학습 및 심도 있는 토론 시간이 보장되어야 한다. 때문에 합숙을 통해 충분한 정보를 제공받고 주제에 대해 학습한 시민이 토론을 통해 자신의 의견을 형성하는 과정을 거친다. 이러한 과정이 주제에 대한 관심과 정보(지식)가 부족한 상태에서 자신의 의사를 표출하는 단순한 여론조사와 공론조사를 구분짓는다고 할 수 있다. 즉, 공론조사에서 충분한 학습과 토의를 위한 시간 확보, 자료 및 정보 제공 등이 매우 중요하다. 하지만 '북항 재개발 공론조사'에서는 충분한 숙의 과정을 거치지 못했다는 지적이 있었다. 1차 여론조사에 참여한 1,099명 중 2차 여론조사를 위해 학습과 토론 과정에 참여한 사람이 77명에 불과하기 때문이다. 이는 1차 여론조사 응답자의 10%에도 미치지 못하는 수준이었으며, 참여자들에게 제공된 정보의 이해가능성 측면에서도 용어나 개념의 혼란이 존재했다는 지적이 당시 공론조사의 한계로 언급되었다(이홍권 외, 2010: 21).

'제주 녹지국제영리병원 인허가 공론조사'에서도 비록 합숙을 통한 학습 및 토론 기간을 확보하지는 못했다. 다만 공론조사위원회에서 도민참여단에게 사전 숙의 관리를 위해 개별 문자를 발송하고, 숙의 자료 접속 링크를 제공해 수령을 확인하는 등 학습을 적극적으로 독려했다(김미경, 2018). 또한 콜센터 운영을 통해 숙의 과정에 대한 질의 사항에 응답할 수 있도록 했고, 양측 자료집 및 지역별 토론회 영상을 홈페이지에 게시해 사전 숙의를 독려했다(김미경, 2018). 한국지방행정연구원(2018)에서는 이러한 과정을 토대로 '제주 녹지국제영리병원 인허가 공론조사' 사례에서는 정보 및 학습자료에 대한 습득 기회가 충분하고 균형적·객관적으로 제공되었다고 평가했다.

둘째, 공론조사에서는 참여자가 선택할 대안이 편향되지 않아야 하고 객관적인 조사가 이루어져야 한다. '북항 재개발 공론조사'에 대한 평가 중 가장 크게 지적받았던 부분이 대안의 편향성 문제이다. 참여자가 선택할 대안 두 가지가 크게 차별성이 없으며 단답형으로 이루어진 것이다(국제신문, 2007).

'제주 녹지국제영리병원 인허가 공론조사'에서는 영리병원에 대한 찬성과 반대가 분명한 비교적 명확한 주제였으나, 공론화 과정에서 설문조사의 객관성이 문제 되기도 했다. 그 때문에 1차 여론조사 당시 운동본부에서는 공론조사를 위한 설문조사가 영리병원 허용에 대해 제대로 설명하지 못하고 있으며, 근본적이고 편파적인 한계가 있다고 지적하기도 했다(한국일보, 2018).[6] 이에 공론조사위원회는 운동본부 (청구인) 측의 반발에 따라 객관성과 공정성 확보 차원에서 여론조사 일을 하루 연기하고, 설명 문항 결정 과정 등을 설명하는 자리를 마련했으나 이후에도 문항에 대한 객관성 문제는 지속적으로 제기되었다.

셋째, 공론조사 과정에서 일반 시민 이외의 다양한 이해관계자가 참여해야 하며, 정부의 간섭이 최소화되어야 한다. '북항 재개발 공론조사'에서는 이해관계자의 균형 있는 참여가 이루어지지 못했다는 지적과 정부 주도의 공론화에 일반 시민이 참여하는 형태로 진행되었다는 지적이다. 이러한 비판은 '제주 녹지국제영리병원 인허가 공론조사'에서도 지적되었다. 공론조사에서 영리병원 추진 주체인 보건복지부가 제외되면서 제주지역의 특수한 문제로 여겨지게 되었다(김주환·하동현, 2019). 그럼에도 불구하고 위원회 선정에서 제주도는 비교적 위원의 다양한 차원에서의 전문성과 절차적 타당성을 확보해 중립성이 유지되었다고 평가받는다.

마지막으로 두 사례의 차이점은 공론조사 결과가 실제 정책결정에 반영되었는가이다. 앞서 언급했듯 '북항 재개발 공론조사'는 공론조사 결과가 정책결정에 반영되어 갈등 해소에 기여했다. 하지만 '제주 녹지국제영리병원 인허가 공론조사'에서는 공론조사위원회의 권고가 받아들여지지 않고, 제주도지사가 영리병원을 조건부로 허가하며 추가적인 갈등이 발생했다.

2. 갈등 해결 도구로서 공론조사 적용을 위한 제언

최근 정책결정에서 공론화가 과도하게 적용되고 있다고 평가될 만큼 활발하게

---

6) 공론조사에서는 "제1호 외국인 영리병원이 될 녹지국제병원의 개설/불허에 찬성/반대하십니까"라는 질문이 포함되어 있어, 결과를 가정한 질문이라는 비판을 받았다.

이루어지고 있다. 중앙정부뿐 아니라 지자체에서도 최근 몇 년 사이 공론조사를 도입하겠다는 입장을 밝히고 있다. 문제는 이 모든 대상이 공론조사에 적합한 안건이며 타당한 과정을 통해 진행되고 있는지 여부이다. 더욱이 앞서 언급한 바와 같이 공론조사 결과가 무조건 정책에 반영되는 것은 아니다. '대입제도 개편 공론조사'에서도 그 결과가 실질적으로 정책에 반영되지 않았다. 실제로 일각에서는 공론조사의 결과를 정책결정 과정에서 참고할 사항으로만 고려하자는 의견도 있다. 정책 사항에 구속력 있는 결정을 내리는 것이 아니라 사안과 관련된 공론을 확인하는 데 그 의의가 있기 때문이다. 하지만 지자체 수준에서 결코 작지 않은 규모의 예산을 들여 의견을 구한 뒤 그 결론을 따르지 않기도 어렵다. 그 때문에 공론조사가 단순히 특정 사안에 대해 정치적 지지를 얻거나 책임 회피 기회로 삼는 데 활용되지 않도록 할 필요가 있다. 또한 실무자들은 갈등 해결을 위한 공론조사가 아이러니하게도 정책결정에 반영되지 않았을 때 추가적인 사회적 갈등을 일으킬 수 있다는 점을 충분히 고려해야 할 것이다.

한편 신뢰성과 수용성을 갖춘 공론조사가 실시되기 위해서는 공론조사 주제 선정부터 조사 과정의 설계, 절차적 타당성 등을 확보해야 한다. 특히 국가 차원에서 실시된 공론조사와 달리 지자체 차원에서 공론조사를 실시할 때에는 현실적인 한계가 있다. 재정 규모나 전문가 인력풀이 부족해 위원회를 설치하고 과학적 방법론을 적용해 조사를 진행해 조사의 일정한 품질을 유지하기가 어렵기 때문이다.

실제로 앞서 다룬 두 사례의 공통적 한계로 예산 및 조사기간이 충분하지 못했다는 점을 살펴볼 수 있다. 지자체 수준에서의 예산 확보에 한계가 있음을 감안하더라도 기간이 다소 짧다는 평가를 받는다. 공론조사는 일반적으로 기획부터 종료까지 6개월 이상이 소요되지만, '북항 재개발 공론조사'는 2개월에 그쳤고, '제주 녹지국제영리병원 인허가 공론조사'의 경우에도 4개월 정도의 기간만을 확보했다는 점에 아쉬움이 남는다.

공론조사가 활발히 도입되고 있는 것에 비해 공론조사의 한계를 보완해 나가는 움직임은 상대적으로 부족하다. 공론조사에 대한 이론적 논의를 넘어 실무적 차원에서 체크리스트를 구축하거나 실무 가이드라인을 마련하고자 하는 움직임이 필요하다. 특히 시민들이 충분한 토론과 학습을 통해 숙의 과정을 거치고 합의를 도출할 수 있도록 꼭 필요한 사안에 대해 충분한 예산과 자원을 투입할 필요가 있다.

| 생각해 볼 문제들 |

1. 제주도 사례에서는 정부가 공론조사 결과를 받아들이지 않아 오히려 더 큰 사회적 갈등이 야기되었다. 실제로 현재 공론조사 결과는 '권고' 사항일 뿐 법적 강제성이 없다. 그 때문에 막대한 시간과 비용을 들여 도출한 결과에 대해 강제성을 일정 부분 부여해야 한다는 주장이 있다. 반면 다른 시각에서는 공론조사 결과는 참고 사항일 뿐 최종 결정은 정부의 몫이라고 이야기한다. 공론조사 결과의 바람직한 활용 방법은 무엇일까?

2. 최근 공론조사가 유행처럼 번지고 있지만 지자체 차원에서 공론조사를 실시하기에는 필요한 예산과 전문 인력을 확보하는 데 현실적인 어려움이 있다. 또한 공론조사 과정에서 엄격한 과학적 방법론을 적용해 일정한 품질을 유지하는 데 한계가 있어 무분별한 공론조사 시행을 지양해야 한다는 지적이 있다. 그렇다면 공론조사에 적합한 의제 선정 기준은 무엇일까? 공론조사가 정책책임을 전가하기 위한 수단으로 활용되지 않게 하려면 어떤 기준을 마련해야 할까?

3. 공론조사의 초기 사례와 최근 사례 모두에서 충분한 학습 기간과 심도 있는 토론이 진행되기에는 기간이 다소 짧았다는 지적이 있다. 공론조사의 절차적 정당성을 확보하기 위해 실무자들에게 가이드라인과 체크리스트를 제공해 준다면 어떤 내용이 포함될 수 있을까?

〈 참고 문헌 〉

김길수(2018). 신고리 5・6 호기 공론조사 사례연구. 「한국자치행정학보」, 32(2): 205-225.
김대영(2004). 공론화를 위한 정치평론의 두 전략: 비판전략과 매개전략. 「한국정치학회보」, 38(2): 117-141.
김원용(2003). 공적 이슈에 대한 효과적 국민의사 수렴 수단으로서 공론조사(公論調査), (deliberative poll)에 대한 연구. 「사회과학연구논총」, 11: 209-232.
김원용・정효명(2003). 로컬 거버넌스 능력 강화 수단으로서의 공론조사. 「서울도시연구」, 5(3):

75-91.

김정인(2018). 정책결정 과정에서의 공론화 적용 가능성에 관한 연구: 공론조사의 국가적 특수성, 대표성과 집합적 합리성을 중심으로. 「정부학연구」, 24(1): 343-375.

오수길·이지문(2017). 정부 신뢰 제고를 위한 공론조사의 활용 가능성. 「한국부패학회보」, 22(2): 27-49.

오현철(2007). 민주주의의 새로운 공간: 한국 공론장의 대안적 발전 모델을 중심으로. 「한국정치학회보」, 41(2): 77-98.

지방행정연구원(2018). 지방자치단체 정책결정방식의 민주적 혁신에 관한 연구.

한국행정연구원(2017). 공론화 절차 활성화를 통한 정책수용성 제고 및 사회통합 증진에 관한 연구.

한국행정연구원(2018). 숙의민주적 갈등해결 모델 적용 활성화 방안.

제주특별자치도 (www.jeju.go.kr).

해양수산부 (www.mof.go.kr).

경향신문(2018. 12.05). 제주 영리병원 허가] 원희룡 "국내 의료체계와 차단"…시민단체 "의료공공성 훼손."

국제신문(2007.05.31.). 북항재개발 공론조사하면 뭐하나.

연합뉴스(2019.04.17). 보건복지부 "현 정부서 영리병원 추진하는 일 없다."

_____(2019.04.29). 개설허가 취소 녹지제주 "국내 첫 영리병원사업 철수 추진."

오마이뉴스(2017.10.23). 비전문가에게 판단 맡긴다? '공론조사'에 대한 오해들.

중앙일보(2018.07.19.). 공론조사는 '맥가이버 칼'이 아니다.

한겨레(2019.03.04.). 국내 1호 영리병원 제주녹지병원 허가 취소 절차 돌입.

한국일보(2018.08.14). 제주영리병원 공론조사 시작부터 '난항.'

New1제주(2019.04.17.). '국내 첫 영리병원' 제주 녹지국제병원 허가 취소까지.

Fishkin, James S. (2011). *Deliberative polling*. Consulting the people is not as easy as it sounds.

함께 풀어가는 사회문제
- 갈등과 협력 사례 -

06

다양성 관리 측면에서 살펴본 조직 내 갈등 예방 : 블라인드 채용제도와 우수 사례

민경률
한국조세재정연구원

I. 들어가는 말

조직 내 구성원 간 또는 집단 간 차별로 인한 갈등은 조직 성과에 부정적 영향을 미치기 때문에 반드시 개선되어야 할 문제이다. 갈등을 감소시키고 예방시키기 위한 방안으로 조직 내 다양성을 높이는 것을 생각해 볼 수 있다. 조직 내 인적 구성의 다양성을 높이는 것은 서로 다른 생각과 가치관을 가진 구성원들 간의 교류 기회가 증가한다는 것을 의미한다. 이러한 과정을 통해 서로의 다름을 공감하고 인정함으로써 조직 내 갈등을 감소시킬 수 있을 것이다. 구성원의 다양성을 높이기 위해서는 채용 단계에서부터 획일화된 평가 기준이 아닌 응시자의 역량을 중심으로 학력이나 출신학교 등의 요인들을 배제한 방식으로 진행될 필요가 있으며, 이러한 취지와 가장 근접한 제도로 블라인드 채용제도를 들 수 있다.

블라인드 채용제도는 학력이나 성별 등의 차별적 요인은 배제하고 기관에서 필요로 하는 직무 능력을 중심으로 평가함으로써 기존 채용제도의 불공정을 해소하고, 불필요하게 낭비되는 사회적 비용을 감소시킬 수 있는 제도이다. 2017년부터 공공기관에 전면적으로 도입·시행함에 따라, 공공기관에서는 블라인드 채용제도를 효과적으로 운영하기 위한 노력들을 추진해 오고 있다. 블라인드 채용제도 우수사례들을 살펴보면, 신규 구성원의 인적 다양성 향상과 더불어 신규 입사자의 퇴사율이나 직무 만족도, 조직 적응도 등이 개선되었음을 제시하고 있다. 하지만 블라인드 채용제도를 추진해야 하는 실무자의 입장에서는 많은 어려움을 겪고 있다. 따라서 이 글에서는 블라인드 채용제도를 통해 조직 내 다양성을 좀 더 향상시킬 수 있도록, 다양성과 블라인드 채용제도에 대한 의미를 살펴보고, 블라인드 채용제도를 효과적으로 운영하기 위한 방안을 살펴보고자 한다.

II. 사례 개요

빠르게 변화하는 현대 사회에서 조직이 경쟁력을 확보하고 유지하기 위해 필요한 것은 무엇보다도 우수한 인재를 확보하고, 인재가 능력을 펼칠 수 있는 환경을 조성하는 데 있다. 다양한 경험과 가치관을 가진 구성원들이 함께 구성되었을 때 좀 더 큰 성과를 만들어낸다는 연구 결과들이 제시됨에 따라, 많은 조직이 인력 구성의 다양성을 확보하기 위해 노력하고 있다. 하지만 한국 사회에서 인재의 기준은 소위 학벌이라고 하는 학력으로 간주되어 왔으며, 이러한 학벌은 취직과 승진뿐만 아니라 결혼 등의 사회생활 전반에 걸쳐 많은 영향을 주어 왔다. 어떤 경험을 하고, 무엇을 배웠는가에 대한 관심보다는 어떤 대학을 나왔으며, 시험성적이 얼마나 좋은가에 따라 개인의 능력평가가 이루어지는 것이다. 즉, 명문대생이라면 인성도 훌륭하고, 능력도 뛰어나서 모든 분야에서 좋은 성과를 보여줄 것이라는 고정관념이 자리 잡고 있다. 이런 점에서 학벌은 실력주의와 상반되는 것으로 한번 획득하면 사라지지 않는 영속성을 가지고 있다(정용교·이화경, 2012).

이러한 학벌주의가 가장 잘 드러나는 곳으로 채용시장을 꼽기도 한다. 학벌에 따른 차별은 입사한다고 끝나는 것이 아니라 조직 내에서도 평가와 승진 등에 대한 차별로 이어지게 되며, 그들만의 네트워크를 중심으로 파벌을 형성해서 집단 간 갈등을 일으키기도 한다. 이는 조직 입장에서도 조직 성과 향상에 부정적 영향을 미치기 때문에 개선하기 위한 노력을 기울이지만, 해결하기 쉽지 않은 일이다. 왜냐하면 이러한 현상은 개인의 악의적인 의도에서 시작되는 것보다는 사회적으로 인식되고 있는 편견과 고정관념 등으로 인해 발생하는 경우가 대부분이기 때문에 이를 개선하는 것은 어려운 일이다.

학벌주의 등으로 인해 조직 내에 존재하는 갈등을 예방하기 위한 방안의 하나로 조직 내 인력의 다양성을 높이는 것을 생각해 볼 수 있다. 조직 내 다양성을 확보한다는 것은 서로 다른 생각과 가치관을 가진 구성원들 간의 상호 교류 기회가 늘어나는 것을 의미하며, 이러한 과정을 통해 서로의 다름을 공감하고 인정할 수 있을 것이다. 다양성이 증가한다는 것이 반드시 좋은 의미로만 작용하지 않고, 오히려 갈등을 증가시킬 수도 있다. 하지만 공공조직은 사회 각 계층의 이익을 대변해 줄 수 있어야 하며, 그들의 입장을 공감해 줄 수 있기 위해서는 인력 구성을 다양화하는 것이 필수적이다. 또한, 다양한 구성원을 효과적으로 관리할 수 있는 실용적인 다양성 관리정책이나 프로그램이 뒷받침되어 준다면 충분한 시너지 효과를 기대해 볼 수 있기 때문에 장기적인 측면에서 바라보고 다양한 인재를 확보하기 위한 적극적인 노력이 필요하다.

구성원의 다양성을 높이기 위해서는 채용 단계에서부터 획일화된 평가 기준이 아닌 응시자의 역량을 중심으로 학력이나 출신학교 등의 차별적 요인들을 배제한 방식으로 진행될 필요가 있다. 이러한 취지와 가장 근접한 사례로 2017년부터 시행되고 있는 블라인드 채용제도를 들 수 있다. 블라인드 채용제도는 학력이나 성별 등의 차별적 요인은 배제하고 기관에서 필요로 하는 직무 능력을 중심으로 평가함으로써 기존 채용제도의 불공정을 해소하고, 불필요하게 낭비되는 사회적 비용을 감소시킬 수 있는 제도이다. 따라서 이 연구에서는 이론적 논의를 통해 다양성의 의미와 다양성 관리의 중요성을 살펴보고, 블라인드 채용제도와 우수 사례를 검토해 보고자 한다. 또한, 블라인드 채용제도와 관련된 이슈 등을 살펴봄으로써 앞으로의 발전 방향에 대해서 논의해 보고자 한다.

1. 다양성 관리에 관한 이론적 논의

1) 다양성의 이해

다양성은 나이, 종교, 성향 등의 차이를 나타내는 것으로, 한 조직 내에서 서로 다른 특성을 지닌 구성원들이 많을수록 인적 구성의 다양성이 높다고 볼 수 있다. 이러한 다양성에 대한 논의는 크게 두 가지로 살펴볼 수 있다(유민봉·박성민, 2013). 다양성에 대한 관심을 두던 초기에는 인구통계학적 특성에 중심을 둔 반면에 최근에 와서는 개인의 이념, 선호도, 문화 등의 내적 가치도 함께 고려하려는 시도가 이루어지고 있다. 즉, 전통적인 조직에서 강조하던 성별 및 인종과 같은 유전적 특성을 인적 자원의 외적 다양성으로 볼 수 있고, 이념, 신념, 선호, 문화가 같은 문화적·심리적 속성을 인적 자원의 내적 다양성으로 구분해서 볼 수 있다.

다양성의 개념은 사회적 배경이나 연구자에 따라 다양하게 정의하기 때문에 공통된 정의를 내리기는 쉽지 않다. 하지만 다양성의 의미가 객관적인 형태의 인구학적 요소에서 인지적이고 추상적인 차원으로 확대되고, 조직에 미치는 영향이 커짐에 따라 다양성을 체계적으로 분류하기 위한 시도들이 진행되었다(이근주·이수영, 2012).

가든스워츠 외(Gardenswartz et al., 2010)는 다양성을 네 개의 차원으로 범주화해, 개인적 차원, 내적 차원(연령, 인종, 성별, 종교 등), 외적 차원(수입, 취미, 지역, 결혼 여부, 교육 등), 조직적 차원(근무기간, 근무지역, 정당 등)으로 구분했다. 이근주·이수영(2012)은 변화 가능성과 가시성을 기준으로 삼아 다양성의 유형을 네 가지로 구분해 좀 더 발전시켰는데, 구체적으로 살펴보면 다음과 같다.

Ⅰ유형은 변화 가능성이 낮고 가시성이 높은 경우로 성별, 연령, 인종과 인구학적 요소를 포함하고 있으며, 사후적인 변화가 힘들다는 특성을 가지고 있다. Ⅱ유형은 변화 가능성과 가시성 모두 높은 경우로 조직 내에서 나타날 수 있는 역할과 관련된 직업, 직위, 전문성 등이 포함된다. Ⅲ유형은 변화 가능성과 가시성 모두 낮은 경우로 출신지역, 배경, 사회화 경험 등으로 사회적 또는 성장 배경에 의해 결정되는 요소들이다. Ⅳ유형은 변화 가능성이 높고 가시성은 낮은 경우로 교육 수준, 가치관, 자녀 유무 등을 포함하고 있다.

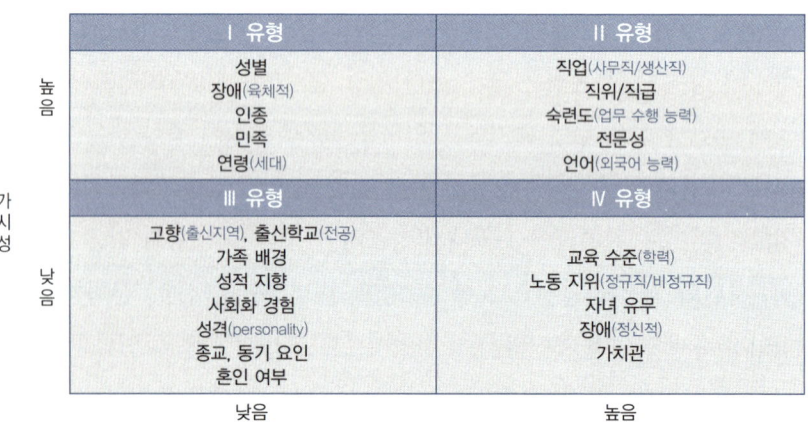

출처: 이근주·이수영(2012: 192).

[그림 1] 다양성 유형화 모형

이러한 다양성이 조직 내에 증가하는 경우, 구성원 간의 의견 충돌이나 갈등 등을 발생시켜 조직 응집력에 부정적 영향을 미칠 수도 있다. 하지만, 다양한 시각을 가진 구성원 간의 의견 교류는 구성원들의 창의성이나 혁신성을 높일 수 있기 때문에 조직 성과 향상의 원동력이 될 수 있다. 따라서 조직 내 다양성으로 인한 갈등을 적정 수준으로 유지하면서 구성원 간의 시너지 효과를 이끌어낼 수 있는 효과적인 다양성 관리가 매우 중요하다.

2) 다양성 관리의 의의

앞서 살펴본 다양성에 대한 논의를 바탕으로 다양성 관리를 정의해 보면, 다양성 관리란 "내적·외적 차이를 가진 다양한 노동력을 공평하고 효율적으로 활용하기 위한 체계적인 인적 자원관리 과정"이라고 볼 수 있다(유민봉·박성민, 2013: 415). 점차 경쟁이 심화되는 현대 사회에서 조직 경쟁력을 확보하기 위한 수단으로서 다양성 관리의 중요성은 점차 중요해지고 있다. 사회적 범주화 이론과 유사성 이론을 통해서도 다양성 관리의 중요성을 살펴볼 수 있다. 사회적 범주화 이론에 따르면, 개인은 일반적으로 자신을 타인과 다른 존재로 인식하고 있으며, 이러한 구분으로 자신을 가치 있는 사회적 범주로 분류하고자 한다. 이러한 분류 과정에서 자신과 다른 범주에 속한 집단에 대한 편견을 불러오게 되고, 이는 의사소통의 감소와 갈등으로 이어지게 되는 것이다. 유사성 유인 이론에서도 조직구성원들은 외적인 요소뿐만 아니라 자신의 가치와 태도와 유사한 타인에게 매력과 호감을 느끼지만, 그렇지 않은 경우 이질감을 느껴 조직의 응집성이 떨어지게 되고, 의사소통을 감소시키는 것으로 본다. 조직구성원의 성별이나 연령에서부터 가치관, 문화, 이념 등이 점차 다양해짐에 따라 조직 차원에서의 효과적인 관리가 어려워지고 있기 때문에, 구성원들이 지니고 있는 다양성의 긍정적 효과를 이끌어내 조직 성과를 향상시킬 수 있는 제도적 장치가 필요한 것이다. 즉, 조직 내 다양성은 조직 차원에서 잘 관리되었을 때, 그 가치를 진정으로 발휘할 수 있기 때문에 다양성 관리는 매우 중요하다고 볼 수 있다.

셀든과 셀든(Selden & Selden, 2001)은 다양성 관리의 관점을 크게 4단계로 구분해 제시했다.

첫 번째는 차별과 공정으로 성별과 인종에 따라 고용상의 차별을 두지 않아야 한다는 점이다. 고용 기회 균등정책이나 소수집단 우대정책과 같이 모집이나 고용 과정에서 차별을 두지 않고 동일한 기회를 제공해 주어야 한다는 데에 초점을 두고 있다. 조직구성원을 다양하게 구성함으로써 성별이나 인종에 관계없이 공정하고 대우해야 한다는 관점이다.

두 번째 접근 및 타당성 관점으로 다양한 배경을 가진 조직구성원들은 그들이 속한 그룹에 대한 경험과 지식을 보유하고 있어 유사한 그룹의 요구 사항을 잘 이해할 수 있기 때문에 더 나은 서비스를 제공할 수 있다는 것이다. 사회의 인구통계학적 특징에 조직구성원을 일치시켜 대표성을 확보하려는 대표관료제와 같은 맥락에서 볼 수 있다.

세 번째는 학습 및 효과 관점으로 다른 그룹의 구성원들이 함께 일함으로써 내부 절차를 개선할 수 있다는 점에 다양성의 가치를 두고 있다. 즉, 다양한 구성원들이 함께 일을 하면서 창의성이나 조직 성과를 향상시킬 수 있다고 본다.

마지막으로 가치와 통합 관점은 앞서 언급한 세 개의 관점을 통합적으로 살펴보는 관점으로 다양한 개인을 조직의 관점에서 통합할 필요가 있다고 본다. 개인과 조직은 일방적인 관계가 아닌 서로 영향을 주고받는 관계이기 때문에 지속적인 관리가 필요하다고 본다.

이 밖에도 다양성 관리에 대한 연구는 다양하게 이루어졌지만, 피트(Pitt, 2006)는 다양성 관리에 관한 연구들이 대부분 민간부문에 초점을 두고 진행되어 왔기 때문에 공공부문의 관리자에게 유용한 지식을 제시해 줄 필요가 있다고 보았다. 그래서 다양성 관리와 조직 성과의 관계에 관한 선행연구들을 통해 효과적인 다양성 관리 전략을 크게 세 가지로 제시했다. 이를 살펴보면 다음과 같다.

첫째 모집이다. 여기서 모집이란, 조직 내외부의 모집을 모두 말하는 것으로 구성원을 선발할 때 어떻게 다양성을 확보할 것인가에 대해 다루고 있다. 둘째, 문화적 인식의 형성이다. 이는 서로 다른 배경과 경험을 가진 구성원들이 시너지 효과를 일으키기 위해서는 구성원들 간 의견 교류의 활성화를 언급했다. 셋째, 실용적 관리 정책 마련으로 다양한 선호와 가치관을 가진 구성원들의 직무만족도를 높이기 위한 방안이 필요함을 의미한다. 업무에 방해되는 요소를 제거함으로써 직무몰입을 높이는 차별적 지원 방안 등을 의미하며, 최근 많이 이용되는 유연근무제 등을 예로 들 수 있다.

조직구성원들의 창의성을 높이기 위해서는 공정한 모집·선발을 통해 구성원을 다양하게 구성하고, 구성원들의 선호나 요구를 충족시켜 줄 수 있는 실용적인 관리 방식이 필요하다고 볼 수 있다. 이러한 측면에서 다양성 관리는 다양한 특성을 지닌 구성원을 모집하는 것에서 시작할 수 있다. 하지만, 적절한 인재를 선발하는 것은 쉽지 않은 일이다. 성별이나 학력 등은 서류를 통해서 확인이 가능하지만, 가치관이나 선호와 같은 비가시적인 요인들은 쉽게 파악할 수 없게 때문이다. 또한, 스펙이나 학력 중심의 채용 관행은 이를 더욱 어렵게 만들었다. 조직 입장에서는 조직성과 향상을 위해 직무에 적합한 인재를 원하지만, 대학생이나 구직자는 취업하기 위해 직무와는 관련성이 없는 토익이나 자격증 등을 마련하기 위해 이른바 스펙을 쌓기 위한 준비 활동으로 많은 시간을 소모해 왔으며, 이는 사회적 문제로도 제기되어 왔다. 이에 조직들은 직무 수행을 위한 최적의 인재를 선발하기 위해 채용제도를 다양화하려는 시도들을 진행해 왔다. 학벌과 영어공인점수 등의 스펙 중심의 채용에서 벗어나 능력 중심의 채용문화를 정착시키기 위해 정부에서는 2015년부터 공공기관을 대상으로 국가직무능력표준(National Competency Standards: NCS) 기반의 능력 중심 채용제도를 도입했고, 2017년부터는 능력 중심의 채용제도에서 더 나아가 차별적 요소를 없애기 위한 블라인드 채용제도를 시행하고 있다(이종찬·이종구, 2018).

2. 블라인드 채용제도의 의미와 우수 사례

1) 블라인드 채용제도의 의미

블라인드 채용제도는 능력이 있음에도 불구하고 학력이나 출신지에 대한 편견으로 인해 채용 과정에서 불이익을 받고 탈락하는 일을 방지하기 위해 마련된 채용제도이다. 즉, 블라인드 채용제도란 평등한 기회 제공과 공정한 채용 절차를 통해 지원자의 실력을 평가해 직무에 적합한 인재를 선발하는 채용 과정으로 볼 수 있다(한국산업인력공단, 2017). 이러한 블라인드 채용제도는 2017년 6월 공공부문에 블라인드 채용제도를 도입하라는 대통령 지시에 따라 본격적으로 추진되었으며, 7월에는 관계부처 합동의 '공공기관 블라인드 채용 가이드라인'이 배포되고, 개선 방안 마련을 위한 점검 및 후속 조치 등이 진행되어 왔다.

블라인드 채용제도에서 금지하는 주요 편견 항목은 성별, 연령, 출신지역, 가족관계, 학교명, 사진 등으로 해당 직무와 관련 없는 학력과 학벌, 외모 등에 관한 정보를 말한다. 이러한 요소들이 응시원서에 기재되지 않도록 하고, 면접 과정에서 이와 관련된 사항들에 대해서는 면접위원들이 알지 못하도록 하며, 이와 관련된 질문도 하지 못하도록 함으로써 공정한 채용이 이루어질 수 있도록 하는 것이다.

이러한 차별 금지 항목과 관련해서 「대한민국 헌법」 제11조에서도 대한민국 국민이라면 누구든지 성별·종교 또는 사회적 신분에 의해 경제적·사회적 생활의 모든 영역에 차별받지 않도록 규정되어 있으며, 「고용정책기본법」 제7조에서는 합리적인 이유 없이 연령, 성별, 신앙, 신체 조건, 출신지역, 사회적 신분, 출신학교, 학력, 혼인·임신, 병력을 이유로 차별을 하지 않고, 균등한 취업 기회가 보장해 주도록 규정하고 있다. 이 밖에도 「남녀 고용평등과 일·가정 양립 지원에 관한 법률」 제7조와 「고용상 연령 차별 금지 및 고령자 고용 촉진 등에 관한 법률」 제4조의4 제1에서도 채용 과정에서 차별을 금지하고 있다(〈표 1〉 참조).

〈표 1〉 차별 금지 관련 법률

법률	차별 금지 내용
「대한민국 헌법」 제11조	모든 국민은 법 앞에 평등하다. 누구든지 성별·종교 또는 사회적 신분에 의하여 정치적·경제적·사회적·문화적 생활의 모든 영역에 있어서 차별을 받지 아니한다.
「고용정책기본법」 제7조	사업주는 근로자를 모집·채용할 때에 합리적인 이유 없이 성별, 신앙, 연령, 신체 조건, 사회적 신분, 출신지역, 학력, 출신학교, 혼인·임신 또는 병력(病歷) 등(이하 "성별 등"이라 한다)을 이유로 차별을 하여서는 아니 되며, 균등한 취업 기회를 보장하여야 한다.
「남녀 고용평등과 일·가정 양립 지원에 관한 법률」 제7조	사업주는 근로자를 모집하거나 채용할 때 남녀를 차별하여서는 아니 된다. 사업주는 여성 근로자를 모집·채용할 때 그 직무의 수행에 필요하지 아니한 용모·키·체중 등의 신체적 조건, 미혼 조건, 그 밖에 고용노동부령으로 정하는 조건을 제시하거나 요구하여서는 아니 된다.
「고용상 연령 차별 금지 및 고령자 고용 촉진 등에 관한 법률」 제4조의4	사업주는 다음 각 호의 분야에서 합리적인 이유 없이 연령을 이유로 근로자 또는 근로자가 되려는 자를 차별하여서는 아니 된다.
「장애인 차별 금지 및 권리 구제 등에 관한 법률」 제10조	사용자는 모집·채용, 임금 및 복리후생, 교육·배치·승진·전보, 정년·퇴직·해고에 있어 장애인을 차별하여서는 아니 된다.

채용 단계별 주요 편견 요소를 살펴보면 다음 〈표 2〉와 같다. 채용공고에서는 성별로 지원 자격을 제한하거나 지원 자격을 특정 출신지역으로 제한하는 등의 직무와 관계 없는 사항으로 지원 자격을 제한하는 경우를 들 수 있다. 서류전형에서는 성별에 따라 다른 기재 항목, 구비서류 등을 요구하거나 가족 관련 사항을 기재하고, 사진 부착 및 신장과 몸무게 등의 신체 조건 등 직무와 관계없는 사항을 입사지원서에 작성하도록 하는 것을 들 수 있다. 또한, 면접 과정에서 성별에 따라 질문을 달리하거나 출신지역이나 가족 등의 직무와 관계 없는 사항을 질문하는 경우 등을 채용상의 차별로 보고 있다.

〈표 2〉 채용 단계별 주요 편견 요소

구분	채용공고 (직무와 관련 없이 아래 사항을 이유로 지원자격 제한)	서류전형 (입사지원서에 직무와 관련 없이 아래 사항을 요구)	면접전형 (면접 과정에서 직무와 관계 없이 다음 사항을 질문)
성별	특정 성별로 지원 자격 제한	성별에 따라 다른 기재 항목, 양식, 구비서류 요구	성별에 따라 질문을 달리하거나, 별도의 질문 시간을 할애
연령	일정 연령 이하 또는 이상으로 지원 자격 제한	연령을 확인할 수 있는 정보(입학 연도 등) 기재	연령을 질문하거나, 연령에 대해 부정적으로 언급
출신지역	지원 자격을 특정 출신지역으로 제한	출신지와 본적 등을 요구	출신지역에 대해 질문
가족관계	–	가족 관련 사항을 기재	가족 사항 등을 질문
신체 조건	신장, 몸무게 등의 신체 조건을 이유로 지원 자격 제한	사진 부착을 요구하거나, 신장과 몸무게 등의 신체 조건 기재	신체 조건이나 용모에 대해 질문
학력·출신학교	특정 학력 이상 또는 이하로 지원 자격 제한	직무에 필수조건이 아님에도 학력, 출신학교 등을 기재	직무에 필수조건이 아님에도 학력, 출신학교 등을 질문

출처: 고용노동부(2015), 「채용상 차별에 관한 해외사례 및 실태조사 연구」 중 발췌 수정.

 채용 절차에서 이러한 다양한 편견 요소를 배제하고, 응시자의 능력을 중심으로 채용하기 위해 마련된 것이 블라인드 채용제도라고 볼 수 있다. 따라서 블라인드 채용제도에서는 채용계획에서부터 직무 내용 및 직무 능력을 구체적으로 제시해 응시자가 어떤 일을 할지 예측 가능하도록 함과 동시에 기관에서 원하는 요구 사항을 제시한다. 이때 기관은 조직 규모나 특성을 고려한 맞춤형 전형을 설계한 후 전형별 평가 요소를 도출하게 된다. 블라인드 채용제도를 단계별로 살펴보면, 채용 공고 단계에서는 단순히 응시 분야에 대한 정보를 제공하던 과거 방식에서 벗어나 수행 업무, 직무 수행 내용 및 필요 지식이 무엇인가에 대해 상세하게 작성되어 있는 직무기술서를 제공한다. 또한, 직무와 관계없는 요소가 평가되지 않도록 직무와 관계없는 평가 요소는 삭제한다(〈표 3〉 참조).

〈표 3〉 블라인드 채용제도 단계별 내용

채용 단계	주요 내용

채용계획	• 직무 내용 및 직무 능력의 구체화
	  - 조직 규모, 특성에 적합한 전형설계 후 전형별 평가 요소 도출
	  - 채용 대상 직무 설명자료 제작

채용공고	• 채용직무 설명자료 사전 제공
	  - 직무와 무관한 평가 요소 삭제
	  - 채용 직무의 직무 내용 및 직무 능력 구체화 후 사전 공개

서류전형	• 차별적이고 직무 무관 항목 삭제
	  - 편견이 개입되어 차별을 야기할 수 있는 인적 사항 요구 금지
	  - 입사지원서에는 직무와 관련한 교육훈련, 자격 경험(경력) 위주로 항목 구성

필기전형	• 직무 관련성 기반의 필기전형 실시
	  - 직무 수행에 반드시 필요한 지식, 기술, 능력, 인성 등을 필기시험화
	  - 채용공고를 통한 필기평가 과목 공개(공정성 확보)

면접전형	• 개인 신상정보 면접위원 제공 금지
	  - 면접위원에게 지원자 인적 사항 제공 금지
	  - 체계화된 면접을 통한 공정평가 실시
	  - 면접 전 블라인드 면접위원 교육을 통한 사전 안내 필수

출처: 이종찬·이종구(2018: 143).

14개 공공기관을 대상으로 조사를 진행한 한국산업인력공단(2018)의 보고서에 따르면, 블라인드 채용제도 도입으로 다양성 확보 측면뿐만 아니라 효율성, 공정성 차원에서 성과가 나타난 것으로 보고 있다. 다양성 확보 측면에서 성과를 살펴보면 다음과 같다.

첫째, 지역인재 비율의 확대이다. 전체 채용 인원에서 지역인재의 비율이 2015~2017년 상반기까지는 평균 18.5%였는데, 2017년 하반기~2018년 상반기에는 평균이 21.99%로 증가한 것으로 나타났다. 이러한 변화는 블라인드 채용제도뿐만 아니라 지역인재 채용할당제 시행의 영향으로 지역인재 비율이 높아진 것으로 보고 있다.

둘째, 대졸 채용에서 여성 비율의 증가이다. 블라인드 채용제도 이전 시기에는 대졸 채용에서 여성의 비율이 39.8%인 것으로 조사된 것에 반해, 제도 시행 이후의 시기에는 여성의 비율이 43.1%까지 증가한 것으로 나타났다.

셋째, 출신대학의 다양화이다. 서울대, 고려대, 연세대(SKY) 출신자의 비율이 15.3%에서 10.5%로 감소했고, 비수도권 대학의 출신자 비율이 38.5%에서 43.2%로 증가한 것으로 조사되었다. 또한, 채용 인원의 출신대학 수도 평균 10.3개에서 13.1개로 증가한 것으로 나타났다.

마지막으로 다양한 경력과 전공을 가진 응시자의 합격률이 높아진 것으로 보고 있다.

이러한 성과 이외에도 공공기관 인사담당자들의 인터뷰를 통해서도 블라인드 채용제도를 통한 긍정적 효과를 확인해 볼 수 있다.

> "블라인드 채용 도입으로 20대부터 40대까지, 공대생부터 철학 전공자까지 다양한 인재들이 입사하고 있다. 인재의 다양성은 조직 경쟁력 강화를 위해 반드시 필요하다. 블라인드 채용은 부지불식간에 갖게 될 잘못된 선입견으로 인해 놓칠 수 있는 우수 인재를 움켜잡을 수 있는 든든한 제도적 기반이라고 본다."
>
> (A기관 인사처 인사담당자)

> "신입직원들의 만족도 높지만, 우리 공단으로서는 공단과 직무에 준비된, 적합한 인재를 채용해 실질적인 업무 능력을 발휘함으로써 부서의 만족도가 매우 높게 나타나고 있는 점이 고무적이다. 신입직원들의 업무 능력뿐만 아니라 인성에 대한 칭찬까지도 자자한 것으로 전해 듣고 있다."
>
> (B기관 인사팀 채용담당자)

> "현장과 실무에 빠르게 적응하고 있다. 공단 입장에서도 직무 중심 채용을 통해 능력 있는 인재를 선발하게 됨으로써 업무 수행에 긍정적인 효과를 달성할 수 있

어 매우 만족스럽다. 해마다 비슷한 규모를 채용하고 있는데, 블라인드 채용 도입 후 채용 횟수를 현저하게 줄여 비용 감소 등 여러 긍정적인 효과도 나타나고 있다."

(C기관 인사조직팀 채용담당자)

"임용 후 3개월 수습기간을 거친 뒤 수습평가를 했는데 업무 수행 능력, 인성, 복무 자세 등 4개 항목에서 평균 98점 이상의 매우 높은 점수를 받았다(2018년 상반기 임용 기준). 이는 불필요한 스펙 평가 없이 한정된 정보 안에서도 공단 직무에 적합한 우수 인재를 선발했다는 것을 증명해 준다. 현장에서도 크게 만족하는 분위기다."

(D기관 인력지원실 채용담당자)

"주관적 편견이 개입할 수 있는 항목을 요구하지 않아 누구에게나 공정한 기회가 주어진다는 점에서 바람직하다고 본다. 특히 취업난과 채용 비리에 대한 불신을 해소하는 대안이 아닐까 싶다. 공공기관뿐 아니라 기업들이 블라인드 채용을 통해 청년들에게 평등한 기회를 주고, 공정하게 채용해서 건전한 채용문화를 만들어 갔으면 한다."

(E기관 응시 합격자)

"채용 방식에 새로운 패러다임을 제시했다고 본다. 블라인드 채용 덕에 해외유학, 자격증 취득 등을 위해 불필요하게 낭비되던 개인적·사회적 비용을 절감할 수 있게 됐다. 또한 고정된 틀에 개인의 삶을 맞춰 나가는 것이 아닌, 유동적이며 선택적인 방법으로 오롯이 자신의 삶을 설계할 수 있는 계기가 됐다고 생각한다."

(F기관 응시 합격자)

출처: 고용노동부(2019), 2018 공공부문 블라인드 채용 우수사례집에서 일부 발췌.

2) 블라인드 채용제도 우수 사례[1]

블라인드 채용제도 우수 사례로 고용노동부 주관의 '2018년 편견 없는 채용, 블라인드 채용 우수성과 경진대회'[2]에서 우수기관으로 선정되어 장관상을 받은 한국방송통신전파진흥원과 주택도시보증공사를 선정했다.

① 한국방송통신전파진흥원 사례

한국방송통신전파진흥원은 공공기관에 블라인드 채용제도가 전면 도입됨에 따라 2017년부터 블라인드 채용을 본격적으로 도입했다. 형식적으로 진행되던 채용방식에서 벗어나 입사지원서를 재정비하고, 면접관에게 제공되던 응시자의 정보를 최소한으로 줄였으며, 채용 분야별 직무기술서를 사전에 공개하는 등의 개선 노력을 통해 2017년부터 확 달라진 방식으로 채용을 진행했다. 이후 2018년에는 블라인드 채용을 강화하기 위해 공공기관 최초로 AI전형을 도입해 서류전형과 필기전형을 통합했다. 이른바 'FULL 블라인드 채용'을 실시하게 되면서, 이전 채용에서는 서류전형에서 필기전형의 6배수만을 선발해 필기시험에 응시하도록 한 것에 반해 AI전형을 도입함에 따라 자격 요건을 갖춘 응시자라면 모두 응시할 수 있게 되었다.

AI전형은 기존에 진행되었던 서류전형과 NCS 기반의 필기전형을 통합한 새로운 방식의 전형으로 자기 소개, 자신의 장단점, 지원 동기 등의 기본 질문과 함께 체크 형식의 탐색 질문, 상황극, 게임 형식의 과제 수행 등을 통해 지원자의 역량과 성장 가능성을 분석하게 된다. 또한, 응시자의 답변을 통해 응시자의 장단점을 분석해 심층구조화 질문을 제시하기도 한다. 최종 면접에서는 AI전형에서의 분석 결과를 기반으로 지원자의 역량을 검증한다.

---

1) 고용노동부(2019), "2018 공공부문 블라인드 채용 우수사례집"의 내용을 요약 정리했다.
2) '편견 없는 채용, 블라인드 채용 공공부문 우수성과 경진대회'는 공공기관의 블라인드 채용 우수 사례를 발굴 및 확산하기 위해 2018년 11월에 기획재정부, 행정안전부, 고용노동부, 교육부 합동으로 진행되었으며, 1차 서류심사와 2차 발표심사를 거쳐 11개 우수기관을 선정했다.

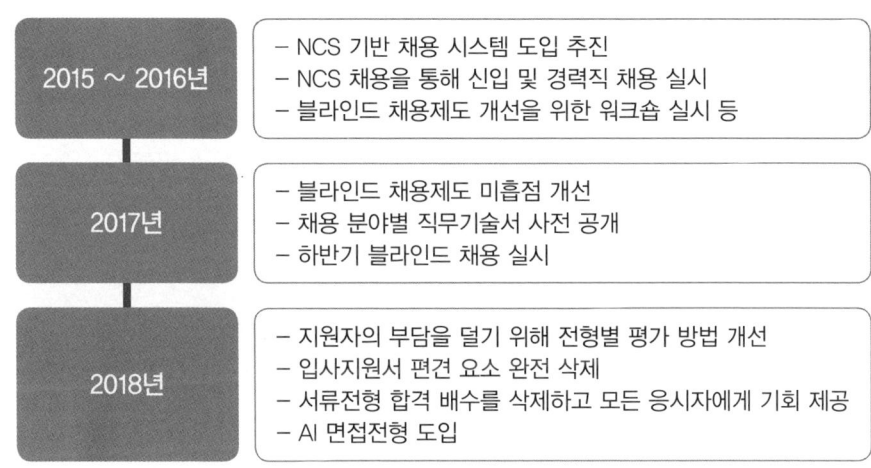

[그림 2] 블라인드 채용 추진 주요 과정

이러한 블라인드 채용제도의 주요 성과로 신규직원의 다양성 증가, 지역인재 채용 비율 증가, 이직률 하락을 들 수 있다. 신규직원의 경우 2017년 23.5%였던 여성 인력의 비율이 2018년 38.6%로 증가했으며, 고졸 인력도 2017년 1명에서 2018년 4명으로 증가했다. 또한, 신규 직원의 이직률이 2017년 3.9%에서 2018년 1.4%로 감소했다. 블라인드 채용을 도입하기 전인 2016년에는 신규 직원의 이직률이 11.8%인 것을 고려한다면 크게 개선된 것으로 볼 수 있다.

의류학을 전공하고 디자이너로서의 짧은 경력을 가지고 있던 응시자가 한국방송통신전파진흥원 행정직으로 합격한 아래 사례에서도 블라인드 채용제도의 장점을 볼 수 있다.

> 한전에서 인턴 후 여러 공기업·공공기관에 지원했지만 사무직에 지원하다 보니 의류학 전공자로서 행정직 관련 전공을 배운 적이 없고 교육 사항도 해당되는 것이 없다 보니 서류가 쉽게 붙을 리가 없었다. NCS제도가 도입되어 서류는 합격해 NCS시험을 보더라도 시험에 붙기는 하늘의 별따기처럼 느껴졌다. 의류학을 전공했지만 짧은 경력으로 전문 디자이너도 아닌, 공기업·공공기관 행정직에 어울리는 사람도 아니었던, 탈락에 익숙했던 다소 어두웠던 과거(?)를 가진 나를 이제야 제 옷을 입은 듯 반짝반짝 빛나는 사람으로 여기게 해준 '블라인드 채용'에 감사한다."
>
> (신입사원 OOO)

출처: 한국조세재정연구원(2019), 공공기관 입사 수기공모 우수 사례집에서 일부 발췌.

② 주택도시보증공사 사례

주택도시보증공사가 블라인드 채용을 위해 가장 먼저 한 것은 편견을 가져올 수 있는 항목들을 가리는 것이었다. 특히 면접을 진행하는 심사위원에게 제공되는 자료에서 지원자의 정보를 모두 지웠으며, 각 전형 단계를 독립적으로 진행했다. 필기전형에서 성적이 가장 우수했다고 하더라도, 면접전형 등의 다음 전형에 영향을 미치지 않도록 한 것이다.

〈표 4〉 블라인드 채용 도입 기본 원칙

개인정보 삭제	제로베이스
• 면접위원용 입사 지원서에서 사진, 생년월일, 성별 등 삭제 • 정보 제공 시 우대 사항(국가유공자, 지역인재 표기 등) 삭제	• 전형 단계별 독립성 확보
▼	▼
지원자에 대한 편견 유발 요소 제거	필기시험 1등이라도 최종 불합격, 꼴등이라도 우수하게 합격 가능

또한, 서류전형에서 진행된 계량평가를 폐지하고 응시원서를 성실히 작성한 응시자에게는 모두 필기시험에 응시할 수 있도록 변경했으며, 필기전형에서 응시자의 직무 역량을 잘 평가하기 위해 신입생과 경력직을 구분해서 실시했다. 또한, 블라인드 채용에서 중요성이 높아진 면접전형을 해당 직무에 맞게 맞춤형으로 구성하고 면접을 보는 방식도 다양화했다. 이러한 노력 등을 통해 인적 구성의 다양성(여성 비율 26.3%→41.4%)이 높아지고, 신입사원의 퇴사율(5.3%→1%)이 급감하는 성과를 볼 수 있었다.

III. 협력 행위자 및 협력 유형

1. 블라인드 채용제도 도입에 따른 이슈

블라인드 채용은 직무와 관계없는 사항으로 인한 차별을 없애고자 출발한 제도이지만, 채용의 근본적인 목적은 조직과 해당 직무에 적합한 인재를 발굴하는 데 있다. 앞서 살펴보았듯이 기관에서는 블라인드 채용으로 인한 성과를 제시하고 있기는 하지만, 충분한 자료가 누적되지 않았기 때문에 국가 차원에서 어떤 효과가 나타났으며, 정말 긍정적인 결과로 이어졌는가에 대해서는 판단하기 어려운 문제이다.

블라인드 채용제도의 전면적인 도입으로 인해 준비되지 못한 공공기관의 입장에서는 다양한 부작용이 발생하고 있다. 특히 기관의 자율성에 맡겨야 할 채용을 국가에서 강제하는 부분에 대한 비판이 많이 제기되고 있다. 실무 현장에서 겪고 있는 문제점들을 살펴보면 다음과 같다.

첫째, 평가 기준의 문제이다. 기존까지 평가의 기준으로 삼았던 학력이나 학점 등이 없어지게 됨에 따라 지원자의 역량을 판단할 수 있는 새로운 판단 기준을 어떻게 설정할 것인가에 대한 논의가 필요한 실정이다. 한국산업인력공단에서 제공하고 있는 NCS 기반의 직무기술서를 활용해 해당 직무에 대한 적합 여부를 판단하고 있지만, 해당 기관의 특성은 고려되지 못하고 있다는 문제점을 안고 있다. 대규모 채용을 하는 기관의 경우에는 자체적으로 직무기술서를 개발해 사용하고 있지만, 대부분의 공공기관에서는 직무기술서를 자체적으로 개발할 여력이 되지 않기 때문에 외부 위탁 업체에 의존해 채용을 진행하는 경우가 많아졌다. 채용 과정을 외부 위탁업체에 의존하다 보니 큰 비용이 발생해 기관 입장에서는 큰 부담이며, 외부 위탁 업체의 신뢰성 문제도 제기되고 있다. 외부 업체에 위탁하는 경우에도 기관 담당자는 위탁 업체 선정에서부터 모든 채용 과정을 점검해야 하므로 업무 부담이 큰 편이다.

> "블라인드 채용 시 비용 문제로 중소 위탁 업체를 선정했는데, 중소기업이다 보니 채용과 관련 운영 역량이 낮아 문제가 발생했었습니다. 발생된 문제로 인해 기관장이 자필로 사과를 한 적도 있습니다. 인크루트, 커리어, 사람인과 같은 대형 위탁 업체를 이용하고 싶지만, 비용문제로 쉽지 않습니다. 차라리 인사혁신처에서 공무원 채용을 전담하듯이 채용을 전담하는 공공기관을 설립해서 운영하면 어떨까 싶습니다."
>
> (○○기관 인사담당자)

> "채용을 전문적으로 할 수 있는 대형 업체는 몇 군데 없습니다. 최근 공공기관에서 위탁 업체를 많이 찾다보니, 역량 있는 업체를 찾기가 너무 어렵습니다. 그렇다고 중소업체에 맡길 수 없기 때문에 오히려 위탁 업체에 부탁해야 하는 입장에 있습니다. 그래서 위탁 업체 선정 자체도 공공기관이 끌려갈 수밖에 없는 상황입니다."
>
> (○○기관 인사담당자)

둘째, 블라인드 채용 대상자와 관련된 것이다. 블라인드 채용제도의 전면적인 실시로 정규직 채용뿐만 아니라 일용직이나 대체근로자도 블라인드 방식으로 채용함에 따라 기관 담당자에게 큰 업무 부담으로 작용하고 있다. 블라인드 채용제도 도입으로 서류전형에서 응시자의 정보가 제한됨에 따라 기존에는 서류전형으로만 모집해 오던 방식에서 필기나 면접전형 등의 추가적인 절차가 증가함에 따라 채용 담당자의 업무가 증가한 것이다. 이는 블라인드 채용 자체의 문제이기보다는 채용 비리에 따른 공정성 확보와 관련이 더 높다. 매년 발생되는 채용비리 문제로 인해 채용의 공정성과 투명성을 확보하기 위해 모든 응시자에게 동일한 기준을 적용하다 보니 발생되는 부작용으로 볼 수 있다.

> "저희 기관은 특정 시기에 2개월 간 업무 수행을 위해 약 300명의 일용직이 필요한 상황입니다. 업무를 수행하기 위한 일용직(약 300명) 모집에 매년 많은 어려움을 겪고 있는 상황에서 블라인드 채용으로 진행한다면 일용직 고용에 큰 문제가 발생할 것으로 판단되며, 계절적인 요인에 의해 특정 기간에만 인력이 필요한 상황이어서 직원 채용을 통한 해결도 어려운 상황입니다. 따라서 계절적인 요인에 의해 한시적으로 늘어나는 업무를 보조하기 위해 채용하는 일용직은 블라인드 채용의 예외사항으로 분류해 주셨으면 합니다. 업무로 분류하기 어렵다면, 기간을 3개월 미만 또는 실 근무 1개월 미만 정도로 해주시는 방안도 고려해 보았으면 좋겠습니다."
>
> (○○기관 인사담당자)

채용 대상자와 관련되어 다른 문제점은 경영평가와 의무 고용 비율 등의 기관 평가와 연관되어 있다는 것이다. 매년 진행되는 공공기관 경영실적 평가에서 청년 고용 준수 여부, 고졸 채용 확대, 비수도권 인재·혁신도시 이전지역 인재 채용 비율 등을 점검하고 있다. 하지만, 블라인드 채용으로 인해 서류 단계에서는 응시자에 대한 정보를 확인할 수 없어 일정 비율을 확보하는 것이 어려운 경우가 발생하게 된다. 이러한 문제점을 해결하기 위해 일부 기관에서는 서류 전형의 합격자 중 여성 또는 지역인재 등 응시자의 비율이 낮은 경우에는 추가 합격을 진행하는 경우도 발생하고 있다.

이 밖에도 직무와 연관성이 없는 요소들이 평가에 영향을 미치지 않기 위한 추가적인 업무로 인해 업무량이 증가하기도 했으며, 응시자가 제출한 경력이나 자격증에 대한 진위 확인이 서류 단계에서는 진행할 수 없는 등 다양한 부작용이 발생하고 있다.

2. 제도 확산을 위한 노력과 한계점

정부는 블라인드 채용제도가 공공기관에서 전면적으로 실시함에 따라, 제도 도입에 따른 혼란을 최소화하고 블라인드 채용제도가 공공기관에 잘 정착될 수 있도록 많은 노력을 기울이고 있다. 공공기관 관리 업무를 담당하는 기획재정부에서부터 주무부처, 고용노동부, 한국산업인력공단, 국민권익위원회, 인사혁신처 등 많은 정부기관이 블라인드 채용제도 관련 매뉴얼과 지침을 배포했으며, 설명회 등을 통해 블라인드 채용제도 개선을 위한 노력을 기울이고 있다. 이를 구체적으로 살펴보면 다음과 같다. 블라인드 채용제도가 잘 운영될 수 있도록 실무적인 도움을 제공하는 한국산업인력공단에서는 응시자 또는 채용 담당자들이 손쉽게 블라인드 채용에 관한 교육 및 관련 정보를 확인할 수 있도록 홈페이지를 운영하고 있다. 홈페이지에서는 블라인드 채용에 대한 소개와 블라인드 채용 준비에 필요한 사항들을 확인할 수 있으며, 채용정보센터와 온라인 학습, 카페 등을 운영해 응시자와 채용 담당자에게 도움이 될 수 있는 정보들을 공유하고 있다. 또한, 면접신고센터를 운영해 채용 과정에서 나타날 수 있는 잘못된 관행을 없애고자 노력하고 있다. 이 밖에도 공공기관에서 블라인드 채용제도 취지에 맞는 면접전형이 수행될 수 있도록 면접관 교육을 진행하는 등의 다양한 노력을 기울이고 있다. 또한, 블라인드 채용제도가 잘 이루어지고 있는가를 점검하기 위한 모니터링을 상시적으로 실시하고 있다. 모니터링을 통한 점검 사례를 살펴보면, 채용 공고에서는 연령 및 성별 무관이라고 명시하면서도 직무 특성상 신체적 조건이 필요하다는 이유로 성별을 요구하는 위반 사례, 박사급 연구원 채용 시 면접전형의 심사위원 제척을 목적으로 입사지원서에 최종 학교명을 요구한 사례 등을 들 수 있다. 하지만 정기적으로 진행되는 공개채용뿐만 아니라 수시로 채용이 진행됨에 따라 1년에 수백 건의 채용이 이루어지는 공공기관도 많아 한국산업인력공단의 인력만으로는 전체 공공기관을 모니터링하는 데 한계점이 나타나고 있다.

중앙부처에서는 실제적인 운영 지원보다는 공공기관 채용 업무 담당자들이 채용 업무를 수행하는 데 도움이 될 수 있도록 제도 개선이나 매뉴얼 또는 지침 등을 마련했다. 2017년 7월에 관계 부처 합동으로 가이드라인을 발표한 이후 제도 확산을 위한 다양한 매뉴얼들이 배포되었다. 기획재정부에서 「공공기관 채용 프로세스별 표준 매뉴얼」을 마련해 배포했으며, 행정안전부에서는 지방공공기관을 대상으로 「지방공공기관 블라인드 채용 가이드북」을 마련했고, 인사혁신처는 「공정 채용 가이드북」을, 고용노동부와 한국산업인력공단에서는 「공공기관 블라인드 채용 매뉴얼」을 배포했다. 각 매뉴얼을 살펴보면, 제목은 조금씩 다르지만 모두 블라인드 채용과 관련된 매뉴얼인 것을 알 수 있다. 즉, 각 부처별로 블라인드 채용과 관련된 매뉴얼을 마련해서 배포한 것이다. 매뉴얼뿐만 아니라 각 부처에서는 유사하지만 서로 다른 지침을 내리기도 했으며, 유사한 내용의 설명회 등을 중복적으로 진행하고 있다. 또한, 상위 부처에 따라 다른 기준을 제시하기도 해 공공기관에서는 입장에서는 어려움이 가중되기도 했다. 이는 제도 도입을 위한 충분한 사전 준비 기간을 거치지 않고 제도를 도입하면서 나타난 부작용으로 볼 수 있다. 공공부문에서 공공기관은 큰 영역을 담당하고 있는 만큼 그에 따른 이해관계자가 많음에도 불구하고, 충분한 논의가 이루어지지 않았기 때문에 불필요한 혼란과 낭비가 발생한 것으로 볼 수 있다.

또한, 앞서 살펴본 이슈들은 여러 기관의 이해관계가 얽혀 있는 문제들이기 때문에 한 개 기관의 노력으로는 해결하기 어려운 실정이다. 블라인드 채용제도를 효과적으로 개선하기 위해서는 공공기관에 대한 전반적 관리를 담당하고 있는 기획재정부와 행정안전부를 중심으로 고용노동부를 비롯한 각 주무부처와 국민권익위원회, 한국산업인력공단 등이 함께 논의를 진행해야 한다. 블라인드 채용제도가 잘 정착되기 위해서는 부처 간의 논의를 바탕으로 합의를 도출하기 위한 지속적인 노력이 필요할 것이다.

V. 맺음말

조직 내 갈등을 예방하기 위한 방안의 하나로 구성원의 다양성을 확보할 수 있는 블라인드 채용제도를 살펴보았다. 블라인드 채용제도는 공공기관 채용 비리 이슈와 맞물려 공정성 강화 방안 마련으로 더욱 강조되고 있기도 하다. 이에 따라 공공기관을 관리하고 있는 부처뿐만 아니라 채용을 실시하고 있는 공공기관에서도 많은 관심을 가지고 블라인드 채용제도를 준수하기 위한 많은 노력을 기울이고 있다. 블라인드 채용제도는 능력을 중심으로 채용함으로써 직무와는 관계 없는 사항으로 불필요한 차별을 방지한다는 측면에서 의의를 찾아볼 수 있다. 또한, 블라인드 채용제도의 도입 및 확산으로 인한 긍정적 효과는 조직구성원의 다양성 증가, 채용의 공정성 확보, 불필요한 사회적 비용 감소, 신규 입사자의 이직률 감소 등을 들 수 있다.

앞서 논의했듯이 구성원의 다양성을 높임으로써 조직 내에 존재하는 구성원 간 또는 집단 간의 갈등을 해소하기 위한 시작점을 마련할 수 있다. 이러한 의미에서 블라인드 채용제도를 좀 더 확산시킬 필요가 있다. 공공기관에 전면적으로 시행된 이후, 롯데나 GS리테일, 우리은행 등 많은 기업에서도 학벌이나 스펙 중심의 서류 전형에서 벗어나 지원자의 역량을 중심으로 살펴보는 블라인드 채용제도를 도입한 사례들이 증가하고 있다. 이는 개선되어야 할 부분이 많이 남아 있지만 블라인드 채용제도 운영으로 인한 효과에 대해 긍정적인 것으로 볼 수 있다.

과거에는 조직 내에서 발생하는 갈등을 조직 목표 달성을 방해하는 부정적 요소로 바라본 반면, 최근에 와서는 갈등을 다르게 바라보기 시작했다. 적정 수준의 갈등은 조직구성원 간의 건설적인 긴장감을 유지하도록 함으로써 창의성이나 생산성을 높여주기도 한다. 따라서 다양한 구성원들을 효과적으로 관리할 수 있는 다양성 관리가 중요한 이유이기도 하다. 조직 내 갈등은 표면적으로 드러나기도 하지만, 대부분은 쉽게 관찰되지 않기 때문에 갈등을 사전에 예방하는 것은 어려운 일이다. 그렇기 때문에 차별 없는 공정한 채용뿐만 아니라 다양한 구성원 간의 협력을 통한 시너지 효과를 발생시킬 수 있도록 하는 것이 무엇보다도 중요하다. 따라서 조직구성원 간의 다양성을 효과적으로 관리함으로써 갈등을 적정 수준으로 유지하기 위한 노력이 지속적으로 이루어져야 할 것이다.

구성원 간의 상호작용과 의사소통을 촉진하기 위해서는 구성원들이 의견을 자유롭게 교환할 수 있는 공식적 또는 비공식적 의사소통 채널을 다양하게 마련하는 방안을 고려해 볼 수 있다. 또한, 책임과 권한을 명확히 함으로써 구성원 간의 업무 분담에 관한 상호관계를 분명히 할 필요가 있다. 이를 통해 구성원이 본인의 직무에 몰입할 수 있으며, 업무 분장으로 인한 갈등을 사전에 예방할 수 있다. 이 밖에도 서로 간의 차이를 받아들일 수 있는 개방적 태도를 가지기 위한 노력이 필요하다. 이를 위해서는 서로의 다름을 인정하고, 조직구성원 개개인을 존중하며 소통할 수 있는 수평적 조직문화가 조성되어야 할 것이다. 이러한 활동들이 조직 역량을 높일 수도 있지만, 내부적 갈등을 심화시킬 수 있기 때문에 무엇보다도 구성원들의 자발적 참여를 이끌어내는 것이 중요하다.

| 생각해 볼 문제들 |

1. 조직 내 구성원 간, 혹은 집단 간에 차이점이 있는 것은 자연스러운 현상이다. 하지만 차이가 차별이라는 부정적 시각으로 변질되어 갈등과 이기주의를 발생시킬 수 있기 때문에, 적절한 관리 방안이 필요하다. 다양성에 대한 관심이 시작되었던 초기에는 다양성을 인구통계학적 특성에 중점을 두고 제도적 장치를 마련했다. 대표관료제의 이념을 기반으로 하는 고용 기회 균등정책(equal employment opportunity)과 소수집단 우대정책(affirmative action) 등을 예로 들 수 있다. 하지만 최근에 와서는 조직 내 다양한 가치와 이념 등 내적 가치의 다양성을 좀 더 중요하게 인식하게 됨으로써 인적 자원의 내적 다양성에도 관심을 가지게 되었다. 조직구성원의 다양성을 확보하고, 구성원 간의 갈등 요소를 효과적으로 관리하기 위해 공공기관에 도입해 볼 수 있는 혁신적 다양성 관리 프로그램을 제안해 보고, 이러한 프로그램이 조직구성원이나 조직에 미칠 긍정적 효과에 대해서 토론해 보자.

2. 대한민국 헌법과 여러 법률에서 채용에 관한 차별을 금지하고 있으며, 다양한 법률에서 취업 기회의 균등한 보장을 규정하고 있음에도 불구하고 공공연하게 차별이 있어 왔다. 하지만 사회적으로 차별 금지에 대한 요구가 커져감에 따라 채용제도를 적극적으로 정비해 나가고 있으며, 이러한 취지로 블라인드 채용이 실시되고 있다. 블라인드 채용은 누구나 공정한 과정으로 동등하게 경쟁할 수 있도록 차별적 요소를 배제하기 위한 제도이다. 주요 차별 항목으로 출신지역, 가족관계, 학교명, 성별, 생년월일, 연령, 사진 등을 선정해 직무 능력과 관련이 없는 경우에는 관련 정보를 요청할 수 없도록 하고 있다. 즉, 직무 수행과 관련되지 않은 항목들은 제외하고 평가를 진행하자는 것이다. 하지만 '직무 수행과 관련되지 않은 항목'의 의미에 대해서는 충분한 논의가 부족한 실정이다. 그렇다면, 앞서 언급한 항목들이 채용 시에 공정성을 확보하기 위해 금지해야 할 항목으로서 적합한가와 공정한 채용이 이루어지기 위해 필요한 사항이 무엇인지에 대해 토론해 보자.

3. 학력과 출신지역 등에 의한 조직 내 갈등을 해소하기 위한 방안으로 조직 내 다양성을 높이는 것을 생각해 볼 수 있지만, 조직 내에 서로 다른 배경과 사고방식을 가진 구성원이 증가한다는 것은 구성원 간의 의견 충돌이나 마찰도 증가할 수 있는 위험을 가지고 있다. 따라서 다양한 특성을 지닌 구성원 간에 발생할 수 있는 갈등을 효과적으로 관리하기 위

한 제도적 장치가 필요하다. 성공적인 다양성 관리를 위해서 특히 필요한 인적자원관리 요소(교육·훈련, 평가, 보상 등)가 무엇인가에 대해서 토론해 보자.

〈 참고 문헌 〉

고용노동부(2015). 채용상 차별에 관한 해외사례 및 실태조사 연구. 연구보고서.
_____(2019). 2018 공공부문 블라인드 채용 우수사례집.
유민봉·박성민(2013), 「한국인사행정론」, 박영사.
이근주·이수영(2012). 다양성의 유형화를 위한 시론적 연구. 「한국인사행정학회보」, 11(1): 175-197.
이종찬·이종구(2018). 한국 채용제도의 변화과정과 시기별 특징 비교분석 연구. 「경영사학」, 33, 129-155.
정용교·이화경(2012). 지방대학생의 입장에서 바라본 학벌주의 실태와 대안. 「중등교육연구」, 60(3): 699-724.
한국산업인력공단(2018). 편견없는 채용·블라인드 채용 실태조사 및 성과분석 최종보고서. 한양대학교 산학협력단.
한국조세재정연구원(2019). 공공기관 입사 수기공모 우수사례집.

Gardenswartz, L., Cherbosque, J., & Rowe, A. (2010). Emotional intelligence and diversity: A model for differences in the workplace. *Journal of Psychological Issues in Organizational Culture*, 1(1): 74-84.
Pitts, D. W. (2006). Modeling the impact of diversity management. *Review of Public Personnel Administration*, 26(3): 245-268.
Selden, S. C. & Selden, F. (2001). Rethinking diversity in public organizations for the 21st century: Moving toward a multicultural model. *Administration & Society*, 33(3): 303-329.
http://www.hrdkorea.or.kr/

Deliberative Democracy, Collaborative Governance, Conflict Management,
Social Problems, Inclusive Policies Case Studies

함께 풀어가는 사회문제
- 갈등과 협력 사례 -

PART 03

협치편

협력적 거버넌스와 정부간 협력 사례

01

함께 풀어가는 사회문제
- 갈등과 협력 사례 -

지방정부 차원의 공동체 및 사회적 경제 협력체계 구축: 민선 6기 경기도 따복공동체 지원체계 구축 사례

최준규
경기연구원

I. 들어가는 말

따복공동체는 민선 6기(2014~2018년) 경기도 차원에서 공동체 및 사회적 경제 부문의 융복합 및 통합적 지원체계 구축을 목표로 추진되었던 정책이다. 따복공동체 정책은 민선 6기에서 민선 7기 초반에 이르기까지 경기도를 대표하는 공동체 및 사회적 경제 통합 브랜드로 추진되었다. 하지만 공동체 및 사회적 경제 분야의 물리적 통합으로 인한 시너지보다 이질적 두 분야의 통합적 운영이 가져오는 비효율에 대한 비판이 더 커지면서 민선 7기 출범과 함께 다시 각각의 영역을 분리해서 지원체계를 구축하는 방향으로 전환하게 된다. 경기도 따복공동체 운영의 경험은 민관

협력을 핵심 속성으로 제시하는 공동체와 사회적 경제 분야에서의 통합적 지원체계 구축 사례를 통해 협력체계 구축의 정책적 요소를 살펴보고 그 시사점을 논의하는 데 유의미한 사례를 제공해 줄 것이다. 특히 이 글에서는 공공영역에서 공동체 및 사회적 경제 지원체계 구축에 관련한 사례에 집중해서, 공공영역에서 주요 행위자들 간의 협력 기제를 살펴보는 데 그 초점을 두고자 한다.

II. 사례 개요

최초 경기도 따복공동체의 아이디어는 민선6기 출범과 함께 남경필 경기도지사의 정책탐방 과정에서 따복마을의 형태로 제안되었다. 따복마을은 아파트 공동체 내에서 꽃밭 가꾸기 등의 마을활동을 바탕으로 응집력 있는 공동체 활동을 수행해 왔던 경기도 수원시의 꽃뫼마을 사례를 살펴보는 과정에서 공동체 정책의 하나로 제안되었다. 특히 아파트 필로티 공간의 유휴공간을 활용할 수 있도록 제도적 개선 방안을 모색하면서, 주민들이 좀 더 아파트 내의 공유 공간에서 공동체적 삶을 영위할 수 있도록 지원하는 정책 지원체계를 함께 제안하고자 했다. 경기도 차원의 공동체 정책의 추진을 위한 지원체계를 고민하는 과정에서 경기도는 여러 전문가의 자문 및 다른 지방자치단체의 사례 등을 바탕으로 공동체에 국한되는 것이 아니라 사회적 경제를 아우르는 정책 지원체계로 초기 정책 제안을 확대하고, 경기도 차원의 브랜드로 '따복공동체, 따뜻하고 복된 공동체'를 제안하기에 이른다.

이후 구체적인 정책의 추진 과정을 살펴보면, 확대 제안된 따복공동체 정책은 2014년 경기도 차원의 개괄적 정책 방향을 담은 따복공동체 기본계획 수립으로 이어지게 된다. 경기도는 정책 방향의 천명을 통해서 민선 6기 경기도 공동체 및 사회적 경제에 대한 통합 지원체계 구축 방향을 제시한다. 경기도는 정책 방향 수립 이후 좀 더 구체적인 정책사업 발굴 및 지원체계 구축에 앞서 민간의 의견 수렴을 위해 민간·시민사회와 지방정부(경기도), 전문가 집단이 참여하는 따복공동체 추진을 위한 민관협의체(따복공동체 TF)를 구성하고, 16차례의 협의 과정을 통해 경기도 따복공동체 정책의 추진 방향을 논의했다. 이후 2014년 12월에서 2015년 3월에 이르기까지는 지역 단위 현장 의견 수렴을 위해 총 29회의 시군대화마당을 진행했다. 민간과의 협업, 현장과의 소통이 가장 중요한 분야인만큼 시군대화마당을 통해 의견 수렴을 진행함과 동시에, 행정적으로는 2015년 3월 「경기도 마을만들기 지원 조례」를 전부 개정해서 「경기도 따뜻하고 복된 공동체 만들기 지원에 관한 조례」를 제정했다. 또한 행정조직 차원에서는 공동체와 사회적 경제 관련 담당부서를 통합해 따복공동체지원단을 발족해 정책 추진의 물리적 근거를 확보했다.

경기도 단위의 정책 방향 수립 및 행정체계 마련과 더불어 따복공동체 지원체계의 논의는 중간지원조직으로 이어진다. 중앙정부를 포함해 대부분의 지역에서 공동체·사회적 경제정책을 추진하는 과정에서 중간지원조직은 정책 추진의 핵심 주체로 등장해 왔다. 중간지원조직은 공공부문이 직접 수행하기 어려운 영역에서 민간 역량을 접목하고, 추진 과정에서 공공과 민간의 가교 역할을 수행한다는 측면에서 민관협치 차원의 협력체계 구축에서 매우 중요한 역할을 담당한다. 경기도 역시 따복공동체 정책 추진을 위한 중간지원조직이자, 공동체 및 사회적 경제에 대한 통합지원기구로서 경기도 따복공동체지원센터를 개소했다. 앞서 제시한 바와 같이 정책 추진을 위한 조직 개편 및 조례작업 등을 마무리한 이후 경기도는 2015년 6월 6실 12팀 49명(북부 3실 6팀 28명, 남부 3실 6팀 21명)의 규모로 따복공동체지원센터를 설치하고 운영을 시작했다. 따복공동체지원센터는 민간위탁의 형태로 운영되었으며, 2019년 12월 사업을 종료하기까지 한 차례 운영법인이 교체되기도 했다. 민선 6기 초반 따복공동체지원센터는 공동체와 사회적 경제에 대한 통합적 지원체계 구축과 두 부문 간의 융복합을 목표로 운영되었다. 1기 따복공동체지원센터(2015년 6월~2018년 3월)는 공동체와 사회적 경제의 통합적 운영이라는 정책 목표를 중심으로 운영되었고, 이는 일정한 정책적 성과를 산출했으나 운영 과정의 문제점과 한계도 드러냈다. 특히 공동체와 사회적 경제 영역의 융복합 의제를 실제 현장에서 구현하는 과정에서 양 집단의 이질성이 두드러지면서 운영상의 비효율을 가져오는 부분은 따복공동체 정책에 대한 비판으로 이어지기도 했다. 이에 2018년 4월 출범한 2기 따복공동체지원센터(2018년 4월~2019년 12월)는 공동체와 사회적 경제 각 영역에 대한 지원체계를 운영상 분리하는 방식으로 그 운영 방식을 전환했다. 1기 따복공동체지원센터가 양 부문의 화학적 결합을 지향했다면, 2기 따복공동체지원센터는 하나의 조직 아래서 공동체와 사회적 경제에 대한 지원정책을 수행하되, 각 부문에 대한 지원체계를 운영상 분리하는 방식으로 운영되었다.

민선 7기 경기도는 2018년 출범과 함께 따복공동체와 같은 일부 정책 브랜드 사업의 경우 주민들이 그 해당 내용을 명확하게 알기 어렵고, 중앙정부나 타 지방정부와의 정책과도 구조상 일치하지 않아 협력이 어렵다는 등의 이유를 제시하면서 정책에 대한 조정 작업에 들어갔다. 그 결과 기존의 따복공동체는 공동체와 사회적 경제로 행정조직을 분리했으며, 중간지원조직을 포함한 지원체계 역시 분리 운영하는 방향을 제시했다. 이에 따라 경기도 따복공동체지원센터는 2019년 12월까지 운영을 종료하고, 2020년부터 공동체와 사회적 경제 부문 각각의 중간지원조직 형태로 분리·운영할 예정에 있다.

지방정부 차원에서 공동체와 사회적 경제에 대한 통합 지원체계 구축이라는 경기도 따복공동체 정책은 결국 지속되지 못하고 약 5년간의 정책실험으로 막을 내렸다. 특정 정책을 논할 때 단편적으로 성공과 실패를 구분하기는 어렵다. 따복공동체 정책도 약 5년간의 운영 과정을 통해 공동체 및 사회적 경제 영역에 적잖은 정책적 산출을 만들어내기도 했다. 하지만 정책이 지역에 굳건히 뿌리내리지 못했다는 측면에서는 일정 부분 실패로 언급할 수도 있을 것이다. 정책실패의 배경에는 다양한 측면의 원인이 제시될 수 있겠으나, 여기에서는 따복공동체 추진 과정에서의 다양한 정책 요소들을 살펴보면서 협력체계 구축과 운영상의 문제점을 짚어보고 시사점을 도출하고자 한다.

III. 공동체 및 사회적 경제 통합 지원체계 구축의 추진 배경

따복공동체 지원체계 구축 과정에서의 성과와 한계를 살펴보기 위해서는 최초 정책 추진의 배경을 살펴볼 필요가 있다. 경기도가 2000년대 이후 각각의 영역에서 급격하게 성장해 왔던 공동체와 사회적 경제정책 부문을 왜 통합적으로 운영하고자 정책 방향을 설정했는가에 대한 이해는 이후의 추진 과정을 이해하는 데 중요한 시사점을 제공할 수 있다. 이 글에서는 등장 배경, 개념적 속성 그리고 정책적 유사성 차원에서 따복공동체 정책이 추진된 배경, 즉 공동체와 사회적 경제 부문의 협력모델 추진의 근거를 살펴보고자 한다.

1. 등장 배경

한국 사회는 오랜 기간 동안 성장 중심의 경제정책을 추진해 왔으며, 그 과정에서 성장과 효율성을 중심으로 대기업 중심의 성장정책을 고수해 왔다. 정부정책을 포함한 공공부문 역시 강력하고 효율적인 정책 추진을 위해, 민주적 의사결정구조보다는 강한 리더십과 계획 중심의 정책구조를 선호해 온 측면이 강하다. 전통적 성장전략은 사회의 경제적 규모를 확장시키는 데는 일정 부분 성과를 달성했으나, 사회적으로 증가하는 민주화에 대한 욕구와 사회 서비스에 대한 수요, 다양해진 시민 욕구의 충족에는 한계에 직면하게 된다. 이와 같은 한국 사회의 변화는 기존의 성장전략을 보완할 수 있는 경제·사회정책의 도입을 요구하게 만들었다. 이러한 맥락에서 한국 사회에서는 1990년대 중후반을 기점으로 경제적으로는 사회적 경제에 대한 논의와 사회적으로 공동체 회복에 대한 논의가 진행되어 왔다.

사회적 경제에 대한 논의의 출발은 일반적으로 20세기 초반 유럽에서 찾아볼 수 있다. 20세기 초반 유럽 사회는 시장경제가 초래한 사회적 문제의 해결을 위해 스스로 조직화한 협동조합이나 상호공제조합이 생겨나기 시작한 시점이다. 이러한 흐름은 유럽 전역으로 확산되어 발전했으며, 이후 유럽의 경제위기와 더불어 다시금 정책적으로 중요한 역할을 부여받기 시작한다. 실제로 1970년대와 1980년대 경기 침체와 신자유주의의 등장, 그리고 복지국가의 위기에 근거하는 정부 역할의 축소에 대응해 유럽 사회는 대안적 기제로서 사회적 경제에 주목한다. 한국 사회 역시 자조적 경제체계에 대한 논의가 소규모로 이어지던 가운데, 1990년대 후반 외환위기를 경험한 이후 저성장의 구조화, 높은 실업률 등이 사회적 문제로 대두되면서 사회적 경제에 대한 정책적 주목이 강화된 측면을 가진다.

사회적 경제가 급변해 온 현대 사회 정책환경에 대한 경제적 대응이라면, 또 다른 한 축에서는 공동체 운동의 흐름이 존재한다. 한국 사회에서 공동체 복원의 논의는 주민 참여를 기반으로 지속 가능한 마을공동체를 형성하는 것을 목적으로 마을만들기 형태로 진행되어 왔다. 마을만들기는 국가 주도의 개발정책으로 인한 생활환경의 악화, 도시화에 따른 공동체 의식 약화 등에 대응해서 주민 주도의 환경 개선을 목표로 다양한 움직임을 만들어 왔다. 마을만들기 역시 한국 사회에서 오랜 역사를 가지지만 본격적으로 정책 영역에 등장한 것은 주민 참여의 행정 패러다임 변화가 빠르게 진행된 2000년대 이후로 볼 수 있다. 특히 1990년대 후반 외환위기, 신자유주의의 등장 등은 국가의 역할을 축소하는 방향으로 진행되었으며, 다양한 지역사회 문제 해결에 주민을 주체로 등장시키는 데 촉진제 역할을 수행했다.

이와 같이 공동체와 사회적 경제정책은 한국 사회의 성장과 욕구의 다변화, 외환위기 등을 겪으면서 진행된 국가의 역할 축소, 사회문제 해결이라는 공적 영역에서 시민의 역할 강화 등 유사한 정책적 배경에서 출발했다. 또한 공동체와 사회적 경제 분야는 2000년대 이후 지속적으로 성장하고 정책적 성과를 달성해 왔음에도 불구하고 2010년대 이후 두 부문 모두 지속가능성에 대한 비판에 직면해 있었다. 공동체 영역에서는 기존의 정비사업과 차별화되지 못하는 문제와 함께 정부 지원에 의존하는 재원구조가 문제로 제기되었으며, 사회적 경제는 기본적으로 비즈니스 모델임에도 불구하고 경제적으로 지속 가능한가에 대한 비판이 제기되어 왔다. 한계의 극복을 위해 다양한 논의가 제안되고 실험되었다. 그 가운데 대표적으로 사회적 경제는 지역 기반을 강화하는 전략에 초점을 두었으며, 공동체는 마을기업 등 비즈니스 모델의 접목을 통해 극복 방안을 모색하는 움직임이 존재했다. 다시 말해서 공동체와 사회적 경제 부문은 근본적으로 유사한 사회·경제적 배경에서 출발했으며, 한계의 극복 방안을 모색하는 과정에서 상대 부문과의 협력이 필요한 상황을 공통적으로 마주하고 있었다.

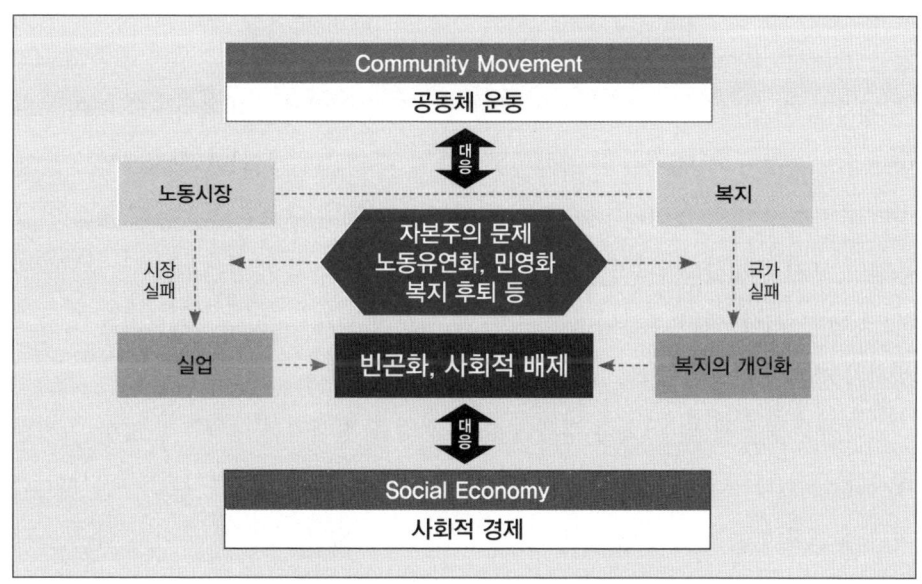

출처: 최준규 외(2016); 장인봉(2006)의 자료를 재구성.

[그림 1] 공동체 및 사회적 경제정책의 등장 배경

2. 개념 및 속성

따복공동체 정책이 추진되기 이전까지 중앙정부 및 대다수의 지방정부에서 공동체와 사회적 경제는 각각 독립된 정책 영역으로 구성되어 있었다. 시민사회의 역량을 기초로 한다는 점에서 활동 영역의 유사성이 있었지만 두 영역이 하나의 정책 영역으로 통합될 수 있다는 목소리는 높지 않았다. 물론 서울시를 포함해 공동체 및 사회적 경제 영역의 지원체계 구축 경험을 먼저 가지고 있던 지역과 몇몇 전문가를 중심으로 통합적 운영의 필요성이 제기되는 부분은 존재했다. 따복공동체 정책의 출발은 일부에서 제기되어온 공동체와 사회적 경제의 통합적 운영이라는 정책에 대한 이론적 근거를 두 정책 영역이 가지는 공통분모에서 제시하고자 했다.

일반적으로 공동체와 사회적 경제에 대한 정책 영역을 조직과 사업을 중심으로 협소하게 정의하는 경우 두 부문 간의 교집합은 제한적으로 나타날 수밖에 없다. 사회적 경제 영역 가운데 마을기업이나 일부 협동조합과 같이 지역성을 전제로 운영되는 공동체 기반의 사회적 경제 영역 정도가 공동체와 사회적 경제의 공통분모(B)로 제시될 수 있다. 이 밖의 영역은 사회적 가치를 지향하는 비즈니스의 영역(A)과 비즈니스 속성이 배제된 순수 자치활동(C)으로 구분된다. 이러한 관점에서 공동체 영역과 사회적 경제 영역에 대한 무리한 통합 지원체계 구축은 부작용을 초래할 가능성이 크게 존재한다. 이러한 협의의 분류체계에서 핵심 속성은 비즈니스를 수행하느냐 마느냐에 대한 부분이며, 공동체와 사회적 경제는 그 유사성보다는 독립적 성격이 강조될 수밖에 없다.

하지만 공동체 및 사회적 경제에 대한 관점을 정책에 참여하는 다양한 이해관계자를 중심으로 좀 더 포괄적으로 살펴보면, 이들을 둘러싼 지역사회, 시민사회 조직 등을 포함하는 생태계 중심의 접근을 제시할 수 있다. 생태계 중심의 접근은 기존의 공동체 정책과 사회적 경제, 그리고 양 부분을 아우르는 생태계 환경을 포함하는 접근이다. 이러한 관점에서 살펴보면 공동체와 사회적 경제의 공통분모는 공

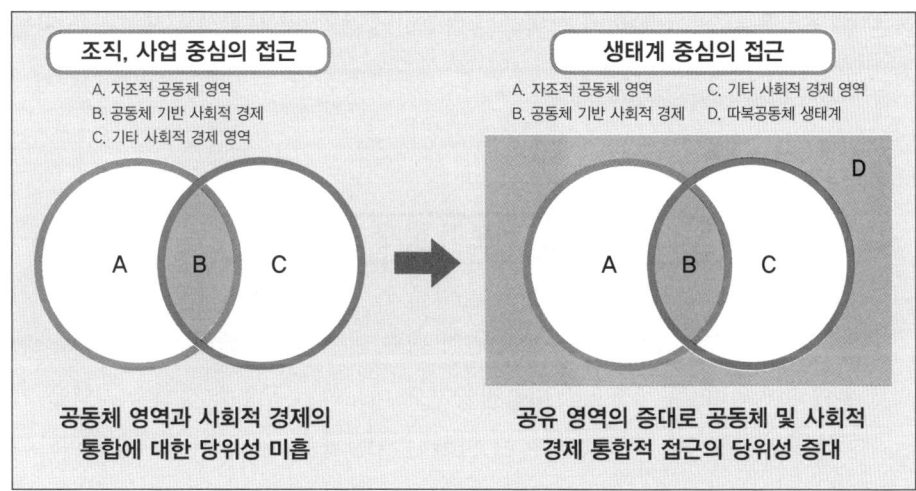

출처: 최준규 외(2016).

[그림 2] 공동체 및 사회적 경제의 공통 분모

동체 기반의 사회적 경제 영역(B)과 두 영역을 둘러싸고 있는 생태계 조직(D) 모두를 포괄하는 형태(B+D)로 크게 증가한다. 다시 말해서, 공동체 및 사회적 경제정책을 좀 더 포괄적인 생태계 중심으로 이해할 경우, 정책적으로 통합을 통해 얻는 기대효과가 증가할 수 있음을 주장해 볼 수 있다. 생태계로 제안되는 영역(D)에는 공동체와 사회적 경제를 둘러싼 시민사회를 포함해, 기업의 사회적 책임(CSR) 영역, 윤리적 시장 등 다양한 참여 주체를 포함한다.

민선 6기 따복공동체 정책은 공동체와 사회적 경제의 개념 및 속성 차원에서 이와 같은 이론적 기반을 바탕으로 정책을 추진했다. 이는 기존의 공동체 및 사회적 경제정책 추진이 지나치게 개별 조직을 중심으로 진행되어 왔으며, 몇몇 경직된 법·제도적 기반의 조직을 확장하기 위해 지원하는 방식으로 추진되어 왔던 한계를 극복하기 위한 노력이기도 했다. 실제로 정책 초기의 따복공동체 정책은 특정 공동체나 사회적 경제조직을 확대하기보다는 다양한 사회문제 해결을 위한 대안을 도출하는 데 초점을 두고 그 과정에 참여하는 다양한 공동체 및 사회적 경제조직을 지원하는 방식으로 추진하고자 했다.

3. 제도적 형태

　　공동체와 사회적 경제정책은 2000년대 이후 지속적으로 확대·강화되는 방향으로 운영되어 왔다. 구체적으로 마을만들기로 대표되는 공동체 정책은 지역을 기반으로 주민의 삶의 질 향상, 주민의식 변화, 도시문제 해결, 도시계획의 패러다임 변화 등을 목적으로 하는 일종의 광범위한 사회운동을 정책적으로 지원하는 형태로 나타났다. 사회적 경제정책은 다양한 사회문제의 해결을 위해 자발적 시민들이 비즈니스 영역에서 사회적 가치를 만들어내는 혁신적 방안을 모색할 수 있도록 촉진하는 내용을 담아 왔다. 공동체와 사회적 경제정책은 목적과 활동 영역, 문제 해결 방식에서는 일부 차이를 보이지만, 지역 혹은 부문 차원에서 사회혁신과 변화를 통해 사회문제 해결이라는 공적 가치를 지향한다는 점에서 정책적 유사성을 가진다.

　　또한 두 부문은 그 개념과 운영 원리에서 '연대와 협력'의 가치를 중요하게 제시하고 있다는 점에서도 공통점을 발견할 수 있다. 공동체는 지역사회에서 각각 분절적으로 생활하던 다양한 주민, 이해관계자가 가지는 공통의 필요(needs)를 발견하고 공동체 안에서 협력을 이끌어내는 사업으로 정의할 수 있다. 또한 사회적 경제는 지역사회를 기반으로 혹은 사회적 경제 주체 간의 네트워크를 통해 새로운 비즈니스 영역의 기회를 창출하는 속성을 가진다. 이들 두 영역은 해당 분야의 문제 해결, 이익 증진을 위해 다양한 이해관계자와의 연대, 네트워크 등을 통한 공동의 협력관계를 구축한다는 점에서 공통점을 가진다.

　　주체들의 참여가 필수적이라는 점도 제도적 형태에서의 공통점으로 제시될 수 있다. 공동체 및 사회적 경제정책 모두 참여자들이 스스로 주체가 되어 사업에 참여

〈표 1〉 공동체 및 사회적 경제정책 구조 비교

구분	사회적경제	마을만들기
사업 목표	• 사회 서비스 제공, 이윤 창출, 일자리 창출, 공동체 형성 등 • 복합적 목표 설정	• 지역활성화, 공동체 형성 • 물리적 환경 개선과 삶의 질 개선 등의 추상적 목표 설정
근거 법령	• 중앙정부 차원의 「사회적기업육성기본법」, 「협동조합기본법」 존재 • 지방자치단체 조례	• 중앙정부 차원의 근거법 부재 • 지방자치단체 조례
주요 사업	• 교육, 보건, 사회복지, 환경문화 등의 사업 • 보육 서비스, 예술·관광 및 운동 서비스, 간병 및 가사 지원 서비스, 문화재 보존 또는 활용 관련 서비스, 청소 등 시업시설 관리 서비스, 고용 서비스 등 다양	• 주거환경 개선, 마을경관 조성, 도시재개발, 마을 홍보 등 • 포괄적이지만 제한적 사업을 수행
추진 주체	• 사회적 기업가	• 마을 활동가
추진 방식	• 개별 조직들이 사업을 추진하고, 중앙정부 및 지방정부는 각종 법·행정적 지원을 하는 형태	• 공모를 통한 주민주도 방식으로, 지방자치단체 및 민간단체와 협력 추구 • 실제적으로는 지원기관을 통한 행정기관 주도 방식
사업 대상	• 지역주민 및 전국 혹은 국제적	• 지역주민 중심
활동 영역	• 주로 지역 및 전국적 영역	• 지역 단위 행정구역 단위로 제한
조직 형태	• 법적 형태가 존재 • 주식회사, 법인, 협동조합 등 다양	• 일정한 조직 없음. • 사업 단위 결사체
이윤 추구	• 조직의 지속가능성을 위한 이윤 추구 필수	• 이윤 추구적 성격이 약함. • 사업을 통한 제한적 이윤 추구
활동 영역	• 주로 지역 및 전국적 영역	• 지역 단위 행정구역 단위
이해 관계자	• 중앙정부, 지방정부, 지원기관, 시민사회단체, 민간기업 등 다양 • 이해관계자의 수가 많고 이해관계의 강도가 강하며 복합적	• 지방자치단체, 지원기관, 주민조직, 지역 시민사회단체, 지역 민간기업 • 이해관계자의 수가 적고 이해관계의 강도가 약하며 단순

출처: 최준규 외(2015).

하고 사례를 만들어 간다는 점에서 공통적 특징을 가진다. 공동체 정책은 지역 안에서 주민이 지역 안의 문제 해결을 위해 자조적 모임을 형성하고 운영하는 다양한 활동을 지원한다는 점에서 직접적으로 참여의 속성을 드러내고 있다. 사회적 경제 역시 사회적 기업가 스스로가 의제를 발굴하고 사회적 혁신을 추구한다는 점에서 유사한 속성을 가진다. 또한 사회적 경제조직의 운영 원리에서 민주적 의사결정구조나 자발적 참여에 대한 강조는 단순한 기업가 차원의 참여뿐만 아니라 사회적 경제조직을 구성하는 다양한 구성원의 참여가 필수적 요소라는 점을 강조하고 있다.

물론 공동체 정책과 사회적 경제정책은 다양한 측면의 유사성에도 불구하고 명백한 차이점도 존재한다. 가장 먼저 비즈니스 방식을 차용하는가에 따라 두 영역의 운영 방식이 분명한 차별점을 가진다. 또한 공동체 정책은 지역 혹은 행정구역 단위에서 수행되는 사업에 중심을 두고 공동체 형성에 집중하는 반면, 사회적 경제정책은 지역 단위와 전국 규모의 사업을 동시에 수행하면서 사업의 경계를 확산하려는 경향을 가진다. 이 밖에도 법·제도적 차이라든가, 추진 주체 등에서도 세부적 차이를 보이는 것을 확인할 수 있다.

다만 앞서 등장 배경이나 개념 및 속성에서도 살펴본 바와 같이, 공동체와 사회적 경제정책의 제도적 형태는 많은 부분에서 유사한 측면을 보인다. 따복공동체 정책은 이와 같은 유사한 정책구조를 바탕으로 통합적 지원체계 구축의 당위성을 설명하고 있다.

4. 협력체계 구축의 기대 효과

따복공동체 정책은 정책의 등장 배경, 개념 및 속성, 제도적 형태 차원에서의 근거를 바탕으로 공동체 및 사회적 경제정책의 통합적 지원체계를 구축하기로 결정한다. 이러한 맥락에서 결정된 따복공동체 정책이 최초 입안될 당시에 정책을 통해 얻고자 했던 기대 효과는 무엇이었을까? 민선 6기 경기도는 공동체와 사회적 경제 영역을 평가하면서 유사한 영역으로 상호간의 시너지 효과를 낼 수 있는 두 영역이 분절적으로 운영됨에 따라 추가적인 정책 목표 달성에 이르지 못하고 있다고 판단했다. 이에 따라 따복공동체에서는 두 정책 영역을 인위적으로 통합하는 과정을 통해 공동체와 사회적 경제 영역의 융복합을 촉진하고, 사회문제 해결이라는 근원적 정책 목표 달성에 효과적으로 접근하고자 했다.

정책이 제안되었던 시점에서 따복공동체 정책을 통해 달성하고자 했던 기대를 간략하게 다음과 같이 요약할 수 있다. 우선 공동체 및 사회적 경제정책 지원체계가 통합되었을 때 발생 가능한 대표적 기대 효과는 두 부문 정책 목표가 유사함에 따라 공동체 회복 및 지역경제 활성화 측면에서 긍정적인 상승 효과가 발생할 수 있다는 점이다. 또한 현재 분리 운영되고 있는 공동체와 사회적 경제 분야 사업에 대한 융복합을 촉진함으로써 행정기관의 정책 목표가 일원화되어 통합적 정책 추진이 효율적으로 관리될 수 있다. 그 결과 행정 운영 과정의 축소와 관리 주체의 통합으로 신속한 사업 운영이 가능해지며, 이러한 통합 지원체계 구축은 지방정부의 행정적 · 관리적 측면에서 운영비용 및 거래비용의 감소를 가져올 수 있다는 장점을 가진다. 그뿐만 아니라 정책의 수혜자 · 이용자 측면에서는 사업 대상 지역의 확대와 균등하고 다양한 사업을 수혜받을 수 있는 기회를 제공받을 수 있게 된다. 다시 말해서, 통합 지원체계의 구축은 하나의 행정체제와 소통하는 것만으로 이전보다 다양한 자원과 통합적으로 연계 가능함을 의미한다.

또한 공동체와 사회적 경제 양 부문이 공통적으로 직면하고 있던 정책의 지속 가능성에 대한 해법으로 제시될 수 있다는 점도 중요한 기대 효과의 하나로 제시되었다. 공동체 정책은 사회적 목적을 달성하는 과정에서 정부 지원이 없는 상태에서도 목적 사업을 지속하기 위해서는 자립 가능성을 확보해야 한다. 공동체 정책에서 자립을 위한 경제적 기반은 정책 목표 측면에서 핵심은 아닐 수 있다. 하지만 공동체의 문제가 경제와 연결되지 않는다면, 공동체 정책 역시 지속적으로 그 역할을 하는 데 한계가 발생할 수밖에 없을 것이다. 그 규모에 상관없이 마을공동체 내부의 영리사업 운영 방식 등은 사회적 경제 형태로 연결되어야 한다. 그렇지 않으면 공동체 내부의 분배 등을 둘러싼 갈등 요소가 발생할 수 있기 때문이다. 사회적 경제 부문 역시 최근 10여 년 사이 양적으로 엄청난 성장을 가져왔으나 질적 측면에서는 여전히 지속가능성에 의문이 제기되고 있었다. 이는 사회적 경제조직이 가지는 사회적 목적만큼이나 기업적 운영 방식이 중요한 운영 원리로 작동해야 함에도 불구하고, 사회적 경제의 운영에서 정부 의존적 행태를 벗어나지 못하고 있다는 비판이었다. 사회적 경제의 지속가능성 확보를 위한 방법에는 여러 가지 전략이 존재할 수 있다. 그 가운데 지역사회와의 연결고리를 강화하는 것도 하나의 대안으로 제시되어 왔다. 지역의 공동체성을 기반으로 하는 지역사회 생태계의 구축과 윤리적 소비시장의 확산을 도모할 때, 사회적 경제 역시 지속 가능한 성장 기반을 구축할 수 있다는 것이다.

Ⅳ. 협력의 장애 요인들

민선 6기 정책담당자들은 공동체와 사회적 경제 부문의 협력체계 구축을 목표로 했던 따복공동체 정책이 다양한 맥락과 이론적·제도적 근거를 바탕으로 그 협력의 필요성이 높은 영역이라고 판단했었다. 실제로 정책 초기에 제기된 많은 필요성의 일부는 여전히 그 타당성을 인정받을 수 있는 측면도 존재한다. 그럼에도 불구하고 따복공동체 정책은 2019년을 기점으로 종료된다는 점은 정책의 연속성 측면에서는 실패로 규정할 수 있다. 물론 통합 지원체계로서 따복공동체가 종료되더라도 지방정부 차원의 공동체·사회적 경제정책은 각각의 영역에서 전문성을 강화하면서 그 영역을 넓혀갈 것으로 예상된다. 각각 영역이 가지는 중요성이 줄어들지 않았음에도 불구하고, 따복공동체 정책이 지속적으로 추진되지 못하게 된 협력의 장애요인들을 파악해 보는 것은 향후 공동체 및 사회적 경제정책의 설계, 이외에도 민관이 공동으로 추진해 나가야 하는 사회혁신 분야의 추진체계 구축 등에 유의미한 시사점을 제공할 것이다.

1. 외부 환경의 급속한 변화

따복공동체 정책은 공동체와 사회적 경제정책의 통합 지원체계 구축을 통해 두 부문 간의 융복합을 통한 지역사회 사회문제 해결 기제를 만들어내는 데 궁극적 정책 목표를 가진다. 이러한 따복공동체 지원체계를 구성하는 핵심 이해당사자는 매우 다양한 층위에서 구성된다. 지원체계 측면에서만 보더라도 협력구조의 핵심 이해당사자로 중간지원조직, 행정부문, 민간부문 등 다양한 이해관계자가 포함됨을 확인할 수 있다. 중간지원조직도 광역과 기초 단위의 중간지원조직으로 구분되며, 민간부문 역시 직접 사업에 참여하는 조직과 주변 생태계를 아우르는 조직 등으로 구분될 수 있다. 행정부문 역시 단순히 집행기관이 독단적으로 움직이는 것이 아니라 민관협력의 최상위 의사결정구조로 작동하는 따복공동체위원회와 경기도, 그리고 31개 시·군, 지방의회 등이 핵심 이해당사자로 제시된다.

따복공동체 정책이 원활한 협력체계를 구축하기 위해서는 이러한 이해당사자들의 역할체계가 외부의 정책환경 요소를 바탕으로 구체적으로 설정될 필요가 있다. 또한 외부 환경의 변화에 대응해 핵심 이해관계자의 역할체계가 유기적으로 변화되어야 하며, 네트워크에 참여하는 행위자들 차원에서 서로의 역할에 대한 학습이 지속적으로 이루어져야 한다. 하지만 따복공동체 정책의 경우, 급격한 외부 환경의 변화에 신속한 대응체계를 만드는 데 미흡한 측면을 보인 것으로 판단된다.

〈표 2〉 따복공동체 정책의 행위자별 역할 체계

행위자 구분		역할	비고
중간지원 조직	광역 지원센터	• 정책기획 • 기초 중간지원조직 네트워킹 및 지원 • 특화사업 개발 • 정책연구 등	초기 기초 단위 업무 병행
	기초 지원센터	• 주민과의 교류 및 정보 제공 • 시군 공모사업 진행 • 중앙 및 광역과의 자원 연계 • 지역 단위 맞춤형 컨설팅 및 교육 등	현재 기초 단위 중간지원조직 활용 방안 모색
행정부문	위원회	• 계획의 수립 및 승인 • 거시적 정책 방향 제안	
	광역행정	• 계획 및 예산의 수립 및 집행 • 평가체계 구축 및 사업평가 • 사업 과정 모니터링 • 기초 단위 지원센터 설립 지원 등	초기 기초행정의 역할을 병행 지속적으로 사업 이관 필요
	기초행정	• 기초단위 계획 및 예산의 수립 및 집행 • 기초 중간지원조직 설립 및 운영 지원 • 공모사업 주관 • 당사자 조직 및 주민과 교류 등	
	지방의회	• 계획과 예산의 승인 • 사업 집행 과정 모니터링 • 자치법규 정비 등	
민간부문	당사자조직	• 지역 및 당사자 의견 수렴 • 협력사업 제안 등	
	생태계조직	• 연구 지원 • 민간기금 조성 • 프로보노 활성화 등	

출처: 최준규 외(2015).

공동체와 사회적 경제정책의 규모 면에서 경기도는 서울과 함께 전국적으로 가장 큰 규모를 보여주고 있었다. 따복공동체가 추진되던 2014년과 2015년 시점에서 이미 지역의 인구 규모나 사회적 경제조직의 규모 등에서 우위를 차지하고 있었다. 또한 따복공동체 정책이 민선 6기 핵심 정책으로 추진됨에 따라 전체 예산 규모에서도 200억 규모를 상회하는 수준으로 성장하게 되었다. 이런 측면에서 규모 면에서 경기도와 직접적으로 비교 가능한 광역자치단체는 서울시 정도를 제시할 수 있다. 하지만 서울시의 경우 공동체 및 사회적 경제 지원체계 구축 시점이 앞서고, 지역이 가지는 행정적 동질성이 크기 때문에 기초자치구의 지원 역량에 큰 차이가 없었다. 하지만 민선 6기 경기도의 경우 광역자치단체와 기초자치단체 사이의 지원 역량의 차이가 컸고, 기초자치단체별 지원 역량의 차이도 크게 발생하고 있었다. 이러한 상황 속에서 따복공동체 정책의 추진은 공동체 및 사회적 경제정책을 둘러싼 외부 환경에 큰 변화를 가져왔는데, 경기도 차원의 협력체계는 관련 변화에 민감하게 대응하는 데 어려움을 경험할 수밖에 없었다.

예를 들어, 경기도 시·군 단위 기초지원센터 구축 현황을 살펴보면, 2015년 시점에서 공동체 영역은 4~5개소, 사회적 경제 영역은 14개소 내외 수준으로 파악된다. 하지만 정책이 종료되는 시점에서 31개 시·군 가운데 기초자치단체 차원의 공동체지원센터는 15개소, 사회적 경제지원센터는 22개소에 이를 정도로 급속한 성장을 보여왔다. 기초 단위 지원 역량이 변화함에 따라 광역 단위 중간지원조직인 경기도 따복공동체지원센터의 역할체계도 변화해야 하고, 전체 협력체계 안에서 서로의 역할 변화가 학습되어야 할 것이다. 따복공동체 정책은 경기도 공동체 및 사회적 경제를 둘러싼 외부 환경이 급속하게 변화함에도 불구하고, 초기 역할체계를 변화시키고 협력체계 안에 체화하려는 노력이 부족했던 것으로 보인다.

2. 리더십의 부재

리더십은 크게 따복공동체 정책을 이끄는 인적 역량과 경기도 차원에서 지속적인 정책 지향을 강조하는 정책 역량으로 구분할 수 있다. 먼저 인적 역량 차원에서 2015년 따복공동체지원센터가 개소하는 과정에서 센터 운영의 전반을 담당하는 센터장은 지역사회에서 오랜 활동 경험을 가지는 활동가가 추대되어 초대 센터장으로 부임하게 된다. 다만 업무로 인한 출장 과정에서 불의의 교통사고로 인해 초대 센터장이 부임 5개월이 채 안 된 시점에서 공석이 된다. 물론 2대 센터장 역시 지역 안에서 공동체 및 사회적 경제 지원 역량을 갖춘 인적 자원으로 구성되었으나, 센터 운영 차원에서는 초기 리더십의 부재를 경험할 수밖에 없었다.

다음으로 경기도 정책 차원의 리더십으로 강력한 정책 지향의 표명을 언급할 수 있다. 인적 역량에 기반한 리더십이 임의적 속성이 강하다면 명확한 정책 지향은 좀 더 안정적으로 정책을 추진할 수 있는 바탕을 형성한다. 초기 단계에서 따복공동체 정책은 민선 6기 핵심 정책으로 경기도 차원에서 강한 추진력을 바탕으로 진행되었다. 그럼에도 불구하고 현장에서는 민선 6기 이후 도지사의 교체에 따라 발생할 수 있는 정책 변동에 대한 우려를 지속적으로 표명했다. 최근까지 지방자치 현황을 살펴보면, 한국 사회의 지방자치의 특성상 광역자치단체장이 바뀌면 이전 지방정부에서 추진되던 상당한 정책들이 폐기되거나 변경되는 양상을 보여왔다. 재정구조상 이전 지방정부의 정책 요소를 지속하기 어려운 측면이 존재해 왔다. 그러한 행정문화 속에서 정책이 지속될 수 있다는 신뢰감을 정책 수용자에게 심어주지 못하는 점은 정책 추진 과정에서 리더십의 한계로 나타날 수 있다.

특히 경기도는 중앙정부 및 다른 지방정부 차원에서 공동체와 사회적 경제의 분리된 지원체계를 형성하고 있음에도 경기도만의 자체적인 통합 지원체계를 구축하고자 했다. 이러한 정책은 시너지를 일으킬 경우 큰 정책 효과로 다가오지만 그렇지 못할 경우, 중앙정부 정책으로부터 소외되거나 다른 지방정부와의 협력에서 제외될지 모른다는 불안감을 토로하는 측면이 있었다. 이에 경기도에서는 공동체 및 사회적 경제 통합 지원체계 구축에 대한 법제화 의견을 중앙정부에 전달하기도 한다. 하지만 해당 제안은 받아들여지지 못했으며, 중앙정부 차원에서 논의되어 왔던 공동체 및 사회적 경제 법제화에 대한 개별 논의도 지연되면서 협력체계에 참여하는 주요 이해당사자들의 불안감이 고조된 측면이 있을 수 있다.

3. 참여 주체의 이질적 동기 구조

따복공동체 정책은 기본적으로 공동체 및 사회적 경제 영역에 대한 통합적 지원체계를 구축하고 융복합을 통한 사회문제 해결 방안을 모색하는 데 그 목표를 둔다. 정책의 도입 및 추진 과정에서 경기도는 공동체와 사회적 경제 영역이 그 배경이나 개념, 제도 차원에 유사성이 크기 때문에 지원체계의 물리적 통합이 가지는 시너지 효과가 클 것으로 예상했다. 여전히 공동체와 사회적 경제 영역의 협력 필요성이 제기되고 있다는 점에서 두 부문이 가지는 협력 가능성·필요성은 일정 부분 인정된다고 볼 수도 있다. 하지만 세부적으로 통합된 정책 영역에서 활동하기에 공동체와 사회적 경제조직의 운영 방식, 속성 등이 큰 이질성을 보이는 것으로 드러났다. 이러한 이질성의 부각은 두 부문의 지원체계 통합이 시너지를 창출하기 형태이기보다는 운영 과정상의 갈등으로 표면화될 가능성이 높아짐을 의미한다.

실제로 1기 따복공동체지원센터(2015년 6월~2018년 3월)는 정책 초기 단계에서 공동체와 사회적 경제의 융복합을 위해 기능별로 조직을 구성하고 운영했다. 하지만 1기 따복공동체지원센터는 사업 운영상의 비효율 문제가 크게 대두되었으며, 시간이 지남에 따라 기능별 조직설계와는 무관하게 공동체와 사회적 경제 각 영역별로 분리되는 업무 형태를 보이게 된다. 이에 따라 2기 따복공동체지원센터(2018년 4월 ~2019년 12월)는 공동체지원실과 사회적경제지원실을 분리 신설함에 따라 조직설계 차원에서 통합 지원체계 구축의 명분을 상당 부분 상실하는 모습을 보였다. 또한 민선 7기 들어서는 2020년부터 공동체와 사회적 경제 영역의 중간지원조직을 각각 별도로 운영할 예정에 있다.

이러한 상황이 발생한 원인은 공동체와 사회적 경제의 운영 원리를 개념에 대한 평면적 이해에서 그치고 있기 때문으로 판단된다. 앞서 언급한 바와 같이 공동체와 사회적 경제 영역은 개념상 중복되는 지점이 분명히 존재하며, 실제로 따복공동체 정책이 중단된 현 시점에서도 양 부문의 협력 필요성이 제기되고 있다. 하지만 일상적 지원체계로서 따복공동체지원센터가 통합지원기관으로 작동하기 위해서는 참여자의 동기구조에 대한 좀 더 심층적 이해가 전제되어야 할 필요가 있었다. 공동체 부문의 참여자들은 기본적인 관심사가 특정 지역사회의 범위 안에 머무르는 경향이 있다. 비즈니스를 실현하더라도 공동체 참여자들의 관심은 자신이 소속된 공동체의 편익이 증대되는 방식을 선호하게 된다. 반면 사회적 경제조직은 지역사회에 대한 강조점을 가지고 있음에도 불구하고 기본적으로 비즈니스 속성을 강하게 내포하고 있다. 물론 안정적이고 지속 가능한 시장 기반으로 지역공동체와 윤리적 소비에 기반한 소비자집단이 대안으로 제시되고 있다. 하지만 사회적 경제조직은 기본적으로 매출과 영업이익을 통한 성장을 지향하는 조직이라는 점에서 외부로의 확장성을 지향하는 경우가 다수 발견된다. 실제 따복공동체 정책의 추진 과정에서 공동체와 사회적 경제의 융복합 추진을 위해 다수의 융합사업을 시도했지만 공동체 참여 주체와 사회적 경제 참여 주체의 협력은 크게 촉진되지 못한 측면이 있다. 이는 기존의 이론 및 제도 검토를 통해 양 영역에 대한 개념 및 속성을 단편적으로 이해하고, 그 안에서 실제 참여를 수행하고 협력을 만들어 가는 참여 주체의 동기 구조를 간과한 부분에서 발생하는 면이 있었다.

4. 행정과의 종속적 관계

따복공동체지원센터는 공동체 및 사회적 경제 중간지원조직으로서 민간의 자율적 역량을 행정에 접목하고, 민간부문과 공공부문의 연결을 촉진하기 위한 촉진자 역할을 수행하고자 설계되었다. 공동체와 사회적 경제정책이 가지는 특성에 기반해 따복공동체지원센터는 단순히 행정 단위에서 결정된 정책을 효율적으로 전달하는 역할에 그치는 것이 아니라 정책을 제안하고 적극적으로 현장과 사업을 만들어내는 역할을 담당할 필요가 있었다.

그럼에도 불구하고 경기도 따복공동체지원센터의 운영 형태를 살펴보면, 적극적 행정 주체로서의 역할보다는 주요 정책에 대한 전달체계로서의 역할에 더 치우쳐 있음을 확인할 수 있었다. 사실 이는 경기도만의 문제라기보다는 대부분의 중앙 및 지방정부 차원의 중간지원조직에서 나타나는 공통적 문제로 제시될 수 있다. 이러한 역할 불균형이 생기는 이유는 정책의 결정과 집행에 대한 권한을 행정이 독점하고 있다는 점에서 가장 큰 원인을 찾을 수 있다. 실제로 공동체 및 사회적 경제 영역에서 중간지원조직은 단순한 정책의 전달자가 아니라 정책기획자의 역할을 수행해야 하지만 제도적 차원에서 명시적으로 그러한 권한은 주어지지 않는 것이 현실이다. 또한 업무량의 불균형에서 그 원인을 찾을 수 있다. 업무의 불균형은 중간지원조직이 현장 관련 업무를 수행하면서 실제 조직의 역량보다 더 많은 집행 업무를 배당받는 경우에 발생한다. 물론 훈련되지 않은 민간영역이 공공영역으로 편입되는 과정에서 조직 운영상의 비효율도 발생할 수 있지만, 기본적으로는 행정과 중간지원조직 상호간의 역할체계가 모호하고 권한은 한 곳으로 치우쳐 있음에 따라 자연스럽게 업무량 배분에서도 불균형이 발생하는 경향이 크다고 보인다.

이 밖에도 한국 사회에서 대부분의 중간지원조직이 운영되고 있는 형태인 민간위탁 자체가 가지는 제도적 한계도 존재한다. 현행 민간위탁제도에서는 지속 가능한 운영 위탁을 담보하기 어려운 측면이 있고, 차년도 예산이나 업무 역시 규정된 근거에 따라 움직여야 하는 한계가 존재한다. 물론 행정이 기획 단계에서부터 중간지원조직의 역할을 규정하고, 상호 협력하는 형태로 주요 정책을 만들어 나가는 해법도 제시할 수 있다. 다만 제도화되지 못한 협력체계는 단체장·부서장·실무자 등의 조합에 따른 임의적 요인이 크게 작동한다는 한계를 가진다.

V. 맺음말

따복공동체는 공동체와 사회적 경제정책에 대한 통합적 지원체계를 구축하고, 양 부문의 융복합을 통해 지역사회 문제 해결을 도모하기 위한 정책이다. 경기도는 민선 6기가 출범한 2014년부터 따복공동체 정책을 추진해 2019년까지 통합 지원의 형태로 공동체 및 사회적 경제 정책에 대한 지원체계를 구축해 왔다. 하지만 민선 7기 중반에 이르면서 경기도는 기존의 통합 지원체계를 조정해 공동체와 사회적 경제 각각의 중간지원조직을 설립하고 운영하는 것으로 정책 방향을 선회했다. 약 5년간 추진된 경기도의 따복공동체 정책은 그 자체로 다면적 속성을 가지고 있어, 하나의 측면만으로 그 성공과 실패를 단언하기 어렵다. 실제로 따복공동체는 제한적이지만 공동체와 사회적 경제 영역의 제도적 칸막이를 상당 부분 제거하는 데 기여했으며, 경기도 차원의 공동체와 사회적 경제 각 부문의 성장을 견인하는 데 큰 역할을 수행했다.

다만 따복공동체 관련 지원체계가 2019년을 기점으로 종료된다는 점에, 정책의 지속적 추진이라는 기준에서는 실패로 볼 요소가 존재한다. 이 글에서는 공동체와 사회적 경제 영역이 그 배경이나 개념, 정책구조상에서 나타나는 통합 지원체계 구축의 필요성에도 불구하고 해당 정책이 적절하게 작동하지 않은 장애 요인들을 함께 살펴보고자 했다. 공동체와 사회적 경제 협력체계 구축의 장애 요인들을 살펴보는 과정은 따복공동체 종료 이후에도 지속될 공동체 및 사회적 경제 지원 방안 구축, 그리고 각각 전문화된 중간지원조직 사이의 협력체계 구축 등을 논할 때 중요한 기초자료로 활용될 수 있을 것이다.

전반적 정책 추진 과정을 살펴보면, 한국 사회에서 민관 협력체계의 구축은 여전히 제도만으로는 어려운 측면이 존재한다는 것을 확인할 수 있다. 거시적으로는 지방자치 차원의 취약한 지방정부 여건도 문제가 되며, 지방정부 역량에 대한 주민의 신뢰도, 수용성 등을 높여줄 필요도 있다. 다만 협력체계의 구축과 실효성 있는 운영을 위해서는 제도적 요건만을 갖추기보다는 협력에 참여하는 주체들 간의 상호 이해를 증진하고 신뢰감을 향상시키려는 노력이 더욱 필요하다. 이미 구조화된 협력구조 안에서 주체 간 견고한 네트워크의 형성은 그 자체로 정책의 지속가능성을 담보하는 열쇠가 될 수 있을 것이다.

| 생각해 볼 문제들 |

1. 따복공동체 사례에서 의사결정기구로서 시민사회와 전문가, 당사자 조직과 행정실무자, 의회 등이 참여하는 따복공동체위원회가 있었음에도 불구하고 외부 환경 변화에 대응한 신속한 정책결정에는 상당히 많은 어려움이 따르는 것으로 나타났다. 정책 영역에서 다양한 행위자의 협력체계를 구축할 때 외부 환경의 변화에 대응하는 형태를 만들기 위해서 중요한 지점은 무엇일까?

2. 중앙정부와 지방정부 모두 정도의 차이는 있겠으나 단체장 리더십의 변동에 따른 정책 변화에 대한 불안감을 가질 수 있다. 정책에 대한 불안감을 조금이나마 해소하고, 정책에 대한 시민의 수용성, 신뢰감을 높여줄 수 있는 방안은 무엇일까?

3. 현대의 주요 정책들은 다양한 이해관계자의 참여를 통해 좀 더 실효성 있는 정책으로 완성될 수 있다. 그럼에도 불구하고 각각의 이해관계자들은 각자 다른 동기구조를 가지고 있어 협력체계 구축을 위한 협상의 어려움이 발생할 수 있다. 다양하고 복잡한 이해관계의 조정을 위해서 협력체계 구축 과정에서 반드시 고려해야 할 점은 무엇일까?

4. 한국 사회에서는 여전히 공공부문, 특히 정부가 가지는 자원의 영역이 광범위하고 많은 권한을 보유하고 있다. 이러한 상황에서 민관협력 구조를 만들어갈 때, 행정에 종속되지 않고 대등한 관계 설정을 위해서 필요한 사항은 무엇일까?

〈참고 문헌〉

최준규 외(2015). 「경기도 따복공동체의 개념 및 추진 방향」. 경기연구원.
_____(2016). 「경기도 따복공동체 기본계획 수립 연구」. 경기도 따복공동체지원센터.
유영성 외(2016). 「민선 6기 도정 2년차 주요 정책사업 진단 및 발전 방향」. 경기연구원.
_____(2016). 「민선 6기 전반기 성과분석 및 정책 방향」. 경기연구원.
장원봉(2016). 사회적 경제의 의미와 발전과제. 「도시와 빈곤」, Vol.80.

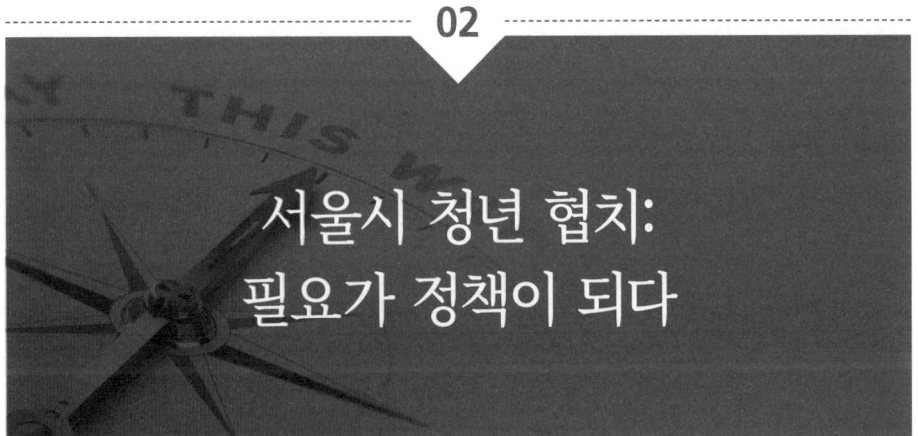

서울시 청년 협치: 필요가 정책이 되다

한성민
서울청년시민회의 운영지원단

I. 들어가는 말

서울시는 협치(協治, governance) 강화를 기조로 다양한 정책들을 시행하고 있다. 그중에서도 협치를 통해 발굴된 청년정책들은 전국 단위로까지 확산된 대표적인 성공 사례이다. 청년문제가 심각한 사회문제로 부상한 가운데 서울시는 청년기본조례를 제정하고 청년정책의 발굴과 실행을 위해 많은 노력을 기울여 왔다. 특히 최근에는 당사자성을 앞세워 청년들에게 예산편성권까지 부여하며 재정민주주의 실현을 시도하고 있다. 이를 위해 서울시는 시장 직속으로 청년청을 설립하고 청년자치정부를 출범시켰는데, 이 글에서는 청년의 필요가 정책이 되기까지의 서울시의 청년

협치 과정을 살펴보고자 한다.

　민선 7기 서울시의 시정 목표는 협치를 통한 직접민주주의의 실현이다. 민관협력에서 한 걸음 더 나아가 서울시는 「서울시 시민민주주의 기본조례」 제정을 통해 시장 직속 협치 전담기구인 서울민주주의위원회를 설치하는 등 혁신적 정책들을 이어가고 있다. 서울시가 선도적으로 펼쳐온 협치정책들은 중앙정부와 지방자치단체들의 참조가 되고 있는데 그중에서도 청년수당과 같은 청년 관련 정책들은 전국 단위로까지 확산된 성공 사례로 평가받고 있다. 2015년 전국 최초로 제정된 「서울시 청년기본조례」는 현재 17개 시·도에서 자치입법을 통해 청년문제 해결을 위한 지원 근거로 활용되고 있으며, 서울시 청년수당 사업은 고용노동부가 '구직활동지원금' 형태로 시행 중이다. 또한 서울시의 중간지원조직인 청년허브, 청년활동지원센터는 중앙정부 청년센터의 근간이기도 하다(파이낸셜뉴스, 2019.6.24).

　서울시 청년정책들이 성공적으로 평가받고 있는 데에는 다음과 같은 배경이 있다. 현 시대를 살아가는 청년들의 삶의 질은 매우 심각한 수준이다. 월 88만 원으로 한 달을 살아간다는 의미의 '88만원 세대'에 이어 'N포세대'로 불리며 취업, 출산뿐 아니라 주택 구입 등 많은 것을 포기하고 있다. 이러한 현실 속에서 서울시는 중앙정부보다도 먼저 청년문제 해결을 위해 많은 노력을 해왔는데 서울시의 청년정책들이 나오기까지의 과정에 주목할 필요가 있다. 서울시 청년정책은 철저하게 '협치'스럽다.[1] 정책의 대상자인 청년들이 스스로 느낀 필요를 바탕으로 아이디어를 제안했으며, 이를 서울시가 정책화했기 때문이다. 서울시의 청년정책들은 당사자성(當事者性)을 원칙으로 한다. 당사자성이란 청년의 문제는 당사자인 청년들이 가장 잘 알고 있다는 것으로 청년들의 삶의 질이 크게 떨어지면서 문제 해결을 위해 스스로 나서기 시작했고, 서울시가 이를 위한 소통의 장을 마련하면서 협치가 시작되었다. 서울

---

1) 협치스러운 것은 과연 무엇일까? 정해진 것은 없다. 거버넌스 주체들이 각자 생각하는 협치에 대한 정도와 이해가 모두 다르다. 협치에 대한 정의는 다음 절에서 자세히 다루고자 한다.

시는 서울청년정책네트워크를 조직하고 공론장을 개최하는 등 청년 당사자들의 목소리를 직접 듣고자 많은 노력을 기울여 왔다. 이는 기존의 관 주도의 정책결정과는 명확히 구분되는 형태이다. 서울시와 청년들은 협치를 약속하고 청년거버넌스 협의체인 서울청년네트워크를 조직했는데, 서울시의 대표적인 청년정책인 '청년수당'은 2015년에 서울시 청년거버넌스 기구인 서울청년정책네트워크(이하 서울청정넷)를 통해 제안되어 정책화된 것이며, 저축 금액을 두 배로 불려준다는 '희망 두 배 청년통장' 역시 같은 해 서울청정넷을 통해 발굴된 정책이다.

서울시와 청년들은 여기에 그치지 않고 청년 거버넌스를 더욱 강화해서 직접민주주의의 실현이 가능하도록 2019년 3월 전 세계에서도 그 사례를 찾기 힘든 청년자치정부를 출범시켰다. 청년자치정부란 기존 서울시의 청년정책협의체인 청년정책네트워크와 청년의회의 기능을 확대해서 청년들에게 예산편성권까지 부여한 것으로, 이를 관리할 기관인 청년청을 시장 직속으로 신설한 바 있다. 청년청은 서울시 청년정책을 총괄하는 역할을 하며, 특히 청년청의 서울청년시민회의 운영지원단은 시민위원들과 직접 소통하면서 서울청년시민회의를 함께 준비하며 민관을 연결하는 가교 역할을 수행한다. 특이할 만한 것은 청년청의 청장을 비롯한 구성원의 대다수가 청년이며 조직문화가 자유스럽다는 것인데, 이는 기존 행정조직과 비교하기 어려울 정도로 파격적인 것이다.

이 글에서는 이처럼 서울시의 여러 협치 사례 중에서도 선도적이며 혁신적으로 손꼽히는 청년자치정부를 소개하려고 한다. 청년자치정부가 출범한 지 채 반년도 지나지 않았고 아직 프로세스가 진행 중이기 때문에 청년자치정부에 대한 직접적인 평가가 어려우며 관련 연구 또한 아직 이루어지지 않았다. 따라서 여기서는 개별 사업에 대한 평가보다는 서울시 청년 협치가 걸어온 길과 현재 진행 중인 청년자율예산제도를 조망하고 그 의의를 살피고자 한다.

Ⅱ. 협치란 무엇인가?

협치(協治)의 뜻은 "힘을 합해서 다스림", "힘을 합해 사회문제를 해결함"이다. 다스릴 협(協)자의 모양을 살펴보면 열십(十)자와 힘력(力) 자 세 개로 구성되어 있는데, 이는 민과 관, 그리고 그 사이의 매개자가 함께 힘을 모으면 열 배의 효과를 거둘 수 있다는 의미로 해석할 수 있다. 그러나 한편으로는 세 개나 되는 힘력(力) 자 때문에 힘들고 어렵다는 상반된 해석도 가능하다(성북구, 2018: 84). 협치라는 개념은 오래전부터 사회적 경제나 마을공동체 활동가들 사이에서 많은 관심을 받고 사용되어 왔다. 그러나 비교적 협치라는 개념을 일찍 접한 이들 사이에서도 협치에 대한 생각은 모두 다르기 때문에 '협치가 무엇이다'라고 정확히 규정하는 것은 쉽지 않다.

학문적으로 거버넌스(governance)를 해석한 것이 협치라고 할 수 있는데, 넓게는 특정한 형태의 문제 해결 방식이라기보다는 포괄적으로 국가, 사회체제, 조직과 관련한 것이라고 할 수 있다. 학자에 따라 "다원적 주체들 간의 통치 방식 혹은 자기조절적 메커니즘", "대의제 민주주의 발전에 기여하는 통치 방식", "독립적이며 자율적인 이해관계자들 사이에서의 조정과 관리"로 정의된다. 좁게는 "공공영역과 민간영역 행위자 사이의 네트워크 방식의 수평적인 협력 구조"로서 정부와 구분하는 개념으로 보고 있다. 대의제 민주주의에서 거버넌스는 새로운 통치 양식으로 부각되고 있는데, 시민 참여와 다양한 이해관계자 사이에서 협력과 협치에 대한 필요성이 높아지고 있다. 정부의 정책효율성의 제고와 정당성의 확보를 위해서 각 이해관계자들로 구성된 거버넌스의 구축이 중요해진 것이다(김석우 외, 2017; 이명석, 2010).

거버넌스 이론에 대한 대표적인 학자들의 개념 정의를 좀 더 살펴보면 로즈(Rhodes, 1996)는 거버넌스를 새로운 사회통치의 방법으로 보며 "자기조직적인 조직간 네트워크, 시장과 계층제를 보완하는 사회적 조정 양식"으로 정의하고 있다. 스토커(Stoker, 1998)는 거버넌스를 가치중립적인 개념틀로 보고 있는데, 전통적 관료제에서부터 시장까지 다양한 사회적 조정 기제를 비교분석하는 틀로 본다. 뉴먼(Newman, 2001)은 거버넌스에서 시민 참여를 중요한 요소로 포함시키고 있는데, 시민의 역할이 거버넌스에 개입됨에 따라 발생할 수 있는 문제를 정부와 시민 간 연결로 대응할 수 있다고 주장한다. 피에르와 피터스(Pierre & Peters, 2000)는 거버넌스를 다시 신거버넌스와 구거버넌스로 구분하고 있는데, 신거버넌스는 제도적 관점에서 정부 주도의 거버넌스와 달리 파트너십 및 네트워크 주도로 구성된다고 했다. 한편 UNDP(2011)는 거버넌스에 대해 민주적 거버넌스 개념을 제시한 바 있는데, 더 많은 시민이 참여하는 것이 기본이 되며 좀 더 참여적인 거버넌스가 형평성에 맞다고 강조하고 있다. 세계은행(World Bank, 1994)도 "사회문제를 해결하기 위한 자원의 활용과 정치적인 권위의 행사", "한 국가의 권위가 행사되는 전통 및 제도"로 정의하고 있다.

이렇게 학자들마다 거버넌스에 대한 이론적 정의가 다른 가운데 서울시의 협치에 가까운 거버넌스 이론은 정부와 민간, 시민사회 등 다양한 주체들의 협력을 바탕으로 하는 협력적 거버넌스에 가깝다고 볼 수 있다. 협력적 거버넌스에 관해서는 앤셀과 개시(Ansell & Gash, 2008)의 연구가 대표적이다. 앤셀(C. Ansell)과 개시(A. Gash)는 연구를 통해 "하나 이상의 공공기관이 공공 프로그램이나 자산을 다루고 공공정책을 집행하기 위한 목적에서 공식적이고 합의 지향적, 숙의적인 의사결정 과정에 비국가 주체들이 직접 개입하는 것"으로 정의하고 있다(Ansell & Gash, 2008: 544).

앤셀과 개시(Ansell & Gash, 2008)는 [그림 1]과 같이 협력적 거버넌스의 협력 과정을 협력 사례들을 바탕으로 삼아 '초기조건', '협력 과정', '결과'로 구분하고 있다. 초기조건에는 권력과 자원 및 지식의 불균형, 참여에 대한 인센티브와 제약, 협력과 갈등의 선례(초기 신뢰 단계)가 포함된다. 협력 과정은 제도적 설계와 촉진적 리더십(임파워먼트 포함)의 영향을 받는다. 협력 과정은 신뢰 구축, 과정에 대한 몰입, 공유된 이해, 중재적 결과, 면대면 대화의 사이클을 거치게 되는데, 협력 과정을 통해 의제나 프로그램들이 좋은 성과를 낼 수 있도록 하여 성숙한 결과를 가져오게 된다(오수길 외,

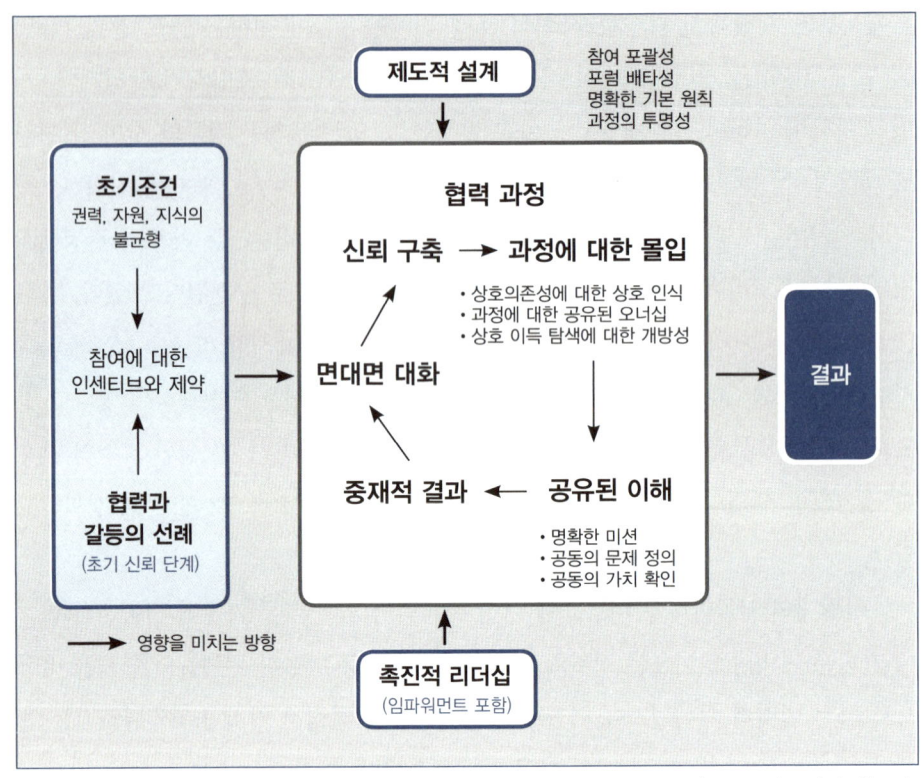

출처: Ansell & Gash(2008: 550); 오수길 외(2018).

[그림 1] 협력적 거버넌스의 협력 과정

2018).

협력적 거버넌스는 '공동체주의'와 '참여주의'를 기초로 한다. 공공정책 과정에서 시민 참여를 핵심 가치로 여기고, 공동체를 통한 당사자들의 협력적 해결을 강조한다(권기헌, 2007). 협력적 거버넌스의 핵심 가치는 민주적 과정에 있다고 할 수 있는데 시민을 주인으로 삼고 있고 거버넌스의 원리를 협력으로 두고 있다. 여기서 협력은 이해당사자의 상호 협력, 참여자의 이질성에 대한 극복 능력, 의사결정 공유, 미래 결과에 대한 집학적 책임성 등의 특징을 갖는다(Gray, 1989).

〈표 1〉 신공공관리론과 협력적 거버넌스

구분	신공공관리론	협력적 거버넌스
철학 기조	신자유주의	공동체주의, 참여주의
핵심 가치	결과(효율성, 생산성)	과정(민주성)
시민관	고객	주인
원리	경쟁	협력
공공 서비스	민영화, 민간위탁	공동생산자
공무원 역할	공공기업가	조정자, 촉진자

출처: 유창복(2016).

서울시의 협치는 협력적 거버넌스를 따르고 있다. 거버넌스의 다양한 주체들 사이의 유형 중에서도 특히 민관협력을 주로 의미한다. 민관협력은 행정과 시민이 함께 정책을 수립하고 수행하는 과정에서 시민들의 결정권을 강화하는 것부터 시작된다. 이 과정에서 강조되고 있는 시민의 주인성은 민선 5기 서울시의 슬로건인 "시민이 시장이다"와 맞닿아 있다. 그러나 협치는 민관협력만 갖고 되는 것이 아니고 행정부서 내의 칸막이를 없애고 행정과 행정 사이의 협력이 기본이 되어야 하며, 민간 내부에서의 민민협력 또한 동반되어야 할 수 있다. 이를 통해 협치의 과정에 대해 살펴보면 "행정이 주체가 되는 정책 과정과 시민과 상호작용이 이루어지는 사회 과정, 그리고 의회, 정당, 상하위 정부기구 등과 상호작용을 포괄하는 정치 과정" 모두가 복합적으로 어우러진 것이라고 할 수 있다. 또한 그 핵심 가치는 '장소 기반', '관계 지향', '시민 주도'로 압축할 수 있다(유창복, 2016).

III. 서울시 청년 협치가 걸어온 길

　서울시 청년 협치의 역사는 서울청정넷의 역사와 함께한다 해도 지나치지 않다. 청년문제를 해결하기 위한 주체로서 청년이 첫 등장한 것이 2013년 서울청정넷 1기이기 때문이다. 서울청정넷은 서울시의 청년 협치를 위한 시민참여기구로서 2013년 1기를 시작으로 2019년 현재 6기가 활동하고 있는데 매 기수마다 활발히 서울시의 청년정책을 실현하고 전국화시키는 데 앞장서 왔다. 「서울시 청년기본조례」 제10조에 규정된 시정에 대한 청년 참여 보장에 대한 서울시의 책무를 근거로 하고 있으며, 5기까지 총 1,860명의 청년 당사자가 참여했고, 103건의 정책의제가 제안되었다(김상철 외, 2018). 주요 활동은 청년 당사자의 참여를 기반으로 한 청년정책 모니터링과 신규 청년정책 제안, 청년문제 해결을 위한 캠페인 추진이며, 이를 통해 수평적이고 협력적인 거버넌스를 구축하기 위해 노력해 왔다. 6기부터는 참여 규모를 대폭 늘려 천여 명의 시민위원이 현재 온라인과 오프라인을 통해 활동하고 있다. 기수별 서울청정넷의 활동을 살펴보는 것은 서울시 청년협치의 발자취를 추적하는 것과 같다. 2013년부터 시작된 서울청정넷의 매 기수별 활동 내용을 통해 서울시 청년협치가 걸어온 길을 살펴보도록 하자.

　〈표 2〉는 서울청정넷의 매 기수별 활동 기간과 주요 활동을 정리한 것이다. 2013년 8월 16일 서울에서 살아가는 청년당사자들이 직접 시정에 참여하는 '서울청년정책네트워크'의 시즌 1이 시작되었다. 서로 다른 재료들이 어울려 맛을 내는 비빔밥처럼 총 249명의 다양한 청년이 서울시청에 모여 서울청정넷의 출발을 알리는 발대식을 진행했다. 이어 서울시 청년정책 수립을 위한 '원순씨와 청년들의 이심전심 대화'를 개최했는데, 249명의 청년정책위원의 참여 속에 13개의 정책 테이블을 구성해서 짧지만 심도 있는 숙의를 통해 30여 개의 정책 아이디어가 만들어졌다. 이 아이디어들은 다시 토론과 조정을 통해 20여 개 정책으로 다듬어졌으며, 서울시장

<표 2> 서울청년정책네트워크 활동 정리

기수	활동기간	주요 활동
1기	2013년	서울청정넷 시작 : 청년이 청년문제 해결의 주체가 됨. - 8개 분야 20개 정책과제 제안
2기	2014~2015년	청년정책의 제도화 : '2020 서울형 청년보장' 수립 - 2015 서울청년주간 개최 - 2015 서울청년의회 개최
3기	2016년	청년 거버넌스 모델의 정착 : '청년-시의회-서울시' 체계 구축 - 2016 서울청년의회 서울시의회와 공동 개최 - 지역 청년활동가 네트워크 시작
4기	2017년	청년정책의 전국화 : 지방자치단체 및 중앙정부에서 청년정책 수립을 위한 정책 논의 개시 - 광화문 1번가 열림포럼 '청년' 개최
5기	2018년	청년자치정부 구상 : 청년정책에 대한 자립과 공존 논의 - 일시적 참여를 넘은 정책의제 확장 - 성평등 도시 등 40개 과제 제안
6기	2019년	서울청년자치정부 출범 : 서울시 청년정책의 새로운 추진체계 구축 - 청년자율예산제 시행 - 서울청년시민회의 상설화

출처: 서울청년정책네트워크 활동보고서 및 서울청년정책네트워크 누리집(https://seoulyg.net) 참고.

이 직접 정책을 듣는다는 의미를 가진 '청책토론회'를 통해 서울시에 공식적으로 전달되었다. 서울청정넷 1기는 총 78회의 모임을 진행했으며, 청년이 청년문제 해결의 주체로 처음 등장했다는 점에서 상징적인 활동을 보여주었다.

1기에 이어 2014년부터 2015년까지 활동한 서울청정넷 2기는 271명으로 구성되어 129회의 모임을 가지며 청년시민회의 성장과 청년정책의 제도화를 시도했다. 청년 당사자가 주도하는 일상적인 시정 참여의 장이면서 청년정책의 방향 전환을 토론하는 공론의 장인 '2015 서울청년주간'과 '2015 서울청년의회'를 처음으로 개최했다. 청년주간에는 1주일 내내 콘퍼런스, 학회, 문화축제 등 청년과 관련한 다양한 행사를 진행했다. 그리고 청년의회를 통해서는 청년들이 청년의원이 되어 서울시장 앞에서 시정 질의를 하고 공론장을 통해 발굴된 청년정책들을 제안했다. 최초의 청년정책 종합계획인 '2020 서울형 청년보장'은 이때 만들어졌다. 이를 토대로 청년을 대상으로 한 전국 최초의 법적 근거인 「서울특별시 청년기본조례」가 서울시의회에서 공포되었다. 청년기본조례의 제정은 여러 가지로 큰 의미를 갖는데, 청년기본조례의 제정을 통해 법률 조항이 마련되어 있지 않아 일자리에 국한되었던 청년정책들을 종합적인 사회정책으로 수립할 수 있는 토대가 비로소 마련된 것이다.

2016년 서울청정넷 3기는 376명으로 구성되어 259회의 모임을 가졌다. 2016년은 청년정책의 확산과 갈등의 시기였다. 서울시와 중앙정부 간의 청년수당을 둘러싼 갈등이 있었지만 '2020 서울형 청년보장'이 만들어진 이후 다른 지방자치단체로 청년정책이 확산되기 시작했다. 청년정책의 사회적 공감대 확산을 위해 '지역청년활동가 네트워크'가 시작되었고, 서울시의회와 제2회 청년의회를 공동 개최하면서 '청년-시의회-서울시'의 거버넌스 체계가 구축되어 민관협력의 새로운 모델로 자리 매김 했다. '다음 사회를 위한 두 번째 시정 참여'를 기조로 서울시의회 청년발전특별위원회와 서울청년정책네트워크가 청년의회를 공동으로 개최함으로써 청년 거버넌스에서의 입법부 협력이라는 선도적인 사례를 만들었다. 본회의 전 토크콘서트를 열어 전국에서 올라온 지역 청년활동가들과 청년의원, 시민들이 정책에 대한 이야기를 자유롭게 나누었고, 이후 본회의에서는 139명의 청년의원이 서울시에서 이미 시행하고 있는 청년정책은 물론 장애인, 미세먼지, 자전거 등 청년이라는 틀을 넘어 10개 분야의 의제를 제안하고 의결시켰다. 또한 2015년에 이어 2016 서울청년주간 '너를 듣다'를 개최했다. 2016 서울청년주간은 다양한 형태로 펼쳐진 오지라퍼[2]들의 모임을 '오지라퍼 박람회'로 드러내고, 청년들이 만들어온 협치 과정과 그 의미를 '청정넷 뮤지엄'으로 공유했다. '너를 듣다'라는 부제는 청년의 삶과 현재 한국 사회를 관통하는 이슈 및 의제들을 청년 당사자들이 주도해서 공론장을 열고 서로의

---

2) 오지랖이 넓은 사람, 즉 남의 일에 지나치게 상관하는 사람을 이르는 말이다.

견해를 듣고 함께 이야기 나누겠다는 의미를 갖는다. 그뿐만 아니라 전국에서 활동하고 있는 청년활동가들과의 연대와 교류를 위해 '무지방 파티'를 열기도 했다.

2017년 서울청정넷 4기에서는 316명이 316회의 모임을 통해 청년정책이 전국화되기 위한 다양한 논의가 이루어졌고, 청년네트워크의 지역화가 이루어졌다. 청년정책의 전국화라는 흐름이 이어지면서 각 지방자치단체는 물론 중앙정부에서도 청년을 위한 다양한 정책과 제도를 마련하기 위한 논의를 시작했다. 청년문제에 대한 해결은 문제가 제기된 현장에서 해결이 가능해야 하는데, 서울시에 있는 각 자치구에서도 자치구 청년들이 정책에 개입할 수 있는 계기를 마련했다. 2017년 6월에는 광화문 1번가 열림포럼 '청년'을 개최했다. 갭이어(gap year), 건강, 청년수당, 지역일자리 등 크게 네 가지 주제로 관련한 서울시 실국부서의 공무원들과 청년들이 함께 허심탄회하게 이야기하는 행사도 개최했다. 2017년에도 1, 2회에 이어 서울청년시민회의를 개최했는데 '일자리를 넘어 삶으로, 숫자를 넘어 자존으로'를 기조로 청년정책의 모니터링을 통한 청년 현실을 반영해 '갭이어', '마음건강'과 같은 신규 정책들이 제안되었다. 이는 과거의 기준과 규칙이 작동하지 않도록 해 본래의 청년정책의 취지와 목적에 충실하겠다는 것이다. 구체적으로 청년 대표의 연설과 공동결의문 채택을 통해 청년의 참여 확대, 정책평가 기준의 전환, 규모의 확대를 제안했다.

2018년 서울청정넷 5기에서는 358명이 232회의 모임을 가지며, 청년정책청년정책이 나아갈 다른 차원에 대한 이야기를 나누며 청년정책 분야의 새로운 도약을 시도했다. 성평등 도시와 같은 40개 과제의 제안을 통해 자립과 공존을 함께 논의했다. 청년정책에 대한 청년들의 일시적 참여를 넘어서 정책의제 확장, 격차 해소, 시정 참여 확대를 실현하기 위한 바람이 서울시 청년자치정부에 대한 구상으로 이어졌다. 또한 2018년 6월 청년정책을 선도해 온 서울시의 청년정책의 성과를 이어감과 동시에 청년정책의 새로운 패러다임을 만들어 가기 위한 '청년존중도시 서울을 위한 청년정책협약'을 체결했다. 이어 서울청정넷 참여자들이 모여 청년 협치의 지속과 협치조직의 구조적 안정화를 위한 법인을 설립했다. 2018년 8월 열린 4회 서울청년의회는 다른 차원을 여는 이야기를 기조로 개최되었는데, 아직 청년들의 삶은 큰 변화가 없다는 문제의식을 바탕으로 기존의 정형화된 방법과 규칙이 아닌 공존과 참여, 다양성을 담은 다른 차원을 논의했다. 캠페인 개최를 통해 사회문화적 갈등에 대한 청년들의 더 많은 의견을 수렴하고자 했고, 이를 토대로 더욱 적극적인 변화를 시도했다.

이상으로 서울청정넷의 1기부터 5기까지의 활동을 통해 서울시의 청년 협치가 걸어온 길을 살펴보았다. 기수가 지날수록 서울시 청년 협치가 꾸준히 발전해 온 것을 알 수 있는데, 2019년 서울청정넷 6기를 통해서는 청년자치정부의 출범과 함께 청년 협치가 비약적으로 성장하게 된다. 서울청정넷의 활동을 자세하게 살펴보면 크게 세 가지 성과가 있다.

첫째로 서울시의 청년정책에 대한 청년 당사자의 참여의 폭 확대이다. 서울청정넷에 참여하기 위해서는 별도의 심사가 필요 없고 「서울시 청년 기본조례」 제3조에서 규정한 "서울에서 활동하는 만 19~39세까지의 개인 및 단체(대표자)"만 충족하면 된다. 200명 규모로 시작한 서울청정넷은 현재 1천 명 규모로 확대되었다.

둘째는 청년정책을 함께 실현할 파트너로서 서울시의회와 서울시청이 함께하게 되었다는 것이다. 서울시의 각 실국본부는 청년의회와 청년주간을 통해 청년 당사자의 정책 욕구에 대해 파악할 수 있는 기회를 갖게 되었고, 시의회에서도 이를 정책화하는 데 협조할 수 있게 되었다. 특히 6기 서울청정넷부터는 청년자율예산제도가 시행되면서 직접 예산편성이 가능하게 되었는데, 이 과정에서 시의회와 실국부서의 협조는 필수적이다.

셋째는 서울시 청년정책의 전국화이다. 청년문제가 심각한 사회문제로 떠오른 가운데 다른 지방자치단체에서 서울청정넷을 참조한 청년정책네트워크를 운영하기 시작했다. 또한 청년수당과 같이 청년정책들을 지자체 차원에서 실시하게 되었다. 중앙정부에서도 청와대 내에 청년정책비서관을 두고 국무조정실에 청년정책을 총괄할 수 있도록 하고 있으며, 구직활동지원금같이 중앙정부 차원의 사업이 시행되고 있다. 2019년 서울시 청년자치정부가 출범하면서 서울시의 청년 협치는 더욱 가속화되고 있는데, 청년자치정부와 청년자율예산에 대해서는 이어서 소개하도록 하겠다.

IV. 청년자치정부와 청년자율예산

청년자율예산제는 청년자치정부의 핵심 권한 중 하나로, 청년 당사자성을 띠고 있는 청년 주체에게 직접 시정 전반에 대한 예산편성권을 부여하기 위해 만들어졌다. 청년청의 출범과 함께 2019년 처음으로 시행된 갓 걸음마를 시작한 제도이기에 성과를 평가하기에는 좀 더 시간을 갖고 지켜볼 필요가 있다. 그렇기 때문에 여기서는 청년자치정부의 구조와 의사결정 구조에 대해 간단히 살펴본 뒤 직접적인 사업에 대한 성과를 논하기보다는 청년자율예산의 정책제안 과정을 중점으로 소개하고자 한다.

1. 청년자치정부 추진체계

서울청년자치정부란 서울시의 청년정책의 새로운 추진체계를 의미한다. 청년들이 참여하는 시민참여기구인 서울청년정책시민회의를 통해 정책이 제안되며 서울시장 직속의 행정부서인 청년청에서 정책제안을 위한 거버넌스를 지원한다. 서울청년시민회의는 서울청정넷이 개최하는 전체회의이다. 서울청정넷에서 개최해 왔던 서울청년의회의 명칭이 서울청년시민회의로 변경되었고, 개최 횟수도 연 1회에서 연 4회로 상설화되었다. 그뿐만 아니라 그 권한 역시 정책제안을 넘어 예산편성에도 참여할 수 있도록 커졌다. 서울청년시민회의에서 주로 다루는 안건은 서울청년시민위원으로부터 상정되며 상정된 안건들은 숙의 과정을 통해 조정, 합의, 결정된다. 서울시민위원들은 1차 서울청년시민회의를 통해 각자 활동할 분과와 소주제를 선택하게 되는데, 소주제 그룹별 활동을 통해 자유로운 형태로 정책의제 및 과제에 대해 논의하고 소주제 그룹 내에서 합의된 내용은 분과원탁회의에 안건으로 상정된다. 분과원탁회의는 분과원 모두가 참여할 수 있는 공식적인 회의로 월 1회 열린다. 분과원탁회의를 거친 안건들은 전체회의인 서울청년시민회의에 상정되며, 필요에 따라 운영진확대회의를 열어 추가로 정책제안을 검토하고 조정한다. 이 과정에서 상호 존중은 필수이다. 서울청년시민회의에 참여하는 서울청년시민위원들은 '평등문화 지향', '다양성 존중', '상호 경청', '함께 노력'을 최소한의 규칙으로 삼고 있는데, 이는 거버넌스를 위한 최소한의 출발선이 된다.

'서울청년의회'는 청년 당사자들이 참여하는 민간 거버넌스이다. 1년에 한 번 개최해 '청년수당', '희망 두배 청년통장' 같은 정책을 제안하던 형태에서 연 4회로 상설화되면서 '서울청년시민회의'로 거듭나게 되었다. 기존 서울청년의회는 자발적 청년모임인 서울청정넷이 주최하는 연간 행사로 청년들이 정책을 제안하고 서울시

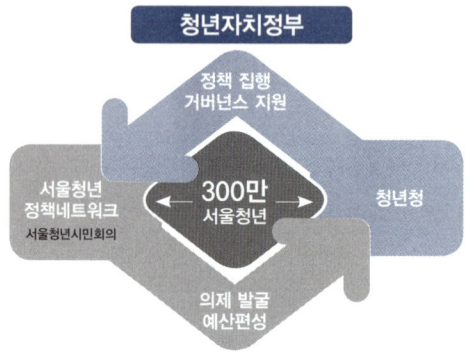

[그림 2] 서울시 청년자치정부 구조도

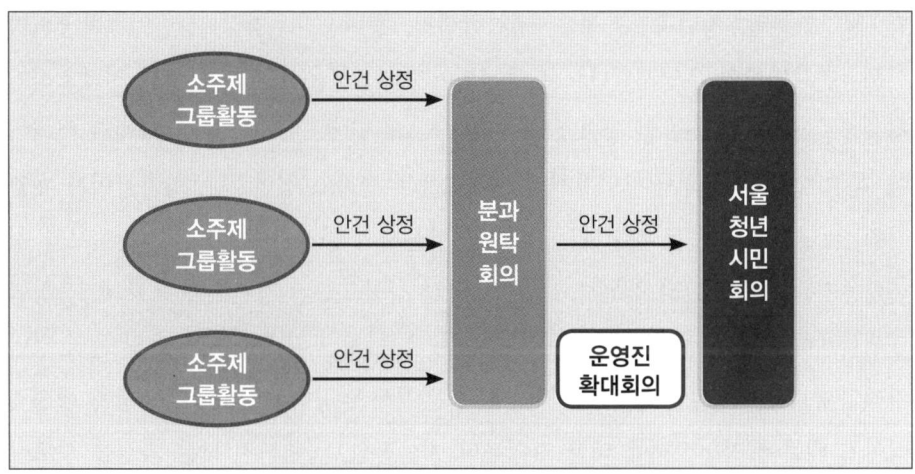

[그림 3] 서울청년시민회의 의사결정 과정

가 이를 수용해 정책에 반영하는 형식으로 운영됐다. 청년자치정부는 기후 변화, 디지털 성범죄, 직장 내 권익 침해 등 청년세대의 요구가 많거나 멀지 않은 미래에 쟁점이 될 갈등과 핵심 의제의 빠른 포착을 통해 대응 방안을 정책화한다. 실제로 청년수당 같은 만족도 높은 정책들은 모두가 청년들이 스스로 제안한 것이다. 서울청년시민회의의 활동 유형은 크게 두 가지로, 오프라인으로 활동하는 서울청년시민위원과 온라인으로 활동하는 서울청년정책패널이 있다. 또한 서울청년시민회의의 운영을 위한 의사결정기구로 운영위원회를 두고 있는데, 사업 전반에 대해 논의하고 결정하는 운영위원장과 분과장 등으로 구성된다. 서울청년시민회의를 위한 운영지원기구로 운영지원단을 운영하고 있으며, 서울청년시민회의를 비롯한 주요 사업의 기획과 실행을 돕는다. 청년위원들과 행정조직 간의 직접적인 소통을 수행하고 있다. 그리고 운영 지원 외 정책제안 과정에서 필요한 전문적인 내용의 컨설팅을 위해서 분야별 전문가들로 구성된 정책지원단도 운영하고 있다.

서울청년시민회의를 직접적으로 담당하고 청년정책의 컨트롤 타워 역할을 하는 곳은 청년청이다. 서울시 청년청은 시장직속기구로 청년기획팀, 청년활동지원

팀, 청년교류팀, 청년공간조성팀, 청년협력팀, 청년공간운영팀, 청년인재발굴팀과 서울청년시민회의 운영지원단으로 구성되어 있다. 서울시의 기존 청년 전담조직인 서울혁신기획관에 소속된 청년정책담당관이 4개 팀에서 7개 팀으로 확대된 형태이다. 주요 업무는 서울시 청년정책 기본계획을 수립하고 청년수당, 학자금이자 대출지원, 뉴딜일자리 등을 지원하는 것인데, 서울시의 중간지원조직인 청년허브와 청년활동지원센터를 관리 감독하고 있다. 직접 사업으로는 청년투자 프로젝트, 청년인생설계학교 등을 실행한다. 또한 무중력지대 등 청년 활력공간 조성 및 운영, 청년미래인재 추천 및 발굴 등도 청년청 내 각 팀에서 담당하고 있다. 청년청은 행정조직이기 때문에 청년정책에 대한 기획부터 예산편성, 집행까지 모든 과정을 주도하고 있다. 대표적으로 청년자치정부의 3대 목표인 자치, 공존, 미래 실현을 위한 청년자율예산제, 서울시 청년위원 15% 목표제, 청년인지예산제, 청년인센티브제, 미래혁신프로젝트를 5대 핵심 사업으로 한다.

첫째, 청년자율예산제는 청년들이 직접 청년정책 예산 중 일부를 편성하는 것으로 500억 규모로 하고 있는데, 2022년까지 매년 500억을 추가로 확보할 예정이다. 500억 규모의 예산은 서울청년시민회의를 통해 시민위원들의 숙의, 토론, 공론 과정을 거쳐서 마련된다.

둘째, 서울시 청년위원 15% 목표제는 서울시 조례에서 규정하고 있는 모든 위

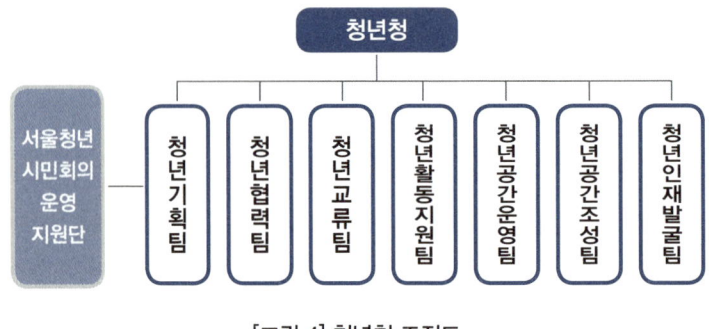

[그림 4] 청년청 조직도

원회에 참여하는 만 19세 이상 39세 미만 청년위원의 비율을 15%로 채워 청년들의 시정 참여를 실질적으로 보장하는 것이다. 청년만을 대상으로 하는 정책이 아닌 서울시정 전반에 세대 균형적 시각을 반영하는 것을 취지로 한다. 이를 위해 천 명 규모의 '서울미래인재DB'를 구축하고 서울시 위원회에 참여할 청년위원을 추천할 인력풀로 활용한다.

셋째, 청년인지예산제는 성인지예산제와 같이 서울시의 각 실국본부에서 모든 예산을 편성할 때에는 청년의 입장에서 예산을 검토하는 과정을 거쳐야 하며, 이를 위한 청년청과의 사전 협의의 의무화를 추진하는 것이다.

넷째, 청년인센티브제는 서울시가 발주하는 사업에 청년들의 참여를 확대하기 위한 것으로 사업에 입찰하는 청년단체 및 기업, 마을기업 등에 가점을 부여하는 것이다. 재능과 아이디어는 있지만 짧은 경력 때문에 서울시 공모사업에 참여할 수 없는 청년들에게 다양한 기회를 부여하고자 함이다.

다섯째, 청년 주도로 문제를 해결하는 '미래혁신프로젝트'를 펼친다. 청년세대들의 관심이 많은 최근의 불법 촬영 등 디지털 성범죄, 직장 내 위계문화에서 비롯한 권익 침해, 친환경 먹거리 등 미래 과제를 발굴하고 기존에 없던 새로운 제도와 규칙의 마련을 통해 해결 방안을 모색한다.

2. 청년자율예산제도 편성 과정

청년자율예산제도는 청년자치정부의 사업들 중에서도 핵심적인 사업이다. 서울청년시민회의를 통해서는 총 500억의 예산이 서울청년시민회의를 통해 편성되는데, 〈표 3〉과 같이 크게 시정숙의형과 자치구숙의형으로 나뉜다. 시정숙의형은 400억 내외로 분과숙의형과 특별기획형을 통해 편성된다. 자치구숙의형은 서울시 22개 자치구별 100억 원 내외로 편성된다. 먼저 시정숙의형을 살펴보면 크게 분과숙의형과 특별기획형으로 나뉜다. 분과숙의형은 서울청년시민회의에서 구성된 각 분과별로 제안된 정책사업들인데, 특별기획형은 이렇게 분과숙의형 외 분과 구성을 넘어선 광역적 차원의 도시문제 해결을 위한 사업들로 분과숙의형에 비해 예산 단위도 크다. 특별기획형의 기준 요건으로는 "제안 과제의 기본 특성상 필수불가결한 집행 항목으로 소요 예산이 5억 원 이상인 정책" 또는 "서울청년시민회의 2개 분과 이상의 영역에 걸쳐 추진되어야 집행 가능한 정책"에 해당하면 된다. 그리고 "사회 일반의 인식을 선도하거나 미래 대응에 필요한 실험적 성격의 정책", "시민 일반의 시정 참여를 보장하고 보편적 권리를 강화하는 정책", "사회적 약자 및 세대 간의 불균형을 해소하기 위한 정책", "서울특별시의 요청으로 시민회의 숙의 과정에 따라 청년의 시각으로 심의하는 정책" 중 하나를 내용으로 해야 한다.

〈표 3〉 청년자율예산제도 구분

구분		사업 내용	예산	비고
시정숙의형	분과숙의형	서울청년시민회의에 구성된 분과별 제안 정책사업	400억 원 내외	서울청년시민회의 숙의 및 조정을 통한 사업 제안
	특별기획형	서울청년시민회의의 분과 구성을 넘어 광역적인 도시문제 해결을 위한 사업		
자치구숙의형		지역사회 문제를 해결하기 위한 자치구 청년문제 해결 사업	100억 원 내외	자치구 청년참여기구 숙의 및 조정을 통한 사업 제안

출처: 청년청 2019 청년자율예산제 운영계획.

2020년 청년자율예산의 경우 제3회 서울청년시민회의를 통해 시정숙의형이 260억 원, 자치구숙의형 75억 원 규모로 제안되었다. 전체 사업 수는 서울청년시민회의 9개 분과에서 제안된 96개(예산 사업 83개, 비예산 사업 13개)이다. 예산사업만 갖고 살펴보면 83개 중에서 시정숙의형 41개, 자치구숙의형 42개로 시정숙의형과 자치구숙의형이 동등한 비율을 유지하고 있다. 예산사업을 제외한 예산사업의 경우

「2020 청년자율예산 시민참여투표」의 대상이 되는데, 서울청년시민위원, 온라인 정책패널, 일반 시민 누구나 투표에 참여할 수 있다. 투표는 서울청년시민회의 총회 현장에서 가능하며, 전자투표(mVoting)라는 온라인 투표 시스템을 통해 모바일 또는 PC를 이용해 약 열흘 간 주어진 투표 기간 동안에 자유롭게 투표할 수 있다. 투표 결과는 서울청년시민회의에서 우선순위가 공개되고 다득표 사업 순으로 예산한도액 이내에서 조정된다. 조정 규모는 서울청년시민회의 상설 의사결정기구인 운영위원회를 통해 결정되는데, 2020년 청년자율예산제 사업 예산의 조정 규모는 5% 정도이며 최저득표선을 설정, 중위투표 수의 20% 미만 득표 사업은 예산편성에서 제외된다. 이렇게 대시민 투표를 거친 정책사업들은 예산과 검토를 거쳐 서울시의회에서 예산안이 통과된 후 2020년에 담당실국부서에서 집행하게 된다.

이와 같은 청년자율예산의 편성 과정은 서울시에서 2012년부터 시행하고 있는 시민참여예산제도와 유사하다. 시정에 참여하는 여러 가지 방식 중 재정 참여는 가장 제도화 수준이 높다고 할 수 있는데, 청년자율예산제도 역시 시민참여예산제도와 마찬가지로 일반 시민의 재정 참여를 위한 고도의 제도이다. 다만 시민참여예산제도가 2012년부터 지속적으로 도입기와 정착기, 성숙기를 거쳐 제도를 보완해 왔고 운영 노하우가 쌓여 시스템화가 잘 되어 있다면 청년자율예산제도는 이제 갓 시작하는 제도이기 때문에 관련 시스템은 아직 미미하고 많은 시행착오를 통한 발전이 필요하다. 그럼에도 불구하고 청년자율예산제도는 시민참여예산과 다른 몇 가지 차별성을 갖고 있다. 시민참여예산의 경우 처음부터 사업으로 접근해서 사업에 대한 제안을 하지만 청년자율예산은 분과 토의 과정과 정책 타운홀미팅 등을 거친 뒤 마지막으로 정책제안을 하게 된다. 청년들은 이 과정에서 정책제안을 위해 필요한 능력을 기르게 되며, 이는 청년 협치의 큰 밑거름이 될 것으로 보인다.

V. 맺음말

서울시는 혁신적인 행정을 많이 시도하고 있다. 기존의 관료주의 행정문화를 타파하고자 개방형 직위를 늘리고 민간의 목소리를 행정에 반영하려고 많은 노력을 기울여 왔다. 이른바 협치가 바로 그것이다. 민관협력을 통해 궁극적으로는 직접민주주의를 실현하겠다는 것인데 청년자치정부는 그중에서도 철저한 당사자성을 앞세우며 그 취지에 가장 근접해 있다. 그 시작은 앞길이 보이지 않는 이 시대를 살아가는 청년들의 "누가 청년들의 문제를 어떻게 결정하는가?"에 대한 고민으로부터이다. 현재 시대를 살아가는 청년들은 여러 가지 난관에 봉착해 있다. 심각한 청년실업 속에서 제대로 된 일자리를 구하는 것은 쉬운 일이 아니다. 여기에 주거 부담이 이중으로 가중된다. 늘어가는 주거 부담을 견디지 못해 이른바 지옥고(지하, 옥탑, 반지하)를 전전하고 있다. 삶 자체가 많이 퍽퍽해졌기 때문에 연애는 물론이고 결혼과 출산은 꿈도 꾸지 못하며 많은 것을 포기하고 있다. 이렇게 어려운 현실 속에서 청년문제 해결을 위해 스스로 나서기 시작했는데, 이들에게 스스로 결정권을 부여하고 자치권을 인정해 준 최초의 시도가 서울시 청년자치정부이다.

청년들의 문제는 청년들이 가장 잘 알고 있는 만큼 청년들 스스로 해결해 나가야 한다. 서울청정넷으로 대변되는 서울시의 청년 협치는 지금까지 누구도 풀지 못한 문제를 두고 청년들이 머리를 맞댄 것에서 시작했다. 이후 정책 형성과 결정, 집행에 이르기까지 그 모델을 점차 발전시켜 왔다. 그 결과 청년들에게 예산편성권까지 부여하면서 새로운 평가를 기다리고 있다. 그간 서울시의 청년정책과 그 정책결정 과정에서 나타난 협치모델은 중앙정부와 지방자치단체의 집중 참고 대상이 되면서 성공적인 평가를 받았던 것이 사실이다. 거버넌스 참여자의 효능감은 거버넌스의 성공을 가늠하는 척도가 되는데, 그런 면에서 서울시의 청년 거버넌스에 참여하는 청년들의 효능감 역시 높은 편이다. 또한 경험이 계속 축적되면서 청년 협치가 좋은 청년정책으로 이어지기 위한 숙의 과정 역시 지속적으로 발전하고 있다. 흥미로운 것은 매 기수가 시작하면서 그 참여자 역시 새로 구성되는데, 기수가 끝났음에도 효능감을 바탕으로 서울청정넷을 떠나지 않고 꾸준히 관심을 갖고 참여하는 인원들이 적지 않다는 점이다. 또한 청년의 눈높이에서 나오는 참신한 기획력과 아이디어는 청년 협치의 전매특허라고 해도 과언이 아니다.

청년 당사자성에서 출발한 서울시의 청년 협치는 최근에 발생하고 있는 심각한 청년문제를 해결할 수 있는 해법으로 많은 주목을 받고 있다. 올해 처음 시도되는 청년자치정부와 대표사업인 청년자율예산제도 역시 마찬가지이다. 서울시가 시민참여예산제도를 처음 시행했을 때만 해도 시행 과정이 그리 매끄럽지 않았다. 또한 성공에 대한 많은 의심이 따랐다. 그러나 도입기와 정착기를 거쳐 지금은 성숙기에 들어서 있다. 청년자율예산이 처음 시행되었고, 현재 그 과정이 완전히 끝나지 않았기 때문에 평가를 하기에는 이르지만 서울시에는 오랜 기간 협치 경험이 축적되어 있는 만큼 시민참여예산제도 이상의 성과를 기대해 본다.

| 생각해 볼 문제들 |

1. 서울시는 청년의 범주를 '만 19세 이상 39세 미만'으로 두고 있다. 정책제안자의 입장에서 청년을 규정하고 청년정책의 범위를 설정해 보자.

2. 협치란 무엇인가? 협치에 대한 다양한 정의를 참고해서 자신만의 언어로 협치를 설명해 보자.

3. 시민참여예산제도는 더 많은 참여를 보장할 수 있지만 제안사업이 규모화되기 어렵다는 단점이 존재한다. 청년자율예산제도는 이를 어떻게 보완하고 있는가?

4. 청년에게 재정편성권을 부여하는 당위성과 기존 시민참여예산제도와 다른 청년자율예산제도만의 차별적 특성은 무엇인가?

5. 서울청년시민회의 시민위원을 가정해 서울청년정책네트워크 활동계획을 세워 보자.

〈 참고 문헌 〉

경기도가족여성연구원(2017). 경기도 청년정책 기본계획 수립 연구.
권기헌(2007). 「정책학의 논리」. 박영사.
글로벌정치경제연구소(2017). 지방정부 청년정책 변화 분석을 통한 서울시 청년정책 2.0 과제 도출. 청년허브.
김민수 외(2018). 서울청년정책평가 및 발전 전망 모색을 위한 공동연구. 청년허브.
김상철 외(2018). 참여예산네트워크 구축사업. 나라살림연구소.
김석우 외(2017). 한반도 신통일거버넌스 구축 방안. 통일부 연구용역 보고서.
사회혁신공간THERE(2017). 청년정책 결정 및 집행체계에 대한 경험연구: 효율성, 참여성, 적합성의 원리에 따른 협력적 거버넌스 모델 제안. 청년허브.
서울시(2018). 「서울시 협치사례집」.

_____(2019). 「2019 서울청년정책네트워크 핸드북」. 청년자치정부추진위원회.
성북구(2018). 「기초탄탄 성북협치」.
신윤정(2018). 지자체 청년정책 현황 및 제언. 전국청년정책네트워크.
오수길 외(2018). 주민자치와 로컬 거버넌스 사례연구. 경기연구원.
유창복(2016). 협치, 지속 가능한 혁신을 위하여.
이명석(2002). 거버넌스의 개념화. 「한국행정학보」, 36(4): 321-338.
_____(2010). 협력적 거버넌스와 공공성. 「현대사회와 행정」, 20(2): 23-53.
청년정책네트워크(2013). 2013 서울청년정책네트워크 아이디어북. 청년허브.
청년청(2019). 청년자율예산 추진계획.
파이낸셜뉴스, "서울시 청년정책 눈길... 정부도 벤치마킹," 2019.6.24.
허인혜(2011). 한국 금융감독시스템의 민주적 거버넌스 모색. 「한국정책학회보」, 20(4): 135-162.

Ansell, C. & Gash, A.(2008). Collaborative Governance in Theory and Practice, *Journal of Public Administration Research and Theory*, 18: 543-571.

Gray, B. (1989). Conditions Facilitating Interorganizational Collaboration. *Human Relations*, 38(10): 911-936.

Kooiman, J. & Van Vliet, M.(1993). Governance in Public Management, in K. A. Eliassen & J. Kooiman (eds.). *Managing Public Organisation*. London: SAGE.

Newman, J. (2001). *Modernizing Governance: New Labour, Policy Society*. London: SAGE.

Pierre, J. & Peter, B. Guy(2000). *Governance, Politics and State*. New York: St Martin's Press.

Rhodes, R. A. W. (1996). The New Governance: Govering without Goverment, *Political Studies*, 44: 652-667.

Stoker, G. (1988). Public-Private Partnership and Urban Governance, in J. Pierre (ed.). *Partnership in Urban Governance*. London: MacMillan Press.

UNDP(2011). Democratic Governance.

World Bank (1994). *Governance: the World Bank's Experience*. Washington, D.C.

03

문화예술 창작 지원의 협력적 거버넌스 : 한국문화예술위원회-하나투어-충남문화재단의 협력 사례

이영라 · 이숙종
성균관대학교

I. 들어가는 말

이 글에서는 한국문화예술위원회의 문화예술협력네트워크 사업을 통해 이루어진 문화예술 창작 지원의 협력적 거버넌스 사례를 살펴본다. 이는 중앙기관인 한국문화예술위원회와 민간기업인 하나투어, 지역기관인 충남문화재단의 협력을 통해 지역의 신진 예술가의 창작을 지원한 사례이다. 여기에서 분석하는 문화예술 창작 지원을 위한 협력 사례는 갈등 상황 해결보다는 공통된 공공의 목적을 향한 협력 과정에 초점을 두고 있기 때문에 에머슨 외(Emerson et al., 2012)의 협력적 거버넌스 모형을 분석틀로 삼아 ① 시스템적 맥락, ② 동인, ③ 상호작용, ④ 결론을 분석했다.

해당 사례는 협력을 통한 문화예술 분야 지원의 재정적 한계 및 지역 격차를 보완하는 좋은 방안으로, 중앙기관은 국비의 절약을, 충남문화재단은 지역 예술가와 지역민을 위한 문화사업의 수행을, 하나투어는 기업의 사회 공헌 면에서 장기적인 비전에 맞는 사업을 수행할 수 있었다. 이는 문화예술협력네트워크 사업 초기, 중앙기관인 한국문화예술위원회가 네트워크의 형성 및 사업 홍보를 위해 다양한 포럼 등을 추진했던 것의 결과이다. 실제 네트워크사업을 통해 많은 기관이 매칭되었으며, 이후 각 개별 주체 간에 주체적·자발적 협력관계를 맺었고, 중앙기관은 플랫폼으로서 그 역할을 축소해 가고 있다. 이와 같은 정책 사례는 상호 보완적 협력관계 구축 과정에서 중앙기관의 역할에 대한 함의를 제시한다.

II. 사례 개요

한국 문화예술 정책의 오래된 난제 중 하나는 문화예술단체 및 시설의 자립에 관한 것이다. 순수문화예술의 공공적·사회적 가치에도 불구하고 여러 장르의 단체 및 공연장의 재정자립도가 낮아 자생적인 창작 및 유통이 이루어지지 않고 있다. 이에 대한 원인을 관객에서 찾고 문화예술에 대한 마케팅 붐이 있었다. 또한, 근본적인 관객 개발의 논리에서 문화예술교육에의 많은 정책적 투자가 필요하다는 논의가 지속되어 왔다. 이와는 별도로 문화예술단체가 상업적으로 변질되지 않으면서도 산업적 구조를 갖추어 자금의 순환 등 자생력을 높이기 위한 교육 및 컨설팅을 돕는 정책적 노력도 계속되어 왔다. 이와 함께 문화예술에 대한 민간 기부를 유도하기 위해 지정 전문예술법인단체에 대한 기부금 세제 혜택을 비롯한 각종 제도가 확장되어 왔다. 그럼에도 불구하고 이것이 재정난에 허덕이는 문화예술단체의 재원 조성에 가져온 효과는 미비하다는 평가가 주를 이룬다.

정부는 국민의 권리인 문화기본권 및 문화향유권을 누릴 수 있는 환경을 제공하고, 문화 향유를 통해 삶의 질을 향상시킬 수 있도록 예산을 편성해 지원해 왔다. 그러나 국민들의 문화적 요구는 나날이 늘어나고 있어 이를 충족시킬 정도로 정부가 예산을 급격히 증대시키기에는 한계가 있는 것이 현실이다. 특히, 문화정책에 사용되는 재원의 구조는 다른 정책예산과 다른 특이점을 가진다. 통상적으로 다른 부처의 정책 예산은 조세수입 세원에서 오는 것을 포괄적으로 분배하고, 그 외 특별한 목적을 위한 회계장치로서 특별회계기금을 설치하는 방안을 활용한다. 그러나 문화정책 재정의 경우는 일반회계보다 기금의 규모가 매우 크다(김상철, 2017). 따라서 문화예술 정책은 문화예술진흥기금에 의존도가 크며, 이 기금의 고갈이 예견되면서 어떻게 기금의존도를 낮추어 문화정책 재원의 합리화를 꾀할지에 대한 논의가 지속되어 왔다.

문화예술 정책이 안고 있는 또 다른 문제는 문화 인프라의 수도권 집중이다. 정부는 공연장, 미술관 등 시설의 수도권과 지방 간의 격차를 줄이고자 노력해 왔다. 그러나 지방의 경우 문화예술인, 문화예술단체 및 작품활동 등이 수도권 대비 절대적으로 적고, 문화예술인 간의 협력 및 네트워크도 수도권에 집중되어 있다. 이에 따라 중앙정부가 문화예술인을 대상으로 하는 사업도 수도권을 중심으로 이루어지는 경우가 많으며, 예술인들의 기회와 관련 정보를 비롯해 민간기업의 메세나도 수도권에 집중된다. 이는 고스란히 국민들의 문화 향유의 기회가 수도권에 집중되는 결과를 낳았고, 지방에서의 문화예술시설에 대한 접근성은 수도권에서의 접근성 대비 크게 떨어지게 되었다. 그뿐만 아니라 접근할 수 있는 작품의 질적 수준 및 선택의 다양성에서도 실질적인 차이를 가진다. 지역의 예술가들이 수도권으로 이동하거나, 시민들이 관람할 작품 또한 현저히 줄어드는 등 지역에서의 문화예술 활동의 기회는 시민 및 예술가 모두에게 부족하다. 이 점에서 다양한 문화예술 자원의 수도권 집중은 지역문화 발전을 저해해 왔다고 말할 수 있다.

여기에서 사례로 다루는 한국문화예술위원회의 문화예술협력네트워크 사업은 기업 메세나로 이루어지는 예술단체 후원과는 다른 개념이다. 이는 지역문화재단의 문화정책 예산에 기업이 후원하고, 중앙의 한국문화예술위원회가 매칭펀드로 지원함에 따라 실제 지역에서 운영되는 사업비의 절반만 지원하는 방식이다. 즉, 문화정책에서 중앙의 기금만이 아니라 민간의 참여를 통해서 재원 조달이 이루어질 수 있게 하고, 민간기업과 지역문화재단의 사업 협력을 만들어 나가는 네트워크 플랫폼으로 볼 수 있다. 행위자 간의 협력의 역동성을 분석하기 위해서 구체적으로 중앙정부의 문화정책 집행기관인 한국문화예술위원회와 충청남도 출연재단인 충남문화재단, 그리고 민간기업인 하나투어의 협력을 통해 이루어진 문화예술사업 사례를 분석한다. 이 사례는 충남 지역의 문화예술사업을 추진하는 과정에서 참여 행위자들이 어떻게 협력해 성공적으로 충남지역의 예술가와 문화 소외계층의 도민들을 지원해 주는지를 보여준다.

III. 문화예술 지원 및 문화 거버넌스

문화예술 지원은 대부분의 국가에서 이루어지고 있다. 한국에서는 문화예술진흥법에 근거한 문예진흥기금을 조성해서 1973년부터 지원하기 시작했으며, 이는 문화예술 진흥의 가장 중요한 재원이다(임학순, 2001). 이 기금을 관리·운영하기 위해 1973년 설립된 한국문화예술진흥원은 2005년 한국문화예술위원회로 전환되었다(김정수, 2008). 이 기관은 조성 기금을 통한 지원뿐만 아니라 문화예술 진흥을 위한 재정 및 기타 자원 조성을 위해 다양한 방안을 모색해 왔으며, 문화 거버넌스를 통해 문화예술 분야에 필요한 부분들을 해결하고자 노력해 왔다.

문화 거버넌스는 국내외에서 다양하게 정의되어 왔다. 문화 거버넌스에 대한 유럽의회(European Parliament)의 정의는 통합적 문화계획 및 문화정책의 관점에서 문화 영역을 공공관리의 구조와 통합하는 새로운 시도를 의미한다. 네덜란드 문화 거버넌스 자문위원회에서 정의한 문화 거버넌스는 문화조직의 관리와 경영 개선을 위한 필수적인 제안들을 포함한 문화 영역의 관리와 경영의 질로, 유럽의회의 정의와 유사한 개념이라고 볼 수 있다. 즉, 이와 같은 문화 거버넌스에 대한 개념 정의는 거버넌스를 국가, 시장, 시민 주체들 간의 상호 협력을 통해 국정을 운영하는 개념이다(남궁근, 2006). 협력적 거버넌스는 거버넌스에서 개념이 더 발전해 다양한 행위자들 간의 참여를 바탕으로 협력을 통해 문제를 해결하는 방식으로(서순탁·민보경, 2005), 최근 한국에서 연구된 문화 거버넌스의 개념에서는 협력적 거버넌스의 관점을 종종 취하는 것을 볼 수 있다. 이는 한국 사회에서 이루어지는 문화 거버넌스가 문화예술 정책에서 국민의 문화향유권이 보장되지 않는 문제와 사회적 가치를 창출하는 예술 지원에 대한 정부의 한계 등을 해결하려는 경우가 많기 때문이다.

국내에서 지속적으로 연구되어온 문화 거버넌스의 개념을 살펴보면, 협력 네트워크 내 한 축으로서의 기업이 가진 역할에 주목하고 있다. 문태현(2005)은 문화 거버넌스를 문화산업과 관련해 종래 지방정부 혼자의 힘으로 밀어붙이던 의사결정이 벽에 부딪히자 지역 차원에서 지방정부와 주민, 문화예술단체 그리고 기업이 문화적 특성을 고려해 문화정책을 결정하기 위해서 형성된 협력적 네트워크로 정의했다. 이윤희(2005)도 지역 차원에서 지방정부와 문화시민단체, 기업 등이 지역·문화적 특성을 고려해 문화정책을 결정하기 위해서 형성된 협력적 네트워크로 보았다. 윤정국(2012)은 문화예술의 지속 가능한 발전을 위해 국가-기업-시민사회 등 다양한 주체들이 신뢰와 협력을 바탕으로 문화예술 자원을 공동으로 보전하고 발전시키는 상호 호혜적이고 수평적인 네트워크로 정의해, 정부와 예술단체 중심의 협력을 넘어 기업이 하나의 주체임에 주목했다.

이로 보아 문화 거버넌스는 정부-기업-시민사회가 수평적인 관계로 상호 협력하며 문화예술 분야의 문제를 해결하기 위한 네트워크로 볼 수 있다. 〈표 1〉은 선행 연구에서의 문화 거버넌스의 정의이다.

〈표 1〉 문화 거버넌스의 정의

구분	개념
유럽의회	통합적 문화계획 및 문화정책의 관점에서 문화 영역을 공공관리의 구조와 통합하는 새로운 시도를 의미(김혜경, 2015)
네덜란드 문화 거버넌스 자문위원회	문화조직의 관리와 경영 개선을 위한 필수적인 제안들을 포함하는, 문화 영역에서의 관리와 경영의 질(임고은, 2006 재인용)
문태현(2005)	과거 지방정부가 단독으로 힘으로 밀어붙이던 의사결정이 벽에 부딪히자 지역 차원에서 지방자치단체, 주민, 문예단체, 기업 등이 문화정책을 결정하기 위해 형성된 협력적 네트워크
이윤희(2005)	지역 차원에서 지방정부와 문화시민단체, 기업 등이 지역·문화적 특성을 고려해 문화정책을 결정하기 위해서 형성된 협력적 네트워크
조광식·이시경·윤광구 (2007)	문화 영역을 기반으로 한 거버넌스로 문화 영역에서 정부, 시민사회, 시장이 선의의 결과가 예상되는 신뢰를 바탕으로 상호간의 네트워크를 통한 공동의 문화 영역에서의 문제 해결 방식 또는 문화 조정 양식
김혜경(2012)	정부(국가), 민간(문화예술인, 문화예술민간단체, 문화예술기업), 시민사회(관객, 주민) 등을 포괄하는 참여자 간의 관계에 의한 네트워크 구조
윤정국(2012)	문화예술의 지속 가능한 발전을 위해 국가-기업-시민사회 등 다양한 주체들이 신뢰와 협력을 바탕으로 문화예술 자원을 공동으로 보전하고 발전시키는 상호 호혜적이고 수평적인 네트워크
김민이(2019)	문화 영역에서 국가(중앙 및 지방정부), 시민(관객, 주민), 시장(문화예술인, 문화예술단체, 문화예술기업) 등 다양한 주체들의 참여에 의해 구축된 네트워크 체계

IV. 문화예술협력네트워크 충남 사례 분석

1. 문화예술협력네트워크 사업 개요

문화예술협력네트워크는 '중앙과 지역, 공공과 민간을 아우르는 협력을 통해 누구나 문화가 있는 삶을 공감하고 누릴 수 있도록 결성된 협의체'이다. 문화예술 분야에서는 중앙-지방정부, 민간-공공 영역의 협력이 미흡하다는 점과 각 주체가 가진 자원을 효율적으로 배분하거나 확대 및 활용하는 데에 대한 필요성에 공감하고 있다. 또한 기본권 신장을 위해 문화예술 정책에서도 새로운 거버넌스 구조가 요구되었으며, 문화예술 분야의 재원 확대를 위해 이해관계자의 결집된 협력체계에 대한 고민이 있어 왔다. 문화예술협력네트워크 사업은 이와 같은 문화예술계의 고민을 바탕으로 한국문화예술위원회가 협력적 거버넌스 형태를 통해 문화예술 분야의 협력문제를 해결하고자 한 정책 사례이다. 이는 문화체육관광부 산하의 한국문화예술위원회의 주도로 이루어졌으며, 공공과 민간의 문화예술 지원 주체가 함께 모인 최초의 협의체로서, 문화기본법,[1] 지역문화진흥법,[2] 문화예술 후원 활성화에 관한 법률[3]을 근거로 삼아 민간과 공공과의 협력 활동을 위한 제도적·정책적 기반을 마련하기 위해 추진되었다.

그동안 문화예술 분야에서 나타난 민간과 공공의 협력은 민간기업의 기부 및 후원을 중심으로 이루어져 왔다. 1994년 발족한 한국메세나협회를 중심으로 이루어진 문화예술에 대한 기업 후원이 대표적인 사례이다. 이와 같은 기업의 메세나 활동이 문화예술 프로젝트 및 단체에 대한 지원, 후원에 중심을 두고 있다면, 문화예술협력네트워크는 공동협업사업을 통해 프로젝트 기획부터 공공과 민간의 협력을 중심에 두고 있다. 이에 문화예술협력네트워크는 공동의 사업 설계 및 운영의 측면에서 기존 메세나사업과 차별화된 의미를 갖는다. 이와 같이 문화예술협력네트워크는 문화예술 지원정책에서 신거버넌스 구조 및 협력체계를 구축해, 문화예술산업 생태

---

1) 문화기본법 제13조(문화 진흥 사업에 대한 재정 지원 등) ② 국가는 문화 진흥을 위한 민간의 재원 조성과 기부문화의 활성화를 위한 제도와 여건을 마련하기 위하여 노력하여야 한다.
2) 지역문화진흥법 제12조(협력활동 지원) ① 국가와 지방자치단체는 지역문화 활성화를 위하여 지역 간 및 지역과 기업 간 협력을 강화하기 위한 노력을 하여야 한다.
3) 문화예술 후원 활성화에 관한 법률 제1조(목적) 이 법은 문화예술 후원을 활성화하기 위하여 필요한 지원 사항을 정함으로써 문화예술의 발전에 기여하고 국민의 문화적 삶의 질 향상에 이바지함을 목적으로 한다.

계 협력의 선순환 구조를 만드는 것을 목적으로 한다([그림 1]).

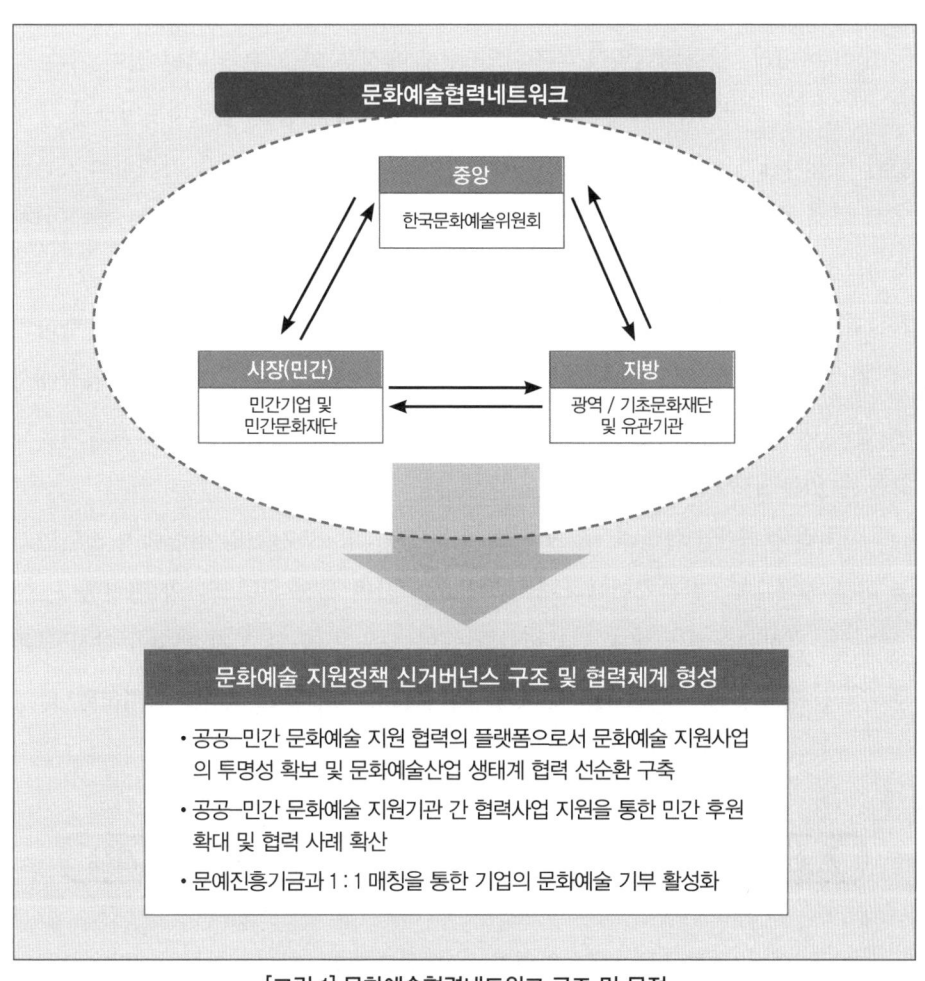

[그림 1] 문화예술협력네트워크 구조 및 목적

2014년부터 시행된 문화예술협력네트워크 공동협업사업은 다양한 사업 시행을 통해, 공공과 민간의 새로운 협력 모델의 가능성을 확인한 후 현재까지 진행되어 오고 있다. 해당 사업의 추진 목적은 문화예술 지원 활성화를 위한 공공과 민간의 자발적 협력 활성화, 기업의 사회 공헌 활성화 및 지역의 문화예술 향유 기대 확대, 공공-민간 공동협업사업의 발굴 및 추진에 있다. 이때 특정 사업을 한 단체가 주도하는 것이 아니라, 협력네트워크 추진단의 중개/매칭을 받을 수 있다는 점이 기존 정책과 다르다. 개별 예술단체, 공공재단, 기업/문화재단 등은 협력네트워크를 통해 협업 희망기관과 매칭되고, 매칭된 단체 간에 협의를 통해 사업을 기획하며, 그 사업에 대해 사업비를 중앙기관으로부터 지원받아 사업을 진행할 수 있는 행태이다. 한국문화예술위원회의 문화예술협력네트워크 공동협업사업 추진단은 민간과 공공, 기관과 기관 간의 교류의 장을 만들어 주고, 연결해 주는 플랫폼 기능을 수행하면서, 참여기관을 발굴하고 네트워킹을 강화해 주는 역할을 한다. 각 단체의 입장에서는 협력 대상 기관/단체를 찾기 위한 수고를 줄이면서, 필요한 자원을 효율적으로 찾을 수 있는 구조라 볼 수 있다.

이처럼 문화예술협력네트워크 사업은 중앙-지방-민간기업이 협력적 거버넌스를 이룬 정책으로, 민간기업에 특징 및 필요를 살려 문화예술 분야와 협력했다. 여기에서는 문화예술계의 대표적 문제인 지역의 창작 지원 및 신진 예술가 양성 부족 문제를 함께 해결하고자 한 하나투어와 충남문화재단의 협력 사례를 살펴보았다.

2. 한국문화예술위원회·하나투어문화재단·충남문화재단 협력 사례

충남지역에서 한국문화예술위원회, 충남문화재단, 하나투어문화재단[4]의 협력은 2017~2018년, 2년 연속으로 이루어졌다. 중앙기관인 한국문화예술위원회는

---

4) 하나투어는 2017년 5월부터 하나투어문화재단을 만들어, 문화재단을 통해 사회 공헌 및 문화예술 프로젝트를 전담·시행하고 있다.

사업 홍보, 예산 지원 등으로 협력하며, 사업 자문을 지원하는 역할을 담당했다. 충남문화재단은 사업 기획/추진 및 현장 운영, 지역 내 참여자(예술가)를 모집하고 실제 창작활동 지원, 지역축제/공연의 참여 관련 운영 등을 담당했다. 또한 협력을 통해 이루어진 사업의 결과 보고 및 정산 등을 진행했다. 민간 주체인 하나투어문화재단은 사업비 지원, 해외탐방 관련 현지 기관 연계 및 통역 지원, 안전 지원, 참여예술가의 탐방 결과 관련 공연 지원 등을 담당했다(〈표 2〉).

〈표 2〉 충남 사례 협력관계

구분	협력기관	세부 내용
중앙기관	한국문화예술위원회	• 사업 홍보 및 예산 지원 등 협력 연계 • 사업 자문 지원 등
지역기관	충남문화재단	• 사업 기획 및 추진, 현장 운영 등 • 참여 예술가 모집 및 교육/설명회 진행 • 지역축제 체험 및 공연 참여 추진 • 사전/사후 설문조사 진행 • 참여 예술가 창작활동 지원 • 탐방 결과 전시 및 공연 지원 • 하나투어문화재단 사회 공헌 및 탐방 결과 전시 홍보 • 사업 결과 보고 및 정산 등
민간기업	하나투어/ 하나투어문화재단	• 문화예술협력네트워크 사업비 지원 • COA프로젝트와 연계한 문화예술 해외탐방 지원 • 현지 기관 관계자 면담 추진 및 통역 지원 • 탐방 일정 간 안전 지원 • 참여 예술가 탐방 결과 공연 지원 • 홍보 안내 및 협력 등

출처 : 한국문화예술위원회 및 충남문화재단 정보공개청구 자료.

충남 사례는 2017년에는 시각예술 분야, 2018년에는 공연예술 분야의 지역 신진 예술가 지원으로 이루어졌다. 2017년에 진행된 '하나투어와 함께하는 문화예술 국제교류 탐방 : 고도(古都), 예술로 부활하다' 프로젝트는 충남지역의 신진 시각예술가의 창작활동을 지원하기 위해 여행 지원 및 전시 기회를 만들고, 지역적 한계를 넘어 활동할 수 있는 기회를 제공했다. 2018년도에는 '2018 문화예술희망여행 COA

<표 3> 사업 추진 현황

시기	주요 내용
2017. 6	• 2017 문화예술협력네트워크 협의 진행 - 참석 인사 소개 및 전체 프로그램 기획 협의
2017. 7	• 2017년 진행 사업 선정 - 참가자 선정 모집 및 선정 일정, 추천서 양식 협의 - 국내외 탐방 일정 가안 협의 • 'COA Project' 참여 아티스트 모집 및 선정 - 참여 아티스트 범위 및 모집 방법, 진행 일정 합의 - 국내외 탐방 일정 및 대상 장소 1차 협의 - 탐방 결과 전시 시기 및 전시회 진행 장소 논의 - 사업 진행 오리엔테이션 개최 여부 합의 및 진행 - 국내외 탐방 장소 2차 협의
2017. 8	• 'COA Project' 참여 아티스트 및 큐레이터 확정
2017. 9	• 'COA Project' 국내외 탐방 진행
2017. 10	• 'COA Project' 전시 준비 - 전시장 정보 협의 및 공유 - 전시 관련 정보 협의 및 공유
2017. 12	• 'COA Project' 전시 진행
2018. 6	• 2018 문화예술협력네트워크 협의 진행 - 2018 문화예술협력네트워크 사업 추진 관련 업무협의(사업 내용 등) - 2018 문화예술협력네트워크 사업 추진 합의 - 문화예술협력네트워크 신청서 작성 내용 공유 및 협의 진행 - 2018 문화예술협력네트워크 사업 변경(시각예술 → 음악) - 문화예술협력네트워크 신청서 작성 내용 공유 및 협의 진행
2018. 7	• 2018년 진행 사업 선정 • 'Dynamic Bounce' 참여 아티스트 모집 및 선정 - 참여 아티스트 모집 절차 및 범위 협의 진행
2018. 8	- 참여 아티스트 오리엔테이션 장소 및 일정 협의 진행
2018. 9	• 'Dynamic Bounce' 국내외 탐방 진행 - 국내 일정(공연 일정) 피드백 - 국외 일정 안내문 작성 사항 확인
2018. 10	• 'Dynamic Bounce' 음원 작업 관련 업무 협의 - 녹음 장소 및 작업 관련 협의 진행 - 음원 발표 시기 및 사이트 협의 진행
2018. 11	• 'Dynamic Bounce' 결과물 음원 등록(멜론, m.net 등 8개 음원 사이트)

출처 : 한국문화예술위원회 및 충남문화재단 정보공개청구 자료.

Project : Dynamic Bounce'라는 주제로 지역의 음악 분야의 신진 예술가를 지원했다. 순수예술과 대중예술의 콜라보를 통한 창작을 지원했으며, '백제문화제'와 같은 지역축제와도 협력해서 공연의 기회를 다양하게 만들었다. 특히, 국악·클래식 신진 예술가와 실용음악 아티스트의 콜라보레이션을 통해 경쟁력 있는 작품 창작을 할 수 있도록 녹음작업 등을 진행하고 이후 음원 사이트에 등록하는 등 대중에게 작품을 발표하는 것을 지원했다.

충남문화재단과 하나투어가 협력을 추진한 현황은 앞의 〈표 3〉과 같다. 사업을 선정하고 실제 사업 대상, 프로그램 기획 및 진행, 추진 내용 결정 등이 긴밀한 협의를 통해 진행된다. 충남문화재단과 하나투어문화재단의 사업 협력 과정에서 연간 사업계획 수립 등과 같은 주요 사항 논의의 경우, 서울 소재 하나투어문화재단 사무실에서 협의를 진행했다. 세부적인 사항 논의 과정에서는 유선전화 및 이메일 자료 송부 등을 활용해 협의가 진행되었다. 참여할 아티스트들이 확정된 시기부터는 협력기관 및 아티스트가 포함된 SNS 단체 채팅방을 개설해 문의 사항 및 사업 운영에 대한 의견을 공유하는 형태로 협력이 이루어졌다.

V. 사례분석

문화예술협력네트워크 사업 정책의 한 사례인 한국문화예술위원회-하나투어문화재단-충남문화재단의 협력의 과정을 분석하면서, 에머슨 외(Emerson et al., 2012)의 협력적 거버넌스 모형을 분석틀로 삼았다. 해당 모형에서는 협력적 거버넌스의 개념을 '공적 목표를 달성하기 위해서 정부 간, 공공, 민간, 시민부문 등의 경계를 넘어 체계적으로 참여하게 하는 공공정책 결정 과정 및 구조로서, 그 이외 다른 수단으로는 그 목적을 달성하기 힘든 것'으로 정의했다. 이는 갈등이 비교적 적은 협력을 분석하는 틀로도 적용 가능한데, 문화예술 창작 지원을 위한 협력 사례는 갈등 상황 해결보다는 공통된 공공의 목적을 향한 협력의 과정이라는 점에서 해당 분석틀을 사용했다. 구체적인 분석 변수로는 ① 시스템적 맥락, ② 동인, ③ 상호작용, ④ 결과로 분류했다.

1. 시스템적 맥락

시스템적 맥락(system context)은 참여의 행위 주체들을 둘러싸고 있는 주변적 요소이다. 법, 제도, 정치적 상황, 권력관계, 신뢰 및 갈등 수준, 사회적·경제적·문화적 환경 요인 등의 체제 환경과 같은 외부 조건을 의미한다.

우선, 한국문화예술위원회와 하나투어문화재단, 충남문화재단의 충남지역 문화예술 지원을 위한 협력 사례는 수도권 외 지역의 예술가를 위한 지원이 부족하고, 수도권 대비 인프라의 부족으로 작품활동의 기회가 적은 환경적 맥락을 가진다. 이와 같은 배경에 따라서 추진된 문화예술협력네트워크 사업은 세 주체의 협력에 관한 정책적 맥락으로서, 협력적 거버넌스를 둘러싼 유의미한 환경 요인이다.

해당 정책은 공공 및 민간의 문화예술 지원 주체 간 소통과 협력을 위한 네트워크 구축을 지원하면서, 협력이 활성화될 수 있도록 창조적으로 연결시켜 줄 수 있는 장을 열기 위해 플랫폼으로서의 역할을 했다. 이는 과거에는 단순히 공공영역에서 진행하고자 하는 공익사업에 대해 민간의 자본력을 빌려 사업을 진행했던 것과는 다르게, 두 주체가 함께 사업의 설계 및 운영 측면에 대해 기대하는 바를 긴밀하게 협업해 진행할 사업의 모델을 함께 구성해 가는 것을 지원하는 환경적 배경으로 볼 수 있다.

민간 및 공공 주체들은 개별적으로 협업할 새로운 조직을 찾아내는 과정 대신 문화예술협력네트워크가 제공하는 플랫폼 위에서 협업을 진행해 감으로서, 1차적으로 검증된 대상을 협업 대상으로 삼게 된다고 볼 수 있다. 이는 개별 탐색 및 추진 과정에서 경험할 수 있는 위험과 노력을 줄이는 역할을 한다.

2. 동인

협력적 거버넌스가 작동하기 위한 가장 큰 요인인 동인(動因, drivers)은 협력 행위자를 협력적 거버넌스로 이끄는 역할을 한다. 리더십, 기대 가능한 보상, 결과적 인센티브, 상호의존성, 불확실성 등이 이에 해당한다.

한국문화예술위원회와 하나투어, 충남문화재단이 참여하게 되는 동인을 살펴보면 다음과 같다. 한국문화예술위원회는 각 지역의 문화예술 진흥을 위해 지역문화재단의 사업비를 지원한다. 문화예술협력네트워크 사업을 통한 민간기업과의 매칭은 중앙기관에서 지역기관을 지원하는 예산을 사업 규모 대비 절반 지원이 가능하다. 즉, 지역문화 진흥과 이에 대한 사업비 규모 절감은 협력적 거버넌스에 참여하는 주요 요인으로 볼 수 있다.

하나투어는 '문화관광 유통그룹'으로서 자리 잡고 성장하기를 기대하는 민간 주체이다. 국내 최대 규모 여행사로서 회사 사업의 핵심인 여행을 통한 예술 프로그램을 지원하는 사회 공헌 또는 문화활동 사업에 관심을 두고 추진하고 있다. 하나투어는 이를 활성화하기 위해, 2017년 5월에는 본격적으로 하나투어문화재단을 설립했고, 해당 문화재단은 경제적·사회적 여건 등으로 관광활동에 제약을 받고 있는 관광 취약계층 여행 지원 문화 프로그램을 진행하는 등 '누구나 여행할 권리'를 보장해 주기 위한 활동을 하고 있다. 하나투어는 '여행'을 콘텐츠로 협력할 수 있는 공공기관/지역문화재단 등의 주체를 찾고자 한다. 이는 하나투어문화재단이 지향하는 사업의 특성상 공공과의 협업이 필요한 상호의존성을 가진다. 또한, 문화사업을 통해 얻는 기업 가치/이미지 제고를 통해 기대 가능한 보상이 있다. 이와 같은 측면이 하나투어문화재단의 협력 동인이다.

충남문화재단은 2013년 12월에 설립된 충청남도 출연기관으로서, 충남문화예술의 발전과 예술지원사업, 문화기획 및 사업 추진, 예술교육, 문화예술 복지 등을 통한 충남도민의 문화 향유 기회 확대에 그 목적이 있다. 이에 충남문화재단은 선순환 예술 창작, 다함께 문예 협력 등의 비전을 가진 기관으로서, 이를 달성하기 위해 지역문화 네트워크 및 향유 확대, 문화정책 교류 협력, 문화예술 창작 선순환 생태계 조성 등의 다양한 목표를 설정해서 운영해 오고 있다. 그 과정에서 재단은 지역 문화자산 조명 및 지역 예술인 지원을 위한 환경을 구축하고자 한다. 재단의 목표나 가치에 비해 한정된 공적 재원에서 오는 문제를 해결하기 위해 좀 더 다양한 재원을 마련함으로써 다양한 사업을 실현해 갈 수 있는 길을 모색한다. 재단은 이와 같이 재단의 존재 목적을 가능하게 해주는 민간단체와의 상호 의존에서 오는 보상을 기대하고 참여한다.

다시 말해, 문화예술 협력적 거버넌스 사례를 통해 중앙기관인 한국문화예술위원회는 지역문화 진흥 지원에 드는 예산을 절감하고, 민간 참여 주체인 하나투어로서는 기존의 활동 방향성을 지키면서 확장 시너지 효과가 날 수 있는 협업 대상으로서 충남문화재단을 찾은 것이다. 문화예술협력네트워크 사업을 통해, 충남문화재단과 민간기업인 하나투어, 그리고 지역 예술가와 함께 만들어 가는 프로젝트를 운영하는데, 이는 문화 거버넌스 형태로 실현된다고 볼 수 있다.

3. 상호작용

협력의 동학 안에서 참여의 원칙(principled engagement), 공유된 동기(shared moti-vations), 공동행동 역량(capacity for joint actions)이 상호작용한다. 참여의 원칙은 다양한 협력 행위자가 공동의 문제를 해결하고 목표를 달성하거나, 함께 가치를 창출하는 과정에서 공정하고 투명하게 합의된 원칙에 따라 운영되는 것을 의미한다. 공유된 동기는 협력 과정에서 협력 주체들 간에 갖게 되는 상호 신뢰, 상호 이해, 협력의 내부적 정당성, 공통된 약속 등을 가리킨다. 공동행동 역량은 개별적으로 수행해서 이룰 수 없는 목표를 협력해 만들어 가는 과정에서 행위자들이 서로에게 필요한 것을 주고받는 것으로서, 절차적/제도적 협의, 리더십, 지식, 자원 등을 뜻한다.

문화예술협력네트워크를 통해 충남지역 신진 예술가의 창작활동을 지원하고자, 충남문화재단과 하나투어문화재단이 협의한 사업 내용이 집행되는 과정에서 한국문화예술위원회, 충남문화재단, 하나투어문화재단의 협력이 이루어졌다. 협력체계를 형성한 후, 공유된 동기가 형성되면서 사업이 진행된다. 이 사례에서는 상호작용을 통해 각 주체 간의 사업을 진행해 가는 이유와 방향성에 대한 동기가 공유되었다. 공동의 사업을 진행하면서, 지역 예술인이 프로그램에의 참여를 통해 창작활동, 전시 및 공연 과정을 즐기고 공유할 수 있도록 하고자 함께 논의하는 과정을 거친다. 충남지역에서의 신진 예술가의 작품 창작활동의 기회를 마련해, 예술가 지원뿐만 아니라 지역민의 문화 향유의 기회를 확장하기 위해 협력한다.

협력 주체인 충남문화재단과 하나투어문화재단은 초기 몇 차례의 면대면 논의 과정을 거치며, 각각 충남 홍성과 서울 종로에 위치한 두 재단의 물리적인 거리의 제약에 따라, 전화, 이메일 등의 비대면 소통 방식을 구축하고 적극 활용하기로 원칙을 만들어 나갔다. 협력 주체 간의 국내외 탐방 계획 및 추진, 전시 준비/음악 창작 추진 사항 점검 등 실무적인 진행 논의를 위해 수시로 유선으로 연락하고, 이메일 77건을 주고 받았다. 이후 지원 대상이자 사업 추진 시 또 하나의 주체인 예술가들이 선정된 이후에는 더욱 잦은 소통의 필요를 느껴, 수시로 연락 가능한 웹하드, 카카오톡 단체 채팅방과 같은 SNS를 통해 적시에 필요한 내용들을 소통하는 방향으로 상호작용의 방법을 확장했다. 이를 활용해 작품의 창작 상황 및 개선 필요 사항을 수시로 모니터링했다. 또한 탐방/전시/공연 등 주요 행사 진행 전까지 총 6회의 간담회를 통해 의견을 교류하고, 작품 창작 및 연습 상황을 점검하고 실제 전시/공연 계획을 함께 수립했다.

한국문화예술위원회는 협력의 한 주체이자, 문화예술협력네트워크 사업 정책의 집행기관으로서 개별 주체들의 독립성, 주체성을 보장하고 지지한다. 더 나아가 협력할 수 있는 플랫폼을 제공하는 주체로서, 사업에 참여하는 두 주체가 서로가 가진 자원, 상황 및 필요에 대해 잘 이해하고, 건설적으로 협업할 수 있는 여건이 마련되도록 하는 데에도 그 역할이 있다.

공동행동 역량이란, 참여 주체 간의 협력 과정을 반복하면서 새로운 지식과 경험이 창출되고, 그로 인해 개별 주체로 존재할 때 발휘할 수 없었던 협동 능력 등이 강화되는 것을 의미한다. 하나투어가 가진 여행 상품 관련 자산, 노하우와 충남문화재단이 가진 예술인 및 지역 문화예술 관련 네트워크가 만나, 지역문화 콘텐츠를 재조명하고, 지역 예술인의 창작활동의 지평을 넓혀주는 여행 프로그램을 기획해 추진할 수 있었다. 즉, 두 주체의 전문성이 만나, 개별적으로 진행/운영할 때 기대할 수 없던 능력이 발휘되고 실현되었다. 이 과정에서 충남문화재단과 하나투어문화재단의 주체가 하고 있는 협력에 대해 더욱더 신뢰를 강화함에 2년 연속으로 협력을 진행하는 결과를 가져오기도 했다.

4. 결과

협력적 거버넌스의 결과는 협력적 산출물을 가져오는데, 이 글에서 다루는 문화예술 정책 과정에서 협력적 산출물은 다름아닌 문화 프로그램의 도출이다. 이러한 협력 과정은 협력적 거버넌스의 제도적 환경에도 영향을 미쳐 협력모형의 적응(adaptation)을 가져온다. 적응은 협력의 결과 복잡한 문제의 시스템적 맥락이 변화되는 것을 의미한다. 이는 협력적 거버넌스가 작동하면 사회문화적·제도적 환경도 긍정적인 변화를 일으킬 수 있기 때문에 강조되는 주요 요인이다.

협력적 거버넌스에서 협력의 결과로 협력적 행동과 같은 산출물이 나오고, 수용된 현상이 도출된다. 충남에서 진행된 문화사업에서의 협력의 결과 나타난 협력적 행동은 실제 수행된 협력 프로그램이다. 2017~2018년 2년에 걸쳐서 진행된 사업의 프로그램 산출물을 협력적 거버넌스 형성의 결과물로 볼 수 있다.

2017년의 경우, 하나투어의 대표적인 문화예술 활동인 '문화예술 희망여행 COA Project' 중 하나의 프로젝트로 협력사업을 추진했다. 하나투어문화재단이 지향하는 문화예술 희망여행은 아티스트들이 여행 과정을 통해 얻은 영감을 작품으로 표현하고 전시할 수 있도록 하는 형태로 창작활동을 지원하고, 현지 문화 및 자연을 색다른 시각으로 봄으로써 대중과 공유하고 또 더 많은 사람에게 문화 향유의 기회를 제공하는 새로운 형태의 문화예술 지원 프로그램이다. 그리고 이 프로그램의 정체성을 유지하면서 협업을 통해 시너지를 낼 수 있는 협력 대상으로 충남문화재단을 만나, 충남지역의 예술인, 충남지역의 문화를 재조명하는 형태로 사업이 기획·추진되었다고 볼 수 있다. 비록 프로그램이 하나투어가 원래 추진하던 프로그램이라고 하더라도, 문화 콘텐츠, 지역 예술가 등의 자산은 충남문화재단의 것으로, 서로 다른 강점과 자산을 보유한 두 주체가 만나서 협력하는 행동의 결과로 나온 산출물이라고 볼 수 있다.

2018년의 버스킹 프로그램의 경우, 충남 공주 백제문화제에서부터 캄보디아 퍼프 스트리트(Pup Street)까지 지역 음악가라는 자산과 지역의 특징이라는 스토리를 담아 두 주체가 창조해낸 결과물이다. 백제문화제는 충남의 대표적인 지역축제로서 지역축제 프로그램을 강화하는 효과가 있었고, 캄보디아의 경우, 문화 소외지역에서 버스킹 공연을 통해 음악이 생소한 아이들 및 주민들에게 문화나눔을 진행했다는 의미가 있다. 이와 같이 충남문화재단과 하나투어문화재단은 버스킹 프로그램을 통해 예술가에게는 좀 더 다양한 경험을 제공하고, 창작활동의 여건 및 작품 전시활동을 후원하며, 문화예술 희망여행을 진행했다고 볼 수 있다.

그러나 협업은 여기에서 멈추지 않고, 협력적 거버넌스 행태를 내재화해, 그 이후에도 협력적 관계를 유지하면서 교류했다. 이후 희망여행 아트투어까지 확장해 2018년 10월에는 '꿈의 오케스트라, 공주'라는 프로그램을 통해 충청남도 아동들에게 말레이시아 코타키나발루 탐방을 지원하는 등 협력 프로그램을 진행했다. 형성된 협력적 거버넌스를 통해 지속적으로 새로운 것을 기획·추진했다고 볼 수 있다.

한국문화예술위원회와 충남문화재단, 하나투어의 협력 과정을 통해, 수용된 현상들, 즉 사업 집행에의 시스템적 변화 및 문화적 가치를 창출했다. 기업과 지역기관의 문화예술 분야 협력을 통해 새로운 예술 지원 플랫폼이 구축되었다. 하나투어는 단순한 금전적 지원을 진행한 것뿐만 아니라 '여행'이라는 콘셉트을 가지고 다양한 분야의 예술가들에게 창작활동 및 공연 전시를 지원했으며, 충남문화재단은 지역의 입장에서 지역 예술가의 창작 지원, 지역민의 문화 향유의 기회를 만들었다. 이와 같이 기업과 지방정부 단위의 거버넌스를 통해 새로운 협력 시스템을 구축했다. 또한, 민간기업이 광역문화재단과의 협력을 통해 비수도권 예술가를 지원하게 되었다. 기존의 민간기업의 문화예술 지원은 수도권을 중심으로 이루어지는 경우가 대다수였다. 그러나 하나투어문화재단과 충남문화재단은 '문화예술 희망여행'을 통해 충남의 광역문화재단과 협력해, 지역 예술가 및 아동들에게 새로운 예술 지원 프로그램에 참여하는 기회를 제공하고, 예술 지원에 대한 경험을 확대할 수 있는 계기를 마련해 주었다.

충남문화재단은 이 협력의 과정을 통해, 지역 내의 다양한 분야 예술가들의 교류하는 계기를 마련했다. 2년간 진행된 프로젝트에서 여러 분야의 예술가들이 함께 교류하며 네트워크를 맺게 되었다. 지역 내 국악 및 클래식 등 신진 예술가와 다른 지역 실용음악가가 함께 참여해 콜라보레이션 작업을 진행했다. 활동 지역도 다르고, 음악 장르도 서로 달랐지만, 협력사업을 통해 음악작업을 하면서 의견 교환 및 교류할 수 있는 네트워크 형성했다. 이를 계기로 뜻이 맞는 예술가들이 교류를 통해 작품활동을 함께할 수 있는 기회가 제공되었으며, 이에 예술가들의 창작 교류의 장에 대한 간접 지원 제공이라는 역할을 하게 되었다.

이와 같은 협력은 충남문화재단의 기부 시스템 개발 및 환경 조성에 긍정적 영향을 미쳤다. 중앙기관의 입장에서 국비 반, 민간 기부금 반으로 지역문화재단을 지원한 것이다. 이를 민간기업의 시각에서 보면, 한국문화예술위원회의 문화예술협력네트워크 사업을 통해 기부금을 기반으로 국비 등의 재원을 추가 확보하는 것으로 볼 수 있다. 이에 기업은 기부금액 이상의 궁극적인 효과를 얻을 수 있는 계기가 마련되었다. 또한 충남문화재단은 기부 시스템을 개발하고 환경이 조성되는 긍정적인 효과를 얻는다. 기존의 단순한 기부금품 모집사업에서 더 확장해, 한국문화예술위원회의 문화예술협력네트워크를 통한 매칭으로 협력적 거버넌스 형태로 운영될 수 있는 방안을 새롭게 확보했다. 이와 같은 매칭펀드 제도를 통해 협력한 경험을 통해 각 주체들은 차후 문화예술 협력 관련 진행할 사업을 진행하는 데 긍정적 기회를 제공할 수 있을 것으로 보인다.

Ⅵ. 맺음말

지금까지 다룬 한국문화예술위원회와 충남문화재단, 하나투어문화재단의 협력 사례는 문화예술 분야 지원의 재정적 한계 및 지역 격차를 보완하는 좋은 방안으로 볼 수 있다. 이는 각 행위 주체가 서로 간 협력을 통해 모두가 윈윈(win-win)한 것으로, 중앙기관은 국비의 절약을, 충남문화재단은 지역 예술가와 지역민을 위한 문화사업의 수행을, 하나투어는 기업의 사회 공헌 면에서 장기적인 비전에 맞는 사업을 수행할 수 있었다. 이는 초기 단계부터 철저한 협력의 시스템이 만든 결과이다.

시장이 실패하고 사회에 남아 있는 문제들을 정부가 함께 해결할 것으로 기대했던 것은 이미 실패로 돌아갔다. 이후, 시민사회의 등장으로 정부와 시장이 실패한 문제에 대해 보완하고, 보충하며 그 역할을 행해 왔다. 그러나 시민사회의 힘만으로는 재원 조성 등의 문제를 해결하는 데 한계가 있다. 문화예술 분야가 안고 있는 재원 관련 거시적인 문제 또한 개인이나 예술가, 비영리단체(NPO)의 주창만으로는 해결하는 데 어려움이 있었다.

문화예술 분야에서는 이와 같은 재원 조달문제를 해결하고자, 기업의 후원 및 기부를 유도하기 위한 여러 가지 방안을 강구해 왔다. 기부금법을 개정하고 조세 혜택을 제공해 왔으며, 기업의 접대비를 문화예술 관람에 사용하도록 장려해 왔으나 그것의 실질적인 효과는 확인되지 않았다.

문화예술계의 재원 부족으로 창작 지원, 예술가 양성, 지역 간 격차 해소 등을 실행할 수 없게 됨에 따라, 문화체육관광부 산하의 한국문화예술위원회는 문화예술 협력네트워크 사업을 기획해 다양한 협력을 통해 재원 조달 및 지원의 문제를 해소하고자 했다.

이 사업은 민간기업이 원하는 사업안과 지역문화재단이 원하는 사업의 성격을 바탕으로 두 주체를 매칭해 줄 뿐만 아니라, 기업의 지역문화 지원을 위한 출자 금액의 규모에 맞추어 중앙정부에서 지원금을 매칭해 주는 사업이다. 이와 같은 방식으로 재원을 가진 자발적 민간의 주체들을 지역의 문화정책기관과 협력할 수 있도록 지원해 문화정책이 가진 문제를 해결하고자 했다. 이는 지역의 교통 등 거대 인프라 설비 등에서 민관협력파트너십(PPP)으로 매칭펀드를 운영하는 민간 투자와 유사성을 가진다고 볼 수 있다. 그러나 이는 기업이 하나의 사업을 수주하는 형식의 민간 투자와는 달리, 기업의 사회 공헌을 위해 하고자 하는 일을 아이디어 수준에서 파트너를 찾아 초기부터 완전히 협력해 하나의 산출물을 만들어낼 수 있다는 데에서 차이가 있다.

채종헌 외(2008)는 협력적 거버넌스의 유용성을 자원의존 이론의 관점에서 보았는데, 경쟁은 한정된 자원을 나눠 갖는 제로섬 게임(zero-sum game)이지만 행위자 간의 협력을 통해 자원을 공유하고 증대시키는 포지티브섬 게임(positive-sum game)

이 가능하다는 것이다. 행위자가 동등하지 않거나 갈등의 정도가 큰 협의체와 비교할 때, 공동의 목표를 가지고 상호 호혜적인 상황에서의 협력을 진행하는 문화예술협력네트워크와 같은 협력적 거버넌스에서는, 행위자들 모두가 포지티브섬 게임의 결과를 얻을 가능성이 더 큰 것으로 보인다.

문화예술 분야에서의 협력적 거버넌스는 중앙정부-지방정부의 정책에서 재원의 문제를 해결하는 데 기여하고, 사업을 지역 내에서 실행하는 과정을 통해 문화의 지역 불균형 문제를 풀어주는 방식으로 전개된다. 문화의 지역 불균형은 경제적 여건처럼 삶의 만족도에 직접적인 영향을 미치지 않을 수도 있으나, 장기적으로 개개인이 가지는 문화자본의 격차를 가져온다. 그러나 이는 서서히 나타나는 바이기에 급한 현안들에 밀려 우선순위를 두고 해결하기 어려운 문제이다. 이뿐만 아니라, 이미 수도권을 중심으로 다양한 인프라들이 형성된 상황에서 수도권과 비수도권의 문화적 경험의 수준을 유사한 수준으로 끌어올리는 것 역시 쉽지 않다. 이는 정부 재원만으로 해결할 수 있는 문제가 아니며 민간의 자발적인 움직임이 동반될 때보다 유의미한 영향력을 가질 것으로 볼 수 있다.

중앙정부는 이 글에서 다룬 문화예술협력네트워크의 형성 및 홍보를 위해 다양한 포럼을 조직하는 등 적극적 역할을 수행했는데, 이 과정에서 많은 기관이 매칭활동을 전개했다. 이후, 좀 더 주체적이고 자발적인 협력을 위해 중앙정부기관은 플랫폼으로서만 그 역할을 축소해 가고 있다. 이를 통해 사업에 참여한 여러 주체가 문화예술협력네트워크를 통한 지원 이후에도, 민간 기업과 지방정부 양자 간 협력 사례는 다양하게 나타나고 있다. 이는 다른 문화예술기관 및 민간 주체 간에서도 적용 가능할 것이다.

| 생각해 볼 문제들 |

1. 문화예술협력네트워크 사업은 지역 문화기관과 민간기업이 주체적으로 협력할 수 있도록, 해당 사업의 초기 단계에서 중앙의 문화기관이 네트워크 플랫폼으로서의 역할을 수행했다. 중앙정부는 어떤 정책에서 지방정부, 기업 등의 협력체계를 구축할 때 네트워크 플랫폼으로서의 역할을 수행할 수 있을까?

2. 문화예술협력네트워크 사업은 민관협력파트너십투자사업(Private Public Partnership: PPP)이나 기업이 예술을 후원하는 메세나와 달리, 지역 문화기관과 민간기업인 각 주체가 사업 추진을 할 때 상호 협력한다. 문화예술 정책 등과 같이 재원이 부족한 정책의 영역에서 재원을 보유한 주체와의 협력이 있을 때, 재원의 후원·투자만이 아닌 사업의 전반에서 협력을 위해서는 어떤 필요를 가진 주체들이 협력을 해야 할까?

3. 문화예술지원기관과 민간기업의 이와 같은 협력 방식은 다른 정책 혹은 다른 주체들 간에서 어떻게 적용할 수 있을까?

〈 참고 문헌 〉

김민이(2019). 커뮤니티 기반 문화거버넌스 활성화를 위한 정책적 전망과 토대 : 성북구를 중심으로. 경희대학교 대학원 석사학위 논문.
김상철(2017). 제1회 블랙리스트 재발 방지 및 공정한 문화예술정책 수립을 위한 연속토론회 토론자료.
김정수(2008). 문화예술 공적 지원에 대한 검토와 재성찰. 「문화정책논총」, 20: 163-191.
김혜경(2015). 문화 거버넌스가 문화도시의 성과에 미치는 영향에 관한 연구: 부천시 사례를 중심으로. 가톨릭대학교 대학원 박사학위 논문.
남궁근(2006). 「스칸디나비아 국가의 거버넌스와 개혁」. 한울아카데미.
문태현(2005). 지역혁신을 위한 문화정책거버넌스의 성공요인분석. 「한국행정논집」, 17(2): 337-359.

서순탁·민보경(2005). 지역발전을 위한 협력적 거버넌스에 관한 연구: 분당–죽전 도로 연결을 중심으로. 「지역사회발전학회논문집」, 30(2): 25–44.

윤정국(2012). 문화예술 분야 기부활성화전략과 매개기관의 역할: 문화거버넌스 관점을 중심으로. 성균관대학교 대학원 박사학위 논문.

이윤희(2005). 지역문화 거버넌스 형성 과정에 관한 사례 연구: 수원시 화성을 중심으로. 경기대학교 박사학위 논문.

임고은(2006). 문화예술의 사회적 가치 구현을 위한 문화거버넌스 체계 연구. 경희대학교 석사학위 논문.

임학순(2001). 문화예술진흥기금 운영 28년의 성과와 한계: 문화예술진흥기금의 지원체계. 「문화예술」, 8월호.

조광식·이시경·윤광구(2007). 기초자치단체 문화 거버넌스의 형성 수준과 영향 요인: 지역과 행위자에 따른 차이분석을 중심으로. 「한국지방자치연구」, 9(3): 21–42.

채종헌·최진식·최유성(2008). 협력적 거버넌스의 효과성에 관한 연구: 환경기초시설 갈등 사례를 중심으로. 「KIPA 연구보고서 2008–08」. 한국행정연구원.

2018 예술경영 컨퍼런스 : 예술경영 우수사례 발표 자료집.
문화예술협력네트워크 공동협력사업 결과 공유회 자료집.
      1-1 문화예술협력네트워크 소개 자료
      1-2 문화예술협력네트워크 공동협업사업 성과와 과제
      1-3 올림푸스X서울문화재단 엉뚱한 사진관 발표자료
충남문화재단 정보공개청구 자료
한국문화예술위원회 정보공개청구 자료

관련 기사 다수

문화예술협력네트워크 홈페이지
충남문화재단 홈페이지
하나투어 홈페이지
한국문화예술위원회 홈페이지

Emerson, K. & Nabatchi, T., & Balogh, S. (2012). An integrative framework for collaborative governance, *Journal of Public Administration Research and Theory*, 22: 1–29.

04

민관 협력을 통한 사회문제 대응 : '한지붕 세대공감' 사업 사례[*]

김민길 · 조민효
성균관대학교

I. 들어가는 말

    이 글에서는 서울시에서 시행하고 있는 '한지붕 세대공감' 사업을 통해 사악한 문제(wicked problem)로 볼 수 있는 노인 복지문제와 청년 주거문제 해결을 위한 서울시 정부와 민간의 협력 사례를 살펴본다. 이 사업은 주거공간에 여유가 있는 노인이 대학생에게 저렴한 가격으로 주거공간을 제공하고, 대학생은 노인과 같이 거주하면

---

[*] 이 사례는 유정호 · 김민길 · 김영직 · 조민효(2016), 「공공영역에서의 공유경제 정책집행에 관한 연구: 서울시 '한지붕 세대공감' 사업을 중심으로」, 「한국행정연구」, 25(2): 115-155를 수정 및 보완한 것임.

서 약간의 서비스를 제공하는 형태로 진행된다. 사업에 참여하고 싶은 노인들과 대학생들이 신청을 하면 서울시 각 구청의 담당공무원이 대학생과 노인을 매칭시켜 주며, 참여자들 간 갈등이 발생할 경우 중재자 역할까지 담당한다. 특이한 점은 해외 유사 사례의 경우 주로 민간단체나 공인중개사가 담당하는 공유 매칭의 업무를 이 사업에서는 공무원이 한다는 점이다.

이 사업을 진행하는 데 사업 참여자인 청년층과 노인층 간 협력을 유도할 수 있는 동인은 존재하는 것으로 나타났지만, 실제 원활한 협력을 위한 협약, 동기의 공유, 협력 역량 등은 서로에 대한 신뢰 부족으로 낮은 것으로 나타났다. 그럼에도 불구하고 이 사업이 지속될 수 있는 이유는 서울시 공무원들, 즉 정부에 대한 참여자들의 신뢰가 높기 때문인 것으로 나타났다.

II. 사례 개요

한국은 65세 이상 인구가 전체 인구에서 차지하는 비율이 7% 이상인 고령화 사회로 2000년에 이미 진입했으며, 2026년에는 노령인구 비율이 20% 이상인 초고령 사회로 진입한다고 UN은 전망하고 있다. 노인문제와 더불어 한국 사회에서 중요한 정책 이슈로 떠오르고 있는 것 중 하나가 청년의 주거문제이다. 현재 한국의 대학 진학률은 70.7%로 한국 고등학생의 대다수가 고등교육에 진학하고 있으나, 대학생의 기숙사 수용률은 16.7%로 낮은 수준이며, 특히 수도권 대학의 기숙사 수용률은 10.7%로 매우 낮은 상황이다. 이에 따라 기숙사를 배정받지 못한 다수의 대학생은 주거비로 평균 보증금 1,418만 원과 월세 42만 원가량을 소비해야 하는 등 주거문제는 중요한 청년문제로 나타나고 있다.

'한지붕 세대공감' 사업은 이러한 노인 복지문제, 청년 주거문제를 해결하기 위한 대안 중 하나로서 서울시에서 시행하고 있는 정책이다. 박원순 시장의 주요 공약 중 하나인 '공유 서울' 사업의 일환으로서, 공유경제의 가치를 바탕으로 노인과 청년문제를 해결하고자 2013년도에 시행되어 현재에 이르고 있으며, 2016년부터는 전 자치구로 확대되었다. 구체적인 정책의 내용과 목적을 살펴보면, 노인은 주거공간을 대학생과 공유하고, 대학생은 생활 서비스를 노인들에게 제공함으로써 노인의 복지문제 및 대학생의 주거비 부담문제를 동시에 해결하고자 하는 사업이다.

'한지붕 세대공감' 사업은 초기에는 민간단체와 협력관계를 구축하는 등 민간과 정부의 협력을 통해 사업을 진행하려고 했으나 실패했고, 정부 중심의 사업모형으로 변형되었다. 이 사례를 통해 협력적 네트워크에 영향을 주는 요인들에 대해 살펴보고, 한국적 맥락에서 거버넌스에 영향을 줄 수 있는 요인들을 파악해 보고자 한다.

1. 공유도시 서울

앞서 언급했듯이, 한국 내의 공유경제는 주로 지자체를 중심으로 이루어지는 경향을 보인다. 특히 서울시의 '공유도시(Sharing City) 서울'은 박원순 시장의 주요 정책사업 중의 하나로, 공유를 소유가 아닌 사용의 개념으로서 정의하면서, 공유를 통해 저비용 고효용 달성, 자원 활용, 공동체 복원, 환경에의 기여 등을 꾀할 수 있음을 강조하고 있다. 최초 서울시는 2012년 1월 '서울혁신기획관'을 신설해 정책들을 추진하기 시작했으며, 2012년 9월 20일 공유도시 서울을 선언한 이래 지속적인 제도 정비를 진행하고 있다. 2012년 12월 31일에는 「서울특별시 공유 촉진 조례」, 2013년 2월 21일에는 「서울특별시 공유 촉진 조례 시행규칙」을 제정했으며, 민관 거버넌스로서 '서울특별시 공유촉진위원회'를 발족시켜 운영하고 있다. 또한, 처음 공유에 참여하는 시민들의 불편을 해소하기 위해 2013년 6월 26일 '공유허브 사이트'

를 개설했다. 이 밖에도 기타 각종 회의 및 세미나, 포럼, 박람회 등을 지속적으로 개최해 오고 있다. 공유도시 서울과 관련된 정책은 매우 다양하며, 구체적으로 공공시설 공간 개방, 공공데이터 개방, 나눔카(카셰어링), 한지붕 세대공감(룸셰어링), 공유서가, 공유도서관, 공구 도서관(생활공구 대여), 장난감 도서관, 아이옷 나누기, 공유허브 홈페이지 운영, 도시민박 등이 존재한다.

2. 한지붕 세대공감 사업

현행 한지붕 세대공감 사업은 기존의 한지붕 세대공감 사업과 세대 융합형 룸셰어링 사업을 통합해서 운영하고 있다. 통합 이전에는 사회혁신담당관에서 한지붕 세대공감 사업을, 임대주택과에서 룸셰어링(room sharing) 사업을 독자적으로 기획 및 추진했다. 전자는 2013년부터, 후자는 2014년부터 사업이 진행되었으며, 2016년부터 주택정책과로 이전 및 통합되어 한지붕 세대공감이란 단일 사업명으로 오늘에 이르고 있다. 담당부서의 통합에 관한 내용을 간략하게 표현하면 다음 [그림 1]과 같다.

최초 한지붕 세대공감 사업은 공유 서울의 5대 핵심 과제 중 하나로, 고령화와 청년 주거문제의 해결을 목표로 했다. 이에 따라 2013년도에는 10개 가구를 목표로 서울시 사회혁신담당관[1]에서 2012년 11월부터 시범사업을 추진했다. 이 사업의 주요 골자는 참여 노인들은 남는 방을 시세의 50% 이하의 저렴한 임대료로 대학생에게 제공하고, 대학생은 청소, 장보기, 스마트기기 학습 등 생활 서비스를 노인에게 제공하는 형태이다.

---

1) 사회혁신담당관은 서울시의 조직도에서 사회혁신기획관 산하에 있으며, 한지붕 세대공감 사업을 담당하는 부서는 공유도시팀이다.

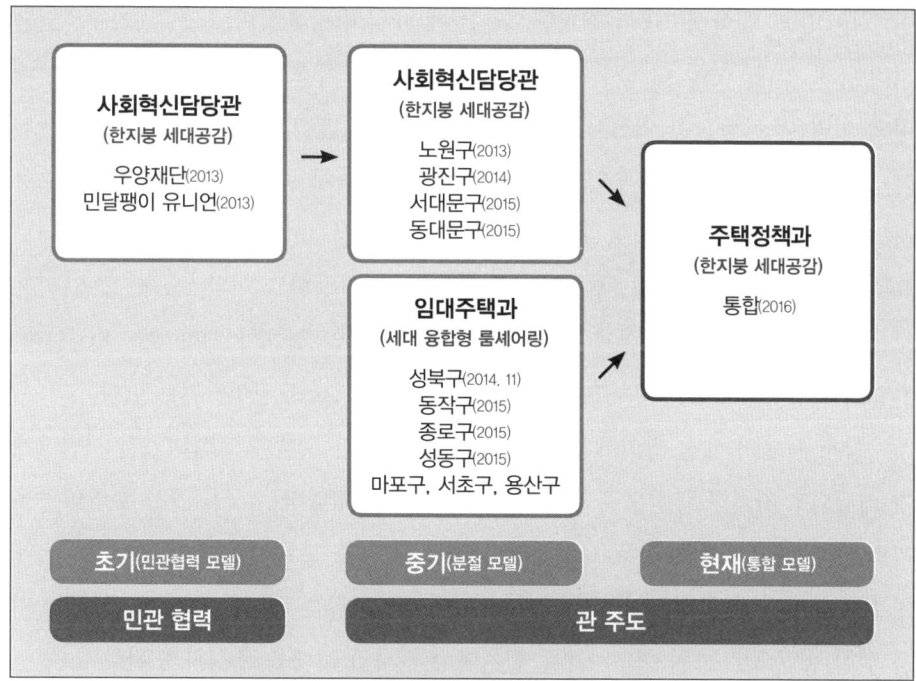

[그림 1] 문화예술협력네트워크 구조 및 목적

초기 모델 시기의 사업은 시민단체가 참여했다는 점에서 이후의 사업과 구별되는 특징을 보인다. 시민단체를 포함한 공공, 민간영역 참여 주체의 역할을 살펴보면 크게 서울시와 우양재단, 민달팽이 유니언 등 세 주체가 참여하되, 서울시가 주도하고 시민단체는 참여자 모집만 담당하는 제한적인 역할을 수행했다. 서울시 초기 모형은 지방정부가 주도하고 시민단체는 작은 부분만 담당한다는 점에서 프랑스 및 스페인[2]의 비영리단체 중심으로 운영 중인 주거공유 사업과는 구분된다.

초기 모델과 관련해, 2013년 10월 김태원 서울시 의원은 한지붕 세대공감 사업

---

2) 프랑스의 'Ensemble 2 Générations'와 스페인의 'Viure i Conviure.'

이 노인 15명, 대학생 7명이 신청했지만 실제 매칭되어 운영되는 것은 1가구뿐임을 지적한 바 있다. 이에 대해서 서울시는 주거 위치와 희망 지역이 다른데서 오는 매칭의 어려움, 갈등관리 역할을 할 수 있는 참여자의 부재 등을 문제점으로 분석했다. 또한 이에 대한 향후 운영계획으로 첫째, 민간단체 중심에서 자치구 중심으로 사업 추진체계를 변경하기로 했다. 즉, 지정공모를 실시하고 노원구 사례를 토대로 표준사업 모형을 개발하며, 부서 간 행정협의회를 구성한 것이다. 둘째, 맞춤형 홍보를 강화하고 관내의 대학과 협력하기로 했다. 셋째, 임대차 계약서를 작성하며, 간담회를 정기적으로 개최하고 상담 과정을 카드에 기록해 관리하기로 했다.

당시 사업의 개선 방안에서 가장 큰 변화는 초기 모델에 포함되었던 시민단체가 배제되고 자치구 중심으로 사업 추진체계가 개편되었다는 것을 꼽을 수 있다. 초기의 민관협력 모형의 경우 노인층과 대학생층 양쪽 모두 참여자가 적었으며, 매칭 역시 1가구 밖에 성사되지 않았기 때문에 사업모형을 개선할 필요가 있었다. 이를 위한 방안으로 노원구의 사례를 벤치마킹해 사업 확대를 추진하게 된다. 노원구는 2013년부터 자체적으로 '한지붕 세대공감'과 유사한 형태의 세대 간 룸셰어링 사업을 진행하고 있었으며, 사업 참여자의 수와 만족도 측면에서 다른 지역들에 초기 '한지붕 세대공감' 사업에 비해 우수한 결과를 보여주고 있었다. 이에 따라 서울시는 노원구 사례를 벤치마킹했다.

초기 모델 이후에 제시된 개선 방안에 따라 사회혁신담당관은 노원구 사례를 기반으로, 2013년 11월부터 변경된 한지붕 세대공감 사업에 대한 예산 지원을 시작했다. 이후 2014년에는 광진구, 2015년에는 서대문구, 동대문구까지 사업 시행 범위를 확대했다. 이와는 별도로 임대주택과의 세대 융합형 주거공유 사업이 2014년 5월 16일 박원순 서울시장의 공약인 '장년층 소득을 높여드리는 공공지원 세대 융합형 임대주택 모델'에서 제시되었다. 2014년 10월 10일 시장 현안 사항 보고에서 공동체형 민간임대주택 공급 지원의 하나로 세대 융합형 룸셰어링 사업의 시행이 결정되었고, 10월 23일 성북구를 시범사업 대상으로 협조 요청을 한 뒤 사업이 추진되었다.

세대 융합형 주거공유는 급격한 고령화 추세에 따른 홀몸 노인들의 경제적 자립 및 고립감 해소와 청년계층의 열악한 주거환경 개선을 취지로 서울시 임대주택과에서 추진했으며, 홀몸 노인들의 고립감을 해소하고 대학생에게 주변 임대료보다 저렴한 주거공간을 제공하는 데에 주요 목적을 두었다. 이는 한지붕 세대공감 사업이 대학생의 노인에 대한 생활 서비스 제공을 주안점을 두던 것과는 차이를 보인다.

양 사업의 차이점은 초기 구상 단계에서도 존재한다. 한지붕 세대공감 사업이 초기에는 시민단체와 시 간의 협업으로 출발한 뒤 지방정부 주도형으로 변경된 데에 반해, 세대 융합형 주거공유 사업은 초기부터 시민단체의 참여를 제외한 채 임대주택과에서 사업을 구상하고 성북구에서 시범사업을 시행했다. 두 사업 간의 차이점을 정리하면 〈표 1〉과 같다.

〈표 1〉 사업 비교

구분	한지붕 세대공감(사회혁신담당관)			세대 융합형 주거공유(임대주택)	
	노원구	서대문구	광진구	성북구	2015. 8. 변경안 (성북구)
참여	서울시 및 시민단체 → 자치구			서울시 및 자치구	
주안점	생활 서비스 제공			주거문제 해결	
임대료	10~30만 원	10~40만 원	10~40만 원	20만 원 이내	20만 원 이내 (주변 시세 고려)
보증금	없음			없음	2~3개월분 선납 가능
주거환경 개선비용	50만 원 이내	없음	없음	50만 원 이내	100만 원 이내
거주 기간	6개월			1년	6개월
입주자격	자치구 내 대학생			월평균 소득 100% 이하[3]의 무주택자인 자치구 내 대학생	소득 기준 폐지 (신청 대학생 수 증가)
임대자격	65세 이상 자가 또는 전세주택 소유자, 건강상 문제가 없는 자			만 65세 이상	만 60세 이상 연령 기준 완화

---

[3] 도시근로자 월평균 소득 100%는 3인 가족은 세대 총수입이 월 460만 원 이하, 4인 가족은 월 510만 원 이하, 5인 가족은 월 535만 원 이하이다.

앞에서 살펴보았듯이 한지붕 세대공감과 세대 융합형 주거공유 사업은 사업명만 다를 뿐 사업의 취지나 목표는 상당히 비슷했으며, 세부 시행 방법에서만 약간의 차이가 있었다. 이러한 문제 인식을 바탕으로 2016년 청년회의에서 두 사업을 유사 사업으로 판정했고, 이를 한지붕 세대공감 단일 사업으로 통합된 후, 주택정책과로 이전해 현재에 이른다. 최종적인 사업 모형은 [그림 2]와 같다. 이 사업에서 각 자치구의 담당공무원이 중재자 역할을 하게 되며, 서울시와 서울주택도시공사(SH공사)는 지원 역할을 담당하게 된다. 각 자치구와 서울시에서 사업을 홍보하고, 사업 참여자는 각 자치구를 통해 사업에 참여하게 된다. 각 자치구 담당공무원은 사업 참여자들 간의 중재자 역할을 하게 되고, 서울시는 SH공사가 참여자들의 주택보수공사를 진행할 수 있는 예산을 지원하게 된다.

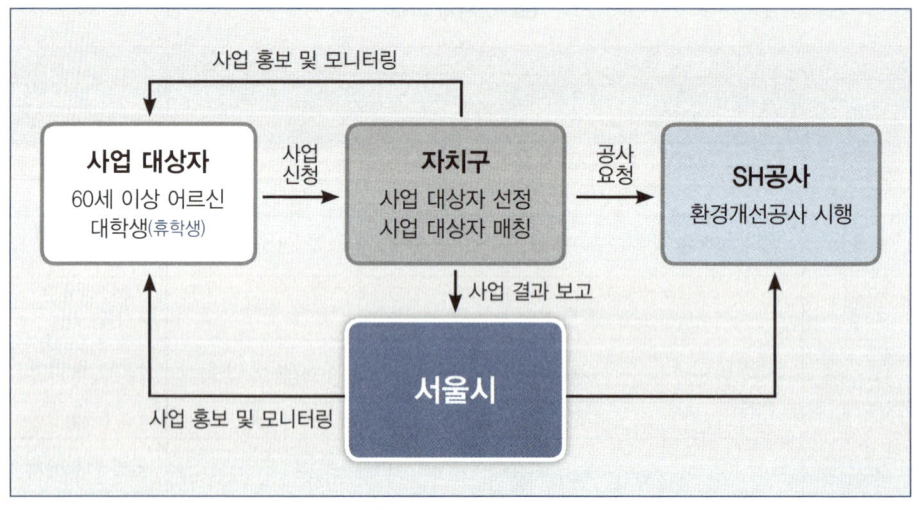

[그림 2] 사업 방식

III. 사례 분석 모형

일반적으로 사용되는 협력적 거버넌스 정의는 '조직 간 협력'이다. 이러한 협력적 거버넌스의 정의에 따르면 '한지붕 세대공감' 사업은 협력적 거버넌스라고 보기 힘들 것이다. '한지붕 세대공감' 사업의 경우 주거 서비스 공급자인 노인, 생활 서비스 공급자인 대학생들이 조직을 이루지 못하고 있기 때문에 조직 간 협력이 나타나는 경우는 아니기 때문이다. 그러나 협력적 거버넌스를 구체적으로 정의하고 분석틀을 만들고자 한 앤셀과 개시(Ansell & Gash, 2008), 에머슨 외(Emerson et al., 2012), 이명석(2010) 등의 정의를 살펴보면 이 사업은 협력적 거버넌스의 성격을 가지고 있음을 알 수 있다.

앤셀과 개시(Ansell & Gash, 2008)는 협력적 거버넌스는 "하나 혹은 그 이상의 공공기관이 공식적이고 의도적으로 의견 일치를 추구하면서 이루어지는 집합적인 의사결정과 집행 과정에서 민간부문의 이해관계자와의 직접적인 상호작용을 통해 공공의 문제를 해결하는 것"이라고 정의하고 있다. 에머슨 외(Emerson et al, 2012)는 협력적 거버넌스를 "달리 달성할 수 없는 공공 목적을 수행하기 위해 공공기관, 정부 수준 또는 공공, 민간 및 시민 분야의 경계를 넘어 사람들을 구조적으로 참여시키는 공공정책 의사결정 및 관리의 프로세스 및 구조"라고 정의하고 있다. 이명석(2010)의 경우 협력적 거버넌스를 "공공기관의 주도에 의한 자율적인 행위자와 조직들 사이의 구조화된 상호작용을 활용해서 기존의 조직적 경계와 정책을 초월해 새로운 공공가치를 창조하는 사회문제 해결 방식"이라고 정의하고 있다. 이러한 정의들을 살펴보면, 협력적 거버넌스는 공공문제 해결을 위해 다양한 이해관계자들이 직접적인 상호작용을 가지며, 구조적으로 참여하는 것이라고 볼 수 있다. '한지붕 세대공감' 사업에서 민간 참여자인 노인이나 대학생은 조직을 구성하고 있지는 않지만, 노인은 주거 서비스 제공의 주체, 대학생은 노인 생활 서비스 제공의 주체로서 구조적으로 참여하고 있으며, 담당 공무원과 직접적으로 상호작용하고 있다는 점에서, 이 사업을 협력적 거버넌스의 한 가지 형태로 볼 수 있을 것이다.

한지붕 세대공감 사업을 담당하고 있는 서울시 주무관 2명 및 각 구청 주무관 4명과의 인터뷰 내용을 바탕으로 협력적 거버넌스의 시각에서 이 사례를 분석하고자 한다. 구체적으로, 분석 모형은 아래 [그림 3]과 같이 에머슨 외(Emerson et al., 2012)의 협력적 거버넌스 통합 프레임워크를 사용할 것이다. 에머슨 외(Emerson et al, 2012)는 협력적 거버넌스에 관한 문헌들을 메타분석해서 협력적 거버넌스를 설명하기 위한 통합적 프레임워크를 만들었다. 이 프레임워크는 보편적 체제 맥락, 협력 동인, 협력적 거버넌스 레짐, 협력 영향, 적응으로 구성되어 있다.

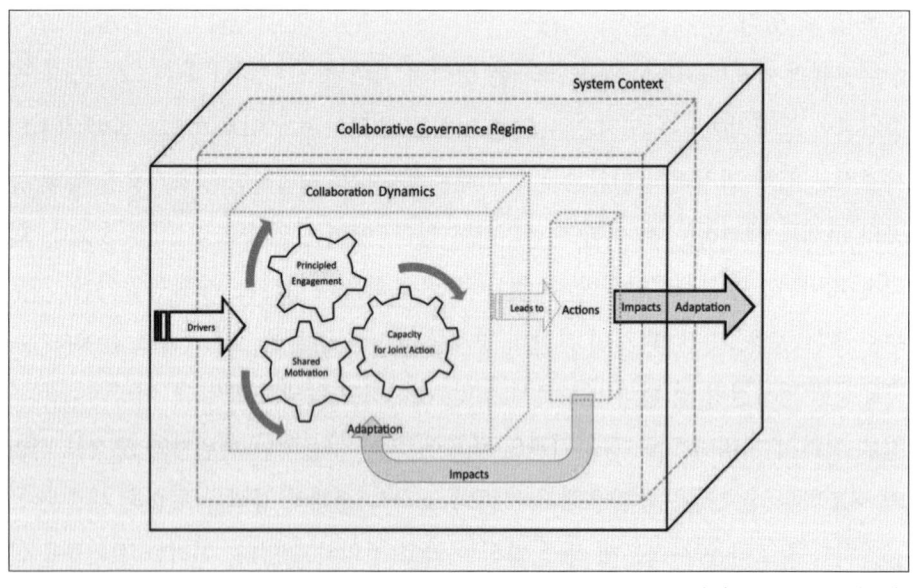

출처: Emerson et al.(2012).

[그림 3] 협력적 거버넌스를 위한 통합적 프레임워크

보편적 체제 맥락(general system context)은 협력적 거버넌스에 영향을 줄 수 있는 다양한 외부 요소들을 의미한다. 다만, 체제 맥락과 협력적 거버넌스 레짐은 단방향이 아닌 양방향 영향 관계를 가지고 있다. 체제 맥락의 요소로는 자원, 정책, 법, 과거의 실패, 네트워크 구성 요소의 연결 상태 등이 있으며, 이는 협력적 거버넌스를 시작시키는 조건이라기보다는 협력적 거버넌스에 영향을 줄 수 있는 외부 요인을 의미한다고 볼 수 있다.

두 번째 요소는 동인(drivers)이다. 동인에는 네 가지 요소가 포함되어 있는데, 리더십, 협력에 대한 유인, 상호의존성, 불확실성 등이다. 동인은 체제 맥락과는 달리 직접적으로 협력관계를 발생시키는 요인을 의미한다. 이러한 네 가지 동인 중 한 가지 이상의 요소가 존재해야 협력관계가 발생하고 협력적 거버넌스로 이어질 수 있다고 보고 있다.

세 번째 요소는 협력적 거버넌스 레짐이다. 협력적 거버넌스 레짐은 행위, 의사결정, 행동 등으로 대표되는 분야 간 협력체계로 볼 수 있다. 이 레짐은 동인들에 의해 시작되지만, 협력적 거버넌스 레짐의 구성 요소인 협력 역학과 행동에 의해 영향을 받을 수 있다. 먼저 협력 역학을 살펴보면, 원칙에 기반한 협약, 공유된 동기, 협업 능력을 기반으로 참여자들 간의 역학관계를 살펴보는 것이다. 참여자들의 역학관계에 의해 협력 행동이 일어나게 되는데, 협력적 거버넌스 레짐은 참여자들의 역학관계가 어떠한 협력을 도출하는지를 살펴보는 것이다.

이후 협력의 영향과 적응 단계가 존재하지만, 여기에서는 협력적 거버넌스 레짐까지만 살펴보고자 한다. 협력의 영향이나 적응 단계의 경우 사업의 효과평과 부분과 이어지게 될 것인데, 자료의 한계로 인해 이러한 부분을 살펴보기가 힘들기 때문이다.

IV. 사례분석 결과

1. 체제 맥락

한지붕 세대공감 사업에 영향을 주는 가장 큰 체제 맥락 요인은 자원일 것이다. 한지붕 세대공감 사업의 협력 대상은 크게 서울시 정부, 대학생, 노인이라고 볼 수 있다. 대학생의 경우 저렴한 주거공간이 필요하고, 노인의 경우 추가적인 수입 및 생활 서비스 지원이 필요한 상황이다. 대학생은 금전 및 생활 서비스라는 자원을 가지고 있고, 노인은 주거공간이라는 자원을 가지고 있다. 다만, 두 협력 대상 간의 자원 교환이 서울시를 통해 이루어지고 있으며, 서울시는 대학생 주거문제 해결 및 노인복지 증진을 추구하는 상황에서 대학생과 노인 간 협력을 중재하는 것으로 볼 수 있을 것이다.

"그 다음에 경제적인 목적보다는 그냥 애 하나 데리고 있지, 정~말로 적적하신 분들이 있어요. 그런 분들이 좀 잘 되는거 같고, …(중략)… 아파트 35평 이상이고 깨끗하다 싶을 경우에는 방 하나당 25만 원 정도를 받게 되는데, 그게 50만 원이잖아요. 그게 그러면 50만 원 정도면 노인들한테, 경제적인 보탬이 되고, 그리고 난방비가 겨울에 웬만큼 나와도, 커버가 됩니다."

(A구 사업 담당공무원)

"솔직히 주거비가 줄어듦으로써 학생들의 신청은 어느 자치구나 많을 거라고 보거든요."

(B구 사업 담당공무원)

2. 동인

에머슨 외(Emerson et al., 2012)에서는 협력의 동인이 리더십, 협력에 대한 유인, 기관 간의 상호의존성, 불확실성 네 가지가 존재한다고 주장했다. 한지붕 세대공감 사업 사례에서는 협력에 대한 유인, 불확실성, 리더십이 가장 중요한 역할을 한 것으로 보인다.

먼저 협력에 대한 유인 측면에서 각 주체들은 충분한 자원을 가지고 있지 못한 것으로 나타났다. 대학생의 경우 주거공간이라는 자원이 필요한 상황이었으며, 노인들은 생활 서비스, 서울시는 이들에게 주거공간 및 생활 서비스를 제공하기 위한 재원이 모자라는 상황이었다. 결국 앞서 체제 맥락에서 언급했듯이, 서로의 자원이 부족한 상황이었기 때문에 협력에 대한 유인이 높은 상황이었다.

다음으로는 불확실성이라는 동인이 존재한다. 대학생과 노인의 입장에서 이 사업을 바라볼 때, 서로에 대한 신뢰는 전혀 없는 상태라고 볼 수 있다. 이 두 주체의 경우 서로 전혀 모르는 타인이기 때문에 각 주체들의 행동양식이나 선호에 대한 정보가 없다. 즉, 서로에 대한 불확실성이 높은 상황이라고 할 수 있다. 이 때문에, 일반적인 상황에서는 협력이 일어나지 않겠지만, 정부라는 주체가 중재자 역할을 했기 때문에 공공 분야에 대한 어느 정도의 신뢰를 확보하고 협력이 발생할 수 있었다.

> "아무래도 정부에서 나서 준다면 더 신뢰하게 되는 거 같고요."
>
> (서울시 사업 담당공무원)
>
> "구에서 프로그램을 진행하다 보니까 어떤 경우에는 문제가 예를 들어서 발생했을 때 너희가 소개시켜 줬으니까 니가 책임져야 하는 거 아니냐 이렇게 나오는 경우가 있거든요. 그런 부분이 부담이 되는데, 어쨌거나 그렇게 믿는다는 거는 거기에 대한 신뢰가 있다는 이야기죠. 구에서 추진을 하니까. 믿음이 있다는 이야기죠."
>
> (A구 사업 담당공무원)

마지막으로 이 사업에서 리더십 역시 중요한 역할을 하는 것으로 보인다. 다만 이 리더십은 협력 자체를 주관하는 것이 아니라 이 사업 전반을 이끌어 나가는 데 중요한 역할을 하는 것으로 보인다. 한지붕 세대공감 사업은 박원순 서울시장의 주요 관심 사업이며, 시장의 관심이 높다 보니 중재자 역할을 하는 담당공무원들이 적극적으로 대학생과 노인을 중재하며 사업의 성과를 낼 수 있도록 하고 있다.

> "시장님께서 관심이 많으세요, 이 사업에 대해서. 저희가 이제 정기적으로 보고를 드리는 사업이고, 저희가 어찌 됐건 간에 지금 민간인들 주택 공급 활성화 부분에 들어가는 사업인데, 그 부분에 대해서는 다른 사업들보다 우선순위로 브리핑을 받으려고 하셔서, 저희가 수시로 보고드리고, 어려운 점에 대해서 개선드리겠다고 말씀드리면 개선이 돼서 지원도 해주시고 하니까 다른 사업보다 굉장히 관심이 있으십니다."
>
> (서울시 사업 담당공무원)

협력의 동인 측면에서는 에머슨 외(Emerson et al., 2012)가 말한 네 가지 유형 중 총 세 가지 요인이 나타나는 것을 확인할 수 있었다. 각각 협력에 대한 유인, 불확실성, 리더십이다.

3. 협력 역학

1) 원칙에 기반한 협약

협력 역학은 원칙에 기반한 협약(principled engagement), 공유된 동기(shared motivation), 협력 능력(capacity for joint action)으로 구성되어 있다. 이 요소들은 서로

순환하며 상호작용한다. 여기에서는 먼저 원칙에 기반한 협약 요인을 살펴보면서, 세 가지 협력 역학의 상호작용과 동인이 협력 역학에 미치는 영향에 대해 살펴보고자 한다. 여기에서 다룰 첫 번째 요인은 원칙에 기반한 협약이다. 원칙에 기반한 협약 측면에서 발견, 정의, 숙의, 결정이라는 네 가지 요인이 이론적으로 존재한다. 이는 각각 문제에 대한 발견, 문제 정의, 문제 해결 방안에 대한 숙의, 해결 방법에 대한 결정이다.

한지붕 세대공감 사업 사례에서는 이 네 단계가 모두 나타나고 있다고 볼 수 있다. 다만, 이러한 과정이 대부분 정부에 의해서 이루어지고 있다. 문제에 대한 발견 단계부터 숙의, 결정 단계까지 서울시 공무원들에 의해 이루어지고, 대학생과 노인의 경우 서울시 공무원들에 의해 만들어진 규칙에 따라 협력관계를 유지하게 되었다. 구체적으로 문제 인식과 정의의 경우 고령화로 인한 노인 서비스에 대한 수요 증가, 대학생의 주거문제 심각화 등을 들 수 있다. 이를 해결하기 위한 방안 중 하나로 한지붕 세대공감 사업이 등장했는데, 이 과정에서 대학생이나 노인들이 사업 도입 과정에 개입하지 않은 것으로 보였다. 이후 사업이 확대 및 개선되는 과정에서도 담당공무원들 간의 회의를 통해 숙의 과정이 이루어지는 것으로 보였으며, 해결 방법 역시 정부가 결정하는 것으로 보였다.

> "대학교가 많다 보니까 저희가… 아까… 그… 7만 명에 30%면 2만 4천 명인데, 그…(자료 확인) 기숙사 수용률이… 한 7, 8%밖에 안 돼요. 그러면 여기 정확한 숫자로 보면 2만 3천 명 정도 되는데, 기숙사 정원이 6천 명 정도 되요."
>
> (C구 사업 담당공무원)
>
> "시장님 공약사업인 민간임 임대사업 임대주택 공급 8만 호 안에 들어가는 사업으로 우리가 추진을 했었고요 …(중략)… 취지는 1세대와 3세대가 융합하는 한지붕 안에서 주거를 같이 공유하는 부분을 플랫폼을 개발하고,…"
>
> (서울시 사업 담당공무원)

> "저희가 원래 연 1회 정도 담당자분들 간담회를 해서 한자리에 모여 함께 의논을 하는 자리를 만들려고 하는데요. 작년에도 시행했고 올해도 이제 시행을 할 예정입니다. 그렇게 하다 보니까 그 안에서 또 식사 같이 하면서 이렇게 얘기를 또 하고, 문제점이라든지 어떻게 하면 일이 잘 풀릴지에 대한 고민들을 서로 얘기하시더라구요."
>
> (서울시 사업 담당공무원)

2) 공유된 동기

공유된 동기는 신뢰, 상호 이해, 적법성, 헌신이라는 요소로 구성되어 있다. 한지붕 세대공감 사업 사례에서 공유된 동기는 정부에 대한 신뢰에서 출발하는 것으로 볼 수 있다. 앞서 동인에서 언급했듯이, 대학생과 노인 사이의 신뢰는 낮으며, 중재자인 정부에 대한 신뢰는 높은 수준이었다. 이러한 정부에 대한 신뢰를 기반으로 노인과 대학생 사이의 협력이 일어나고 노인과 대학생 간의 신뢰가 구축될 수 있었다. 이 경우 상호 이해, 적법성, 헌신까지 공유된 동기가 발전해 성공 사례로 나타났다. 하지만, 실패 사례에서는 정부에 대한 신뢰를 기반으로 협력이 시작되었지만, 대학생과 노인의 신뢰로는 이어지지 못하며, 신뢰, 상호 이해, 적법성, 헌신이라는 요소들이 나타나지 않았다.

3) 협업 능력

협업 능력은 개인이나 단일 조직이 성취하기 힘든 목표를 달성하는 능력을 의미하는 것으로 절차와 제도적 준비, 리더십, 지식, 자원으로 구분되었다. 협업 능력 측면에서는 공식적으로 절차, 제도가 준비되었으며, 리더십도 충분하나 지식이나 자원 측면에서 어려움이 있는 것으로 보였다. 먼저 절차나 제도 측면에서는 앞서 원칙에 기반한 협력에서 언급했듯이 정부 내에서 구체적인 절차와 제도를 준비하는 것으로 볼 수 있었다. 또한 리더십 측면에서도 시장의 주요 관심 사업이다 보니 중재자 역할을 하는 담당공무원들이 강한 의지를 가지고 사업을 추진하는 것으로 나타났다. 하지만, 지식이나 자원 측면에서는 문제가 발생하는 것으로 나타났다. 지식의 경우 담당공무원이 순환보직을 하다 보니 전문성이 높지 않은 상황이고, 자원의 경우 노인이 제공하는 주거공간이 가장 중요한 자원인데 양질의 주거공간을 제공하는 노인들의 수가 적다는 문제가 발생하고 있었다.

> "공무원 같은 경우는 순환직이거든요. 그러니깐 업무를 지속적으로 할 수 없는 상황적 문제가 있기 때문에, 그것보다는 담당공무원 플러스 코디네이터가 있으면, 지속적으로 사업을 전문화시키면서 활성화할 수 있지 않을까? 생각합니다"
>
> (B구 사업 담당공무원)
>
> "무조건 아파트죠. 무조건 아파트고, 이게 그래서 처음에 경험이 없을 때는 아파트 외에 소개를 시켜주기가 겁나더라구요. 여러 번 소개를 시켜줬는데, 이게 학생들 표정이 나중에 야릇해요. 구청에서 왜 나한테 이런 시련을 던져주는지 뭐 이런거."
>
> (A구 사업 담당공무원)
>
> "자신 있게 소개할 수 있는 물량들은 많지 않아요. 반지하나 아니면 일반 주택지역이나, 그런 부분들이다 보니까 그런 걸 또 선호하지를 않아요."
>
> (C구 사업 담당공무원)

4. 협력적 행동

협력적 행동은 협력 역학의 요소인 원칙에 기반한 협약을 바탕으로 공유된 동기와 협업 능력을 가지고 있는 참여자들이 만들어낸 협력의 산출물이라고 볼 수 있다. 한지붕 세대공감 사업의 경우 원칙에 기반한 협약이 모든 참여자가 아닌 정부 담당자에 의해서 주로 형성되고 추진되었다는 점, 담당공무원의 전문성 부족과 자원의 한계 등에 의한 협력 능력이 낮다는 점을 고려하면, 협력 역학의 요소들이 완벽히 상호작용하기는 힘들 것으로 보인다. 하지만, 이러한 협력 역학의 제한 사항에도 불구하고 협력적 행동은 나타났으며, 이 사업을 통해 학생들은 저렴한 주거공간을 확보하고, 노인들은 수입 및 간단한 생활 지원 서비스를 받을 수 있었다. 실제로 참여자들의 만족도도 높은 것으로 보였다.

> "매칭이 한 번 되면, 반 정도는 계속 하는 편인 것 같아요. 40~50%는 지속하는 걸로 알고 있어요."
>
> (B구 사업 담당공무원)
>
> "지금 현재로는 저희가 한 20만 원 선에서 월세 전후로 결정돼 있잖아요. 물론 공과금은 달리 돼 있으니 각 가정에 따라 다 다르기는 하지만, 일단 저렴하니까 그 부분에 대해서는 상당히 좋아는 하는데,"
>
> (C구 사업 담당공무원)
>
> "이렇게 애들하고 함께 사는 거가 좋았다면 신청하는 분들도 계셔서 그런 분들은 또 적극적으로 도와드리려고 하고요."
>
> (서울시 사업 담당공무원)

V. 맺음말

이 연구에서는 한지붕 세대공감 사업 사례를 바탕으로 한국적 맥락에서 정부 주도의 민관협력 거버넌스에 대한 영향 요인을 분석하고자 했다. 이를 위해 에머슨 외(Emerson et al., 2012)의 연구에서 제시했던 협력적 거버넌스의 통합적 프레임워크를 사용해서 분석했다.

이러한 분석을 통해 도출한 결과는 다음과 같다. 에머슨 외(Emerson et al., 2012)가 제시한 협력적 거버넌스의 통합적 프레임워크 요소들이 한지붕 세대공감 사업 사례에서도 어느 정도 나타나는 것을 확인할 수 있었다. 다만, 원칙에 기반한 협약의 경우 참여자 전원이 참여해서 결정하는 형식이 아니라 정부 주도로 결정되는 현상이 나타났으며, 사업 참여자들 간의 공유된 동기는 정부를 매개로 한 신뢰 정도로 제한되어 낮은 수준이라고 볼 수 있다. 또한 협업 능력 측면에서도 중재자인 정부가 가지고 있는 능력은 높은 수준이지만 순환보직 등으로 인한 전문성 결여 및 자원 부족 등의 문제가 있었고, 대학생이나 노인들이 가지고 있는 협업 능력은 높은 수준이 아닌 것으로 보였다.

한지붕 세대공감이라는 사업은 노년층 인구와 청년층 인구의 협력을 통해 노인 문제와 청년문제를 동시에 해결하고자 하는 시도였다. 실제 사업에 참여하는 대상자들의 만족도가 높게 나타나며, 일부 구에서만 시행하던 사업이 서울시 전체로까지 확대되었다는 점에서 이 사업을 성공적으로 평가할 수 있을 것이다. 그러나 협력적 거버넌스의 통합적 프레임워크를 통해 이 사업을 살펴본 결과, 참여자 간의 협력관계가 상호 양방향이기보다는 정부에 대한 신뢰를 바탕으로 서울시 공무원이 사업을 주도적으로 이끌어 나가고 있음을 확인할 수 있었다. 이는 민간 참여자들 간의 신뢰가 구축되지 않은 상황에서 협력을 이끌어내기 위한 정부의 노력으로 보인다.

이러한 정부 주도 사업 모형은 여러 장점이 있을 수 있으나, 인터뷰에 응답한 공무원들이 공통적으로 호소하듯이, 공무원 개인에게 상당히 많은 부담을 주게 될 수 있다. 실제로 인터뷰에서 사업 담당공무원들은 순환보직으로 인한 전문성 부족, 사업 참여자 간의 갈등 중재, 참여자 매칭을 위한 잦은 외부 업무 등에 어려움을 호소했다. 이러한 점에서 향후 한지붕 세대공감 사업의 확장 및 지속가능성을 고려한다면 정부 주도 모형에서 민관협의체 모형으로 변경되어야 할 필요가 있다. 이를 위해서는 현재의 모형을 바탕으로 민간 참여자들 간의 신뢰를 구축하고 자체적 협력을 이루기 위한 협약을 구축하는 것도 좋은 방법이다. 이 밖에 시민단체를 포함한 지역사회 내 다양한 이해관계자들과의 협력도 추진해 볼 수 있을 것이다. 특히, 사업 초기에 시민단체의 참여가 실패했던 경험을 바탕으로 참여자 모집 등과 같은 단순 업무를 위탁하는 형식의 민관협력을 넘어선 좀 더 실질적이고 효과적인 협력 모형을 고민할 필요가 있다.

| 생각해 볼 문제들 |

1. 협력을 위한 협약을 구성하는 과정에서 사업에 관한 다양한 이해당사자가 참여하는 것이 중요하다. 하지만, 한지붕 세대공감 사업 사례를 살펴보면 협력을 위한 협약을 구축하는 과정이 주로 사업 담당공무원들에 의해 이루어지는 것으로 보인다. 정부 사업을 진행하는 데 사업의 이해당사자가 적극적으로 참여할 수 있도록 하는 방안은 무엇일까?

2. 협력적 거버넌스나 사회적 경제를 통한 사회문제 해결 방식은 사업에 참여하는 이해당사자들 간의 신뢰가 중요한 역할을 한다. 한지붕 세대공감 사업의 사례와 같이 사업 참여자들이 정부에 대해서는 신뢰를 가지고 있으나, 참여자들 간의 신뢰가 구축되어 있지 않을 경우, 참여자들 간의 신뢰를 배양할 수 있는 방안은 무엇일까?

3. 한지붕 세대공감 사업의 경우 노인층과 청년층의 매칭이 이루어지더라도 함께 주거를 공유하면서 다양한 갈등이 발생하고, 실패 사례로 이어지기도 한다. 이렇듯 협력 과정에서 다양한 갈등이 발생할 수 있는데, 정부가 성공적으로 조율할 수 있을 것인가? 또한 갈등을 조율할 방안은 무엇일까?

4. 한국에서는 정부 주도로 협력적 거버넌스를 구축하려는 사례가 다양하게 나타나고 있으며, 한지붕 세대공감 사업 역시 이러한 사례 중 하나이다. 하지만, 정부가 주도하는 협력적 거버넌스는 한국 사회에서 한국 정부와 시민사회 간 역량의 차이로 인해 정부에 종속되는 경우가 발생할 수 있다. 이러한 정부 종속 현상이 일어나지 않도록 정부가 시작한 사업을 시민사회에서 주도할 수 있도록 사업 주도권을 이양할 수 있는 방안은 무엇일까?

〈 참고문헌 〉

유정호 · 김민길 · 김영직 · 조민효(2016). 공공영역에서의 공유경제 정책집행에 관한 연구: 서울시 한지붕 세대공감 사업을 중심으로, 「한국행정연구」, 25(2): 115-157.

이명석(2010). 협력적 거버넌스와 공공성, 「현대사회와 행정」, 20(2): 23-53.

Ansell, C. & Gash, A. (2008). Collaborative governance in theory and practice, *Journal of Public Administration Research and Theory*, 18(4): 543–571.

Emerson, K., Nabatchi, T., & Balogh, S. (2012). An integrative framework for collaborative governance, *Journal of Public Administration Research and Theory*, 22(1): 1–29.

05 협력적 거버넌스 : 안양천 수질개선사업 사례

유민이
이민정책연구원

I. 들어가는 말

관료제적 패러다임에서 '좋은 행정'은 계층제적 통제, 전문화, 명령 계통의 통일, 명확하게 규정된 절차 등을 의미한다. 그러나 최근 들어 행정학의 전통적인 관료제 패러다임에 많은 비판이 제기되었다. 그 결과 전통적인 행정이론에 대한 대안들이 등장했고, 이러한 변화의 과정에서 거버넌스(governance)라는 개념이 급부상하기 시작했다(이명석, 2006). 거버넌스는 정부뿐 아니라 비정부 부문의 행위자를 포함하고, 자원의 교환과 협의를 위해 네트워크 구성원 간의 지속적인 상호작용에 초점을 맞추고 있다(Rhodes, 1997). 즉, 거버넌스는 전통적인 국가의 수직적 위계구조가 아닌 수평적인 연계를 통해 행위자 간의 상호 의존적 형태로 발전되어야 함을 전제하는 것이다.

사회자본은 "특정한 집단구성원 간의 인간관계로부터 발생하는 것으로서 개인, 집단, 사회, 국가 등의 목표를 달성하는 데 영향을 미치는 무형재"라고 정의할 수 있다(박희봉, 2009). 이러한 거버넌스의 정의와 특징, 사회자본의 정의를 보았을 때 거버넌스는 행위자들 간 협력이 관건이 되고, 따라서 협력을 촉진시키는 사회자본은 거버넌스의 성공을 위한 조건이 됨을 쉽게 알 수 있다.

이 글에서는 추상적으로 보이는 거버넌스, 그중 협력에 초점을 맞춘 협력적 거버넌스와 사회자본의 관계가 실제 현상에서 어떻게 나타나는지 분석하는 데 그 목적이 있다. 따라서 협력적 거버넌스의 성공 사례로 꼽히는 '안양천 수질개선사업'의 분석을 통해 수질개선사업이 진행되는 동안 사회자본이 어떠한 역할을 하는지에 초점을 맞추어 살펴볼 것이다.

먼저 사회자본과 거버넌스의 정의에 관한 이론적 배경을 본 후, 선행연구에서는 이 둘의 관계를 어떻게 정립하고 있는지를 본다. 그리고 협력적 거버넌스의 모형에서 주로 이용되고 있는 앤셀과 개시(Ansell & Gash, 2008)의 모형을 이 사례에 적합하도록 수정해서 분석틀을 재구성한다. 이를 통해 협력 과정에서 나타나는 변수들을 설명하며, 특히 사회자본의 역할이 무엇인지를 밝히고자 한다. 그리고 분석을 통해 이 연구에서 이끌어낼 수 있는 함의점이 무엇인지를 볼 것이다.

사례를 분석하기 위한 연구 방법으로는 일정한 이론적 배경 안에서 분석틀을 설정하고 사례를 분석하는 연역 방법을 사용할 것이고, 연구를 위한 자료 수집 방법은 사례와 관련된 지방자치단체의 사업계획서 및 보고서와 토론회 회의록, 본회의 회의록 등의 2차 자료를 주로 이용했다. 인터뷰 자료로는 이해관계자의 인터뷰가 실린 신문기사를 이용했다.

II. 이론적 배경 및 선행연구 검토

1. 사회자본

대다수의 학자가 내리고 있는 사회자본에 대한 공통적인 정의는 집단 내 구성원 간의 사회적 관계에 의해 형성된다는 것과 이러한 관계로 인해 집단 전체와 개별 구성원에게 가시적인 이득을 가져온다는 것이다(박희봉, 2009). 이는 기존에 존재했던 물적 자본(physical capital)과 인적 자본(human capital)과의 비교를 통해 더욱 쉽게 이해할 수 있다. 이는 〈표 1〉과 같이 나타낼 수 있다.

〈표 1〉 물적 자본, 인적 자본, 사회자본의 비교

	물적 자본	인적 자본	사회자본
생성	재료 생산을 촉진하는 도구로 변화시키며 생성	새로운 방식으로 행동할 수 있도록 만드는 기술과 역량을 가진 사람으로 변화시키며 생성	행위를 촉진시키는 사람들 사이의 관계 변화를 통해 생성
형태	유형자본의 형태로 관찰 가능	물적 자본보다 덜 유형적이며 기술과 지식을 습득하며 구현됨	유형화가 잘 되어 있지 않고 사람들 사이의 관계에서 존재

출처: Coleman(1988: 100-101)에서 재구성.

즉, 다른 자본과 같이 생산적인 자본이며, 특정한 결과를 성취 가능하게 하지만, 가장 큰 차이는 행위자가 지니고 있는 것이 아닌 행위자들 사이의 관계에 내재되어 있다는 것이다(Coleman, 1988).

다른 자본과의 차이를 밝혔음에도 불구하고 많은 학자가 사회자본을 어떻게 정의내릴 것인가를 여전히 논의 중이다. 사회자본에 대한 연구 영역이 확대되고 다양화되며 사회자본의 개념을 하나로 단정하기란 더욱 어려워지고 있다. 이 중 사회자본의 연구에서 중요한 관점을 보여준 몇몇 학자의 정의로 사회자본의 개념을 정리하고자 한다.

이는 슐러 외(Schuller et al., 2000)의 저서 『사회자본(Social Capital)』 중 1장 "사회자본의 검토와 비평(Social Capital: A Review and Critique)"에서 자세히 정리하고 있다. 사회자본이라는 용어를 비교적 명시적으로 사용한 부르디외(Pierre Bourdieu)는 1970년대 문화재생이 어떻게 집단과 계급 사이의 사회적 관계 재생산을 높이는지에 대한 이론을 제공하는 과정에서 사회자본이라는 용어를 사용했다. 그는 경제, 문화, 사회의 형태로 자본을 분류했고, 이들이 하나의 형태에서 어떻게 다른 형태로 전환되는지를 설명했다. 그의 정의에 따르면, 사회자본이란 "단체 구성원 상호간에 지속적인 네트워크를 유지함으로써 구성원 상호간의 제도화된 관계를 인정하게 된 결과, 각 구성원들이 집단적으로 소유하게 된 실재적 또는 잠재적인 자원의 합"이라고 할 수 있다.

사회자본 연구에서 또 다른 중요한 학자 중 한 명인 콜먼(Coleman, 1988)은 교육성취도와 사회적 불균형 사이의 관계를 이해하는 방식에서 사회자본을 도입했다. 그는 사회자본을 기능에 따라 정의할 수 있으며, 사회자본이란 "행위자들의 특정한 행위를 촉진시킴으로써 사회구조의 한 측면을 구성"하는 것이라고 했다. 즉, 콜먼이 강조하고자 한 것은 사회자본은 어떤 사회구조의 측면으로 구성되어 있고, 그 구조 안에서 개인이나 기업 등 행위자가 누구이건 행위자의 행동을 촉진시키는 것이라고 할 수 있다.

사회자본의 이론과 연구에 가장 많은 영향을 미친 학자로는 퍼트남(Putnam, 1993)을 이야기한다. 부르디외의 사회자본이 개인적 관계를 말했다면 퍼트남(Robert D. Putnam)은 집단으로 범위를 확장시켰다(박희봉, 2009). 그는 남부 이탈리아와 북부 이탈리아를 비교해 지방정부의 성과와 사회자본을 연구한 그의 저서 *Making Democracy Work: Civic Traditions in Modern Italy*(1993)에서 사회자본을 "신뢰, 규범, 네트워크 등과 같은 사회조직의 특징과 관련되는 것으로 사회구성원의 상호 이익을 위해 조정과 협력을 가능하게 하는 것"으로서 이는 경제적·정치적 성과를 거두게 한다고 했다. 즉, 자발적 시민 참여의 수평적 네트워크와 규범은 중요한 경제적·정치적 결과를 낳는다는 것을 강조한다.

사회자본에 대한 앞의 기본적인 연구를 바탕으로 더욱 다양한 연구가 발표되었다.

먼저 사회자본과 경제 성장에 대한 연구이다. 다수의 사회자본 연구에서 사회자본이 경제 거래에서 거래 당사자들의 거래비용을 줄여줌으로써 경제 거래를 촉진하는 역할을 한다고 하고 있다. 거래를 할 때 당사자들은 정보의 비대칭성으로 인해 거래비용이 들고 심지어는 거래가 성립되지 않는 경우가 있다. 하지만 거래 내에서 신뢰(trust)가 존재할 경우 거래 당사자들은 정보의 비대칭성에 민감하게 반응하지 않아도 된다(Coleman, 1988; North, 1990). 후쿠야마(Fukuyama, 1995)는 사회자본과 경제 성과에 대한 연구를 했는데, 그는 국민경제 성과 유형의 차별화를 설명하는 데 중요한 요인은 신뢰와 협력이라고 지적한다. 특히 신뢰에서도 일반화된 신뢰를 강조한다. 왜냐하면 신뢰와 협력은 집단과 사회문화의 산물로서 기업 등의 대규모 영리집단을 형성할 수 있게 만들기 때문이다. 또한 낵과 키퍼(Knack & Keeper, 2001)는 27개국의 사례연구에서 사회자본이 많이 축적된 국가가 경제성장률이 더욱 높았다는 연구 결과를 발표했다. 경제 발전을 위해서 사회 내의 공유된 가치, 규범, 상호관계 등의 중요성을 설명하고 있다. 이와 같은 논의를 바탕으로 사회자본이 경제 성장에 영향을 미치는 이유는 다음과 같이 설명할 수 있다(박희봉, 2009). 첫째, 사회자본은 정보 공유의 역할을 하여 공식·비공식제도가 정확한 정보를 제공하도록 함으로써 시장실패를 최소화한다. 둘째, 개인의 상호작용으로 인해 구성원들 간의 신뢰를 회복하게 하는 조정 역할을 한다. 셋째, 집단적 의사결정을 통해 외부 효과를 창출한다. 넷째, 사회자본은 투자의 편익을 증진시킨다.

사회자본 개념과 연결되는 연구 중에는 민주주의의 발전에 대한 연구도 있다. 이는 앞서 말한 퍼트남(Putnam, 1993)의 연구에서 볼 수 있다. 남부 이탈리아보다 북부 이탈리아의 민주주의가 더욱 발전한 이유는 수평적이며 자발적인 결사체로 구성된 사회자본의 역할이 중요했다는 것이다.

또한 사회자본과 거버넌스(governance)의 관계에 대한 연구도 활발하게 진행되고 있다. 이것은 다음에서 살펴볼 거버넌스의 개념과 연구를 보고 난 후 사회자본과의 관계를 볼 것이므로 여기에서는 다루지 않기로 한다.

지금까지 살펴본 사회자본에 대한 개념을 정리하면 〈표 2〉와 같이 나타낼 수 있다.

〈표 2〉 사회자본의 정의

구분	학자	사회자본의 정의
초기의 연구	Bourdieu (1986)	단체구성원 상호간에 지속적인 네트워크를 유지해 구성원 상호간 제도화된 관계를 인정하게 된 결과 각 구성원들이 집단적으로 소유하게 된 실제적·잠재적 자원의 합
	Colaman (1988)	사회구조의 일련의 측면을 구성하며, 구조 내 행위자의 특정한 행위를 촉진
확장된 개념 (민주주의 및 경제 발전)	Putnam (1993)	신뢰, 규범, 네트워크 등과 같은 사회조직의 특징과 관련된 것으로 사회구성원의 상호 이익을 위해 조정과 협력을 가능케 함으로써 경제적·정치적 효율성을 높이는 것
	North (1990)	공식적 제도(정부, 정권, 법의 지배 등)를 변화시키고 사람들 간의 복잡한 교환에서 협동적인 해결을 위한 친밀한 환경을 형성
	Fukuyama (1995)	집단 내 구성원 간의 협력을 가능하게 하는 비공식적 가치나 규범으로 집단 또는 조직의 공동 목표를 위해 구성원이 함께 일할 수 있는 능력

위의 표를 바탕으로 사회자본의 특징을 종합하면 사회자본은 ① 사회 내 인간의 활동을 통해 축적되며, ② 개인과 사회의 공식·비공식적인 활동에 영향을 주고받으며, ③ 사회의 규범, 신뢰, 네트워크를 형성하고, ④ 정치, 경제, 사회 등의 인간 활동의 발전·퇴보에 영향을 주며, ⑤ 사회의 변화에 따라 변화되고 축적될 수 있는 것이라고 할 수 있다.

따라서 이 연구에서는 사회자본을 "행위자들의 협력을 가능하게 하는 네트워크를 형성하고, 네트워크 내 구성원의 신뢰를 통해서 네트워크를 확장하는 것"이라고 정의한다.

2. 협력적 거버넌스

앞에서는 사회자본의 다양한 연구 영역 중 거버넌스와의 관계를 이야기하지 않았다. 이 연구에서 다룰 거버넌스의 성취 요소로서 사회자본을 설명하기 위해 사회자본과 거버넌스의 관계를 더욱 깊이 있게 다루어야 할 필요가 있기 때문이다. 따라서 먼저 거버넌스, 그중 협력적 거버넌스의 개념이 무엇이고, 어떻게 연구되어 왔는지를 살핀 후 이 둘의 관계를 보도록 한다.

전통적인 '관료제의 패러다임'에서 '좋은 행정'은 계층제적 통제, 전문화, 명령통일의 원리, 명확하게 밝혀진 규정과 절차 등을 의미했다. 그러나 최근 이러한 관점에 대해서 많은 비판이 제기되며 효율적인 정부를 구현하기 위해서는 행정학 이론의 획기적인 변화가 요구되었다(이명석, 2006). 이러한 변화의 과정에서 거버넌스(governance)라는 개념은 사회과학 전반에서 매력적인 개념으로 급부상하며 정부와 행정의 '무언가 새롭고 개혁적인 것'을 의미하는 용어로 광범위하게 사용되고 있다(이명석, 2002).

이명석(2002)의 논문에서는 다양하게 정의되어 있는 거버넌스를 정리한 것을 다음 〈표 3〉과 같이 표현할 수 있다.

그의 연구에서는 거버넌스를 사회적 조정(social coordination)으로 보고 광의의 거버넌스에 정치적 권위와 자발적 교환의 요소를 모두 포함시켰다. 이를 통해 우리가 지금은 흔히 쓰는 거버넌스의 개념이 이전에도 존재했지만 쓰이지 않았을 뿐이라는 것을 설명하고자 했다. 그래서 이전에 쓰이던 거버넌스를 '구거버넌스'라고 하여 관료제·계층제적인 조정 양식을 말하고 있다. 그 밖의 부분은 '새로운 거버넌

〈표 3〉 다양한 거버넌스의 정의

광의의 거버넌스(= 사회적 조정: social coordination)			
정치적 권위(political authority)에 의한 사회적 조정			자발적 교환에 의한 사회적 조정
관료제(계층제)		민주주의	시장
- 전통적 행정학 - 관료제 거버넌스 - 계층제 거버넌스	- 신공공관리론(NPM)	- 신거버넌스 - 공동 거버넌스 - 복합조직 거버넌스 - 네트워크 거버넌스 - 공유 거버넌스 - 함께 방향잡기	- 자기 거버넌스 - 신자유주의 거버넌스 - 경쟁 메커니즘
- 네트워크 거버넌스 (도구적) - 방향잡기			
- 계층제적 통제 강조 - 상의하달식 관리 강조	- 조직 내부관리 강조 - 내부규제 완화 강조 - 내부시장 구축 강조	- 조직 간 관계 강조 - 정치적 권위 내의 민주주의 확대 강조	- 자발적 교환 확대 강조 - 정치적 권위 축소 강조
구거버넌스	새로운 거버넌스		

출처: 이명석(2002: 333).

스'라고 한다. 여기에는 '신공공관리론(NPM)', '신거버넌스', '자기 거버넌스(self-governance)'가 포함된다. 특히 새로운 거버넌스 중 신거버넌스를 민주주의 차원의 거버넌스라고 하여 민주화의 진전과 시민사회의 발전 네트워크를 대표한다고 했다.

우리의 연구에서 보고자 하는 것 역시 '신거버넌스'의 영역에 속한다. 즉, 신거버넌스의 특징(Newman, 2001)인 ① 복잡성을 특징으로 하는 사회에서의 네트워크에 의한 사회적 조정, ② 자치, ③ 일반 국민의 참여, ④ 민주주의 등을 요소를 가지고 있고, 여기에 협력(collaboration)을 더욱 강조하는 협력적 거버넌스(collaborative governance)의 관점에서 보고자 한다.

거버넌스에 대한 논의와 같이 협력적 거버넌스 역시 학자들마다 개념 정의를 다양하게 하고 있다. 그중 로즈(Rhodes, 1996)는 "관련 행위자들의 구조가 교환, 상호 협력, 공통의 이해관계, 공유된 신념과 전문지식을 바탕으로 이루어진 공식·비공식 연결망을 갖춘 거버넌스"라고 협력적 거버넌스를 정의했다. 또한 협력적 거버넌스의 개념 중 가장 많이 인용되고 있는 논문 중 하나인 앤셀과 개시(Ansell & Gash, 2008)의 논문에서는 협력적 거버넌스를 "하나 이상의 공공기관이 공식적이고 합의지향적이며 심의적 성격을 지닌 공공정책을 집행하거나, 공공 프로그램이나 공공자산을 관리하는 목적을 지닌 집단적 의사결정 과정에 비정부적 이해관계자들을 직접적으로 개입시키는 통치장치(governing arrangement)"라고 정의한다. 즉, 비정부 이해관계자들의 참여를 중시하는 행위자 중심의 거버넌스 개념이라고 할 수 있다(조만형 외, 2009).

협력적 거버넌스에 대해 국내의 학자들도 많은 연구를 하고 있다. 그중 주재복(2006)의 연구에서는 거버넌스를 이해관계에 따라 갈등적 거버넌스와 협력적 거버넌스로 나누고 있다. 협력적 거버넌스는 상당 수준 이해관계가 일치할 때 나타나는데, 협력적 거버넌스에서 행위자들의 대응 방식은 주로 대화와 타협을 통해 이루어진다. 따라서 협력적 거버넌스에서는 협의의 공간이 존재하고 이러한 공간은 지속적으로 공식적으로 이루어진다. 또한 이러한 공간은 위원회나 협의회 등의 형식으로 제도화될 가능성도 있다고 했다. 홍성만(2004)의 연구에서는 사회질서 형성의 논리로서 협력적 거버넌스, 위계적 거버넌스, 경쟁적 거버넌스로 분류하고 이 중 협력적 거버넌스를 "자발적 결사체 원리에 따라 질서가 형성되는 공동체의 논리와 조직 간 협력의 의해서 질서가 형성되는 조합의 논리에 바탕을 둔 거버넌스"라고 정의했다. 즉, 협력적 거버넌스는 중앙·지방정부, 시민사회단체, 지역주민을 포함하는 각 행위 주체들이 자발적으로 상호 협력에 바탕을 둔 문제해결 방식을 의미하는 것이다.

이상의 협력적 거버넌스의 개념을 정리하면 다음 〈표 4〉와 같다.

정리된 표를 바탕으로 협력적 거버넌스에 대한 조작적 정의를 내리면 "공통의 이해관계를 가지고 공식·비공식적 과정을 통해서 대화와 타협을 하며 질서가 형성되는 것"으로 볼 수 있다. 이러한 협력적 거버넌스가 이루어지기 위해서는 행위자들 사이의 신뢰·호혜성 또는 네트워크 등의 사회자본이 전제가 될 수 있다는 것을 알

〈표 4〉 협력적 거버넌스의 정의

학자	협력적 거버넌스 정의
Rhodes (1996)	행위자들의 교환, 상호 협력, 공통의 이해관계, 공유된 신념과 전문지식을 바탕으로 이루어진 공식·비공식 연결망을 갖춘 거버넌스
Ansell & Gash (2008)	하나 이상의 공공기관이 공공정책 집행·집단적 의사결정 과정에 비정부적 이해관계자들을 직접적으로 개입시키는 통치장치
홍성만 (2004)	자발적 결사체 원리에 따라 질서가 형성되는 공동체의 논리와 조직 간 협력의 의해서 질서가 형성되는 조합의 논리에 바탕을 둔 거버넌스
주재복 (2006)	상당 수준 이해관계가 일치할 때 나타나는 것으로 행위자들은 주로 대화와 타협을 함. 따라서 협의의 공간이 존재하고 이 공간은 위원회나 협의회의 형식으로 제도화될 가능성이 있음.

수 있다. 공식·비공식적 과정은 행위자들의 네트워크를 통해 형성될 수 있으며, 이러한 네트워크는 네트워크 구성원 사이의 신뢰와 호혜성이 바탕이 되어야 하기 때문이다. 다음에서는 이러한 사회자본과 협력적 거버넌스의 관계에 대해 기존의 연구들을 토대로 더욱 자세히 살펴본다.

3. 사회자본과 협력적 거버넌스의 관계

앞서 협력적 거버넌스의 정의에서 본 앤셀과 개시(Ansell & Gash, 2008)의 연구에서는 협력적 거버넌스를 초기조건과 협력 과정, 그리고 결과로 나누어 모형화했다.

앤셀과 개시의 모형에서는 협력적 거버넌스의 모형을 초기조건, 협력 과정, 결과로 구분해서 이를 협력적 거버넌스의 구축 단계로 보았다. 그리고 협력 과정을 면대면 대화, 신뢰 구축, 과정에 헌신, 이해 공유, 중간 결과, 그리고 다시 면대면 대화로 순환적으로 진행되는 것으로 보았고, 이와 더불어 외부의 제도설계와 리더십이 이러한 과정을 촉진시키는 것으로 모형을 구체화했다. 이와 같이 협력적 거버넌

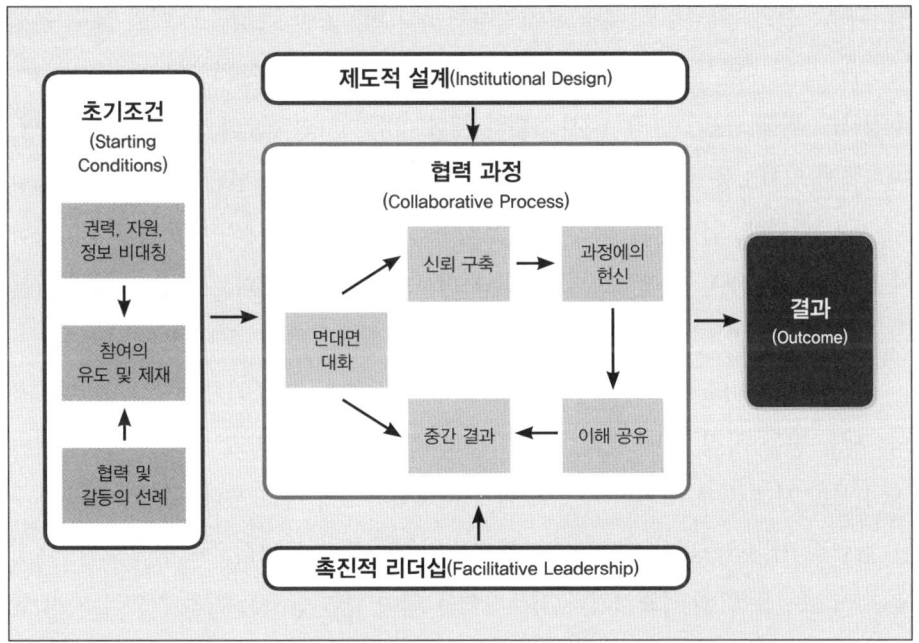

출처: Ansell & Gash(2008: 550).

[그림 2] 협력적 거버넌스의 모형

스가 구현되는 과정에서 가시적으로 나타나는 사회자본의 요소는 신뢰 구축(trust building)이라고 할 수 있다. 또한 신뢰 구축의 원인이 되는 면대면 대화(face-to-face dialogue)와 신뢰 구축을 통해 나타나는 과정에의 헌신(commitment to process) 역시 간접적인 사회자본의 영향으로 볼 수 있다. 이 연구에서는 협력적 거버넌스의 구현 요건으로서 행위자들의 사회자본의 요소 중 하나인 신뢰 구축을 설정함으로써 사회자본과 협력적 거버넌스의 관계를 나타내고 있다.

우리나라에서도 사회자본과 협력적 거버넌스의 관계를 나타낸 연구들이 존재한다. 박희봉(2000)의 연구에서는 지역사회의 거버넌스 능력을 측정하기 위해 도시(서울 서초구)와 농촌(경기 포천군)으로 지역을 나누고, 이들의 시민교육, 지역사회 리더십, 규범, 신뢰, 의사소통 채널로 지역사회의 거버넌스를 측정하고 이를 통해 문제 해결을 위한 지역사회의 능력을 연구했다. 이 연구에서는 지역사회의 거버넌스를 측정하기 위해 규범, 신뢰, 의사소통의 채널이라는 사회자본의 요소를 본 것이다. 여기에서 의사소통 채널은 퍼트남(Putnam, 1993)의 연구에서 "협력단체, 상호 부조단체, 이웃 협력체, 합창단 등과 같이 상호작용하는 시민 협력체의 네트워크가 다양하게 존재한다는 것은 지역사회 내 협력과 의사소통이 촉진된다는 것을 의미"한다는 것에서 볼 수 있으므로, 이를 네트워크라고 할 수 있다.

배응환(2003)의 연구에서는 '대청호살리기운동본부'의 조직화와 활동을 행위자의 구성, 공동 목적, 권력자원, 상호작용의 측면에서 분석하고 있다. 이를 거버넌스의 실험 사례로 보고 협력 수준이 아직 미숙함을 보인다고 했다. 즉, 이 연구에서는 협력적 거버넌스의 분석 요소로 상호작용을 공사 파트너십으로 봄으로써, 대청호 수질 보전을 위한 정책결정과 정책집행을 위해 관련 공사 조직들 간의 유기적 협조체계 하에서 벌이는 활동을 관찰했다. 또한 신국정관리의 세 가지 요소로 비정부 조직의 참여, 자율성, 참여자의 연계망을 제시한 연구도 있다(정정길, 2003). 이 연구에서는 무엇보다도 참여자들의 상호 의존적인 교환 관계에서 협력의 중요한 요건으로 신뢰를 말했다. 홍성만(2004)에서는 대포천의 수질개선사업을 바탕으로 정부와 주민 간 협력적 로컬 거버넌스의 참여 구조와 문제 해결 방식을 조사했다. 협력적 로컬 거버넌스가 성공할 수 있었던 이유로 대포천 주민들의 자기 거버넌스(self-governance), 지방·중앙정부와의 상호작용을 말하고 있다. 마지막으로 김세훈(2007)의 연구에서는 의정부시를 대상[1]으로 로컬 거버넌스의 주요 변수들이 어떠한 지역적 의미를 갖는지를 검토했다. 여기에서 로컬 거버넌스의 주요 변수를 참여, 전문성, 자율성, 집단 간 신뢰, 정보 공유, 자원 동원 능력, 지역적 영향력으로 보았다.

---

[1] 의정부시는 미군의 기지 반환이 예정되고, 반환 이후에 해당 부지를 어떠한 용도로 사용할 것인가에 대한 지역적 논란이 발생한 바 있다.

즉 참여, 집단 간 신뢰, 정보 공유(네트워크)라는 사회자본의 요소를 거버넌스의 변수로 본 것이다. 위의 연구들을 정리하면 〈표 5〉와 같다.

〈표 5〉 협력적 거버넌스의 조건으로서 사회자본의 요소

학자	협력적 거버넌스의 변수	사회자본 요소
Ansell & Gash (2008)	면대면 대화, 신뢰 구축, 과정에 헌신, 이해 공유, 중간 결과	신뢰 구축
박희봉 (2000)	시민교육, 지역사회 리더십, 규범, 신뢰, 의사소통 채널	규범, 신뢰, 의사소통 채널
배응환 (2003)	행위자의 구성, 공동 목적, 권력자원, 상호작용	상호작용
정정길 (2003)	비정부조직의 참여, 자율성, 참여자의 연계망	비정부조직의 참여, 참여자의 연계망
홍성만 (2004)	자기 거버넌스, 지방·중앙정부와의 상호작용	지방·중앙정부와의 상호작용
김세훈 (2007)	참여, 전문성, 자율성, 집단 간 신뢰, 정보 공유, 자원 동원 능력, 지역적 영향력	참여, 집단 간 신뢰, 정보 공유

위의 연구들을 바탕으로 사회자본과 거버넌스의 관계를 보면 사회자본은 협력적 거버넌스를 형성하고, 시민사회의 사회문제 해결 역량을 제고해 공공문제의 집합적(collective) 해결 능력을 고양시키는 것이라고 할 수 있다(오수길 외, 2004).

4. 분석틀 및 변수 설명

이론 및 선행연구 검토를 통해 사회자본과 협력적 거버넌스의 관계에 대해 살펴보았다. 기존의 많은 연구에서 협력적 거버넌스의 조건으로서 사회자본의 요소들

을 선정하고 있었다. 이번 연구에서는 앞에서 본 앤셀과 개시(Ansell & Cash, 2008)의 협력적 거버넌스 모형을 수정해 우리나라에서 발생한 실제 사례와 유사성을 가지는지를 볼 것이다.[2] 분석틀은 [그림 2]와 같다.

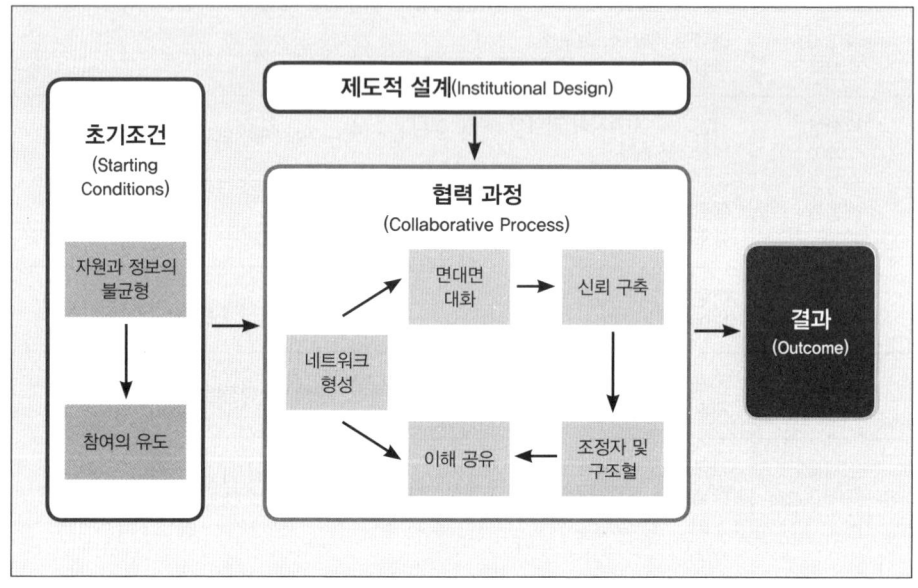

[그림 2] 협력적 거버넌스의 조건으로서 사회자본 분석틀

---

[2] 모형을 수정한 이유는 이 연구에서 설명하고자 하는 사례에 적합한 모형을 제시하기 위해서이다. 이 연구의 사례(안양천 수질개선사업)의 경우 협력적 거버넌스의 과정에서 두 단계의 네트워크 형성 과정(민·관의 독립된 네트워크, 이후에 새롭게 확대된 네트워크)이 나타난다. 이를 위해 초기의 네트워크 형성을 설명하기 위해 첫 단계에 '네트워크 형성'이라는 변수를 새롭게 추가했고, 순환 단계에서 새롭게 나타나는 네트워크를 다른 의미에서 '네트워크의 형성'으로 본다. 또한 '과정에의 헌신'과 '리더십'을 제거하고 '조정자(coordinator)' 및 '구조혈(構造穴, structural hole)'이라는 새로운 변수를 넣은 이유는 새로운 네트워크가 나타나는 과정에서 '리더'의 역할을 '조정자'가 포괄해 수행하기 때문이다. '과정에의 헌신'은 '이해 공유'가 되기 위해서는 필수적인 변수이기 때문에 이를 제거했다.

위의 분석틀에서 초기조건과 제도설계, 협력 과정은 협력적 거버넌스의 과정이며 결과는 협력적 거버넌스의 성과로 본다. 또한 협력 과정에서 사회자본의 중요한 요소인 네트워크 형성과 신뢰 구축이 있다. 협력 과정에서 사회자본의 주요 역할을 해서 협력적 거버넌스가 성취될 수 있을 것이다.

1) 초기조건

협력적 거버넌스의 초기조건은 사회자본의 기초 수준을 설정하는 역할을 한다. 협력 과정에서 나타나는 조건은 이해관계자 간, 집행기관과 이해관계자 간 협력을 촉진하거나 방해할 수 있는데, 이러한 조건으로 자원과 정보의 불균형, 참여의 유도 및 제재를 들 수 있다(Ansell & Gash, 2008). 이 중 자원 불균형(resources imbalances)은 협력적 거버넌스의 과정으로 가는 중요한 요인이라고 할 수 있다. 자원의 불균형은 이해관계자들이 협력적 거버넌스의 구축 과정에 참여할 유인으로 작용을 하게 된다. 왜냐하면 자원이 불충분한 이해관계자는 집행 과정에 직접 참여함으로써 불충분한 자원과 정보를 얻을 수 있기 때문이다. 따라서 이는 자발적 참여로 이어지게 되어 협력적 거버넌스가 성공적으로 구축될 수 있도록 해준다.

참여의 유도는 협력 과정에 참여하면 이해관계자들에게 이익이 되는 결과를 산출할 것이라는 기대를 갖게 함으로써 나타난다. 이해관계자들이 참여를 통해 직접적으로 구체적·유형적·효과적인 결과를 도출할 수 있을 경우 유인 기제는 증가하게 된다(조만형 외, 2009). 더 나아가 이해관계자들이 협력을 할 경우 목적에 더욱 잘 도달할 수 있다는 것을 인식하면 협력적 거버넌스의 과정으로 참여하려는 행위는 더욱 늘어나며 이것은 참여의 유도를 더욱 증가시키는 역할을 하게 된다.

2) 협력 과정

이 분석틀에서는 협력 과정을 네트워크 형성, 면대면 대화, 신뢰 구축, 조정자, 이해 공유, 그리고 다시 네트워크의 형성으로 보고 있다.

첫 번째 단계는 네트워크 형성이다. 초기조건에서 참여를 유도했다면 참여를 하고자 하는 이해관계자들은 네트워크를 형성하게 된다. 네트워크를 형성하는 이유에는 다음 두 가지의 이유가 있다(배응환, 2003). 하나는 환경 특성으로 네트워크조직이 해결해야 할 사회문제를 발생시키는 모든 외적 조건들을 말하고, 다른 한 가지는 과업 특성으로 네트워크조직이 환경 속에서 발생한 사회문제를 해결하기 위해 수행해야 할 일을 말한다. 그러므로 협력 과정에서 내부적으로 관련된 과업불확실성과 외부적인 환경불확실성에 적응하기 위해 네트워크는 새롭게 설계된다.

두 번째 단계는 면대면 대화(face-to-face dialogue)이다. 네트워크가 형성되면 네트워크 내의 구성원들은 합의 지향적 활동을 해야 한다. 면대면 대화는 이를 위한 과정이 되며, 이해관계자들 간의 심층적 의사소통(thick communication)을 통해 상호 이익을 획득할 수 있는지를 확인하는 기회가 된다(Bentrup, 2001). 이러한 면대면 대화가 협력적 거버넌스와 관련해 그 기능을 제대로 수행하기 위해서는 적절한 제도 설계가 필요하다. 제도설계는 협력적 거버넌스 구축을 위한 근본적인 협정과 토대 규칙을 의미한다(Ansell & Gash, 2008). 이해관계자들은 서로의 행동과 관계를 지배할 규칙들과 관련된 공동의 의사결정 방법을 이해할 수 있어야 하고, 협력 목표에 대한 합의에 도달할 수 있도록 구조를 구축해야 한다.

세 번째 단계는 신뢰 구축(trust building)이다. 앞에서 보았던 기존의 연구에서는 협력 과정이 단순한 협상 과정이 아닌 이해관계자 간 신뢰 구축 과정이라는 점을 주장했다. 신뢰 구축은 협력의 초기 단계에서는 나타나기 어렵다(조만형 외, 2009). 즉, 신뢰 구축은 협력적 거버넌스의 좋은 결과를 얻기 위해 장시간의 노력이 필요한 과정이다. 여기에서는 형성된 네트워크 내에서 각 이해관계자들이 서로를 신뢰하는 과정을 말한다.

네 번째 단계는 조정자(coordinator) 및 구조혈(structural hole)이다. 조정자는 협력 과정에서 이해관계자들의 의견을 중개 혹은 조절하는 역할을 한다. 샐러먼(Salamon, 2002)은 네트워크를 활성화하는 데 필요한 기술인 활성화 기술, 참여자들로부터 협력적인 형태를 이끌어내기 위한 조정기술을 제시했다(배재현, 2009: 144에서 재인용). 또한 구조혈이란 구조적 틈새라고도 하며, 그 의미는 "한 사람이 다른 사람들과의 연계에서 바로 중복되지 않고 그 행위자를 통해서만 다른 사람들이 연계되는 위치"라고 할 수 있다(송동원, 2002). 이러한 구조혈의 위치에 있는 사람은 정보확보와 정보통제라는 효과를 얻을 수 있다. 서로 다른 네트워크를 연결하는 거의 유일한 행위자로서 비교적 얻기 어려운 정보들을 빠르게 얻을 수 있고, 이러한 정보를 각자의 네트워크에 흘려보내지 않으며 정보를 통제할 수 있다. 이러한 조정자 또는 구조혈의 위치에 있는 이해관계자는 형성된 네트워크 간의 조절, 정보흐름 또는 정보통제를 통해 네트워크를 변형시킬 수 있는 가능성이 있다.

다섯 번째 단계는 이해 공유(shared understanding)이다. 조정자 혹은 구조혈의 역할이 행해졌으면 이해관계자들은 그들이 집단적으로 달성할 수 있는 것이 무엇인지를 공유해야 한다. 이해의 공유를 통해 이해관계자들은 협력적 거버넌스의 구축 과정에 참여할 명분을 얻을 수 있고, 협력적 거버넌스의 결과나 성과를 판단할 수 있다는 점에서 협력적 거버넌스의 중요한 기반 역할을 할 수 있다(Ansell & Gash, 2008). 특히 이는 새로운 형태의 네트워크로 가는 데 중요한 역할을 한다. 이해관계자들이 서로의 목표에 대해 이해하고 있다면 새로운 네트워크의 형성이 더욱 유리해지기 때문이다. 이러한 과정을 거쳐 다시 네트워크의 형성 단계로 가는 순환적 과정이 이어지게 된다.

3) 결과

결과는 협력적 거버넌스의 성공 여부를 뜻한다. 즉, 권위주의보다는 상호 합의를 통한 문제의 해결을 말하고 있다. 위에서 내린 조작적 정의를 이용하면 협력적 거버넌스의 성공은 "공통의 이해관계를 가지고 공식·비공식적 과정을 통해 대화와 타협을 하며 질서가 형성되는 것"이며, 이를 위해 "행위자들의 협력을 가능하게 하는 네트워크를 형성하고, 네트워크 내 구성원의 신뢰를 통해 네트워크를 확장하는"

사회자본의 역할이 중요하다고 할 수 있다.

III. 연구 방법

1. 연구 대상

이 연구에서는 협력적 거버넌스에서 사회자본의 역할을 보기 위해 사례연구를 실시한다. 사례는 안양천 유역의 수질개선사업이다. 윈(Robert K. Yin)은 사례연구에서 사례 선정의 정당성이 인정되는 경우로 첫째, 잘 공식화된 이론을 검증하는 데 중요한 사례(critical case), 둘째, 극단적이거나 독특한 사례(extreme or unique case), 셋째, 이전에는 과학적 조사절차로써 접근할 수 없는 현시적 사례(revelatory case)로서 그 현상을 관찰하고 분석할 수 있는 특별한 기회가 주어질 경우로 들고 있다.

안양천 수질개선사업을 통해 협력적 거버넌스를 분석하고자 할 때, 이는 첫 번째 요건을 충족한다. 실제로 안양천 수질개선사업은 지방자치단체 간, 민간단체 간 그리고 지방자치단체와 민간단체 간의 네트워크 및 상호작용이 나타나며, 협력적 거버넌스가 성공한 대표적인 사례이다. 따라서 이는 이해관계자 간 사회자본이 협력적 거버넌스에 중요한 역할을 한다는 기존의 연구들을 입증할 수 있다. 또한 13개라는 상당한 수의 지방자치단체가 협력을 하고, 여기에서 더 나아가 민간단체, 기업 등과도 네트워크를 형성한 독특한 사례라고 볼 수 있으므로 두 번째 요건을 충족시킨다. 협력 이해당사자 간의 행태 변화를 과학적으로 분석하기에는 한계가 있다. 이들의 행태에는 가시적으로 드러나지 않은 요소들이 존재하기 때문에 이를 위해서는 사례연구가 적합하다고 할 수 있다.

단일 사례이기 때문에 외적 타당성에 한계가 있을 수 있다는 비판에 대해서는

각 변수마다 이론적 배경 및 선행연구를 통해 도출했기 때문에 약점을 보완할 수 있다.[3]

2. 분석 방법

안양천수질개선사업의 사례를 분석하기 위해 일정한 이론적 틀을 설정하고 사례를 분석하는 연역 방법을 사용한다. 이를 위한 자료 수집 방법으로는 사례와 관련되는 지방정부의 사업계획서, 사업보고서 등 문헌 자료와 이를 보완하기 위한 인터뷰 자료를 이용한다. 인터뷰 자료는 다양한 신문기사에서 주로 인용한다.

---

3) Yin(2005)의 연구에서는 다음과 같이 사례연구의 약점을 보완하는 방법을 설명하고 있다.

검증	사례연구 전술	전술 적용 단계
구성 타당성	• 다양한 자료원을 사용하라. • 증거사슬을 만들어라. • 사례 연구 보고서 초안을 검토할 중요 정보 제공자를 확보하라.	자료 수집 단계 자료 수집 단계 보고서 작성 단계
내적 타당성	• 패턴 매칭기법을 사용하라. • 인과관계를 설명하라. • 경쟁가설을 설정하라. • 논리모델을 사용하라.	자료 분석 단계 자료 분석 단계 자료 분석 단계 자료 분석 단계
외적 타당성	• 단일 사례연구에서는 이론을 사용하라. • 다중 사례연구에서는 반복 연구 논리를 사용하라.	연구 설계 단계 연구 설계 단계
신뢰성	• 사례연구 프로토콜을 사용하라. • 사례연구 자료 베이스를 개발하라.	자료 수집 단계 자료 수집 단계

Ⅳ. 안양천 수질개선사업 전개

1. 안양천 개괄

안양천은 경기도 의왕시에서 발원해 서울시의 구로구 등의 도심지역을 지나 한강으로 유입된다. 안양천의 길이는 32.5km이며, 주요 지천으로는 왕곡천, 오전천, 당전천, 산본천, 학의천, 삼성천, 목감천, 개화천, 도림천 등이 있다. 안양천의 유역에는 서울시의 6개 구(강서구, 양천구, 관악구, 구로구, 동작구, 영등포구)에 35.5%가 걸쳐져 있고, 경기도의 7개 시(광명시, 군포시, 의왕시, 과천시, 부천시, 시흥시)에 65.5%가 포함되어 있다. 안양천이 흐르는 자치단체에는 340만 명이 거주하고 있다.

1950년 이전의 안양천 주변은 자연 발생 취락지역으로 이루어진 전형적인 농촌이었다. 하천의 형상은 상당히 굴곡이 있는 사행하천이었으며 맑은 물이 흘렀다. 1977년 7월 8일 발생한 안양천의 대홍수로 많은 인명과 재산 피해가 발생해 안양천 하천정비기본계획을 1978년에 수립할 당시 홍수 방지를 위한 하천 제방 위주의 치수 기능에 치중하고, 빠른 배수와 세굴(洗掘, scour) 방지를 위한 저수로의 직강화된 콘크리트 호안(護岸)[4]과 보(洑), 낙차공(落差工)[5] 등으로 인공하천으로 변화되며 생물서식 환경이 훼손되고 수면과 수변의 생태적인 연계가 단절되는 등 구조와 기능이 변화했다. 또한 1973년 7월 안양시로 승격된 이후 안양천변을 중심으로 기계, 전기전자산업 등 대규모 제조업 공장의 입지와 토지구획 정리사업으로 도시화 면적이

---

4) 하안 또는 제방을 유수로 인한 파괴와 침식으로부터 직접 보호하기 위해 축조하는 구조물.
　출처: 위키피디아(Wikipedia)

5) 수로 노선(路線) 중에 급경사 부분이 있을 때, 수로가 자연 상태로는 세굴(洗掘) 또는 침식(侵蝕)을 받기 쉬울 때, 기타 급수(給水)의 목적으로 물을 막을 필요가 있을 때, 또는 수온(水溫)을 상승시킬 목적으로 설치한다.
　출처: 네이버 백과사전

확대되었다. 이로 인해 인구가 급격히 증가하고 안양천 고수부지는 주차장과 도로로 조성되며, 빗물을 저장하던 농경지가 주택단지 등으로 변화했다. 가정·공장에서 배출된 폐수가 정화 과정을 거치지 못하고 그대로 안양천에 흘러들어가며 수질오염이 심해지고 하천환경이 크게 악화되었다. 가장 오염이 심했던 당시 안양천의 수질은 1984년(환경부 측정) BOD[6]가 193.3mg/l로 안양천은 오염 하천의 대명사로 인식되었다.

2. 안양천 수질개선사업의 연혁

안양천 수질개선사업은 하천의 중요성과 삶의 질에 대한 관심이 높아지며 하천살리기 역시 관심이 증대되며 점차 나타났다. 1997년 '안양천 살리기 수질개선대책 협의회'의 규약 안(案)이 확정되며 1999년 8월 안양천 살리기사업을 전담하는 기획단을 구성했고, 2001년에 한국기술연구원, 국토연구원의 박사, 교수 등 전문가들이 참여해 안양천의 수질과 수량을 개선하고 생태계를 회복하고자 하는 '안양천살리기 종합계획'을 수립했다.

안양천의 수질 개선을 위해 하수처리장 및 차집관로를 설치·운영하고, 하수처리장의 고도처리 공법을 도입해 운영했으며, 하수관로를 정비하고 유지·관리했다. 또한 수질정화시설을 설치하고 운영했다.

수량을 확보하기 위해서는 하수 처리를 재이용하고, 지하철의 용출수를 이용했으며, 소하천의 맑은 물을 분리해 이용했다. 또한 백운저수지의 담수와 소규모 댐을 건설해 이용했다.

---

6) 생물학적 산소요구량(biochemical oxygen demand)을 나타내는 말로 "호기성 미생물이 일정 기간 동안 물 속에 있는 유기물을 분해할 때 사용하는 산소의 양"을 말한다. 물의 오염된 정도를 표시하는 지표로 사용된다.

〈표 5〉 안양천 수질개선사업 연혁

연혁일	내용
1997. 07	안양천수질개선대책협의회 규약(안) 확정
1998. 11. 24	안양 YMCA 등 19개의 민간단체 네트워크 발족
1999. 04	안양천수질개선대책협의회 창립(부천시, 시흥시, 과천시를 제외한 11개 지방자치단체) 및 안양천 수질개선 방안 공개 토론회
1999. 06	공동추진사업 선정(폐수배출업소 합동 점검 등 5개 사업)
1999. 08. 10	안양천살리기 기획단 구성
1999. 11	안양천살리기 민간단체 네트워크 토론회
2000. 02	안양천 서식조류 실태조사
2000. 04	안양천 오염도 검사(매월 1회 48개 지점)
2000. 05	폐수배출업소 합동 단속
2000. 12	안양천 환경지도 제작
2001. 04. 11	안양천살리기 종합계획 수립
2001. 06. 13	삼성천 소규모댐 착공
2001. 06	민간단체 네트워크 활성화를 위한 워크숍
2001. 09	목감천 정화를 위해 시흥시, 부천시의 협의회 참여
2001. 12. 03	백운저수지 하천 유지용수 공급
2001. 12. 17	안양천 수질정화시설 착공
2002. 03. 15	안양천살리기 네트워크(23개 단체, 지방의제 추진기구, 기업 등의 참여) 발족
2002. 04. 15	하천 유지용수 공급시설 착공
2002. 04. 25	2단계 하수처리장 가동
2002. 09. 04	학의천 자연형 하천 시범사업 준공
2002. 09. 13	삼성천 소규모 댐 준공
2002. 10. 08	안양천수질대책협의회 개최(6개 시: 안양, 부천, 광명, 군포, 시흥, 의왕, 7개 구: 강서, 구로, 양천, 금천, 영등포, 동작, 관악)
2002. 10. 28	안양천수질정화시설 준공
2003. 04. 25	안양천 수질개선대책협의회 정기회
2007. 04	안양천 수질개선대책협의회 창립 8주년 행사

출처: 안양천 수질대책협의회(www.live-river.net), 경기도 안양시청 안양천살리기 사업보고서(2003), 신문기사(2000-2007)를 토대로 재구성.

자연형 하천을 조성하고 생태복원사업을 벌이기 위해 학의천에 자연형 하천을 조성하고 이를 전 구간으로 확대했다. 이에 그치지 않고 안양천 본류에 자연형 하천을 조성하게 되었다.

하지만 이러한 활동은 지방자치단체 간의 협력뿐 아니라 민간단체의 협력이 있었기에 가능했다. 안양천수질개선대책협의회 규약이 1997년에 나오자 1998년 11월 안양 YMCA 등 19개의 민간단체가 네트워크를 형성했고, 이후 1999년 11개 지방자차단체의 네트워크인 '안양천수질개선대책협의회'가 발족되었다. 그리고 3년 후인 2002년에는 안양천 유역의 시민, 사회단체, 기업 등이 참여해 더욱 확대된 민간단체 네트워크를 새롭게 구성했다.

안양천 수질개선사업의 시간에 따른 전개는 앞의 〈표 5〉와 같다.

3. 안양천 수질개선사업의 성과

수질 개선의 측면에서 안양천의 학의천과 삼성천은 2급수의 수질을 유지하고 있다. 중랑천이 BOD 7.4mg/l, 탄천이 BOD 18.5mg/l인 것에 비해 안양천은 BOD 4.8mg/l로 한강의 주요 하천 중 가장 수질이 좋은 것으로 나타났다.

수량 확보의 측면에서는 안양천 수질개선사업을 진행하기 전 갈수기의 수량은 하루 2만 5천 톤의 수량이 흘렀으나 사업 이후는 위에서 언급한 바와 같은 방식으로 4만 7천 톤이 확보되어 기존의 확보량과 더하면 갈수기에 7만 4천 톤의 수량이 흐른다. 따라서 18종의 다양한 어류가 살 수 있도록 생물서식 환경이 크게 개선되었다.

자연형 하천 조성 및 생태복원 측면에서는 갓버들의 활착률이 높아져 치수(治水)의 안정이 확보되고, 어류의 서식처와 피난처의 기능을 하게 되었으며, 양서류의 산란처로도 이용되고 있는 것을 볼 수 있다. 안양천 생물종은 2000년 154종이었던 것이 2007년 217종으로 63종이 늘어났고, 조류는 11목 24과 53종이 되었다. 겨울 철새인 오리류는 대략 8,000~12,000마리가 찾아오고 있음을 보았을 때 점차 생태계도 회복되고 있음을 알 수 있다.

V. 안양천 수질개선사업 사례분석

1. 초기조건

1) 자원과 정보의 불균형

안양천 유역의 지방자치단체들은 지방자치 초기에는 지역경제 성장에 좀 더 우선순위를 두었기 때문에 환경오염의 심각성은 어느 정도 인식했지만 수질 개선을 위한 구체적인 노력은 이루어지지 않았다(주재복, 2004).

다음의 글은 제52회 안양시의회의 본회의 회의록(1996)에서 시의원인 김환영 의원의 안양천 수질 개선에 대한 질문에 안양시 최초의 민선시장인 이석용 전(前) 시장의 답변 내용을 발췌한 것이다.

> 우리 환경문제의 심각성을 지적을 해주셨습니다. 아주 전적으로 동감입니다. 제가 시장으로서 '시민만족 최고의 도시'를 지향해 가면서 해결해야 될 문제가 여러 가지가 있습니다만 그중에서도 교통문제와 환경문제가 으뜸가는 과제라고 생각합니다.…그래서 안양천을 근본적으로 살리는 길은 아시다시피 차집관로를 다 묻어서 한 방울의 생활폐수나 오수 또 공장폐수가 들어가지 못하게 하고 … 그것은 전문가들의 진단과 검토 모든 종합적인 검토를 거쳐서 확인된 유일한 방법이라고 알고

> 있습니다. 그래서 저희 안양시에서는 2000년까지 한 방울의 공장폐수나 생활오수가 들어가지 않도록 전부 차집하는 그런 마스터플랜을 세워놓고 작업을 진행 중에 있습니다. 그래서 이것은 반드시 계획대로 4년 내에 2000년까지 완성시켜 안양천을 반드시 살리겠다는 각오를 여러 의원님 앞에 다시 한번 밝혀 드립니다.

발췌된 내용에서도 알 수 있듯이 그 당시 이석용 시장은 환경문제를 심각하게 받아들이고는 있지만 이를 해결한 유일한 방안으로 공장폐수와 생활오수가 들어가지 않도록 모두 차집하는 안을 내놓고 있다. 따라서 수질 개선, 수량 확보, 자연형 하천과 같은 세부적인 사항이 논의되지 못했고, 수질개선사업이 구체적으로 진행되기가 어려웠다. 구체적 논의의 부재는 하천의 특성상 다른 지방자치단체와의 연계가 필요하다는 것을 인지하고 협력하는 것을 불가능하게 했고, 안양천 유역의 시민들은 민선 시장의 당선 이후에도 여전히 오염이 심각한 하천 유역에서 생활을 해야 했다. 이와 더불어 안양천 유역의 인구는 더욱 증가하고 있었다. 1990년 468,101명에서 1995년 595,002명으로 증가했지만 이에 비해 안양천의 하수처리 실태는 1일에 66.7%(처리량 30만 톤, 오·폐수량 45만 톤)밖에 처리가 되지 않고 있었다.

2) 참여의 유도

1990년대 환경보전의 목소리가 시민사회 내에서 서서히 대두되기 시작했다. 안양 YMCA는 최초로 안양천 생태지도를 제작하는 등 안양천에 대한 관심을 보이기 시작했고, 이러한 시민단체의 접근은 수질오염으로 더러워진 하천에 대한 시민들의 관심을 유도하고 이를 인식시키는 과정에서 출발했다고 볼 수 있다(안양천살리기 네트워크 운영위원회 자료). 이러한 활동은 1990년대 후반까지 꾸준히 이어졌다. 그 후로 1998년을 기점으로 안양의제 21사업 등이 진행되며 기존 몇몇 단체에서 지속해 온 안양천살리기 활동이 폭넓게 전개되기 시작했다. 이제는 안양천에 대한 관심 갖기와 인식의 단계를 넘어서서 ① 교육 및 생태탐사 활동, ② 소규모집단 단위의 전문가 양성활동, ③ 홍보활동, ④ 감시활동, ⑤ 각종 캠페인 등의 활동을 진행했다. 이는 1990년대 초 안양천살리기 활동과는 양적·질적인 면에서 확실히 다른 모습이었다.

즉, 자원과 정보의 부족으로 인해 직접적인 안양천살리기 활동에 제한을 받고 있던 시민사회에서 오히려 자원과 정보의 부족이 안양천살리기 활동에 참여하는 유인이 된 것이다. 또한 이들 시민단체는 시민에게 오염의 심각성을 알리고 더욱 많은 참여를 유도하기 위해 안양천살리기 활동에 더욱 적극성을 띠었고, 활동의 질에서도 활동을 분야별로 나누고 집중함으로써 더욱 효과적인 활동이 될 수 있었다. 이는 협력의 초기조건으로서 앞으로 이러한 참여의 유도를 바탕으로 협력 과정이 진행된다.

2. 협력 과정

1) 네트워크 형성

안양천살리기 네트워크는 시민사회의 자원·정보 비대칭에서 파생된 참여의 유도를 통해 시민사회에서 먼저 형성되었다. 앞서 소개한 시민단체들은 적극적인 활동을 하며 시민단체 간 연대활동의 필요성을 느끼게 되었다. 1998년 수암천의 복개, 군포의 당정천 복개문제를 계기로 시민단체가 연대의 필요성을 제기했고, 서울과 경기도 민간단체들이 모여 대책을 협의하는 과정을 거쳐 19개 민간단체[7]가 참여

---

7) 19개의 민간단체는 다음과 같다.
도립천살리기 시민모임, 구로시민센터, 환경과공해연구소, 여성민우회양천지구, 관악주민연대, 열린사회시민연합, 서울여성노동자회, 광명경실련, 광명YMCA, 광명여성의전화, 광명만남의 집, 시흥환경운동연합, 부천경실련, 안양경실련, 안양YMCA, 안양군초의왕환경운동연합, 안양지역시민연대, 군포환경자치시민회, 군포시민의 모임.

하는 '안양천살리기 민간단체 네트워크'를 구성하게 되었다. 민간단체 네트워크는 박상준 환경공해연구회 회장, 이종만 안양군포의왕환경운동연합 의장을 상임대표로 해서 1998년 11월 24일 발족식을 가졌다.

민간단체뿐 아니라 지방자치단체도 네트워크를 형성했다. 안양천 유역의 급속한 인구 증가와 상류지역에서의 하수처리시설 부족은 한강 본류의 오염을 가속시켰다. 이러한 현상은 안양천 지역에 거주하는 주민들과 지역환경운동단체의 불만을 가져오게 되었으며, 안양천 유역의 지방자치단체장들은 협력의 필요성을 인식하게 되었다. 즉, 지역주민과 환경단체의 수질 악화에 대한 반발, 지방자치단체장들의 협력에 대한 필요성 인식을 계기로 1997년 4월 14일 안양천수질개선대책협의회 구성계획을 수립했다. 이후 연 2회 정도의 정기모임과 참여 자치단체장의 요구에 따른 수시모임을 가지고 1999년 4월 25일 11개 지방자치단체[8]는 '안양천수질개선대책협의회'의 창립총회를 가졌다.

이는 앞서 보았던 배응환(2003)의 네트워크 형성 이유 두 가지를 모두 충족시킨다. 즉, 안양천 유역의 수질 개선을 위해 민간, 지방자치단체가 각각 네트워크를 형성한 이유는 환경 특성과 과업 특성이 모두 맞아떨어졌기 때문이다. 하천의 특성상 더욱이 13개의 지방자치단체에 걸쳐 있는 하천의 경우 수질 개선을 위해서는 하나의 지방자치단체 혹은 한 지방자치단체에 속한 환경단체만이 문제를 해결할 수 없다. 또한 이에 속한 이해관계자 혹은 이해관계집단이 다수가 존재하고 다양하기 때문에 하나의 공통된 목표로 이들을 한데 묶는 기제가 필요하게 된다. 안양천 수질개선사업을 실행하는 데 환경불확실성과 과업불확실성이 모두 제기되기 때문에 네트

---

8) 본래 13개의 지방자치단체(강서구, 양천구, 관악구, 구로구, 동작구, 영등포구, 광명시, 군포시, 안양시, 의왕시, 과천시, 부천시, 시흥시)가 안양천 유역의 지방자치단체이지만, 초기의 안양천 수질개선대책협의회에서는 부천시, 시흥시, 과천시를 제외한 11개의 지방자치단체만 포함되었다. 과천시의 경우 유역 대부분이 산림지역으로 실효성이 없어 제외되었지만 소규모의 공단과 주택지역으로 이루어진 부천시와 시흥시는 안양천수질개선대책협의회의 참가가 촉구되었다.

워크가 형성될 수밖에 없었던 것이다.

2) 면대면 대화

'안양천살리기 민간단체 네트워크'가 발족식을 가진 후 가장 큰 변화는 활동에서 더욱 다양성을 띨 수 있었다는 것이다. 발족 이전에는 탐사, 교육 등이 안양천살리기 활동의 대부분을 차지했다. 발족 이후에는 안양천 전 구간 수질조사 및 지도 제작·배포(1999년 중), 안양천 유역 탐사활동(1999년 중), 안양천살리기 민간단체 네트워크 활동을 위한 워크숍(1998. 11. 24), 안양천살리기 민간단체 네트워크 토론회(1999. 11) 등의 활동이 있었다. 특히 워크숍 및 토론회의 경험은 그동안 한두 명의 활동으로만 인식되었던 안양천살리기운동을 네트워크에 참가하는 여러 단체로 파급시키는 성과를 거두었다고 한다(윤여창 안양천살리기네트워크 운영위원 인터뷰자료).

지방자치단체의 네트워크인 '수질개선대책협의회'는 창립총회에서 공개토론회를 개최했다. 또한 1999년 6월 28일, 구로구청 기획상황실에서 구로구 부구청장 및 관련 11개 시와 구의 환경 관련 실·국장이 참여한 가운데 안양천수질개선대책협의회의 공동 추진사업을 5개 선정했다. 그리고 2000년 3월에는 2000년도 공동 추진사업 선정을 위한 실무협의회 정기회의를 개최하며 1999년 선정한 사업을 점검하는 시간을 가졌다. 그해 4월에는 안양천수질개선대책협의회 창립 1주년 기념행사를 실시해 그간의 성과를 발표했다. 수질개선대책협의회가 모임을 가지고 사업을 선정하는 것은 협의회 규약에 따라서 이루어진 면이 있다. "협의회의 주요 활동 방식은 주로 정기모임과 수시모임을 통해 지방자치단체별로 해야 할 일과 앞으로의 계획 등을 논의한다"라는 내용이 협의회 규약[9] 제10조에 명시되어 있다.

---

[9] 안양천수질개선협의회의 규약은 총 19개 조로 구성되어 있으며 규약의 목적(제 1조)은 안양천 유역에 자리 잡은 서울 남서지역과 경기도 자치단체들이 환경오염 대응체제 및 환경보전을 위한 안양천수질개선대책협의회를 구성해서 안양천 수질 개선 및 기타 지역환경 보전문제를 해결함으로써 지역주민의 건강과 삶의 질 향상에 이바지함을 목적으로 한다고 규정하고 있다.

워크숍, 토론회, 정기회의 등의 이해관계자의 면대면 접촉은 네트워크의 구성원들은 네트워크의 목표에 대해 합의 지향적인 행동을 하게 된다. 또한 여기에 제도의 설계가 더해지면 이해관계자들은 서로의 행동과 관계를 지배할 구조를 구축하게 된다(Ansell & Gash, 2008). '안양천살리기 민간단체 네트워크'의 경우 이러한 제도가 뒷받침되지는 않은 것으로 보인다. 서울과 경기도의 다양한 단체들이 집행력을 발휘하지 못하고, 2000년에는 가시적인 활동을 전개하지 못하면서 활동에 휴식기를 갖게 된다. 또한 여기에 재정적 측면에서도 문제가 발생하게 된다. 활동 인력과 재정적인 면에서 취약한 민간단체들로서는 안양천 활동에만 매달려 있을 수가 없었기 때문이다.

반면 수질개선대책협의회의 경우 협의회 규약 제10조를 바탕으로 각 지방자치단체가 수행해야 할 사업에 대해 정기적인 모임을 가지고 토론이 이루어졌으며, 이를 계기로 주요 사업을 선정하고 이듬해에는 이를 점검하며 새로운 사업을 추가·보완하는 활동이 이루어졌다. 물론 지방자치단체의 경우 활용 가능한 자원의 측면에서 민간단체 네트워크보다 훨씬 우월하지만 이들의 면대면 대화가 원활하게 이루어진 요소 중 규약의 역할을 배제할 수는 없을 것이다.

3) 신뢰 구축

'안양천살리기 민간단체 네트워크'는 2000년에 큰 활동을 하지 못하고 휴식기에 들어갔으나 2001년 네트워크 실무담당자들은 이러한 활동을 극복하고자 좀 더 유연한 방식의 활동이 이루어져야 한다는 문제가 제기되었다. 당시에는 휴식기 동안 저조했던 활동을 보완하는 방향으로 네트워크 활동이 이루어져 나갔다. 네트워크 활성화를 위한 워크숍, 지도 제작, 지침서 제작, 홈페이지 제작 등이 나타나며 활동이 점차 다양화되는 모습을 보인다. 또한 전 구간을 아우르는 통합된 방침, 즉 유역계획의 필요성을 깨닫게 된다. 네트워크는 내부적으로 의지를 조금씩 다지기 위해 몇 회에 걸친 워크숍과 토론회를 실시했고, 결국 '유역계획 수립' 의견을 제출해 경기도지사의 관심을 유도하게 된다.

수질개선대책협의회의 경우 이후에도 지속적으로 협력사업을 추진해 나갔다. 2002년 2월에는 안양천수질개선대책협의회 홈페이지 제작을 완료했으며, 2002년 3월에는 정기회를 개최해서 향후 공동사업을 논의했다. 또한 환경오염행위 신고 보상금제를 추진해 지방자치단체 예산 7,264만 원을 확보했다.

네트워크 구성원의 신뢰 구축은 장시간의 노력이 필요한 과정이다. 민간단체 네트워크, 지방자치단체 네트워크는 모두 발족 이후로 5년 여가 흐르며 네트워크 이해관계자들 사이에 신뢰가 구축되어 가고 있음을 알 수 있다. 신뢰가 구축되었다는 것은 과업과 행위자를 통해 알 수 있다. 각 네트워크는 기존의 활동을 유지 보완하며 더욱 활발하고 다양한 활동을 보이고 있다. 이것은 네트워크 구성원 사이의 신뢰 구축이 전제되지 않으면 발생하기 어렵다. 또한 행위자의 수가 증가했음을 통해 신뢰가 구축되었음을 알 수 있다. 실제로 안양천살리기 민간단체 네트워크는 기존 19개 단체에서 21개[10]로 단체의 수가 증가했으며, 수질개선대책협의회의 경우 이전에는 네트워크에 참여하지 않았던 부천시와 시흥시가 참여하며 안양천 유역과 관련된 지방자치단체가 모두 참여하게 되었다. 기존의 네트워크에 대한 신뢰가 없이는 새로운 행위자가 네트워크에 진입하기는 어렵다. 즉, 네트워크 내 행위자의 증가는 신뢰 구축의 한 측면을 보여준다.

4) 조정자 및 구조혈

안양천살리기 민간단체 네트워크는 발족 시 박상준 환경과공해연구회 회장, 이종만 안양군포의왕환경운동연합 의장의 공동상임대표로 출발했다. 하지만 실질적인 네트워크의 조정자는 사무국장의 지위를 맡았던 안명균 사무국장이었던 것으로

---

10) 강서양천환경운동연합, 부천경실련의 네트워크 참여.

보인다. 그의 주도로 벌어진 안양천 민간단체 네트워크의 활동은 다음과 같다.[11] ① 워크숍 개최를 통한 안양천 오염의 현황과 개선 대책 논의, ② 정기적인 회의 개최, ③ 오염 감시활동 진행, ④ 오염 감시활동에 대한 조사교육 실시 등이 있다. 또한 2006년 언론과의 인터뷰에서 다음과 같이 회고하고 있다.

> 1996년 뜻을 함께하는 사람들과 안양·군포·의왕 환경운동연합 발족을 준비하고 … 그중에서도 가장 기억에 남는 일은 안양천의 변화, 공장폐수와 생활하수가 뒤범벅돼 서울 서남부의 천덕꾸러기로 버림받았던 안양천이 생명이 꿈틀대는 하천으로 새롭게 태어난 것이다. 안양천은 '지킴이'들의 오랜 숙원이었던 '참게와 숭어가 올라오는 하천'으로 되살아나고 있다.

위와 같은 활동은 안양천살리기 네트워크에서 실질적으로 일어나는 대부분의 활동으로 사무국장의 지위로부터 조정자의 역할이 부여된다.[12]

안양천수질개선대책협의회의 경우 2002년 10월까지는 네트워크를 이끌거나 조정하는 역할이 뚜렷하게 보이지는 않았다. 그러던 중 2002년 3월 8일 안양천수질개선대책협의회 정기회의를 거쳐 2002년 10월 8일 양대웅 구로구청장, 신중대 안양시장이 수질개선대책협의회 공동회장으로 선출되었다. 이들은 상·하반기 각 1회씩 있는 정기회의에서 의장의 역할을 수행한다. 그 외의 지방자치단체장은 위원으로, 담당 실·국장은 실무협의회로 구성된다. 여기에서 ① 수질 개선을 위한 공동사업 추진에 관한 사항, ② 수질생태계 조사 등 공동 연구에 관한 사항, ③ 안양천살리

---

11) 위의 내용은 안양천 수질개선대책 토론회의 내용에서 발췌.
12) 지위로부터 조정자의 역할이 부여된 것은 이후 교체된 이필구 사무국장의 경우에도 안양천 살리기 민간단체 네트워크에서 조정자의 역할을 수행한 것을 통해 알 수 있다.

기 지역주민 참여 프로그램 운영 추진에 관한 사항 등을 논의한다. 이들 역시 민간단체 네트워크와 같이 조정자의 역할이 지위를 통해 부여된다.[13]

이들은 각 네트워크의 조정자뿐 아니라 구조혈(structural hole)이 되기도 한다. 앞에서 말했듯이 구조혈이란 "한 사람이 다른 사람들과의 연계에서 바로 중복되지 않고 그 행위자를 통해서만 다른 사람들이 연계되는 위치"라고 할 수 있다(손동원, 2002). 이들은 정보의 흐름과 통제의 역할을 모두 수행할 수 있게 되는데, 여기에서는 주로 정보와 지식을 공유하는 역할을 하게 된다. 이러한 내용은 안양천 수질 개선에 관한 토론회 자료를 통해 알 수 있다(안양천 수질개선 대책토론회, 2001). 각 네트워크의 조정자들은 안양천 수질 개선을 위한 지방자치단체 또는 시민의 역할에 대해 서로 토론하고 지식을 공유한다. 여기에서 안명균 사무국장은 ① 환경친화적인 공간으로 안양천을 복원하기 위한 장기계획 수립, ② 시민의 관심의 의지를 높이기 위한 지방자치단체들의 노력, ③ 안양천 유역 지방자치단체 간의 긴밀한 협조 등을 요구했다. 그리고 지방자치단체 네트워크 측에서는 안양천 수질 개선을 위한 시민, 특히 안양천 네트워크의 역할로 ① 모니터단 조직과 항시적인 안양천 오염 감시활동의 실시, ② 안양천 감시활동에 맞는 환경교육의 개발 및 실시, ③ 시민 의견을 지방자치단체에 정책에 반영하도록 시민단체의 역할 강화, ④ '안양천수질개선협의회'에 대한 '안양천살리기 네트워크'의 역할 강화 등을 들고 있다. 즉, 각 네트워크의 조정자는 토론회를 통해 서로의 역할에 대한 정보와 지식을 공유하며 네트워크 상호 간 연결을 해주는 역할을 하는 것이다.

5) 이해 공유

조정자 및 구조혈의 역할로 각 네트워크는 서로에 대한 정보와 지식을 구축할

---

[13] 수질개선대책협의회 역시 지위를 통해 조정자의 역할이 부여된다는 것을 현재를 보면 알 수 있다. 현재 수질개선대책협의회의 공동회장은 이성 구로구청장과 최대호 안양시장이다. 이들 역시 위와 동일한 역할을 수행하고 있다.

수 있게 되며 공통의 목표에 달성하기 위한 방법이 무엇인지를 공유하게 되었다. 이는 조정자 및 구조혈의 역할 이전과 이후를 비교함으로써 알 수 있다.

안양천 살리기 민간단체 네트워크의 경우 수질개선협의회에서 가장 강조한 것은 시민단체 역할 강화와 감시 기능이었다. 실제로 이후 안양천살리기 민간단체 네트워크는 지방의제 추진기구[14]들이 설립되며 참관 형태로 활동을 시작한다. 즉, 핵심 실무자들이 환경단체 활동의 맥락에서 활동에 참여하는 계기가 이루어진 것이다. 또한 2002년에는 경기도의 '안양천살리기 유역화 계획 수립 용역'이 진행되며 전 구간 모니터링을 실시하게 된다. 또한 모니터링의 활동 성과들을 모아 매월 인터넷신문을 제작해 보급했다. 이러한 효과가 조정자 및 구조혈을 통한 이해의 공유라는 측면에서 전적으로 설명하는 것에는 비약이 있지만 이전과의 활동을 비교해 보았을 때 설득력이 있다.

안양천수질개선대책협의회에 대한 민간단체 네트워크의 요구는 시민 참여 유도와 지역 간의 긴밀한 협력 구축으로 요약할 수 있다. 이 또한 이전과의 활동과 비교해 새롭게 나타난 활동을 봄으로써 설명이 가능하다. 먼저 2002년 안양천을 사랑하는 사람들의 모임(안사모)을 구성해 안양천 유역 14개 단체 2,817명의 참여를 유도하는 모습이 나타났다. 또한 2003년에는 안양천 살리기 이벤트 행사를 지방자치단체가 공동으로 개최하고 지방자치단체 간 협력을 도모하고, 세부적인 행사 내용으로 안양천살리기 단축 마라톤대회, 안양천살리기 5일 6각 달리기, 환경보전 사진 및 그림그리기 등을 통해 시민의 관심과 참여를 유도했다.

서로에 대한 이해, 공통의 목표에 대한 이해는 새로운 형태의 네트워크를 형성하도록 했다. 안양천살리기 민간 네트워크는 그동안의 활동으로 큰 성과를 바탕으로 실제 활동을 전개하지 못하는 단체들을 정리해내고 더욱 많은 지방의제 21 추진

---

14) 이 시점에서 참관을 하기 시작한 지방의제 추진기구로는 늘푸른안양21실천협의회, 푸른광명21실천협의회, 푸른희망군포21실천협의회, 21세기 녹색의왕만들기실천협의회 등 4 개의 기관이다.

기구들과 유역 내 기업들의 참여를 시키고자 했다. 이러한 결정은 2002년 3월 15일 '안양천살리기 네트워크'라는 이름으로 활동을 재발족하는 계기가 되었다. 이전에는 민간단체 네트워크로서의 역할을 했다면, 이제는 참관기관으로서 지방의제 21, 기업 역시 네트워크를 구성하는 요소로 참여시킨 것이었다. 따라서 새로운 형태의 네트워크는 23개의 단체, 지방의제 추진기구, 기업 등이 참여해 활성화된다.[15]

Ⅵ. 맺음말

우리나라의 경우 정부 간 협력사업이라는 이름으로 다양한 형태의 협력적 거버넌스 사업들이 전개되고 있다. 그럼에도 불구하고 협력적 거버넌스가 구축되는 과정에 대한 이론적 모형을 구축하려는 시도들은 드물었다고 할 수 있다(조만형 외, 2009). 여기에서는 협력적 거버넌스를 초기조건, 과정, 결과로 이어지는 과정을 모형으로 구축한 앤셀과 개시(Ansell & Gash, 2008)의 분석틀을 수정해 실제 우리나라의 협력적 거버넌스의 모습에 맞추려고 시도했다. 그리고 그 과정에서 사회자본의 요소인 네트워크 형성과 신뢰 구축이 중요한 변수로서 역할을 한다는 것을 알 수 있었다. 이러한 수정된 모형은 몇 가지 함의를 이끌 수 있다.

첫째, 사회자본은 협력적 거버넌스의 필요조건이라는 것이다. 앞에서 협력적

---

15) 시민단체: 21세기녹색의왕만들기, 강서양천환경운동연합, 광명YMCA, 광명경실련, 구로시민센터, 군포YMCA, 군포환경복지시민기구, 군포환경자치시민회, 건강한도림천을만드는주민모임, 부천경실련, 서울환경운동연합, 시흥환경운동연합, 안양 YMCA, 안양군포의왕환경운동연합, 안양시민대학, 안양의왕경실련, 안양지역시민연대, 의왕시민모임, 시화넷, 민들레영상 지방의제21: 늘푸른안양21, 부천의제21, 푸른광명21, 푸른희망군포21 기업: LG전선, 농심, 동화약품, 삼아알미늄, 안양케이블TV, 오뚜기, 유한양행, 유한킴벌리, 주식회사 디피아이 노루 페인트, 해태제과, 효성 T&C.

거버넌스를 "공통의 이해관계를 가지고 공식·비공식적 과정을 통해 대화와 타협을 하며 질서가 형성되는 것"으로 정의했다. 네트워크 형성이라는 공식 혹은 비공식적 과정에 직접 참여함으로써 구성원들과의 대화와 타협(면대면 대화)을 거치며, 신뢰를 구축하고, 네트워크의 조정자 혹은 구조혈의 역할로 다른 네트워크와 연계를 통해 이해를 공유하며, 다른 형태 또는 확장된 형태의 네트워크를 형성하는 순환적 과정의 사례를 우리는 안양천 수질개선사업을 통해서 보았다. 이러한 협력 과정에서 첫 단계는 네트워크를 형성하는 것으로 이것은 사회자본의 중요한 요소로 볼 수 있다. 여기에서 나타나는 순환적 과정은 네트워크 행위자들의 관계에 내재되어 있는 것으로 과정 전체가 사회자본의 모습을 보이기도 한다. 결국 협력적 거버넌스에서 사회자본의 역할은 중대하다고 할 수 있으며, 충분조건은 아니어도 필요조건은 되기에 충분함을 알 수 있다.

둘째, 이 연구에서는 조정자 및 구조혈의 역할을 조명함으로써 이들의 역할이 협력적 거버넌스 형성에 중요하다는 것을 보였다. 이전의 연구에서는 거버넌스를 누가 주도하는가(배재현, 2009) 또는 협력의 조건으로서 네트워크의 형성까지만을 다루는 경우가 많았지만(김창수, 2005), 여기에서는 네트워크를 연계하는 역할로서 조정자와 구조혈을 분석했다. 이 사례에서는 각 네트워크의 조정자가 구조혈의 역할을 동시에 수행함으로써 각 네트워크를 이끌고 조절하는 역할도 하지만 분리된 네트워크의 정보와 지식을 전달하는 역할도 수행하고 있었다. 이것은 조정자 및 구조혈의 상호작용(토론회) 이후 이전과는 다른 네트워크의 활동을 통해 알 수 있었다.

세 번째 함의는 협력 과정에서 제도설계의 중요성이다. 면대면 대화에서 제도설계가 중요한 역할을 한다는 것이 앤셀과 개시(Ansell & Gash, 2008)의 연구에서 밝혀진 바가 있다. 이것이 우리나라의 사례에서 실제적으로 일어났음을 알 수 있었다. 규약으로서 정기회의를 정해 놓은 지방자치단체 네트워크의 경우 활발한 활동이 전개되었지만, 민간단체 네트워크의 경우 제도설계가 뒷받침되지 않았을 면대면 대화의 부족이 발생했고, 또한 활동이 휴식기에 들어간 경험을 통해 알 수 있다.

이 연구에서는 사례연구의 특성상 전체로 일반화하기가 어렵다는 점, 자료 수집에서 충분한 자료를 구하지 못해 설명이 부족할 수 있다는 점[16] 등이 한계로 지적될 수 있다.

하지만 협력적 거버넌스와 사회자본의 관계를 '사회자본은 협력적 거버넌스의 필요조건'이라는 점을 사례를 통해 밝힌 데에 의의가 있다.

---

16) 관련 인물들에 대해 직접적인 인터뷰를 하지 못하고 인터뷰를 한 자료를 구하거나 신문기사의 인터뷰 내용을 이용한 점 등이 연구의 결함으로 지적될 수 있다.

| 생각해 볼 문제들 |

1. 주민 삶의 질에 대한 요구가 높아지며 지방자치단체들은 최근 환경문제는 중요한 어젠다로 선정해 관리하고자 하지만, 이러한 환경문제는 정부가 단독으로 처리하기에는 불가능에 가까운 소위 일컫는 '사악한 문제(wicked problem)'라고 볼 수 있다. 따라서 정부뿐 아니라 이해관계자, 시민사회, 그리고 지역주민 등 다양한 이해관계자의 협력이 중요한데 시민사회 등 자발적 참여를 유도할 수 있는 방안은 무엇일까?

2. 이 사례에서도 시사하는 바와 같이, 민-관이 협력하는 사례에서 가장 중요한 쟁점 중 하나는 초기의 신뢰를 구축하는 것이다. 문제 해결을 위한 의지와 자원, 그리고 지속적 노력 등에 대한 이해관계자의 합의가 이루어지고 신뢰가 구축된 후 협력적 네트워크의 장이 원활히 열릴 수 있는데, 다양한 이해관계자가 서로의 이익을 위해 참여한 초기의 장(field)에서 신뢰를 구축할 수 있는 방안은 무엇일까?

3. 협력적 네트워크에 대해 논의할 때 행정학적 관점에서 중요한 사안은 '정부가 어떠한 역할을 수행해야 하는가?'이다. 정부는 관리자, 조정자, 통제자, 길잡이 등 다양한 역할을 수행할 수 있는데, 사안에 따라 또는 같은 사례라도 시기에 따라 정부의 역할에 변화가 이루어지는 각 조건들은 무엇일까?

〈 참고 문헌 〉

김세훈(2007). 로컬 거버넌스의 이론과 실제: 지역문제 해결을 위한 과제. 「한국지방자치연구」, 9(2): 41-56.

김창수(2005). 관료와 시민사회 협력의 성공조건: 부산광역시 온천천 복원사례를 중심으로. 「지방정부연구」, 9(1): 145-167.

박희봉(2009). 「사회자본: 불신에서 신뢰로, 갈등에서 협력으로」, 조명문화사.

_____(2000). 지역사회 사회자본과 거버넌스 능력: 서울 서초구와 경기 포천군 주민의 인식을 중심

으로. 「한국행정학보」, 34(4): 175-196.
배응환(2003). 거버넌스의 실험: 네트워크조직의 이론과 실제: 대청호살리기 운동본부를 중심으로. 「한국행정학보」, 37(3): 67-93.
배재현(2009). 네트워크 거버넌스의 운영기제 분석: 부산시 하천살리기 사업을 중심으로. 「한국행정연구」, 18(2): 141-168.
손동원(2002). 「사회네트워크분석」, 경문사.
오수길·곽병훈(2004). 사회자본-정부-거버넌스의 연계에 관한 시론적 모색: 재가노인복지서비스 전달체계의 역사적 분석을 사례로. 「한국행정학보」, 38(6): 225-245.
이명석(2002). 거버넌스의 개념화: 사회적 조정으로서의 거버넌스." 「한국행정학보」, 36(4): 185-205.
_____(2006). 거버넌스 이론의 모색: 민주행정이론의 재조명. 「국정관리연구」, 1(1): 36-63.
조만형·김이수(2009). 협력적 거버넌스 구축에 관한 실증적 연구: 광명시와 구로구 간 환경기초시설 빅딜 사례를 중심으로. 「한국사회와 행정연구」, 20(2): 215-239.
주재복·한부영(2006). 갈등 유형별 협력적 로컬 거버넌스의 구축 방안, 한국지방행정연구원.
홍성만(2004). 협력적 로컬 거버넌스의 대두 4: 대포천 수질개선을 둘러싼 정부-주민 간 협력적 로컬거버넌스 분석. 「한국행정학회 하계학술대회 발표논문집 별쇄본」, 6: 1-19.

제52회 안양시의회(정기회) 본회의 회의록(1996. 12. 05).
안양천살리기 네트워크 운영위원회 자료.
안양천 수질개선 대책토론회(2001), 안양천 오염실태와 수질개선을 위한 자치단체의 역할.
_____(2001). 안양천 수질개선을 위한 시민의 역할.
안양천수질개선대책협의회 내부규약자료.
국민일보(2005. 04. 23). "네트워크 속에서 살아난 안양천."
군포시민신문(2003. 10. 13). "안명균 안양·군포·의왕 환경운동연합 사무국장."
오마이뉴스(2003. 04. 26). "안양천유역 지자체, 안양천살리기에 뭉쳤다."
_____(2008. 03. 26). "안양천, 13개 자치단체가 통합관리한다."

_____(2009. 11. 04). "안양시와 안양천살리기네트워크, 물환경대상 공동수상."
주간한국(2005. 06. 30). "이필구 안양천 살리기 네트워크 사무국장."

안양천살리기 네트워크 홈페이지: www.anyangriver.or.kr
안양천수질개선대책협의회 홈페이지: www.guro.go.kr
안양천살리기 홈페이지: http://river.anyang.go.kr
안양천살리기 환경사업소: www.anyangstp.go.kr

Ansell,C. & A. Gash, A.(2008). Collaborative Governance in Theory and Practice. *Journal of Public Administration Research and Theory*, 18: 543-571.

Buntrup, G.(2001). Evolution of a Collaborative Model: A Case Study of Analysis of Watershed Planning in the Intermountain West. *Environment Management*, 27: 739-748.

Coleman, James S.(1988). Social Capital in the Creation of Human Capital. *American Journal of Sociology*.

Fukuyama, Francis(1995). *Trust: The Social Virtues and the Creation of Property*, New York: Free Press.

Knack, S. & Keeper, P.(1997). Does Social Capital have an Economic Payoff? A Cross-Countri Investigation. *Quarterly Journal of Economics*, 112(4): 1251-1288.

Newman, J.(2001). *Modernizing Governance: New Labour, Policy Society*, London: SAGE.

North, D. C.(1990). *Institutions, Institutional Changes and Economic Performance*, Cambridge: Harvard University Press.

Putnam, R. D.(1993). *Making Democracy Work*, Princeton: Princeton University Press.

Rhodes, R. A. W.(1996). The New Governance: Governing Without Government. *Political Studies*, 44(3): 652-667.

_____(1997). *Understanding Governance: PolicyNetworks, Governance, Reflexibility and*

Accountability, Buckingham: Open University Press.
Salamon, Lester M. (2002). *The Tool of Government: A Guide to the New Governance*.
Schuller, T. et al. (2000). Social Capital: A review and Critique. S. Baron et al. *Social Capital*, Oxford: Oxford University Press.
Yin, Robert K. 신경식·서아영 옮김(2005). 「사례연구방법」, 한경사.

06

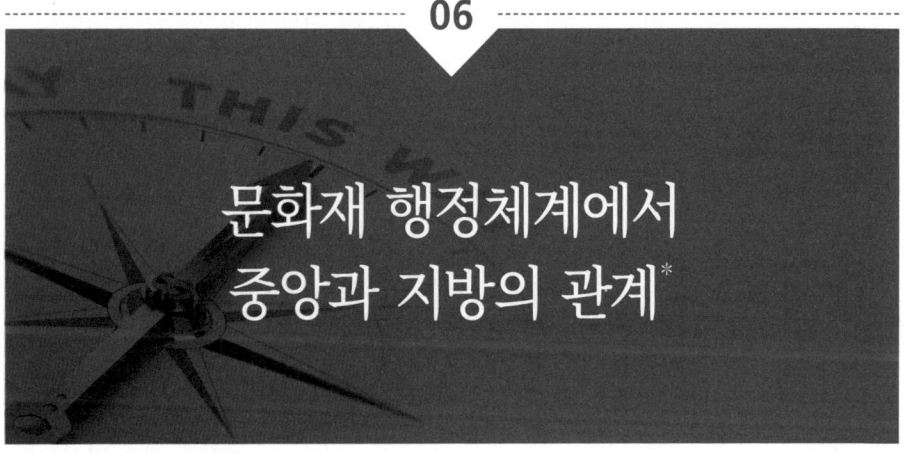

문화재 행정체계에서 중앙과 지방의 관계*

신상준
인천복지재단

I. 들어가는 말

문화재는 전국에 분포되어 있어서 중앙정부 단독으로 문화재를 보존하고 관리할 수 없다. 그러나 문화재의 특성상, 통일된 행정체계를 적용해 일관된 문화재 관리정책이 필요하기도 하다. 이러한 특성에 따라 문화재 행정은 전국의 지방자치단체와 문화재청이 협력해야 하나, 특정 지자체의 특수성이 부각되어 문화재를 보존

---

* 이 글은 한국문화재정책연구원에서 2018년도에 수행한 '지방분권 강화와 연계한 문화재 관리체계 개선방안 연구'의 일부를 요약했으며, 일부 내용은 현시점에 맞게 수정 및 보완했다.

및 관리할 수는 없다. 따라서 문화재 행정체계는 정부기관 간의 긴밀하고 일관된 협력체계가 필요하다.

최근의 정부 운영은 지방자치의 강조이다. 문재인 정부는 2017년 제5회 지방자치의 날 기념식에서 지방분권공화국이라는 명칭을 사용해 지방자치의 중요성을 강조했다. 현 정부는 중앙정부와 지방자치단체, 그리고 지역주민 등 3주체에 필요한 전략을 제안해 항구적인 자치 기반을 마련할 것을 계획하고 있다. 문화재 행정 역시 '현장지역 중심'이라는 목표에 따라 문화재가 위치한 지역을 강조해 지속 가능한 문화재의 보존 및 전승을 주요 국정과제로 구성했다. 중앙정부에 권한과 책임이 집중되어 있는 상황을 지방자치단체로 이양하는 것이 목적이며, 문화재 행정 역시 지자체의 역할이 부각되고 있는 상황이다.

문화재보호법상, 문화재 관리는 소유자 관리의 원칙이다. 문화재는 지정 주체에 따라 크게 국가지정문화재와 시·도지정문화재로 분류되는데, 국가 혹은 시·도가 지정한다고 해서 당해 문화재를 해당 정부기관이 책임지고 관리하지 않는다. 즉, 국가 혹은 시·도지정문화재라고 해도 소유 주체가 누구냐에 따라 관리 주체가 결정된다.

이와 같이 문화재 행정체계는 지방분권 시대에 따라서 중앙정부인 문화재청과 지방자치단체 간의 협력적 관계가 확보되고 추동되어 지속되어야 하며, 소유자가 누구냐에 따라 관리 주체가 달라지기 때문에 이에 적합한 문화재 행정체계가 구축되어야 한다. 이 글에서는 주로 문화재 행정체계의 특징을 구체적으로 살펴보고, 문화재 관리 법령체계와 관리 현황을 분석해서, 문화재 관련 정부기관들의 협력을 유인하는 제도적 장치를 제안한다. 문화재청과 지자체 간에 협력을 유도하기 위한 다양한 방안들이 적용되어 왔으나, 기대에 미치지 못하고 있는 실정이다. 최근에 정부 간의 협력이 주요 국정과제로 등장한 만큼, 중앙정부와 지방자치단체 간의 협력 기제를 탐색적으로 확인함으로써 협력 거버넌스 측면에서 원활한 문화재 행정체계는 어떻게 되어야 하는지 알아본다.

II. 정부의 문화재 행정체계

1. 지방분권에 따른 중앙과 지방의 관계

문재인 정부는 2017년 10월 26일 제5회 지방자치의 날 기념식에서 수도권과 지방이 같이 잘사는 지방분권공화국을 국정 목표로 삼겠다고 발표했다. 당시의 발표 내용은 크게 세 가지로 구분된다.

첫째, 명실상부한 지방분권을 위해서 지방분권 개헌을 추진하고, 제2국무회의를 제도화해서 자치입법·자치행정·자치재정·자치복지 등의 4대 자치권을 부여

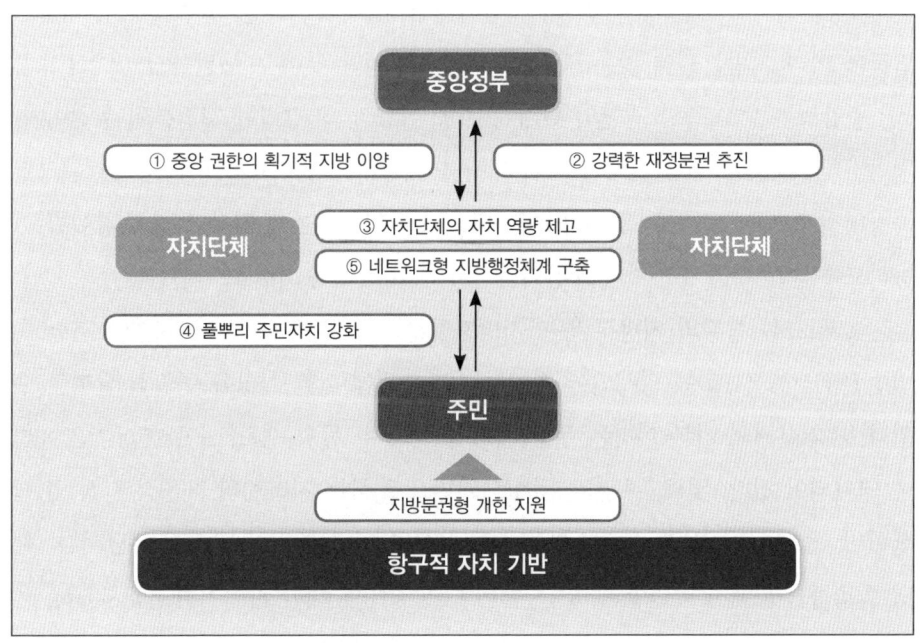

출처: 행정안전부(2017: 4).

[그림 1] 자치분권의 핵심 전략

해 지방자치단체에서 지방정부로 명칭을 변경하는 내용을 헌법에 명문화한다.

둘째, 「포괄적인 사무 이양을 위한 지방이양일괄법」을 통해 국가 기능의 과감한 지방 이양에 나서고, 국세와 지방세 비율을 7:3의 비율로 이루면서 장기적으로 6:4 수준이 되도록 개선한다. 이를 위해 고향사랑 기부제법 제정 및 자치경찰제, 교육지방자치 등의 지방자치 영역을 확대한다.

셋째, 국가균형 발전을 한 단계 높이기 위해 혁신도시를 대단지 클러스터로 발전시켜 지역 산업의 경쟁력을 확보하고 온 가족이 함께 거주하는 자족도시로 키우는 것이다.

이러한 일련의 내용을 토대로 현 정부는 지역주민의 참여를 기반으로 지방자치단체에 정부정책에 대한 권한과 책임을 이양하고, 이를 적절하게 수행하기 위한 재정 및 인적 자원의 제공을 포함한다. 2017년 행정안전부에서 발표한 자료에 따르면, 지방분권의 주체는 중앙정부와 지방자치단체, 지역주민 등 3 주체이며, 이들의 입장에 따라 지방분권에 맞는 적절한 역할을 수행할 것이 요구된다(앞의 [그림 1] 참조). 중앙정부는 ① 중앙 권한의 획기적 지방 이양과 ② 강력한 재정분권 추진이며, 지방자치단체는 ③ 자치단체의 자치 역량을 제고하고, ④ 자치단체 간 네트워크형 지방행정체계를 구축하는 것이다. 마지막으로 지역주민에게 정부 운영에 참여가 가능하도록 ⑤ 풀뿌리 주민자치를 강화하기 위해서 제도적 기반을 마련한다.

실제로 현 정부의 지방분권은 「지방자치분권 및 지방행정체제 개편에 관한 특별법」(이하 지방분권법)에 명시되어 있어서 지방분권에 대한 실상을 면밀히 살펴볼 수 있다. 자치분권의 기본 이념은 두 가지로 요약되며, 동법 제7조(자치분권의 기본 이념)에 명시되어 있다. 첫째, 주민의 참여를 기반으로 하는 지자체의 자율적 결정 및 집행이며, 둘째, 정부기관 간(국가 및 지자체)의 상호 역할에 대한 합리적 분담이다. 해당 법조문을 통해서 확인할 수 있는 점은 주민 참여에 대한 확대이며(동법 제15조), 국가와 지방자치단체 간의 역할을 합리적으로 분담하기 위해서 구체적인 사무 원칙이 중요하다는 것이다(동법 제9조).

> 제7조(자치분권의 기본 이념) 자치분권은 주민의 자발적 참여를 통하여 지방자치단체가 그 지역에 관한 정책을 자율적으로 결정하고 자기의 책임 하에 집행하도록 하며, 국가와 지방자치단체 간 또는 지방자치단체 상호간의 역할을 합리적으로 분담하도록 함으로써 지방의 창의성 및 다양성이 존중되는 내실 있는 지방자치를 실현함을 그 기본 이념으로 한다.

이와 같이 정부 운영은 중앙과 지방의 관계에서 중앙에 집중되어 있는 공적 권한과 책임을 지방자치단체에 이양하는 것이다. 현재의 문화재 행정체계 역시 지방분권과 밀접히 연관되어 있으며, 이의 핵심은 '현장·지역 중심'으로 표현할 수 있다. 현 정부의 문화재행정이 추구하는 바를 직접적으로 확인할 수 있는 자료는 2018년도에 문화체육관광부에서 발표한 '문화비전 2030'으로서 문화재에 관한 비전은 '현장·지역 중심 지속 가능한 문화재 보존 및 전승'이다.

〈표 1〉 '현장·지역 중심 지속 가능한 문화재 보존 및 전승'의 내용

추진 과제	추진 내용
현장·지역 중심 지속 가능한 문화재 보존 및 전승	• 항일독립문화유산, 풍납토성 등 지역의 문화재 유산을 보호하고 활용할 수 있도록 지원, 문화유산의 지역발전 지원화 추진 • 매장문화재 발굴·지표조사에 대한 국민 부담 완화 및 조사 품질 제고 • 정보통신기술, 최신 방재기술을 활용한 현장별 방재 시스템 구축 및 고도화 • 문화재 관련 디지털 도면, 시청각물, 3D 데이터 등 아카이브 수집관리를 통해 문화재 디지털 콘텐츠 정보 활용 기반 내실화

출처: 문화체육관광부(2018: 29) 참조.

이러한 현 정부의 정책적 지향점과 현재의 법령 검토를 통해서, 정부 운영은 특정 지역의 특수성을 반영하기 위해 지자체 중심의 정책 결정 및 집행이라는 것을 알 수 있다. 우리나라의 지방자치 특성은 지역주민들의 참여가 중심이 되지 않고 지자

체의 사무 처리가 중점이 되는 '단체자치'를 뜻한다.[1] 따라서 중앙정부의 권한이 강한 우리나라에서 실질적인 지방분권이 실현되기 위해서는 공적 책임과 권한이 지자체로 위임되어야 한다. 점차적으로 지역주민들의 참여를 확대하고 강화하기 위한 일련의 방안들이 요구되나, 현실적으로 가능한 지방분권은 중앙과 지방의 합리적인 역할 탐색이다.

2. 문화재 행정과 관련 법령 체계

우리나라 문화재 보호제도는 1962년 1월「문화재보호법」을 제정함에 따라 단일 법체계로 시작되었다. 그 전에는 일제강점기인 1916년 7월「고적 및 유물보존규칙」, 1933년 8월「조선보물고적명승천연기념물보존령」이 있었다.

「문화재보호법」은 문화재를 성격과 보호 수단에 따라 상이하게 구분하는데, 첫 번째로 성격에 따른 구분은 유형문화재·무형문화재·기념물·민속문화재 등의 네 가지이다. 두 번째로 보호 수단에 따른 구분은 국가지정문화재(국보·보물, 국가무형문화재, 사적·명승·천연기념물·국가민속문화재), 시·도지정문화재(시·도유형문화재, 시·도무형문화재, 시·도기념물, 시·도민속문화재)와 문화재 자료로 구분한다(한국문화재정책연구원, 2018: 11-14 참조).

1962년에 제정된「문화재보호법」은 2000년에 접어들어 사회에서 요구하는 다양한 점들을 단일 체계로 수용할 수 없게 되자 해당 법령에서 독립한 별개의 개별 법률을 새로이 제정하게 되었다.

---

[1] 헌법재판소의 판례는 "전통적으로 지방자치는 주민의 의사에 따라 지방행정을 처리하는 '주민자치'와 지방분권주의를 기초로 하여 국가 내의 일정한 지역을 토대로 독립된 단체가 존재하는 것을 전제로 하여 그 단체의 의회와 기관이 그 사무를 처리하는 '단체자치'를 포함한다."고 새기고 있다(헌재 2009.3.26. 2007헌마843).

첫째, 특별법의 제정을 연도별로 순차적으로 확인하면, 2004년에 「고도(古都) 보존 및 육성에 관한 특별법」이 처음 제정되었다. 해당 법령은 고도지역(경주·부여·공주·익산)의 문화재 및 역사문화 환경 보존과 함께 고도 주민의 재산권 보장의 성격을 지닌 특별법이다. 다음으로 「문화유산과 자연환경자산에 관한 국민신탁법」이 2006년에 제정되었는데, 해당 법령은 문화유산 및 자연환경자산을 시민의 힘으로 보존하기 위해 「문화재보호법」의 특별법의 성격을 지닌다. 그리고 2009년에 「문화재보호기금법」이 문화재 예산의 사전 예측의 어려움을 극복해 안정적인 재원을 조달하려는 목적으로 제정되었다.

둘째, 「문화재보호법」에 규정된 문화재의 유형별 성격과 특성을 반영한 개별법 제정의 분법화 작업이 요구되어 제정된 분법된 법령체계이다. 2010년에 「매장문화재 보호 및 조사에 관한 법률」과 「문화재 수리 등에 관한 법률」이 각각 제정되었다. 전자의 법령은 수중문화재의 정의와 매장문화재 조사기관의 등록 등의 규정을 추가·보완한 것이고, 후자의 법령은 문화재 수리의 전문성과 품질 제고 및 문화재 수

〈표 2〉 문화재청 소관의 문화재 법령체계

구분	법률명	법률 제정
문화재보호법의 분법	문화재보호법	1962
	매장문화재 보호 및 조사에 관한 법률	2010
	문화재 수리 등에 관한 법률	2010
	무형문화재 보전 및 진흥에 관한 법률	2015
사회적 수요에 따른 개별법 제정	고도 보존 및 육성에 관한 특별법	2004
	문화유산과 자연환경자산에 관한 국민신탁법	2006
	문화재보호기금법	2009
	한국전통문화대학교설치법*	2011

* 「한국전통문화대학교설치법」은 문화재와 관련한 법령이 아닌, 한국전통문화대학교의 설치에 관한 법령이다.

리 의무 감리와 하도급 제한 등을 통한 제도 개선을 위한 목적으로 제정되었다. 마지막으로 2015년에 「무형문화재 보전 및 진흥에 관한 법률」이 무형문화재 전승 환경 변화에 부응하는 제도적 기반을 마련할 목적으로 제정되었다.

문화재와 연관된 법령은 「문화재보호법」에서 분법된 네 개의 법령과 특별법의 성격을 지닌 네 개의 법령으로 구분된다. 문화재 관리는 대부분이 「문화재보호법」에 규정되어 있으며, 문화재의 특성에 따라 다른 법령에 구체적으로 명시되어 있다. 이 글의 목적은 문화재의 행정에 관한 전반적인 특성을 확인하고 중앙과 지방의 협력 요인을 설정하는 것이기 때문에, 「문화재보호법」 위주로 문화재 행정 현황을 살펴본다.

II. 중앙과 지방의 문화재 관리 현황

1. 문화재 관리 현황

「문화재보호법」에 따르면, 문화재의 관리 주체는 소유자 관리 원칙이다(동법 제33조, 제59조, 제74조). 모든 문화재의 관리를 정부기관이 책임지지 않고, 당해 문화재의 소유 주체에 따라 관리의 책임 범위가 상이하다. 문화재는 크게 국가지정문화재와 시·도지정문화재로 구분되지만, 국가지정문화재는 중앙정부, 시·도지정문화재는 지방자치단체에서 관리하지 않는다. 당해 문화재의 특성이 국가 지정 및 시·도 지정으로 구분될 뿐, 소유자가 누구냐에 따라 관리 주체는 상이하다. 이 밖에도 등록문화재와 문화재 자료가 있으나, 문화재 행정에 초점을 두는 문화재는 국가지정 및 시·도지정문화재이다.

> 제33조(소유자 관리의 원칙)[2]
> 제1항 국가지정문화재의 소유자는 선량한 관리자의 주의로써 해당 문화재를 관리·보호하여야 한다.

문화재 관리 주체 원칙
- 문화재 관리 주체는 소유자 관리 원칙(문화재보호법 제33조)
- 국가지정문화재 소유자는 선량한 관리자의 주의로써 해당 문화재를 관리 보호(동법 제33조 제1항)
- 등록문화재와 시·도지정문화재 역시 준용 규정을 통하여 이와 동일한 소유자 관리의 원칙을 취하고 있음 (동법 2제59조, 74조).

문화재 관리 주체 원칙 예외
- 관리단체 지정(제34조 제1항) : 광역 또는 기초 지방자치단체 법인, 단체 등
- 지방정부 위탁(제34조 제2항) : 법인 또는 단체
- 국가특별관리(제34조의2) : 필요 시 국가 관리
- 국유문화재 특례(제62조) : 다른 중앙관서의 장

구분	내용
문화재청 관리 대상	• 국가지정문화재, 등록문화재 중 국가가 소유자인 문화재(국유문화재) • 필요 시 국가가 직접 관리하기로 결정한 문화재
시·도 관리 대상	• 시·도지정문화재, 문화재 자료 • 문화재청장이 시도를 관리단체로 지정한 국가지정문화재, 등록문화재 중 별도로 시·군·구, 법인, 단체에 관리를 위탁하지 않은 문화재
시·군·구 관리 대상	• 시·군·구가 소유한 문화재 • 문화재청장이 시·군·구를 관리단체로 지정한 국가지정문화재, 등록문화재 중 별도의 법인이나 단체에 관리를 위탁하지 않은 문화재 • 시도지사가 시·군·구를 관리단체로 지정한 시·도지정문화재, 문화재자료 중 별도의 법인이나 단체에 관리를 위탁하지 않은 문화재
전문관리기관 관리 대상	• 국유문화재 관리청 특례규정(제62조) 의거, 유물 등 동산문화재인 국유문화재는 대부분 국립중앙박물관과 그 소속 지방박물관 등을 관리자, 관리단체로 지정해서 위임관리
일반관리자	• 개인 소유 또는 대학 등 법인, 사찰 등 단체 소유 문화재로서 관리가 적절히 이루어지는 경우

출처: 문화재청(2015: 93)에서 수정 및 보완.

[그림 2] 문화재 관리 주체와 관리 대상

---

2) 해당 법령은 국가지정문화재에 대해서 규정하지만, 동법 제59조와 제74조에 등록문화재와 시·도지정문화재에 대해서 규정한다.

앞의 [그림 2]는 문화재 관리 주체에 따른 관리 대상을 도식화한 것이다. 문화재청 관리 대상은 국가지정문화재와 등록문화재 중에서 필요할 경우, 국가가 직접 관리하기로 결정한 문화재이다. 광역자치단체인 시·도 관리 대상은 시·도지정문화재와 문화재 자료인데, 문화재청장이 시·도를 관리단체로 지정한 국가지정문화재와 등록문화재 중에서 별도로 시·군·구, 법인, 단체에 관리를 위탁하지 않은 문화재를 관리한다. 기초자치단체인 시·군·구 관리 대상은 시·군·구가 소유한 문화재로서, 문화재청장이 시·군·구를 관리단체로 지정한 국가지정문화재와 등록문화재 중에서 별도로 법인이나 단체에 관리를 위탁하지 않은 문화재를 관리한다. 마지막으로 전문 관리기관 관리 대상은 국유문화재 관리청 특례(문화재보호법 제62조)에 의거해서, 유물 및 동산문화재인 국유문화재는 대부분이 국립중앙박물관과 그 소속의 지방박물관 등을 관리자 및 관리단체로 지정·위임해 관리하는 문화재이다.

이와 같이 문화재 관리는 「문화재보호법」에 명시되어 있는 내용을 따르고, 광역과 기초자치단체에게 관리단체로 지정할 수 있는 권한은 문화재청이 갖는다. 다음의 〈표 3〉은 전국 문화재의 유형별 지정 및 등록 현황 명시한 것이다. 2018년 12월 31일 기준으로 국가 및 시·도지정 문화재, 등록문화재(문화재 자료)는 총 10,929건이며, 이 중 국가지정문화재는 3,999건, 시·도지정문화재는 6,146건, 등록문화재는 784건, 문화재 자료는 2,727건이다. 문화재 자료를 제외하고 지정(국가 및 시·도 지정) 및 등록문화재가 가장 많이 위치한 지역은 서울(1,740건)이며, 다음으로 경북(1,548건), 경남(1,244건) 순으로 확인된다.

국가지정문화재는 국보(336건)에 비해 보물(2,146건)이 많으며, 시·도지정문화재는 시·도유형문화재가 3,363건으로 가장 많다. 국가지정문화재가 가장 많이 위치한 곳은 서울(1,021건)이며, 다음으로 경북(678건), 전남(382건) 순으로 나타났으며, 시·도지정문화재가 가장 많이 위치한 곳은 서울(1,537건), 경북(1,501건), 경남(1,200건) 순이다. 마지막으로 등록문화재가 가장 많이 위치한 곳은 서울(203건), 전남(100건), 경기(85건)로 확인된다. 이와 같이 문화재는 지정 주체에 따라 당해 문화재의 수가 다르며, 서울에 가장 많은 문화재가 위치하지만 전국에 문화재가 흩어져 있어 중앙정부인 문화재청이 주도해서 전국의 문화재를 관리할 수 없는 특징이 있다. 따라서 문화재청은 지방자치단체와 협력해 문화재를 보존·관리할 수밖에 없다.

〈표 3〉 문화재 유형별 지정 및 등록 현황

(단위: 건)

구분	서울	부산	대구	인천	광주	대전	울산	세종	경기	강원	충북	충남	전북	전남	경북	경남	제주	기타	합계
국가지정문화재																			
국보	163	5	3	1	2	2	2	0	11	11	12	28	8	21	54	13	0	0	336
보물	706	47	72	29	14	13	8	2	161	81	94	130	95	182	341	162	9	0	2,146
사적	67	6	9	18	2	1	5	0	69	18	19	50	39	45	99	51	7	0	505
명승	3	2	0	1	1	0	0	0	4	25	10	3	7	20	15	12	9	0	112
천연기념물	12	7	2	14	2	1	3	1	19	42	24	17	32	61	67	44	49	62	459
국가 무형문화재	29	5	0	5	1	0	0	0	11	3	4	4	8	15	9	14	4	30	142
국가 민속문화재	41	2	6	0	3	2	2	1	22	11	21	24	13	38	93	12	8	0	299
소계	1021	74	92	68	25	19	20	4	297	191	184	256	202	382	678	308	86	92	3,999
시·도지정문화재																			
시·도 유형문화재	395	184	76	68	29	57	34	13	298	162	311	189	239	237	465	570	36	–	3,363
시·도 무형문화재	49	25	17	28	20	24	5	3	68	29	28	53	87	59	46	39	21	–	601

구분	서울	부산	대구	인천	광주	대전	울산	세종	경기	강원	충북	충남	전북	전남	경북	경남	제주	기타	합계
시·도 기념물	39	51	17	65	24	47	46	11	183	80	135	161	117	192	154	262	128	-	1,712
시·도 민속문화재	33	19	4	2	9	2	1	0	12	4	20	28	35	40	158	21	82	-	470
소계	516	279	114	163	82	130	86	27	561	275	494	431	478	528	823	892	267	-	6,146
지정문화재 합계	1,537	353	206	231	107	149	106	31	858	466	678	687	680	910	1,501	1200	353	92	10,145
등록문화재																			
등록문화재	203	19	11	8	19	21	6	0	85	40	29	60	68	100	47	44	24	-	784
문화재 총계	1,740	372	217	239	126	170	112	31	943	506	707	747	748	1,010	1,548	1,244	377	92	10,929
문화재 자료 현황																			
문화재 자료	68	105	53	25	30	59	30	13	176	144	90	314	158	242	569	641	10	-	2,727

출처: 통계로 보는 문화유산(2018).

2. 문화재 예산 및 인력 현황

다음의 〈표 4〉와 같이 문화재청의 재정 지출 규모는 2019년 기준으로 전체 정부 예산의 0.18%이며, 문화관광 분야 예산에서는 12.42%를 차지한다. 2013년부터 2017년까지 정부의 전체 예산 중에 문화재 관리 예산은 0.17%(2013년도)에서 0.2%(2017년도)로 증가했으나, 2017년부터 2019년까지는 0.19%(2018년도), 0.18%(2019년도) 등으로 점차 하락하는 추세이다. 이와 같이 전체 정부예산 중에서

문화재 관리 예산은 크지 않은 것으로 확인된다.[3]

<표 4> 정부예산 대비 문화재 관리 예산

(단위: 억 원, %)

연도별	정부		문화관광 분야			문화재청			
	재정지출 규모	전년 대비	재정지출 규모	전년 대비	점유율 (정부)	재정지출 규모	전년 대비	점유율 (정부)	점유율 (문화)
2013 (추경)	3,489,883	7.2	51,452	12.4	1.47	6,148	10.2	0.17	11.9
2014	3,558,050	2.0	54,130	5.2	1.52	6,199	0.8	0.17	11.5
2015	3,754,000	5.5	61,181	13.0	1.63	6,887	11.1	0.18	11.3
2016	3,864,000	2.9	66,306	8.4	1.72	7,311	6.2	0.19	11.0
2017	4,005,000	3.6	68,933	4.0	1.72	7,891	7.9	0.20	11.4
2018	4,288,339	7.1	60,595	-6.6	1.41	8,017	1.6	0.19	13.2
2019	4,965,753	15.8	72,495	19.6	1.46	9,008	12.4	0.18	12.4

출처: 통계로 보는 문화유산(2018).

문화재는 전국에 흩어져 분포되어 있기 때문에, 「문화재보호법」상 문화재 관리 주체는 문화재청과 광역 및 기초자치단체, 전문관리기관과 일반관리자이다. 「문화재보호법」 제33조와 제34조에 따라 국가지정문화재는 소유자 관리 원칙이지만, 소유자가 분명하지 않거나 소유자에 의한 관리가 적당하지 않을 때는 따로 관리자에 의해 관리가 가능하다. 다음의 <표 5>는 2018년 기준으로 국가지정·등록문화재를 대상으로 소유자 및 관리 주체별 관리 현황을 나타낸 것이다. 관리 주체별 관리 현황에 따르면, 국가와 광역(시·도)이 관리하는 경우가 2,312건(707건+1,605건)이고, 개인이나 단체가 관리하는 문화재는 2,329건으로 정부기관과 개인·단체가 관리하는

---

3) 전국 지자체의 문화재 예산을 파악하기 위해서는 각 지자체에서 발표하는 세출총괄표를 확인해야 하기 때문에 여기에서는 문화재청의 예산만 알아본다.

문화재 건수가 유사한 것을 확인할 수 있다.

〈표 5〉 국가지정 · 등록문화재 소유 및 관리 현황

(단위: 건)

구분	소유자별 관리 현황				관리 주체별 관리 현황		
	국유	공유	사유	기타	국가 관리	시·도 관리	기타 (개인, 단체)
국보	159	3	174	0	112	46	178
보물	671	76	1,397	2	390	401	1,355
사적	138	200	142	25	41	417	47
명승	25	2	9	76	0	111	1
천연기념물	87	50	91	231	6	385	68
국가민속문화재	23	30	238	8	24	54	221
등록문화재	188	112	477	7	134	191	459
합계	1,291	473	2,528	349	707	1,605	2,329

출처: 통계로 보는 문화유산(2018).

따라서 문화재 행정체계는 문화재청 위주가 아닌, 지자체와 협력할 수밖에 없다. 다음의 〈표 6〉에 따르면, 지방자치단체의 문화재 관리 인력과 전담조직은 해가 지날수록 점증하고 있다. 문화재 관리인력은 2014년부터 2018년까지 광역과 기초자치단체 모두 특정 연도를 제외하고는 증가하고 있는 것으로 확인된다. 광역과 기초 모두 2016년에서 2017년까지 관리인력 수는 감소했으나, 2017년에서 2018년으로 넘어가면서 인력 수는 증가했다. 아울러 전담조직 역시 광역과 기초 모두 증가하고 있다. 광역자치단체의 전담조직은 매년 꾸준히 증가하며 2018년에는 12개로 확인되고, 기초자치단체는 2014년부터 2017년까지 큰 가감이 없었으나 2018년도에 14개로 급증했다.

〈표 6〉 지자체 문화재 관리인력 현황

(단위: 명)

지자체 문화재 관리인력 현황						
구분		2014	2015	2016	2017	2018
광역 (17)		224	275	312	330	370
기초 (226)		1,158	1,234	1,270	1,246	1,323
계		1,382	1,509	1,582	1,576	1,693
지자체 문화재 전담조직 현황						
구분		2014	2015	2016	2017	2018
광역	전담 부서	6	7	8	10	12
광역	인력	130	145	165	230	174
광역	해당 지자체	서울(2), 인천, 경기, 경북, 충남	서울(2), 인천, 경기, 경북, 충남, 전북	서울(2), 인천, 대전, 경기, 경북, 충남, 전북	서울(2), 인천, 대전, 경기(2), 전북, 경북, 충남, 제주	서울(2), 부산, 인천, 대전, 경기(2), 전북, 경북, 경남, 충남, 제주
기초	전담 부서	10	9	10	11	14
기초	인력	166	157	157	182	244
기초	해당 지자체	서울 강동구, 수원(2), 공주, 익산, 경주(2), 김해, 부여, 연천	서울 강동구, 수원(2), 공주, 익산, 경주(2), 김해, 부여	서울 강동구, 수원(2), 공주, 익산, 경주(2), 김해, 부여(2)	서울 강동구, 서울 송파구, 수원, 공주, 부여(2), 전주, 익산, 경주(2), 김해	서울 강동구, 서울 송파구, 수원, 화성, 공주, 부여(2), 전주, 익산, 경주(2), 안동, 고령, 김해

출처: 통계로 보는 문화유산(2018).

III. 중앙과 지방의 협력 활성화 방안

전국에 분포되어 있는 문화재는 중앙정부 주도로 관리하기에는 시공간적 제약으로 인해 한계에 직면한다. 따라서 몇몇 문화재에 대해서 광역과 기초 등의 지방자치단체가 직접 관리하는 체제가 필요하다.

문화재의 행정체계는 특정 지자체 고유의 사무가 아닌, 문화재청과 지자체, 지자체 간의 협력을 통한 관리가 필요하다. 그리고 특정 지자체가 보유한 고유의 문화재 관리 방안을 공유해서 논의할 장도 요구된다.

1. 워크숍 활성화

문화재의 특성상, 전국 각 지역에 분포되어 있기 때문에 문화재를 담당하는 지방공무원은 다수가 있으며, 이들 간의 네트워크를 구축해 문화재를 관리할 필요가 있다. 네트워크를 구축해 문화재 관리에 대한 정보와 노하우를 공유할 수 있으며, 정부 간 협력을 용이하게 함으로써 갈등을 줄일 수 있다. 즉, 지자체 공무원들 간, 그리고 지자체 공무원과 문화재청 공무원들 간에 상호작용이 원활한 네트워크 구축 및 활용이 필요하다.

현재 문화재청은 다음 〈표 7〉과 같이 매년 정기적으로 워크숍을 진행 중에 있다. 워크숍의 참여 대상은 전국 지자체 문화유산 담당공무원이지만, 실제로 참여하는 인원은 그리 많지 않다. 앞에서 확인했듯이 2018년을 기준으로 문화유산을 담당하는 공무원은 2,018명이지만, 지자체 공무원이 워크숍에 가장 많이 참여한 해는 2017년 7월에 개최된 워크숍에서 102명이었다. 이를 통해 문화재청과 지자체, 지자체 간에 의사소통을 진행하는 장이 마련되어 있으나 활성화되어 있지 않다는 점을 확인할 수 있다.

〈표 7〉 문화재 담당 지방공무원 워크숍 현황

일시	장소	내용	참여 인원
2013년 2월 (1박2일)	전남 보성 (구 보성여관)	문화재청(정책총괄과) 주관	15명
2013년 11월 (1박2일)	강원 영월 (동강시스타)	시·도지정문화재 분권교부세 10년 성과와 과제	20명
2013년 12월 (1박2일)	충남 금산군 (피렌체밸리)	정책 방향 토의 및 자문	45명
2014년 6월 (1박2일)	충북 괴산군 (중원대학교)	문화재 현상 변경 및 안전	33명
2014년 11월 (1박2일)	전남 나주시 (중흥 골드스파)	자연유산 관련	32명
2015년 9월 (1박2일)	서울 대방동 (서울 여성프라자)	문화재 활용 방안과 지역경제	30명
2016년 5월 (1박2일)	경북 문경시 (서울대병원 인재원)	문화재 정책 현안 공유	89명
2016년 11월 (1박2일)	충남 태안시 (천리포수목원)	2017년 문화재청 주요 현안 설명 및 협조	23여 명
2017년 7월 (1박2일)	강원도 평창군 (알펜시아리조트)	평창 동계올림픽 준비 현장답사	102명
2018년 9월 (1박2일)	경북 경주시 (경주화백컨벤션센터)	문화재 수리, 안내판, 매장문화재 관련	-

2. 공무원 교류

문화재 업무의 특성상, 중앙과 지방 간 업무의 중복 현상이 발생할 수 있기 때문에, 문화재청 공무원을 파견하거나 상호 인사교류를 진행해 업무를 수행할 필요가 있다. 공무원의 파견은 「국가공무원법」 제32조의4와 제43조 제2항, 「공무원임용령」 제41조에서 규정하고 있으며, 공무원의 인사교류는 「지방공무원법」 제30조의2

에 명시되어 있다. 전자인 공무원 파견 규정은 중앙정부 공무원을 대상으로 하고 있으며, 이 규정을 문화재청 공무원에게 적용할 경우에는 문화재청 공무원이 국가적 사업의 수행 또는 그 업무와 관련된 행정 지원을 위해 지자체에 파견되는 형태를 뜻한다. 후자인 공무원 인사교류는 문화재청 및 지자체 소속의 4급 내지 9급 일반직 공무원을 대상으로 중앙과 지방, 혹은 지방 간에 1:1 교류 원칙으로 인사교류를 진행하는 것을 의미한다.

〈파견〉
「국가공무원법」 제32조의4 (파견근무)
① 국가기관의 장은 국가적 사업의 수행 또는 그 업무 수행과 관련된 행정 지원이나 연수, 그 밖에 능력 개발 등을 위하여 필요하면 소속 공무원을 다른 국가기관·공공단체·정부투자기관·국내외의 교육기관·연구기관, 그 밖의 기관에 일정 기간 파견근무하게 할 수 있으며, 국가적 사업의 공동 수행 또는 전문성이 특히 요구되는 특수 업무의 효율적 수행 등을 위하여 필요하면 국가기관 외의 기관·단체의 임직원을 파견받아 근무하게 할 수 있다.
「공무원임용령」 제41조 (파견근무)
제1항 각 행정기관의 장은 다음 각 호의 어느 하나에 해당하는 경우에는 법 제32조의4에 따라 소속 공무원을 파견할 수 있다.
3. 사무의 소관이 명백하지 아니하거나 관련 기관 간의 긴밀한 협조가 필요한 특수 업무를 공동 수행하기 위하여 필요한 경우

〈인사교류〉
「지방공무원법」 제30조의2 (인사교류)
① 교육부 장관 또는 행정안전부 장관은 인력의 균형 있는 배치와 지방자치단체의 행정 발전을 위하여 교육부 또는 행정안전부와 지방자치단체 간에 인사교류가 필

> 요하다고 인정하면 교육부 또는 행정안전부에 두는 인사교류협의회가 정한 인사교류 기준에 따라 인사교류안을 작성하여 해당 지방자치단체의 장에게 인사교류를 권고할 수 있다. 이 경우 해당 지방자치단체의 장은 정당한 사유가 없으면 인사교류를 하여야 한다.
> ② 시·도지사는 해당 시·도와 관할 구역의 시·군·구 간, 관할 구역의 시·군·구 간, 해당 시·도 또는 관할 구역의 시·군·구와 교육·연구기관 또는 공공기관 간에 인사교류가 필요하다고 인정하면 해당 시·도에 두는 인사교류협의회에서 정한 인사교류 기준에 따라 인사교류안을 작성하여 관할 구역의 지방자치단체의 장 등에게 인사교류를 권고할 수 있다. 이 경우 해당 지방자치단체의 장 등은 정당한 사유가 없으면 인사교류를 하여야 한다.

문화재 행정과 관련된 공무원들의 파견과 인사교류는 거의 없다.[4] 문화재청 공무원의 파견은 지자체가 아닌, 문화체육관광부에 집중되어 있다. 몇몇 지자체 공무원의 인터뷰 결과에 따르면, 문화재청 공무원은 지자체에 파견되기보다는 문화체육관광부에 파견되기를 원하고 있다고 언급했다.[5] 중앙정부 소속의 공무원이 지자체로 파견되기보다는 다른 중앙정부에서 근무를 경험하기를 원하는 것을 간접적으로 알 수 있다. 그러나 중앙과 지방공무원의 파견 혹은 인사교류는 공무원들이 다른 기관에 근무한 경험을 토대로 해당 기관에 대한 이해의 폭을 넓힐 수 있으며, 협력을 이끌어낼 수 있는 하나의 요인이다. 실례로 제주특별자치도는 2009년에 「제주특별자치도 중앙기관 인사교류자 등 지원규정」을 제정함으로써 파견자에 주택임차료,

---

4) 'e-나라지표'에서 중앙과 지방, 지방 간의 인사교류 현황이 나오지만, 업무별 인사교류 현황은 확인되지 않는다.
5) 2019년 7월 광역자치단체 학예예술사와 인터뷰.

직급보조비, 귀향 항공비 등의 경제적 지원책을 제공했는데, 이러한 유사 법안을 제정해 문화재 관련 공무원들의 파견 및 인사교류를 유도할 수 있는 제도를 고려할 필요가 있다.

〈표 8〉 제주특별자치도의 중앙기관 인사교류자 등 경비 지원

지원 항목	지원 한도
주택보조비	월 100만 원(정액)
항공료 등	월 40만 원(정액)

출처: 제주특별자치도 중앙기관 인사교류자 등 지원규정.

3. 인센티브 제도

인센티브 제도의 도입은 중앙과 지방의 협력을 강화하는 요인 중에 하나이다. 행정안전부는 매년 지자체를 대상으로 합동평가를 실시해서 우수 지자체에게 재정 인센티브를 지급하고 유공자를 포상한다. 이 제도의 목적은 "국정 주요 시책 등의 지자체 추진 상황을 평가·환류해 국정의 통합성, 효율성, 책임성 확보"에 있다. 대통령이 제시하는 국정과제에 대해서 전국의 지자체가 달성한 수준을 확인해서 우수한 지자체에 인센티브를 제공하는 것이다. 지자체를 평가하기 위한 지표는 정량지표 123개, 정성지표 33개 등 총 156개이다. 해당 지표를 토대로 민간 전문가로 구성된 평가단을 구성해서 우수 지자체를 선정한다.

문화재청 역시 전국 지자체를 대상으로 문화재의 보존·관리·활용의 역량 강화를 위해서 인센티브제를 도입할 필요가 있다. 일선 지자체의 행정체계는 문화재에 집중되기보다는 다른 분야에 초점을 두는 경향을 보인다. 다수의 지자체 공무원들은 인터뷰에서 지자체장은 선출직의 특성으로 가시적으로 지역주민들에게 보여

주는 사업에 집중할 수밖에 없기 때문에 문화재 관련 행정체계에 예산을 투입하는 수준이 적다고 언급한다. 문화재 행정에 예산을 투입하는 분야도 대체로 축제와 연관된 활용사업에 초점을 두고 있다고 말했다. 즉, 지자체의 문화재 행정의 관심도는 여타의 다른 분야에 관심을 두는 수준보다 낮다고 볼 수 있다.

따라서 문화재청은 전국 지자체와 협력을 통한 전국의 문화유산 행정 역량을 강화하기 위해서 문화유산의 우수 지자체를 선정해 재정적 인센티브를 제공할 제도를 도입할 필요가 있다. 그동안 문화재청은 2017년을 기준으로 아래의 〈표 9〉와 같은 다양한 사업을 통해서 지방자치단체의 보조사업을 지원하고 있다. 다만, 해당 사업은 특정 목적을 지닌 사업으로서 지자체의 문화유산 행정체계의 전반을 지원하고 있지는 않다. 문화재청과 지자체의 협력은 문화유산 전반의 행정체계 강화를 목적으로 하기 때문에, 포괄사업비의 목적을 둔 인센티브를 제공할 것이 요구된다.

〈표 9〉 주요 사업별 지원 현황(2017년)

사업명	국비보조(%)	사업비(천 원)
문화재 긴급보수사업	100	4,514,000
천연기념물 보호관리단체 지원	70	200,000
백제역사유적지구 보존관리	70	31,344,285
문화재 돌봄사업	50	21,512,000
지역문화재 활용사업	40~50	11,000,000
세계유산 등재 및 보존관리	70	32,277,143
	30~50	6,384,500
국유문화재 관리	정액	210,000

Ⅳ. 문화재 행정을 위한 민관 협력 거버넌스 활성화 필요

　　문화재 행정은 중앙과 지방 간의 관계를 중심으로 이루어진다. 문화재가 가지고 있는 특성상, 전문적 지식과 경험이 누적된 전문인력들이 관리해야 할 필요가 있기 때문이다. 앞선 현황 파악에서 확인했듯이 문화재는 전국에 흩어져 있어서 정부가 중심이 된 문화재 관리는 한계에 직면한다. 따라서 문화재청은 정부 주도의 관리보다는 민간기구와 협력해서 문화재를 관리한다.

　　이러한 민과 관이 협력해 관리하는 체계는 두 가지 형태로 나타난다. 첫 번째로 문화재 돌봄사업이다. 해당 사업은 문화재의 상시 예방관리가 필요한 시대적 요청에 따라 2009년부터 구축되어 운영되어 왔다. 돌봄사업은 정부가 주도해서 관리할 수 없는 문화재를 대상으로 민간기관이 참여해 상시적 예방관리의 체계로 활용되고 있다. 두 번째로 문화재지킴이 활동이다. 이 활동은 일반 시민들이 자발적으로 참여해 문화재를 지키는 활동이다.

　　문화재 돌봄사업은 '상시적 예방관리'에 초점을 두고 진행된다. 해당 사업은 「문화재 돌봄사업 운용규정」(문화재청 훈련 제438호)에 따라서 규정되며, 경미한 문화재 수리, 주기적 모니터링, 일상관리 등의 세 가지 업무가 주축이 되어 수행된다. 다음의 〈표 10〉은 전국 문화재 돌봄사업단의 특성을 제시한 것이다. 사업단의 수는 2015년도 14개에서 2019년도 현재 23개로 증가했고, 이에 따라 돌봄사업단이 관리하는 문화재 수도 지속적으로 증가하는 추세를 보인다. 참여 인력 현황 역시 2015년 593명에서 2019년은 706명으로 증가했고, 돌봄사업단에 사용되는 예산은 전반적으로 해마다 증가하는 경향을 보인다. 추진 실적은 전국 문화재 돌봄사업단이 경미수리·일상관리·모니터링 등에서 처리한 개수를 의미하는데, 이 수 역시 증가해 왔다.

〈표 10〉 문화재 돌봄사업단 특성

연도	사업단 수	전체 관리 대상 문화재 수	참여 인력 현황	총예산 (단위: 천 원)	추진 실적
2015년도	14개	5,791개	593명	16,158,333	118,184개
2016년도	16개	6,008개	589명	20,872,966	124,713개
2017년도	18개	6,561개	651명	21,366,450	159,776개
2018년도	21개	7,048개	680명	20,814,000	187,858개
2019년도	23개	7,587개	706명	23,520,000	-

문화재지킴이는 문화재를 시민의 자발적인 참여로 지켜나가는 활동이다. 대상 문화재는 국가지정, 시·도지정, 등록, 비지정문화재 등을 포괄하며, 정부가 관리하지 못한 부분을 시민이 직접 문화재를 가꾸고 즐기면서 관리하는 목적을 지닌다. 활동 유형은 아래의 〈표 11〉과 같이 개인지킴이, 가족지킴이, 기업·단체지킴이 등의 세 가지로 구분된다. 구체적인 활동 내용은 ① 문화재 주변 청소 등 정화활동, ② 문화재 모니터링 활동, ③ 문화재 알림 등 홍보활동, ④ 문화재 및 시설물의 경상 관리 활동, ⑤ 문화재 화재 감시 및 순찰활동, ⑥ 문화재 관련 기관(관리기관, 박물관 등) 업무보조 등 지원활동, ⑦ 기타 당해 문화재 보호를 위한 연구모임, 학술활동 등으로 나뉜다.

〈표 11〉 문화재지킴이 유형별 참여 현황

연도별	개인	가족	기업·단체	합계(명)
2013	6,030	1,853	51,396	59,279
2014	6,307	1,931	51,934	60,172
2015	6,659	1,990	52,641	61,290
2016	6,769	1,953	53,029	61,751
2017	6,929	1,939	50,736	59,604
218	6,969	1,939	50,736	59,644

출처: e-나라지표(2019년 10월 16일 검색).

문화재는 전국에 분포되어 있어 정부 단독으로 문화재를 보존·관리하는 데 한계가 있어서 민간의 참여가 필요하다. 다만, 문화재는 전통적 기법과 전문적인 관리방안이 요구되는 기술이 필요하므로 일반 국민이 문화재 관리체계에 참여하면 문제가 발생할 가능성이 크다. 따라서 어느 정도 전문화된 기술과 지식이 축적된 시민들을 대상으로 문화재 행정체계에 참여해 협력 거버넌스를 구축할 필요가 있다. 이에 대한 구체적인 방안은 앞서 검토한 문화재 돌봄사업과 문화재지킴이 활동으로 실현될 수 있을 것이다.

V. 맺음말

이 글은 문화재 행정체계 측면에서 중앙정부와 지방자치단체 간의 협력관계를 활성화하기 위한 방안들을 탐색하려는 데 그 목적이 있다. 지금까지 문화재 행정은 중앙정부인 문화재청이 주도했다. 그러나 문화재는 전국에 흩어져 있어 중앙정부 단독의 보존 및 관리는 어렵기 때문에 지방자치단체에 사무를 위임하거나 공동의 사무로 진행하는 추세이다. 아울러 최근의 정부 운영이 지방분권시대로 표현되는 지방자치의 강조이기 때문에 문화재와 관련된 사무를 지방으로 위임하려는 움직임이 보인다. 따라서 이 글에서는 정부의 문화재 행정체계와 관리 현황을 확인하고, 중앙과 지방의 협력 활성화 방안을 제시하면서 협력 거버넌스 측면에서 민간의 참여를 확보할 제도적 방안도 논의했다.

| 생각해 볼 문제들 |

1. 문화재 행정은 문화재라는 특수한 성격을 지닌 전통적인 기술과 전문적인 지식이 필요하다. 지방분권시대에는 일반 시민들이 정책 과정에 참여해 그에 합당한 역할을 수행하는 것이 필수적 과제 중에 하나이다. 문화재 행정에서 시민 참여는 어떠한 형식으로 어느 수준까지 이루어져야 할까?

2. 지방분권법에 따르면 다음과 같이 국가사무를 지방으로 포괄적·일괄적 이양에 대해서 규정하고 있다(지방분권법 제3조 제1항). 문화재 행정체계는 일원화된 관리정책이 요구되지만, 현 시대는 지방자치단체의 자치분권을 요청한다. 지방분권시대에 중앙과 지방의 관계는 어떻게 정립할 필요가 있을 것인가?

3. 이 글에서는 문화재 행정 측면에서 중앙과 지방의 협력의 활성화를 위해 중앙과 지방의 워크숍, 공무원 교류, 인센티브 등의 세 가지를 제안했다. 각각의 방안들에 대해서 장단점은 무엇이고, 이 밖에 제도적으로 가능한 협력 활성화 방안은 무엇이 있겠는가?

〈 참고 문헌 〉

문화재청(2015). 문화재 관리체계 정상화 방안 연구.
문화체육관광부(2018). 문화비전 2030, 사람이 있는 문화.
한국문화재정책연구원(2018). 유형문화재 국보·보물 법령체계 개선방안 연구.
행정안전부(2007). 자치분권 로드맵(안).

07

지역행복생활권사업으로 본 지자체 간 협력 사례

김민정(金旼靖) · 박형준
성균관대학교

I. 들어가는 말

최근 지역주민의 행정 서비스에 대한 수요와 기대가 높아짐에 따라 단일 지자체의 역량만으로는 행정 서비스의 공급이 어려워졌다. 지자체의 자체적 재원 부족, 지리적 여건 등의 한계는 지자체 간 협력의 필요성으로 이어졌다. 기초자치단체를 중심으로 지자체 간 협력이 활성화되고 지자체 간 협력의 중요성을 파악해 지속적인 지자체 간 협력체계를 구축할 수 있다면, 지역주민의 행정 서비스의 만족도 및 지역주민의 삶의 질을 제고할 수 있으며, 다양한 지역문제 해결에 기여할 수 있다. 이 글에서는 지자체 간 협력을 이룬 실제 사례를 통해 협력을 촉진하는 요인을 제시하고자 한다. 2013년부터 2017년까지 지역행복생활권 선도사업에 선정된 협력 사례들로부터 지자체 간 협력사업의 성공 요인을 분석하고, 협력 과정에서의 갈등관리를 탐색한다. 이를 위해 지역행복생활권 우수 사례로 선정된 주민복리 증진 분야의 외씨버선길 BY2C 지역공동체 활성화사업, 소득 및 일자리 창출 분야의 약용작물산업 명품화사업, 지역문화 융성 분야의 전남 서남권의 박물관 및 미술관 협력사업을 활용한다.

II. 사례 개요

1. 지역협력사업의 배경

수도권은 대한민국 국토의 12%에 불과하나 인구의 약 50%(15년 기준)와 1,000대 기업의 본사의 74%(16년 기준)가 밀집해 있다. 이는 지역양극화 및 저성장, 인구 절벽 쇼크의 현실화, 지방 소멸 위험, 지역산업의 위기 등의 지역문제를 일으킨다. 이에 문재인 정부는 국정운영 5개년계획에서 5대 국정 목표에 고르게 발전하는 지역을 선정하고, 4대 복합·혁신 과제로 국가의 고른 발전을 위한 자치분권과 균형 발전을 설정했다(지역발전위원회, 2018).

지역 간의 균형 발전을 위한 목적으로 국가균형발전위원회가 설립되면서 국가균형발전정책은 시대별·정권별로 나타났다. 참여정부(2003~2007)는 국가균형 발전의 토대를 마련하고 공공기관의 지방이전 정책을 통해 지역 간 불균형을 해결하고자 했다. 이명박 정부(2008~2012)는 강원권역, 대경권역, 동남권역, 수도권역, 제주권역, 충청권역, 호남권역을 '5+2 광역경제권'으로 설정해 지역경쟁력을 제고하기 위해 지역 간의 특화·연계·협력·발전을 추진했다. 박근혜 정부(2013~2017)는

HOPE[1] 비전의 '지역행복생활권사업'으로 이웃한 지방자치단체(이하 '지자체')가 협력하는 사업과 '새뜰마을사업'으로 마을공동체 복원과 달동네·쪽방촌 등 주거환경 개선사업으로 지역균형 발전을 도모했다.

〈표 1〉 정부별 주요 지역발전 정책

구분	참여정부	이명박 정부	박근혜 정부
지역발전 정책	공공기관 지방이전 정책	5+2 광역경제권	지역행복생활권사업 새뜰마을사업

이러한 정책들 중 지역행복생활권 선도사업과 같이 시·군·구 간의 연계를 높여 실제 거주민들의 정책 체감도를 높인 사업도 있었다. 그러나 이전의 정책들은 물리적인 공공기관의 지방이전, 대규모 산업단지 중심 사업, 수도권-비수도권/도시-농촌의 이분법적 접근으로 지역 갈등을 야기하고 실제 지역 거주민의 삶의 질과의 연관성이 부족하다는 한계로 인해 보완할 수 있는 정책이 요구되었다.

대도시와 중소도시, 도시와 농·어촌 등이 구분되지 않고 상호 연계·협력할 수 있는 지역 발전 모델을 형성해 근접 지역과의 중복·과잉 투자를 방지하고 지역 간의 갈등·경쟁을 최소화해 지역이기주의의 극복과 상생·협력의 공동체를 형성해야 한다(지역발전위원회, 2013). 또한 인력·자원 부족 등 다양한 이유로 낙후된 지역의 활성화를 도모하고 지역별로 특색과 환경의 상이하므로 실제 행정을 담당하는 지자체가 중심이 되어 지역주민의 삶의 질 향상에 중점을 두고 실제 거주민들이 체

---

1) 지역희망(HOPE) 프로젝트는 ① H(Happiness) : 지역주민이 생활에서 불편함을 덜고, 행복과 희망을 체감할 수 있도록 하고, ② O(Opportunity) : 지역에서 일자리를 갖고, 사회·문화적 혜택을 누릴 수 있는 기회를 보장하며, ③ P(Partnership) : 지역주민, 지자체·중앙정부처가 동반자적 관계를 유지하며 상호 협력하는 체계를 구축해 상생·발전하고, ④ E(Everywhere) : 전국 어디에 살든지 기본적인 삶의 질이 충족될 수 있도록 '국민에게 행복을, 지역에 희망을' 주는 정책적 비전을 설정했다(지역발전위원회, 2017).

<표 2> 광역경제권과 지역행복생활권 비교

구분	광역경제권	지역행복생활권
목적	광역 단위의 글로벌 경쟁력 제고	주민행복 증진 + 지역경쟁력 제고
권역 설정	정부 주도의 인위적 권역 설정	지자체 간 자율적 합의
권역 단위	하나의 광역 경제권을 2~3개 시·도로 설정	주민 생활 범위, 서비스 등을 감안해 주변 시·군·구를 연계
추진기구	광역경제권발전위원회	시도, 시군구
중점 분야	광역선도산업, 거점대학 육성 30대 선도 프로젝트	도시재생, 지역공동체 육성, 지역산업 및 일자리, 문화, 환경, 복지·의료, 교육

출처 : 균형발전위원회(2019).

감할 수 있는 사업을 발굴하고 추진해서 행복한 지역주민의 생활을 목표로 한 정책들이 필요하다.

2. 지자체 간 협력의 필요성

지자체의 재정이 약화됨에 따라 지자체 간 협력의 필요성이 대두되었다(서우석 외, 2013). 지자체 간 협력은 둘 이상의 지자체가 동일한 목적을 설정해 다양한 분야에 각 지자체의 역량과 자원을 교류·상호 보완해 공동의 성과를 창출하는 것을 의미한다(서정섭, 2011).

최근 지역주민의 행정 서비스에 대한 기대와 요구는 점차 증대되어 지자체의 자체적 수용의 어려움을 가중시켰다. 구체적으로 지자체의 유사사업에 대한 중복투자로 인한 효율성 감소 및 경쟁 증가, 혐오시설 입지 등의 문제로 인한 갈등 증가, 지자체의 재정적 자생 능력의 부족 등의 문제는 지자체 협력의 필요성을 증대시켰다. 지역문제를 해결하기 위해 민영화, 지자체 병합 등이 대안으로 등장했으나, 지역의 정체성 훼손, 공공성 저해, 거래비용 증가 등의 문제로 인해 방안으로 활용되지 못했다(서우석 외, 2013). 따라서 경제적 효율성과 함께 규모의 경제, 지자체의 자체적 특성을 유지하고, 중복 및 비효율 투자를 줄임으로써 경쟁·갈등과 재정적 문제를 해결 수 있는 지자체 간 협력이 새로운 해결책으로 등장했다.

3. 지방자치단체 간 협력의 유인 기제

우리나라 지자체 간 협력의 유인 제도는 중앙정부나 상급정부의 지원이 강력하게 작용한다. 이는 〈표 3〉의 연계협력사업에 선정된 시·군·구를 통해 설명할 수 있다. 226개의 기초자치단체 중 2013년부터 2017년까지 지자체 간 연계협력사업(지역행복생활권 사업)에 8회 이상 참여한 시·군·구의 재정자립도를 살펴보면, 괴산군, 증평군, 담양군, 영월군 등으로 이 지자체의 재정자립도가 약 20% 이하에 해당됨을 확인할 수 있다. 4개의 지자체는 산악지역, 농촌 등의 지역 지리적 여건, 자체적 자원의 부족 등의 이유로 중앙정부의 재정적 지원의 인센티브는 협력사업의 강력한 촉진제로 작용할 수 있다. 즉, 자체 행정 역량이 미비한 영세 지자체가 주요 협력 주

〈표 3〉 연계협력사업 선정 시·군·구 재정자립도(2014)

(단위: %)

	참여 횟수				
	6회	7회	8회	9회	10회
시·군·구 (재정자립도)	곡성군(9.21) 순창군(11.23) 임실군(12.25) 정읍시(13.62) 화순군(23.74) 경산시(18.44) 김해시(39.12)	부안군(10.08) 고창군(13.69) 무주군(15.73) 공주시(17.72) 영주시(17.51) 진천군(32.73) 양산시(42.26)	괴산군(13.52)	증평군(15.32)	담양군(16.09) 영월군(21.36)

체로 부상된다.

4. 지역행복생활권 선도사업

지역행복생활권이란 전국 어디서나 양질의 기초 인프라, 일자리, 교육, 문화, 의료·복지 서비스를 향유할 수 있는 주민의 일상생활 공간을 의미한다(지역발전위원회, 2013). 인접한 지자체들이 자발적으로 구성한 중심도시·농어촌 중심지·인근 마을 등을 포괄한다. 교통과 통신·기술의 발달로 여가, 통학, 통근, 서비스 등 일상생활이 거주지 경계를 넘어 다양한 시·군·구에서 다차원적인 방식으로 전개된다. 농·어촌 지역 내의 단일 행정구역에서는 생활·행정 서비스에 대한 공급과 전달의 어려움을 겪고 있으며, 의료, 문화 등의 광역생활 서비스 등이 존재하는 중심도시에 대한 접근이 취약하다. 이에 주민복리 증진과 상생 발전을 목표로 하여 생활 서비스를 연계하고 지자체 간 불필요한 중복 투자 및 과도한 경쟁을 방지할 수 있는 사업이 필요하다.

지역행복생활권은 농어촌생활권, 도농연계생활권, 중추도시생활권 등 세 가지 유형으로 구분된다. 첫째, 농어촌생활권은 농어촌의 시·군을 연계해서 농어촌의 성격이 강하며 상호 관련성이 높다. 농어촌의 시·도·읍·면 간 지역·기능별 역할 분담이 중요하며 교육, 문화, 복지 등 낙후된 생활 서비스의 확충으로 지역주민의 삶의 질을 제고할 수 있는 형태여야 하고, 지역의 특화산업을 활용해서 농어촌 공동체의 역량을 강화해야 한다. 둘째, 도농연계생활권은 지역의 거점 기능의 중소도시와 주변 농어촌으로 구성된다. 중심도시가 주변 지자체에 경제, 교육, 문화 등 서비스의 거점 기능을 하며 일자리, 복지, 의료 등에서 협력체계를 구축한다. 또한 도시 재생, 향토산업 육성 등 지자체에 활력을 증진시키고자 한다. 셋째, 중추도시생활권은 대도시생활권으로 지역의 중추 기능을 담당하는 광역시와 같은 대도시와 주변 도시들과 대도시가 연결되어 있는 연담도시권으로 형성된다. 각 도시에 요구되는 기능을 분담해 인근 지역 간 기능적인 연계를 구축하고 노후산업단지 재생, 특화 클러스터 조성 등으로 지역발전 거점으로 활용한다.

구분	농어촌생활권	도농생활권	중추도시생활권	
			네트워크도시형	대도시중심형
유형	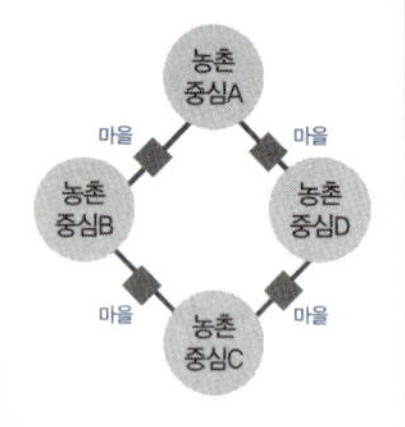 농촌중심 A·B·C·D와 마을 연계	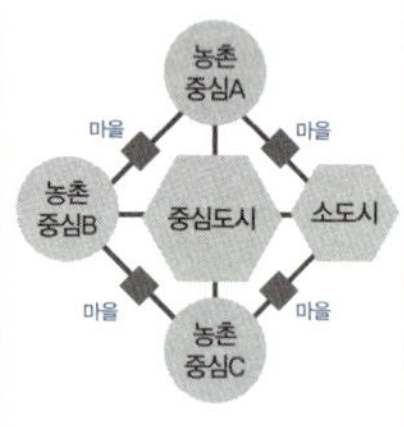 중심도시와 소도시, 농촌중심 B·C, 마을 연계	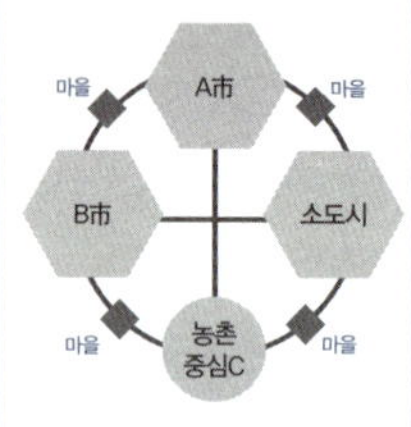 A市·B市·소도시·농촌중심C, 마을	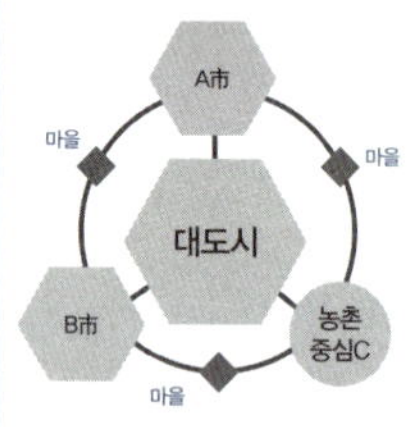 A市·B市·대도시·농촌중심C, 마을
특징	특별한 중심도시가 없으며 농촌지역과 연계	중심도시와 여러 농촌중심지를 연계	중소 규모 도시 모여 형성	특별·광역시 근교 생활권

출처 : 지역발전위원회(2013).

[그림 1] 지역행복생활권 선도사업 유형

이러한 지역행복생활권은 지역별로 특색이 반영된 차별화된 정책을 구성하며, 거주민들이 체감할 수 있는 사업을 추진해 정책 효과 제고, 지자체 간 자율성을 인정해 지자체 간 협력을 기반으로 한 맞춤형 사업 추진 등은 다른 지자체 간 협력사업과의 차별성을 볼 수 있다.

〈표 4〉 연도별 지역행복생활권 선도사업

2013년	2014년	2015년	2016년	2017년
32개 사업	35개 사업	42개 사업	30개 사업	35개 사업
81개 시·군·구	103개 시·군·구	122개 시·군·구	91개 시·군·구	90개 시·군·구

2013년부터 '지역행복생활권 선도사업'이 추진되어 생활권 내 지자체 간 연계 협력을 통해 주민 서비스를 공급하며, 생활권 내 님비 해소·주민 체감형 서비스·일자리 연계 등 다섯 개의 중점 분야를 중심으로 지역주민의 지역생활권의 삶의 질을 향상시키기 위해 연간 30개 이상의 협력사업을 선정해 지원했다. 5대 중점 분야의 추진사업에 우대 보조금을 지원해 지자체의 적극적인 참여를 유도했다. 협력사업의 수는 2015년에 가장 많았으며, 지자체의 참여가 활발했다.

〈표 5〉 지역행복생활권 5대 중점 분야

분야	내용
NIMBY 해소	• 화장장, 쓰레기 소각장 등 생활편의 증진에 필수적이지만 특정한 지역에 입지하거나 유치하기를 꺼리는 사업을 지자체 간 협력으로 추진해 공동 사용
교육	• 문화 취약지역 청소년의 문화체험 기회 확대, 방과 후 돌봄 등 생활권 내 아동, 청소년, 취약계층에 대한 교육 여건을 개선하고 지역 교육 활성화를 추진함.
주민안전 및 의료질의 개선	• 재난·위해로부터 삶의 터전, 생명, 재산을 보호하기 위한 사업을 지자체 간 협력으로 추진하는 사업 • 응급의료 체계 구축·운영, 고위험군 임산부 관리, 치매환자 관리 등 필수 의료 서비스 제공과 더불어 의료 취약지역의 의료 질을 개선하는 사업
일자리 창출	• 생활권 내 일자리 연계 시스템 구축, 전문 기능인력 양성, 창업가 양성 등 인력생산성을 향상시키고 지자체 간 연계 협력을 추진함.
생활 인프라	• 상하수도, 대중교통 인프라 등 생활 인프라 구축을 통해 주민의 생활 편의 증진을 도모하는 사업을 지자체가 협력적으로 추진함.

출처 : 지역발전위원회(2013)

III. 지역행복생활권 사업

1. 외씨버선길 BY2C 지역공동체 활성화 (2013년 주민복리 증진 분야)

외씨버선길은 경북의 봉화군(B), 영양군(Y), 청송군(C), 강원도의 영월군(Y)의 낙후지역 탈출 프로젝트'로 청송-영양-봉화-영월을 잇는 총 240km의 외씨버선길 사업 추진, 홍보 등 지자체 간 공동사업이다. 2013년 대한민국 지역희망박람회에서 향토문화 및 역사자원을 활용한 지역 발전의 대표적인 성공 사례로 '외씨버선길'이 소개되었으며, 소통과 협력을 통해 지자체 간의 경계를 허물고 지역발전 정책의 성공을 거둔 대표적 사례로 선정되었다. 외씨버선길은 4개의 군을 잇는 길이 합쳐지면 시인 조지훈의 시 〈승무〉에 묘사된 외씨버선과 같다 해서 붙여진 이름이다.

외씨버선길 조성 전, 봉화군, 영양군, 청송군(BYC)은 전국 3대 낙후지역으로 불렸다. 각 군의 토지 비율이 80% 이상이 산악지역으로 형성되어 있으며, 3개 군 지역의 면적은 서울특별시의 5배가 넘으나 인구는 8만 명이 되지 않았고, 65세 이상의 노인인구도 35%로 초고령화 사회로 분류되었다. 2014년 기준 봉화군(33,539명), 영양군(17,713명), 청송군(26,301명) 세 개 군의 인구 수 합은 77,553명, 이에 비해 서울특별시는 9,930,616명으로 조사되었다. 이러한 낙후되고 열악한 지역이 지자체 간 협력으로 지속 가능하고 발전 가능한 정책을 추진해 지역 발전을 도모했다는 점

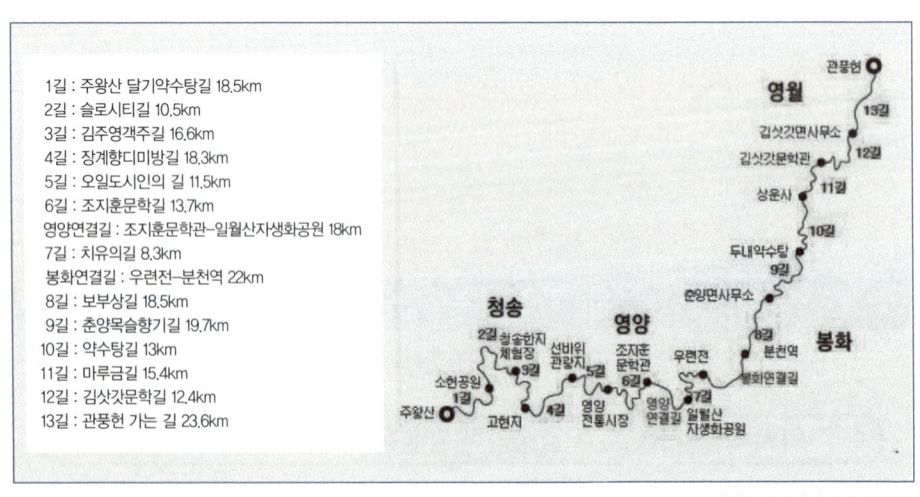

출처: 외씨버선길 홈페이지.

[그림 2] 외씨버선길

에 의의가 있다.

외씨버선길의 초기 사업은 2010년 '낙후지역 탈출 프로젝트'로 1단계 연계협력사업에서 선정되어 추진되었고, 이어 2013년 지역행복생활권사업에서 외씨버선길 공동사업, 홍보 등 지속 개발을 위해 4개의 지자체가 협력해 성공적인 지역공동체 활성화산업으로의 연계협력사업 모델로 소개되고 있다(지역발전위원회. 2015). 2009년 청송군, 영양군, 봉화군이 BYC 녹색성장포럼에서 5월부터 12월까지 20건의 잠재사업보고서를 발간했으며, 당시의 지역발전위원장, 농림축산식품부 장관, 3개 군의 지자체장, 정치인 등 다양한 관련자들이 모여 협력 및 토론의 장을 마련했다. 또한, 2019년 12월 18일 BYC 녹생성장포럼에서 BYC연계협력사업 양해각서(MOU) 협약식이 이루어졌으며 지역 국회의원, 3개 군의 군수, 의회 의장, 경북북부연구원장 등이 참여한 협력회의가 개최되었다. 이후, 영월군의 합류가 당시 지역협력사업의 지침에 따라 신청·공모를 통해 이루어졌으며, 이후 광역경제권 연계협력사업으로 선정되었다. 지식경제부, 농식품부의 중앙정부와 영양군, 청송군, 봉화군, 영월군의 지자체에서 사업비를 분담하고, BY2C연계협력사업단을 경북북부연구원이 설치해 사업을 집행했다.

사업이 진행되는 동안 협력사업에서 다양한 4개 군의 참여로 지자체 간 형평성과 공정성의 문제에 갈등이 발생했다. 한 지자체 내의 추가 예산 요청 등 예산 배정에 각 지자체의 관심은 집중되었고, 이를 위한 조정 및 해결책이 요구되었다. 이러한 갈등 해결을 위해 운영위원회를 설치해서 자문단 운영 13회, 4개 군의 운영위원회 22회를 개최해 활용했다. 4개 군(영양, 청송, 봉화, 영월)의 담당공무원, 집행기관장 등이 사업비 집행을 사전 협의해 갈등을 해소할 수 있었다. 그뿐만 아니라, BY2C연계협력협의회의 회장을 4개 지자체장이 1년씩 회장을 맡음으로써 사업의 주관 지자체와 참여 지자체에 따라 역할이 분배되었으며, 담당 업무를 공정하고 수월하게 업무를 추진했다. 주관 지자체는 대외적 업무와 중앙부처와의 협력, 사업집행기관의 관리감독, 회계관리 등의 주요 업무를 수행했다. 지역주민들은 주민교육, 외씨버선길 발굴, 트레일 개통, 풀베기 등 역할로 지역사업에 참여했다.

〈표 6〉 외씨버선길 지역공동체 활성화사업 추진 내용(2014~2016년)

세부 사업	주요 사업 내용
외씨버선길 유지관리를 통한 지역주민 일자리 창출	• 외씨버선길 지역주민을 통한 외씨버선길 풀베기 및 유지관리 • 풀베기를 통한 일자리 창출
길 유지관리 및 객주	• 길 유지관리 및 객주(안내센터) 운영
외씨버선길 관광열차	• 지역 접근성 문제 해소 위한 외씨버선길 관광열차 운행
외씨버선길 팸투어	• 팸투어 유치를 통한 언론매체 홍보 • 사회 소외계층과 사회 화합 차원의 팸투어 진행
소셜미디어 콘텐츠 제작	• 20~30대 청년층 유치를 위한 소셜미디어 콘텐츠 • 외씨버선길 문화조사 및 콘텐츠 • 외씨버선길 코스별 콘텐츠
외씨버선길 라디오 광고	• 외씨버선길 라디오 광고 기획 및 제작, 마케팅
외씨버선길 협동조합 교육	• 외씨버선길 사업 참여 담당공무원 시행자 • 참여 주민 대상 역량 강화산업 • 외씨버선길 협동조합 및 관련 제반 사항 준비 및 교육
외씨버선길 주민역량 강화교육	• 4개 군 농업관광 교육 및 트레일 사업 참여 활성화 • 외씨버선길 지역공동체와 협동조합 인식 강화

출처: 국토연구원(2014).

2015년 기준 2,572명의 일자리 창출(청송군의 다문화가정에서 외씨버선길의 기념품을 제작 등), 256만 명의 방문객, 4,050명의 걷기축제 참가자, 8,287명의 외씨버선길 축제열차 방문객으로 1,024억 원의 경제 효과를 창출했다. 또한 4개의 지자체는 코레일과 협약을 맺고 추진한 외씨버선길 축제열차를 활용해 수도권에서 8,000명 이상의 관광객을 BY2C 지역에 유치함으로써 4개 군 축제(봉화 은어축제, 영양 산나물축제, 영월 단종문화제, 청송 사과축제)와 외씨버선길 홍보에 성과를 거두었다. 이는 재래시장을 지나가는 외씨버선길, 다문화가정지원센터, 장애인문화체육회 등의 지역 업체에서 기념품 제작으로 지역경제가 활성화되었으며, 협력 초기부터 5년간 지속적인 라디오 홍보와 코레일과 관광 분야의 협력 등 다양한 관련 기관, 지자체, 지역주민 등의 협력으로 성공적인 협력 성과를 거두었다.

<표 7> 외씨버선길 추진 실적

구분	추진 실적		1, 2차 사업 합계
	연계협력사업(2010~2012)	연계협력사업(2013~2015)	
외씨버선길 유지관리	• 일자리 창출 : 1,229명 • 외씨버선길 방문객 : 70만 명 • 외씨버선길 객주 4개 설치 • 15개 구간 240km 외씨버선길 연결	• 일자리 창출 : 1,343명 • 외씨버선길 연간 방문객 : 186만 명 • 방문객 직간접 경제 효과 : 420억 원	• 일자리 창출 : 2,572명 • 방문객 : 256만 명 • 경제 효과 : 1,024억 원
외씨버선길 홍보/마케팅 사업	• 외씨버선길 축제열차 : 2,417명 • 외씨버선길 개통식 : 2,218명 • 외씨버선길 축제열차 경제효과 : 1,216백만 원 • 관광기념품 13종 개발 • 스토리텔링 13종 개발	• 외씨버선길 걷기축제 참가 : 4,050명 • 외씨버선길 걷기축제 경제효과 : 2,522백만 원 • 외씨버선길 축제열차 방문객 : 5,870명 • 외씨버선길 축제열차 경제효과 : 1,900백만 원	• 외씨버선길 열차방문객 : 8,287명 • 걷기축제 참가자 : 4,050명 • 경제 효과 : 3,116백만 원
추진체계 구성 및 운영	• 외씨버선길 자문단 운영 : 5회 • 외씨버선길 운영위원회 : 10회	• 외씨버선길 자문단 운영 : 8회 • 외씨버선길 운영위원회 : 12회	• 자문단 운영 : 13회 • 4개군 운영위원회 : 22회
협동조합 설립 및 운영	• 주민교육 : 1,186명 • 서비스 아카데미 : 167명	• 예비협동조합 설립 : 11개 • 협동조합 설립 : 5개	

출처 : 지역발전위원회(2015).

2019년 8월 현재에도 외씨버선길 홈페이지(http://www.beosun.com)가 운영되고 있으며, 외씨버선길 안전사고 공지, 가이드북, 여행자지도 등을 비롯해 다양한 정보를 제공하고 있다. 2019년 외씨버선길 걷기행사는 청송군과 봉화군 9월에, 영월군과 영양군에서 10월에 개최되며, 4개의 군에서 기간별로 이루어지고 있다.

2. 약용작물산업 명품화 사업(2013년 소득 및 일자리 창출)

경상북도는 지리적으로 산악지대가 대부분으로 일교차가 큰 특성으로 약용작물 생산에 유리한 특성을 지니고 있다. 전국 약용작물 농가 수 2위, 재배 면적 1위, 수확 면적 1위, 생산량 1위의 통계 수치로 약용작물 생산지로 적합하다. 대구에 국내 유일의 한약재 경매도매시장이 있으며, 경매 시스템으로 운영되고 있다.

〈표 8〉 경상북도 지리적 특성 및 약용작물 생산지 현황

*2011년 기준

농가 수(호)	재배 면적(ha)	수확 면적(ha)	생산량(톤)
9,962	3,530	3,33	20,146

출처 : 지역발전위원회(2015).

〈표 9〉 전국 약용작물 재배 면적 및 생산량

구분	재배 면적(ha)	생산량(톤)
경기	690	1,999
강원	1,733	10,853
충북	770	3,034
충남	999	8,355
경북	3,790	31,276
경남	959	5,050
전북	1,749	11,234
전남	1,327	9,249
제주	692	1,851

출처 : 안동시농업기술센터(2019).

대구광역시, 경산시, 영주시, 영양군의 영양의 약재 생산량 감소, 한의학 취급시설 감소 등 약용작물 산업의 위기에 대응해 지자체와 협력기관이 사업을 추진했다. 이를 통해 한약재의 우수 종묘, 종근을 확보하고 재배해 안정적인 판매 경로를 구축하며, 한약재의 제조, 유통, 판매를 안전하게 관리하기 위한 한약재 이력관리 시스템을 도입해 소비자의 신뢰를 제고하고자 했으며, 총괄적으로 약용작물 명품화 사업이 시작되었다.

〈표 10〉 약용작물 산업의 위기

지역	위기
대구광역시	한의학 취급시설 : 2009년 210개 → 2014년 175개
영양군	천궁 생산량 : 2010년 3,390톤 → 2011년 1,932톤

사업의 기획 단계에서 소실무회의단을 구축하고 참여 농가 대표 7명, 경산시 농업기술센터 등이 참여해 가이드라인을 기획했으며, 2013년 6월 21일 대구시, 경산시, 영주시, 영양시와 한방산업진흥원, 대구한약도매시장, 경북약용작물생산회 등 협력기관이 참여해 업무협약을 체결했다. 이후 협력사업의 집행 단계에서 4개의 지자체, 참여기관의 운영위원회, 실무자 간·사업단 간 협의회, 자문단 및 외부 컨설팅 등 총 44회의 협력회의가 진행되었다.

〈표 11〉 집행 과정 내 협력회의 횟수

구분	횟수
운영위원회	7회
지자체 실무자 간 협의체	19회
사업단 간 협의체	7회
자문단 및 외부 컨설팅	11회

예상치 못한 보급량으로 수요 충족 부족, 이로 인한 신뢰성 문제와 판매 방법으로 인한 판매자들의 판매 금액 수령 연체와 복잡한 절차, 도매시장의 판매량 감소 등에 대한 문제점을 확인하고 수요조사, 판매 방법 변경, 본 사업 참여 지자체 외의 영양군, 울진군 등의 지자체와 연계함으로써 사업으로 인한 갈등을 해결했다.

농가소득 3년간 증가, 약용작물 생산량 증가, 소비자 신뢰도 증가, 협력사업으로 인한 지자체당 3.7억 원 절감 등의 성과를 거두며 약용작물 명품화 사업을 통해 지자체 간 협력 모델을 형성했다. 또한 대구약령시축제, 경산대추축제의 홍보와 광고를 활용해 약용작물 명품화 사업은 5억 5천만 원의 행사 판매액과 16만여 명이 행사를 방문하는 성과를 달성했다.

이 사업은 대구, 영양, 경산, 영주시의 약용작물에 대한 신뢰도를 제고하고 수출사업과의 연계로 국내·외에 한국 브랜드의 약용작물에 대한 인지도를 상승시킬 수 있으며, 생산 농가의 소득 증대 및 지역 활성화에 긍정적인 영향을 미치는 모델로 볼 수 있다. 한국한방산업진흥원, 약용작물개발종자보급센터, 한약재도매시장 등 관련 협력기관은 운영위원회의 협의·승인으로 이루어졌으며, 성과, 갈등, 향후 사업계획 등을 논의해 사업이 진행되어 각 지자체가 유기적으로 협력했음을 확인할 수 있다.

3. 전남 서남권의 박물관 및 미술관 협력사업(2014년 지역문화 융성)

이 사업은 목포시, 해남군, 무안군, 진안군, 신안군 등 교육·문화 서비스 취약 지역인 전남 서남권의 현장에서 체험하는 문화, 예술, 교육 콘텐츠 협력사업이다. 위 5개 지역은 교육, 과학, 문화 등의 서비스 접근성이 매우 취약한 소외지역이다. 창의적 체험활동의 정규 교과과정 편성으로 학생들의 학교 밖 활동이 중시되고 요구되고 있으나 실질적으로 지역에 따라 문화·교육 서비스의 혜택과 공급이 원활하지 못하다. 이에 목포자연사박물관을 거점으로 지역 특성에 맞는 수요자별·지역별 맞춤형 콘텐츠를 개발하고 교육청, 지자체, 학부모, 청소년 등 지역주민이 만족할 수 있는 지속성 있는 문화 향유의 기회를 제공하고자 5개의 지자체가 협력한 교육 과학문화 서비스 사업이 기획되었다. 이 사업의 필요성은 「평생교육법」에서 제시한 바로 지자체는 평생교육제도의 운영에 대한 책임으로 설명할 수 있다.

> 「평생교육법」
> 제1조(목적) 이 법은 「헌법」과 「교육기본법」에 규정된 평생교육의 진흥에 대한 국가 및 지방자치단체의 책임과 평생교육제도와 그 운영에 관한 기본적인 사항을 정함을 목적으로 한다.
> 제2조(정의) 이 법에서 사용하는 용어의 정의는 다음과 같다. 〈개정 2014. 1. 28.〉
> "평생교육"이란 학교의 정규 교육과정을 제외한 학력 보완교육, 성인 문자 해득교육, 직업능력 향상교육, 인문교양교육, 문화예술교육, 시민참여교육 등을 포함하는 모든 형태의 조직적인 교육활동을 말한다.

청소년들의 문화, 과학, 교육 분야에 대한 수요뿐만 아니라, 일반 지역주민의 여가생활에 대한 수요 증가, 박물관과 미술관의 재정·인력·제도 측면에서 독립적 유지가 어려워져 이를 극복하기 위한 방안이 요구되었다. 각 지역의 박물관과 미술관이 협력해 유사·중복 콘텐츠로 불필요한 경쟁을 줄이고, 공동으로 문화, 과학, 교육의 콘텐츠를 개발하고 연구해 전시 등에 활용하는 방안을 마련했다.

목포자연사박물관은 전남지역의 대표 박물관으로 2006년 선정되어 이 사업 전부터 다양한 협력기관들과 연계해 온오프라인으로 다양한 협력 경험을 가지고 있었다. 이를 5개 지자체의 협력사업에 활용함으로써 체계적인 서남권 박물관 및 미술관에 대한 협력체계를 구축할 수 있었다.

사업 진행 과정에서 업무량 증가를 비롯한 갈등은 사업 주관부서, 참여부서 내외의 전문인력과 일반 종사자 간 모두가 참여하는 워크숍과 선진 협력 사례지를 방문하는 등 공감대를 형성함으로써 해소하고자 노력했다. 이러한 공감대는 갈등 해소, 나아가 주민의 요구에 적절한 대응을 가능하게 함으로써 만족도 향상에 기여했다. 또한 5개 지자체, 시·군·구의 지역교육청 관계자의 토론회를 개최해 실질적으로 현장에서 필요한 사업의 내용을 수집하고, 매월 정기적으로 관계자회의를 개최하며, 각 관계자들의 요구 사항 및 개선 사항을 협의하고 검토하는 노력을 통해 지역 특성에 맞는 서비스를 제공하고자 했다.

이 협력사업은 지역문화재 및 지역예술 등 지역 고유 콘텐츠와 협력사업의 노하우로 경쟁력을 높였다. 교사, 교육청, 학부모 운영위원회 등 수요자 중심의 프로그램 개발, 5개 전남 서남권 지역의 미술관·박물관의 통합 운영으로 저비용·고효율의 효과를 거두었다. 이는 5개 지자체에서 일괄적으로 통일된 홍보체계를 구축해 다회성 행사 운영 및 사업 추진을 이 사업의 성공 전략으로 활용하고 있다. 또한 사업 성과물 중 전시 연출물, 참여자 체험 작품 등은 지속적인 사업에서 상설 전시 콘텐츠로 사용되어 유지비·관리비가 절감되거나 소요되지 않기에 지역 청소년을 비롯해 주민에게 지속 가능한 교육과 문화의 장을 형성할 수 있다.

최근 2018년부터 2019년 9월까지 목포자연사박물관은 국립해양문화재연구소, 무안군오승우미술관, 신안소금박물관, 진도남도전통미술관, 해남공룡박물관 등과 협력해서 박물관·미술관 스탬프 투어를 진행하고 있다. 이 사업은 관객의 참여를 높이고자 추진되었으며, 오프라인과 오프라인 모두 이용할 수 있도록 했는데, 상술한 사업과 같이 서남해안권 박물관·미술관과의 새로운 형태의 협력사업이다.

V. 맺음말

1. 지역 간 연계협력사업의 성공 요인

지자체 간 협력 요인을 동기 요인, 리더십 요인, 거버넌스 역량 요인, 제도적 지원 요인, 시너지 및 성과 공유 경험 요인을 선정했고(차미숙 외, 2015) 신뢰·이해 기반, 네트워크 경제, 공동의 자원 보유, 규모의 경제 효과 등을 성공 요인으로 제기했다(한국지방행정연구원, 2015). 이 밖에도 파트너십, 동기부여, 네트워크, 열정 및 리더십, 외부 요소 등과 같이 유사하지만 명칭이 다르거나, 일부 다른 요인들이 다른 연구에서 협력 요인으로 선정되었다(한표환, 2005).

협력 요인을 분석할 때 빈번하게 활용되는 앤셀과 개시(Ansell & Gash., 2008)의 연구에서는 초기조건, 제도설계, 리더십, 신뢰 구축, 면대면 소통, 태도, 중간 성과, 이해 공유 등의 요인으로 모형을 구축했다. 이를 활용해, 동기(초기조건), 리더십, 거버넌스 역량과 제도적 지원(제도 설계), 성과 공유(협력의 과정)의 요인들을 각 사례에 적용해서 지자체 간 연계협력사업의 성공 요인을 분석하고자 한다. '외씨버선길 지역공동체 활성화사업'에서 4개 지자체가 낙후지역과 지역경제에 대한 지자체의 권력, 자원, 정보의 비대칭성은 협력으로의 유인 기제로 작동했으며, 2013년 이전의 협력의 경험은 성공적인 협력으로의 발판으로 작용했다. 지자체장의 리더십은 협력 과정에서의 갈등 조정을 위해 참여 지자체 간의 순환을 통해 확보했다. 이를 통해 일자리 창출은 물론 방문객 확보를 통해 대규모 경제 효과를 거둘 수 있었다.

약용작물산업 명품화사업은 약용작물 생산이 활발하던 지자체들이 관련 산업의 위기를 극복하고자 협력한 사례이다. 이 산업은 약용작물의 생산량 감소로 지자체 자체의 자원으로는 지역의 경쟁력이 감소되었고, 사전 연구용역 등으로 협력 요인이 협력사업의 초기조건으로의 유인 기제로 형성되었다. 또한 주관 지자체, 참여

지자체, 참여기관 등의 구성원의 지속적 운영위원회 개최로, 사업 과정에서의 갈등을 극복하는 리더십을 구축했다. 결과적으로 이 사업을 통해 약물산업에 대한 소비자의 신뢰를 제고하고 안정적인 유통망을 구축하는 성과를 낳았다.

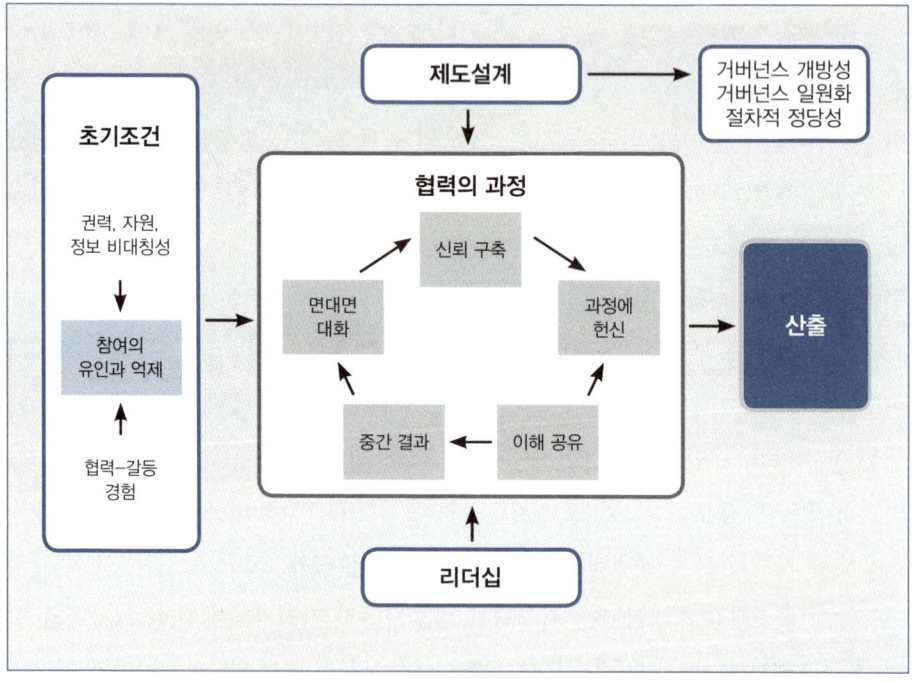

Ansell & Gash(2008).

[그림 3] 앤셀과 개시의 협력적 거버넌스 모형

한편 전남서남권의 박물관 및 미술관 협력사업은 5개 지자체 주민들의 저조한 문화·교육 서비스 접근성을 향상시키기 위해 조성되었다. 목포시, 무안군, 진도군, 신안군, 해남군은 다른 지역에 비해 지리적으로 소외되고, 상대적으로 문화·교육·예술 서비스의 활용이 어려워 개별 지자체의 자원과 정보의 부족이 협력의 유인 기제로 작동했다. 5개의 시·군이 통일된 홍보전략을 활용하도록 하고, 교육청 및 유관기관들과의 협력을 추진하는 등 참여 지자체장의 리더십과 면대면 소통의 요인으로 이 사업이 다회성 사업으로 자리 잡고, 문화·예술·교육 분야의 취약지역에 사업 기반을 마련할 수 있었다. 나아가 이 사업은 수요자별·지역별 맞춤 교육 콘텐츠를 개발하고 문화 향유의 기회를 제공하는 데 기여했다. 위 사례들은 공통적으로 지자체 고유의 특성을 활용할 수 있는 거버넌스 역량을 갖추고 있었으며, 지역행복생활권 사업에 선정됨으로써, 중앙정부의 지원이라는 제도적 지원을 기반으로 협력의 효과를 창출했다. 그뿐만 아니라 연계 협력 우수 사례로 지정됨에 따른 홍보 효과로 관광객 수가 급증하는 등 시너지 및 성과 공유도 확인할 수 있었다. 〈표 12〉는 상술한 사례에 대한 협력 촉진 요인을 요약한 것이다.

〈표 12〉 협력 사례 사업의 촉진 요인

	동기 (공감대)	리더십/ 행태	거버넌스 역량	제도적 지원	시너지/ 성과 공유	기타 (사전협력 기반 여부)
BY2C 외씨버선길 지역 공동체 활성화사업	⊙ (낙후지역 경제 활성화)	⊙	⊙	⊙ (연계협력사업 선정, 지원)	⊙	BY2C 녹색포럼 운영
약용작물산업 명품화 사업	⊙ (약용작물산업 위기 대처)	⊙	⊙	⊙ (연계협력사업 선정, 지원)	⊙	소실무회의단 구성 (연계협력 사업)
전남 서남권의 박물관 및 미술관 협력사업	⊙ (과학문화교육 서비스 접근성 매우 취약)	⊙	⊙	⊙ (연계협력사업 선정, 지원)	⊙	워크숍 등 협력 기반

출처: 국토연구원(2014)을 토대로 재구성.

"사업의 성패에 있어 수요자 중심의 사업은 필수적인 요소이다"(지역발전위원회, 2013). 이는 이 장의 사례 세 가지 모두 해당되며, 상술한 지역행복생활권사업의 기본 방향으로 수요자 중심 협력사업의 기획·집행의 중요성을 강조하고 있다. 기존의 지역발전 정책은 정부의 행정구역에 따라 획일적으로 구성된 사업으로 지역 갈등 및 지역 소외, 지역 양극화 현상을 일으키는 부작용이 있었다. 이에 등장한 이 사업은 행정구역이 아니라 자발적인 협력 대상을 선정해서 사업을 기획함으로써 지역 갈등을 감소시키고자 했으며, 지자체의 입장에서, 수요자의 필요와 요구에 따라 사업이 기획되고 협력이 구축되었다. 이는 지역주민의 체감도와 만족도를 높여 실거주민의 삶의 질을 향상시키는 데 직접적인 역할을 할 수 있다. 전남 서남권의 협력사업과 같이 단일성 사업이 아닌, 다회성 사업으로 지속발전 가능한 방향으로 나아가야 하며, 수요자 중심의 사업이 지속적으로 개발될 수 있는 추가적인 정책이 필요하다.

2. 협력 행위자 및 협력 유형

이 협력사업의 주요 행위자는 지역주민, 광역·기초지방자치단체, 지역발전위원회 등이 해당된다. 관련 행위자는 지역행복생활권 수립 절차로써 파악할 수 있다. 먼저, 지역발전위원회에서 관련 부처와 지자체 간의 협력을 기반으로 한 지역행복생활권 가이드라인을 마련한다. 이후 특별시·광역시·시장·군수 등 각 지자체장과 관련 주체가 생활권 구성 및 사업을 발굴하고 지자체 간 공동 발전 목표 및 비전을 설정해 역할, 추진 방향, 체계 등 규약을 제정한다. 이때 생활권협의체를 구성해 생활권발전계획을 수립하고 지자체 간 협의체를 의결한다.

시·군의 역할과 시·도의 역할로 구분해 볼 수 있다. 시·군의 주요 기능은 지자체 간 생활권 구성을 위한 협의와 협약을 체결하고 생활권위원회를 구성하고 추진 체계를 구축한다. 또한 지자체 내의 재원 투입과 지자체 간의 분담 비율을 조정해 생활권 발전계획을 공동으로 수립하고 공청회, 설명회 등으로 주민들과 협의·협력한다. 이로써 형성된 생활권 발전계획에 따라 공동사업을 집행한다. 시·도의 주요 역할은 생활권 관련 정보를 제공 및 컨설팅을 진행하고 중앙정부와 연계해 추가적인 연계협력사업을 발굴하고 관리한다.

3. 협력 과정에서의 갈등관리

지자체 간 협력사업은 협력 대상 간의 협력체계가 구축되어야 한다. 갈등은 적어도 두 개의 대상이 상호 영향을 미치는 관계에서 의견의 불일치 등 심리적·물리적 충돌을 의미한다(정창화, 2016). 공공영역에서 발생하는 공공갈등은 공공정책과 공공사업의 모든 과정에서 발생하는 이해관계의 충돌에서 비롯된다.

이 협력사업에서는 비사법적인 해결 방식으로 협상, 토론 등의 방식을 활용해 갈등을 해결하고자 했다. 지자체 간 예산 배정에 대한 형평성과 공정성의 문제, 사업 과정에서의 수요 충족 부족, 신뢰성 감소 및 사업 전략의 부적절성에 대한 문제, 업무량 배분 문제 등이 나타났다. 이를 위해 운영위원회를 설치하고 사업비 진행의 사전 협의, 운영위원회 회장직을 지자체장의 1년 순환직으로 역할 분배, 협력 행위자들의 워크숍, 선진 사례지 방문 및 학습으로 갈등을 해결하고자 했다.

| 생각해 볼 문제들 |

1. 지자체 간 협력에 중앙정부의 지원은 강력한 인센티브로 작용한다. 그러나 협력의 유형이 다양한 탓에, 경우에 따라 중앙정부의 지원만으로는 충분한 인센티브로 작용되지 못한다. 이러한 상황에서 지자체 간 협력의 참여를 높여줄 수 있는 인센티브는 무엇일까?

2. 226개의 기초자치단체는 각기 다른 협력의 경험을 가지고 있다. 2013년부터 2017년까지 이루어진 지역행복생활권의 경우 단 한 번도 참여하지 않은 지자체에서부터 많게는 10회에 이르기까지 경험의 폭이 넓게 분포되어 있다. 연구에 따르면, 협력의 경험이 전무한 지자체와 협력의 빈도가 잦은 지자체의 동기구조는 다른 것으로 알려져 있다. 각기 다른 경험 수준을 갖춘 지자체들의 협력을 촉진하기 위해 어떤 방안이 필요할까?

3. 지자체 간 협력사업은 정부별, 사업별 특성에 따라 일회성에 그치는 경우가 많다. 그러나 일회성 사업은 협력의 지속적 효과를 담보할 수 없으며, 많은 경우 재정의 비효율적인 낭비로 귀결된다. 지자체의 지속적인 협력체계를 구축해서 지속발전 가능한 다회성 사업의 구조를 형성할 때, 필요한 사항은 무엇일까?

〈 참고 문헌 〉

경북북부연구원(2015). 「외씨버선길 가이드북」.
국토연구원(2014). 지역행복생활권 실현을 위한 지역간 연계협력 활성화 방안 연구.
서우석·이정화·소홍삼 (2013). 문화정책 분야 지방자치단체 간 협력 방안 연구. 「문화경제연구」, 16(3): 107-132.
서정섭(2011). 지방자치단체 간 협력사업의 유인기제로서 재정 기반 구축에 관한 연구. 「지방행정연구」, 25(1): 189-214.
정창화(2016). 상생과 협력: 갈등관리와 인정조정관 제도. 「열린충남」, 74: 92-99.
지역발전위원회(2013a). 국민행복과 지역통합을 선도하는 새로운 지역발전 정책 방향.
_____(2013b). 지역행복생활권 가이드라인.

_____(2015a). 지역발전정책의 이론과 실제.
_____(2015b). 지역행복생활권 선도사업 우수사례 지금까지 없던 지역 협력 이야기.
_____(2016). 2017년 지역행복생활권 선도사업(연계협력사업) 가이드라인.
_____(2017). 지역행복생활권 정책 성과분석.
_____(2018). 문재인정부 국가균형발전 비전과 전략.
차미숙·이원섭·임은선·김창현·이미영, & 박재희(2015). [지역행복생활권 정책 시리즈 ①] 지역 행복생활권 실현을 위한 지역 간 연계협력사업 활성화 방안. 국토정책 Brief, (513), 1-8.
한국농촌경제연구원(2013). 경북 북부권 및 백두대간 약용식물 산지유통센터 건립을 위한 마스터 플랜 수립 연구용역.
한국지방행정연구원(2015). 지역행복생활권 협력사업 성과 창출 방안.
한표환(2005). 공동개발을 위한 지역 간 협력의 한국형 모델 정립과 정책방안 제시, [통합국토를 향한 지역 간 공동발전 방안 연구(Ⅱ): 지방자치단체 간 협력을 통한 공동발전 방안], A Study on Collaborative Development of Regions Focusing on Interregional Cooperation, 박양호·이원섭·윤혜철·양진홍·정옥주·박인권. 「국토」, 146-147

국가균형발전위원회 홈페이지. www.balance.go.kr
국가법령정보센터 홈페이지. www.law.go.kr
대구광역시 한약재도매시장 홈페이지. http://www.daeguherb.co.kr
안동시농업기술센터 홈페이지 https://www.andong.go.kr/agritec/main.do
외씨버선길 홈페이지. http://www.beosun.com

Ansell, C. & Gash, A.(2008). Collaboratative Governance, *Theory and Practice, Journal of Public Administration Research and Theory*, 18: 543-571.

Deliberative Democracy, Collaborative Governance, Conflict Management,
Social Problems, Inclusive Policies Case Studies

저자 소개

함께 풀어가는 사회문제
- 갈등과 협력 사례 -

이숙종
- (현) 성균관대학교 행정학과/국정전문대학원 교수
- (현) 성균관대학교 동아시아 공존·협력 연구센터 소장
- (현) Asia Democracy Research Network 공동대표
- (전) 동아시아연구원 원장
- (전) 세종연구소 연구위원
  Harvard University 사회학 박사

박성민
- (현) 성균관대학교 행정학과/국정전문대학원 교수
- (현) 성균관대학교 공공인재개발연구센터 소장
- (현) 국가공무원인재개발원 겸임교수
- (현) 인사혁신처 인사혁신추진위원회 위원
- (전) University of Nevada, Las Vegas 행정대학원 조교수
  University of Georgia 행정학 박사

박형준
- (현) 성균관대학교 행정학과/국정전문대학원 교수
- (현) 성균관대학교 국정평가연구소 소장
- (현) 아시아 행정학회(Asia Group of Public Administration) 사무총장(General Director)
- (전) 한국행정연구원 연구위원
  한국정책학회 연구위원장, 총무위원장, 국제화위원장 역임
  미국행정학회(ASPA) 최우수 학회지(PAR) 논문상 수상(Mosher Award)
  Florida State Univ. 행정학 박사

조민효
- (현) 성균관대학교 행정학과/글로벌리더학부/국정전문대학원 교수
- (현) 기획재정부 공기업 준정부기관 경영평가 위원
- (현) 인사혁신처 정책자문위원회/자체평가위원회 위원
- (현) 해양경찰청 자체평가위원회 위원
- (전) Brown University 조교수
  University of Chicago 정책학 박사

강나율
성균관대학교 국정전문대학원 행정학 석사과정 재학
- (현) 성균관대학교 공공인재개발연구센터 연구원보

김동현
성균관대학교 국정전문대학원 행정학 박사
- (현) 한국문화관광연구원 부연구위원

김민길
성균관대학교 국정전문대학원 행정학 박사과정 수료
- (현) Secretary, Asian Association for Public Administration

김민정 (金旻靜)
성균관대학교 국정전문대학원 행정학 박사과정 수료
- (현) 성균관대학교 국정평가연구소 연구원

김민정 (金旼婧)
성균관대학교 국정전문대학원 행정학 박사과정 재학
- (현) 성균관대학교 국정평가연구소 연구원

김보미
성균관대학교 국정전문대학원 행정학 박사
(현) KDB산업은행 영업기획부 과장

김재형
성균관대학교 국정전문대학원 행정학 석·박통합과정 재학
(현) 성균관대학교 공공인재개발연구센터 선임연구원

김화연
성균관대학교 국정전문대학원 행정학 박사과정 수료
(현) 성균관대학교 동아시아 공존·협력 연구센터 연구원

민경률
성균관대학교 국정전문대학원 행정학 박사
(현) 한국조세재정연구원 공공기관연구센터 초빙연구위원

박미경
성균관대학교 국정전문대학원 행정학 박사
(현) 성균관대학교 국정전문대학원 BK21 PLUS 사업단 박사후연구원

박지민
성균관대학교 국정전문대학원 행정학 박사과정 재학
(현) 한국방송통신대학교 행정학과 수업 조교

신상준
성균관대학교 국정전문대학원 행정학 박사
(현) 인천복지재단 부연구위원

유민이
성균관대학교 국정전문대학원 행정학 박사
(현) 이민정책연구원 연구교육실 부연구위원

유정호
성균관대학교 국정전문대학원 행정학 박사과정 수료
(현) 성균관대학교 국정평가연구소 연구원

이동규
성균관대학교 국정전문대학원 행정학 박사
(현) 동아대학교 일반대학원 기업재난관리학과 부교수

이영라
성균관대학교 국정전문대학원 행정학 박사과정 수료
(현) 성균관대학교 동아시아 공존·협력 연구센터 연구원

이지형
성균관대학교 국정전문대학원 행정학 박사과정 재학
(현) 성균관대학교 국정평가연구소 연구원

이혜림
성균관대학교 국정전문대학원 행정학 석사
(현) 한국직업능력개발원 고용능력·자격연구본부 연구보조원

이효주
성균관대학교 국정전문대학원 행정학 박사과정 수료
(현) 성균관대학교 공공인재개발연구센터 연구원

조민혁
성균관대학교 국정전문대학원 행정학 박사과정 수료
(현) 성균관대학교 국정평가연구소 연구원보

주지예
성균관대학교 국정전문대학원 행정학 박사
(현) 서울대학교 지능정보사회정책연구센터 전임
　　연구원

최준규
성균관대학교 국정전문대학원 행정학 박사
(현) 경기연구원 자치분권연구실 연구위원

한성민
성균관대학교 국정전문대학원 행정학 박사
(현) 서울청년시민회의 운영지원단 주무관